Highway Construcation Technology on Permafrost Regions

多年冻土地区公路修筑技术

汪双杰　李祝龙　章金钊　陈建兵　著

陈国靖　主审

人民交通出版社

内 容 提 要

本书纵览国内外冻土工程现状，针对青藏高原多年冻土工程特点，系统总结提炼青藏公路50多年建设实践与30多年连续跟踪观测研究成果，运用现代理论、方法与技术，通过室内试验与实体工程验证，全面研究全球气候升温背景下高原多年冻土地区公路建造与养护技术。内容囊括公路冻土工程基本理论、勘测方法、实用算法、工程实例、经验教训等方面，覆盖公路冻土勘察，公路冻土工程区划，公路冻土病害，工程理论分析，路基、路面、桥涵设计与养护，以及环境保护等专业领域，为多年冻土地区公路建设提供了大量可靠的信息与弥足珍贵的第一手资料，形成了成套多年冻土地区公路修筑技术。

本书可供从事多年冻土地区公路、铁路及其他土建工程科研、设计、施工与建设管理技术人员参考，亦适合高等院校、科学研究机构相关专业教师、研究生学习参考。

图书在版编目(CIP)数据

多年冻土地区公路修筑技术/汪双杰等著. —北京：人民交通出版社，2008.6

ISBN 978-7-114-07006-8

Ⅰ. 多… Ⅱ. 汪… Ⅲ. 多年冻土—冻土区—筑路 Ⅳ. U419.92

中国版本图书馆 CIP 数据核字(2008)第 037179 号

书　　名：多年冻土地区公路修筑技术
著 作 者：汪双杰　李祝龙　章金钊　陈建兵
责任编辑：岑　瑜
出版发行：人民交通出版社
地　　址：(100011)北京市朝阳区安定门外外馆斜街3号
网　　址：http://www.ccpress.com.cn
销售电话：(010)85285838，85285995
总 经 销：北京中交盛世书刊有限公司
经　　销：各地新华书店
印　　刷：北京密东印刷有限公司
开　　本：787×1092　1/16
印　　张：27.5
字　　数：672千
彩　　插：1
版　　次：2008年6月第1版
印　　次：2008年6月第1次印刷
书　　号：ISBN 978-7-114-07006-8
定　　价：98.00元

序

PREFACE

我国多年冻土面积约215万平方公里,分布在青藏高原、东北大小兴安岭及西部高山局部地区,作为地球上唯一的最大最完整的高海拔、低纬度多年冻土区,在长达45亿年的地质历史长河中,青藏高原从340万年前开始第一次抬升,距今1万年前形成全新的高原地貌。年轻的青藏高原以高寒缺氧、生态脆弱与多年冻土著称于世,高原高海拔、低纬度多年冻土已成为国际冻土工程界十分关注的科学研究领域,人类交通工程第一次深入高海拔、低纬度多年冻土区的青藏公路也成为国内外多年冻土研究开发的基地。

自西藏和平解放至今的50多年间,西藏交通事业的建设与发展始终倾注着党中央的亲切关怀,以毛泽东、邓小平、江泽民同志为核心的三代中央领导集体和以胡锦涛同志为总书记的党中央,在西藏社会发展的各个历史时期十分关怀作为西藏"生命线"和"金桥"的青藏公路的建设与运营。为攻克多年冻土特殊病害,交通部于1973年成立青藏公路科研组,依托青藏公路历次整治改建开展了长达30多年的连续观测研究,科研人员克服难以想像的困难,取得了巨大成就,一系列创新成果不仅有力地推动了我国冻土工程研究的发展,也为多年冻土地区其他重大工程建设提供了技术支持。

落实科学发展观,建设创新型交通行业是一项神圣的使命。在全球气候升温大背景下,以冻土温度高、冻土生存环境差为主要特征的青藏高原多年冻土正处于不断退化的进程中,这使人们认识到应当且必须以科学的眼光看待冻土工程问题,当前乃至今后相当长的时间内,冻土退化诱发的冻土工程病害也将是一个长时间的过程,特别是公路沥青路面吸热效应、公路大尺度效应以及路基路面不均匀变形效应问题已成为多年冻土区公路建设必须攻克的难题。2002年交通部在西部交通建设科技项目中安排"多年冻土地区公路修筑成套技术研究"项目,组织行业内外设计、科研、高校、建设管理等各方面力量开展联合技术攻关,历时近5年,在青藏公路50多年建设运营、30多年科研的基础上,密切跟踪当代国内外冻土工程研究现状,立足解决高原多年冻土区公路工程实际问题,采用新技术、新方法、新材料,开展系统深入研究,取得了一大批研究成果。这些成果是原始创新与集成创新的结晶,进一步提升了我国冻土工程研究在国际冻土领域的领先地位。应用青藏公路科研成果,青藏公路格拉段由国家投入大量资金进行数次大规模改建整治,行车条件不断改善,行车时间大大缩短,由20世纪50年代的15天缩短到目前的小型车辆朝发夕至,通行运输能力大大提高。

但是也应当看到,西藏自治区现阶段还是我国唯一不通高速公路的内陆地区,多年冻土地区修筑高速公路难度更大,面临的技术问题更复杂。多年冻土地区自然条件恶劣,生态环境脆弱,经济发展还比较落后。社会发展、民族团结与国防稳定均离不开公路,广大农牧民的生产、生活更离不开公路交通,多年冻土地区公路建设对促进社会、经济与生态的和谐发展具有十分重要的意义。当前,中尼公路、新藏公路(国道219线)、青康公路(国道214线)等多年冻土地区公路重要路段的升级改造正在逐步推进,国家高速公路网规划也已确定青藏高速公路的远景建设目标,多年冻土地区公路建设正面临着重要的历史机遇期。《多年冻土地区公路修筑技术》一书是继已出版的《多年冻土地区公路工程》之后的又一力作,由承担"多年冻土地区公路修筑成套技术研究"的中青年专家撰写,他们多年工作在青藏高原科研第一线,传承了公路冻土研究老一辈科技工作者特别能吃苦、特别能奉献的精神。本书的出版必将对今后冻土地区工程研究与建设,以及现有公路的养护起到重要的指导作用。

读完这部巨著时,十分缅怀为青藏公路科研而献身的科技工作者朱学文先生、武憨民先生、胡长顺先生。谨以此序表达对作者们的感谢,以及对为多年冻土区公路建设做出贡献的广大科技工作者的敬意。

陈国靖

二〇〇八年一月·北京

前言

FOREWORD

自交通部1973年成立青藏公路科研组以来，我国科技工作者针对青藏高原多年冻土地区青藏公路冻土工程的连续观测研究已达30多年，所取得的研究成果对国际冻土工程研究影响巨大。本专著以2002年交通部立项开展的西部交通建设重大科技项目“多年冻土地区公路修筑成套技术研究”成果为基础，系统研究总结了20世纪50年代初青藏公路建成通车以来，特别是1973年以来多年冻土地区公路修筑技术研究的主要成果、最新进展与发展趋势，体现了我国当代公路冻土工程研究的最高水平。

青藏公路由北向南纵贯青藏高原腹地，昆仑山唐古拉山间平均海拔4 500m以上，在公路沿线700多公里范围内广泛分布有全球独一无二的以高海拔、高温为主要特征的多年冻土。高原气候变化无常，一日间可经历四季，遭遇雨、雪、冰雹天气；公路沿线环境恶劣，年平均气温－2℃～－7℃，空气中含氧量不足海平面的50%，太阳辐射量平均高达3 600kJ/m^2。多年冻土、高寒缺氧、生态脆弱是高原环境的基本特征。在当今全球气候升温大背景下，高原下伏多年冻土响应进程加快，近20年间冻土平均升温0.2℃～0.3℃，岛状多年冻土加速消失，高温多年冻土加剧退化，低温多年冻土升温明显，并由此导致冻土区公路工程病害不断发生发展。青藏公路通车50多年来，历经数次整治改建，并开展长达30多年的连续跟踪观测研究，其作为中国高原冻土区大规模工程建设的开山之作，无疑也是中国冻土工程研究最大的试验工程。在近几十年来全球气候升温背景下，青藏公路不同时期所表现出的工程病害，使人们认识到多年冻土工程的艰巨性，为我国在多年冻土地区开展工程建设提供了最直接的工程借鉴；同时，也促使公路工程界认识到多年冻土地区公路建设必须面对长时间恶劣条件下，沥青路面的吸热效应、大尺度公路路基吸热效应，以及公路冻土路基差异变形、不对称变形等独特的科学难题。

青藏高原高海拔冻土与西伯利亚、北美冻土有很大区别。俄罗斯及北美地区多年冻土主要受纬度控制，冻土温度低，冻土环境人为干扰少，冻土比较稳定，公路修筑以砂石路面为主。中国高原冻土温度高，太阳辐射强烈，昼夜温差大，在全球气候变暖背景下，冻土退化响应明显加快，冻土环境不稳定，极易受工程等人为因素破坏。中国多年冻土地区公路修筑技术研究已成为全球多年冻土地区工程研究的一个重要分支。

全书共分十二章。第一章介绍国内外冻土工程研究现状与方向，以及我国多年冻土地区公路修筑面临的特殊问题；第二章阐述我国多年冻土分布及特征，包括冻土地温、冻土结构、融化核、地下冰及退化冻土的工程特性，为之后的内容提供相关背景；第三章叙述适应于多年冻土工程地区勘察的综合技术手段，特别是遥感技术与探地雷达技术的发展与应用；第四章至第六章按照符合公路工程要求的冻土区划与分类、冻土地区公路工程病害与机理、公路冻土工程基础理论等内容分别阐述，为多年冻土地区公路工程勘察、设计研究提供方法、依据及基本原理；第七章至第十二章，分别以公路工程修筑技术所包括的多年冻土地区公路路基设计、多年冻土地区公路路面设计、多年冻土地区桥梁涵洞基础设计、多年冻土地区公路生态保障技术、多年冻土地区公路施工技术、多年冻土地区公路养护技术等主要工程对象，安排相关内容，提供实用设计计算方法、工程实例与模型参数。本书从以下几个方向突出多年冻土地区公路工程特色：

(1)在冻土区划分类上，突出体现公路黑色路面强吸热效应对冻土热敏感性的影响，以冻土融化变形与冻土温度为控制指标并有别于其他冻土工程。

(2)在冻土路基结构与路基稳定技术上，突出公路路基有别于其他线性工程的大尺度效应与变形效应。

(3)在冻土工程病害预警预报上，利用青藏公路极其珍贵的 30 多年观测资料，采用多种理论模拟与反演方法，反映事实的客观规律性。

全书由汪双杰主持撰写。第一、二、十章由汪双杰博士执笔，第三、四、八章由李祝龙博士执笔，第五、六、七章由陈建兵博士执笔，第九、十一、十二章由章金钊博士执笔。全书由汪双杰统稿、审核，陈国靖先生审定。

李爱香同志为本书做了大量的文本编辑工作，在此一并致谢。

由于作者水平有限，不妥之处在所难免，诚望批评指正。

作　者
二〇〇八年一月于西安

目录

CONTENTS

第一章 绪论

第一节 多年冻土与公路

一、全球多年冻土概况

冻土，一般是指温度在0℃或0℃以下，并含有冰的各种岩土。按岩土冻结状态保持时间的长短，冻土又可分为多年冻土与季节冻土，冻结数年至数万年以上的称为多年冻土。地球上季节冻土区面积约占陆地面积的70%，多年冻土分布面积$35\times10^{6}km^{2}$，占陆地面积的25%，主要分布在北半球，包括欧亚大陆的西伯利亚和北美大陆的阿拉斯加及加拿大广阔地区的多年冻土，约占全球多年冻土总面积的63%。我国多年冻土分布面积约$21.5\times10^{5}km^{2}$，位居世界第三，包括位于欧亚大陆高纬度多年冻土区南缘的东北大、小兴安岭（分布南界达北纬45°～46°），以及西部高山和青藏高原等地。季节性冻土约占我国国土面积的53.5%。

印度板块与欧亚板块相碰撞，导致了青藏高原的形成。高原第一次上升发生在距今340万年～170万年前，青藏高原平均海拔从1 000m左右上升到2 000m以上。第二次强烈隆升发生在距今110万年～60万年前，高原面在80万年～60万年前平均高度达到2 500～3 000m左右，高原的自然环境发生根本性的改变，高原上山地全面进入冰冻圈。高原的新旧断裂活动活跃，高山深谷地貌形成并发展，环流形势被打乱，气候从温暖湿润转为寒冷干旱，地域差异性明显增大。第三次隆升发生在距今15万年前左右，高原的平均高度此间已达到4 000m以上，局部高山超过了6 000m，高原内部气候更加寒冷干燥。地质历史进入距今一万年前的全新世后，高原继续抬升，形成了今天高原平均高度4 700m左右。

青藏高原多年冻土区是世界上中、低纬度（北纬32°～36°）地带海拔最高、面积最大的冻土区，冻土分布面积约$15\times10^{5}km^{2}$，约占全国多年冻土面积的70%，冻土分布区域海拔一般均超过4 000m。高原冻土分布具有多样性特点：高温、中温与低温冻土均有分布，其中高温冻土分布最为广泛；冻土分布具有高度地带性，同时又有一般纬度与经度分布的规律性。区内不论高温冻土还是中低温冻土在近代均处于退化之中，冻土地温升高、厚度减薄、面积逐步缩小；区内生态环境脆弱，工程环境对冻土稳定性影响大，导致冻土环境不稳定并由此带来严重的工程病害。

青藏高原高海拔冻土与西伯利亚、北美高纬度（北纬45°以北）冻土有很大区别。俄罗斯及北美地区多年冻土主要受纬度控制，冻土温度低，冻土环境人为干扰少，冻土比较稳定，公路修筑以砂石路面为主。中国高原多年冻土的温度和厚度均受海拔高度的严格控制，海拔越高，温度越低，厚度越大。海拔每升高100m，年平均气温降低0.5℃～0.6℃，多年冻土厚度增加15～20m。青藏高原面宽展，冻土温度高，太阳辐射强烈，昼夜温差大，在全球气候变暖背景下，冻土退化响应明显加快，冻土环境不稳定，极易受工程等人为因素破坏。

二、青藏公路与多年冻土

我国多年冻土区修筑公路始于20世纪50年代，青藏高原周边通往西藏首府拉萨或联结重要民族居住区的青藏公路（国道109线）、青康公路（国道214线）、新藏公路（国道219线）相继于1953年、1954年、1957年初步建成通车。同期，东北大小兴安岭地区林区公路建设亦局部穿越多年冻土。

中国的多年冻土以青藏高原高海拔冻土为代表，在全球冻土界具有无可替代的地位。青藏高原平均海拔4 500m以上，大气含氧量只有内地（海平面）的50%，冰冻期长（一年约8个月），年平均气温低（−2℃～−6℃左右），工程施工期短（一年仅有150d左右）。高原气候变化无常，紫外线强烈，被世人称为“地球第三极”。青藏高原大片连续、岛状多年冻土及季节冻土，以及多年冻土区特有的地下冰、冰锥、冰丘、热融湖塘等不良地质条件，加之其夏融冬冻周期性变化特点，形成了青藏高原独特的地质地貌与工程地质环境。以多年冻土、高寒缺氧、生态脆弱为特征的高原环境，使高原上任何一项人工工程都无法回避“冻土工程稳定性”、“生命健康保障”与“生态环境保护”这三大世界性工程难题。青藏高原多年冻土区主要公路工程示意见图1-1。

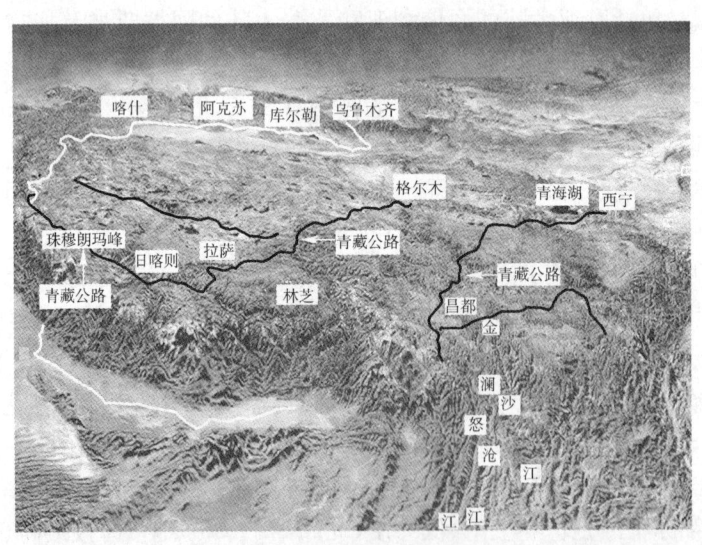

图1-1　青藏高原多年冻土区主要公路工程

青藏公路格尔木至拉萨段总长约1 150km，其中有700多公里路段穿越环境极其恶劣、地质条件复杂多变的高原多年冻土地区。青藏公路跨越昆仑山和唐古拉山，是人类高原多年冻土交通工程的奠基之作和开山之作，尤其是我国在青藏高原气候寒冷、冻融循环剧烈、强紫外线辐射地区大面积修筑沥青路面获得成功，一举突破了国际上多年冻土地区不能铺筑黑色路面的“科学禁区”。但青藏公路自通车以来，由于多年冻土影响的严重性、复杂性日益显现，也使青藏公路工程病害问题受到工程界的长期关注。青藏公路初通后的较长一段时间里，路基高度普遍较低，随着汽车交通量的增加，多年冻土地区公路病害主要是局部路段在荷载长期反复作用、低路基边沟积水储热向冻土层传输热能而引发的多年冻土融化翻浆，以及路基填料本身导热系数增大、长期吸热引起的冻土上限改变、活动层变形增大而导致的路基纵向波浪沉陷；格—拉段全程行车条件差，自格尔木至拉萨行程需 25～30d，平均行车速度 15～20km/h 左右。20 世纪 70 年代后，1973～1985 年青藏公路二级升级改建而实施的路基加宽与路面黑色化，由于沥青路面强吸热且阻滞蒸发散热，路面下温度较正常值高出 5℃以上，经年累月的热量传输与累积，诱发了沥青路面下路基融化夹层的形成及路基融沉变形、路面沉陷；此间虽路面条件得到改善，但病害的出现影响路面功能的发挥，改建后自格尔木至拉萨行程较改建前缩短，但仍需要 10～15d，平均行车速度 30～40km/h 左右。20 世纪 90 年代实施的 1992～1996 年，1996～1999 年一、二期青藏公路多年冻土区整治工程，局部路段抬高路基保护冻土，整治后自格尔木至拉萨行程显著减少到 2～4d，平均行车速度达 50～60km/h，但高原环境下路堤阴、阳坡面吸热的巨大差异又进而引发阳坡侧路基人为冻土上限下降，并造成阳坡侧路基的纵向开裂，路基的纵向不对称变形加剧。近几十年来，在全球气候升温背景下，青藏公路不同时期所表现出的工程病害，使人们认识到多年冻土工程的艰巨性，为我国在多年冻土地区开展工程建设提供了最直接的借鉴。同时，也促使公路工程界认识到在多年冻土地区公路建设必须面对长期恶劣条件下，沥青路面的吸热效应、大尺度公路路基吸热效应，以及公路冻土路基差异变形、不对称变形等独特的科学难题。2001 年 6 月青藏铁路工程的开工，青藏公路面临铁路施工期重载交通集中、周期长的巨大压力，2002～2004 年间又实施了铁路施工期青藏公路冻土病害整治改建工程，并广泛采用同期启动的国家西部交通重大科技项目“多年冻土地区公路修筑成套技术研究”最新理论与技术成果，改建后行车条件大为改善，格尔木至拉萨行程时间减少到 2～3d，平均行车速度提高到 60～80km/h。

20 世纪 70 年代以来，伴随着青藏公路的改造升级，公路科技工作者开始在多年冻土区独特的地理、气候环境中，联合研究攻关，取得了一系列科学成果，受到了国际同行高度关注。这些丰硕成果为青藏高原公路建设，为高原腹地青藏公路的整治和改建，为青藏铁路开工建设，提供了坚实的科学依据，填补了世界该技术领域的空白。同时也确立了我国在高原多年冻土研究方面的国际领先水平和地位。

三、多年冻土区其他公路工程

（一）青康公路与多年冻土

青康公路（国道 214 线）是沟通青海、西藏等省区的重要公路运输干线之一。青康公路鄂拉山至清水河段，位处北纬 33.5°～36°、东经 96°～99°之间，公路自然区划为河源山原草甸区，海拔高度均在 4 000m 以上，年平均气温在－4.2℃以下，年冰冻期均在 180d 以上，由于受高海拔和年平均气温低的影响，存在着较大面积的多年冻土。公路穿过多年冻土区约 300km，主要分布于鄂拉山、姜洛岭、查拉坪、巴颜喀拉山等地段。高海拔路段为连续多年冻土区，总里程 92km 左右；低谷段有大片融区，如温泉盆地、苦海盆地、花石峡和黄河上游（玛多）谷地，总里程长 96km 左右；不连续多年冻土区界于上述二区之间，冻土岛和非冻土岛交互穿插，并被分割成大小差异显著的区段，总里程长 147km 左右。不同类型冻土的工程地质性质差异大，导致路基稳定问题突出。

2002～2004 年，交通部和青海省共同投资对青康公路姜洛岭—清水河段进行了二级公路改建。

(二)新藏公路与多年冻土

新藏公路(国道 219 线)位于青藏高原西南缘，是连接新疆、西藏两区的唯一干线公路。

新藏公路 K305＋000～K775＋000 路段，位于青藏高原的西部，翻越黑峡大板、奇台大板、区界大板和红土大板，海拔 4 700m 以上，多年冻土路段累计长度达 380km 左右。多年冻土天然上限 1.5～3.0m，冻土地温－0.75℃～－3.0℃，含土冰层、饱冰冻土和富冰冻土等路段累计长度占多年冻土路段的 70％以上，其冻土工程地质条件比青藏公路冻土工程地质条件更加复杂，冻土环境、气候条件与生活环境更加恶劣。

公路病害主要为热融沉陷和路基翻浆，特别是每年夏季发生融沉，并在车辆荷载反复作用下，路基变得稀软、弹簧，个别路段成为泥潭，阻车、陷车现象时有发生。此外，由于路基融沉与翻浆，使路面变得凹凸不平，行车困难；也有些高山边坡的高路堤(半填半挖)路段出现边坡滑塌和路面纵向裂缝等病害。

为此，国家已列计划投资 89 亿元(2003 年不变价格)，从 2005 年开始，用十年左右的时间，实施改建整治工程，提高公路等级，改善行车条件，增强抗灾能力。在无大型自然灾害的情况下，实现新藏公路正常季节全线畅通，在不利季节保通。

(三)中尼公路与多年冻土

中尼公路东起西藏自治区首府拉萨，南至中国樟木口岸友谊桥，全长约 756km，与尼泊尔隔河相望，距尼泊尔首都加德满都仅 80km。

中尼公路拉孜至定日段沿线多年冻土主要分布在加错拉山越岭段。加错拉山属于青藏高原的南部边缘地带，也属于喜马拉雅山系的拉轨岗日山脉。海拔高度 4 650～5 220m，纬度 28°49′～29°02′，年平均气温在 0℃～3.5℃之间，年降水量在 300mm 左右。加错拉山越岭段的多年冻土区长度约 9km，属于中低纬度的高原(高海拔)多年冻土，多为含土冰层与饱冰冻土，天然上限 1.9～3.1m，人为上限 4.9～6.8m，冻土地温－0.5℃～－1.0℃，属于高温高含冰量多年冻土，特别是 K5084＋300～K5088＋150 段，路基热融沉陷等不均匀变形达 2m 左右。公路两侧植被茂密，地表水、冻结层上水特别丰富。中尼公路 2003 年～2006 年完成设计整治，部分路段达三级标准。

(四)东北岛状多年冻土区公路

东北多年冻土区位于欧亚大陆多年冻土区的南缘地带，面积约 39 万平方公里，穿越东北岛状多年冻土区公路有黑北公路、伊哈公路、伊嘉公路、加漠公路等。虽然穿越东北岛状多年冻土区的公路里程不是很长，但是岛状多年冻土区公路设计与施工，仍是这些公路设计与建设过程中的关键问题。

黑北公路是黑河至大连公路的黑河市至北安市路段，也是 202 国道的北段，北起黑龙江边的黑河市，经孙吴县，南至北安市的二井子镇，全长 243km。该路段路线跨越小兴安岭及松嫩平原，其地理位置为：东经 126°24′～127°27′、北纬 48°20′～50°15′，是小兴安岭西坡与松嫩平原北部交会地带，按公路自然区划分为 I_2 区，属于低海拔、高纬度岛状或零星多年冻土分布区。黑北公路由日行货款与黑龙江省自筹资金共同投资，总投资额约 19 亿元。从孙吴北(K42)至引龙河(K190)段 148km 范围内，岛状多年冻土分布共有 17 段，累计长为 3.165km，冻土地质条件极为复杂。为解决冻土区段筑路技术，开展了专题研究。该项目2000年开工，2003年建成通车。

伊春至哈尔滨公路中的伊春至铁力段地处黑龙江省东北部小兴安岭岛状冻土区，按公路自然区划同属I_2区。尤其在K44+500～K51+000段存在的岛状多年冻土较多，包括含土冰层、饱冰冻土、富冰冻土及多冰冻土，该路段路面多处严重破坏，影响了行车安全，虽多次修补，病害仍然不断发生。

伊嘉公路汤旺河至嘉荫段沿线的多年冻土分布主要集中在K4+500～K7+560之间的密林中，均为衔接性冻土，冻土上限在0.4～1.5m之间，下限较深、钻探未能穿透。冻土类型主要为含土冰层、饱冰冻土、富冰冻土及多冰冻土，土质主要为淤泥质土、亚黏土、粗砂及角砾等。多年冻土分布地带地势平缓，地表水发育，冻结层上水丰富。由于季节最大融深较浅且随年平均气温而变化，多年冻土上限处绝大多数为冰层或含土冰层，冻土工程地质条件与冻土环境严酷。

加格达齐至漠河的黑龙江省207省道，穿越大片连续多年冻土区和岛状多年冻土区，冻土工程地质条件与冻土环境非常复杂且严酷。由于对多年冻土区路段路基设计的重视程度不够，2004年完成的公路改建工程，多年冻土区段的路基、局部桥梁或涵洞与路基过渡段产生了不同程度的不均匀变形和路基纵向裂缝，严重影响了改建工程的成果。

第二节　全球气候升温背景下多年冻土区公路建设面临的问题

一、气候变化与冻土环境响应

(一)气候变化

全球气候变暖是当今国际社会十分关注的问题，从20世纪40年代以来，全球平均气温升高0.5℃～1.0℃，青藏高原的气温波动与北半球变化大致相同。高原近代气候变化研究结果表明，1955年前为高温期，1960～1970年间为低温期，1980年以后为高温期，20世纪80年代比70年代的年平均气温上升0.3℃～0.4℃。气候学家建立了近百年全球气温曲线，见图1-2，其证明20世纪气候变暖是不争的事实。政府间气候变化委员会(IPCC)2006年报告，1901～2005年全球年均气温约上升0.7℃，1998年、2005年是19世纪中叶以来最暖的一年，甚至有些学者认为可能是近千年来最暖的一年。

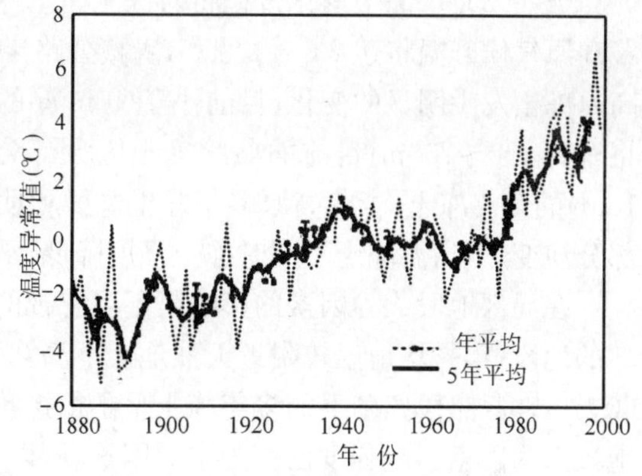

图1-2　全球气温异常值变化曲线

青藏高原气温升高主要表现在冷期趋暖明显，升温幅度较大，而暖期升温较小。1月气温与平均最低气温年变率均为正值，而且气温比多年平均最低的增温幅度要大。如青海省1月气温平均年变率为0.043℃/年，平均最低气温年变率为0.032℃/年，多年平均气温年变率为

0.015℃/年，可见冷期趋暖最为明显，与此同时，一些地区的年较差在减小。

科学家利用青藏高原古里雅冰芯过去近2000年的温度代用资料，用奇异谱分析方法，对气候变化的趋势及人类活动造成的影响进行分析，发现青藏高原冰芯中甲烷浓度记录与气候变化有更为密切的联系，说明工业革命以来由于人类活动的增加而引起温室气体等的排放，确实引起了过去一个多世纪气温的急剧增暖，人类活动对气候变暖的贡献已远远超过了气候的自然变暖过程。政府间气候变化委员会(IPCC)根据各种气候变化预报模型的预测结果，对大气中CO_2浓度增加1倍情况下未来全球气候变化所作的初步结论认为，21世纪全球气温每10年平均约升高0.3℃。据预测，加拿大今后50年内，地表温度将升高4.0℃，阿拉斯加北部活动层的深度将由0.5m延伸至0.93m，导致地表以下30m处的温度升高1.0℃，地温升高将导致冻土的融化、多年冻土上限下降，直接影响多年冻土区工程安全。

(二)冻土退化

在全球气候变暖的背景下，青藏高原气候亦随之转暖，并影响着高原多年冻土发育和分布，而高原多年冻土温度、厚度及空间分布的变化则是对气候变化的响应。人类工程活动中开挖地表、铲除植被、修筑路堤等，都要产生强烈的热侵蚀作用，改变土体与大气的热交换条件，从而使地—气相互作用的产物冻土温度场发生变化，导致地温平衡状态变化，干扰冻土环境和生态环境自然平衡能力。

青藏公路路基下冻土退化过程明显高于天然状态，多年冻土由1979年550km减至1991年的522km，退化约28km，岛状多年冻土由1979年的210km减至1991年的191km，退化约19km。而天然状态下北界向南界退化0.5～1.0km，南界向北界退化1～2km。工程作用显然对冻土环境的变化产生巨大的影响。青藏公路沿线冻土地温监测结果表明，20世纪70年代到90年代青藏公路沿线的季节冻土、融区及岛状多年冻土区的地温升高了0.3℃～0.5℃，连续多年冻土区年平均地温升高了0.1℃～0.3℃。西大滩地带，1983年钻探揭示多年冻土底板埋深约为24～25m，现在地温监测结果显示多年冻土底板埋深为20m，年平均地温上升到－0.2℃～－0.3℃。惊仙谷多年冻土下限在20年间上升10～15m，年平均地温已上升0.5℃～0.8℃。冻土退化过程将对冻土路基稳定性产生极大的破坏作用。到2050年以后，青藏高原气候升温将达2℃～2.6℃，青藏公路年平均地温普遍可提高0.4℃～0.5℃，将使青藏高原冻土发生明显的变化，目前小于10m厚的多年冻土层大体上已消融，多年冻土分布下界将升高150～200m；目前的岛状冻土区大部分将不复存在，局部地段变成深埋藏(埋深大于10m)的多年冻土，青藏高原多年冻土总面积明显减小；目前不稳定型和过渡型多年冻土将大部分演变为“高温冻土”，同时冻土强度降低，承载力下降，工程稳定性变差。

在局部地段人为因素的影响是不可忽视的，如风火山冻土站周围，20世纪70年代人为破坏的地段，年平均地温较附近天然地表下高0.6℃～0.7℃；目前，青藏公路在多年冻土区内的60%～70%路段路基下的多年冻土呈不衔接状，形成厚0.5～6.0m的融化核。可见类似这些地段人为因素影响程度已变为主导因素，所以未来高原冻土变化趋势很大程度上取决于人类经济活动的影响程度。

(三)水环境变化与沙漠化

青藏高原是我国两大水系长江、黄河的发源地，澜沧江亦起源于高原腹地，长江水量的25%、黄河水量的49%、澜沧江水量的15%均来源于青藏高原。根据青藏公路沿线调查，楚玛尔河高平原广泛分布的高原湖泊和热融湖塘，部分水体已经干涸。另据资料，昆仑山—唐古拉山之间的三江源自然保护区多数冰川呈退缩状态，导致冰川资源的快速丧失，下游地区地面和地下水源减少，引起湿地和湖泊萎缩。如沱沱河源头姜古迪如冰川退缩率达7.4%/年～9.1%/年。20世纪90年代以来江河源区水系处于明显的枯水期，湖泊、河滩沼泽型湿地趋向疏干化发展。许多湿地在萎缩干涸以后沼泽泥岩裸露，形成次生裸地或荒漠化土地。伴随湿地萎缩，湿地生物多样性大大减少。

青藏公路沿线的楚玛尔河、红梁河、秀水河、沱沱河、通天河等地属于冰水沉积、河流冲积的砂砾层，具有丰富的沙源，强盛的风力和稀疏低矮的植被等独特的自然条件成为沙漠化形成和发展的条件。青藏高原的沙丘多为半固定和流动沙丘，与谷地平行分布，运动速度快，厚数10cm至1m左右的细沙层在地表广泛分布。数十年来，青藏公路沿线的沙区在不断扩展，沙漠化在加速。研究表明，表面有沙层覆盖的地段融化深度大、地温高、冻土薄，一些冻土区的沙区已经演化为融区。

例如，沱沱河北岸的钻探表明，沙丘下无多年冻土；而相邻的谷地冻土较厚，融区和岛状冻土条带分布宽达10km。在沱沱河谷地，融区多分布于沙丘下，径流条件好、表面干燥的地段年均地温为1.2℃～2.1℃；而多年冻土则主要分布于地表裸露的盆地底部，年均地温变化于－0.2℃～0℃。

沙丘下地温一般高于其他地段，青藏公路沿线66道班1.6m高的沙丘下18m深处，年均地温比附近没有沙层覆盖的地段高0.2℃；冻土上限为3.3m，比邻区深0.6m。由于气候持续转暖和人类活动的不断增加影响，使高原多年冻土呈区域性退化状态，多年冻土退化造成季节融化层增厚或下伏多年冻土层完全消失，导致地下水位降低，表土层水分减少，地温升高，地表变干，促使草场类型和植物种属随之变化，加速草场退化的速度，致使草场重度退化地段出现沙漠化。根据不同年代的卫星航片解译分析，三江源自然保护区范围内（昆仑山—唐古拉山）的主要植被类型——高寒草原和高寒草甸退化速度在不断加剧。高寒草甸在20世纪80年代以前的年平均退化速率为3.9%，到20世纪90年代上升为7.6%；高寒草原20世纪80年代的年平均退化速率为2.3%，到20世纪90年代上升到4.6%。从西藏那曲地区草场类型退化分析，退化最严重的是高寒沼泽化草甸和亚高山草甸，这两类草地恰好是多年冻土最发育的地区，由此可见草场退化和土地沙漠化与多年冻土退化有密切关系，冻土退化是促使多年冻土区沙漠化的独特自然因素。

二、冻土环境改变与工程的相互作用

冻胀与融沉是青藏公路两大主要病害，其原因是气候变化和工程活动改变了多年冻土的生存环境条件，加快了多年冻土退化，导致冻土温度变化，使冻土环境丧失恢复能力。冻胀常见破坏是冻融翻浆，占工程病害的15%，其中对桥涵构造物影响极大，由于冻胀作用导致涵台、涵底、八字墙开裂倾斜等；青藏公路病害中的85%由融沉引起，主要表现为路基凹陷、纵向开裂以及路基边坡开裂、滑塌等。

在青藏高原多年冻土区，沥青路面的铺筑改变了地表与大气间的热交换关系，尤其是路面水分蒸发量大量减少，致使路面温度升高，多年冻土层内能量积累增多，地温升高，60%路段下的冻土沿深度方向不衔接，形成融化夹层，路基处于不稳定状态。路基坡向性对路基下冻土影响较大，融沉发育规模在路堤的阳坡和阴坡截然不同，阳坡面太阳照射时间长、强度大，因而阳坡面吸热大于阴坡面，阳坡面多年冻土融化程度大于阴坡；路堤越高受阳坡面面积越大，则热效应越强，路基阴阳坡面引起的融沉差异亦越明显。

青藏公路整治改建初期，采用大规模机械化施工方法，在路基两侧就地推土填筑，形成宽5～40m、深2～3m的条形取土坑。这种大面积铲除地表植被的施工方法，破坏了公路两侧脆弱的冻土环境，改变了地表状态和土体内部的冰—水平衡状态，产生热融湖塘和洼地，引起地表积水。地表水具有高热容量，其下渗将给多年冻土输入较大热能，造成多年冻土融化加剧。纵观青藏公路，路基沉陷变形集中、严重的路段多发生在地形平坦开阔排水不良的区段，如楚玛尔地形平坦，路基排水困难，加之排水系统不完善或已损坏，地表水下渗严重。另一方面地形与地下潜水面形态具有一定程度的一致性，地形平坦则地下水面亦然，地下水径流缓慢，下渗的地表水长期滞留于路基下造成多年冻土不断融化。相反，若路线两侧地形在横断面或纵断面方向具有一定坡度，则发生融陷变形的可能性就很小。路线通过低洼地形的最低部位，势必造成地表积水，亦是地下水汇集区域，因此融沉常是不可避免的，而且非常严重。

青藏公路多年冻土区沿线自然地形较平缓，黏土及亚黏土的斜坡地段，常常含有丰富的地下冰层，属于含土冰层、饱冰冻土，融冻泥流和滑塌多发生在有厚层地下冰分布的斜坡上。自然环境下，气温升高、河流侵蚀坡脚等可引起融冻泥流和滑塌；公路工程路基挖方或取土坑取土也都可以诱发这一现象。公路施工开挖斜坡坡脚部位，使得活动层下冻土直接裸露于地表，冻土层融化，而地下冰面又提供了良好的滑动面，失去冻结强度的饱水黏土，在冰面与土层间水的润滑作用下，形成随气温波动而反复的泥流和滑塌，如一取土坑引起的热融滑塌体5年内已向山顶推进100m左右，逐渐影响和威胁公路的通行。其对环境的危害，一是融冻泥流和滑塌造成原本脆弱的植被层的破坏及水土流失，在高原恶劣的气候条件下其上植被极难自然恢复甚至永久损失；二是融冻泥流和滑塌体堵塞公路排水，造成新的水热条件改变，诱发新的冻土环境破坏。

第三节　冻土工程国内外研究现状

一、多年冻土基础理论研究现状及进展

（一）冻土地基温度场研究现状

国外对于冻土温度场的研究已有160多年的历史，但直至19世纪前期，冻土及其温度场的研究还处于探索阶段。1890年，俄国成立了冻土研究委员会，此后开展了广泛的研究。20世纪后期，前苏联进入了冻土研究发展期，开展了热力学、热物理学、土壤水热改良、工程建筑稳定性以及地球表面和岩石圈温度场的研究。

20世纪70年代后期，随着计算机和数值方法在前苏联冻土领域的广泛应用，使得温度场的研究在复杂的边界条件、地质条件及考虑非线性方面的深度和广度上有了新的发展。Сумгин. М. И作为这门学科的奠基人，开始进行理论性研究；КУдрявцев. В. А等在温度场的热物理研究方面也作出了相应的贡献。

北美、西北欧等其他国家和地区在自然资源开发的带动下，冻土温度场及其有关学科研究取得了进展，亦于20世纪70年代后相继进入温度场研究的前沿领域。Bonaicina. C和Fasana. A求得了一维非线性温度场的数值解。

20世纪80年代以后，国际上冻土研究较先进的国家利用其他学科的成就，进一步推动温度场领域研究的发展，主要是面向多维多相非线性问题和多场相互作用问题理论模型的建立和求解发展。

我国冻土温度场研究起步较晚，进行温度场的研究仅有50余年的历史。最初阶段始于人工冻结凿井温度场的研究。开展了与温度场相关的室内外观测和实验的经验方程计算研究，并采用稳定、非稳定一维线性问题的解析法和半解析法进行温度场变化规律的分析，相继提出非线性相变温度场的数值差分格式及计算方法。20世纪90年代，开始应用有限元法求解冻土路基温度场。

一百多年来，冻土温度场研究已经从早期的定性描述发展到以计算机作为手段的数值模拟分析。经历了观测试验经验方程，一维、二维线性稳定性分析，到近期的二维非稳态温度场的数值方法模拟研究的发展过程。

经验方程，一般为观测试验结果的统计表达式，主要考虑某些重要因素的影响，对于其他有关的影响因素则以修正系数的形式表示，因此常常是以满足具体工程为目的的近似计算方法。随着计算手段及测试手段的进一步发展，经验方程还是可以应用于范围较小、且影响温度场变化因素较少的地区的。

线性稳态温度场理论主要用于研究冻结层或融化层内单向和平面温度分布问题，如近似研究最大冻结深度和最大融化深度内拟稳定阶段的温度场问题。稳态温度场问题不考虑时间变化的影响，无法计算温度变化引起土体相变产生的热量差异，仅可分析无相变的温度场的变化规律。

为了解决冻土温度随时间变化和相变影响问题，引进了非稳态相变温度场理论。相对于稳态温度场理论，非稳态温度场的控制方程在考虑相变引起热量差异的同时，还可以分析整个温度场随时间的变化规律。伴有相变的非稳态温度场理论将会使冻土温度场数值计算与分析产生新的突破。计算机和数值计算的进一步发展推进了温度场的理论研究，数值方法能使所考虑的数学模型更加接近于实际冻土地质条件和处理非线性问题。

在实验理论研究方面，已从早期的用主观、简陋仪器观测到电力、水力积分仪模拟发展到现代的以计算机控制数据采集的模拟试验研究；从最初的室内小型温度场测试试验向室内大型模型温度场试验以至野外实体工程研究过渡。

长期的工程实践和科学研究，使人们认识到冻土温度场研究是冻土生成条件、冻土工程、冻土改造及冻土预报等问题的基础，在普通冻土学和工程冻土学之间起着纽带作用。

（二）冻土水分迁移理论的研究现状

水分在冻土中运动的研究，最早可追溯到20世纪40年代，但直到20世纪50年代，将土水能态的概念引进以后，土中水分运动才开始进行较为严格意义上的定量化研究。国内外对于水分迁移研究主要集中在迁移动力与迁移模型两个方面。

在迁移动力上，国内外学者曾提出过诸如：毛细力、液体内部的静压力、结晶力、蒸气状态水的位移、气压液泡、吮吸力、渗透压力、电渗力、真空抽吸力、化学势、趋向冻结锋面的液压降低、冻结带中的液压梯度、冻结带的自发孔隙充填、冰压力梯度等十多种假说。实质上，水分迁移受热力学、力学和物理化学等势能的综合作用，每一种学说只是代表某一特定条件下的原动力。基于此，水分迁移的原动力又归纳为流体动力学热力学观点、热物理化学观点、结晶力观点、构造形成观点等四种基本观点。上述假说或观点，都不是孤立的，彼此互为补充，只是侧重点有所不同。

在水分迁移模型方面，Мартынов（1959）和 Иванов（1962）在假定冻土和未冻土中的土体水分扩散系数、土内的初始温度和含水率均为常数的前提下，将一维的热传导方程和一维的渗流方程进行联列，提出了研究土体冻结过程的水热输运模型。随后 Hoekstra. P 和 Miller 先后进行了饱和与非饱和土体冻结过程中，含水率随温度梯度变化的简单室内试验，进一步了解水分运动的一般规律。20 世纪 70 年代初，Harlan. R. L(1973)根据当时一些新的试验结果和观测事实，在假定冻土中水分运移机理类似于非饱和土的前提下，提出了土冻结过程中热质迁移数学模型。Taylor. G. S 与 Luthin. J. N(1978)在 Harlan 模型的基础上，以未冻水含量梯度作为水分迁移动力，建立了 Taylor 与 Luthin 模型。由此可见 Taylor 与 Luthin 模型实质上是 Harlan 模型在特定条件下的简化。应用 Harlan 模型及 Taylor 与 Luthin 模型，可以解释一维水分迁移现象，尤其是对一维未冻水的迁移模拟计算较为成功。

我国水分迁移研究始于 20 世纪 60 年代，最初的研究以室内试验为主，进行冻胀形变及含水率的分布等测试工作。程国栋(1983)以青藏高原多年冻土为研究对象，对多年冻土区地下厚层分凝冰的成因进行深入研究，在成冰机理方面取得了突破性进展。徐学祖等(1982)分别进行了封闭系统正冻土、已冻土中水分运移的室内土柱试验和开放系统非饱和正冻土水分运动的现场测试工作，研究水分运移的规律。朱强等(1988)对野外试验场观测资料进行了统计分析，并根据水分迁移量的不同划分土体冻胀的等级。雷志栋和杨诗秀(1986)对农业所关心的土壤水分的入渗与蒸发问题进行了系统的研究。李述训(1989)对土体冻结过程及融化过程中气态水的迁移与液态水迁移做了大量的试验，研究了冻融作用对系统与环境间能量交换的影响。

(三)冻土温度场、水分场及应力场耦合效应研究现状

1. 国内外冻土力学研究

由于寒区工程建设的需要，前苏联于 20 世纪 30 年代初对冻胀融沉机理进行了研究，北美在 20 世纪 50 年初开始进行冻土强度理论的研究，美国于 20 世纪 60 年代以 Hass. W. M 为代表开始了现场冻胀的观测工作。至 20 个世纪 60 年代，冻胀已经具备较完整的理论。Everett. D. H(1961)、Penner. E(1967)、Williams. P. J(1968)、Miller. R. D(1972)等对正冻土中的热流和质流做过许多研究。

Harlan 模型的建立使得数值模拟计算在预报给定边界条件下的变化情况、建立数学模型描述关系等方面得到了较大发展。

在冻胀方面的研究主要集中于冻胀与冰透镜体的形成和位置关系、冻胀与冻渗及冻胀过程的数值模拟方面。Miller. R. D(1972)提出正冻黏土的冰透镜体底面与冻结锋面间存在着冻结缘，Penner. E 和 Ueda. T(1977)的试验结果也支持该观点。Willians. P. J. 和 Wood. J. A (1985)通过试验测试了正冻土中的内应力变化。与此同时 MasamiFukuda 和 SeiitiKinosita (1985)对土体冻胀引起对管壁产生的膨胀力进行了观测。限于试验手段等因素，两者均没有清楚地给出测试结果的物理意义。由于缺乏适合的仪器设备和方法，目前通过试验观测冻土中应力的变化仍相当困难。

在冻土的强度方面，Butkovich(1954)、Mellor 和 Smith(1966)指出冻土的力学性质主要取决于胶结冰的存在，而胶结多晶冰的强度受多种因素的影响，主要有温度、压力、应变速率及冰晶的大小、结构和方向。冰的强度随温度的降低而增加，并随冰晶大小、方向、密度和结构的变化而变化。Sayles 和 Epanchin(1966)、Zhu(1988)等人发现随着应变速率的增加，冰的强度也逐渐增大，并且表现在破坏类型上由塑性到脆性的变化；当冻土发生脆性变化时，强度与应变速率或加荷速率关系较小。

随着寒区工程建设的发展及人工冻结技术在地铁和采矿工程中的应用，我国在 20 世纪

60年代开始研究冻土强度，并于20世纪70年代系统地进行了冻土强度和蠕变研究。从1980年开始，吴紫汪、马巍等围绕不同围压下冻土三轴抗剪强度特性做了一系列的试验研究，得出冻土的抗剪强度随围压增大而增大的结论。安维东(1985)、朱强(1983)、胡永桢等对渠道的冻融与衬砌进行了大量的试验与数值模拟工作。1989年黑龙江交通科学研究所为解决季节冻土区公路桥涵地基土体冻胀引起的工程问题，进行了大量室内试验。赖远明(1999)对寒区隧道冻胀问题，提出了隧道冻胀力的黏弹性解析解。

在冻土变形的结构效应上，Miller(1960)、Sayles(1973)、Vrachev等(1984)指出固体矿物颗粒间的摩擦力和黏聚力是影响冻土长期强度的主要因素。Ladanyi(1985)、马巍(1993)发现当冻土体受到小于破坏强度的常荷载作用时，冻土体逐渐发生变形，由冰所承担的一部分应力逐渐转移到土骨架上，直至土骨架达到它的长期强度极限，一旦超过此极限，冰在冻土中起到一种黏聚力的作用，土体将继续变形直至破坏。Chamberlain等(1972)、Simonsen等(1974)、Jones和Parameswarn(1983)、Fish(1991)等还指出，当冻土受围压作用时，首先在颗粒接触处的冰发生融化，然后向低应力处迁移；当围压超过某一界限，土体结构发生破坏，孔隙冰产生整体压融，从而导致冻土强度的降低。

2. 国内外三场耦合模型的研究

路基土体中水分场及温度场变化的外观表象则是应力场的变化，引起路基的不均匀变形或纵向开裂。在17世纪后期，冻胀现象才被注意，当时及以后的研究中，假设冻胀的发生是土体“弯曲”而引起的，直到20世纪人们才认识到冻胀是冰分凝伴随水分迁移所致。国内外对于冻胀问题的研究，经历了单因素、单一场到多因素、多场耦合的两个阶段。

1973年，Harlan. R. L. 提出了土体冻结过程中水—热迁移耦合数学模型，从此进入了多场耦合问题的研究阶段，工作核心是基于冻土中的热质迁移来进行数值模拟。随着对冻胀现象的研究，在伴有相变过程的冻土三场耦合问题方面，提出的冻胀预报模型有经验型、半经验型、流体动力学模型、刚性模型、热力学模型等。

冻胀经验模型的研究以Arakawa(1966)为代表，通过现场或室内冻胀试验确定冻胀经验公式，直接引入数学模型而建立；Takashi(1978)、Zhang和Zhu(1983)基于冻胀的物理本质，考虑冻胀经验公式，建立了半经验模型，这些模型为冻胀量量化提供了基础。

Harlan(1973)、Sheppard(1978)等根据非饱和土中水分迁移与非完全冻结土中的水分迁移理论，通过简化假定，把复杂的冻胀融沉机理综合因素归纳为未冻水含量随温度变化的关系上，提出冻土中热质迁移与水分迁移相互作用的流体动力学模型。

为了进一步描述正冻土在外荷载作用下的水分迁移规律及成冰机制，Konrad(1980)、Gilpin(1980)及D. sheng(1995)等以不可变形的“刚性”冰和线性稳定性温度场为基础，提出和发展了刚冰模型。

苗天德等(1999)在连续统力学混合物理论框架下研究了冻土力学—热学性质，建立起固、液两相介质伴有相变的水、热二场耦合模型。该模型属于非线性的Burgers方程，相对于经典的Stefan线性热传导方程，可以描述冻结过程中的水热耦合效应。

李宁、陈飞熊等(2000)在冻土中骨架、冰、水、气体多孔多相介质的基础上，建立了冻土多孔多相微元体的平衡方程、多孔固液介质的质量守恒方程及多孔多相介质的热、能守恒方程，进一步分析冻土的冻胀与融沉现象。

(四)多年冻土基础理论研究趋势

迄今为止，国内外多年冻土基础理论研究仍然停留在试验探索阶段与简单模型阶段，能够真正服务于寒区工程建设的理论，尤其是用于多年冻土地区路基工程的理论成果并不多。目前的研究成果无法完全解释冻土的成冰机制、水分迁移规律及其影响因素和冻土的应力分布及变形特点。冻胀模型的研究也仅仅停留在简单唯象学的宏观研究层面，且模型中一些参数的物理意义不明确，甚至通过试验无法确定，也限制了模型的进一步发展与应用。

综上所述，为更好地服务于寒区工程建设，更好地解释和防治寒区工程的相关病害，多年冻土基础理论研究的趋势总体可分为如下三个方向：

1. 定量研究水分迁移的微观机理及冻土成冰机制

自20世纪中叶以来，人们对于水分迁移机理主要采用形态学观点，定性地描述或分析土体中水分的运移。随着土体水分能态观的出现，加之计算机的推广及与各学科的相互渗透，使得冻土中水分运移的研究从经验到理论、从定性向定量转变。从微观角度研究土体颗粒、溶质、水分等的相互作用机理，从分子层面探索水分与溶质的迁移动力，进一步研究不同岩性土的成冰机制。另外应进一步加强水分迁移与寒区工程实际的结合，创建适合分析寒区工程病害的实用的理论模型，从而定量分析水分变化引起的寒区工程病害。

2. 定量研究冻融土体的力学性质

目前的冻土力学研究大都局限于已冻土和正冻土的范围内，而对多年冻土地区工程更为重要的是冻融过程中土体的变形与强度特性，大量的试验表明冻土的强度性质具有从高温下融土摩擦类材料的强度特性到低温下冻结土的晶格类材料的强度特性两面性。仅仅对已冻结土的变形与强度性质的研究无法满足实际工程的需要，也不能揭示冻结土的强度与变形特性的变化规律。因此，自20世纪80年代以来，对影响冻土应力场与变形场的水、热迁移与相变的微观机理研究在世界范围内开始发展。冻土力学应从最初的应用于寒区工程设计的简单唯象学的冻土宏观力学性质研究逐步向探索冻害原因的冻土细观机制研究转变，实现从表象到机理的进一步深化。对多年冻土区路基工程而言，应进一步加强研究路堤与季节融化层的变形特征、在反复冻融作用下土体强度及蠕变规律以及多年冻土层上水的迁移机理。

3. 研究实用可行的三场耦合模型

目前应用的三场耦合模型均进行了大量简化，其中部分参数只能获取特定条件的宏观唯象规律（如未冻水含量与压力、温度的关系），还有部分参数没有明确的物理意义（如水分势、土水势等），甚至有些参数很难通过试验获取（如超孔隙水压力），以上这些都使大多数模型无法得到验证，更无法应用于实际工程分析中。另外将三场耦合模型应用于寒区工程分析的另一难点是获取实际的边界条件。因此目前三场耦合模型的研究重点应是：(1)研究水、热、力在反复冻融过程中相互作用的微观机理，从能态学角度提出新的三场耦合模型或完善现有模型；(2)改进现有试验手段，开发先进的试验设备，进一步开展模型参数试验研究；(3)结合我国多年冻土分布区域的气候气象特点，开展综合考虑地形地貌、风速、风向、辐射、蒸发、地表条件等因素的实际边界条件的试验研究。

二、国内外多年冻土工程研究现状

(一)国外多年冻土工程研究现状

人类对冻土的认识研究伴随着工农业生产实践，经历了不断发展的历史进程。国际上对冻土工程问题开展研究进而建立起独立学科的当属俄罗斯[6]。早在16世纪，就已出现西伯利亚和北美有冻土的报导，M·B·罗蒙诺索夫在1757年发表“冻土地”的科学综述。19世纪后半叶，西伯利亚工农业、人口大量迁移，尤其是西伯利亚大铁路的建设极大地推动了冻土研究。1904～1914年间修建的阿穆尔铁路(通过多年冻土区2 200km)常因冻融影响而破坏，每年要耗费大量的资金维护，为此，科学家对冻土工程地质做了进一步开发研究，并在后来的贝加尔—阿穆尔铁路干线(通过多年冻土区2 500km，1979～1984年建设)修建中完成了大量的冻土研究工作。1917年后，前苏联在冻土力学、冻土温度场计算等理论分析方面有其独到的见解，对全球冻土研究有很大的借鉴作用。1925年谢尔金测得深116m探井的冻土温度。

二战之前，北美在多年冻土地区(阿拉斯加(Alaska)以及加拿大的YukonTerritory)开采金矿，主要进行了一些与道路工程相关的季节冻土研究，多年冻土的研究则是在地质勘察过程中进行了有限度的探索。1943年诺曼布尔斯—阿拉斯加费尔班克斯的Canol输油管道建成，其长约2 000km，当时没有认识到冻土地区输油管道工程所面临的问题，管道直接铺设在地面上，由于多年冻土融化下沉导致管道工程于次年废弃。二次大战中，亚北极地区军事工程建设开始了对工程冻土学的大规模研究，1961年美国陆军部将北极建设与冻结作用实验室和雪冰与多年冻土研究所合并成立了寒区研究和工程实验室(USArmy Cold Reg Res Eng Lab——CRREL)，专门从事北极战争条件、房屋结构、道路工程等寒区工程研究，并取得了丰硕成果。阿拉斯加(Alaska)－加拿大(Canada)公路，加拿大、阿拉斯加军事基地，机场跑道，诺曼布尔斯(Norman wells)－阿拉斯加(Alaska)公路，以及战后1950年阿拉斯加(Alaska)铁路修建(费尔班克斯至苏厄德)遇到的冻土问题，促进了冻土工程研究的迅速发展。20世纪60年代以来，北极海洋石油大量开发，开始了北极海岸和海底多年冻土研究。70年代在对多年冻土和冻土环境开展深入研究的基础上，修建了北美最大的阿拉斯加(Alaska)输油管道工程，从普拉德霍贝到瓦尔迪兹，贯穿阿拉斯加(Alaska)，南北全长1 280km，管径1.22m，原油温度70℃～80℃，管线70%通过多年冻土区，在融化敏感类冻土区采用架空油管设计方案，配置必要的热棒(热桩)，避免冻土融化。

国外关于多年冻土区公路工程研究方面详尽而全面的资料不多，且欧亚大陆、北美大陆工程涉及的冻土受纬度控制，基本上属低温冻土，冻土环境变化受人为干扰较小，冻土比较稳定。总体上，国外已有研究成果可以概括如下：

(1)冻土研究以俄罗斯为代表，以西伯利亚冻土研究为基础开展的冻土学研究对冻土工程研究具有极大的推动作用。

(2)冻土工程研究，国际上以西伯利亚和北美地区(美国阿拉斯加和加拿大北部)较为深入，其研究背景为地区开发和二战军事目的，研究工程对象主要为铁路、石油开采与管道，以及军事用途的机场建设，房屋、水坝建筑也涉及到冻土工程研究。

(3)多年冻土区公路修筑技术研究，国际上开展得较早和较多的地区是美国阿拉斯加，其借鉴其他工程经验，在公路路基稳定措施上开展了隔热板、碎石、热棒路基方面的研究，取得了一定的成果。

(4)俄罗斯及北美地区多年冻土主要受纬度控制，冻土温度低，冻土环境人为干扰少，冻土比较稳定。公路修筑以砂石路面为主，以合理路基高度通过冻土区，对保护冻土有利。

国外冻土工程特别是长距离线性工程主要以贝加尔铁路、贝阿铁路和阿拉斯加输油管线为代表。这些工程无一例外均遭受冻土严重影响，诱发各种病害，病害发生率一般在30%左右。铁路与公路病害见图1-3和图1-4。研究表明，1994年贝阿铁路，1 054km的路线出现严重病害，病害率占全长的27.5%；1996后贝加尔铁路病害率高达全长的40.5%。而1990年青藏公路病害率占全长的31.7%，以青藏公路所处冻土环境，以及当时的建设投资能力，相较于前者，青藏公路无疑是非常成功的。

图 1-3　贝加尔铁路路基沉降

图 1-4　阿拉斯加公路波浪变形

(二)国内进展

我国在春秋战国时期(公元前 770 年～公元前 221 年)就出现了有关冻土的记载。20 世纪 40 年代,西部高山多年冻土及东北多年冻土已有报道。但我国冻土工程研究起步较晚,20 世纪 50 年代青康公路、青藏公路、大小兴安岭林区公路及铁路的修建,开创了我国多年冻土地区冻土工程研究的新纪元。1956 年辛德奎等在整理以往东北地区冻土调查资料基础上发表了"中国东北地区多年冻土的分布"一文,这是我国第一份关于东北多年冻土分布特征的总结,文中认为东北冻土南界相当于年均气温为 0℃等温线和一月平均气温为－24℃的等温线。1957 年铁道部门在大小兴安岭林区铁路勘测设计中调查了冻土分布和各种冻土工程地质现象,并将相关成果总结到《多年冻土的工程地质和铁路建筑》一书中(铁道部第三设计院,1958)。青康公路、青藏公路通车,青藏高原多年冻土问题引起交通、铁道部门的关注,1956 年青藏铁路第一次勘测设计,此后近 40 年间,围绕青藏公路的改建、青藏铁路新建,国内冻土工程研究人员开展了大量的研究工作,并由此确立我国冻土工程研究在国际上的领先地位。

为研究青藏高原多年冻土,服务于青藏公路、青藏铁路工程,1960 年中国科学院在兰州成立了冰川积雪冻土研究机构,同年铁道部高原铁路科研所也在兰州成立,相关单位研究人员于 1960 年～1962 年开展了青藏公路沿线的冻土考察,1965 年,《青藏公路沿线冻土考察论文集》系统总结了高原冻土的分布、温度状况、地下冰等特征,标志着我国冻土研究进入新的阶段。1973 年交通部成立青藏公路科研组,交通部第一公路勘察设计院、中科院兰州冰川冻土研究所、长安大学等单位在此后针对青藏高原多年冻土地区公路修筑技术进行了长达 30 年的不断研究,在工程界首次实现多年冻土区大面积铺筑沥青路面并获得成功,依托青藏公路开展的多年冻土地区黑色路面修筑技术,先后获得交通部科技进一步一等奖、国家科技进步一等奖。形成的高原多年冻土区路基修筑技术也为 21 世纪初青藏铁路的开工建设提供了宝贵的经验。

第四节　多年冻土区公路工程建设与研究

一、国外进展

冻土是温度敏感性岩土介质,除温度外,影响其稳定性的因素还包括岩性、含水率、地热以及工程作用。这些因素中,只有工程的影响是人为因素,也是维持和调控地温的主动因素。目前已有的工程措施,从对地温影响的方式这个角度出发,可以划分为被动措施和主动措施两大类:前者主要指维持地温的原始状况或减缓冻土的退化;后者是积极主动地改进冻土的热状况,使其向有利于工程稳定性的方向发展。

(一)被动工程措施

被动工程措施除填筑一定的路基高度以保护其下冻土不致退化外,主要包括以下一些内容:

(1)改变土体表面热辐射条件,如 Kontratjev. V. G(1996)介绍的,将路基表面或边坡面涂刷白色油漆,或在路基面处铺设白色碎石;修筑遮阳避雨棚;冬季清除路基表面及两侧的积雪,以保持路基土体与大气间的辐射条件。

(2)改变路基土体与大气及原冻土热传导状况。对基于这一原理的工程措施应用和研究较为深入广泛,其中研究最为广泛的是保温材料措施。早在 20 世纪 60 年代,美国就提出了将保温层用于保护多年冻土的专利;60 年代末,在美国阿拉斯加 Kotzebue 机场建设中,在路道填土中采用了聚苯乙烯保温层;70 年代初,加拿大在多年冻土区砾石公路上进行了保温层试验研究;后来,俄罗斯在修建贝阿铁路时,在部分区段道渣下及边坡上使用了泡沫板材料。上述工程研究表明,隔垫层的工程效果较好。

上述被动工程措施的出发点在于克服或延缓由于冻土退化造成的路基破坏。在长期的冻土退化背景下,路基仍然可能会出现一系列问题,并需要不断地投入维护费用。

(二)主动地温调控措施

主动地温调控措施主要包括调控传导和调控对流的方法。已有的调控对流的方法包括通风路基、碎(片)石路基及热棒。

(1)通风基础曾被广泛应用于房屋建筑。对于通风路基的研究,1974 年美国曾在阿拉斯加的费尔班克斯(Fairbanks)西 40km 的公路上进行过现场试验,试验场冻土为富冰黏土,试验选用了内径 20~50cm 的金属波纹管。通风管道小坡度倾斜并平行公路埋放于坡脚附近,沿纵向一定间隔设置竖向管,以发挥“烟囱效应”,促进空气的流动。研究中对热流以及管道的热影响范围进行了解析分析,并对管体的最佳位置进行数值仿真分析,结果认为应用通风管路基具备可行性。但目前通风管在冻土区公路路基上的使用效果研究有限,冻土大国俄罗斯亦尚未见使用通风管的报道。

(2)块(碎)石路基。气候学家 Balch 曾在 1900 年提出一种机理,称 Balch 效应,可以用来解释其降温机理:冷空气的密度比热空气大,冬季冷空气通过碎石间的大孔隙进入石层,将孔隙中密度较小的热空气挤出,形成对流,换热强度加大;夏季热空气在上,冷空气在下,层结比较稳定,对流作用不明显,主要靠传导作用换热,但由于空气的导热系数极小,仅为 0.025W/(m·K),故换热强度很小,这样年平均的结果是散热大于吸热,使碎石(片、块石)层下土体温度下降。在路堤边坡设置碎石护坡,或在路堤适当位置填筑一定厚度的片、块石层,增强对流效应,保护冻土环境。

1969~1970 年,前全苏铁路运输研究院斯科沃罗丁冻土研究站根据实测资料提出:用大块碎石修筑的路堤较之用其他类型土修筑的路堤,其基底土的温度大大降低。1973 年中国科学院兰州冰川冻土研究所,在青海省热水煤矿的厚层地下冰地段用直径 0.3m 的块石修筑了高 2.7m 的试验路堤。观测表明,块石路堤有明显的降低地温效果。1992 年阿拉斯加大学(费尔班克斯)力学工程系对大孔隙碎石层的热对流进行了一系列的计算机模拟研究,1993 年在费尔班克斯附近的 Browns Hill Quarry 修建了试验路堤,结果十分令人鼓舞。阿拉斯加公路部把这种路堤称为气冷路堤(Air Cooled Embankment,ACE)。

(3)热棒路基。美国陆军工程兵团的 ErwinLong 在 20 世纪 50 年代晚期从养护多年冻土、利用融化的不稳定冻土地基出发,发展了一种热棒系统,即无蕊重力式热棒,被命名为"Long 热棒"。

20 世纪 60 年代初一种广泛用于土木工程中的、无需外加动力的无蕊重力式热棒得到发展。无动力热棒(又称热桩、热管)是一种汽液两相对流循环热导装置,利用热虹吸原理驱动工作介质(如氨、氟利昂、丙烷、CO_2 等)循环流动,当冷凝剂和蒸发器之间存在温差时,工作介质在蒸发器中吸收热量,转化为气体介质,然后在上端冷凝段冷凝放出气化热,从而将地基基础的热量传送到地表与空气进行换热。该汽液两相对流循环过程是连续的,只有当蒸发器的温度低于冷凝器的温度时才停止,此时热棒停止工作。热棒通过季节性制冷过程从地基中抽取热量使冻土层降温而储存冷量使冻结核增加并增加强度,在夏天当气温高于地层温度时,由于热二极管作用热桩不工作,使进入土壤的热流量最小,这样就可使地基始终处于稳定冻结状态,从而增加多年冻土地基冷储量,防止多年冻土发生融化。热棒在寒区基础工程中的应用,解决了基础冻胀、融沉等热力过程中的许多工程问题,保障了多年冻土地基的稳定。在管线工程、桥涵、道路路基、机场跑道、通信输电线塔以及港口工程中,热棒也被用来冷却地基,防止冻胀和融沉,增加地基强度,保证冻土地基的稳定,美国在阿拉斯加公路路基上也进行过这方面的试验。热棒技术已经在世界一些有多年冻土的国家得到了广泛的应用。

此外,文献还介绍了西伯利亚多年冻土区采用土工格网中充填砂砾修筑路基的有关情况。

国外关于多年冻土区公路工程研究方面详尽而全面的资料不多,且欧亚大陆、北美大陆工程涉及的冻土受纬度控制,基本上属低温冻土,冻土环境变化逐级人为干扰较小,冻土比较稳定。

二、国内进展

(一)青藏公路三期科研及相关工程研究

我国多年冻土区公路工程问题以青藏公路高原冻土环境为典型代表,受海拔和纬度双重制约,具有不同于高纬度冻土的特殊性。中国在公路建设中第一次遇到高原多年冻土是在 1954 年 7 月修建青康公路(214 国道)查拉坪段时,由于当时缺乏对多年冻土及其工程防治措施的认识,按一般沼泽地段施工常用的挖淤换土的处治方法处理,结果造成多年冻土大面积暴露融化,后经改移路线填筑路基,问题才得以基本解决。

1956 年在青藏公路第一次改建工程中,又多处发现多年冻土,限于当时仍缺乏有效的工程处理措施,导致了以后的工程冻害隐患。1972 年青藏公路再次进行改建,并加铺吸热性强的沥青路面,给公路建设增加了更大的难度。青藏公路科研组于 1973～1978 年、1979～1984 年、1985～1999 年对在多年冻土地区修筑沥青路面的有关技术问题开展了三期研究。

(1)第一期研究重点是多年冻土区沥青路面下路基设计原则和路基最小填土高度。第一期科研组由交通部公路科学研究所及交通部第一公路勘察设计院共同主持,交通部科学研究院重庆分院,青海、西藏交通科学研究所及基建工程兵 851 部队参加,确定了以路基、路面为主要课题的研究任务,即高原多年冻土地区铺筑沥青路面路基稳定性的研究。这一期研究工作自 1973 年起至 1977 年外业工作结束,先后在多年冻土腹部地段修建了试验路 2 680m,观测场两处,并通过大量的钻探调查及定点观测工作,科研工作及时完成后,于 1977 年 9 月在西宁召开了课题总结会，1978 年提交了研究总结报告及应用文件。

(2)第二期研究重点是青藏公路地下冰分布规律、黑色路面修筑技术研究和沥青路面下路基稳定性研究。第二期青藏公路科研组由交通部第一公路勘察设计院主持，青海省交通局与基建工程兵 851 部队参加，同时邀请中科院兰州冰川冻土研究所、铁道部科学研究院西北研究所、西安公路学院、交通部公路科学研究所和重庆公路科学研究所协作，确定了以下几个主要课题：青藏公路地下冰分布规律的研究；沥青路面下路基稳定性的研究；沥青路面结构选型及其修筑的研究；桥涵基础的研究。第二期科研组先后有187 人次参加，自 1979 年起至 1984 年经过 6 年的努力，完成了课题研究计划，满足了青藏公路沥青路面改建工程的需要，也为高原多年冻土地区的公路工程建设提供了必要的依据和资料。该研究课题于 1985 年 11 月由交通部公路局组织了鉴定，鉴定委员会得出以下结论：

①在路基稳定性研究中，根据我国的具体条件，将就地取材、提高路基作为保护冻土的基本措施。为此，扩建了五道梁、可可西里两个较长期的观测场，对多年冻土地区已竣工的 300 多公里沥青路面进行了大量钻探、调查，并选定了 20 余段代表路段埋设了地温、变形观测仪器设备，进行了 3～6 年的观测。根据观测资料的分析提出了多年冻土地区路基变形发展阶段及特征，提出了估算沉降量的办法和防止、控制变形量的主要措施。

②路面研究是在大量室内试验的基础上先后在不同路段修建了 3 种面层、5 种基层(总计 4.0km)的试验路面，并分别进行了 4～6 年的观测测定以及多年的工程实践，论证性地提出了适用于高原多年冻土地区不同地带的 9 种较经济合理的路面结构组合和部分计算参数。其中，首次在我国使用无规聚丙烯砾石混合料面层，对无规聚丙烯及其混合料的各种物理、化学性能同沥青材料及沥青混合料进行了室内对比试验并修筑对比试验路段，论证并肯定了该种材料的路用性能以及用于保护冻土的良好效果和显著的经济效益。

③在昆仑山桩基试验场，完成了勘测、设计，各种测试元件的加工制作与桩基施工，进行了 12 根钢筋混凝土桩(等截面、变截面插入桩、灌注桩)的垂直与水平静载和 2 根钢管桩的水平静载试验，确定了承载力。对竖向冻结力和横向土抗力的影响因素与分布形式，进行了较为深入的研究，确定了地温对桩承载力的影响规律。对各类桩型的施工方法、回冻过程、冻胀、盐渍化冻土的冻结强度，低温、早强、耐久混凝土和高寒地区测试元件的制作等方面进行了有益的探索，对多年冻土地区的桩基设计提出了建议。

(3)第三期研究重点是多年冻土区公路工程地质研究、路基温度场研究、路基变形研究及隔热材料在路基中的应用研究。第三期科研组仍由交通部第一公路勘察设计院主持，先后有 240 人次参加。自 1985 年至 1999 年经过 10 多年的努力，完成了课题研究计划，满足了青藏公路整治工程的需要，也为高原多年冻土地区的公路工程建设提供了可靠依据和宝贵资料。第三期科研成果经交通部组织鉴定认为：“成果总体已达到国际先进水平，其中在冻土路基工程地质分区、分类及多年冻土地区路基设计原则与方法方面处于国际领先水平”。第三期科研成果主要内容为：

①根据青藏公路沥青路面强烈的吸热封水作用，多年冻土区路基下人为上限逐年下降，造成冻土在垂向上呈不衔接状或局部冻土消失，加剧了路基不均匀沉陷，导致路基路面过早破坏的状况，提出了在青藏公路整治工程中应根据不同的冻土条件，分别采用保护冻土、控制融化速率和综合治理的设计原则。

②根据对青藏公路 12 个不同类型冻土路段，经过 5～8 年的路基变形、地温观测和全区段

路况调查资料，结合青藏公路整治工程设计，提出了多年冻土地区高温冻土区路基设计容许变形控制指标，并根据不同的冻土类型，给出了上限下降允许值和相应的路基临界高度计算公式。

③根据对青藏公路多年冻土地区涵洞使用状况的调查及对具有代表性涵洞的长期观测，分析了青藏公路多年冻土地区涵洞病害的主要原因。从设计、施工和养护的不同角度，提出了适用于多年冻土地区涵洞的结构类型、基础埋置深度以及防治涵洞病害的原则和工程措施。

④根据青藏公路多年冻土地区工程状况，冻土地质条件和地温、融沉观测资料，直接从冻融界面的热物理过程入手，借助地温梯度计算预测一定时期内多年冻土可能融化的最大深度。

⑤根据8根热棒多年冻土地区试验涵洞工程中的应用状况，提出了采用热棒技术处治多年冻土局部道路或构造物冻害的设计方法和应用特性，为多年冻土地区防治工程冻害提出了新的方法和宝贵经验。

⑥通过对聚苯乙烯隔热层路基试验路的设计、施工和竣工后3年多的观测，分析了在多年冻土地区路基填高受到限制时采用隔热层路基的可行性与合理性，提出了隔热层合理埋设深度的计算方法和设计、施工注意要点，为在多年冻土地区推广应用该结构保护冻土提供了宝贵经验。

⑦通过对钢纤维水泥混凝土路面试验路的设计、施工和竣工后3年多的观测，提出了设计高强度钢纤维水泥混凝土配比设计的新方法，改进了粗集料级配，降低了含砂率，使每立方混凝土节约水泥14%左右；分析了钢纤维水泥混凝土路面早期裂缝的成因和应采取的改进措施，提出了在多年冻土地区钢纤维水泥混凝土路面合理板块长度及切缝时间，为今后在多年冻土地区应用该类结构提供了可贵经验。

青藏公路承担着85%以上进出藏客运及90%以上进出藏物资的运输任务，公路状况的好坏直接关系到西藏经济繁荣与社会稳定。青藏公路三期科研成果为1973～1985年的二次改建及1992～1996年、1996～1999年二期整治工程提供了技术支持，并取得明显成效。青藏公路行车速度由整治工程前的30km/h左右，提高到整治工程后的50～60km/h，小车在16～17h内即可从格尔木到达拉萨完成1 150km的行程。

以青藏公路为代表的多年冻土区黑色路面修筑技术世界领先，对冻土区公路路基稳定性研究开展得比较深入广泛，主要经历了以下研究发展过程：

①以保护冻土为原则，研究路基最小填土高度；

②以低温冻土区保护冻土、高温冻土区控制融化速率为原则，研究路基临界高度；

③在上述原则的基础上开展综合治理措施研究，包括路基温度场研究、抬高冻土路基高度研究、冻土路基人为上限下限允许值研究、边坡热学差异性研究、隔热层研究等等，这些研究成果对青藏公路整治改建起到了指导作用，但总的来说有关措施属于被动保护冻土；1992年在楚玛尔河段、1994年在风火山南坡及沱沱河北采用粒径大于5cm的碎石填筑路基，处理融沉病害较严重的路段，尽管实际效果良好，但未能针对这一措施开展观测研究。

青藏公路运营期路基病害不断发生、发展，主要病害以路基融沉变形开裂为主(占总病害的85%)。以提高路基填土高度来保护冻土的方法在低温冻土区是可行的，而在高温冻土区因加大公路路基边坡受热面，导致路基下冻土融化盘偏移，产生路基边坡纵向开裂；同时冻土随气温的上升而退化，一方面冻土温度升高，另一方面冻土热稳定性降低，包括设置隔热层在内的被动保护冻土措施不能适应客观情况，应主动寻求冷却冻土地基的工程措施研究。

三、多年冻土地区公路修筑成套技术研究

（一）主要研究内容

以青藏公路为代表的多年冻土地区公路工程技术是世界冻土工程的宝贵财富。青藏公路历次整治改建工程，事实上也是冻土地区筑路技术研究最大的试验工程。但是限于对冻土内在规律的认识，以及冻土与工程相互影响的认识，多年冻土地区公路建设仍有不少问题尚待进一步研究解决。目前，全球气候环境正在经历一段变暖周期，在升温和人为活动作用增强的背景下，多年冻土响应逐渐显现，青藏公路沿线冻土工程地质变得异常复杂且具有多变性，典型问题如冻土路基热融沉陷、路基下冻土温度场各向异性导致人为上限非对称变化引发的路基纵向开裂、沥青路面下路基尺度效应等等，均尚待进一步探索和研究。特别是国家“十一·五”规划已将青藏高速公路建设提上日程，由于高原特殊的地理环境，高速公路修筑将面临比青藏公路复杂得多的冻土地质病害问题及生态环境保护问题，高速公路建设期及运营期本身的安全、高速、舒适的行车要求也将给公路建设提出更高更新的目标。通过国内外冻土地区公路工程研究现状分析与总结，应当看到，现阶段我国多年冻土地区公路普遍等级低（二级以下），路况差，病害严重。受认识水平和投资能力制约，对多年冻土地区公路病害的防治措施研究不充分，主要集中在冻土路基高度、路面材料与结构类型上，没有形成成套的冻土地区公路工程设计、施工、试验与检测及养护技术，不适应国家未来公路发展的客观需求。

主要问题表现如下：

（1）冻土地质勘察沿用非冻土地区常用方法和手段，冻土分类与定性准确性不高。

（2）冻土路基研究注重抬高路基、增设保温护道对下伏冻土的被动保护，对因填料导热性能改变而产生的路基尺度效应（路宽、高度、边坡坡度及护道尺寸）未作深入研究，设计理念有待突破和提升。

（3）对路基病害发生的机理缺乏系统深入的理论分析，冻土路基稳定措施针对性不强，处治效果不理想。

（4）对重交通荷载下冻土区路面结构适应路基变形的能力研究不系统，多年冻土区沥青路面耐久性能研究尚处空白。

（5）没有开展对多年冻土区特别是青藏高原生态环境极其脆弱地区的环境保护研究，有针对性的环境影响评价方法及生态恢复技术亟待建立。

（6）多年冻土区公路养护理念落后，缺少先进适用的工艺和技术，养护材料研究技术储备不足，养护机制不健全，影响了路面功能与寿命。

为系统研究总结我国三十多年公路冻土工程科研设计经验及高原多年冻土区环境保护与筑（养）路职工生命健康保障方面的经验，交通部在2002年西部交通科技项目中确立了《多年冻土地区公路修筑成套技术研究》项目，组织中交第一公路勘察设计研究院、长安大学、交通部科学研究院以及青海、黑龙江、吉林三省科研、设计、建设与管理及高等院校等28家单位250多位科技人员，开展10个分项目、1个专题、65个子课题的系统全面的研究攻关，历时近5年，研究范围涵盖多年冻土地区、季节冰冻地区公路建设工程、环境保护、健康保障的理论探索与技术实践。成套技术所含分项目及专题如下：

分项目一:多年冻土地区公路工程地质研究

分项目二:多年冻土地区公路病害和机理研究

分项目三:水、热、力耦合效应与路基路面温度场变化规律的研究

分项目四:多年冻土地区路基稳定性技术研究

分项目五:多年冻土地区路面设计与施工技术研究

分项目六:多年冻土地区桥涵工程技术研究

分项目七:多年冻土地区生态环境保护与评价技术研究

分项目八:多年冻土地区公路养护与维修技术研究

分项目九:季节性冰冻地区路基路面稳定技术研究

分项目十:高原(山)地区筑养路职工健康保障技术研究

专题:多年冻土地区沥青路面耐久性能研究

研究系统总结了我国多年冻土区公路修筑经验及高原特殊环境对人体和劳动能力影响的对策,集成多年冻土区公路修筑成套技术,提升了我国冻土工程研究水平和冻土区公路建设、养护水平,促进了多年冻土区公路建设与社会环境的可持续发展,为制定多年冻土地区公路工程规范提供了科学依据。本研究实现了以下目标:提出了符合公路特点的冻土区划与冻土分类指标;研究提出多年冻土区公路路基尺度与黑面效应;系统研究提出并验证了多年冻土区路基稳定技术;系统研究提出多年冻土区公路路面结构与材料设计技术;研究揭示了多年冻土区桥梁桩基础回冻及承载力规律;系统集成了多年冻土区公路施工技术;研究提出多年冻土区公路养护技术与材料;研究提出多年冻土区生态恢复技术;研究提出多年冻土区筑养路职工健康保障技术。

(二)研究成果

《多年冻土地区公路修筑成套技术研究》项目由中交第一公路勘察设计研究院牵头,项目研究在青藏高原西部的新藏公路(219 国道)、腹地的青藏公路(109 国道)、东缘的青康公路(214 国道)及东北大小兴安岭地区的黑北公路设置 4 个观测场、5 个观测站、100 多个观测断面,并在青藏公路昆仑山口多年冻土区设置桥梁桩基试验场 1 处,取得及研究分析各时期观测数据 200 多万组。

研究成果包含着青藏公路前三期科研的结晶,是原始创新、集成创新的集中体现。项目研究在多年冻土工程、高原生命健康保障、高原生态环境保护三大领域,包括冻土工程基础理论、公路工程设计与施工技术等方向上取得了 55 项成果,在 3 个方面填补了国际国内相关领域空白,6 个方面有重大突破与创新。2007 年 2 月交通部在北京组织专家对《多年冻土区公路修筑成套技术研究》项目进行了鉴定验收,鉴定验收意见认为项目总体达到国际领先水平;10 个分项目及 1 个专题也分别进行了鉴定验收,其中 5 个分项目整体达国际领先水平,其余 6 项达国际先进水平。突破创新成果归纳如下:

1. 填补空白

(1)独树一帜。高海拔多年冻土地区突破世界冻土工程理论禁区大规模铺筑黑色路面成功,连续 33 年跟踪研究形成独立设计体系,填补国内外空白。

(2)挑战极限。“七五”以来 20 年不断创新超越,逐步攻克“生命禁区”高寒缺氧环境下筑养路职工健康与恢复技术难关,填补国内外空白。

(3)系统集成。50 年掌握冻土病害与变形规律,首次提出多年冻土地区公路修筑成套技

术、冻土工程建养与脆弱生态保护多项重大关键技术，填补国内外空白。

2. 重大创新

(1)工程理论，奠定基础

①首次提出了以冻土类型、冻土温度为主要指标的多年冻土地区公路工程地质区划，以冻土融沉变形为主要因素的多年冻土公路工程分类；

②首次提出东北季节冻土区Ⅱ区公路三级自然区划与指标；

③采用室内冷域模拟野外真实环境，通过足尺模型室内试验与实体工程的对比研究，首次建立了公路冻土路基水、热、力三场耦合的理论模型并实现其数值解法；

④系统研究得到了公路各种不同条件下冻土变化和路基变形规律，为青藏高速公路的建设提供了理论依据。

(2)勘察设计，提升理念

①首次提出多年冻土工程地质综合勘察技术，改进了钻探工艺；

②总结完善了公路冻土路基设计方法和原则，首次将公路冻土路基稳定性研究与全球升温背景下多年冻土响应过程相联系，提出了“制冷阻热、减少辐射、增强对流、主动保护、积极预防、综合治理”的原则；

③首次提出路基合理高度的设计理念，通过30多年观测数据分析，得到了多年冻土地区随时间变化的公路路基合理高度公式。

(3)路基稳定，破解难题

①基于青藏公路50多年冻土工程病害发生发展的独特的历史资料，首次系统研究阐明了多年冻土地区公路病害机理；

②创新提出治理冻土路基病害的工程措施和一般结构冻土路基、特殊结构冻土路基建造技术，基本解决了多年冻土地区路基修筑难题；

③研究总结了季节冻土地区路基冻胀翻浆机理与处治对策。

(4)路面技术，突破常规

①首次从理论与工程效果两方面研究多年冻土地区公路路面结构适应性，首次系统研究并提出了多年冻土地区以低温耐久性能为主的路面合理结构、技术指标与配合比设计方法，以及适应变形和耐久性要求的路面结构设计方法；

②首次提出青藏高原多年冻土地区沥青路面的合理使用年限与综合养护技术，开发研制成功寒冷地区路面冷补材料与方法；

③集成了多年冻土和季节冻土地区路面修筑技术，首次提出沥青碎石贯入油结施工工艺。

(5)桩基回冻，揭示规律

①首次研究解决了世界多年冻土地区桥梁桩基回冻难题，揭示了桩基回冻与承载力的规律，发现在桩基稳定的负温环境中负温混凝土能提前形成强度，且可不考虑早期抗冻和抗冻耐久性，大大节约了冬季施工时间及工程造价；

②提出了多年冻土地区桥梁基础和涵洞工程建造技术。

(6)健康环保，首创体系

①首次研究并提出了青藏高原多年冻土地区公路生态环境关键影响因子、评价指标体系；成功地在高原公路路域实现人工建植植被，揭示了高原公路边坡水土流失规律，并形成环境保护综合技术；

②通过大量采样与调查，首次系统研究揭示了高原职工劳动能力及患病规律，得到了中西

药物对系列生理生化指标的影响规律，提出并建立了高原职工健康保障和疾病防治体系。

青藏公路通车50年来，历经数次整治改建，并开展长达30多年的连续跟踪观测研究，其作为中国高原冻土区大规模工程建设的开山之作，无疑也成为中国冻土工程研究最大的试验工程。《多年冻土地区公路修筑成套技术研究》项目组，积极迎对全球气候升温变暖对多年冻土区工程影响的挑战，从冻土工程理论、勘察设计方法、工程稳定措施、冻土工程病害预防养护与工程寿命保障，到高寒缺氧恶劣环境下的生态环境保护与筑养路职工生命健康关怀等方面开展系统研究，创新、集成了针对中国实际的多年冻土地区公路修筑成套技术，推动了中国冻土工程领域的技术进步，进一步提升了中国公路冻土工程研究的世界领先水平。

第二章 多年冻土分布及特征

第一节 高海拔多年冻土

我国西部的高山、高原地带，包括阿尔泰山、祁连山、天山以及青藏高原，分布着多年冻土，统称为高海拔多年冻土。

一、西部高山多年冻土

（一）西部高山多年冻土的分布

海拔高度成为西部高山地带多年冻土发育和生存的首要控制因素。多年冻土分布的最低海拔高度称为多年冻土分布的下界，随高度增高，其面积、厚度和连续性也在加大。岛状多年冻土的分布，都起始于多年冻土分布的下界，随着海拔高度增加，其面积逐渐增大，过渡到大片连续多年冻土分布。

多年冻土的分布也呈现着纬度变化。多年冻土分布下界在北纬 49°～46°的阿尔泰山，海拔高度为 2 200m，在北纬 40°～45°的天山为 2 700m，到北纬 28°的喜马拉雅山北坡，海拔高度则达到 5 200m以上。经度对气温也有一定影响，下界自西向东呈现出降低现象。纬度和海拔高度相同的条件下，经度增加 1°，多年冻土下界下降 10.6m。自西向东，多年冻土的连续性在增加。

降水—积雪影响着多年冻土的发育与生存。冬季，积雪起着保温作用，夏季降雪，雪的反射和消融消耗热量，起着冷却作用，有利于冻土的保护。

一般说，地表的年平均温度不大于 0℃是多年冻土形成与生存的必要而非充分条件，在岩性、植被、水分、地温梯度、雪盖等适合而必备条件下，才能形成和生存多年冻土。

中国西部多年冻土地温分带图见图 2-1。

（二）西部高山多年冻土的特征

1. 阿尔泰地区

在中国阿尔泰山，北纬 49°20′～46°左右，海拔高度 2 200～2 800m，分布岛状多年冻土。

其年平均气温为－5.4℃～－6.7℃，平均积雪厚度都大于1m。多年冻土年平均地温约为0℃～－1℃，冻土厚度约几米至19m，上限一般为1～2.0m，这些地段中，各类冷生现象，如融冻泥流、洞穴冰相当发育，冰的厚度为1.4～2.0m，冰温为－0.2℃～－0.5℃。

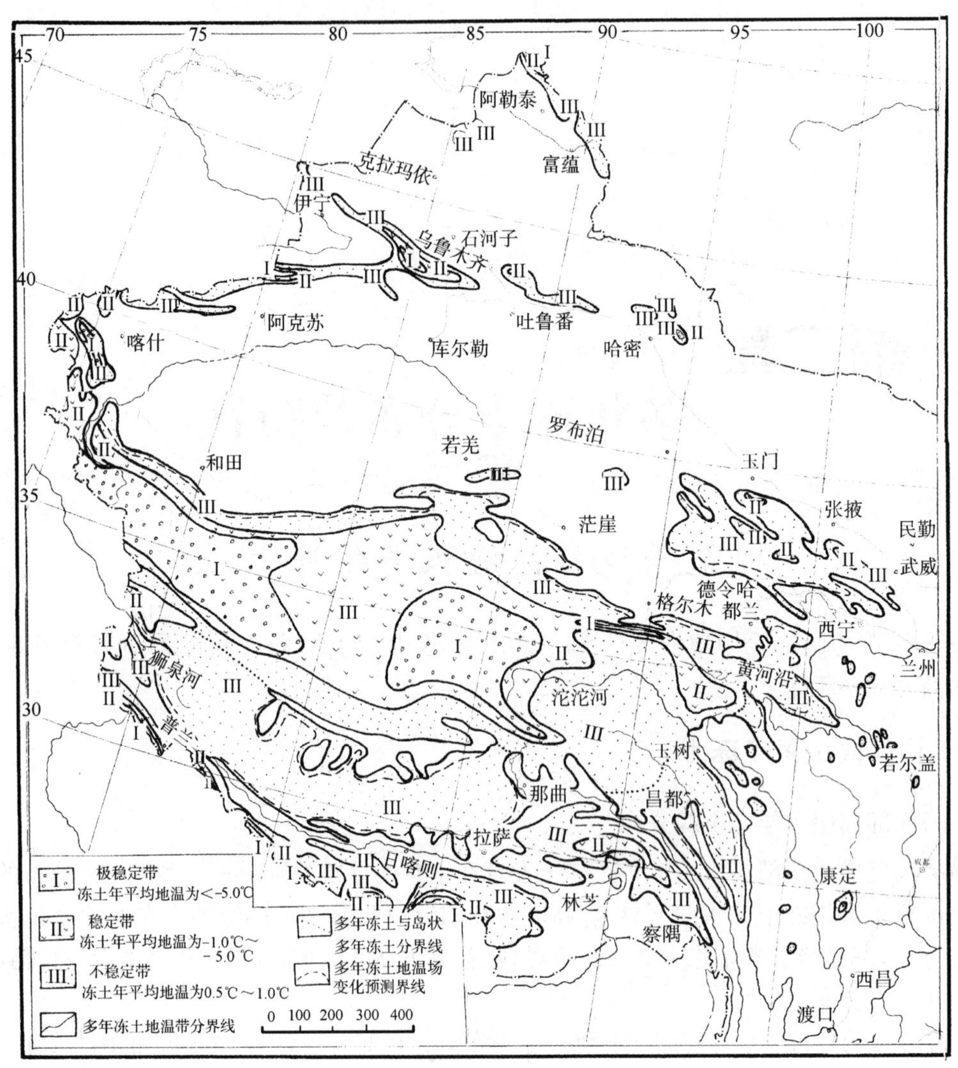

图2-1 中国西部多年冻土地温分带图

在海拔2 800m以上进入到大片连续多年冻土区，几乎所有坡向都发育着多年冻土。年平均气温为－9.4℃，年平均地温＜－2.0℃；冻土厚度＞20m，厚者达100m以上。洞穴冰不仅发育在阴坡，在阳坡也有存在，冰温约为－2.0℃。

2.天山地区

中国境内的天山，南北宽100～400km，约为北纬40°～45°，东西长达1 700km，跨越21个经度(即东经74°～95°)。下界海拔高度北坡为2 700～2 900m，南坡达3 100～3 250m。此海拔高程以上，多年冻土大面积连续分布。由于受岩性、地形、坡向、地表覆盖等条件的影响，带状分布的岛状多年冻土年平均地温和厚度有较大差别；所处的海拔高程也不一，如奎先达坂，在阳坡的海拔高程为3 100～3 270m，而阴坡的高程仅相差50m。

岛状多年冻土年平均地温约为－0.1℃～－1.0℃，冻土厚度约16～32m，多年冻土上限

2.5～3.5m。在腐殖质土与角砾土互层中，见有砾岩状构造冻土，冻土的体积含冰量为20%～30%，个别可达50%，属于富冰冻土或饱冰冻土，甚至为含土冰层。

随着海拔高度上升，气温降低，冻土厚度在增加。冻土年平均地温由－0.1℃逐渐降低到－2.0℃，到海拔3 900m处，地温可降低到－4.9℃，冻土厚度达230m左右。基岩中一般只发育着少量的裂隙冰。重力堆积的大块碎石类土及洪积—冲积的卵砾石土重冰含量都较少。在洪积扇前缘、山涧洼地及陡坡毗邻的山前缓坡地带，岩性主要为细颗粒土，往往发育着厚层地下冰。

3.祁连山地区

祁连山，位处北纬36°～40°，东经95°～103°。冻土下界海拔高度始于3 450m，海拔达3 600～3 900m以上就进入大片连续多年冻土区，北坡的海拔高度低一些，南坡则高些，南北坡相差约200～250m。随海拔升高，多年冻土地温降低，厚度亦随之增大。根据勘探测温资料，海拔高度在3 480～4 033m范围内，多年冻土的年平均地温为0℃～－2.0℃，冻土厚度为8.0～139.3m。在山前缓坡湿地地带，地温较低，达到－1.5℃～－2.4℃，冻土厚度为50～139m。在海拔3 550～3 700m内，冻土地温和厚度变化都不大，海拔每升高100m，地温降低值小于0.2℃，厚度增加值不足8m。在海拔3 700～4 200m内，冻土地温和厚度随海拔升高就有较明显的变化，海拔每升高100m，地温降低0.4℃～1.0℃，厚度增加10.9～42.5m。木里地区地温年变化深度大致在11～15m，冻土地温变化率22.5～46.7m/℃，在河流二级阶地前缘受地下水影响较大，地温增温率为18.9 m/℃，而后缘受地下水影响小，地温增温率为36 m/℃。

岛状多年冻土的分布，东段从景阳岭经热水、刚察、天峻至德令哈弧形线以东，西段由昌马盆地东缘经党河谷地上游、大哈尔滕谷地红崖子至鱼卡坳陷弧形线以西。岛状多年冻土的年平均地温约为－0.1℃～－1.5℃，厚度一般为25～35m，个别地段3～13m，这种差异主要是地势高低所造成的。海拔3 550m以下一定范围内，冻土温度向低处有所降低。岛状多年冻土区的最大季节融化深度在草炭及细粒土含水率较高的地段为0.9～2.0m，在基岩和粗颗粒土地带约2.5～5.0m。前者地段的地下冰含量较大，多薄层状、层状构造，属于富冰冻土，有些可达饱冰冻土。后者地带的地下冰，主要为砾岩状、包裹状及粒状冻土沟造，属于多冰冻土。

本区山顶及陡坡地带的基岩和砂砾石层中见有脉冰及粒状冰。山前坡地及洪积扇的碎石、砾石及亚黏土夹碎石中多呈包裹状、粒状冰和整体状冻土。山前缓坡、洼地等沼泽化湿地的粉质黏土等细颗粒土中，上限附近都普遍发育着厚层地下冰，一般厚度达2～3m，最厚的可达5m；上限以下也为中、薄层冰，属于饱冰冻土、含土冰层。

4.喜马拉雅山地区

喜马拉雅山地区多年冻土的资料很少，根据推算，多年冻土分布下界海拔高度约为4 900m。周幼吾(1982)根据珠穆朗玛峰地区的气温和冰川温度资料推算，北坡的多年冻土下界海拔高度大约在5 100～5 300m(相当年平均气温－2.5℃～－3.5℃)。在喜马拉雅山口一带(如聂拉木、帕里等站)岛状多年冻土下界海拔高度为4 800～5 000m，且由西向东降低(周幼吾，2 000)。现代雪线在海拔6 000～6 200m，多年冻土下界比其低400～800m。

二、青藏高原多年冻土的特征

(一)概况

青南—藏北高原，是我国高山高原最大的多年冻土区，南北跨越北纬31°41′～35°45′。多年冻土的北界为昆仑山北麓的西大滩，多年冻土分布的下界海拔高度约为4 150m左右

（青藏公路 K2879＋650），海拔上升约到 4 500m（青藏公路 K2986）即进入大片连续多年冻土区，分布宽度约为 6km，海拔高差约 350m。高原多年冻土的南界，起始于安多北（青藏公路 K3415），岛状多年冻土分布下界海拔高度约为 4 640～4 700m，直至藏北高原谷地（青藏公路 K3603 原 125 道班），南北跨度达 200km 以上。岛状多年冻土下界处的海拔高程与年平均气温为－2℃～－3℃等值线大致相当。南北界岛状多年冻土的年平均地温约为 0℃～－0.5℃，厚度约由几米至 20～30m。两道河地区的沼泽湿地，多年冻土年平均地温可达到－1.0℃～－1.2℃。厚度最大可达 60m。在南界，多年冻土主要分布于草原湿地或沼泽湿地。岛状多年冻土天然上限深度，西大滩地区约 2.8～3.5m，安多以南地区约为 1.0～4.0m，低洼的沼泽湿地多为 1.0～2.0m。岛状多年冻土的含冰状态，取决于岩性和水分。西大滩地区以砾石土、碎石土为主，含冰量较少，多属于少冰冻土和多冰冻土，少数地段为富冰冻土。安多以南地区的松散堆积物为碎石质粉质黏土居多，以及碎石土、砾石土及中细砂，含水率丰富的沼泽湿地和洼地，在冻土上限附近的含冰量较大，属于富冰冻土和饱冰冻土，如两道河地区湿地的冻土体积含冰量达 30％以上，具有中厚层状冰。海拔 4 500～4 700m以上的多年冻土基本上呈大片连续分布，青藏公路南北穿越了 550km 大片连续分布的多年冻土区。

总的来说，由西向东，多年冻土的面积逐渐减小。在同一纬度条件下，西部地区多年冻土分布下界海拔高度较东部地区约高 200～300m。青藏公路以东地区，多年冻土分布的下界，也是自北向南而升高。青康公路河卡南山北坡（35°50′N）为 3 800～3 900m，巴颜喀拉山南坡的玉树县附近（33°01′）为 4 000～4 300m，再让唐、色达地区（32°17′）则为 4 380m 左右。东北和东南地区为山地岛状多年冻土和零星岛状多年冻土分布，北部地区的布尔汗布达山—阿尔玛卿山，南至巴颜喀拉山之间的广大地区却为大片连续多年冻土分布，或断续分布。

（二）青藏公路沿线高海拔多年冻土

青藏公路沿线高海拔多年冻土具有强烈的垂直地带性，又具有纬度地带性和干燥地带性的分布规律。多年冻土温度、厚度受海拔高度的控制，海拔越高，地温越低，多年冻土越厚。青藏公路沿线多年冻土发育在各种地形、地貌单元的松散沉积物和岩层中，基本呈大面积连续分布。

从海拔高程为 4 350m 的 K2886 起，发育着大片连续分布的多年冻土，砂砾石层连续分布多年冻土下界处的年平均气温为 －3.6℃，而阳坡碎屑堆积物下界处的年平均气温约为－5.6℃。受地热和构造影响，在不冻泉地段 64 道班以南地带，出现约为 4～5km 的贯穿性融区。楚玛尔河、北麓河等地段受河流影响，形成影响范围较小的非贯穿河流融区。沱沱河断陷盆地，由于受河流贯穿性融区和渗透辐射融区的影响，出现片状连续分布的多年冻土与融区相间分布的格局，平面上和深度上均呈现不连续性。开心岭山区，多年冻土则又出现片状分布。通天河盆地、布曲河谷地段到温泉断陷谷地，出现青藏公路多年冻土区中最长与范围较大的贯穿性河流融区和多年冻土相间存在的区段。在地质构造的影响下，温泉断陷谷地存在着较大范围的构造—地表水融区，使得大片连续分布的多年冻土在平面和深度上均产生不连续分布。唐古拉山区至头二九山区，多年冻土仍呈现大片连续分布。受河流及构造影响，在捷布曲河断陷谷地，具有贯穿融区与多年冻土相间分布的特点。至 K3415＋000 片状连续的多年冻土分布结束，进入了南界岛状不连续多年冻土分布区。

在纬度、海拔、坡向及其他地理因素的影响下，青藏公路多年冻土厚度分布极不均匀

(表 2-1)。根据 20 世纪 70 年代的钻探资料,多年冻土厚度具有随海拔高度升高而增大的特点,平均海拔每升高 100m,冻土厚度大致增加 20m 左右。如风火山东大沟、西南坡冻土厚度分别为 72.8m、71.0m,沟底冻土厚度为 94m,而东北坡冻土厚度分别为 122m、137m、146m,坡向对局部冻土有很大的影响和控制作用。在中纬度地区,坡向作用相对高海拔冻土为弱,这主要与太阳辐射平衡值有关。

青藏公路沿线各构造带多年冻土厚度、地温及季节融化深度 表 2-1

地　名	平均海拔高度(m)	多年冻土厚度(m)	多年冻土地温(℃)	季节融化深度(m)	富含冰段比例(%)
西大滩盆地	4 450~4 500	0~20	0.0~−0.5	2.8~3.5	14.28
昆仑山区	4 500~4 800	60~120	−1.5~−3.5	1.5~2.8	59.85
楚玛尔河盆地	±4 600	0~40	0.0~−1.2	2.0~3.5	83.21
可可西里山	4 600~4 700	30~100	−0.5~−1.8	1.5~3.5	64.22
北麓河盆地	±4 560	0~40	0.0~−1.0	2.0~3.0	70.59
风火山区	4 500~4 700	50~120	−1.5~−4.0	0.8~2.5	82.0
乌丽盆地	4 580~4 600	5~40	0.0~−1.0	2.5~3.0	56.75
沱沱河盆地	±4 560	0~50	0.0~−1.0	2.5~3.5	49.08
开心岭山区	4 600~4 750	20~60	−0.5~−1.5	1.5~2.5	44.12
通天河盆地	4 600~4 700	0~25	0.0~−0.5	2.0~3.0	43.08
布曲河谷地	4 700	0~40	0.0~−1.0	1.5~2.5	26.11
温泉谷地	4 750~4 850	0~50	−0.5~−1.0	2.5~3.0	28.30
唐古拉山区	4 600~5 300	20~130	−1.0~−4.5	1.8~3.0	70.84
扎加藏布河盆地	±5 000	30~50	−0.5~−1.0	1.5~3.5	90.0
头二九山区	5 000~5 100	30~60	−1.0~−1.5	1.5~3.5	82.0
捷布区河谷地	4 800~5 000	30~50	0.0~−1.0	2.0~3.0	78.33
安多盆地	4 600~4 700	0~40	0.3~−1.0	2.5~3.5	
两道河谷地	4 600~4 700	0~80	0.6~−1.7	1.8~2.5	

青藏公路沿线多年冻土上限深度和活动层厚度除受海拔高度、纬度的控制和影响外,主要受土质类型、土体含水率、含冰量、年平均气温、下垫面类型等因素的影响和控制。总的趋势是,季节融化深度随纬度和海拔的升高而减小,在气候因素的影响下,一般海拔高度越高,多年冻土上限和融化深度越小,季节冻结深度则相反。土颗粒越细,含水率及含冰量越大,季节冻结与融化深度则越小,一般而言,青藏高原的细粒土,最大融化深度为 0.8~2.5m;基岩裸露的山顶、山坡,最大融化深度为 3~5m;植被较发育的草皮下最大融化深度为 0.3~0.8m。阴阳坡向不同,接受太阳辐射热量不同,阳坡的季节冻结与融化深度均较小,阴坡则大,其差值为 0.1~1.0m。表 2-2 列出了不同的岩性多年冻土上限的变化。钻探资料显示,青藏公路沿线天然条件下未见有融化夹层存在,但在路基下有很多路段都存在融化夹层,可见人为活动因素也起着非常重要的影响。

青藏公路沿线大片连续分布的多年冻土区内存在着许多融区。地质构造、河流等因素的综合作用决定和控制青藏高原多年冻土区内融区的性质和分布范围。

青藏公路沿线多年冻土上限深度(m)　　表 2-2

地　段	黏　土	亚 黏 土	亚 砂 土	砂 类 土	砾 石 类 土	碎 石 类 土
西大滩		1.5～2.0	1.3～2.1	2.5～3.0	3.0～4.0	2.5～3.5
昆仑山区	1.0～1.3	1.0～1.5	1.2～1.6	1.5～2.0	1.7～2.8	1.3～2.5
楚玛尔河	1.0～1.4	1.2～1.6	1.5～2.0	1.8～2.5	2.2～3.5	2.5～3.0
五道梁	1.6～2.4	1.2～2.4	1.2～2.5	1.8～2.8	2.5～3.0	2.4～3.0
可可西里山	1.9～2.4	1.2～2.5	1.1～2.4		2.0～4.9	
秀水河	1.6～2.0	1.3～2.5	1.3～1.4	1.4～1.5		
风火山	1.6～2.2	1.1～2.1	1.1～2.1	1.7～1.8	1.5～2.8	1.4～2.9
沱沱河	2.2 左右	1.5～3.8	1.5～3.2	2.2～2.3	1.6～2.0	2.1 左右
开心岭		2.0～2.6	2.3～2.5		2.4～2.9	
唐古拉山北	1.4～2.3	1.1～3.6	1.1～3.2	1.6～4.2	1.5～2.8	
唐古拉山南		1.2～3.0			2.0～2.5	3.0～3.5
扎加藏布河			1.5～2.5	2.5～3.0	2.0～2.5	
头二九山地		1.3～2.0		2.5～3.0	2.5～3.0	
113 道班		1.5～2.0		2.5～3.0	2.5～3.0	
114 道班		1.5～2.5		2.5～3.0	3.0～3.5	>3.5

(三)青藏公路沿线多年冻土地温特点

一般地说，松散堆积物地区的年平均地温为 0℃～－4.5℃，山地、基岩地区的年平均地温为－1.0℃～－12℃。强烈的太阳辐射和日照，使得阴阳坡的冻土地温相差达 1.7℃～2.4℃。多年冻土腹部地带，从南至北，纬度每升高 1 度，地温降低 1℃左右，多年冻土厚度增加 20～30m。随着海拔的升高，大约每上升 100m，地温降低 0.6℃～1.0℃，多年冻土厚度增大 20m。

多年冻土的地温特点可以归纳为放热型、吸热型、过渡型和残留型四种类型，青藏公路沿线绝大部分为吸热型和过渡型地温曲线。在高山基岩区，年平均地温一般较低，地温低于－5.0℃；在中高山区，地温在－5.0℃～－3.0℃范围内变化；低山丘陵地带，地温在－3.0℃～－1.5℃范围内变化；在广阔的高平原区、断陷盆地及河谷地带，地温在－1.5℃～－0.5℃之间变化；在南北界和融区边缘，地温一般在 0℃～－0.5℃之间变化，见图 2-2 所示。由此可见，中高山地带多年冻土年平均地温变化较为稳定；低山丘陵地带、广阔高平原区和断陷盆地地带多年冻土地温变化处于不稳定状态；而在多年冻土的南北界附近和融区附近冻土地温变化极不稳定，极易受气温波动和人为活动的影响，使多年冻土产生升温而退化。

根据青藏公路沿线实测年平均地温，与海拔、纬度进行线性多元回归统计分析，得到了年平均地温与海拔、纬度的关系如下式所示：

$$T_Z = 68.827 - 0.00827H - 0.972L \tag{2-1}$$

式中：T_Z——年平均地温(℃)；

H——海拔高度(m)；

L——纬度(°)。

年平均地温与海拔、纬度具有很好的相关关系，相关系数为0.96。

（四）青藏公路沿线多年冻土类型

青藏公路大片多年冻土地区上限附近含有大量的地下冰层，尤其是在湖相沉积的泥岩强风化后形成的灰绿色粉质黏土中，冰层达3～5m，往往呈中厚层状及层状，为富冰、饱冰冻土及含土冰层；在砂砾石地段则多属少冰冻土及多冰冻土，见图2-3所示。各冻土类型的分布长度列于表2-3。

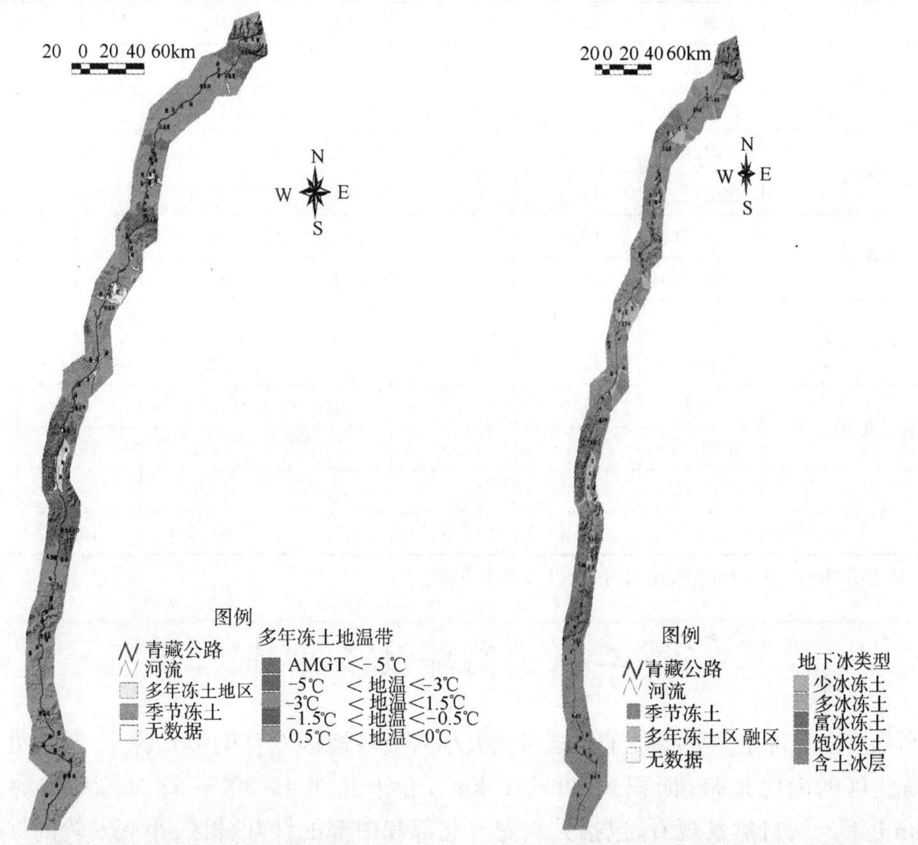

图2-2 青藏公路沿线冻土地温分带图

图2-3 青藏公路沿线多年冻土类型分布图

青藏公路沿线大片多年冻土地区冻土类型 表2-3

地 区	间距(km)	各种冻土类型的累计(km)					
	比例(%)	少冰冻土	多冰冻土	富冰冻土	饱冰冻土	含土冰层	融 区
昆仑山区	52.0	4.0	10.0	9.0	3.5	20.7	4.8
	比例(%)	7.7	19.2	17.3	6.8	39.8	9.2
楚玛尔河	53.7	6.54	5.60	7.19	12.36	21.41	0.60
	比例(%)	12.2	10.4	13.4	23.0	39.9	1.1
可可西里山	52.9	3.74	7.1	5.96	14.75	21.35	0
	比例(%)	7.1	13.4	11.3	27.9	40.3	0
北麓河	11.05	0.78	2.69	0.70	5.13	1.55	0.2
	比例(%)	7.2	24.3	6.3	46.4	14.0	1.8

续上表

地区	间距(km)	各种冻土类型的累计(km)					
	比例(%)	少冰冻土	多冰冻土	富冰冻土	饱冰冻土	含土冰层	融区
风火山	53.4	7.3	9.55	3.7	19.05	13.8	0
	比例(%)	13.7	17.9	6.9	35.7	25.8	0
沱沱河	66.95	16.50	4.4	9.95	13.2	0	22.90
	比例(%)	24.6	6.6	14.9	19.7	0	34.2
开心岭	30.5	0	7.4	4.7	4.1	11.3	3.0
	比例(%)	0	24.3	15.4	13.4	37.0	9.9
通天河	21.5	6.8	0	1.1	3.3	2.0	8.3
	比例(%)	31.6	0	5.1	15.4	9.3	38.6
布曲河	97.56	16.78	2.1	3.75	12.3	0	62.63
	比例(%)	17.2	2.2	3.8	12.6	0	64.2
唐古拉山区	55.44	9.54	9.86	13.72	17.94	3.4	0.98
	比例(%)	17.2	17.8	24.7	32.4	6.1	1.8
头二九山区	50.0	11.0	4.0	24.0	3.0	8.0	0
	比例(%)	22.0	8.0	48.0	6.0	16.0	0
总计	545.00	82.98	62.70	83.77	108.63	103.51	103.41
	比例(%)	15.2	11.5	15.4	19.9	19.0	19.0

注:冻土类型以上限下1m深度范围内的冻土总含水率确定。

第二节　高纬度多年冻土

高纬度多年冻土主要指位于我国东北大小兴安岭地区发育的多年冻土,其地处欧亚大陆多年冻土区的南缘地带,面积约 39×10^4km^2,介于北纬 46°30′～53°30″,海拔约几百米至1 000m上下。从自然景观看,包括大兴安岭北部和中部的针叶林区、小兴安岭的针阔混交林区、松嫩平原森林草原区北部以及呼伦贝尔—锡林郭勒高原的干草原、荒漠草原区的北部。属于我国最寒冷的寒温带和中温带的北部,太阳辐射和辐射平衡大致与纬度线平行,降水量从沿海向内陆递减。

一、多年冻土南界

从南至北,西部为荒漠、干旱蒙古草原,中部为松嫩森林草原,北部为生长针阔叶森林的大、小兴安岭林区,属于寒温—中温气候带,多年冻土的分布表现为岛状—零星、断续—岛状、大片—断续地递变,可分为大片多年冻土带(I)、岛状融区多年冻土带(II)和岛状多年冻土带(III)(表2-4)。

东北多年冻土南界,由西北方向从蒙古国的阿特卡、呼都克、塔托爱理进入我国的南兴安,经呼仑湖以南新巴二虎右旗,沿哈拉哈河溯源而上,绕过阿尔山南段,通过五叉沟转为北东方向,经巴林附近大松嫩平原北部的伊拉哈与讷河之间,之后沿小兴安岭西南麓,经南岔向北东方向,大约距萝北以北50km穿过黑龙江进入俄罗斯境内,呈“W”形分布(图2-4)。西部,46°30′N东段达

47°48′N。这是沿着年平均气温0℃的等值线为轴线而南北摆动的界线，西部(呼伦贝尔高原)在0℃的等值线偏北，大致在0℃～－1.0℃等值线间，东段则环绕小兴安岭南端向南弯曲，大致在0℃～＋1.0℃等值线间通过，中段(五叉沟－北安沟)大致与0℃的等值线吻合。

东北多年冻土带及其特征　　表2-4

冻土带	冻土带特征	连续性(%)	断续系数	年平均气温(℃)	年平均地温(℃)	多年冻土厚度(m)	地温年变化深度(m)
大片多年冻土带	大片连续	65～75	0.6～0.75	＜－5	－4.2～－1.5	120～50	12～16 以14～15居多
岛状融区多年冻土带	局部连续	50～65	0.5～0.65	－5～－3	－1.5～－0.5	50～20	
	不连续	40～50	0.4～0.50				
岛状多年冻土带	岛状的	20～40	0.2～0.40	－3～0	－1.0～0	20～5	
	稀疏岛状的	5～20	0.0～0.20				
	零星岛状的	＜5	＜0.05				

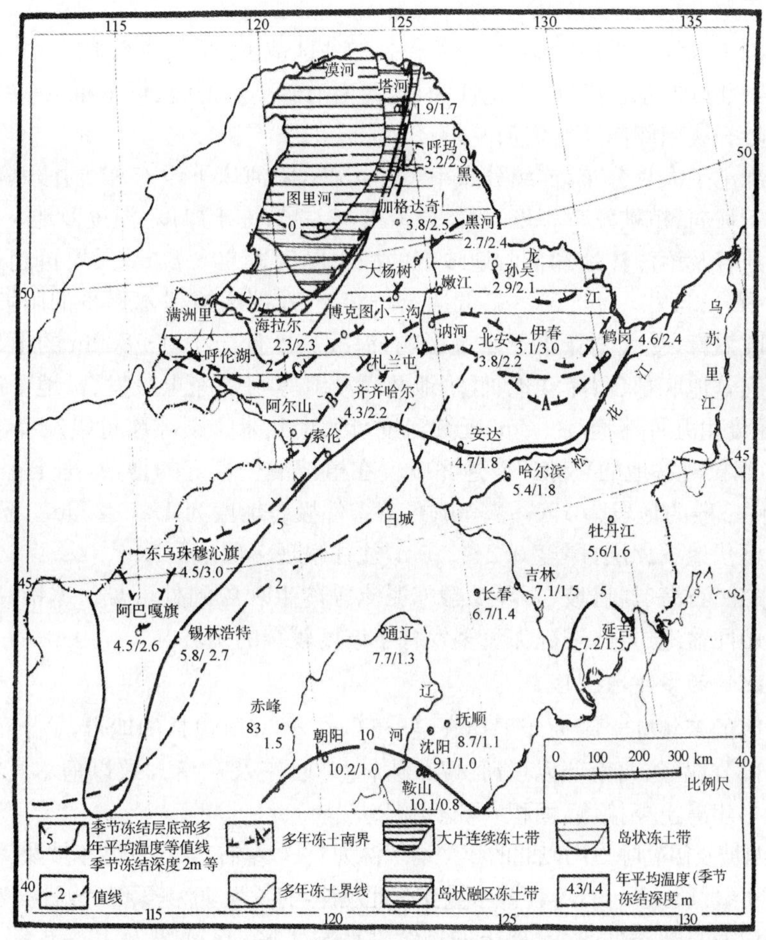

图2-4　东北地区季节冻结层底部多年平均温度、多年冻土分布及南界变动

东北地区多年冻土分布特点：

(1)受纬度地带性控制，自北而南，随年平均气温升高，多年冻土的年平均地温亦升高，厚度减薄，分布面积逐渐减小，分布的连续性由大片连续分布逐渐向断续分布、岛状分布、零星分

布变化，多年冻土中的融区逐渐扩大。

(2)海拔高度的叠加影响，使西部的大兴安岭高山地区的多年冻土比东部的小兴安岭低山丘陵更发育，无论是多年冻土的年平均地温、厚度、分布面积和连续程度都比小兴安岭发育。

(3)低洼沼泽湿地是多年冻土发育的良好条件，常常成为多年冻土厚度最大(＞100m)、地温最低(＜－3℃以下)、地下冰最为发育(厚层状地下冰)的地方，也成为岛状和零星多年冻土主要分布地带。其原因有三：①沼泽湿地具有保温性能良好、厚度较大的苔藓、泥炭层；②具有较高的水分和细粒土含量；③冬季的逆温层存在较为突出。

(4)岛状—零星多年冻土分布的南北宽度达 200～400km，远远大于大片连续、连续—岛状多年冻土的分布面积。这说明多年冻土对地表热交换反应敏感，是多年冻土与季节冻土过渡的复杂地带。

二、大片及岛状融区多年冻土

1.大片多年冻土区

大片多年冻土区为年平均气温－5℃所包括的地区范围，面积约 $6.16\times10^4 km^2$，即大兴安岭西坡北部，西、北以额尔古纳河、黑龙江为界，西南沿着莫尔道嘎、得尔布尔一线至图里河，东边沿大兴安岭岭脊线东侧向北至漠河一带。

该区多年冻土呈大片分布，连续分布率可达 75%，除河床下没有冻土外，基本上都有多年冻土分布。由于坡向、植被发育程度、松散层厚度等差异，冻土厚度、温度及地下冰等均有较大的变化。山间河谷及沼泽洼地和低阶地地带的冻土厚度达 60～80m，最厚可超过 90～120m；冻土地温一般为－1.5℃～－3.5℃，最低达－4.2℃。在裸露或树木稀少的阳坡，由于逆温层及基岩风化裂隙发育，受大气降水下渗等影响，海拔高度低于 700～800m 的山顶往往没有冻土存在。在山间盆地底部、沼泽洼地、低阶地及河漫滩等则是冻土最发育、地下冰最丰富的地段，地下冰层厚度由几厘米至 1～2m，延续深度可达十几米。裂隙冰也很发育，一般厚度 1～5cm，在北部的霍拉河盆地的裂隙冰厚达 20m。在植被覆盖良好的地段，冻土上限多为 0.2～1.0m；覆盖条件一般的地段为 1.0～2.0m；覆盖条件极差地段为 1.5～2.5m。资料表明，多年冻土上限以下下伏地下冰层，厚度 0.2～2.0m，往往呈现多层地下冰。

冰锥、冻胀丘、石海、岩屑坡、石环及融冻泥流等冷生现象到处可见。冰锥、冻胀丘多分布于沿河地带及山间盆地边缘；融冻泥流多发育于坡度较缓的阴坡。

2.含岛状融区的多年冻土区

含岛状融区的多年冻土区为年平均气温－5℃～－3℃所包括的地带，呈半环状，即大片多年冻土以东的部分地区，西南部以三河、拉布达林一线，南及东南大致以乌尔其汗、甘河、十八站一线与岛状多年冻土相接壤，面积 $6.6\times10^4 km^2$。

大兴安岭西坡及伊勒呼里山以北的年平均气温为－4℃左右，大兴安岭东坡及伊勒呼里山以南的年平均气温为－2.8℃～－3.5℃。降水量亦有此规律，前者为 300～350mm，后者 400mm 左右。

气温升高以及自然条件改变，冻土的连续性明显下降，连续率为 40%～65%。融区范围扩大，除大中河流及深大断裂充水带中属于融区外，在部分小河河床下以及植被稀少和裸露的阳坡也出现融区。冻土主要分布在谷地、阴坡和半阴坡、沼泽湿地等地段。冻土厚度一般为 20～50m，冻土地温为－0.5℃～－1.5℃，地温类型多属于零梯度地温曲线。北部低温较低，南部低温较高。冻土上限为 0.5～2.5m。这些地段的层状地下冰和裂隙冰较为发育。

三、岛状和零星分布冻土

主要分布于大兴安岭大片多年冻土区以东及小兴安岭地区。北起十八站以北，南至多年冻土南界，长约 500～600km。西起呼伦湖西岸，东止小兴安岭萝北一带，东西长达 1 200km。总面积约 $2.6\sim2.7\times10^5\text{km}^2$。从岛状融区的大片多年冻土区向东、向南逐渐过渡到岛状、稀疏岛状至零星分布多年冻土区，分布面积由 30%逐渐减少至 5%以下。该地区的年平均气温为−0.5℃～2.5℃，降水量小于 250～300mm，降水量较少，气候寒冷，属于半干旱草原气候。宽阔的草原上河流蜿蜒蛇曲，古河道和低矮阶地、漫滩以及沟谷中形成许多沼泽、湿地、湖沼。

岛状分布的多年冻土往往存在于草甸、塔头草发育的沼泽、湿地、洼地以及阴凉的山前缓坡中，在阳坡和山顶通常很少有多年冻土发育。在黑河至北安公路沿线，如上所述的沼泽湿地中都能发现冻土岛，即使在南界的北安，厚层泥炭的沼泽湿地亦见有冻土岛。多年冻土厚度变化很大，大部分地区为 3～10m，一些地段最大也不超过 20m。冻土厚度变化总的规律是由南界往北随纬度升高而增大，由于还受地质地理因素的影响，即使同一谷地，因岩性、植被、地质构造、地表水、地下水、坡向等条件差异，冻土厚度也有较大的变化。一般说，冻土厚度最大的地段都出现沟谷底部或盆地中心，且植被覆盖良好的沼泽中心。

该区多年冻土上限一般为 1.0～2.5m(表 2-5)。沟底的沼泽湿地、植被覆盖较好的地段，上限通常为 1.1～2.0m；阴坡的山前缓坡地段，地表相对干燥些，上限一般为 1.5～2.5m；河漫滩地段，植被覆盖较差的地段，上限可达 3.0～3.5m，植被覆盖对冻土上限的影响比较大。岛状、稀疏和零星分布的多年冻土区中，仍然存在着较多、较厚的地下冰层，多呈现整体状和层状，如黑河至北安二级公路沿线，多年冻土岛中都可能含有厚层地下冰(表 2-6)，饱冰冻土和含土冰层融化后的含水率可达 40%～80%。

大小兴安岭一些地点河漫滩上的多年冻土上限与下限 表 2-5

多年冻土带	岛状多年冻土带			不连续多年冻土带	
地点	大杨树甘河	德都龙镇	乌拉嘎小鱼河	图强府库青河	西林吉阿木尔河
上限(m)	1.9	2.5	1.5	1.3	1.0
下限(m)	3.2	3.5	5.0	3.2	2.8

黑北公路 K42+000～K190+000 段多年冻土分布地段及特征 表 2-6

序号	里　程	长度(m)	多年冻土特征				
			上限(m)	下限(m)	厚度(m)	平均含水率 w(%)	特　征
1	K64+450～K64+600	150	1.6	5.5	3.9		微层状构造，富冰—饱冰冻土
2	K69+270～K69+630	360	2.1	3.0～6.0	1.0～4.0	33.2 (42.1)	整体状构造，富冰冻土
3	K70+800～K71+030	230	1.5	4.0～5.0	2.5～4.0	48.8 (110)	微层状—层状构造，富冰—饱冰冻土
4	K72+315～K72+390	75	1.2	3.0	1.8		上限附近为多冰冻土
5	K82+630～K82+700	70	2.0	5.0	3		路中无多年冻土，宽谷存在有多年冻土

续上表

序号	里　程	长度(m)	多年冻土特征				
			上限(m)	下限(m)	厚度(m)	平均含水率 w(%)	特　征
6	K83+250～K83+350	100	1.7	4.5	2.8	62.3 (67.2)	微层状—层状构造，富冰—饱冰冻土
7	K84+360～K84+430	70	1.5	3.5	2.0	44.8 (50.0)	层状构造，富冰—饱冰冻土
8	K84+750～K85+010	260	1.6	6.0	4.4	42.3 (80.5)	整体状—层状构造，多冰—含土冰层。
9	K86+760～K87+010	250	2.6～1.8	7.0	4.4～5.2	22.4(1) 61.4	整体状—微层状构造多冰冻土—富冰冻土
10	K87+830～K87+870	40	2.0	3.5	1.5		整体状—微层状构造多冰冻土—富冰冻土
11	K113+500～K113+700	200	1.2～1.5	4.5	3.3	63.3(2) (71.9)	厚层状构造、饱冰—含土冰层
12	K137+880～K138+000	120	1.8	6.0	4.2	50.8 (69.0)	整体状构造，少冰—多冰冻土
13	K161+800～K161+980	180	1.1	4.0～6.0	2.9～4.9	30.9 (36.9)	整体状—层状构造多冰冻土—饱冰冻土
14	K166+150～K166+350	200	1.1	5.5	4.4	30.9(3) (36.9)	整体状—层状构造富冰冻土—饱冰冻土
15	K174+650～K174+860	210	1.1	6.5	5.4		整体状—微层状构造多冰—富冰冻土
16	K180+050～K180+200	150	1.0	5.0	4.0	103.8(4) 19.4(5)	整体状—微层状构造多冰—富冰冻土
17	K188+450～K188+950	500	1.1～1.5	6.0	4.9～4.5	28.6(6)	整体状—微层状构造多冰—富冰冻土

注：1. 表中标注：(1)粗砂；(2)碎砾石土；(3)亚砂土；(4)泥炭；(5)碎石土；(6)细砂、中砂；
2. 其余属亚黏土；
3. 括号内数据为最大值。

这些地区多年冻土年平均地温都比较高，一般为−0.5℃～−1.5℃，越靠近多年冻土南界，冻土地温越高，接近北部和大片多年冻土区的地温越低；在融区地带的年内平均地温可达2℃。区内冰锥、冻胀丘亦有发育，多系冻结层上水所至，属季节性，且以小型居多。

四、多年冻土退化

气温逐渐升高将使大小兴安岭多地区的多年冻土继续退化。按黑龙江省气象局观测统计值推算，若50年和100年后气温升高1℃和3℃的话，年平均地温亦随之升高0.7℃和2.1℃。与100年前相比，现代多年冻土北移了20～30km。50年后，气温升高1℃的影响下，多年冻土南界将北退到大小兴安岭北部,北退 80～200km,即由嘉荫至孙吴、经黑河、大杨树、小二沟、博克图,往西南由新巴尔虎左旗北边通过国境。现今的岛状多年冻土带将大部分消失,冻土面积将减少 $12.2\times10^4km^2$,占总面积的 32%。

第三节　多年冻土地温

一、正负交替年变化带地温状态

从地表到最大季节融化深度范围内的地温变化直接受气温影响。青藏高原不同振幅的温度日变化下传的深度是不同的,元月下旬至二月上旬较小的温度日变化下传深度约 20cm,中等强度冷空气造成的日变化影响深度达 40cm,只有 12 月下旬至元月下旬的大寒潮的影响深度约达 80cm。多年冻土区按 0℃等温线出现的时间考虑,3 月下旬至 5 月上旬,地表出现稳定正温,冻土开始融化,随着大气升温,冻土也逐渐融化;9 月以后,地面开始降温,出现稳定 0℃的时间约 9 月下旬至 10 月上旬,最大融化深度处的 0℃线则基本不再下降而保持平衡,10 月的上旬地表出现稳定的回冻。回冻的闭合曲线则因地而异,地温越低的连续多年冻土区,回冻曲线几乎是直线,地温较高的岛状多年冻土区或高温冻土区,0℃线延续至 11 月上中旬才能闭合。

二、多年冻土的年变化层内地温状态

多年冻土天然上限至地温年变化深度范围内的地温,常年处于负温值,地温年较差愈向深处愈小,到年变化深度处为零。地温曲线的状态随多年冻土稳定性而变化,多年冻土的地温曲线类型可以归纳为放热型、吸热型、过渡型和残留型四种类型。在同一地点,不同时间,地温曲线在冻土不同的发展阶段可以互相转换。

上述四种地温特征类型基本能够反映出多年冻土区的地温特点。我国大、小兴安岭及青藏公路沿线大部分为吸热型和过渡型地温曲线。青藏高原的高山基岩区,年平均地温一般较低,低于−5.0℃;中高山区,年平均地温在−5.0℃～−3.0℃范围内变化;低山丘陵地带,年平均地温在−3.0℃～−1.5℃范围内变化;广阔的高平原区、断陷盆地及河谷地带,年平均地温在−1.5℃～−0.5℃之间变化;南北界和融区边缘,年平均地温一般在 0℃～−0.5℃之间变化。大兴安岭的漠河、满归、莫尔道嘎等地带,多年冻土年平均地温相对低一些,为−3.0℃左右。由此可见,中高山地带多年冻土年平均地温变化较为稳定;低山丘陵地带、广阔高平原区和断陷盆地地带多年冻土地温变化处于不稳定状态;而在多年冻土的南北界附近和融区附近冻土地温变化具极不稳定性,极易受气温波动和人为活动的影响,使多年冻土产生升温而退化。

三、多年冻土的地温带

研究分析表明,年平均气温是冻土生存和发育的主要条件,纬度与海拔都与多年冻土的分布有着良好的相关关系。不论是大小兴安岭,还是青藏高原,选择多年冻土的年平均地温作为描述冻土地带性分布的主要特征,不仅能反映多年冻土年平均地温、厚度和平面分布的连续性,还可反映多年冻土的稳定状态。评价全球气候转暖对多年冻土的影响,或者依据多年冻土受气候及人类活动影响的敏感程度,进行冻土工程性质及工程稳定性影响分析时,均可按多年冻土年平均地温的变化，确定地温与冻土厚度、地下冰及冻土稳定性相应变化。现将多年冻土地温划分为三个地温带（表 2-7）。

多年冻土地温带分带 表 2-7

<table>
<tr><th colspan="2" rowspan="2">带　名</th><th rowspan="2">年平均地温（℃）</th><th colspan="2">多年冻土厚度（m）</th><th colspan="2">带界处的年平均气温（℃）</th><th colspan="2">分 布 地 带</th></tr>
<tr><th>东北</th><th>青藏高原</th><th>东北</th><th>青藏高原</th><th>大小兴安岭</th><th>青藏高原</th></tr>
<tr><td rowspan="4">I</td><td rowspan="2">极稳定带</td><td rowspan="2"><−5.0</td><td rowspan="2"></td><td rowspan="2">>150</td><td rowspan="3"><−6.0</td><td rowspan="3">−8.5</td><td rowspan="4">高纬度大片多年冻土带，阴坡，沼泽化</td><td rowspan="2">高山地带</td></tr>
<tr></tr>
<tr><td rowspan="2">稳定带</td><td rowspan="2">−5.0～−3.0</td><td rowspan="2">>100</td><td rowspan="2">100～150</td><td rowspan="2">中高山地带</td></tr>
<tr><td rowspan="2">−4.5</td><td rowspan="2">−6.5</td></tr>
<tr><td rowspan="4">II</td><td rowspan="2">亚稳定带</td><td rowspan="2">−3.0～−1.5</td><td rowspan="2">50～100</td><td rowspan="2">60～100</td><td rowspan="4">岛状融区多年冻土带</td><td rowspan="2">低山及沼泽泥炭中</td></tr>
<tr><td rowspan="2">−3.5</td><td rowspan="2">−5.5</td></tr>
<tr><td rowspan="2">过渡带</td><td rowspan="2">−1.5～−0.5</td><td rowspan="2">20～50</td><td rowspan="2">40～60</td><td rowspan="4">高平原、低山丘陵及河谷地带</td></tr>
<tr><td rowspan="2">−2.5</td><td rowspan="2">−3.5</td></tr>
<tr><td rowspan="4">III</td><td rowspan="2">不稳定带</td><td rowspan="2">−0.5～0.0</td><td rowspan="2">10～20</td><td rowspan="2">20～40</td><td rowspan="4">岛状冻土带</td></tr>
<tr><td rowspan="3">0.0</td><td rowspan="3">−2.5</td></tr>
<tr><td rowspan="2">极不稳定带</td><td rowspan="2">±0.0</td><td rowspan="2">0～10</td><td rowspan="2">0～20</td><td rowspan="2">河谷及岛状多年冻土地带</td></tr>
<tr></tr>
</table>

I 带：属于稳定带。大小兴安岭地区主要分布在纬度高的连续多年冻土区，地温低于−5.0℃或更低；青藏高原的局部高山区，如昆仑山区、风火山、唐古拉山等山区属稳定带，地温约−3.0～−5.0℃。气候转暖对多年冻土地温变化导致的冻土工程性质变化影响比较小。

II 带：属于基本稳定带。大小兴安岭的岛状融区的多年冻土区，平面上的连续性受到中断；青藏高原的可可西里、头二九等低山区（年平均地温为−1.0℃～−3.0℃），楚玛尔河、北麓河、布曲河、扎加藏布河等断陷盆地和谷地等高平原区（年平均地温为−0.5℃～−1.0℃，属于过渡带）。气候转暖将会对这些地带产生较大影响，使这些地带的冻土工程地质环境变得更加复杂，冻土稳定性减弱。

III 带：属于不稳定带。岛状（或零星岛状）多年冻土区，如大兴安岭东、西坡的地山丘陵区，呼伦贝尔盟及松嫩平原北部等；青藏高原的西大滩、沱沱河、通天河、捷布曲河（年平均地温为−0.2℃～−0.8℃），多年冻土南北界和融区边缘地带属于极不稳定带（年平均地温一般为0℃～−0.5℃）。这些地带的冻土稳定性极差，随气温升高而可能消失，部分地段的工程地质条件可能变好，部分地段可能变坏，造成冻土路基更大的下沉变形。

第四节　地下冰和冻土组构

一、高含冰量冻土的分布规律

冻土中的地下冰具有细粒状、微层状、厚层状、透镜状、脉状等形式，与土体组合构成整体状、层状（图 2-5 和图 2-6）、网状、砾岩状、包裹状、裂隙—脉状等的冻土构造。在湖相、坡积—泥流相土层中，存在着厚度不等的层状地下冰，主要以分凝形式形成，属高含冰量。主要分布地段在中细砂层中形成整体状构造地下冰。在砂砾石层中，主要以砾岩状、包裹状地下冰存在，含量较小；在冻结的基岩中，地下冰仅以裂隙—脉状冰的形式充填于基岩裂隙中，含冰量取决于基岩裂隙大小与充水程度。地下冰主要发育深度，一般在 20m 上下，特别富集于多年冻土上限以下 0.5～10m 深度内。

图 2-5　厚层状地下冰

图 2-6　微层状地下冰

冻土中地下冰含量的多少取决于不同成因类型土的粒度、矿物、化学成分，土层的埋藏条件、初始含水率及其水分补给条件，土层的冻结条件及其与地面的热交换条件等。颗粒粒径为 0.074～0.005mm 的粉土、砂土是分凝冰形成的最佳范围，粉质亚黏土、亚黏土、粉质亚砂土[注]、黏土、亚砂土及粉砂是地下冰富集的土层，其含量也基本上依此顺序排列。对于粗颗粒土来说，主要取决于充填物的粉黏粒（<0.071mm）的含量，当其含量大于 15%时，在充分饱水条件下也会形成高含冰量冻土。当充填细粒土中含有腐殖质、植物残体和高价阳离子时，就会很大地提高析冰能力，正因如此，泥炭土中常常含有大量冰层。在有腐殖质及植物残体覆盖的块石土中也会含有大量的冰体。例如，大兴安岭地区苔藓覆盖阴坡的坡积层中，只要掀起苔藓层即可见到冰层。

松散土体的成因类型可以看成是物质成分、水分、分布部位的综合表征，所以不同的成因类型的土体，其含冰量有较大差异。

青藏高原低山丘陵区中高含冰量冻土，特别是含土冰层所占比例最大；中高山次之，而河谷平原区最小。山间盆地往往具备细颗粒土和充足的水分条件，因而高含冰量冻土发育。如青藏公路两道沟，为冲积—洪积平原及洪积扇前缘的开阔地区，表层腐殖土厚达 1m，尽管该处年平均地温较高，但地下冰依然较为发育。在湖相沉积构成的山间盆地中，地下冰一般也很发育。如新藏公路甜水海段，为第四纪湖相沉积黏土，亚黏土等，上限附近发育厚层地下冰，冰层厚度达 2～3m，体积含冰量达到 70%～80%以上。低山丘陵区阳坡的地下冰不如阴坡发育。北麓河、通天河、沱沱河、楚玛尔河四个断陷盆地的冻土组构以层状构造为主，并伴生厚层地下冰；西大滩、温泉两个谷地的冻土组构主要是整体状、斑状，很少见到厚层地下冰或层状组构。断陷盆地的岩性多为泥岩、泥灰岩、粉砂岩，地层持水性能好，并有利于冻结时水分向冻结面输运，多形成层状冻土组构或出现层状地下冰；谷地地层由碎石、砂砾所组成，既持水性能差，又不利于水分输运，因而形成了整体状、斑状冻土组构并缺少层状地下冰。

新藏公路（219 线）的勘察资料充分表明，除了在细颗粒冻土中含有较多地下冰外，在坡积、洪积扇以及盆地湿地的碎石、角砾土中都发现有富冰冻土，甚至为饱冰冻土。在粗颗粒土中发育的地下冰有外生成因的地下冰（埋藏的冰川冰、雪冰）及埋藏的

注：书中土名为工程沿用的旧土名，新老土名对照见附录。

雪冰。

二、东北大兴安岭多年冻土区的地下冰分布特点

东北大兴安岭地区，地下冰主要分布在低洼沼泽湿地中，不论是连续分布的多年冻土还是不连续的岛状多年冻土区，在潮湿阴坡含有大量泥炭层的沼泽湿地地区，地下冰多呈厚层状，纯冰层一般厚度为0.2～0.6m，个别地段可达1～2m，埋藏深度为0.7～1.5m，最浅者为0.45m。山岭地段，土层较薄，地下冰分布较少，呈冰晶或孔隙冰状态存在于孔隙中。厚层地下冰多分布在沟口、冲—洪积扇、沼泽洼地、谷地和滩地，地表多生长着苔藓、塔头草、杜斯、醉林等指示性植物。在斜坡坡脚地带，虽然块石含量较大，只要是上部为苔藓覆盖的阴坡地段，苔藓下都可见有地下冰充填着块石的空隙，有些地段还存在较厚的地下冰层。

东北大兴安岭多年冻土区，埋藏在冻土上限附近的厚层地下冰是由分凝冰和重力水下渗冰组成，其水源主要来自上部开敞系统——季节融化层，水分自上而下迁移、渗透，冰层自下而上增长。

三、西部高山多年冻土区地下冰的分布特点

西部高山多年冻土区除了受地质—地貌条件的制约外，海拔高度成为控制多年冻土发育的重要因素，也制约着地下冰与冷生组构的分布。

(一)天山多年冻土区

天山地区的多年冻土，在基岩中只有少量发育在裂隙中的冰体；陡坡上的重力堆积大块碎石类土，有一定分选性和排水良好的洪积—冲积砾石土及卵石土，地下冰一般都是较为贫乏。在坡积裙、山间洼地及洪积扇间交界的洼地，主要是由黏性土组成的多年冻土区，往往富含地下冰。

(二)祁连山多年冻土区

祁连山地区的多年冻土含冰量沿地形剖面的分布，具有山岭—山前坡地—山前缓坡与沼泽湿地—阶地及河滩的变化规律，即基岩裂隙冰、脉冰，碎石土体孔隙中胶结粒状冰，黏性土中的层状和厚层状冰，砾石碎石的包裹状和粒状冰(图2-7)。祁连山木里与热水地区的调查表明(表2-8)，山前缓坡和沼泽湿地中含有层状及厚层状地下冰。

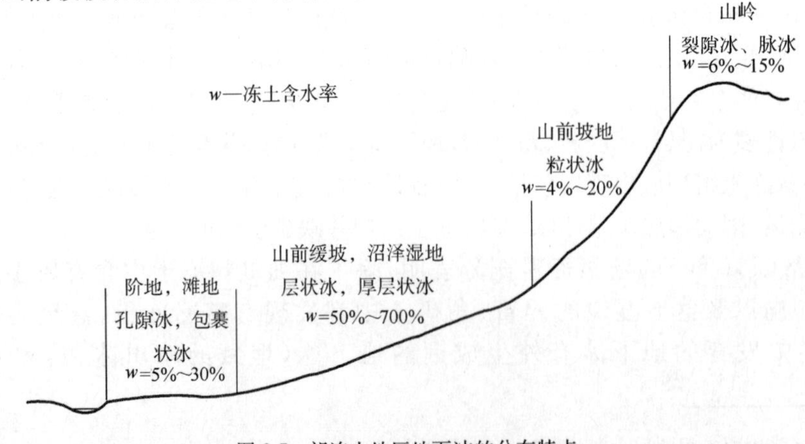

图2-7　祁连山地区地下冰的分布特点

祁连山木里与热水地区地下冰分布特征 表 2-8

地貌部位	上限(m)	年平均地温(℃)	松散层岩性	冷生构造	含 水 率
平缓残山	阳坡： 3～4m 阴坡： 2.5～3m	−0.6～−0.8	残积碎石角砾土，含少量细粒土。厚度0～1.5m	粒状冰	6%～15%
一级阶地	1.4～4.6	−1.4	表层0.5～1.5m为亚砂、亚黏土获细砂砾层，下为砂砾石层，一般厚10m	微层、薄层状，2～4m砂砾石被冰胶结、冲填	<0.5m：41%～110%； 0.5～1m：15%～35%； 1～4m：5%～20%； 河流下游： 0.8～1.5m：75%～87%； 1.5～2m：24%～64%
二级阶地	1.2～1.8	−2.0	表层2～3m为亚黏土或中细砂层，下为砂砾石层，夹薄层亚黏土，厚10～20m	1m内薄层状，至3m为中、厚层状，冰层厚度大于1m	0.3～0.8m：30%～160%； 0.8～1.5m：80%～325%； 1.5～3.0m：40%～200%
山前洪积冰碛堆积坡地	1.8～2.0	−1.8	表层为1～2m洪积砂砾石层，下为冰碛砂砾石及漂砾。总厚20～30m	0.3～1.0m微层状，砂砾石层呈粒状	0.5～0.8m：30%～110%； 0.8～1.6m：60%～120%； 1.6m以下：24%～50%
山前缓坡	0.9～1.1 阳坡： 1.2～1.4	−2.4	表层0.3～0.4m为草炭层，其下2～3m含砾亚砂土及亚黏土，再下为冰碛砂砾石层。厚度15～25m	1～7m为厚冰层，个别地段大于9m，往下呈中厚层状及薄层状	0.5～0.9m：40%～210%； 0.9～1.4m：>50%； 1.4～3.5m：40%～400%； 3.5m以下：20%～40%

四、青藏高原多年冻土区地下冰的分布特点

青藏公路沿线大量调查表明，冻土中含冰量的多少取决于地质—水文地质和热物理因素。前者指岩土的成分和性质、成因类型、埋藏条件、初始含水率、含水层的赋存条件等；后者指地面与土体中的热交换条件和地热梯度。

在地质—水文地质因素中，粒度成分和水分条件是冻土中形成高含冰量的重要因素。青藏公路沿线各类成因类型的连续多年冻土中，湖相沉积和坡积(包括泥流堆积)中的地下冰含量最高，尤其是含土冰层占的比例最大(表2-9)。物质成分分析表明，青藏高原湖相沉积物中含有大量的粉粒，特别是灰绿色的湖相沉积物，属于粉土和粉质黏土。北麓河等地的坡积物，主要为侏罗系和第三系的红色黏土和砂岩的风化产物，以粉质黏土为主，有些属于低液限黏性土，有些属于高液限黏性土。

一般而言，在其他条件相同时，年平均地温越低，冻土含冰量越高。在大片连续多年冻土的细颗粒土中，年平均地温较低的地段，只要有适宜的水分条件，一般都可能形成厚层地下冰。如在秀水河至风火山垭口多年冻土地带中，自南而北，由低向高，随着年平均地温降低，冻土含冰量有增加的趋势。

不同成因类型土体中各类冻土的比例(%) 表 2-9

冻土类型＼成因类型	湖积	坡积	残—坡积	洪积	冲—洪积	冰水沉积	冲积
含土冰层	52.2	34.7	30.7	21.9	8.9	3.9	5.1
饱冰冻土	23.5	20.5	22.7	23.9	25.8	12.0	0.5
富冰冻土	24.3	12.7	2.3	20.0	7.6	15.5	
多冰冻土		7.6	44.3	7.0	9.9	12.2	1.4
少冰冻土		24.5		16.9	17.9	51.4	
融区				10.3	29.8		93.0

青藏高原多年冻土地下冰具有如下分布规律：

(1)在相同地貌单元中，地下冰的含量随冻土年平均地温降低而增加。如北麓河比沱沱河河谷平原地带的年平均地温低 1℃左右，体积含冰量却增大 60%。在中高山及低山丘陵区，年平均地温高的地带，含冰量小；地温低的地带，往往具有较厚的层状冰。

(2)在同一地带中，低山丘陵区地下冰最发育，中高山区次之，河谷平原区不甚发育。因青藏高原多年冻土的分布具有明显的垂直地带规律性，降水量随海拔高度升高而增加，故低山丘陵区的年平均地温一般较低，降水量较大，土质相对较细，细粒土泥流堆积发育，水分含量高，高含冰量冻土所占比例最大；中高山区虽然地温较低，降水量也大，但土质多属碎块石土，堆积物较薄，不利于地下冰的生成，高含冰量冻土较少；河谷平原区由于海拔较低，粗颗粒土较发育，河水的热影响较强，不利于地下冰发育，高含冰量冻土较少。但在高平原区及湖相沉积的盆地中，细粒土的泥岩风化沉积物厚，河水热影响较小，地下冰也较为发育。

(3)相同条件下，细粒土中的地下冰较粗粒土发育。一般说，颗粒粒径为 0.005～0.074mm的土层最易形成地下冰。因此，粉质亚黏土、亚黏土、粉质亚砂土及黏土往往会成为高含冰量冻土，有良好水分条件的砂土也会形成高含冰量冻土。对于砂砾石及碎石土来说，主要取决于土中颗粒粒径小于 0.074mm 的含量。

(4)同一地区，坡度大，排水条件好，植被覆盖度小，则不利于地下冰生长；坡度小，植被覆盖度大且厚，则有利于地下冰生长。通常情况下，坡度小于 10°的山坡上，一般地下冰发育，尤以 4°～8°最有利于地下冰生；10°～16°的坡度上，地下冰发育条件较差；大于 16°的山坡上一般见不到厚层地下冰；坡度大于 25°时，一般只有裂隙冰存在。

(5)同一地区，阴坡地带的松散层厚度较大、植被发育、水分富集、地温较低，有利于地下冰的形成、发育，一般阴坡的地下冰含量比阳坡高。岛状多年冻土区，阴坡地带常有冻土，且含冰量较高；阳坡则无冻土。

(6)青藏公路的山间盆地多具有湖相沉积的细粒土层，地下冰较山地发育。对河谷平原区来说，平原区相较于河床、阶地，常常分布有高含冰量冻土；因其湖相沉积、细粒土发育，洪积扇、冰水沉积扇组成的斜坡地带，扇的下部和扇间洼地的水分较充分，细粒土含量相对较高，故地下冰较中、上部发育。

(7)同一坡向中，不同地形部位具有不同的地下冰含量。自山岭至坡脚，粒度成分由粗变细，松散层厚度由薄变厚。地下冰含量由少变多而厚。对低山丘陵区而言，高含冰量冻土多处于坡度平缓的阴坡、斜坡下部地带及坡角。这些地段中细颗粒土厚度较大,水分补给较充分。

(8)厚层地下冰的埋藏深度多聚集于多年冻土上限附近。厚层地下冰在山地丘陵区埋藏较浅,高平原居中,河谷地段较深。同一地区,植被发育、土质细小地段的地下冰埋藏深度较浅。草炭沼泽、黏性土和砂砾石的厚层地下冰埋藏深度分别为0.8~1.5m、1.2~2.0m和2.5~3.0m。

第五节 融化夹层的形成及发育规律

一、融化夹层的发育阶段

(一)融化夹层的形成

青藏公路冻土路基下融化夹层是指在季节冻结层底板和多年冻土顶板之间形成的隔年或多年不冻的融化土层,亦称为融化核。气候、地形地貌、下伏土体特征等外部因素,以及冻土的岩性、含水率、含冰量和年平均地温等内部因素的相互作用,制约着融化夹层的形成及其发展趋势。

高原上公路沥青路面的修筑,使冻土路基一方面增大了对太阳辐射吸收率(约增加了20%),另一方面阻碍了路基表面蒸发过程,产生的蒸发耗热不能通过沥青路面散出,影响着冻土与大气之间的热量交换。观测表明,沥青路面较天然地面下的土层提前20~30d融化,滞后20d左右冻结,唐古拉山以南(以下简称唐南)地区这种差异就更大。这种热状态的影响,加剧了冻土路基下部多年冻土的融化。

在外部因素和内部因素的共同影响下,路基中热量积累,一则阻碍了季节冻结峰面的下移,二则促使多年冻土上限处地下冰的融化,引起了上限的下移,产生不冻结层,且随路基中年热量积累的增加而逐渐发展。多年冻土年平均地温的高低,是影响冻土路基融化夹层形成及厚度大小的重要因素,一般含冰量较大的土层,融化时需消耗很大热量,融化夹层的厚度较小。融化夹层厚度较大的路段主要分布于高温多年冻土地区。

(二)冻土路基下融化夹层分布及特征

多年冻土年平均地温、岩性、含冰量、气候、地形地貌等多种内外因素的综合作用,直接影响着冻土路基融化夹层的分布特征及规律,使其特征和空间分布存在较大的差异。根据1992年和1995年的钻孔及测地雷达资料分析,从西大滩到安多528km的连续多年冻土路段,存在融化夹层的路段长度约占全长的56%,主要分布在西大滩和安多附近多年冻土南北界,以及多年冻土年平均地温较高的楚玛尔河、北麓河断陷盆地等高平原和河谷地区。在乌丽、沱沱河、通天河盆地及布曲河、温泉断陷谷地等广大河谷盆地中亦有融化夹层分布。从表2-10所列青藏公路各路段融化夹层所占比例可看出,西大滩断陷盆地、楚玛尔河高平原和北麓河盆地融化夹层分布广泛,占该路段内的多年冻土的70%以上;在昆仑山区、可可西里山区、风火山山区,融化夹层的比例占该段多年冻土的50%以上;以唐古拉山区融化夹层所占比例为最小。

青藏公路1992年和1995年的钻孔及测地雷达资料表明,融化夹层具有以下特征:

(1)除昆仑山、可可西里山、风火山、唐古拉山等中高山低温冻土区外,均发育有融化夹层,多年冻土的南北界地区比腹部发育;在楚玛尔河高平原、沱沱河北岸、布曲河谷等高温冻土区,已形成大于1m的融化夹层。

(2)路基越高,路基内融化夹层厚度一般越大。

(3)路基中人为上限下含冰量越大,融化夹层厚度越小;少冰冻土中融化夹层厚度很小,融化夹层集中出现在饱冰冻土、富冰冻土和多冰冻土中。

(4)粗颗粒填土路基内的融化夹层,一般比细颗粒填土路基融化夹层厚度要大,因为细颗粒土比粗粒土的热阻大,而且细粒土中的含冰量较大。

(5)在冻结层上水发育的多年冻土地区的冻土路基中,有些路段的融化夹层中含有局部承压水,通常这些路段属于小盆地的微地形地段中。

各路段融化夹层占多年冻土的比例 表 2-10

地　段	年平均气温(℃)	年平均地温(℃)	所占比例(%)
西大滩断陷谷地	−3.0～−5.0	+0.2～−1.0	72.7
昆仑山区	−5.0～−7.0	−2.0～−4.0	53.0
楚玛尔河高平原	−4.5～−5.0	0.0～−1.0	72.4
可可西里山区	−5.5～−6.5	−1.0～−3.0	50.1
北麓河盆地	−4.5～−5.0	0.0～−1.0	76.9
风火山区	−5.0～−7.0	−1.5～−4.0	55.6
沱沱河断陷盆地	−4.2～−4.5	0.0～−0.5	53.6
唐古拉山区	−5.5～−6.5	−2.0～−4.0	33.3
扎加藏布河盆地	−4.0～−5.0	−1.0～−1.2	56.5

二、融化夹层与气象、地形和地貌的关系

青藏高原空气的冻结指数与融化指数数值和年平均气温有密切的关系(图 2-8 和图 2-9),冻结指数随年平均气温升高而减小,融化指数则随年平均气温升高而增大。根据观测资料,风火山地区,年平均气温为−6.5℃,最大冻结深度约 6～6.5m;沱沱河地区,年平均气温为−4.2℃,最大冻结深度约 4m 左右。

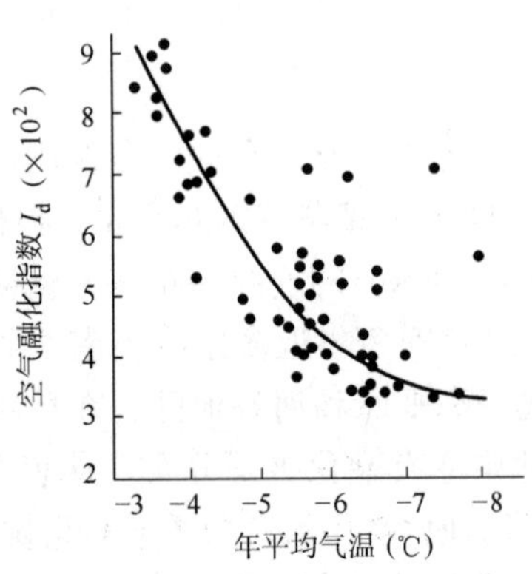

图 2-8　融化指数与年平均气温的关系

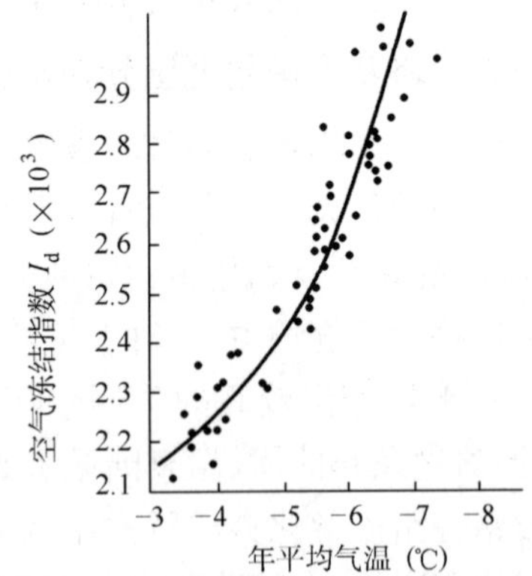

图 2-9　冻结指数与年平均气温的关系

由此可见,冻结指数和融化指数随着地形海拔高程的增大分别增大和减小,高山和中高山地区(如昆仑山、唐古拉山等),年平均气温较低,路堤的融化夹层所占的比例就较小;高平原地区(如楚玛尔河、沱沱河等)的年平均气温较高,路堤融化夹层所占的比例数就较高。据 1991 年后青藏公路整治工程的钻探资料,从西大滩至通天河地带,仅统计海拔高程与路堤下融化夹

层的关系可见，海拔高程相对较低的地段，路堤融化夹层的厚度也较大和集中，绝大部分都集中在海拔高程为 4 500～4 800m，尤其是在楚玛尔河高平原、秀水河北、沱沱河、通天河等地段。

青藏公路沿线的越岭与盆地相间的地形地貌格局就直接影响着气温的分布，也影响着路基下融化夹层的形成及其存在时间。

三、融化夹层与冻土的成分、含冰量以及年平均地温的关系

根据 1991 年西大滩至唐古拉山北坡的钻探资料统计，路基下融化夹层的厚度随着多年冻土上限以下的含冰量的增大而减小。少冰冻土、多冰冻土、富冰冻土、饱冰冻土、含土冰层的融化夹层厚度分别为 1～5m、1～5m、1～2.7m、0.5～2.5m、0.5～1.9m。显然，在同一地点的相似条件下，路基下多年冻土含冰量越大，冰的相变转化所消耗的热量越大，导致相应时间内路基下融化深度相应减小。

同样，在同一地段相同的冻土类型条件下，多年年冻土上限以下的岩性有差异，路基下的融化夹层厚度也有一些差别，粗颗粒土与细颗粒土相比，融化夹层约相差 0.1～1.4m 左右。多年冻土的含冰量越大，这种差异越小，如在楚玛尔河高平原地区的高温冻土带，多冰冻土地段，相差约 1～1.4m，含土冰层地段约相差 0.1～0.4m。究其原因，一方面与土的导热系数有关，另一方面主要还是受冻土中地下冰的相变耗热影响与控制。

路基下融化夹层的形成厚度与多年冻土的年平均地温有着直接关系。钻探揭示的资料统计表明，在昆仑山、风火山、唐古拉山及可可西里等高山和中高山地区，多年冻土的年平均地温均在－1.5℃～－3.5℃范围，属于低温冻土区；楚玛尔河、秀水河、沱沱河等盆地或谷地，年平均地温为－0.2℃～－1.5℃之间，属于高温冻土区。低温冻土区的路基下多为衔接的多年冻土，高温冻土区大部分路基下都出现不衔接现象。

天然条件下，多年冻土上限随着年平均地温升高而增大。在路基下人为上限的变化也随之反映出这种现象和规律，根据昆仑山垭口南(K2890)至五道梁北的山岭(K3004)1991 年钻探揭示的融化夹层资料及其对应地温，路基下融化夹层的厚度与所在地段的多年冻土年平均地温有较密切的关系(图 2-10)。

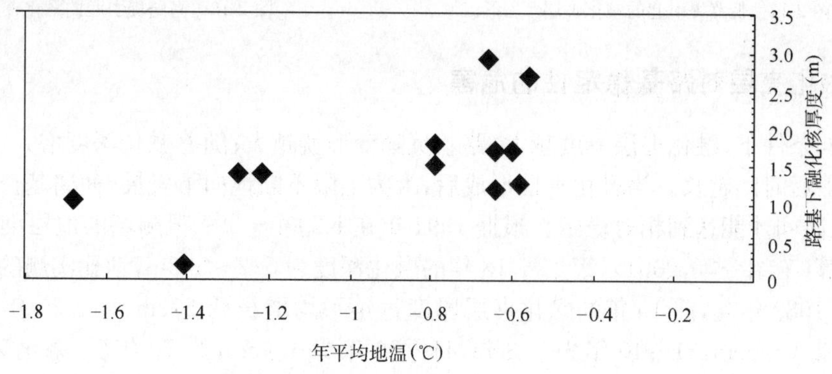

图 2-10　昆仑山—五道梁融化夹层厚度与冻土年平均地温的关系

四、融化夹层的形成与路堤高度的关系

图 2-11 反映了冻土年平均地温高于－1.5℃地区，路堤高度与各种冻土类型的综合关系，在不同的冻土类型中路基高度偏低或过高时，融化夹层的厚度都会增大(图 2-12 和图 2-13)。

当路基高度为1.5～2.5m左右时，路基下的融化夹层厚度最小，约为0.5～1.0m。也就是说，在存在融化夹层的高温冻土区，年平均气温约－4.0℃～－4.5℃，冬季期间的最大冻结深度约为4.0m左右，那么路堤高度加上最大季节融化深度（高温冻土区的最大天然季节融化深度约2.5～3.0m）约达4.0～5.5m时，就会形成融化夹层，再叠加沥青路面的地表温度高于天然地表温度约2℃以上的影响，路基下的最大季节融化深度就远超过这个数值，使融化夹层的厚度增大。过低的路堤高度，大量热量进入路基，使融化深度增大；过高的路堤高度，冷量不足以抵消路堤内夏季残留的热量，又形成残留融化夹层。

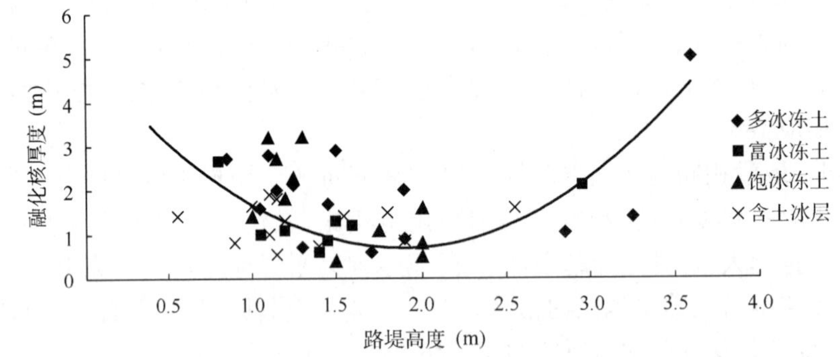

图2-11　清水河一带高温冻土区路堤高度与融化夹层的关系

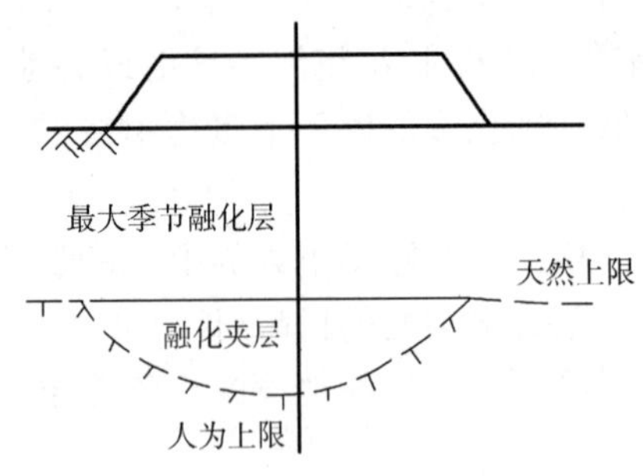

图2-12　低路堤引起的融化夹层

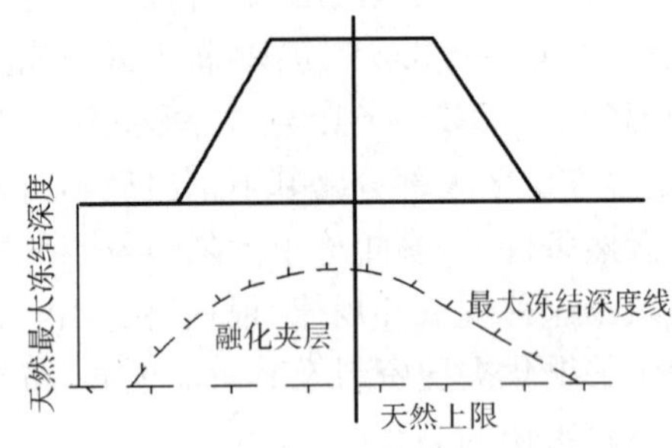

图2-13　高路堤引起的融化夹层

五、融化夹层对路基稳定性的危害

在相同条件下，融化夹层厚度越大，路基沉降变形就越大；随着融化深度增大，路基的固结沉降变形滞后时间越长。当融化夹层形成后，人为上限不断地向下发展，使路基长时间地持续下沉，需长时间才能达到相对稳定。根据1994年在K2930＋950观测场的地层剖面核辐射平衡资料计算（王绍令等，2001），第12～13年的融化深度为5.2～5.3m，钻孔实测的最大融深为5.4m。自1982年起，前10年的融化夹层厚度每年平均增长约27cm，10～20年为8～9cm，21～30年为5～6cm，31～40年为5.3cm，41～50年为4.9cm，约70年后，融化深度达8.5m才能达到相对稳定，可见这是一个漫长的过程。然而，就路基工程稳定性而言，在铺设沥青路面后运营30年（约2010年），路基下人为上限将达到6.8m，这之间的冻土含冰量（体积含冰量为35％～45％）较高，仍具有较大的沉降变形。反映在路基变形上需更长滞后时间，年变形量也相应较少，往后即便是继续融化，随地层含冰量减少，路基也就逐渐趋于稳定。

路基下融化夹层形成局部的“锅底形”的融化盘，成为聚水盆，大量的地下渗入和冻结层上水汇入，使盆内长年积水。调查表明，41％路段的融化夹层内均发育着地下水（路勋等，1996）。

地下水参与融化夹层的发展过程，既加速路基下人为上限向下发展，使路基内热平衡状态复杂化，又使路基的沉降变形增大，成为路基不稳定的隐患。如果路基下融化夹层具有线状连通性的话，往往造成低洼地段融化夹层内积水具有承压性，可能使路基路面隆起，以至爆炸。1990年6月在头二九北坡K3395处发生的路面爆炸，直径6m，深达3m。

多年冻土年平均地温高低，决定着冻土自身的稳定状态和对外界热干扰反应的敏感程度，地温越低，对外界热干扰的敏感性越低，路基下融化夹层的形成几率及其厚度也就越小。冻土中地下冰的含量，决定着路基下多年冻土的升温、融化速率以及冻土路基热融沉陷变形大小，含冰量越高，相变耗热越大，同样条件下，融化速度越慢，融化夹层的厚度越小。在粗颗粒土地层中，含冰量一般都较小，如西大滩地段，路基下为粗颗粒土，都属于多冰冻土，虽然人为上限达10m以上，融化夹层厚度为3～4m，但路基变形却很小，路基稳定性较好。据青藏公路沿线大量的钻探资料，高含冰量地带大部分出现在冻土上限以下3～5m，也正是路基下融化夹层所处地带，路基变形较大。

第六节　地下水及其变化

一、地下水与多年冻土的关系

土体整个冻结过程，冻土发育、生存、发展以及平面分布的连续程度，决定了各个冻土地区的水文地质构造。冻土温度越低，厚度越大，连续分布程度越高的多年冻土区，地下水的径流、排泄条件就越差。东北大小兴安岭地处欧亚大陆多年冻土带南缘，随着纬度降低，年平均气温升高，多年冻土的连续性越来越小，水文地质条件的冷生改造就越小，到达多年冻土南界后，水文地质构造的主体就不受任何影响。青藏高原等高山高原多年冻土区，主要受到海拔高度的控制作用，多年冻土的发育程度就随着海拔高度降低而减小，水文地质构造冷生改造程度就逐渐恢复非冻土区的特点。

影响水文地质条件的因素很多，地质构造和自然地理条件却制约着地下水的形成与分布。但在多年冻土区内，冻土层的存在直接影响着地下水的埋藏、分布、补给、径流与排泄条件及其过程。

土层冻结后，渗透系数将迅速降低，黏性土的导湿系数必将随着温度的降低而减小。因而，土层冻结后就变得渗透系数非常微弱，以至成为不透水层。由于土体的干密度、含水程度及矿物成分等差异，土层冻结后其隔水性稍有差别。

对于公路路基来说，直接影响路基稳定性及对路基产生病害的地下水主要是第四系松散岩类冻结层上水。其在多年冻土区内最为“活跃”，一年中总要经历“冻结—融化”过程，径流与排泄多样且频繁。无论是东北大小兴安岭多年冻土区，还是高山高原多年冻土区，季节融化层在冬季都发生冻结，夏季融化，各地区的差别在于冻结期与融化期的早晚及深度不一而已。多年冻土区的冻结是上下双向冻结，而季节冻土区则是上下双向融化。

在衔接多年冻土区，这部分地下水或许在冬季某一时间就可以全部冻结，或许可以始终保持零温状态而半冻结，或许在不断加厚的季节冻结层的压力作用下，向着冻结土层较薄弱的部位迁移冻结，形成冰锥或冰丘(即冻胀丘)。

在不衔接的多年冻土区，这部分地下水在整个冬季始终处于0℃的半冻结状态，或许全年都处于不冻结的正温状态。在上覆的季节冻结层消融过程中，地下水位即上升。

地下水发育的分布路段与冻土的发育状况有关，一般说多年冻土地温较低，冻土发育的地段，地下水分布较少，高温冻土区则相对多些。地形地貌、两侧的地表形态、地层岩性、路两侧的积水、地下冰的发育程度等都有关系。在山涧谷地和盆地路段地下水分布较广泛且水量较为充沛，沿河路段地下水丰富，山区越岭路段地下水相对贫乏。两侧积水洼地，路段的地下水分布较多。级配较好的碎砾石土含水性能较好，砂类土次之，黏性土最差，所以碎砾石土路段的路基下地下水最发育。

二、路基修筑后路基地下水赋存环境的变化

青藏公路路基下多年冻土上限普遍出现下降现象，形成凹型融化盘，路基两侧的冻结层上水渗入而积聚在路基下的融化盘中。冬季冻结期间，如果路基下融化盘有积水的话，可能产生半冻结或不冻结状态的冻结层上水。青藏公路多年冻土分布的北段(K2880～K3340＋200)一、二期整治工程的650个路基中心勘察孔(6～8月)资料统计表明，路基下有地下水分布的路段占勘察路段总长度的41%，与地下水最发育的时间(9～10月)相比，统计数值偏小，且在黏性土路段的钻进速度较快，终孔时难以发现孔内是否有地下水。勘察资料清晰地表明，冻土路基在垂直方向上出现不衔接的路段大多数均发育着地下水。

在满足合理高度的普通填土路基修筑后，路基下多年冻土上限可能上升，形成冻土核，地下水则聚集在路基的两侧或通过边沟排泄。然而，在斜坡路基情况下，路基的上方就成为积水洼地，如东北大兴安岭牙林铁路线岭顶地区，路基地基土为细颗粒土，路基上方为缓坡坡积碎石夹粉质黏土，山坡地带为坡积碎石，冻土核的形成改变了地下水的赋存条件，路基上成为积水洼地，冬季期间这部分的冻结层上水不能冻透，逐年增加，1965年的5月季节融化层消融到一定厚度时，山岭的春融潜水补给，不断地增大积水洼地冻结层上水的静水压力，最终形成隆胀丘，使路基出现暖季隆胀，经挖开上部的冻结层后，承压水即刻喷出地面2～3m高的水头，隆胀也即刻下沉，恢复原始地面。当地采用这种穿刺法治理了许多冻胀丘对路基的危害。有些地方，随着季节冻结层增大，冻结层冒出地面形成冰锥。

多年冻土分布特征制约着冻结层上水的发育、分布，根据冻土路基垂向的衔接或不衔接状态，路基下地下水的赋存方式基本上分为季节融化层内地下水和路基下融化核地下水。这两类地下水均以多年冻土层作为隔水底板，与冻土层相互依存，相互作用，地下水向下融蚀冻土，并向下渗流。以大气降水、地表水和冻土融化水为补给来源。随着季节融化层不断融化，路基下垂向剖面上可出现两层含水层，即季节融化层地下水和路基下融化核和地下水。当达到最大季节融化深度时，两类地下水即相互串通，混为一体，含水层的厚度也就达到最大。

第七节　公路沥青路面对多年冻土的热作用

一、沥青路面下的年平均地温

青藏公路铺筑沥青路面对路基及下伏多年冻土热稳性的影响主要表现为：一是改变路基表面的吸收辐射量，黑色路面反向射率大大减小；二是强烈减小蒸发耗热，辐射—热量平衡结构很大程度上取决于蒸发，在大气条件(气温、湿度、风向等)相同的情况下，蒸发耗热急剧减小会引起路堤内平均温度升高和年温度校差的增大。选择的1号观测场(见表2-11)，地处唐古拉山与头二九山间盆地，该地区多年冻土年平均地温约为－1.0℃，多年冻土天然上限为

2.6m，路基下岩性以洪积砂砾石为主，夹有少量中细砂和碎石层，多年冻土类型属富冰冻土与饱冰冻土，路基平均高度为2.6m。1号观测场沥青路面与天然地面下地温值与深度的关系见表2-12和图2-14。

唐南地温观测场基本参数表　　表2-11

地理位置		1号(K3363+800)	2号(K3393+950)	3号(K3411+810)
		32°42′30″N	32°29′33″N	32°23′00″N
年平均气温(℃)		−3.5	−2.7	−2.8
年平均地温(℃)		−1.04	−0.23	−0.33
天然上限(m)		2.6	4.1	2.0(草皮泥炭层)
路基高度(m)	右路肩	2.73	0.88	0.25
	左路肩	2.56	1.1	1.1
	路中	2.46	1.1	0.22
多年冻土顶板(m)	右路肩	5.6	8.9	7.7
	路中	6.6	10.2	9.6
	左路肩	5.9	9.6	8.5
年最高地温(℃)	天然	6.29	6.47(1.3m处)	1.68(1.15m处)
	右路肩	10.75	10.74	13.30
	路中	13.50	15.19	11.57
	左路肩	11.73	11.41	12.11
年最低地温(℃)	天然	−8.61	−4.72(1.3m处)	−1.14(1.15m处)
	右路肩	−10.89	−11.25	−11.74
	路中	−8.34	−7.71	−8.08
	左路肩	−10.66	−10.83	−8.08
地温年校差值(℃)	天然	14.9	11.18(1.3m处)	2.82(1.15m处)
	右路肩	21.63	21.99	25.04
	路中	21.87	22.90	25.61
	左路肩	22.39	22.23	20.99

注：表中年最高、最低地温及年校差值，都是取路面与地表以下0.5m深处的数据。

1号场沥青路面与天然地面下各地温值与深度关系表　　表2-12

上部条件 / 深度(m)	沥青路面下地温值(℃)			天然地面下地温值(℃)			年平均地温差值(℃)
	年最低	年最高	年平均	年最低	年最高	年平均	
0.5	−8.34	13.50	3.35	−8.61	6.29	−0.99	4.34
1.0	−6.05	11.65	3.19	−5.88	3.94	−0.95	4.13
1.5	−3.72	10.20	2.81	−4.59	1.82	−1.08	3.89
2.0	−2.81	8.49	2.37	−3.73	0.89	−1.05	3.42
2.5	−1.86	7.43	2.10	−3.02	0.14	−1.03	3.13
3.0	−1.10	6.37	1.82	−2.56	−0.22	−1.06	2.83
3.5	−0.34	5.24	1.51	−2.26	−0.35	−1.05	2.56
4.0	−0.11	3.95	1.14	−1.96	−0.45	−1.05	2.19

续上表

上部条件 深度(m)	沥青路面下地温值(℃)			天然地面下地温值(℃)			年平均地温差值(℃)
	年最低	年最高	年平均	年最低	年最高	年平均	
4.5	−0.09	2.81	0.81	−1.80	−0.52	−1.06	1.87
5.0	−0.11	1.95	0.52	−1.71	−0.59	−1.04	1.57
5.5	−0.12	1.22	0.28	−1.60	−0.64	−1.04	1.32
6.0	−0.14	0.58	0.08	−1.53	−0.68	−1.04	1.11
6.5	−0.18	0.09	−0.11	−1.45	−0.72	−1.04	0.92

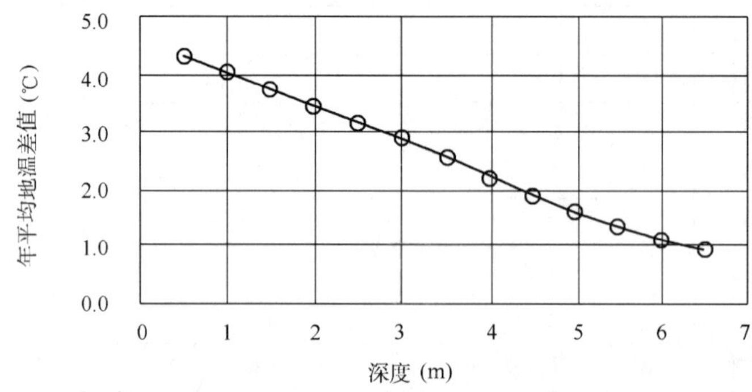

图 2-14　1 号场沥青路面和天然地面下的年平均地温差值与深度的关系

从天然地面下的年平均地温随深度分布状态来看，此处的多年冻土属于零梯度型，一年当中的年热流量在深度方向上是相等的，表明这一地区的多年冻土已处于临界状态，当外界环境条件受到扰动时，极易发生变化。气候变化对它的影响较大，瞬时或年度气温升高都会使多年冻土产生退化，工程扰动作用对这种临界状态的多年冻土影响更明显。

研究证明由于多年冻土已处于临界状态，修筑公路以后，地表形态和气温与地温之间热交换条件发生了较大变化，在沥青路面的影响下，路基及以下土层年吸热量大于放热量。从年平均地温与深度的关系分析可知，路中、左路肩、右路肩随深度增加年平均地温在降低，地温梯度为正梯度型。正梯度型表示地温的热流方向是自上而下，预示了路基下的地温将会逐年上升，路基下的多年冻土将会逐年退化。

研究发现沥青路面冻土路基下的另一重要特征为：冻结深度小于融化深度，且活动层底板或多年冻土人为上限以上各深度处的地温年平均值高于人为上限以下地温。而在同一地区的天然地面下，冻结深度一般都是大于融化深度，并且活动层底板以上地温年平均值低于下部地温。沥青路面与天然地面下，这两种完全相反的地温和冻结特征，决定了多年冻土的消退与生存条件。就地温年平均值来说，沥青路面下 0.5m 深度处，天然地面下约为−1.0℃，而路基中心为 3.4℃，二者相差 4.4℃；2m 深度处，天然地面下为−1.0℃，而路基中心为 2.4℃，二者相差 3.4℃左右。在同一地区，沥青路面与天然地面下地温年平均值比较，其差值随深度的增加而减少，减幅约为−0.6℃/m。可见，路基中的地温高于天然地温是路基下多年冻土消退的主要原因。

不同地区沥青路面对多年冻土影响程度的大小，从地温升高、多年冻土上限下降等一般现象来看，高温区比低温区表现突出，这实质是多年冻土对外界影响的敏感程度的差异性问题。沥青路面本身的影响程度在冻土地区之间有一定的差异，但差异并不很大。

二、沥青路面下冻土热敏感性

沥青路面修筑后，由于改变了地表辐射热量平衡状态，沥青路面吸热作用的加强及蒸发能力的减弱，使多年冻土发生较大变化。受影响最大的就是最大季节融化深度或人为多年冻土上限，同时多年冻土热状态改变极大。在具有较强吸热作用的沥青路面外部热扰动影响下，冻土体的吸热远大于放热。多年冻土区在土的年平均温度为负温时，热半年土中热量循环全部用于土体融化，在冷半年土中热量循环只有部分用于季节融化层的冻结，其余部分则用于零度以下土体的降温，在这种情况下存在潜在季节冻结过程。多年冻土对人为活动的影响响应快慢程度用冻土热融敏感性表示，其值定义为季节融化深度与潜在季节冻结深度的比值。

图 2-15 给出了多年冻土人为上限与冻土热融敏感性的关系。从图 2-15 可以看出，多年冻土区修筑路基并铺设沥青路面后，冻土热融蚀敏感性较天然状态有所增加，说明冻土对沥青路面和路基的热扰动响应较快。随着多年冻土顶板温度的升高，冻土对外部热扰动响应敏感性增强。由于沥青路面吸热作用和减少蒸发耗热作用，使得季节融化深度增大，相应地也改变了冻土热融蚀敏感性。图 2-16 给出了天然条件和路基下冻土热融蚀敏感性与季节融化深度的关系。图中可以看出修筑沥青路面后冻土热融蚀敏感性在变化，但是天然条件下冻土热融蚀敏感性越弱，修筑沥青路面后季节融化深度变化越小；相反天然条件下冻土热融蚀敏感性越强，修筑沥青路面后季节融化深度变化越大。修筑路基并铺设沥青路面后，外部热扰动使得季节融化深度增大，潜在季节融化深度减小。从冻土热融敏感性的定义式来看，沥青路面所增加的夏季热量增大了季节融化深度，而冬季用于使增大的季节融化层冻结所消耗的冷量增加了，相应减少了用于冻土体降温的冷量，使得多年冻土温度升高。

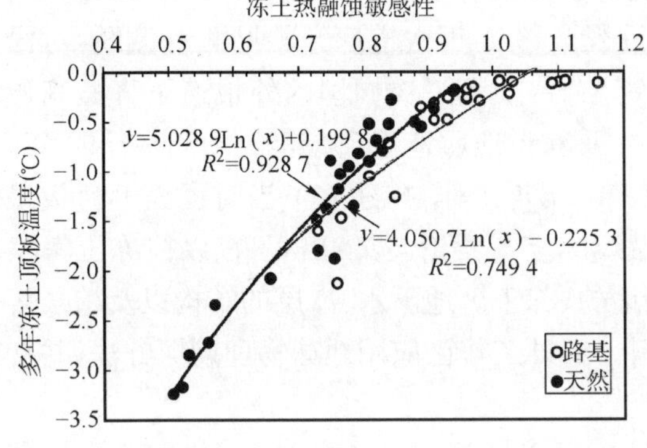

图 2-15　路基下和天然条件下冻土热融敏感性与多年冻土顶板温度关系

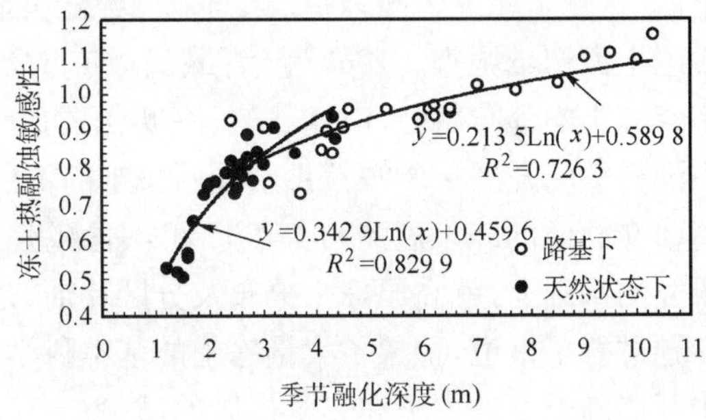

图 2-16　沥青路面和天然地表下冻土热融敏感性与季节融化深度关系

第三章 多年冻土工程地质勘察技术

第一节 多年冻土的勘察技术现状

国内外冻土的研究已有近百年的历史，20世纪40年代，一些地理学家就报道过我国西部高山地区分布多年冻土。1949～1959年，东北冻土区的地质和矿藏调查、林业开发、铁路和公路建设以及工业民用建筑等各项生产建设，大大促进了冻土科学的研究。1954年青藏公路通车后，青藏高原冻土问题引起交通及铁路部门的重视。1956年铁道部开始勘测青藏线，对沿线冻土做初步调查。1963年《青藏高原冻土初步考察》一文第一次向国内外报道了青藏高原多年冻土的分布特征、温度状况、厚度、组构、地下冰及冻土地质地貌现象等。1963～1964年，中国科学院开展了唐古拉山南麓西藏土门地区的冻土调查工作，并建立了当时世界上海拔最高(4 950m)的冻土观测站。1965年，《青藏公路沿线冻土考察论文集》出版，在以往冻土考察研究的基础上，就高原冻土分布及分区特征、冰缘地貌、冻土区地下水、冰层的结构以及植被等专题进行了报道，积累了大量冻土的基本科学资料。野外工作已应用地球物理勘探方法，并初步开展冻土物理力学和热学性质的试验。

1966～1977年，冻土科研主要结合工程建设项目以及拟建的青藏铁路(格尔木—拉萨段)，对各项工程就冻土工程地质条件、冻土物理力学性质及冻土地基基础稳定等方面做了大量的调查和室内外试验、观测、研究工作，并积累了许多科学资料。1973年交通部成立青藏公路科研组，就青藏公路黑色路面修筑技术进行了深入研究。1974年，国家组织了青藏铁路建设中冻土问题科研工作大协作，开展了青藏铁路沿线冻土分布、冻土力学和热学性质、冻土地基稳定性等课题的专门研究。

1978年以后，我国对东北冻土、青藏高原冻土研究以及天山、祁连山、阿尔泰山冻土的发育特征、分布规律以及形成条件等进行了系统总结，反映了我国区域冻土数十年来的研究成果。

多年冻土勘察的技术和方法，同其他地区的勘察方法一样，包括工程地质调查与测绘、遥感技术、工程地质钻探、工程地质物探、土工试验等。然而由于多年冻土地区的特殊性，各种勘察方法的应用与其他地区不同，多年冻土的勘察技术中包括地温的观测等内容。2002年始在总结多年公路工程冻土勘察的经验和几十年来青藏公路多年冻土科研的成果基础上，研究综合勘察技术在多年冻土区的应用。

在勘察和测试技术上，多年来我国较成功地应用直流电测探法探查多年冻土的分布，在采用航空像片研究冰缘现象和厚层地下冰方面取得一定进展，并试验利用卫星像片判读多年冻土及冻土环境的变化。近年来随着科学技术的进步，冻土勘察技术也得到了长足的发展，物探新技术、新方法在多年冻土勘察中得到了广泛的应用。测地雷达、地震折射法等在青藏公路整治工程多年冻土勘察中起到了较好的作用；电子自动地温测试系统提高了冻土温度的测试精度，提高了工作效率。

第二节　多年冻土工程地质钻探技术

工程地质勘察中所进行的钻探工程，其目的是通过钻探取样、样品分析、现场工程地质测试，以获取建筑基础的地质资料和岩土层的各项物理、力学、化学参数，为选择修建地点、基础处理方式、结构形式与尺寸等提供地质背景资料，以及为防止滑坡、泥石流等地质灾害提供设计和施工的依据。工程地质钻探设备主要包括动力机、钻机、泥浆泵、钻杆、钻头等。钻探方法有多种，根据破碎岩土的方法可分为：冲击钻探、回转钻探、冲击回转钻探、振动钻探等。

多年冻土地区气候严寒，冬季漫长，负温期长；夏季短暂，雨量集中、地表潮湿积水；下卧多年冻土情况复杂。为了查明冻土结构和含冰情况，并进行其他土工试验，必须取得冻结的原状岩芯。因此，在钻探过程中首先要避免和减少冻土的融化，这是确保钻探质量的技术关键。多年冻土地区应采取有效措施，采用合理的钻探设备和工具，必要时应对钻探设备和工具进行改进，以克服高原缺氧、气候严寒、交通不便、多年冻土等困难，保质保量地完成钻探工作。

一、钻探机械设备的选择

工程地质钻探设备较多，在多年冻土地区应根据工程地质勘察目的、设计要求、地质条件、施工方法、钻孔结构、工作区域、经济合理性等因素进行选择。工程钻探用的钻机类型有轻型取样钻机、岩芯钻机、车装式钻机、冲击式钻机等。由于青藏公路属高海拔准平原地貌，天气变化无常，空气严重缺氧，地质条件复杂，冻土钻探技术要求特殊，为了保证质量，节省人力，提高效率，安全生产，对钻机设备选择，尤为重要。目前，工程实践当中常用的钻机有图 3-1 所示的 DPP100-3 型车装式液压钻机和图 3-2 所示的 XY100-1 型轻型岩芯钻机，两种钻机的主要技术参数分别列于表 3-1 和表 3-2。

图 3-1　DPP100-3 型车装式液压钻机

DPP100-3 型车装式液压钻机主要技术参数　　表 3-1

开孔直径(mm)	钻进深度(m)	回转速度(r/min)	给进压力(kN)	卷扬提升力(kN)	水泵型号
110～130	100	55 102 176	20	12.5 6.70 4.01	BWT-450

XY100-1 型轻型岩芯钻机主要技术参数　　表 3-2

钻进深度(m)	开孔直径(mm)	三挡回转速度(r/min)	液压给进压力(kN)	液压起重力(kN)	卷扬提升力(kN)	水泵排量(L/min)	柴油机(kW)
100	110～130	142、285、570	15	25	10	95	8.8

DPP100-3 型车装式液压钻机，既能装载配套工具，又能解决人员往返工地乘车问题，其自身还具有较先进的操作控制系统，性能齐全，使用简单，操作方便，能满足冻土钻探的技术要求，同时减轻劳动强度。而 XY100-1 型轻型岩芯钻机的优点主要在油压自动给进装置，钻进效率高；用液压夹持器代替卡盘，可不停钻倒杆；手柄集中，操作可靠方便；同时钻机、水泵、动力机都装在同一个底架上，结构紧凑，机身占用面积小；质量轻、分解性强、便于拆卸搬迁。但是，XY100-1 型轻型岩芯钻机不具备自动液压起架和车装动力运载，所以工作时要人力起架，搬迁时常要拆卸安装，这就要消耗较多的人力物力，影响工作效率。因此在多年冻土地区的钻探当中应当考虑优先选择 DPP100-3 型车装式液压钻机。

图 3-2　XY100-1 型轻型岩芯钻机

二、钻探工具的设计和使用

在多年冻土地区钻探，不同于一般地区钻探。一般地区钻探是靠回转钻进，钻具与岩土摩擦导致温度升高；对多年冻土这一特殊地层，如果不采取措施，就会导致岩芯融化，既影响岩芯采取又会使岩芯含水率发生变化，以致达不到钻探质量要求。故操作中除需要慎重地做好施钻外，还应采取如下措施，保证施钻质量。

(一)开孔直径

钻孔开孔直径应按照工程地质规范要求，除必须满足芯样制作符合物理、力学试验试件的规格外，还应根据钻机性能，施钻地区的具体地质情况，合理选择开孔直径。一般性钻孔，钻进 0～15m，采取开孔 ϕ130mm；孔深大于 15m，开孔 ϕ91mm。控制性钻孔，钻进 0～15m，采用开孔 ϕ146mm；孔深大于 15m，开孔 ϕ110mm。有特殊要求的钻孔，应视实际要求和地质情况具体确定。总之，冻土钻探为预防和减轻岩芯融化，孔径大一级为好。

(二)钻头选用

钻探用的钻头，一般应根据岩性、设备能力、孔壁稳定情况、质量要求和经济造价等因素综合考虑选用。对于多年冻土，则应以冻土的骨架强度和含冰量大小来决定。经过多次实际钻进的研究，对于少冰冻土使用团结式硬质合金钻头效果较好；而对于含冰量较高的冻结层，可换用造价较低的单粒式硬质合金钻头。

冻土层内不宜采用磨钝的钻头，应将锋利钻头用于含冰量较高的层位。

（三）施钻方法

为直接取得多年冻土岩芯样品与资料，以划分地层，测定冻土界线，判定和描述冻土的岩性、成分和产状，了解不良地质现象的分布、状态，以及为给试验室提供各类原状或扰动样品等，应采用最有效的施钻方法。在路基钻探中，应采用无泵干钻的方法。在桥基钻探中，对冻土覆盖层仍采用无泵干钻，当进入基岩顶面后，下入套管隔住冻层，防止融化坍塌，再采用冲洗液循环回转钻进。

为了获得较高的钻进效率和钻孔质量，保证岩芯采取率和试样质量，应正确选择钻进技术参数和合理的操作方法。

1. 操作注意事项

操作时，注意力要集中，随时认真判断孔内情况。升降钻具要迅速平稳，防止岩芯脱落。下钻时，必须扶正钻具，速度要慢，钻头不得与孔口和孔壁互相撞击，防止碰坏钻头上镶焊的硬质合金。扫孔时，压力要小，转速要慢，待钻头到孔底工作平稳后，应逐渐增加压力，转速方可慢慢开足。采芯时，如孔内有残留岩芯或脱落岩芯，要设法及时清孔，以免影响钻进效率和由于岩芯摩擦生热破坏冻土层的结构。提取岩芯时，不得开快机猛提或猛礅钻具。在外界气温较高时，下钻前应将钻具清洗冷却后降入孔内，最好配备两套同径钻具，更换使用。在遇到融区，地下涌水时，应下入套管严密封闭，防止水渗入冻层引起岩土融化。遇有机械或其他影响因素停钻时间较长时，需将钻具全部提出孔外，同时孔口应加保温盖，使孔内温度不受地面气温的影响。

2. 钻进回次控制

钻进回次控制是操作技术指标的重要环节，冻土回转钻进回次时间不宜太长，回次进尺不宜过多，应根据冻土类型、岩性特征而分别确定，详见表 3-3。

冻土钻进回次控制 表 3-3

冻土类型	岩　性	含水率（%）	塑性状态	钻进回次	钻进回尺
少冰冻土	碎石类土、砾、粗、中、细砂、粉黏粒含量＞15%的粗颗粒土	$w \leqslant 14$	半干硬—硬塑	3	0.3
多冰冻土	粉黏粒含量≤15%的粗颗粒土	$14 < w \leqslant 19$	硬硬—软塑	4	0.5
富冰冻土	粉黏粒含量＞15%的粗颗粒土	$19 < w \leqslant 25$	软硬—流塑	5	0.8
饱冰冻土 含土冰层	粉黏粒含量＞15%的粗颗粒土	$25 < w < 44$	流硬—流动	5	1.0

注：此表仅供野外钻探参考使用。

3. 轴芯压力与回转速度

轴芯压力一般要大一些，待钻头合金刃部压入冻层内，转速应适宜，回次时间宜短，这样岩芯不易融化，且取芯率也高。一般钻压和转速的匹配使用见表 3-4。

钻压与转速参数范围值 表 3-4

钻探方法(回转)	钻头名称与规格(mm)	轴芯压力(MPa)	回转速度(r/min)
无泵干钻	110 团结式八角柱状硬质合金钻头	6～7	60～80
无泵干钻	110 单粒方柱状硬质合金钻头	5～6	80～100
泥浆循环回转钻进法	110 团结式、单粒式均可使用	1.5～2.0	120～150

注:泥浆循环回转钻进可用于基岩层位。

4.冲洗液使用范围

泥浆循环钻进携带有大量热能,对冻结状态的地层易起融解作用。特别在夏季钻探,对于冻结层含冰量较少的情况,往往采取原状岩芯特别困难。因此不能使用泥浆循环钻进的方法。另外,水的循环易使孔壁融解,发生掉块,坍塌以致造成孔内事故。但是对较深的桥基钻探,在冻土层下埋藏有基岩,而基岩钻探又必须使用冲洗液时,应首先下入套管隔住冻层,然后再采用冲洗液循环钻进。

三、多年冻土地区工程地质钻探的新技术

(一)空气钻进

在冻土勘察的钻探和取样中,保持原有岩土体的含水状态是一个很重要的环节。一方面采用传统的物质循环方法会对岩土体样品的含水率造成很大的改变;另一方面传统的钻探方法(冲击钻进、回转钻进、冲击回转钻进)很难控制钻进过程中的温度,使取样得到的样品不能如实地代表冻土的天然状况。为了提高勘察的准确性和精度,选择一种适当的钻进方法有建设性的意义。

空气钻进技术是指钻进中以压缩空气或含有压缩空气的气液混合物作冲洗介质,或用压缩空气既作破岩机具的动力,又兼作冲洗介质的一种新的钻进技术。目前使用较普遍并具有代表性的空气钻进技术有:粉尘钻进、泡沫钻进、潜孔锤钻进、气举反循环钻进、双壁钻杆反循环中心连续取样钻进。在多年冻土区的综合勘察中,推荐使用气举反循环钻进。

空气钻进的优点有:(1)连续取样不受污染;(2)钻进效率高;(3)纯钻进时间长(指潜孔锤和其他不取芯钻进时);(4)钻具粗,转速低,孔内安全生产系数高;(5)钻探成本低;(6)不下或少下套管;(7)钻孔不易斜。

空气钻进可以获得高效钻进的技术效果,具有很好的经济效益和社会效益;可以取得连续的、无污染的钻屑岩、矿样;可以准确地确定岩石分层层位;可以根据要求采取需要的岩芯。

目前空气钻进多用于矿产勘探,在国内外还广泛用于水文水井钻进以及大口径工程钻进,其技术与经济效益都十分显著。对于冻土地区的公路勘察,由于钻孔相对较浅(往往在 30m 以内),口径较小,应用时的成本较高。考虑到空气钻进的优点,在以下情况下推荐使用:

(1)对重要的控制性钻孔,可以采用空气钻进。

(2)对于缺乏研究资料的地区和典型路段,可以适当地采用空气钻进的方法以获得较为准确的岩土体的物理力学指标,其他的钻孔可以与之进行对比,进行修正。

(二)微机控制的自动化钻机

我国青藏高原多年冻土地区具有海拔高、气压低、环境恶劣的特点。由于钻掘技术的机械

化程度较低，工人的劳动强度大，在恶劣的自然环境条件下很难保证钻进速度和质量。另外，在某些特定的季节，采用传统的钻进方法(人力为主的操作方式)存在许多困难，从而进一步加长多年冻土地区的勘察周期。引入自动化程度高的勘察钻探技术不仅可以提高勘察质量，而且可以缩短勘察周期，提高勘察效率。

液压技术和计算机技术的进步，为研制计算机控制的自动化钻机创造了条件。一些工业化国家，如加拿大、瑞典以及日本等国从20世纪80年代中期就开始着手研制用于矿山开采的地下坑道钻机。这类钻机主要是用于炮眼钻进，同时也可用于勘探钻进。瑞典的SIMBA269—02型钻机，加拿大的CMS—CD—90型钻机以及日本的CBP—NK—10A型钻机等，就是将计算机技术与液压技术相结合的产物，其具有自动化控制功能。不仅具有自动拧卸和排放钻杆的功能，更重要的是，在钻进过程中钻机自身能按要求调节钻进参数，这些参数包括钻压、转速、钻速、泵量等，以达到最佳的钻进效果。其工作原理为：在钻进开始前，先由钻工将预先选好的钻进参数输入计算机存储器中。钻进开始后，安装在钻机各部位的压力、转速、扭矩和位置传感器将钻压、转速、给进速度等钻进参数变为电信号输入计算机，通过计算机处理后再输入液压系统，由电液伺服机构来调节和控制钻进参数。自动化钻机可提高钻进效率，提高钻孔的精确度(指钻孔方向、垂直度和深度等)。由于自动化钻机可保持稳定的钻压，因而可减少钻头磨损，提高钻头使用寿命。

(三)薄壁取芯钻具

与普通取芯钻具相比，薄壁取芯钻具钻头的碎岩面积较小，因而可提高机械钻速。薄壁取芯钻具获取的岩芯直径比普通取芯钻具要大。此外，薄壁绳索取芯钻杆比普通绳索取芯钻杆轻(如长年公司的AQTK型薄壁绳杆比普通AQ型绳索取芯钻杆质量减轻23%以上)，减轻了工人的劳动强度，提高了工作效率。使用薄壁取芯钻具钻进时，所需钻压比普通取芯钻具要低，可减少钻头磨损，并可提高在破碎地层中的岩芯采取率。使用薄壁取芯钻具钻进，要求使用清水或无固相聚合物泥浆作冲洗液，而不能使用普通的膨润土泥浆。薄壁钻具内、外管之间间隙很小，如使用膨润土泥浆，则可能会造成岩芯管的堵塞。薄壁钻具的钻杆和岩芯管采用优质合金钢制造，从而确保了钻具的高强度性能，使其适用于钻进任何中硬—极硬地层。现场试验中，使用AQTK薄壁钻具的时效可达11～15m/h。薄壁钻具的钻杆和岩芯管的螺纹接头部位，都经过了特殊的热处理，使接头表面坚硬耐磨，并且具有较高的强度。

(四)双层岩芯管钻进

双层岩芯管钻进是复杂地层中最普遍采用的一种钻进技术。一般岩芯钻采用的是单层岩芯管，其主要的缺点是钻进时冲洗液直接冲刷岩芯，致使软弱、破碎岩层的岩芯被破坏。而双层岩芯管钻进时，岩芯进入内管，冲洗液自钻杆流下后，在内、外两管壁间隙循环，并不进入内管冲刷岩芯，所以能有效地提高岩芯采取率。

双层岩芯管有双层单动和双层双动两类结构，以前者为优。金刚石钻头钻进一般都采用双层单动岩芯管，其结构如图3-3所示。这种钻进技术是在钻头内部使用岩芯卡簧采取岩芯，在外管上还镶有扩孔器。因单动岩芯管当岩芯进入后再不经扰动，所以不仅钻进效率高，岩芯采取率及岩芯质量也较高。

四、选取适当的钻掘参数

为了保证顺利钻进、孔壁稳定和岩芯质量，送入孔内冷却空气的温度应低于所钻岩石的温度，最好比后者低3℃～5℃。试验室试验结果表明，当冷却空气的温度达到－10℃时，孔壁稳定、坚固，可以得到满意的钻探效果。

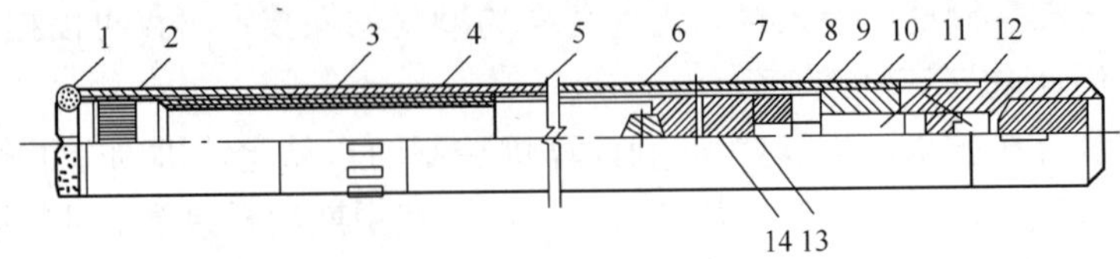

图3-3 双层单动岩芯管结构图

1-金刚石钻头；2-岩心卡簧；3-扩孔器；4-内管短结；5-内管；6-外管；7-钢球；8-推力轴承；9-密封；10-套筒；11-心轴；12-异径接头；13-锁母；14-轴承外壳

在相同条件下，含冰量高(25％以上)的岩石比含冰量低(5％～10％)的岩石的总采取率高，而且岩芯完整、质量好，并保持了原始结构。

压缩空气必须经过冷却，一般为二级冷却，使之与所钻岩石温度相配合。在任何情况下，都不应该把从空压机出来的空气直接送入孔内，否则会发生严重孔内事故。

应该经常注意空气压力的变化。正常情况下，空气压力损失变化应该不大，此时岩粉全部以冻结粉尘形式排出；如果空气压力突然增大，则说明孔内发生了“泥包”、糊钻现象，堵塞了孔壁和岩芯管的通道，应采取措施及时处理。因此建议最好使用肋骨式钻头或外出刃大的硬质合金钻头。

除冻土层外一般不宜进行“干”钻，否则不但机械钻速大幅度降低，而且总的质量得不到保证，原始结构被破坏了，甚至引起孔内事故。这一点应该给予特别注意。

第三节　遥感技术在多年冻土勘察中的应用

任何物体都有不同的电磁波反射或辐射特征。遥感技术通常指从人造卫星、飞机或其他飞行器上收集地物目标的电磁辐射信息，判认地球环境和资源的技术。它是20世纪60年代在航空摄影和判读的基础上随航天技术和电子计算机技术的发展而逐渐形成的综合性感测技术。航空航天遥感就是利用安装在飞行器上的遥感器感测地物目标的电磁辐射特征，并将特征记录下来，供识别和判断。把遥感器放在高空气球、飞机等航空器上进行遥感，称为航空遥感。把遥感器装在航天器上进行遥感，称为航天遥感。完成遥感任务的整套仪器设备称为遥感系统。航空和航天遥感能从不同高度、大范围、快速和多谱段地进行感测，获取大量信息，航天遥感还能周期性地得到实时地物信息。因此航空和航天遥感技术在国民经济和军事的很多方面获得广泛的应用。遥感系统由遥感器、遥感平台、信息传输设备、接收装置以及图像处理设备等组成。判读和成图设备是把经过处理的图像信息提供给判释人员直接判释，或进一步用光学仪器或计算机进行分析，找出特征，与典型地物特征进行比较，以识别目标。地面目标特征测试设备测试典型地物的波谱特征，为判释目标提供依据。

我国多年冻土分布具有明显的纬度地带性和高度地带性。主要分布在青藏高原、帕米尔西部高山、东北大兴安岭以及东部地区的一些高山顶部，其中青藏高原多年冻土分布最为广泛。青藏高原是一个大面积的年轻隆起区，平均海拔在4 500m以上，为大片连续的多年冻土地区，大都是微受切剖的开阔平坦地形，地表呈现单调，实地观察到的冻土工程地质分区界线，难以准确反映到地形图上，即使反映到地形图上，其精度往往难以保证；如用测量仪实测，则工作量较大。该区气候恶劣、人烟稀少、交通不便、供给困难、地质资料缺乏，进行常规的冻土工程地质分区测绘填图，不仅劳动强度大，效率低，且需投入大量人力、物力和财力，得不偿失。利用遥感图像进行冻土工程地质分区判释填图，对改善劳动条件、提高调查质量、加快勘测效率、减少勘测费用，都是十分有效的。

高原上利用遥感图像判释冻土工程地质较一般地区效果更好，其原因是高原自然景观单调，冻土不良地质现象所形成的各种花纹图案，显得醒目易判，为遥感图像判释提供了有利条件。利用航空遥感图像进行冻土不良地质判释，配合路线方案比选，可选出工程地质条件较好的路线方案，并可起到事半功倍之效。

遥感作为一种快速、经济有效的技术，对于工程地质调查和测绘是十分适用的。它不仅能提供调查和测绘要求的成果，而且能够发现许多人为调查难以发现的现象。在多年冻土地区采用遥感技术进行公路工程地质调查，也易于发现常规地质调查难以发现的冻土工程地质现象。从遥感图像上提供的带状构造信息，可识别规模较大的隐伏的多年冻土区。公路工程遥感应用于工可阶段，易于进行最佳路线方案的选择，能提高勘探效益，缩短可行性研究周期，节省工程勘探投资。通过对各种工程地质要素的解译，结合地形高程数据分析区域地质和工程地质条件，选择最佳路线方案。

尽管遥感技术有很多优点，遥感技术也有着自身的局限性，表现在以下几个方面：

(1)遥感技术的成功与否与对影像资料的解释有很大的关系，由于影像资料的解释同物探解释一样有多解性，在对影像资料解释时往往存在误差。

(2)遥感技术对资料的解释成果往往局限于地表有表征的地质现象，对于地下的岩层、构造等现象的解释十分有限。

(3)遥感技术在解释有一定规模和大的区域单元、地质构造方面比较有效，但对于小型的构造和单元的解释较为欠缺。

在工程地质调查和测绘中不能仅仅依靠遥感技术。对于遥感的成果，要进行实地检验，选择一定有代表性的点或地段进行实地考察，检验遥感的结果是否符合实际；同时将遥感成果用实地的勘察、钻探等获取的微观资料来验证；在遥感中采用不同的解释系统和方法，将结果进行横向对比；参考工程地质物理勘探成果，将遥感成果进行横向对比。

新藏公路奇台大坂—区界公路翻越奇台大坂后，进入甜水海宽谷，该谷地平均海拔为4 800～4 900m，全长约80km。结合新藏公路路线勘测，选择新藏公路奇台大坂—区界公路翻越奇台大坂多年冻土地区，进行深入的遥感图像判释，并将遥感影像图(图3-4～图3-6)与实际的现场调绘资料进行了对比，得出了以下主要结论：在甜水海北湖边缘有较大的冻胀丘发育；在甜水海道班以北约3km的公路两侧，发育有成片的土质冻胀丘，最大者可达4m×4m，丘顶的放射状裂隙和同心圆形裂隙非常明显；在甜水海湖滨地区，出露有厚层地下冰，湖岸边的热融塌陷随处可见；在湖水退缩的低洼湿地上，高度约5～10cm的小冻胀丘也很常见；而冻土拔石普遍分布。钻探和电探的资料表明，该地厚层地下冰的厚度为20m，多年冻土的最大厚度约80m。由甜水海经红山河至区界，公路附近几个

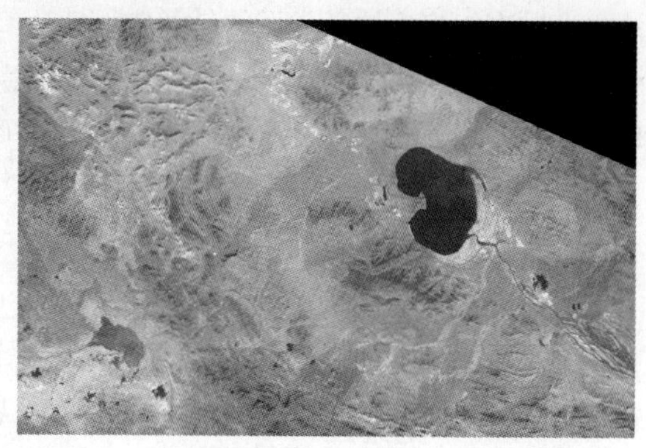

图3-4　甜水海附近多年冻土地区遥感影像

高原湖泊的湖滩盐碱地上发育有小型冻胀丘,冻胀丘的直径均小于1m,高度约30cm。

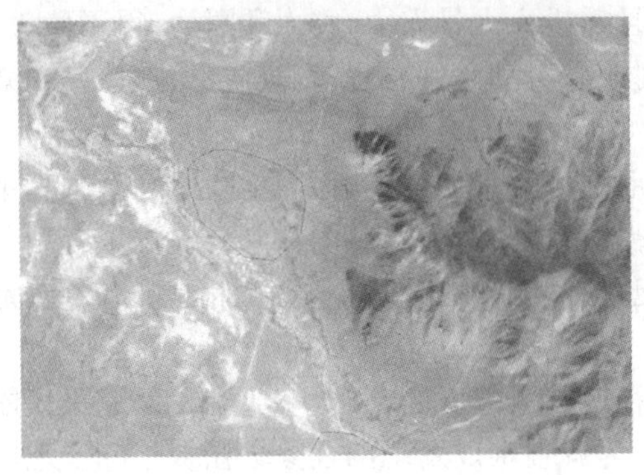
图3-5 甜水海附近遥感影像局部放大图

图3-6 甜水海多年冻土地区地表

第四节 探地雷达在多年冻土工程地质勘探中的应用

Ground Penetrating Radar(GPR)是探测地下物体的地质雷达的简称。它的基本原理是:发射机通过发射天线发射脉冲电磁波讯号,当这一讯号在岩层中遇到探测目标时,会产生一个反射讯号。直达讯号和反射讯号通过接收天线输入到接收机,放大后由示波器显示出来。根据示波器有无反射信号,可以判断有无被测目标;根据反射讯号到达滞后时间及目标物体平均反射波速,可以大致计算出探测目标的距离。地质雷达可用于考古、基础深度确定、冰川、地下水污染、矿产勘探、潜水面、溶洞、地下管缆探测、分层、地下埋设物探察、公路地基和铺层、钢筋结构、水泥结构、无损探伤等检测。

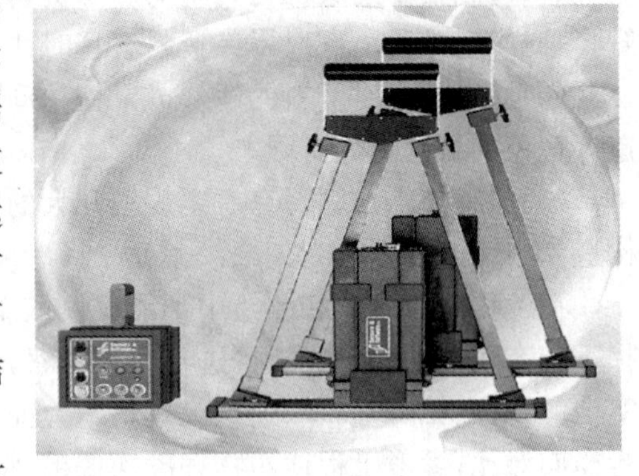
图3-7 EKKO10型探地雷达主要部件外形

探地雷达技术是工程地球物理勘察的重要方法之一。多年冻土地区常用的是加拿大感应与软件公司的EKKO10仪器(图3-7),其标称的最小探测深度为20cm,最大探测深度为50m,而EKKO10仪器通过使用不同频率的天线最小可探测对象尺度为毫米级。

一、野外工作布设

(一)勘测方法和频率的选择

目前双天线探地雷达勘测方法主要有剖面法和宽角法两种。最为常见的为剖面法,在纵剖面、横剖面的勘测中均可使用。在纵剖面的勘测中常使用连续记录方式,在公路上均匀连续进行勘测。在横剖面的勘测中,先用测尺标定各测点的准确位置,然后采用间断勘测方式在剖面各测点上进行勘测。在勘测中使用与信号强度成反比的自动增益控制,以弥补信号传播过程中信号幅值的衰减。为减少天线和地面的耦合噪声,在工作中选用高通滤波方法。

在野外勘测实践过程中可以根据勘测深度、勘测精度等具体要求,并针对不同地质情况可以分别使用12.5MHz、25MHz、50MHz、100MHz、200MHz几种天线中的一种，或同时使用几种开展工作，以最大限度地满足勘测深度和精度的要求。

(二)探地雷达剖面的布设

多年冻土地区公路工程地质勘测，需要了解多年冻土、地下冰沿公路的纵向分布，在雷达剖面布设过程中，主剖面应沿公路的走向布设。同时考虑到公路下部季节融化深度、季节冻结深度、融化核、地中温度场分布的不对称性，以及探地雷达资料的相互印证、校核、修正的需要，在每一典型区域应布设若干横剖面。一般横剖面的起始点应布设在没有受到路基温度场影响的公路两侧天然场地中，垂直公路走向布设。对部分疑难地段应进行加密勘测，或在天然场地增加辅助剖面以提高关于多年冻土分布情况分析的准确性。

(三)勘测剖面位置的确定

在探地雷达开始工作之前，应准确确定勘测剖面的位置，包括剖面起点、终点、剖面的长度、走向，还应包括勘测地区的地形变化情况。在勘测过程中对于特征点对应的探地雷达的勘测道号应及时加以记录。

二、雷达数据资料的采集和处理

(一)地雷达数据采集

雷达图像常以脉冲反射波的波形形式记录。波形的正负峰分别以黑白表示，或者以灰阶或彩色表示，则不同时间对应的同相轴即可形象地表征出地下反射面或目标体。在波形图上各测点均以测线的铅垂方向记录波形，构成雷达剖面。根据雷达图像就可以判断地下不明障碍物。

地质雷达的探测深度和探测效果，除了与野外的测量参数(中心频率、时窗、采样率、测点点距和发射接收天线间距)选择有关外，还与实际工作时雷达参数(系统增益、可程序窗、可程序采样间隔、可程序叠加次数等)的选择有关。

(二)探地雷达数据处理

雷达信号应进行预处理，包括调整零点和相位、编辑道号、剔除坏道、修正野外工作参数、高程文件的建立和雷达剖面的高程修正、数据文件的调整等。

1.雷达信号分析计算

包括有关空间滤波、时域滤波、带通滤波、褶积计算、最佳函数增益确定和有关计算参数的调整等。通过探地雷达纵剖面、横剖面计算结果的分析，结合实际工程地质条件和冻土环境条件，进行勘测雷达剖面的冻土工程解释，重点进行多年冻土上限、上限附近多年冻土的类型和分布情况的解释，以及在此基础上对勘测路段进行冻土工程地质评价。

2.勘测资料的成图

在上述工作的基础上，应用CAD软件进行综合冻土工程地质剖面图的成图工作。该图应反映不同路段地下约20m范围内地层、岩性等地质情况，多年冻土上限、上限附近多年冻土的类型和分布情况，以及不同路段的简单工程地质评价。

勘测工作重点为多年冻土上限附近冻土类型的识别，以及对上限附近不同多年冻土类型空间分布情况的分析。

三、探地雷达在冻土工程勘测中应用效果分析

(一)垂直分辨率分析

雷达探测的分辨率可分为垂直分辨率和水平分辨率。其中,垂直分辨率在理论上一般把 $\lambda/4$ 作为垂直分辨率的下限(λ 为雷达子波波长)。水平分辨率除与测点距离有关外,还与菲涅耳带有关,第一菲涅耳带直径为$\sqrt{\lambda h/2}$。探地雷达垂直分辨率的大小是否满足勘测需要是成功进行冻土类型识别和划分的根本所在。在冻土勘测中根据冻土介电常数的分布范围使用天线的垂直分辨率,通过计算如表 3-5 所示。

常见冻土物性参数　　表 3-5

冻土中常见介电参数	波速(m/ns)	25MHz 天线分辨率(m)	50MHz 天线分辨率(m)	100MHz 天线分辨率(m)
6.00～9.00	0.12～0.10	1.22～1.00	0.61～0.50	0.31～0.25

根据青藏高原已往的钻探资料显示,多年冻土上界附近的高含冰量冻土厚度往往都在 1.0m以上。因此在勘测深度范围内主要选用 50MHz 天线,同时使用 25MHz、100MHz 两种天线加以补充,完全可以满足勘测深度和精度要求。

为检测实际垂直分辨率,我们在青藏公路某一天然场地,分别用 100MHz、50MHz、25MHz 天线进行勘测对比。由现场实测雷达剖面图 3-8～图 3-10 可见,实际垂直分辨率与理论计算值基本吻合。

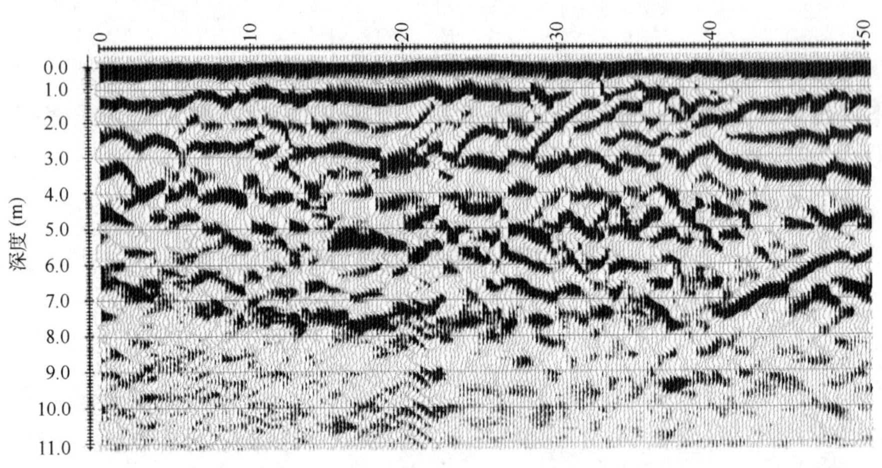

图 3-8　100MHz 天线的实测垂直分辨率约为 0.25m,纵坐标为深度(m)

(二)多年冻土上限的确定和冻土类型的识别

在多年冻土区内进行冻土勘测,由于冻土的介电常数与融土有较大的差异,以及地下冰在不同冻土类型中的独特分布,会造成反射波在相位特征、振幅大小、反射波和反射波组形态特征等都与一般融土地区有很大的区别,这均为多年冻土上限、不同冻土类型识别提供了有益的帮助。在资料处理中,通过对雷达波形图、雷达影像图的综合分析,结合钻探资料与多年的工作经验积累,即可对多年冻土上限、多年冻土类型进行识别和划分。

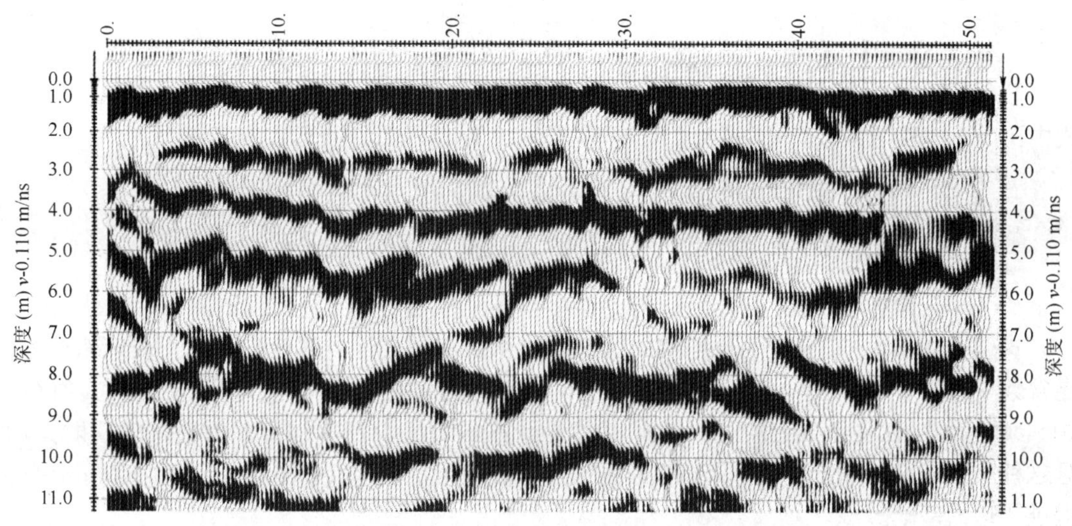

图 3-9　50MHz 天线的实测垂直分辨率约为 0.5m，纵坐标为深度(m)

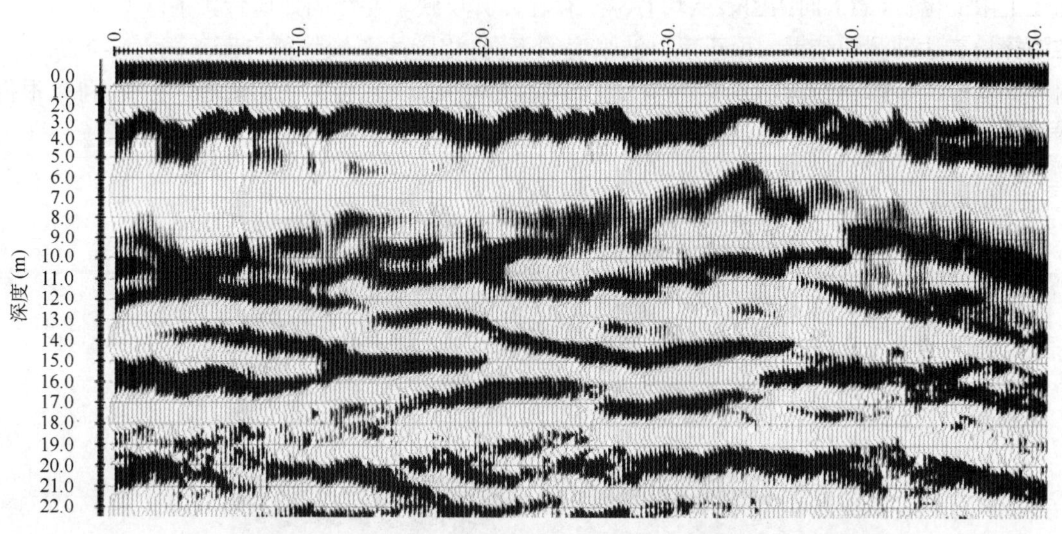

图 3-10　25MHz 天线的实测垂直分辨率约为 1.5m，纵坐标为深度(m)

表 3-6 反映了常见介质的相对介电常数，由高频电磁波在两种不同介质的界面产生反射，其反射强度取决于反射系数。

工程常见介质的相对介电常数　　　　表 3-6

介质类型	相对介电常数	介质类型	相对介电常数
空气	1	花岗岩	4～7
雪	1～2	砂岩	6
PVC 材料	3	页岩	5～15
沥青	3～5	石灰岩	4～18
纯冰	4	玄武岩	8～9
混凝土	4～11(5)	土壤和沉积物	4～30
纯水	80		

$$r=\frac{\sqrt{\varepsilon_1}-\sqrt{\varepsilon_2}}{\sqrt{\varepsilon_1}+\sqrt{\varepsilon_2}} \tag{3-1}$$

$$\sqrt{\varepsilon}=n(1-s)\sqrt{\varepsilon_a}+ns\sqrt{\varepsilon_w}+(1-n)\sqrt{\varepsilon_s} \tag{3-2}$$

式中：r——反射系数；

ε——复合介电常数；

ε_a、ε_w、ε_s——空气、水和土的介电常数；

n——孔隙率；

s——含水饱和度。

式(3-1)和式(3-2)分别为反射波的反射系数和复合介电常数的计算公式。多年冻土的介电常数一般为4～10，而第四纪沉积物融土的介电常数随含水率的不同有所变化，其值约为20～50。因此，在多年冻土的上限界面，由于地下冰的富集会产生强度相对很大的反射波，而且这种反射强度随冻土类型（即含冰量的不同）发生变化，这为识别多年冻土上限和冻土类型提供了理论基础。

图3-11从上到下分别为少冰或多冰冻土、富冰冻土、饱冰冻土或含土冰层。箭头所指为冻土上限的位置，最下面的图表明均有冻土存在。其反映了在相同地质背景条件下，不同冻土类型探地雷达勘测的结果。由于反射波强度的不同，相应的图像特征有所不同。多年冻土上限界面反射波影像图的清晰程度随冻土中含冰量的增加，表现得愈来愈清晰。因此，可以根据探地雷达剖面图反射波的强度确定该类地区不同多年冻土的分布范围。

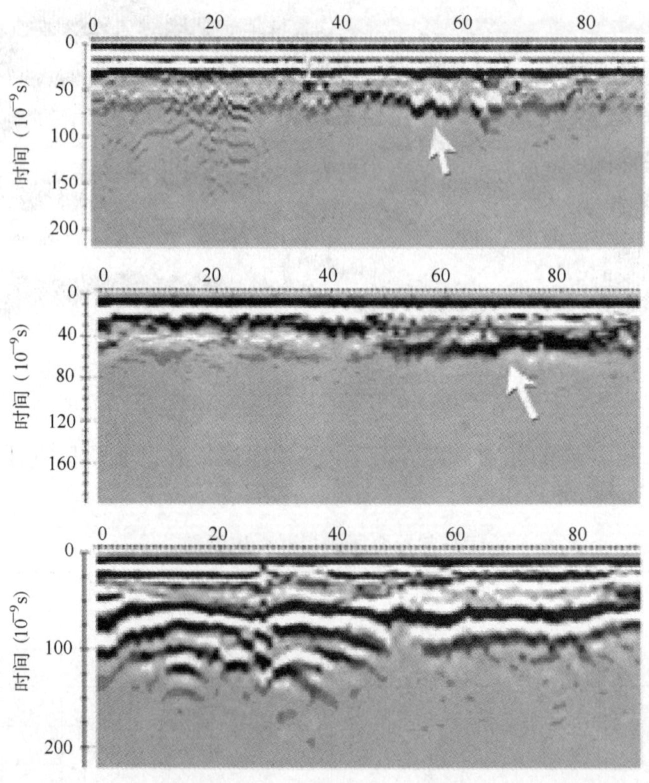

图3-11　在相同地质条件下探地雷达对不同类型冻土的勘测结果对比

四、实际应用效果

(一)黑北公路应用效果

为检测探地雷达在多年冻土勘测中的实际应用效果,选择黑北公路 K84+800～K85+030 进行勘测。勘测剖面从沼泽地到非沼泽地(图 3-12),剖面全长 230m,工作步长 0.5m,在剖面 30m 长的位置有一钻孔,钻孔深度为 3m。通过钻孔取样(图 3-13),钻孔剖面为:地表以下至 0.25m 为草炭层,至 0.8m 为泥炭层(两者的平均含水率为 22.6%),至 2.1m 为亚黏土(含水率为 12.2%),以下为亚沙土夹碎石土;多年冻土上限为 1.7m,整体状构造,肉眼可见少量冰晶,多冰冻土;2.1m 深左右,厚层状构造,冰层厚度大于 10cm,纯冰中含有少量气泡,含土冰层;2.85m 往下冰呈包裹状,含冰量较大,为饱冰冻土—含土冰层。

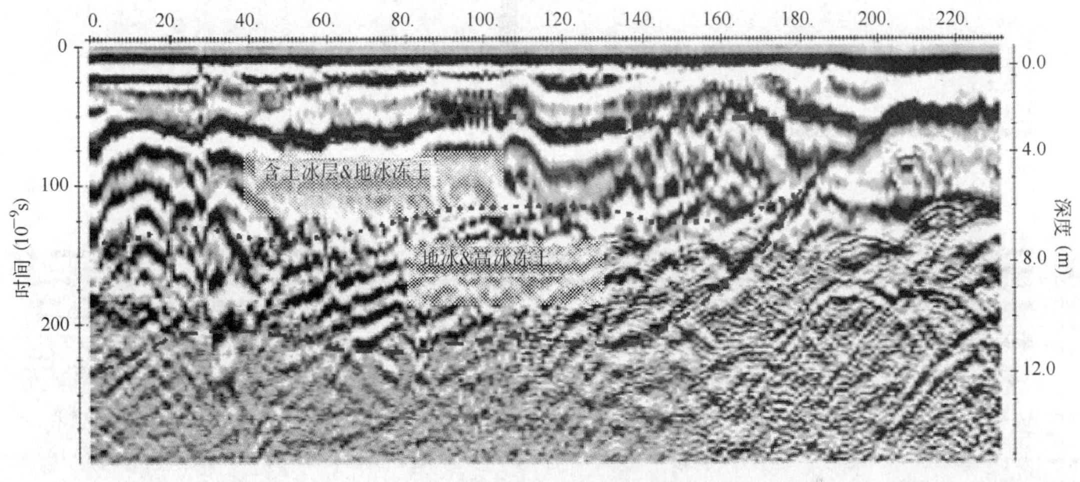

图 3-12 放射性平面位置图

介电常数通过相关界面反射波的双程旅行时间,以及在探坑中记录的相应层位深度,由公式计算得出。多年冻土上限以上土体的平均介电常数为 19.5;多年冻土介电常数为 5.1,计算得出反射系数为 0.82,为一强反射层。

图 3-13 钻探揭示多年冻土上限附近层状多年冻土内部结构

(二)新藏公路应用效果

对新藏公路 K530+000～K530+600 采用探地雷达与钻孔勘探进行对比分析。钻孔揭示该段的地质状况为:0～2m 为粗砂,灰褐色,矿物成分为长石、石英,成分均一,中密,稍湿—饱和;冻土上限为 1.9m,上限以下为饱冰冻土;2～15m 为卵砾石土,杂色,骨架颗粒以片岩、片麻岩为主,粒径在 5～18cm,呈亚圆形,分选性一般,充填物为沙砾石,中密—密实,饱和;4.5m 以下为富冰冻土。

图 3-14 为新藏公路探地雷达 K530+000～K530+600 的波形、剖面图。根据探地雷达剖面的总体特征可以确定其中的典型单元,根据典型单元的波形分析确定多年冻土上限的深度、多年冻土类型,以及沿水平向的分布特征,探地雷达剖面中的红线表示多年冻土的上限。通过对比可以得出探地雷达勘测揭示的多年冻土上限、冻土类型以及变化与钻孔勘探揭示的地质状况基本吻合。

由此可以看出，应用探地雷达对寒区下伏冻土分布区域、分布类型、多年冻土上限等关键内容进行勘测，无疑是一条快捷、准确、高效的便捷之路。可以应用探地雷达的勘测结果指导钻探工作，根据探地雷达所预测的多年冻土分布情况科学布孔，以最小的投入达到最大的产出，准确把握多年冻土三维空间的变化特征。将钻探结果进一步验证探地雷达资料，通过钻孔资料对探地雷达资料的标定，可以精确把握多年冻土的内部结构和空间分布变化特征。

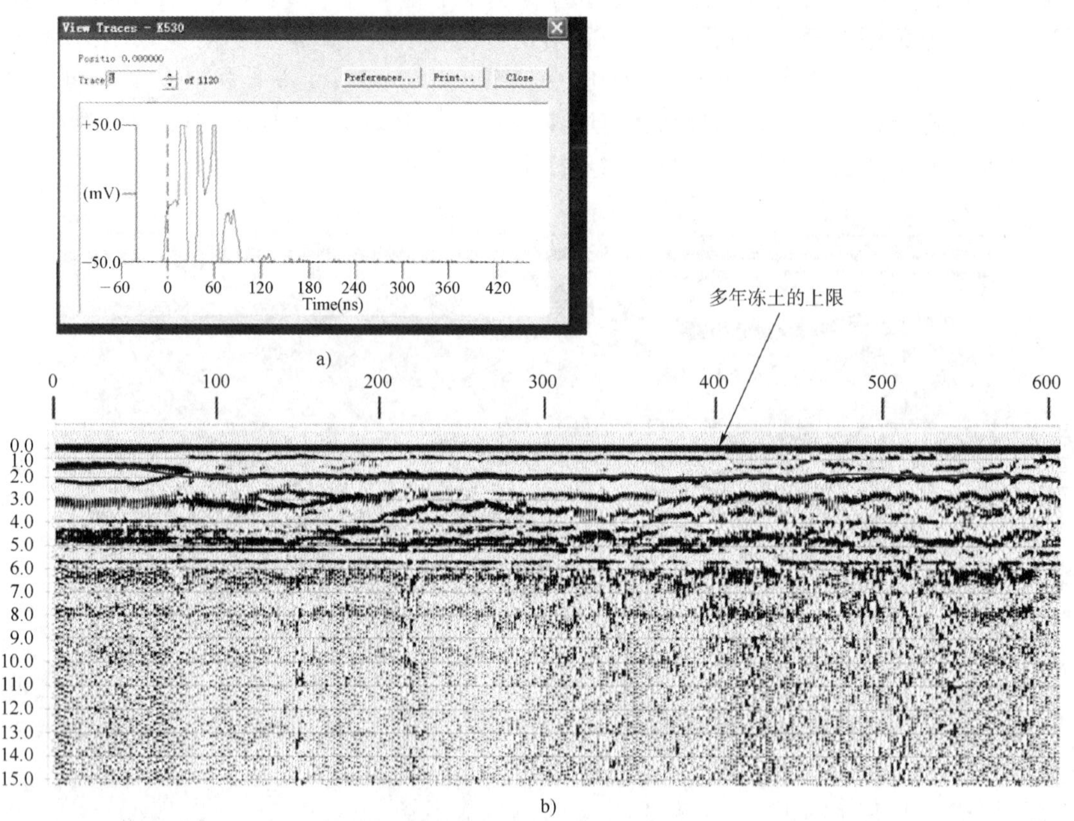

图 3-14 探地雷达图形显示

a)波形；b)探地雷达的剖面图

第五节 综合工程物探研究

物探是地球物理勘探的简称，它之所以能够解决或查明有关地质和工程问题，是因为所要探测的地质对象与周围介质间存在某种物性差异。而这种物性差异可影响被寻找地质体周围某种天然或人工物理场的分布特征。物探技术就是利用先进的物探仪器来摄取这些物理场的分布并与均质条件下的物理场相比较，找出差异的部分来研究与勘探对象之间的关系，达到解决地质问题或工程问题的目的。

物探技术大致可分为以下几种探测方法：(1)电法勘探；(2)磁法勘探；(3)弹性波测试；(4)物探测井；(5)层析成像；(6)地质雷达技术；(7)放射性勘探；(8)地震勘探；(9)综合测井等。目前常用于冻土勘察的物探方法见表 3-7。

用于寒区多年冻土勘察的地球物理方法一览表 表3-7

方法类别	使用方法	利用地质体的物理性质	使用情况
直流电法	常规的电测探	电性特征	较常使用，精度较高
	高密度电法		经常使用，精度较高
电磁方法	地质雷达(高频)	电磁特征	经常使用，精度较高，但勘探深度有限
	大地电磁法(低频)，包括瞬变电磁法和可控源法		使用不多，精度一般
地震勘探方法	地震折射法	弹性特征	经常使用，精度尚可
	地震反射法		使用较多，精度较高
	瞬态瑞利面波法		经常使用，精度较高
井中物探方法	中子、电法、温度、声波、密度等测井方法	井壁周围的物性特征	较多使用，精度很高
重力勘探方法	微重力勘探	密度特征	较少使用，精度有限

综合物探就是以这些物探方法为基础，把两种或两种以上的物探方法有效地组合起来，达到共同完成或解决某一地质或工程问题的目的，取得最佳的地质效果和社会、经济效益，满足工程建设的需要。采用综合物探技术和综合分析解释，使各方法成果相互佐证，从而提高物探资料的解释精度和可靠性。综合物探不是多种方法和手段的任意罗列，也不是投入的方法和手段越多越好，而应是最佳方法或手段的优化组合，使其达到"技术可靠、经济合理"。

多年冻土地区所采用的物探方法多种多样，但没有一种物探方法是万能的，应用时要根据勘探任务的不同，选用不同的勘探方法，最好选用不同方法的组合进行综合物探，以最佳组合达到最大的勘测精度和准确性。

经过多年的工程实践和研究，针对青藏公路多年冻土物性特点，认为采用地震折射法、瞬态瑞利面波法、地质雷达法等方法的合理组合应用，在勘察冻土与融区范围、季节冻土深度、多年冻土上限方面是较为理想的。利用多种物性特点来最大限度地降低勘探结果多解性，可以综合工程物探的技术经济效益。

在解决多年冻土上限深度的变化、多年冻土类型问题时，在物探方法组合中，主要选用探地雷达，其次可选用直流电法、地震勘探方法加以补充。

在解决多年冻土厚度的变化问题时，有两种物探方法组合：(1)在多年冻土厚度不大的岛状多年冻土区，主要选用探地雷达，其次可选用直流电法、地震勘探方法加以补充；(2)在多年冻土厚度大的连续多年冻土区，主要选用直流电法和地震勘探方法。

在解决多年冻土与公路工程相互作用问题时，主要选用探地雷达，其次可选用直流电法、地震勘探方法加以补充。

在解决多年冻土沿深度方向的变化特征(包括含冰量、密度、温度、未冻水含量等)问题，主要选用井中物探方法。

第六节　多年冻土工程综合勘察技术

一、多年冻土工程综合勘察技术

在青藏公路和新藏公路多年冻土区的勘察中，除了运用常规的手段和勘察方法之外，还运用了一系列的新方法和新技术、新设备，主要有遥感、探地雷达和薄壁取芯钻具等。对应的传统勘察方法有调绘、钻探、挖探、普通取芯管等。表3-8为勘察方法的对比，可以看出，新勘察方法与传统勘察方法相比，不仅效率提高，而且成本大大降低，减小了对于冻土的扰动。然而新的勘察方法还存在很多有待改进的地方，尤其是在对勘察结果的处理上，若处理不当往往带来错误的结果。对新技术方法的进一步补充完善将是多年冻土勘察应该重视的一个重要方面。

青藏公路和新藏公路中勘察方法对比 表3-8

新勘察方法	对应传统勘察方法	新方法的优缺点
遥感	调绘	提高了速度，大大降低了成本，但由于遥感的多解性，容易造成误差
探地雷达	钻探、挖探	提高了效率，大大降低了成本，但由于多解性，容易造成误差
改进后的薄壁取芯钻具	普通取芯管	减小了对于冻土的扰动

在冻土地区的勘察中，应综合运用多种勘察技术。各种勘察技术组合相对于单一勘察技术有以下的优点：

(1)在不同的条件下选用相应的勘察技术，有效地提高勘察效率，降低勘察成本。

(2)各种勘察技术之间可以进行横向的比较，为勘察方法的选取提供参考。

(3)对各种勘察技术的成果进行综合，得到更准确的勘察结果。

对于新建公路多年冻土的勘察，在采取多种工程地质勘察手段与方法的基础上，应适当加大遥感及遥感解释和地球物理勘探的工作力度，达到有效节约成本、提高勘探精度、缩短勘察周期的目的。对于改建公路多年冻土的勘察，在采取多种工程地质勘察手段与方法的基础上，应适当加大现场观测、现场原位试验的工作力度，并且适当增加勘探点的密度，结合已有资料，掌握路基的变形情况。

在冻土地区的勘察中，由于在一定范围内岩土体的物理力学性质相对较为均一，故应当适当增加如地球物理勘探等成本相对较低的勘探方法，在特定的条件下控制工程地质钻探。但是对于特殊、控制性的区域和地段则不宜进行钻探工作量的削减。

在综合勘察手段之中，工程地质调查是分析冻土、地形地貌、地层岩性、地质构造、水环境关系的基础；物探手段能初步判断异常带，但存在有条件性、解释结果多解性等局限性，故不能单以物探成果直接作为工程设计与基础处理的依据；钻探工作应在地质调查和物探指导下有目的地进行，进一步探明地质体发育的具体情况。综合应用多种勘察手段，能避免冻土地区地质勘察的片面性和局限性，提高地质成果资料的精度。

下面以工程地质钻探与遥感技术的组合分析其优势。由于遥感技术具有成本低、周期小、有很强的总体控制性等特点，十分适合于冻土地区的工程(尤其是线形工程，如公路，铁路，管道)勘察。然而遥感技术也有自己的缺点，遥感的成果往往与实际的情况有所偏差，因此需要对其进行一定的校正，以保证成果的精度。与遥感技术不同，工程地质钻探有着直接、准确的特点，但成本高，周期强。工程地质钻探与遥感技术组合后有以下优点：(1)遥感技术为工程地质钻探的勘探点的布置提供了依据，可以更科学地进行勘探点的布置；(2)通过工程地质钻探的对比和控制，可以有效地提高遥感解释的精度；(3)两者结合，在确保精度的同时，可以有效提高工程进度，减小勘察成本；(4)将遥感的成果在实际的工程地质钻探中检验，丰富、充实遥感的实际解释经验。

工程地质钻探与遥感技术组合应注意：(1)合理安排工作的先后顺序，即首先进行遥感及遥感解释工作，初步提出遥感成果；(2)在遥感成果的基础之上进行工程地质钻探勘探点的布置工作；(3)用工程地质钻探的资料校正遥感的成果，进行第二次遥感工作；(4)根据校正后的遥感成果，对于工程地质勘探点的布置进行适当的调整；(5)重复上述第(2)到第(4)步，最终完成遥感和钻探工作。

二、勘察技术的一体化

目前在冻土工程勘察中，工程地质测绘，钻探、物探和土工试验间的联系不够密切。工程地质测绘人员提供的资料没有很好地得到勘探人员的使用，现场勘探人员往往按照岩土工程勘察规范进行勘察取样，将取出的土样送到试验室。试验人员按照《公路土工试验规程》(JTG E40—2007)进行，很少考虑工程的重要性和特殊性，所遇到的土工试验是否具有特殊性，或是否要求进行特殊项目试验，试验重点如何等，土工试验只是凭任务单进行。勘察与试验看上去分工明确、各负其责，但实际上往往缺乏冻土区勘察的整体性，测绘、现场勘察、土工试验互相脱节，造成了许多矛盾，也影响到勘察质量。

要改变冻土勘察中的这种情况，需要在勘察中改变现有的组织结构。将以职能为单位的管理结构向以任务为中心的管理组织结构转换，减小项目组织中的等级，建立平行等级为主的模式。实践证明，调整后的组织结构能更有效地提高冻土区的勘察效率，减少成本。

在多年冻土地区勘察的研究中，主要就工程地质调查与测绘、钻探技术、地球物理勘探方法以及多年冻土的土工试验与变形监测等方面进行了探讨，研究了诸如3S技术、空气钻进技术、探地雷达、计算机数据采集系统等方法与技术在多年冻土勘察中应用的可行性和前景。尽管各种新技术还有许多不成熟和完善之处，但运用新技术的效率优势和成本优势是很明显的，改进后的新技术的应用是未来多年冻土地区勘察的必然选择。除了对各种勘察方法和手段进行创新改进之外，对勘察的各个阶段和工序进行有效的整合和优化是提高多年冻土地区勘察质量，减小勘察成本的有效途径。因此，勘察技术的一体化必将成为未来多年冻土地区工程地质勘察的重要运作方式。这里的勘察技术的一体化是指测绘、现场勘察、土工试验及勘察成果输出的一体化管理模式。

在现场勘察过程中，取样质量和对土样的管理，直接影响试验数据的置信度。取样的代表性，反映该处地基土的特性；土体结构扰动，直接影响土的强度；封装不严密，将使土样水分散失，含水率减少。含水率是基本物理性质之一，反映了土的状态，其变化将使土的一系列物理力学性质发生变化。含水率是计算土的干密度、孔隙比、饱和度、液性指数等指标的依据。尤其是砾质土类，由于其持水性较差，颗粒大小悬殊，含水率易变化。勘察取样过程中应注意以下事项。

1. 样品制备(简称取样)应具有代表性

当打开取土筒进行开土时，一般情况下，可以用手触摸到土筒内土样的上部分较硬，下部分较软，这是因为土中水分因地心引力的作用自上往下渗，所以上部分土样含水率偏小，下部分土样含水率偏大。所以在对土样(扰动土)做物理性试验，如含水率、塑限、液限、相对密度等试验时，所取样品应注意其代表性，即所取的样品中应包含有上、中、下部分的土样，而不是局部样品。

2. 取样应注意均匀性

开土过程中，有些土样的土质成分、颜色、状态等是在逐层变化的。有的土某层为黏土，另一层又夹有腐殖质等等，所以取样应注意其均匀性。

3. 尽量采用大直径的取土器

小直径取土器对土样的扰动是很大的，而当取土器直径增大时，可有效减小对土样的扰动，故能更真实反映土的天然强度。另外，大直径取土器，在取土时有利于排除周边土的扰动；能减少因土的不均匀性对试验造成的影响；并因试样体积较大，也能满足更多试验项目的要求。故在较重要的工程中，建议使用大直径的薄壁取土器来取样，以减少取样扰动造成的影响，尽可能真实地反映土的天然强度等指标。

设计、勘探和试验人员应共同关心土工测试，共同对每一工程的测试内容进行规划。规划的内容应随工程而有所差别，有些场合可能以室内试验为主，有些则以现场试验为主。在工程分析的基础上确定试验项目、数量、仪器和试验方法等。试验规划确定后，才由试验人员进行试验，一旦发现试验过程中有特殊现象，应进行解释和处理，必要时同设计勘探人员共同进行讨论。试验人员除了应对各项试验成果进行校核外，还需在各性质指标之间相互对照，以证明各项指标的相对合理性。相应地，如果设计者参与试验规划，了解试验条件与工程实际情况，就能恰当地运用测试得到的相关指标，为设计提供合理的参数。

第七节　多年冻土工程地质观测与试验

一、地温观测

观测的内容包括地表地温、深层地温、最高地温和最低地温等。

1. 地温观测的仪器设备

地温观测即利用温度表（计）量取地温，了解地温的变化规律。通常地温观测有以下三种方法：

（1）玻璃液体温度表

地温观测中常用水银和酒精两种温度表。温度表可制成各种形式，以适应地温观测的特殊要求，如曲管地温表、最高温度表、最低温度表、缓变温度表等。温度表需经误差鉴定并按时维修。

（2）热电隅温度表

热电隅温度表由热电隅（温差电隅）和指示仪表（检流计或电位差计）组成。热电隅温度表的标定范围应略大于其观测地温的工作范围。热电隅温度表用于地温观测中，具有易于制作、体积小、质量轻、测温点间距小，精度高，一般情况下不易损坏等优点，尤其适用于观测非平面建筑物如桥梁墩台、基础、房基、混凝土桩内的温度变化等。

（3）电阻温度表

电阻温度表可分为金属电阻温度表和半导体温度表两种。

2. 观测的方法

为了全面地观测地温情况，对于地温要进行地表和地面以下的观测：

（1）热电隅温度表观测地温适合于地表以下的地温观测，具体的做法是热电隅（温差电隅）

埋置于一定深度的土层中，通过导线将观测的地温数据传到地面的指示仪表进行记录；在埋设热电隅(温差电隅)的时候要注意不要破坏观测土体的结构，尽量避免对土体应力状态的扰动，也不能改变土体中水的迁移情况，避免产生人为的温度差。

(2)对于地表温度的观测，可采用玻璃液体温度表观测。在选择温度计的时候，应注意温度计的量程。

二、冻胀与融沉观测

为了研究路基变形的发生、发展规律，对冻融变形的研究着重于对实体工程的调查和长期定位观测。多年冻土地区的路基变形观测有两种方法：一种是整体变形观测，选取代表路段，沿路中线每隔一定距离的路面表面或在横断面方向的路中及路面两侧边缘打入圆头大铁钉作固定点位，用水平测量方法定期观测其变形沉降量；另一种是分层冻融变形观测，沿路基深度方向分层埋设变形观测沉降(冻胀板)，在纵向记录各层土的变形沉降情况。观测路段的选择主要根据地貌类型、填土高度、地基土壤及冻土类型等分别选择代表断面建点观测。

每个场地中分别在天然状态、路肩和路基中心处设置监测点。路基和路肩下的监测深度一般在12m左右，天然状态一般为6～8m，地面和路面以下每隔50cm设置1个监测点，监测内容包括天然状态和工程活动影响下的活动层厚度、多年冻土温度、冻融过程和融化下沉。采用对温度变化敏感的热敏电阻来对多年冻土温度、活动层厚度和冻融过程进行监测；采用水准仪、经纬仪来对融化下沉的相对变形进行测量。

在现场勘测中观测冻胀，国内多采用单独式和叠合式两种分层冻胀仪，并用钻孔或挖坑方法埋设。钻孔比挖探方法埋设冻胀仪对土的原状结构破坏小，适用于地下水位高于冻深的地区。单独测杆冻胀仪只能测一个深度的冻胀量，故观测整个分层冻胀量时埋设测杆多，场地面积大。叠合式冻胀仪集中一点分层观测，有利于成果整理分析，且占用场地面积小，尤以自动观测更为适合。但这种冻胀仪不能确切说明层中哪个深度的冻胀量，同时开孔较大，对温度场有一定的影响，效果不够理想。两种冻胀仪均可用直尺直接量测冻胀量。

当观测地基表面冻胀量和观测建筑物冻胀与融沉变形时可用水准仪直接观测。冻胀与融沉观测的主要内容有冻融深度、地下水位和地温，以及变形量。冻融深度观测可采用南京水工仪器厂生产的冻土器，冻土器内充入当地地下水。地下水位观测管应埋入当地最低地下水位以下至少50cm。地温观测一般要求同步进行，当电测仪确有困难且观测要求不高的情况下，亦可暂不观测。温度计测温深度的测点间距一般不大于20～30cm。冻融深度、地下水位和地温测点应贴近冻胀仪设置。

三、野外岩芯观察与记录

多年冻土地区野外岩芯的观察与记录不同于常规的方法，除了应认真记录冻土岩芯的岩性、地层结构及颗粒组成外，应着重对地下冰和冻土类型进行观察、记录和详细描述。

1.冻土构造类型记录

冻土构造类型，是冰与土层之间的排列关系。根据青藏公路沿线常见的地下冰类型，相应地将冻土结构形式划分、记录为整体结构、层状结构和网状结构。

2.冻土冰的成分记录

要观察冰在冻土层中的分布与存在形式：冰是粒状的(即像砂粒一样分布于土层中)，还是层状的(即基本上水平分布，有一定的厚度，由1～2mm至几米厚)、或透镜体状(即像透镜体，但大小不一),或裂隙状(充填于岩石裂隙之中)。粒状冰应测定颗粒直径大小。层状冰应测定其厚度,并指出最大厚度与最小厚度。透镜状冰应测定透镜体的大小、宽度和厚度、形状。裂隙冰应记录厚度、宽度、长度和发育情况。含冰量的大小,可按冰与土分布占据面积的大小来估算。

3. 钻探中上限的确定

青藏公路多年冻土上限即季节最大融化深度,一般出现在九月底至十月初,因此,在这个时间钻探,易确定上限位置。其他时间内只能根据间接方法确定上限位置,用钻探时的冻土融化深度外推上限位置就是其中的一个方法。所以在钻探过程中,一定要记录当时天然状态下的融化深度和准确日期,以便于分析判定上限的准确位置。当然,最终的冻土上限位置判定,要根据大量的科学观测数据和试验指标结果来综合判定。

四、多年冻土的测试项目

多年冻土热物理指标或力学指标之间存在着一定的相关关系,理论上来说只要取得基本指标,其余指标可推算得出。然而在实际的冻土工程勘察当中,通常需结合工程实际并根据有关规范的要求来确定测试项目。根据多年冻土地区公路工程实际情况,对多年冻土需要进行的测试项目进行了总结,见表 3-9。

多年冻土测试项目 表 3-9

土类	工程类别	总含水率	相对密度	天然密度	塑性指数	孔隙比	颗粒分析			有机物含量	干密度	体积含冰量	水的相成分		饱和度	融化压缩		融化后密度	融后剪切		导热系数		传热系数		热容量	
							筛分	大于0.5mm含量	小于0.5mm含量				相冻水含量	未冻含冰量		融化系数	压缩系数		凝聚力	内摩擦角	融化	冻结	融化	冻结	融化	冻结
黏性土	桥涵、路堤、挡土墙	+	+	+	+	+	−	+	+	C	C	+	+	+	−	+	+	C	C	C	C	C	C	C	C	C
	路堑	+	+	+	+	+	−	+	+	C	C	+	+	+	−	+	+	C	C	C	C	C	C	C	C	C
	填料	+	−	C	+	−	−	+	+	−	−	−	−	−	−	−	−	−	−	−	−	−	−	−	−	−
	隧道	+	+	+	+	+	−	+	+	C	C	C	C	C	−	+	+	C	C	C	C	C	C	C	C	C
砂性土	桥涵、路堤、挡土墙	+	−	C	−	−	+	−	−	−	−	+	C	C	C	C	C	C	−	C	C	C	C	C	C	C
	路堑	+	−	C	−	−	+	−	−	−	−	−	−	−	−	C	C	C	−	C	C	C	C	C	C	C
	填料	+	−	−	−	−	+	−	−	−	−	−	−	−	−	−	−	−	−	−	−	−	−	−	−	−
	隧道	+	−	+	−	−	+	−	−	−	−	+	−	−	C	C	C	C	−	C	C	C	C	C	C	C

注:"+"表示测定;"−"表示不测定;"C"表示根据需要选择测定或不测定。

第四章

中国多年冻土公路工程区划、分类

第一节　多年冻土区划、分类现状及存在问题

一、多年冻土区划现状及存在问题

国外早在20世纪初期就开始了冻土类型及区划研究。前苏联及北美冻土研究者较早地注意到多年冻土分布的纬度地带性规律(E. M. Eranti et al 1986, Nelson F. E. et al 2002, Linell K. A et al 1973),依据区域面积与区域冻土面积之比亦即冻土分布连续性系数,对高纬度多年冻土进行了分带。Ершов. Э. Д等1988年在《苏联冻土学》书中,首次提出以大地构造为依据的冻土区划方案,以大地构造为依据将前苏联划分成13个一级区,又以地貌及新构造运动特点为依据,将13个一级区划分成68个二级区。

随着寒区建设广泛而深入的发展,冻土研究者更注重人为活动的影响,如何预知这些变化并以合理的应变措施兴利除弊,是20世纪末期冻土学研究的重要课题之一(加拉古利亚[俄]1985,库德里亚夫采夫[俄]1974)。为适应这一需求,研究者提出了以反映冻土变化趋势的区划方案。此后,相继产生了一系列不同比例尺以工程实用为目的的冻土变化趋势预报区划图。其中较具代表性的是《全苏工程冻土区划图》(Ершов. Э. Д,1988)。该区划图,首先以具相似地貌作用的大地貌分成8个一级区,然后根据其冻土特征(冻土年均地温、连续性、厚度及20 m以上表层体积含水率),将每个大区分成若干小区,再依据在人为活动影响下可能产生和活化的冻土变化种类组合,划分出10个类型。再如,Nelsen等(2002)在未来全球气候变化条件下,计算融汽系数(Is),依此将北半球冻土危害程度划分为稳定、低危害、中等危害及高危害四个区(巴拉诺夫,1965)。

可见,国外在冻土类型及区划方面的研究已有相当深度,尤其是俄罗斯在这一领域所作的工作及研究成果,具世界领先水平。国外有关多年冻土的分布、特性及其影响因素等方面与我国情况有很大的不同。如俄罗斯的多年冻土所处地域基本为平原区,往往为广阔的森林、草原

和极地苔原所覆盖,多年冻土分布主要受纬度及太平洋环流的影响,与我国大面积的高海拔、高纬度多年冻土有很大不同。所提出的成因分类法、景观分类法、根据大地构造划分法不适合于我国多年冻土的区划工作。尽管我国多年冻土形成条件及其发育特征与俄罗斯及北美多年冻土存在许多差异,国外的冻土类型及区划指标不完全适合我国情况,但所提出的原则及方法,为进行该方面的工作提供了有益的借鉴。

我国冻土研究始于20世纪50至60年代,随着区域冻土研究逐渐开展及资料积累,相继提出了各地区的冻土区划及类型划分,以及相应图件。从区划研究的过程来看大体也经历了两个阶段或层次。随着我国冻土研究的发展,首先进行了冻土自然区划的研究,并在此基础上各行业结合发展的需要进行了局部的工程冻土区划。其次,为适应道路、水利、采矿、工民建,以及区域开发等生产实践的需要,在许多地方编制出反映小范围内冻土特征的冻土工程地质图,以反映冻土分布特征、年均地温、季节冻融深度、土的冻胀率、融汽系数及不良冻土现象等内容为主。国内有关冻土区划较为完善的工作主要为多年冻土的自然区划,各行业部门所进行的有关多年冻土的工程区划非常有限,所做的工作也仅是一些原则性的工作。相比而言公路部门在有关冻土工程区划方面做的工作最多。

1975年出版的《冻土》一书中,首次明确了我国多年冻土与季节冻土分布范围(中科院冰川冻土沙漠研究所,1975)。该图比较简略,对多年冻土及季节冻土未作进一步划分。稍后,郭东信等为展示东北大小兴安岭多年冻土分布的地带性特征,依据年均气温(T_a)对该区冻土划分三个一级区:大片连续冻土带,$T_a<-5.0$℃,连续系数70%~80%;岛状融区冻土带,T_a为-5.0℃~-3.0℃,连续系数70%~30%;岛状冻土带,T_a为-3.0℃~0℃,连续系数小于30%。同时,依据地貌界限将岛状冻土分成五个二级区(周幼吾等,1981)。1982年,在综合分析了我国冻土分布的总特征后,首次提出将东北大小兴安岭冻土称为高纬度冻土,西部高山高原的冻土称为高海拔冻土,青藏高原冻土又分成高原连续多年冻土及高原岛状多年冻土(周幼吾等,1982)。程国栋(1982)等在指出以连续性原则划分高海拔冻土的缺欠后,认为对高海拔冻土应根据高度地带性进行分类及区划。据此以年均地温(T_{cp})将青藏高原划分为上、中、下三个带,六个类型。上带包括极稳定型($T_{cp}<-5.0$℃)、稳定型(T_{cp}为-5.0℃~-3.0℃);中带包括亚稳定型(T_{cp}为-3.0℃~-1.5℃)、过渡型(T_{cp}为-1.5℃~-0℃);下带包括不稳定型(T_{cp}为-5.0℃~$+5.0$℃)、极不稳定型($T_{cp}>0.5$℃)(程国栋,1982)。

1988年,在施雅风主持下,出版编绘了"1/400中国冰雪冻土图"。该图冻土部分,依据实际调查资料及前人研究基础,将我国多年冻土分为高纬度及高海拔多年冻土两大类型。对高纬度多年冻土依据冻土分布的连续性,划分出大片多年冻土(连续系数>65%~70%)。岛状融区多年冻土(连续系数30%~65%)、岛状多年冻土(连续系数<30%)。依据多年冻土形成及发育规律,将高海拔多年冻土分为高山多年冻土和高原多年冻土。对前者分别依据各山体冻土下界圈出了天山、阿尔泰山、祁连山、喜马拉雅山多年冻土分布范围,并首次明确了我国东部长白山、黄岗梁山、太白山山地多年冻土的存在;对高原多年冻土依据年均气温划分为大片多年冻土及岛状多年冻土,二者分界线大体为-4.1℃~-5.0℃年均气温线。该图对多年冻土南界以南,下界以下的广大地区,依据土冻结存在时间,即土冻结存在时间一个月以上、小于一年的为季节冻土,冻结时间小于一个月的为短时冻土。首次划出了我国季节冻土、短时冻土和非冻土地区的分布范围,为不同类型工程建设及经济发展的需要提供了依据。此图是我国冰川及冻土区域研究的一次重要的阶段性总结与概括,属于自然地理区划中的部门自然区划。由于图中既要反映冰川、积雪方面的内容,又要反映冻土方面的内容,限于比例尺较小,彼此需

要反映的内容受到限制，对冻土而言，其反映的内容不够充分，尤其是图的说明书中对冻土区域特征论述不够，未完全反映出当时的区域冻土研究水平。此图以颜色区分各类冻土，由于受地形起伏晕线影响，图中各类冻土之间的界限反映不够清晰。

在2000年出版的《中国冻土》一书中(周幼吾等，2000)，作者以既反映我国冻土形成的区域特征，又遵循自然区划的一般原则为指导思想，编制1/1 000“中国冻土区划及类型图”。图中依据决定冻土形成及分布规律的主要自然因素的综合特征，将我国划分为三个冻土大区，即中国东部冻土大区(I)、中国西北冻土大区(II)、中国西南(青藏高原)冻土大区(III)。I区大体在狼山、贺兰山、岷山、大凉山一线以东；II与III区的界限，就是青藏高原的北界，即昆仑山、阿尔金山、祁连山北侧山麓线。在每个大区内，按照冻土主要特征及决定这些特征的主导因素，划分出16个冻土区(二级区)和5个冻土亚区(三级区)。由于各大区内决定冻土特征形成的主导因素亦有差异，因此各大区内的二级区及三级区的划分依据不同。东部冻土大区由于地势起伏较小，热量条件随纬度变化十分突出，进而决定冻土不同类型的形成，因此以年均气温与气温年较差作为划分II区、III区的依据；II区、III区冻土大区主要是地貌分异决定着水势条件在垂直方向上以及地域的分异，并由此决定冻土特征形成地域差异，因此依据大地貌来划分二级区。该图全面反映了我国冻土的形成条件及分布规律，可谓是我国区域冻土研究的总结与概括。就冻土类型划分而言，多年冻土类型划分大体与1/400“中国冰雪冻土冻图”相同，但对季节冻土类型作了进一步划分，这更有利于为工程建设服务。并且其在各冻土区的文字说明中对冻土形成的综合自然条件、冻土特征及发育规律等作了详细叙述。

1998年青藏公路第三期科研在多年冻土地区进行工程地质区划中，主要考虑多年冻土类型和分布的地带性，分为片状多年冻土区、岛状多年冻土区、多年冻土区融区和季节冻土区。

2001年7月铁道部印发的《青藏铁路高原多年冻土区工程设计暂行规定》，规定了按高原多年冻土的地温分区。按多年冻土年平均地温 T_{cp}，分为高温极不稳定冻土区($T_{cp} \geqslant -0.5℃$)；高温不稳定冻土区($-1.0℃ \leqslant T_{cp} < -0.5℃$)；低温基本稳定冻土区($-2.0℃ \leqslant T_{cp} < -1.0℃$)；低温稳定冻土区($T_{cp} < 2℃$)。

我国公路部门所进行的区划工作开始于20世纪50年代，分别于1959年和1964年进行了两次公路气候分区。1975年交通部颁发了“中国公路自然区划图”。这是我国公路第一次正式的应用性综合自然区划图。在此区划中，一级区划主要以全国性的纬向地带性和构造区域性因素为依据，二级区划则以水平地带性为主，并结合垂直地带性和隐域性因素，三级区划为各种地方性因素的组合。由此可以看出，该自然区划主要对我国不同区域筑路的自然条件的差异，从全局性的角度进行了较为全面划分，但对于冻土这一特殊区域自然难以把握得较为全面和准确。在区划中对冻土区域的划分仅划分了北部多年冻土区和青藏高寒区，所做的相关区划划分指标的选取、区域内冻土发育特征、冻土总体类型、不良冻土现象、区域特征、公路工程与冻土的相互作用类型和影响程度均涉及不足。1978年西安公路学院公路系编制的《我国多年冻土地区公路自然区划》，结合公路建设需要，首次提出我国冻土地区公路区划。该区划按冻土生成条件将我国多年冻土分成高纬度冻土及高海拔冻土两个一级区；然后按冻土与地貌的关系，对前者分为平原冻土亚区及山地冻土亚区，对后者分成高原冻土亚区及高山冻土亚区；接下来按冻土水平方向的连续性，对上述四个亚区各自划分出连续冻土及岛状冻土；最后，对岛状冻土依据垂直方向的连续性划分出更次一级类型，即衔接的与不衔接的冻土。此项工作尽管考虑较周全，但限于当时研究深度及资料积累不足，对三、四级类型及区划在图上未能反映出来。有关多年冻土公路区划的研究工作和成果主要集中在青藏公路沿线。结合公路建设实际需要，为路基路面设计、施工和养护提供服务的全国性多年冻土的公路工程地质区划相关工作基本为空白。同时，在该项工作结束后，现已历经了几十年的时间。在该段时间内，我国多年冻土区的气候，尤其是气温发生非常大的变化。已往有关全国性公路区划的工作很难满足环境条件变迁现状和目前寒区公路建设发展的需要。

二、多年冻土分类现状及存在问题

目前国内外对冻土的分类基本上按两种方法进行：一是根据土的基本性质和含冰特征进行分类；二是根据冻土的特殊工程性质进行分类。前者是一种通用的分类方法，对有关工程及冻土学理论研究均适用，尤其适宜于冻土的现场描述和定名；而后者是针对冻土区各种常见的冻土现象，按其对工程建筑物的危害程度来划分的，这种分类方法对冻土区工程地质勘察和建筑物地基基础设计具有重要的指导意义。各国在这两方面均做了大量的研究工作，积累了丰富的资料。

在北美地区，冻土的分类主要根据土的基本物理性质和含冰特征进行。冻土的分类由三个部分组成：第一部分，土相的分类按统一的土分类系统进行，与冻结状态无关；第二部分，将由冻结状态造成的土的特性附加到冻土的描述中去；第三部分，对冻土中出现的厚层冰(厚度大于25mm)进行描述。

前苏联是世界上开展冻土研究最早的国家，在长期的生产和科研中曾提出过众多的冻土工程地质分类方案。例如，按土的成分、组构和含冰量分类，按土的沉陷性分类，按土的冻胀性分类以及按冻土的热侵蚀稳定性分类等。前苏联《土的分类国家标准》(ГОСТ 25100－82)中主要按相对含冰量、冰胶结程度、含盐量、有机质含量对冻土进行分类。根据相对含冰量将冻土分为含冰冻土(含冰量 $i \leqslant 40\%$)和富冰冻土(含冰量 $i>40\%$)；根据冻土中冰的胶结程度分为坚硬冻土、塑性冻土和松散冻土；当冻土中易溶盐含量超过一定数值时称为盐渍化冻土(含细粒土砂：0.1%，亚砂土：0.15%，亚黏土：0.2%，黏土：0.25%)；当冻土中有机质含量超过一定数值时称为泥炭化冻土(粗颗粒土：3%，黏性土：5%)。最值得关注的是近年些来由 Л. С. 加拉古利亚提出的反映多年冻土在自然环境遭受各种人为破坏时的热稳定性分类方案。冻土的热稳定性又称冻土的热惰性，是指任何一种冻土的热状况对外界条件变化响应的敏感程度，可用冻土的融化速率定量描述。显然，冻土的热惰性主要与其温度及含冰量有关，前者决定冻土的热容量，而后者决定冻土的相变热。

中国从20世纪60年代就开始了冻土的工程分类研究工作。1973年由交通部公路科学研究所、交通部第一公路勘察设计院和中国科学院兰州冰川冻土研究所联合编写的《青藏高原多年冻土地区公路勘测设计细则》中首次提出了多年冻土分类。

1979年，吴紫汪在总结室内外大量有关冻土物理力学试验研究结果的基础上发表了多年冻土的工程分类，明确给出了分类指标——冻土融化下沉系数的取值界限及其与冻土岩性、总含水率的定量关系。其中，按照冻土的融化下沉系数将多年冻土分为：不融沉土($A<1\%$)，弱融沉土($A=1\%\sim5\%$)，融沉土($A=5\%\sim10\%$)，强融沉土($A=10\%\sim25\%$)和强融陷土($A>25\%$)五种类型。

1982年，吴紫汪又在系统分析、研究上述分类界限含水率与冻土主要物理力学指标相互关系的基础上提出了反映冻土融沉、冻胀、强度性质以及冷生构造内在联系的综合冻土工程分类方案。近年来，通过开展青藏公路冻土路基稳定性的研究，逐渐认识到多年冻土温度对冻土路基稳定性的重要意义，提出了以年平均地(气)温为指标的青藏高原多年冻土地区冻土工程地质类型划分方案。

2001 年，建设部发布的《冻土工程地质勘察规范》中有关冻土的分类是在对国内外冻土分类系统进行大量调研的基础上提出的，主要包括以下几方面的内容：

(1)冻土按基本物理性质分类和定名(基本上采用北美的分类系统)，但在未冻土的分类标准中采用我国《土的分类标准》(GBJ 145—90)代替美国"统一的土分类系统"。

(2)冻土按含冰特征分为：少冰冻土、多冰冻土、富冰冻土、饱冰冻土和含土冰层。

(3)冻土按易溶盐含量或泥炭化程度的划分基本沿用前苏联的分类标准。

(4)冻土按体积压缩系数(M_v)或总含水率(w)划分为：坚硬冻土($M_v<0.01$/MPa)、塑性冻土($M_v>0.01$/MPa)或松散冻土($w\leqslant3\%$)。

(5)多年冻土的融沉性分级按平均融沉系数(δ_0)可分为：不融沉($\delta_0\leqslant1$)、弱融沉($1<\delta_0\leqslant3$)、融沉($3<\delta_0\leqslant10$)、强融沉($10<\delta_0\leqslant25$)、融陷($\delta_0>25$)。

(6)季节融化层土的冻胀性分级按平均冻胀率(η)分为：不冻胀($\eta\leqslant1$)、弱冻胀($1<\eta\leqslant3.5$)、冻胀($3.5<\eta\leqslant6$)、强冻胀($6<\eta\leqslant12$)、特强冻胀($\eta>12$)。

从以上国内外有关冻土分类的研究现状可以看出，北美主要采用的是根据冻土的基本物理性质和含冰特征进行的分类系统，这种分类方法侧重于对冻土的物质组成和含冰特征进行分类和描述，能够较为直观地反映出多年冻土地区地下冰的形成与分布特征以及地下冰的分布与地质、地貌等因素的相互关系。在冻土工程地质勘察中应用此分类系统可以很方便地进行多年冻土的现场描述、分类以及冻土工程地质图的编绘，能够对工程建筑物的选址、地基基础设计、工程地质问题的处理等提供较为详实的资料。

前苏联由于开展冻土研究的历史较长，对于冻土的物理力学性质及其在人为活动影响下的变化特征有较为深刻的认识。分类中除了考虑冻土的基本物理性质和含冰特征而外，还对多年冻土在各种工程作用下的热稳定性进行了分类研究。例如，根据冻土的热惰性及各种工程作用类型将冻土条件的变化分为三类：①冻土条件变化微弱型，在天然或人为因素影响下，冻土条件只会发生微弱的变化(年平均地温升高，季节融化深度不变)，不会引起区域工程地质条件发生重要的改变，多年冻土达到新的热平衡状态需要的时间为 5～10 年；②冻土条件变化强烈型，在保持土的多年冻结状态下，冻土条件会发生强烈的变化(季节融化深度增大)，引起区域工程地质条件评价中一种或几种参数的改变，多年冻土达到新的热平衡状态需要的时间为数十年；③冻土条件发生根本性变化型，在天然或人为因素扰动下，冻土条件将发生根本性的变化(年平均地温变为正温)，引起区域工程地质条件评价中所有参数的改变，土体达到新的热平衡状态需要数十或数百年，甚至更长时间。以上这些思路和经验值得我们在冻土分类研究中很好地学习和借鉴。

我国有关冻土分类的研究工作主要是针对寒区工程建设中遇到的冻土工程地质问题开展的，所采用的分类方法主要是根据冻土的特殊工程性质，具体来说就是根据土冻结或冻土融化时可能产生的冻胀或融沉量进行分级，这种分类方法可以直接给出工程建筑物地基基础设计所需要的参数，对冻土区工程地质勘察及建筑物地基基础设计具有重要的指导意义。然而，正如许多学者所指出的那样，这种分类方法在有些方面是不够全面的。其一，它只是对某种冻土现象最终结果的可能性评价，而没有考虑其发生的原因和过程。也就是说没有考虑冻土地基与建筑物基础之间的相互作用。其二，分类中只考虑了岩性及水分条件对冻土工程性质的影响，而对土发生冻结或融化的基本条件——温度状况缺乏应有的重视。近年来，随着冻土工程地质研究工作的深入开展，特别是通过对青藏公路、青康公路冻土路基稳定性的现场试验研究，逐渐认识到多年冻土温度对路基稳定性的重要意义，提出了以年平均地(气)温为指标的高海拔多年冻土分带及青藏高原多年冻土地区冻土工程地质类型划分等方案。但是，如何在国内外现有冻土分类方案的基础上，考虑多年冻土与建筑物基础的相互作用，将冻土的岩性、含冰特征、温度状况有机地结合起来，提出以影响冻土工程性质综合因素为指标的针对具体工程建筑类型的多年冻土分类方案是我们需要研究的课题。

三、冻土工程地质研究

俄罗斯在19世纪60年代后，随着西伯利亚的开发和铁道的建筑，开始对冻土进行广泛的研究。在1904～1914年间修建的阿穆尔铁路常因冻融影响而损坏，每年要耗费大量的资金维护，促使进一步对冻土工程地质的研究，并在后来的贝加尔—阿穆尔铁路干线修建中完成了大量的冻土研究工作。前苏联在冻土力学、冻土温度状况计算等理论分析方面有其独到的见解，对冻土学研究有很大的借鉴作用，前苏联科学研究院也在亚库茨克成立了冻土所。在北美，第二次世界大战中，亚北极地区军事工程建设受冻土问题困扰，促使美国军事部门成立专门机构开展冻土研究。1961年，美国陆军部将北极建设与冻结作用实验室和冰雪与多年冻土研究所合并成立了寒区研究和工程实验室(CRREL)，专门从事北极战争条件、房屋建筑、道路工程等研究。20世纪60年代以来，北极海洋石油大量开发，开始了北极海岸和海底多年冻土研究。1975～1997年在对多年冻土和冻土环境保持问题认真研究的基础上，修成了贯穿阿拉斯加南北石油管线。

我国的多年冻土工程地质研究主要以青藏公路为对象，同时在东北多年冻土区为配合农业林业生产开发开展了不少研究工作。20世纪60年代，进行了大量冻土工程地质工作，确定了多年冻土在沿线的分布规律与若干地段的温度、厚度和地下冰分布特征，并对沿线冻土工程地质类型进行了初步划分。20世纪60至70年代多年冻土区兴建的铁路工程主要为大小兴安岭地区的两条主要铁路干线，即牙林线和嫩林线，穿越的多年冻土共有800km左右。西北地区有两条铁路，其一是青海海西热水专线，其二是穿越天山的南疆铁路。20世纪70年代初开始，针对青藏公路改造升级，开展了路基、路面、桥涵、路堑等基础与冻土间相互作用研究，通过大量的现场试验观测研究与验证，取得了一大批可供工程设计应用的成果；针对青藏公路沿线多年冻土与人类工程活动间的相互作用进行研究，冻土过程监测、冻土环境变化、寒区环境的工程适应性、气候变化下冻土变化等问题的进一步研究，完善了青藏公路工程基础设计资料和冻土数据库，这些成果对于多年冻土公路和铁路工程具有极高的应用价值。此外铁道、管线、采矿、煤炭等部门也因工程需要进行了相应的研究。国外关于多年冻土地区公路工程方面详尽而全面的资料很少，大多都是结合建筑基础、管道工程等进行相关研究。虽然多年冻土地区占我国面积很大一部分，但由于该地区经济相对落后，道路的发展也受到了相应的抑制。目前对冻土地区的研究主要是从工程地质角度来研究冻土的成分、结构，冻土层的分布、厚度、温度动态以及与地表水、地下水的相互作用，季节冻融层的热融过程与现象等，形成了关于冻土形成、发育及分布等一系列认识。

第二节　多年冻土公路工程区划

一、区划的原则和指标

在多年冻土自然区划方法论问题上，存在着综合性原则和主导因素原则的分歧。综合性原则强调进行某一区划时，必须考虑影响工程建设的各种因素，然后挑选一些具有相互联系的指标作为确定区域区界的根据，并认为不必用同一指标去划分全国某一级分区，同一分区不同段落的界限亦可参照不同指标去确定，但所有这些指标的选取必须保证各区内部具有区域和工程建筑的相识性。主导因素原则强调在进行某一级分区时，必须按统一的指标来划分，这样才能严谨和科学，避免主观性。

众所周知，冻土的存在与发展是多因素综合作用的结果，不仅与所在地区的气候特点、地理环境、地质背景、水文地质条件、地表植被、海拔高度等众多因素密切相关，而且随着不同地区的变化，其主导因素也会发生非常大的变化。因此，应用综合性原则对冻土进行区划往往会造成区划结果层次不清、主次不分。但运用主导因素原则确定区界时，若不参照其他地理、气候等指标对区界进行修正，那么所确定的区界表面看起来可能很严谨，但实际上由于多年冻土分布的不确定性和影响多因素性，最后所确定的区界会与实际情况发生较大，甚至是很大的偏差。

虽然多年冻土的存在与发展是自然界多种内因和外因综合作用的产物，但归根结底是冻土所在部位温度场变化的综合体现，尤其是负温场的存在与发展。各种影响因素通过下垫面，或多年冻土下限，或是以热学常规的三种传热方式中的一种或多种方式进行传热，或是水分迁移引起传热，或是水分相变过程引起潜热的变化等引起温度场的变化，进而影响到多年冻土的发展历程。在众多影响因素中，可以看到负温场的存在与发展，即冻土的发育特征与气候条件最为密切。对我国具体自然地理条件来说，地势变化又通过气候与冻土发生联系。气候包括气温、气压、风速、降水等许多因素，它们彼此联系，又相互影响，其中气温与冻土的形成有直接的联系。自然，其他因素通过气温也间接地影响着冻土。

虽然我国多年冻土的分布在纬度和高度控制下具有明显的纬度和高度分带性规律，但具体到一条公路而言，由于其穿越的地形地貌单元和特征、工程地质条件、水文地质条件、地表植被等诸多因素发生着经常性的改变，造成季节冻土区、岛状多年冻土区和连续多年冻土区相互穿插和镶嵌的现象。因此，仅仅根据纬度、海拔、气温、地形等划分的不同区域与具体的公路沿线冻土实际的分布自然会产生一定程度的差异，这就会造成公路针对具体冻土问题设计的很大困难。为此，在大区划的基础上很有必要建立进一步详细区划的方案和指标，以这些方案和指标为指导，根据野外的现场多年冻土勘察工作，就可以全面、准确地建立具体公路沿线的冻土区划图，为已建、改建、新建公路的设计、施工、维修、养护提供可靠的科学依据。

根据上述区划原则，结合冻土发育规律，采用以主导性原则为主，综合性原则为辅的原则进行多年冻土的区划工作。根据我国多年冻土的分布特点，以及对公路工程与多年冻土相互作用过程的认识，确定多年冻土公路工程区划方案为三级区划。其中第一、二级区划偏重于冻土的自然区划，以全国性的纬向地带性和构造区域性为依据，根据对多年冻土具有控制作用的地理气候因素来拟订，其目的在于从总体上把握我国多年冻土的发育特征和分布规律、冻土工程地质条件和筑路要求。第三级区划侧重于公路工程与多年冻土相互作用特征，以及有可能产生的工程问题，其目的在于从局部角度把握冻土工程地质条件和筑路要求。

从冻土热物理学观点来看，冻土是在岩石圈－土壤－大气圈系统热质交换过程中形成的。自然界许多地理地质因素参与这一过程，影响和决定冻土的形成和发展。其中气候是对冻土有重要作用的因素，而气候因素中又以气温对冻土的影响最为显著。

年平均气温反映了各地区地表辐射－热量平衡和大气环流的特点。在现代气候条件下，年平均气温与多年冻土区(带)界限有一定的相关性。年平均气温受到纬度、经度以及海拔高度的制约,尤其是我国高山区和青藏高原地区。我国多年冻土的总体分布规律、区域特点都与年平均气温和海拔高度表现出较好的相关关系。

在一级、二级区划中主要以年平均气温、纬度和海拔指标为主,在区划过程中同时也要注重一个区域内多年冻土的分布连续性和分布共有特征。因此,在一级区划中选用年平均气温和海拔高度作为区划指标具有合理性。对于我国东北,由于多年冻土分布与年平均气温具有较好的相关性,以及在全球气候转暖背景下,冻土一直处于退化过程中,因此选用年平均气温0℃作为一级区划指标较为合理。而对于我国西部多年冻土,海拔高度成为更主要的控制性因素,因此选用海拔高度作为区划指标,同时考虑了在我国西部多年冻土的下界,除主要受控于海拔高度外,还受到纬度和经度的影响。一级区划对于区界的划分主要通过选用不同的海拔高度进行;二级区划,主要考虑了对一个区域内多年冻土连续性、冻土类型影响较大的气候因素和区域构造因素。

三级区划中,在满足条件的地区主要以年平均地温进行拟建公路沿线多年冻土的区划;在没有条件的地区参照年平均气温,或通过年平均气温、纬度和海拔与年平均地温的相关关系进行公路沿线多年冻土的区划。同时,结合多年冻土的冻土类型、地温状况进行多年冻土的辅助分类。

在三级区划重点考虑对公路稳定性有着突出影响的多年冻土年平均地温和冻土类型这两个主导因素进行划分,同时考虑地形、地貌、地质构造对冻土类型和连续性的影响。第三级区划是整个公路多年冻土工程区划的着眼点落脚点。该区划方案仅仅涉及多年冻土,不涉及区域以外的季节冻土。

二、我国冻土的一、二级区划

(一)我国冻土的一、二级区划

我国冻土的一级、二级区划划分如表 4-1 所示。按决定多年冻土形成、存在的主导因素及其分布规律,可将我国多年冻土分为三种类型,即高纬度多年冻土、高山多年冻土和高原多年冻土。我国冻土区划图见插页。

我国公路工程多年冻土的一级、二级区划表 表 4-1

一级区划	二级区划
Ⅰ 高纬度多年冻土	$Ⅰ_1$ 大兴安岭北部大片多年冻土亚区
	$Ⅰ_{2-1}$ 大兴安岭南段西坡与呼伦贝尔高平原岛状多年冻土亚区
	$Ⅰ_{2-2}$ 大小兴安岭东、西坡丘陵及松嫩平原北部岛状多年冻土亚区
	$Ⅰ_{2-3}$ 小兴安岭低山丘陵岛状多年冻土亚区
Ⅱ 高山多年冻土	$Ⅱ_1$ 阿尔泰山—北塔山山地多年冻土亚区
	$Ⅱ_2$ 天山山地多年冻土亚区
	$Ⅱ_3$ 阿尔金山—祁连山山地多年冻土亚区
	$Ⅱ_4$ 喜马拉雅山山地多年冻土亚区
Ⅲ 高原多年冻土	$Ⅲ_1$ 青南—藏北高原北部大片多年冻土亚区
	$Ⅲ_2$ 藏北高原南部岛状多年冻土亚区
	$Ⅲ_3$ 青藏高原东南缘山地岛状多年冻土亚区

(二)高纬度多年冻土区

高纬度多年冻土集中分布于我国东北大小兴安岭地区，是欧亚大陆高纬度多年冻土的南缘。它的形成与存在的主导因素是一定纬度下出现的负年均气温所决定的，其形成及分布具有显著的纬度地带性规律；受其他区域因素（地质构造、岩性、地表覆盖、大气降水等）影响亦表现出地域差异，但后者是以前者为背景展现出来的。郭东信等(1981)为了反映该区多年冻土纬度地带性规律，曾以年均气温－5.0℃、－5.0℃～－3.0℃、－3.0℃等温线至冻土南界分成三个带，即大片连续冻土带、岛状融区冻土带和岛状冻土带。近20～30年来由于气候转暖及频繁的人为活动影响，冻土退化趋势显著。据北黑公路2000年勘测资料，沿线冻土岛面积仅余20%推测，上述岛状融区冻土带现时冻土存在状况可能更接近岛状冻土带。同时此次区划目的与以前不同，本次区划主要是突出不同区域冻土差异性。因此，以年均气温－4.0℃等温线将高纬度多年冻土分为南北二个亚区，即北部大片连续多年冻土亚区和南部岛状多年冻土亚区。后者东西横距1 200km，穿越大小兴安岭山地及松嫩平原北部。来自东南方向暖湿气流受大小兴安岭阻挡，岛状冻土区内自东南至西北温湿状况存在较大差异，由此形成冻土分布特征的地域差别。因此依据大兴安岭南段岭脊线及小兴安岭西南坡麓线，岛状冻土亚区分成三个二级区。高纬度多年冻土具体分区体系如下：

(1)I_1　大兴安岭北部大片连续多年冻土区。

(2)I_{2-1}　呼伦贝尔高平原，大兴安岭南段西坡丘陵岛状多年冻土亚区。

(3)I_{2-2}　大小兴安岭东、西坡丘陵，松嫩平原北部岛状多年冻土亚区。

(4)I_{2-3}　小兴安岭山地岛状多年冻土亚区。

(三)高山多年冻土区

高山多年冻土主要分布于阿尔泰山—北塔山、天山、阿尔金山—祁连山、喜马拉雅山。高山多年冻土分布的突出特点，是其受控于海拔高度，冻土仅出现在一定海拔高度以上。岛状冻土出现的最低海拔高度的连线为多年冻土分布下界。由下界往上随海拔升高，冻土分布的连续程度增大，由岛状分布逐渐呈大片连续分布，冻土温度随之降低，厚度增大，具有明显的垂直带性变化规律。经野外考查及定点研究，上述高山山地的多年冻土下界见表4-2。

高山山地多年冻土下界(m)　　表4-2

冻土下界 / 高山名称	南　坡	北　坡
阿尔泰山—北塔山	2 200～2 800(岛状冻土上界)	
天山	3 100～3 250	2 700～2 900
阿尔金山—祁连山	3 700～3 950	3 450～3 650
喜马拉雅山	5 100～5 300	

冻土下界不是依某一等高线固定不变的一条线，而是以一定海拔为轴线，依不同自然地理地质条件上下浮动的变动带。表4-2中给出的冻土下界值是各山地冻土下界分布的一般情况，在一些个别山段受其所处地质地理条件影响，冻土下界可能偏离表中给出值，为使这些山段的冻土不被圈在冻土下界以外，因此将区划中冻土分布范围适当放宽。现有中小比例尺地形图等高线间距大多为300～500m，考虑到便于操作，对各山地多年冻土分布范围可考虑冻土下界高度往下300～500m。依据前文原则与方法，将高山多年冻土划分成如下几个亚区：

(1)II_1　阿尔泰山—北塔山山地多年冻土亚区。

(2)II_2　天山山地多年冻土亚区。

(3)II_3　阿尔金山—祁连山山地多年冻土亚区。

(4)II_4　喜马拉雅山山地多年冻土亚区。

(四)高原多年冻土区

青藏高原是耸立于中低纬度的巨大隆起，其海拔平均 4 000～4 500m 以上，气候严寒决定着高原多年冻土的存在和广泛分布。青藏高原南北跨越近 10 个纬度(N38°～28°)，东西横区约 26 个经度(E74°～100°)，高原面积约 200 万 km^2，是世界上中低纬度面积最大的多年冻土区。青藏高原总的地势是西北高、东南低；气候特点是西北部寒冷干旱，东南部温暖湿润；自然地带分异是以高原北部及昆仑山为中心，向周边地区过渡。受其影响，高原多年冻土分布正是以此为中心，向周边展开。高原北部及西北部是多年冻土最发育的地区，冻土基本呈连续或大片分布，温度低、厚度大。由此向南、东南方向，随纬度及海拔高度降低，气温升高，冻土由大片分布过渡为岛状分布区。高原南部岛状冻土区，在国道 109 线上北起安多，南至两道河以南，宽达近 100km。南部岛状冻土的出现，除上述纬度、海拔降低因素外，尚有常被人们忽略的重要因素，即地质构造。在《中国冰雪冻土分布图》与《西藏地质构造图》上可清楚地见到高原大片多年冻土与岛状冻土之间的分界大致为西起斑公湖，向东经改则、东巧、安多，至西青一线，此线恰是两个构造区的界线。此线以北为羌塘—青南三江构造区；以南是藏北构造区。这绝非是偶然的巧合，而是有着内在的成因联系，与此线南、北地质发育历史及地壳结构密切相关。藏北构造区是印度板块与欧亚板块最后相撞的结合部位。两大陆碰撞之后，由于俯冲，堆叠及相互运动引起地壳重熔。据地球物理探测，该构造区某些地方下地壳中存在约 10km 厚的融熔或未融熔层(常承法，1982)。同时西藏地区已发现各种地热显示点(温泉、热泉、沸泉、喷气泉等)600 余处，其中大部分地热显示点分布在藏北构造区。该构造区是青藏高原显著的地热异常区。在两个地质结构及地热背景完全不同的地区，冻土的生成及保存状况自然是不相同的。可见，高原大片与岛状冻土区分界线与地质界线之巧合，地质构造及地热背景起了主导及控制作用。高原东、东南部岛状冻土的出现，是由于高原面海拔高度下降，加之年均气温升高所致。由高原西北部冻土大片分布过渡为冻土岛状分布是一渐变过程，其间二者较显著的分界为土体年均气温－4.0℃包络线。此外，东南部岛状冻土与高原南部岛状冻土亦有不同，二者大体以金沙江为界。据国道 214 线整治勘探资料，前者冻土除水平方向不连续外，垂直方向常见不衔接的情况，一些地段存在双层冻土及深埋藏冻土层(埋深 8.0～10m 左右)；后者基本未见这种情况，因此应将二者各自成区。同时，二者气候环境亦有较大差异：前者气候特点是暖湿；后者是冷干。由此形成二者对筑路的影响不同，这也是应将二者各成一区的原因之一。基于上述，依据地质构造、年均气温等值线将青藏高原多年冻土区分成如下三个亚区：

(1)III_1　青南—藏北高原大片多年冻土亚区。

(2)III_2　藏北高原南部岛状多年冻土亚区。

(3)III_3　青藏高原东南缘山地岛状多年冻土亚区。

三、多年冻土公路工程地质三级区划

(一)公路对多年冻土的影响

随着多年冻土区公路工程研究的不断深入，冻土类型、温度状况及其变化过程对冻土区公路的稳定性均产生重要影响。在区划指标确定之前有必要了解多年冻土区公路与多年冻土相互作用特点、工程病害的产生机理和发展规律。

王绍令等(2001)根据黑色路面的热量平衡、路基的热状态及其对下伏多年冻土层的影响进行了观测研究。分别对以昆仑山垭口路段为代表的相对稳定的低温多年冻土和以清水河(原 66 道班)为代表的高温不稳定型多年冻土进行了观测分析,研究表明:(1)沥青路面的铺设不仅使路面热量总收入分别增加 18%和 6%,同时也减少了路面蒸发的热量损失 6.9%和 14.6%;(2)两场地路面土壤总吸收热量与总放出热量之比,昆仑山垭口段路面为 1.19∶1,清水河段为 4.0∶1,说明垭口段路面下热量收支近于平衡,多年冻土层地温低,较稳定,在相当长的时间内路基下不会产生融化核;清水河路段路面热量收入是支出的 4 倍,铺设沥青路面 3 年后即开始形成融化核并逐年加厚;(3)两场地路面热量平衡观测和计算结果表明,在热量支出中垭口段路面湍流热交换占 75.2%,蒸发耗热占 22.8%;清水河段路面湍流热交换占 76.4%,蒸发耗热占 20.5%,两场地路面热量支出中湍流热交换比蒸发耗热大 3 倍多,这个比例提示,只有改善路基通风条件、增大湍流散热,才能抑制路基下冻土融化。

吴青柏等(2000)通过沥青路面下冻土过程的变化研究发现,沥青路面的修筑改变了冻土与大气间的热交换条件,引起冻土过程的很大变化。路面下活动层变化,既与地表有相同之处,也有差异之处。在其他条件相同的情况下,天然地表下活动层变化较为稳定,而路面下多年冻土上限的变化相对不稳定,有些路段路面下活动层处于不稳定状态。20 世纪 80 年代至 90 年代,路面下人为多年冻土上限深度变化较大;同时沥青路面较天然地面下的冻土层提早融化 20～40d,滞后冻结 20d,与气温对应存在一个滞后反应。由于沥青路面强烈的吸热作用和路基内大量自由水的显热,导致过剩的热量积累,从而使沥青路面下热量年总收入大于总支出,造成季节融化深度大于季节冻结深度,最后演变为融化夹层。造成这种变化的因素是多方面的。一是沥青路面的吸热作用,沥青路面年平均表面温度较天然地面高出 4.5℃,增大了季节融化深度;二是在人为多年冻土上限下降的过程中,上限处地下冰发生融化,吸收部分热量,增加路基中的自由水,以及外来水分渗入路基内,导致路基中逐步形成热量积累;三是由于全球气候转暖影响,冬季温度普遍升高,冻结深度减小,过剩的热量在原来的基础上叠加积累。另外,可能存在路基边坡水平热交换及水分蒸发潜热等。

汪双杰等(2003,2004)在青藏公路多年冻土路基病害研究中,从多年冻土年平均地温角度对冻土路基变形进行了分析。多年冻土地区年平均地温的高低不仅代表了这一地区气温的高低,而且显示了多年冻土自身的稳定状态。高温多年冻土自身已处在十分脆弱的状态,生存环境条件的改变,将会引起高温多年冻土的迅速升温及融化。所以,在高温多年冻土地区,由于沥青混凝土路面的影响,冻土路基发生热融沉陷的问题就比低温多年冻土地区要严重得多。冻土路基变形随年平均地温的升高而增大这一规律,在青藏公路多年冻土地区路基变形当中尤显突出。各类严重路基病害发生路段,绝大部分都在冻土年平均地温高于－1.5℃地区。在年平均地温低于－1.5℃的地区,不但路基相对稳定,路基病害也相对较少。

青藏公路一、二期整治实践表明,在低温冻土区,抬高路基高度或铺设保温材料均可使多年冻土上限抬升,有效地保护多年冻土;但是在多年高温冻土区,抬高路堤不但不能使冻土上限上升,反而形成融化盘;过高地抬高路堤,由于吸热面的增大和阴阳坡的作用,还会造成融化盘的不对称,进而导致路基的不均匀沉降;若铺设保温材料,则因其既可在夏季阻挡上部热量传入,又可在冬季阻挡上部冷量传入和下部热量的传出,长时间的运行会在路基中形成热量累积,致使多年冻土上限总趋势仍为下降。可以说,抬高路堤高度或铺设保温材料保护冻土路基均是被动消极的方法,不足以或不能够完全消除冻土路基的融化下沉,尤其在全球气温升高的大趋势下更是如此。

(二)路基变形影响因素及变化规律分析

1. 冻土类型对多年冻土地区路基沉降变形的影响

大量的工程实践证明,青藏公路沿线冻土区建筑物的破坏主要是由融沉造成的,对沥青路面公路而言尤其如此。多年冻土的融沉性质可用融沉系数来表征,而融沉系数又与土的性质和总含水率关系密切,一种土质其一定的含水率对应于一定的融沉系数。这样,在根据总含水率划分出多年冻土含冰量类别的同时,还能给出相应的融沉类型,这有助于预报多年冻土在建筑物修建后的变化特点。

另外,土的冻胀性、强度也与总含水率有密切的关系。因此,以总含水率划分的多年冻土含冰量类别也综合反映了土的冻胀性和承载力的特点。多年冻土按总含水率划分的含冰量类别还与一定的多年冻土冷生组构相对应,这也为野外工作提供了方便。因此,多年冻土含冰量是影响冻土热稳定性和融沉变形性的重要因素。相同年平均地温条件下,含冰量愈高,冻土热稳定性愈好。而融沉变形则相反,含冰量愈高,融化压缩变形愈大。冻土含冰量是地基不均匀沉降的主要原因,因此多年冻土含冰量是道路冻土区划重要指标之一。

但是需要注意的是,在年平均地温基本相同的地区,由于含冰量不同,路基在变化过程中也会表现出不同的特点。图 4-1 反映了唐南三处具有代表性地段从 1998 年 5 月至 2000 年 4 月进行的为期两年的路面变形观测结果。一号和三号场地冻土类型为含土冰层和饱冰冻土,一号场地年平均地温为－1.3℃,三号场地年平均地温为－0.3℃,路基高度均为 3.0m 左右,土质主要为强风化泥岩;二号场地周围自然地表基本没有植被覆盖,冻土类型属于富冰冻土或饱冰冻土,年平均地温为－0.4℃,路堤高度为 2.0m。通过对比可以看到,温度是影响冻胀和融沉最为主要的因素,冻土的含冰量通过冻胀和融沉的振幅加以影响。其次,通过冻胀和融沉量值对比,三个观测场地的变形过程主要为融沉,公路发生的工程病害主要为融沉破坏。

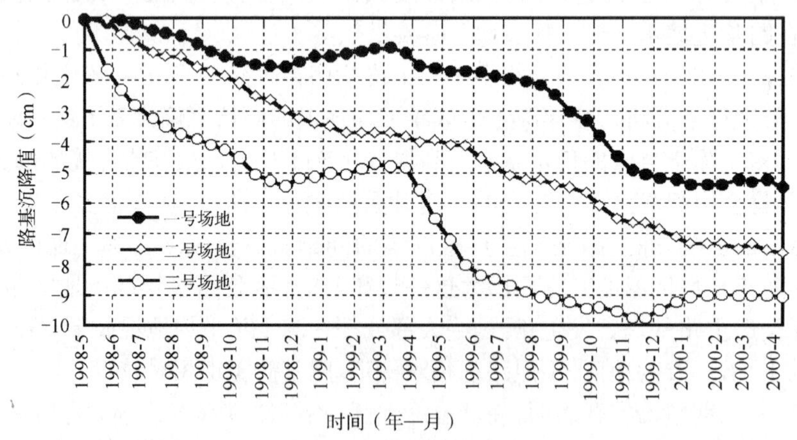

图 4-1　不同工程地质条件下路基变形过程

年平均地温基本相同,路基在变形过程中表现出不同规律,其根本在于冻土中含冰量的不同。在含水率相同条件下,由于土质类型的不同,冻土类型也会发生变化,而产生这种变化的原因在于冻土中细颗粒土含量的不同,也即说明细颗粒土在成冰作用过程中具有非常重要的作用。应该说冻土类型可以更为准确地表现出冻土的融沉特性,即工程稳定性。

2. 多年冻土地温对路基沉降变形的影响

在多年冻土构造、类型、土质相同的条件下，多年冻土年平均地温控制着冻土路基变形的大小。从多年冻土年平均地温的角度，对青藏公路进行的研究发现，路基变形随年平均地温升高而增大。多年冻土地区年平均地温的高低不仅代表了这一地区气温的高低，而且显示了多年冻土自身的稳定状态。

高温多年冻土自身处在十分脆弱的状态，生存环境条件的改变，将会引起高温多年冻土的迅速升温及融化。所以，在高温多年冻土地区，由于沥青路面的影响，使冻土路基发生热融沉陷的问题，要比低温多年冻土地区严重得多。冻土路基变形随年平均地温的升高而增大的这一规律，在青藏公路多年冻土地区路基变形当中显现得非常突出。各类严重路基病害发生路段，绝大部分都在冻土年平均地温高于－1.5℃地区。在年平均地温低于－1.5℃的地区，不但路基相对稳定，路基病害也很少发生。这从另一个侧面反映由于路基的不均匀下沉变形过大，导致了青藏公路冻土路基的各类路基病害的发生与发展。因此多年冻土的年平均地温应是道路冻土区划重要指标之一。

3. 冻土力学特性

路基变形随温度变化表现的不同变化规律，其根本在于冻土的力学特性随温度发生了很大的变化。通过风火山冻结亚黏土和兰州冻结砂土冻土压缩系数的研究发现影响冻土压缩系数的主要因素包括：温度、含水率和外压力。

(三)高含冰量冻土分布规律

冻土类型是影响公路工程地质稳定的重要因素之一。但在进行第三级公路工程区划时，不可能获取全国，甚至一个地区的不同冻土类型的全部分布资料，如果直接使用冻土类型作为直接区划指标，工作难度将极大。不同类型多年冻土的分布与岩性、地质构造、地貌特征密切相关，通过这种相关关系的分析，我们就可以找到确定不同冻土类型的间接指标，界定不同类型冻土的分布区域。为了便于工程的应用，我们将富冰冻土、饱冰冻土、含土冰层统称为高含冰量冻土，少冰冻土、多冰冻土统称为低含冰量冻土。

1. 高含冰量冻土发育的内在影响因素

冻土中含冰量的多寡，取决于多种因素和条件，可大致分为地质—水分条件和热物理条件两大类，前者是发育的基础，后者是发育的条件，两者相辅相成。

在众多地质—水分条件中，粒度成分占有重要地位。粒度成分往往与一定的矿物组成和化学成分相对应，粒度成分决定了土的物理性质。冻土含冰量的高低与粒度成分密切相关，这是因为高含冰量冻土的形成常常与分凝析冰作用有关。分凝析冰能力的高低以粉质黏土、亚黏土最高，粉质亚砂土、黏土、亚砂土、粉砂次之。粗颗粒土含冰量主要取决于小于0.05mm颗粒含量的多少，一般当小于0.05mm颗粒含量大于15%时，在充分饱水条件下也能形成高含冰量冻土。

在热物理条件中年平均地温是冻土形成最直接的能量指标。一般讲，在其他条件相同时，年平均地温越低，越有利于高含冰量冻土的形成。在连续多年冻土地带，年均地温较低，有适宜水分条件、细颗粒土或有足够细颗粒含量的粗颗粒土中，一般均可能有高含冰量冻土存在。而在岛状多年冻土地带，年均地温高些，常见的有少冰和多冰冻土，仅在沼泽化湿地的含腐殖质的细颗粒土中才能见到高含冰量冻土。

2. 地貌单元对冻土含冰量的影响

低山丘陵区中高含冰量冻土(特别是含土冰层)所占的比例最大，中高山次之，而河谷平原区最小。这是由于青藏高原多年冻土分布有明显的垂直带性规律，且降水量随海拔高度升高而增加，故低山丘陵区的平均地温一般较低，降水量也较大，且泥流堆积为地下冰的发育提供了良好的细粒土、水分和共生的条件，因而低山丘陵区中高含冰量冻土占比例最大。中高山区尽管有更低的年平均地温，且降水量也大，但由于该地貌单元中一般松散堆积物较薄，且颗粒较粗，不利于地下冰的生成，所以高含冰冻土所占的比例小于低山丘陵区。而河谷平原区则由于海拔低，一般年平均地温较高，再加上河水的热影响，以及广泛分布的粗颗粒沉积，不利于地下冰的发育，因而高含冰量冻土所占的比例最小。准高平原上及一些有湖相沉积的盆地中，沉积物厚，粒度较细，受河水热影响小，地温不太高，故在这类地区高含冰量冻土占有大的比例。

山间盆地往往具备细颗粒土和充足的水分条件，因而高含冰量冻土发育。如青藏公路两道沟，为冲积—洪积平原及洪积扇前缘的开阔地区，表层腐殖土厚达1m，尽管该处年平均地温较高，但地下冰较为发育。在湖相沉积构成的山间盆地中，地下冰一般也很发育。如新藏公路甜水海段，为第四纪湖相沉积黏土、亚黏土等，上限附近发育厚层地下冰，冰层厚度达2～3m，体积含冰量达到70%～80%以上。

3. 地貌单元不同地形部位对冻土含冰量的影响

在同一低山丘陵区，当其他条件相同时，阳坡较之阴坡接受的太阳辐射多，地温相对较阴坡的为高，蒸发的水分亦多，故一般阳坡的地下冰不如阴坡发育，这在连续多年冻土带往往表现为量的差别，如风火山东大沟阴坡的地下冰明显地比阳坡的要厚，发育的范围也大。而在连续多年冻土地带的边缘和岛状多年冻土带，则往往表现为地下冰分布在质上的差别，即在阴坡有高含冰量冻土，而阳坡则无高含冰量冻土。

4. 地质构造对冻土含冰量的影响

表4-3为青藏公路沿线各盆地、谷地地质构造与冻土主要特征。由表4-3可见，北麓河、通天河、沱沱河、楚玛尔河四个断陷盆地的冻土组构以层状构造为主并伴生厚层地下冰；西大滩、温泉两个谷地的冻土组构主要是整体状、斑状，很少见到厚层地下冰或层状组构。断陷盆地的岩性多为泥岩、泥灰岩、粉砂岩，而且具有明显的韵律，因此地层持水性能好，并有利于冻结时水分向冻结面输运，多形成层状冻土组构或出现层状地下冰；谷地地层是由碎石、砂砾所组成，既持水性能差，又不利于水分输运，因而形成了整体状、斑状冻土组构，少见层状地下冰。

青藏公路沿线各盆地、谷地地质构造与冻土主要特征 表4-3

盆地 谷地	地质构造特征			多年冻土主要特征		
	构造运动性质	地层岩相及沉积结构	形成时期	年均地温(℃)	厚度(m)	冻土组构及地下冰
断陷谷地 西大滩	间歇性较急剧沉降	Q_2 冰水相沉积，砂砾与含泥质砂砾互层，韵律显著的粗细混杂结构	中更新世初期	0～－0.5	0～25	整体状、斑状冻土组构为主、无厚层地下冰或层状冰
断陷谷地 温泉	比较急剧的持续沉降	Q_2 冰水相含砾亚砂土、下部变为砂砾石，沉积韵律不显著的粗细混杂结构	中更新世初期	0～－0.5	0～20	整体状、斑状冻土组构为主、无厚层地下冰或层状冰
断陷盆地 北麓河	间歇性缓慢与较急剧交替沉降	N_2 湖相沉积，致密的泥岩及泥质砂岩互层，韵律显著的粗细互层结构	上新世末至早更新世初期	－0.4～－1.0	5～30	中厚层状、网状冻土组构，具有层状冰
断陷盆地 通天河	间歇性缓慢与较急剧交替沉降	N_2 湖相沉积，致密的泥岩及泥质砂砾、泥灰岩互层，韵律显著的粗细互层结构	上新世末至早更新世初期	－0.4～－1.0	5～25	中厚层状、网状冻土组构，具有层状冰

续上表

盆地谷地	地质构造特征			多年冻土主要特征		
	构造运动性质	地层岩相及沉积结构	形成时期	年均地温(℃)	厚度(m)	冻土组构及地下冰
断陷盆地沱沱河	间歇性缓慢沉降	Q_1 湖相沉积，钙质含泥砂岩、泥灰岩互层，韵律显著的细粒互层结构	上新世初期	−0.5～−1.5	10～60	层状、网状冻土组构，具有层状冰
断陷盆地楚玛尔河	间歇性缓慢沉降	Q_1 湖相沉积，泥质砂岩、泥灰岩互层，韵律显著的细粒互层结构	上新世初期	−0.5～−1.5	25～60	层状、网状冻土组构，具有层状冰

(四)潮湿系数的适用性

1978 年西安公路学院制定的《我国多年冻土地区的公路自然区划》和 1986 年交通部公路规划设计院制定的《公路自然区划标准》在不同级别的区划指标中分别采用了潮湿系数。潮湿系数是一个地区降雨量和蒸发力的综合体现。不可否认水分条件是多年冻土形成的重要条件之一，在其他条件一定的情况下，多年冻土存在几率与潮湿系数呈正相关。但需要注意的是多年冻土的形成与分布，还与温度、土质、地质地貌等诸多因素有关。程国栋等研究发现，多年冻土分布与降雨量的关系较为复杂。有的地区多年冻土下界随降雨量的增加而下降，有的地区则相反。降雨的时间也对冻土形成有很大的影响，冬春降雪对土的冻结有抑止作用，夏秋降雪则有助于冻土的保护。

同时，我们可以看到一个地区的潮湿系数更多地受制于气温条件。以高山多年冻土和高海拔多年冻土为例，越往高处，年平均气温越低，气温较差越小，降水量和潮湿系数越大。由此，山间盆地等为大陆性干旱中心，而高大的山系则成为干旱带"海洋"所包围的"冷湿岛"。所以，从这个意义上看，选用温度、海拔指标来划分多年冻土更具有实用价值。

考虑到上述因素，在本区划方案中没有将潮湿系数作为区划指标。

(五)区划方案

通过一、二级区划对我国多年冻土的总体分布特征可以有一个较为准确和全面的了解。但对于公路与多年冻土的相互作用，以及可能产生的工程病害则难以把握，因此有必要从多年冻土区公路工程的特点出发，通过对已有观测和研究资料的分析，结合不同多年冻土工程地质背景条件下公路的沉降变形规律，对不同性质和特点的冻土加以区分，这将有利于从冻土工程稳定性方面对公路工程建设加以把握。

多年冻土区公路工程表现出的主要问题为融沉，以路面纵向开裂、边坡失稳、不均匀沉降等工程病害形式表现出来，其次还包含冻胀、路面网状开裂、翻浆等其他工程病害。导致这些问题的根本原因在于路基下伏的多年冻土的状况发生了变化，主要体现在冻土温度的变化上，表现为冻土压缩强度的降低、冻土中冰的消融和水分迁移。这些工程问题的轻重程度又与冻土类型密切相关，即地下冰的存在形式和多少决定了产生工程问题的严重程度。因此，在第三级区划中就要注重公路稳定性的特殊要求，才能使区划工作系统化且切合实际工程需要。

第三级区划方案依据多年冻土年平均地温和多年冻土类型两个指标，将冻土划分为三个区：稳定区、基本稳定区和不稳定区，并对各个区域给出冻土工程地质条件评价和工程建议。冻土工程地质条件评价分为：良好工程地质地段、不良工程地质地段、较差工程地质地段和级差工程地质地段。由于多年冻土分布的复杂性和多样性，如果按照区划的一般规则给出每个区域的特性的表述和图件描述，势必会造成该级区划非常庞大和混乱，并且没有太多的实用价值。因此，该级分区只给出分区指标和一般性描述，而不进行各个具体区域的描述和绘图。

为了便于工程实际的应用，在第三级区划中我们只将冻土划分为两类：(1)高含冰量冻土，主要包括富冰冻土、饱冰冻土、含土冰层；(2)低含冰量冻土，主要包括少冰冻土和多冰冻土。通过研究制订了我国公路工程多年冻土的三级区划方案，见表 4-4。

我国公路工程多年冻土的三级区划表 表 4-4

年平均地温	冻土类型	
	低含冰量冻土 （少冰和多冰冻土）	高含冰量冻土 （富冰、饱冰和含土冰层）
低温冻土（< −1.5℃）	多年冻土稳定区	多年冻土热稳定区
高温冻土（≥ −1.5℃）		多年冻土热不稳定区

通过上述区划虽然在总体上可以从公路工程角度对不同工程性质的冻土区域加以把握，但我们还是要注意冻土是自然环境条件下各种影响因素综合作用的结果。需要注意河流、湖塘造成融区的存在，以及一些不良冻土现象（包括冰锥、冻胀丘、融冻泥流、热融滑塌、热融湖塘、沼泽化湿地等）对公路造成的影响等。第三级区划中年平均地温和冻土类型通过下述方法确定。

1. 年平均地温

通过对多年冻土年平均地温与其相关的年平均气温资料进行大量的相关分析，发现两者具有较好的相关性。考虑到区划的最终目的是从总体上把握一个地区的总体特征，故应用年平均气温进行地温分带也具有较强的实用性和理论根据。

从表 4-5 中我们可以看到，年平均地温为−1.5℃的多年冻土对应的年平均气温在东北基本为−3.5℃，西北基本为−5.5℃，因此采用气温指标时应对东北高纬度多年冻土区和西北多年冻土区高低温多年冻土区别对待。具体到一个区域的第三级工程冻土分区时，首先应尽可能收集当地的地温资料，其次在难以获取相关资料的地区可按年均地温与气温的关系进行工程区划。

多年冻土地温带分布 表 4-5

带名	年平均地温（℃）	多年冻土厚度（m）		带界处的年平均气温（℃）		分布地带	
		东北	西北	东北	西北	大小兴安岭	青藏高原
极稳定带	<−5.0	—	> 150	<−6.0	−8.5	高纬度大片多年冻土带，阴坡，沼泽化	高山地带
稳定带	−5.0～−3.0	>100	100～150	−4.5	−6.5		中高山地带
亚稳定带	−3.0～−1.5	50～100	60～100	−3.5	−5.5	岛状融区多年冻土带	低山及沼泽泥炭
过渡带	−1.5～−0.5	20～50	40～60	−2.5	−3.5		高平原、低山丘陵
不稳定带	−0.5～0.0	10～20	20～40	0.0	−2.5	岛状冻土带	及河谷地带
极不稳定带	0.0	0～10	0～20				河谷及岛状多年冻土地带

2. 冻土类型

由高含冰量冻土的分布规律可以给出如表 4-6 的高含冰量冻土分布区域对照表。

高含冰量冻土分布区域对照表 表 4-6

冻土区域类型	分布区域	
	连续多年冻土区	岛状多年冻土区
高含冰量冻土区	断陷盆地、湖相沉积构成的山间盆地、低山丘陵区、泥炭草炭发育和水分充足的其他区域	低山丘陵区阴坡、泥炭草炭发育和水分充足的其他区域
低含冰量冻土区	除上述区域外的其他区域	

(六)分区工程地质评价和工程建议

针对区划方案,不同区域多年冻土工程地质条件评价和工程建议应分别以稳定区、热稳定区和热不稳定区进行评价论述,各区特征如下。

1. 多年冻土稳定区

冻土含冰量较少,总含水率一般略大于塑限。冻土类型主要为少冰冻土、多冰冻土,冻土多为整体状、整体状—微层状冻土构造。弱融沉性路段,冻土融化时,融化下沉系数小于 5%,其总沉降量不超过 10cm。冻土工程地质条件较好,冻土路基基本稳定,工程地质条件较好,可不考虑路基基础冻胀与融沉问题,在路基设计中只需采取简单处理措施,或适当抬高路基、加强侧向排水等,就可防治路基变形。

2. 多年冻土热稳定区

冻土类型主要为富冰冻土、饱冰冻土和含土冰层。冻土中多数可见到微层状—层状冻土构造,年平均地温低于−1.5℃,融沉性地段,冻结黏性土的融沉系数为 13%~17%,局部位置为 27%,冻结砂类土的融沉系数为 10%左右。地基基本稳定,往往会出现一定程度的融沉和变形,局部为极不稳定,道路会发生较大程度的破坏,在工程设计中必须按多年冻土区合理路基高度进行设计,在局部土质细颗粒含量高地区需采用保护冻土的特殊工程措施,在施工过程中加强对道路两侧自然环境的保护,避免人为工程活动对多年冻土的扰动或影响。

3. 多年冻土热不稳定区

冻土类型主要为富冰冻土、饱冰冻土和含土冰层。冻土中多数可见到微层状—层状冻土构造,年平均地温高于−1.5℃。融沉性地段,冻土融化后将产生很大的沉降量,冻土工程地质条件较差乃至极差,地基极不稳定,局部冻土地区公路工程可能失稳,存在融沉、冻胀、排水固结以及地下冰长期流变等作用引起的地基剧烈变形,导致公路破坏。如不采取有效工程措施,短期内路基不仅会发生剧烈变形,而且中长期也难以达到稳定标准。在工程设计中不仅要按多年冻土区合理路基高度进行设计,同时也要注意填挖过渡段、桥涵过渡段等不均匀沉降,公路两侧人为工程活动对多年冻土的扰动或影响,必须采用主动保护多年冻土的特殊工程措施,或采用具有“主动式冷却路基”功能的工程措施,如通风路基、抛石路基、碎石护坡、遮阳板、热棒等。在施工过程中首先应结合当地的具体条件和各方面的情况进行先期的试验工程,对初步选用的工程措施进行先期的试验,根据试验路段得出的最佳结果再进行全段的工程设计和施工。

四、青藏公路(109 国道)多年冻土公路工程区划

(一)青藏公路多年冻土分布特征

对第三级区划方案的有效性和实用性，在高海拔多年冻土区青藏高原选择了青藏公路作为依托工程进行检验和试用。

青藏高原冻土区是北半球中、低纬度地带海拔最高、分布面积最广、厚度最大的冻土区。北起昆仑山，南至喜马拉雅山，西抵国界，东达横断山脉西部、巴颜喀拉山和阿尼马卿山东南部，冻土面积约占我国领土面积的 15.0%。青藏高原的腹部分布着大片多年冻土，周边为岛状多年冻土及季节冻土。显然，青藏高原多年冻土的生存、发育和分布主要受到地势海拔的控制，海拔制约着青藏高原冻土发育的差异性，因而它不单一地服从纬度地带性的一般规律。多年冻土的后生型及共生型成因类型的形成与第四纪时期高原隆起、冰期特征密切相关。青藏公路沿线的地质构造格局控制着盆地、谷地、山系和水系的展布方向和形态特征，构成不同的沉积环境，形成和发育着不同的岩性、冻土特征和地下水赋存条件，具有不同的工程地质特征。

青藏公路沿线的多年冻土属于高海拔多年冻土，具有强烈的垂直地带性，与高纬度多年冻土有很大的区别。多年冻土温度、厚度受海拔高度的控制，海拔越高，温度越低，多年冻土越厚。同时又具有纬向地带性和干燥地带性，青藏公路沿线多年冻土基本呈大面积连续分布，发育在各种地形、地貌单元的松散和半坚硬岩层中。区内多年冻土地温普遍较高，不稳定多年冻土类型占据相当的比例。青藏公路穿越 632km 的多年冻土地带，其中连续、大片分布的多年冻土区占 83.6%，岛状多年冻土区占 16.4%。

从西大滩 K2879+650 开始进入多年冻土区，为不连续岛状多年冻土，发育不连续岛状多年冻土的海拔高程为 4 150m 左右，北界处的年平均气温为-2.5℃，位于昆仑山北坡具草甸植被的亚黏土地段，粗颗粒土地段下界处年平均气温还要低一些。于 K2886+500 开始进入大片连续多年冻土区，发育大片连续多年冻土的海拔高程为 4 350m 左右，砂砾石层连续多年冻土北界处年平均气温为-3.6℃，而阳坡碎屑堆积物下界处年平均气温约为-5.6℃。到不冻泉地段，由于受地热和构造影响，局部出现有贯穿性融区，范围较小，约为 4～5km。穿过昆仑山区进入楚玛尔河断陷盆地、可可西里山区、北麓河断陷盆地、风火山区、乌丽盆地，受河流的影响(如楚玛尔河、北麓河等)，形成非贯穿的河流融区，出现平面上呈断续分布(影响范围极小)，纵向分布仍是大片连续分布的。进入沱沱河断陷盆地后，由于受河流贯穿性融区的影响，开始出现片状多年冻土、岛状多年冻土和融区相间存在的分布格局，在平面上和深度上均不连续。沱沱河地段，多年冻土主要分布于低洼地段和沱沱河南岸，河北岸为岛状多年冻土及融区。开心岭山区，多年冻土呈片状分布。从通天河盆地、布曲河谷地段到温泉断陷谷地，进入了青藏公路多年冻土区最长的岛状多年冻土区和融区并存的路段，因受通天河和沿公路展布的布曲河及温泉构造作用的影响，出现影响范围较大的贯穿性河流融区和构造—地表水融区，平面和深度上均为不连续分布。到唐古拉山区和头二九山区后，多年冻土呈大片连续分布。

(二)多年冻土区划及工程地质评价

青藏公路大部位于冻土一级自然区划的高原多年冻土区，冻土二级区划的青南—藏北高原北部大片多年冻土亚区、藏北高原南部岛状多年冻土亚区。穿越南北两个岛状多年冻土带，北部岛状多年冻土带的下界位于西大滩西段海拔 4 200m(阴坡)～4 350m(阳坡)处，相应年平均气温为-2.5℃～-3.0℃；上界位于惊仙谷北口附近，海拔 4 560m，相应年平均气温为-4.0℃左右，

此带范围较窄不到 10km。南部岛状多年冻土带上界位于安多北山海拔 4 780m 处，相应年均气温－6.5℃～－4.0℃，往南延续近 90km 至 125 道班，其大部分属 III_2 亚区，在南、北岛状多年冻土带之间(海拔 4 780～4 560m)长约 550km 的范围属于大片多冻土地带。该地带内多年冻土约占总面积的 80％，其间发育构造—地热、构造—地下水等多种成因类型融区。

由于进行青藏公路全部多年冻土的第三级区划需要进行大量工作，并要具备大量的资料，为说明问题，本节仅对其中几个区域进行重点分析。

1. 西大滩多年冻土稳定区

本段自 K2886 进入片状连续多年冻土区，至 K2890 止，为昆仑纬向构造体系昆仑山断陷带西大滩断裂。第四系地层覆盖，松散沉积物为洪冲积砂砾石及块碎石，含有砂层及土粒。海拔为 4 450～4 500m。南侧地表及地下水较发育。气温和地温较高，年平均气温为－3.0℃～－5.0℃，年平均地温为 0.2℃～－0.5℃。多年冻土厚度 5～20m，天然冻土上限一般为 2.8～3.5m，多年冻土含冰量较少，且较均匀。多数地段属于少冰冻土和多冰冻土，有少数富冰冻土。冻土融化后的融沉系数小，融化下沉量小，地基较为稳定。大部分路段道路状况较好，仅有少量地段出现轻微下沉，属于良好冻土工程地质地段，部分属于不良冻土工程地质地段。

2. 昆仑山多年冻土热不稳定区

该区属于昆仑山强烈上升、褶断高山区。本段包括乱石沟、昆仑山垭口、昆仑山垭口盆地及不冻泉河谷地带(K2890～K2923)。海拔 4500～4800m，为昆仑纬向构造区昆仑断褶带，在惊仙谷一带有东西挤压断裂带及近南北张性断裂发育，晚近代构造亦相当发育。出露的砂质板岩、千枚岩及泥质片岩等都非常破碎。第四系的湖相及河床相沉积物覆盖着盆地及河谷地带，亦有冰积及冰水沉积物。构造断裂控制的泉水及第四纪松散物的孔隙水非常发育。第四纪松散物主要为破碎基岩的碎块石、角碎石、砂砾石及早更新世冰期湖相沉积的灰色、灰绿色泥灰岩、黏性土。本区的黏性土层基本上属于盐渍土(含盐量大于 0.15％～0.23％)。本区年平均气温为－5.0℃～－7.0℃，多年冻土年平均地温为－1.5℃～－2.6℃，天然上限为 1.5～2.8m，局部的河滩及基岩地段可达 3.5～4.5m。在湖相沉积的多年冻土中含有大量的厚层地下冰，含土冰层、饱冰冻土、富冰冻土占多数。少冰冻土、多冰冻土主要存在于河床相及坡残积的砂砾石、碎块石和角碎石土中。冻土冷生现象非常发育，石海、石冰川、冰丘与冰锥、融冻泥流与滑塌，以及泥石流大量出现。除了河床相的砂砾石及基岩地带属于较好和良好工程地质地段外，湖相沉积地带均属于不良和极差的工程地质地段。

3. 楚玛尔河断陷盆地多年冻土热不稳定区

沿公路包括斜水河、清水河及楚玛尔河(K2923～K2987)段。该盆地受可可西里—巴颜喀拉构造区北西向断裂及复式向斜控制，平均海拔为 4 600m 左右，盆地中近代咸水湖星罗棋布。下部堆积着第三系(上新世)中细砂岩和泥质粉砂岩，上部为早更新世间冰期的灰色、灰绿色泥岩、粉砂岩等湖相沉积物，夹有肉红色至灰黄色的泥灰岩，近表层属第四纪中—上更新世冰水相砂砾及泥灰岩沉积，第四纪沉积物厚度超过 300m 以上，这些岩层风化为黏土及亚黏土。冻结层下承压水和自流水普遍存在。地表水和地下水的含盐量较高。冻结层上水较发育，常常形成冰丘与冰锥。区内年平均气温为－4.0℃～－5.0℃，多年冻土年平均地温为 0℃～－1.0℃，为高温多年冻土带，厚度为 15～40m，天然上限为 2.0～3.5m。区内含土冰层、饱冰冻土、富冰冻土地带占区内面积的 83.2％，多冰冻土、少冰冻土及融区较少。地下冰的分布极不均匀，多呈厚度不等的多层地下冰，延续深度可达10m以上，成为高含冰地带。属于极差和不良的工程地质地段。

根据建立的区划方案和指标对上述的三个区进行区划及工程地质评价，结果层次分明、衔接良好、针对问题突出，不仅从宏观整体上，而且从微观局部上都对冻土的分布、发育规律、三维空间特征有很好的区分。在区划过程中完全可以体验到由粗到细，由总体到个别，由表及里的科学区划过程。

通过实践检验，各层次的区划方案涉及的各项内容，完全可以满足公路设计过程中需要的各层次有关冻土的信息和资料。对于公路设计的不同阶段具有不同的区划尺度和层次，从包含整条公路的概括性区划、描述、评价，到大的区段、大的地貌单元的冻土发育规律的综述、设计原则的选取，以至到每条公路冻土工程地质综合影响因素的分析和评价，并结合有可能出现的冻土工程病害给出合理的工程建议。通过冻土公路工程系统区划工作的深入，可以为多年冻土区公路建设科学决策、完善设计、合理施工奠定坚实的基础。

第三节　公路工程多年冻土分类

一、公路工程冻土分类标准及指标

(一)公路工程冻土分类指标

多年冻土的工程分类应以冻土地基的冻融作用对工程建筑物的影响为根本原则，并结合工程实践及大量的室内外试验资料确定分类的指标。

青藏公路改建为沥青路面以来，出现了许多冻土病害问题。根据大量的现场调查主要有以下几种类型：(1)热融下沉，主要由于保护冻土的路堤高度不够，加上路基局部积水，导致路基下多年冻土发生热融，使路基产生不均匀沉降，此类病害约占全线病害路段的85%，也是难以整治的病害类型；(2)冻胀热融，尽管路堤高度大于临界高度，但在以黏性土为主的季节融化层内，由于冻结过程常发生聚冰作用，产生较大的冻胀量，同时在融化季节又产生较大的热融下沉，一般的路面与基层很难经受这样的反复冻融变形，此类病害占全线病害路段的7%左右；(3)填土压密，主要由施工压实不够造成，主要表现在高填方路段的路肩，此类病害占3%左右；(4)基层材料与路面材料问题，表现在某些地段的基层含水率过大，压实度不足，造成基层强度不够；路面层含油不均、配比不合理，造成路面严重鼓包、龟裂、脱落以及波浪状起伏变形等，此类占5%左右。

可以看出，多年冻土区公路工程发生病害的主要类型为热融下沉。此外，历次开展的多次路基病害调查结果也证实，沥青路面对路基下多年冻土热平衡状态的改变，导致地基土中出现融化盘和融化夹层是冻土路基发生病害的根本原因，青藏公路的融化下沉路段含有融化夹层的占90%以上。

公路工程的多年冻土分类应主要考虑冻土的融沉问题，分类的指标应以控制路基稳定性的融沉变形量为标准。由于在冻土路基的融沉变形计算中，不仅需要考虑冻土的岩性、含冰量以及初始温度等诸多因素，还必须考虑多年冻土与路基路面的相互作用，因而这一分析过程可以综合地反映冻土的基本物理力学性质及工程活动对冻土路基稳定性的影响。同时，冻土路基的融沉变形量可以直接作为衡量路基稳定性的标准。因此，在公路工程的多年冻土分类中以冻土路基的融沉变形量(而非融沉系数)作为控制指标是比较合理且有实用价值的。

(二)公路工程冻土容许变形

冻土路基的稳定性主要反映在路基变形量的大小及其对路面平整度的影响,路基失稳主要是指冻土路基在公路运营过程及路基设计使用年限内产生了超过路基容许变形的沉降量。以路基的融沉变形量作为公路工程多年冻土的分类指标首先必须确定冻土路基的容许变形标准。长期的现场观测及路况调查结果表明,如果路基在较大范围内缓慢而均匀地发生沉降,则对路基路面强度和平整度不会造成较大的影响。但是,如果路基在一年内的冻融变形量很大,则会造成路基内应力剧增,促使路基、路面过早破坏,这一指标可与路面的容许变形量相一致。因此,路基的容许变形量可用总沉降量和年内变形量两个指标控制。吴紫汪根据青藏公路多年观测资料给出冻土路基的年内容许变形量为 2～3cm/年,总沉降量为 12～15cm(如图 4-2 和图 4-3 所示)。喻文学通过大量的现场试验研究得出冻土路基的年内容许变形量为 4～6cm/年,总沉降量为 15～20cm。

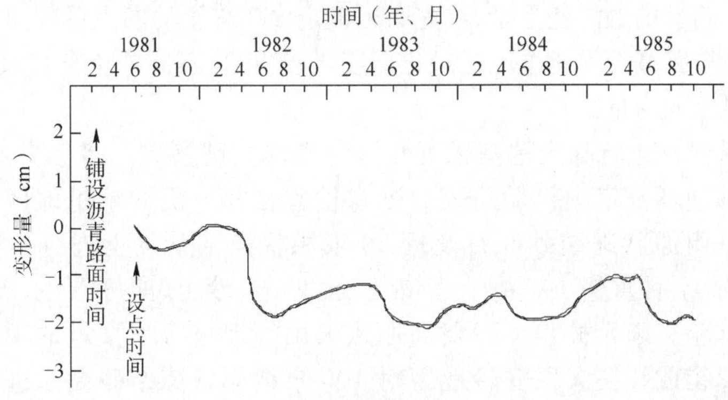

图 4-2　稳定路段路基变形过程曲线

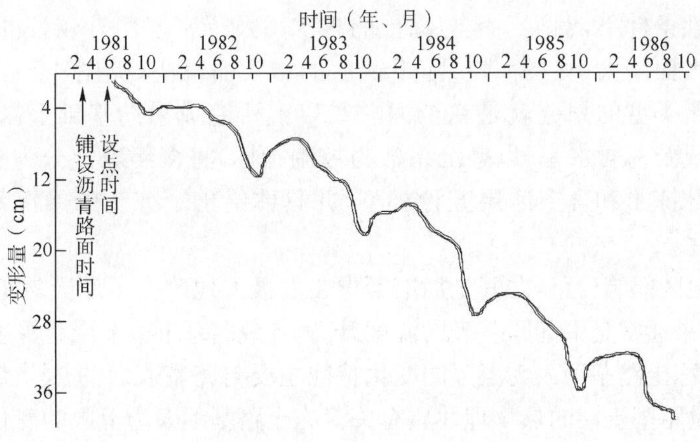

图 4-3　非稳定路段路基变形过程曲线

(三)影响分类指标的主要因素

通过研究,公路工程多年冻土分类应主要考虑不同冻土条件(冻土温度、含冰量)以及不同路基路面结构下冻土路基的融沉变形问题,并根据冻土路基的最大容许变形量提出以冻土路基稳定性为标准的冻土工程分类方案。公路工程多年冻土分类以冻土路基的融沉变形量为指标。国内外大量的研究结果表明,冻土的融沉变形量可用下式计算:

$$S = A \cdot h + \alpha \cdot p \cdot h \tag{4-1}$$

式中：A——冻土在自重下的融沉系数；

h——冻土融化层厚度；

α——冻土融化层在外荷载作用下的压缩系数；

p——外荷载的应力。

针对公路工程，由于路基对多年冻土层所产生的附加应力很小（$p \approx 0$），冻土路基的融沉变形量计算可只考虑其中的第一项，即冻土在自重下的融化下沉量。

由此可见，影响公路工程多年冻土分类指标的主要因素就具体表现为冻土的融沉系数以及多年冻土融化层的厚度。前者主要取决于冻土的含冰特征；后者不仅取决于冻土的含冰特征，而且与冻土的温度有关，是冻土热稳定性的体现，反映了多年冻土与路基路面相互作用的结果。

为了确定冻土路基的融沉变形量，首先必须确定多年冻土的融沉系数，其次必须针对一定的路基路面条件计算路基下多年冻土的融化深度，最终得出不同冻土条件及不同路基路面结构下冻土路基的融沉变形量。

冻土的融沉系数是进行冻土地基融沉变形计算的关键参数。多年来，众多的冻土学者对其进行了大量的现场及室内试验研究。陈肖柏曾在祁连山的木里地区对 100 余组原状冻结亚黏土、近 20 组原状冻结砂砾石及近 20 组原状冻结草炭土进行了融化压缩试验研究。吴紫汪先后对 17 种重塑土（黏土、亚黏土、亚砂土、砂土、卵砾石土、泥炭土等）在室内进行了融化压缩试验。朱元林曾在青藏高原风火山等地进行了大量的现场和室内冻土融化压缩试验研究。崔成汗在大兴安岭地区对 100 余组原状冻结砂黏土进行了融化压缩试验研究。程恩远在东北对大庆地区季节冻土地基的融化下沉进行了室内原状土试验及现场变形观测研究。大量的研究结果表明，冻土的融沉系数主要与岩性、含水率及干密度有关。在一定的岩性条件下，融沉系数与冻土的含水率及干密度均有较好的相关性。融沉系数随含水率的增大而增大（见图4-4），随干密度的增大而减小（见图 4-5）。目前，我国公路规范体系中对冻土类型的划分就是在全面总结以上研究成果的基础上制订的。其主要根据冻土的粒度组成及总含水率，以融沉系数为控制指标，将多年冻土分为少冰冻土、多冰冻土、富冰冻土、饱冰冻土和含土冰层五种类型，并具体给出了冻土的融沉系数与岩性、含水率之间的定量关系。

在多年冻土地区修筑公路，尤其是加铺沥青路面极大地改变了原天然地表与大气间的热质交换条件，其结果通常是引起路基表面温度升高，导致路基下季节融化深度增大。大量的现场观测资料表明，冻土路基下人为上限的变化特征主要与路基表面的热学性状、路堤高度、当地的气候条件以及路基土层的热物理性质有关。冻土路基下人为上限的变化特征对于冻土路基的稳定性具有决定性的作用，因而也是我们进行公路工程多年冻土分类必须考虑的关键因素。

冻土路基下人为上限的确定是一个非常复杂的问题，需要考虑路基路面与多年冻土的相互作用，涉及众多的影响因素。为了明确各主要因素对分类指标的影响程度并确定分类的具体数值界限，本节对典型路基路面条件下冻土路基的温度场进行了二维有限元数值模拟，主要分析了年平均气（地）温及多年冻土含冰量对路基下人为上限的影响，得出了各种条件下冻土路基的人为上限深度及其随时间的变化过程。

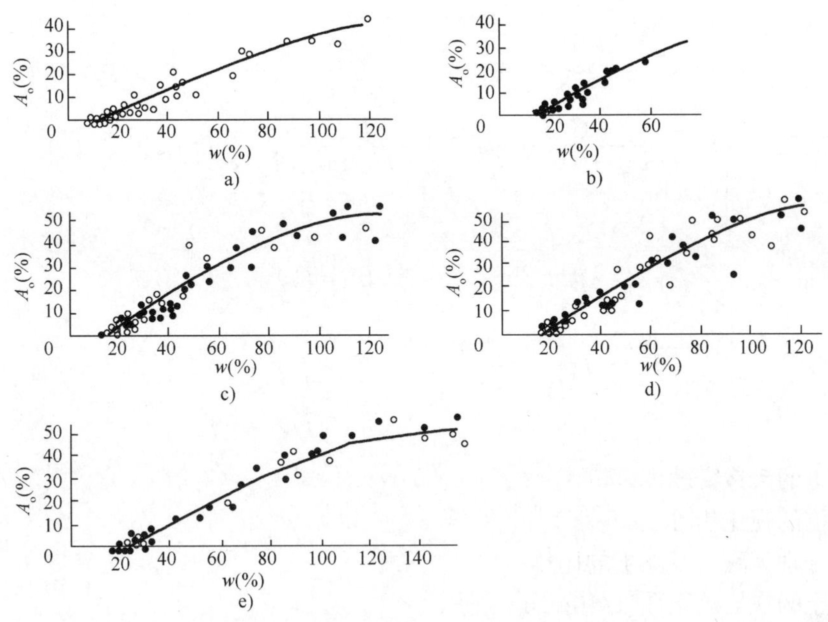

图 4-4　几种典型冻土的融沉系数与含水率关系曲线

a)风火山砾石土；b)风火山细砂、粉砂；c)风火山亚黏土；d)风火山粉质黏土；e)北麓河重黏土

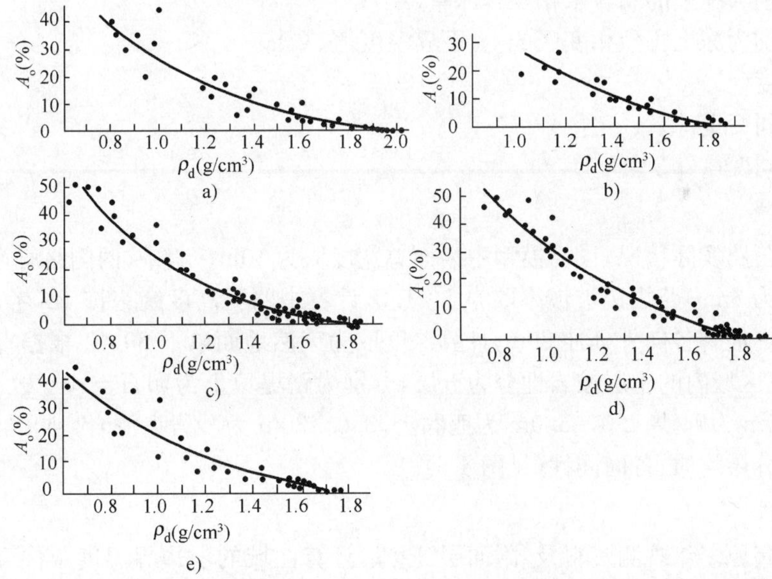

图 4-5　几种典型冻土的融沉系数与干密度关系曲线

a)风火山砾石土；b)风火山细砂、粉砂；c)风火山亚黏土；d)风火山粉质黏土；e)北麓河重黏土

1. 数学模型

在冻土路基温度场计算中，仅考虑介质的热传导、冰水相变而忽略热对流及其他作用并认为未冻水含量仅是温度的函数，路基断面内温度场的分布用如下伴有相变问题的二维热传导方程描述：

$$\rho \cdot C \frac{\partial T}{\partial t} = \frac{\partial}{\partial x}\left(\lambda \frac{\partial T}{\partial x}\right) + \frac{\partial}{\partial y}\left(\lambda \frac{\partial T}{\partial y}\right) \tag{4-2}$$

其中：

$$C=\begin{cases} C_u & (T>T_p) \\ C_f+\dfrac{C_u-C_f}{T_p-T_b}(T-T_b)+\dfrac{L}{(1+w)}\dfrac{\partial w_i}{\partial T} & (T_b\leqslant T\leqslant T_p) \\ C_f & (T<T_b) \end{cases}$$

$$\lambda=\begin{cases} \lambda_u & (T>T_p) \\ \lambda_f+\dfrac{\lambda_u-\lambda_f}{T_p-T_b}(T-T_b) & (T_b\leqslant T\leqslant T_p) \\ \lambda_f & (T<T_b) \end{cases}$$

式中：ρ——土的天然密度(kg/m^3)；

C——土的视比热[J/(kg·K)]；

C_u、C_f——分别为融土及冻土的比热；

λ——土的视导热系数[J/(m·h·K)]；

λ_u、λ_f——分别为融土及冻土的导热系数；

L——水的相变潜热(J/kg)；

w、w_i——分别为冻土的总含水率及含冰量(%)；

T_p、T_b——分别为冻土剧烈相变区的上、下界温度值(℃)；

T——温度(℃)；

t——时间变量(h)；

x、y——空间变量(m)。

2. 计算区域

根据青藏公路实际情况，计算模型中路面总宽度取为10m。其中，两侧路肩宽度各取1m，沥青路面宽度为8m。路堤边坡坡率取为1∶1.5，计算中路堤高度统一按1m考虑，路基两侧计算宽度为路堤坡脚各向外延伸30m，计算深度取为天然地面以下30m。根据青藏高原典型钻孔资料，计算区域内的土层按岩性分为五层，分别为路堤填土为卵石土；0～0.5m为碎石亚砂土；0.5～2.0m为砾砂；2.0～8.0m为亚黏土；8.0～30m为砂岩夹泥岩。同时，假定路堤及其下伏土层为分层均质、各向同性(见图4-6)。

3. 边界条件

根据青藏高原多年观测资料及“附面层”原理，计算区域的上边界温度条件可以表示为如下的三角函数形式：

$$T=T_0+\alpha\cdot t+A\sin\left(\frac{2\pi\cdot t}{8\,760}+\frac{\pi}{2}\right) \tag{4-3}$$

式中：T_0——下附面层底的年平均地温(℃)；

α——未来50年内由全球升温引起的上边界温度的增温率；

t——路基运行时间(h)；

A——上边界温度的年振幅；

$\pi/2$——计算的初始相位(对应一年中上边界温度最高的时刻)。

根据最新的研究成果，当 $\alpha=0.02$℃/年，对天然地表 $A=11.5$℃，对路堤表面 $A=14.5$℃。根据青藏高原多年冻土区年平均地温的变化范围，分别取天然地表的年平均地温为：-0.5℃、-1.0℃、-1.5℃、-2.0℃、-2.5℃五种情况，对应路堤边坡及沥青路面的年平均地温取值见表 4-7。

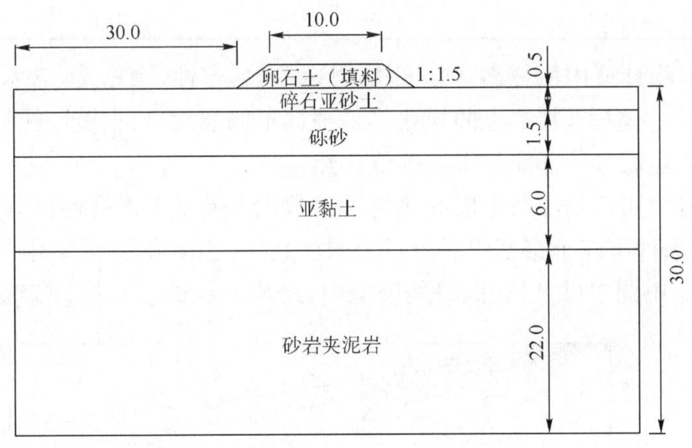

图 4-6　冻土路基温度场计算区域（尺寸单位：m）

天然地表及路堤表面的年平均温度取值　　表 4-7

年平均气温(℃)	−3.0	−3.5	−4.0	−4.5	−5.0	附面层总增温
天然地表(℃)	−0.5	−1.0	−1.5	−2.0	−2.5	2.5
路堤边坡(℃)	1.0	0.5	0.0	−0.5	−1.0	4.0
沥青路面(℃)	3.5	3.0	2.5	2.0	1.5	6.5

根据青藏高原北麓河气象站 60m 深钻孔测温资料，天然地表以下 30m 处地温梯度的平均值为 0.03℃/m，故以此作为计算区域的下部边界条件。考虑到路基两侧选取的计算宽度较大，且模型以路堤中心线为对称，故可取其一半进行计算，并将计算区域的两个侧面设为绝热边界，如图 4-7 所示。

4. 初始条件

取 $\alpha=0$ 时的天然地表温度方程为上边界条件，计算 100 年后天然场地的温度场，以此作为计算区域天然地表以下土层的初始温度。同时，从安全的角度考虑，路堤填土的初始温度取为一年中天然地表的最高温度。对于不同年平均温度条件下多年冻土初始上限位置的确定，先以典型冻土（富冰冻土）的热物理参数代入模型进行计算，确定天然上限深度（见表 4-8），然后再对模型进行调整，将不同含冰类型冻土的热学参数赋予相应深度的土层（1.45～8.0m）。

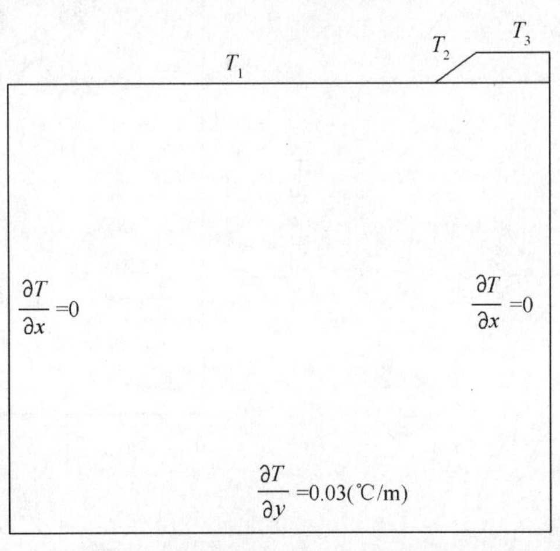

图 4-7　计算区域边界条件示意图

不同年平均温度下多年冻土的天然上限深度　　表 4-8

年平均气温(℃)	−3.0	−3.5	−4.0	−4.5	−5.0
年平均地温(℃)	−0.5	−1.0	−1.5	−2.0	−2.5
天然上限(m)	2.00	1.85	1.70	1.55	1.45

以黏性土为例，将计算中所需各土层的热物理参数(岩性、干密度、含水率、导热系数、比热、含冰类型)归纳作为输入，其中土的视比热是根据不同温度区间内土中未冻水含量或结冰率，考虑水的相变潜热通过计算而获得的等效比热。

将以上边界条件、初始条件及土层的热物理参数代入模型中进行计算，得出不同年平均地温及不同含冰类型条件下冻土路基中心位置上限变化(冻土融化层厚度)随时间的进程，如图 4-8～图 4-12 所示。由图中可见，在低路基模型中，路基下多年冻土的上限(冻土融化层厚度)

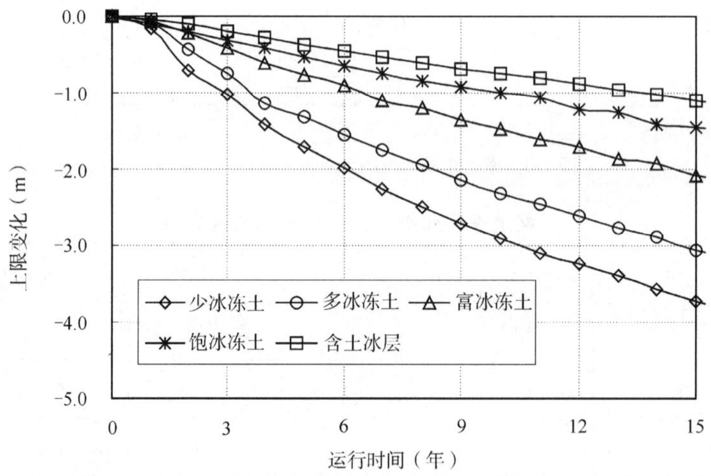

图 4-8　年平均地温－0.5℃条件下冻土路基上限变化过程

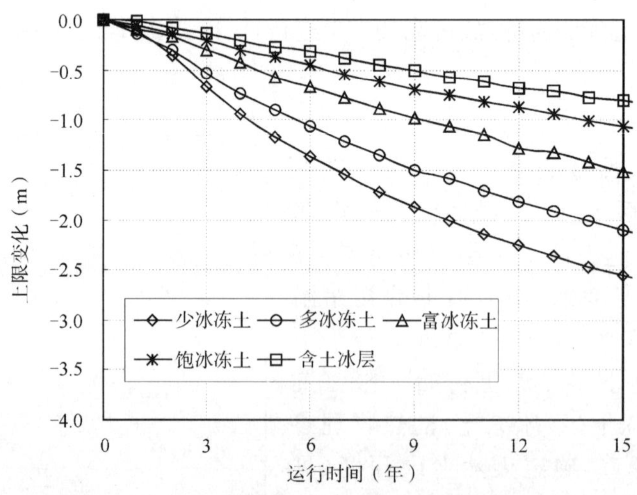

图 4-9　年平均地温－1.0℃条件下冻土路基上限变化

均随路基使用年限的增长有逐步加深的趋势，其幅度随多年冻土年平均地温的升高而增大，随多年冻土含冰量的增大而减小。

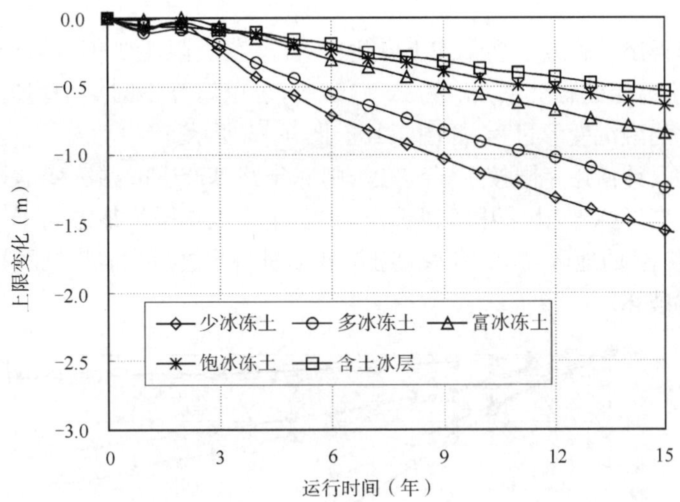

图 4-10 年平均地温－1.5℃条件下冻土路基上限变化过程

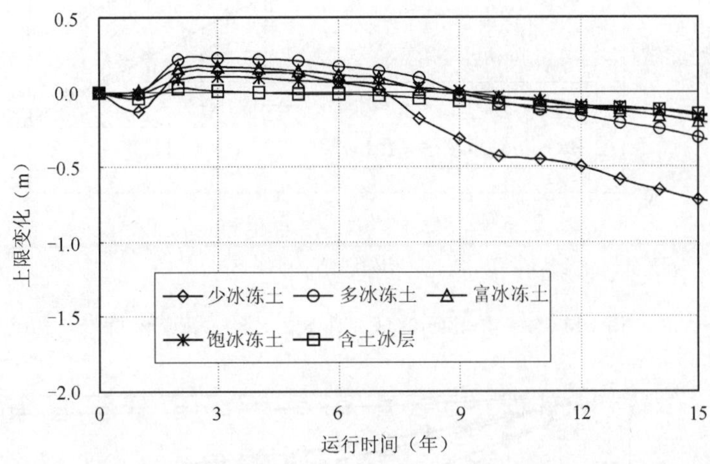

图 4-11 年平均地温－2.0℃条件下冻土路基上限变化过程

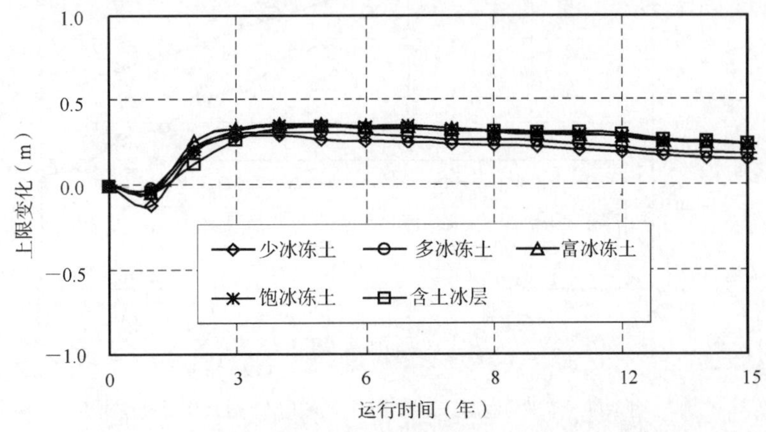

图 4-12 年平均地温－2.5℃条件下冻土路基上限变化过程

在年平均地温低于－2.0℃的条件下，路基下多年冻土上限由于路基修筑的扰动情况，呈现出上限抬升至天然上限高度之上的迹象，但其变化趋势仍随使用年限的增长而逐步加深。

根据以上计算得出的路基下多年冻土融化层的厚度（上限的变化），结合不同含冰类型冻土的融沉系数（含土冰层的融沉系数取为 $A=45\%$），可以计算不同年平均地温及不同含冰类型条件下冻土路基的融沉变形过程，如图 4-13～图 4-16 所示。

以沥青路面的设计使用年限按 12 年考虑，则冻土路基产生的融沉变形量见表 4-9。根据前述冻土路基容许变形标准，由表中可以看出，在多年冻土年平均地温高于－1.5℃及融沉系数大于 5%（富冰冻土）的地区，冻土路基的融沉变形量将超过最大容许沉降量（15～20cm），路基路面将发生严重破坏。

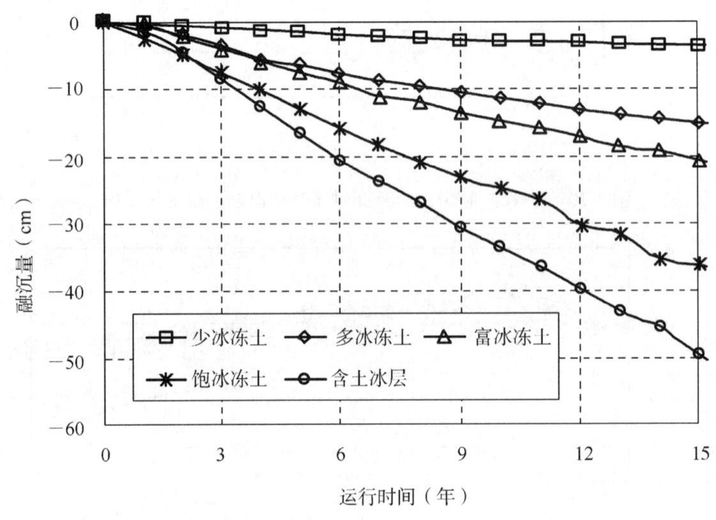

图 4-13　年平均地温－0.5℃条件下冻土路基融沉变形过程

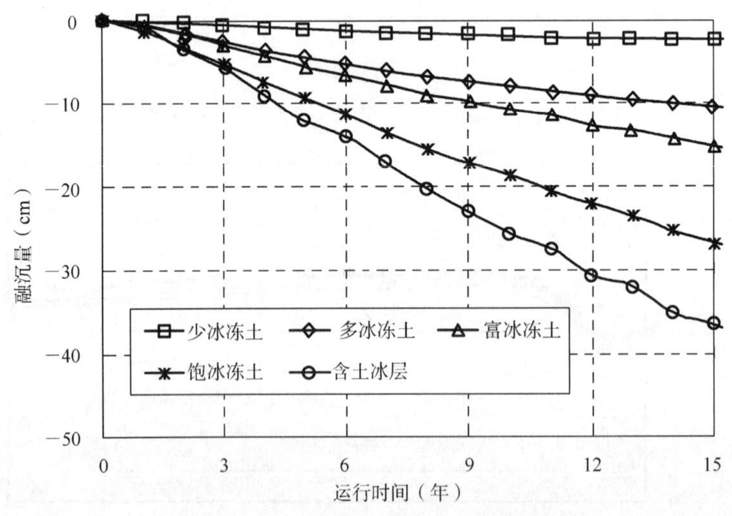

图 4-14　年平均地温－1.0℃条件下冻土路基融沉变形过程

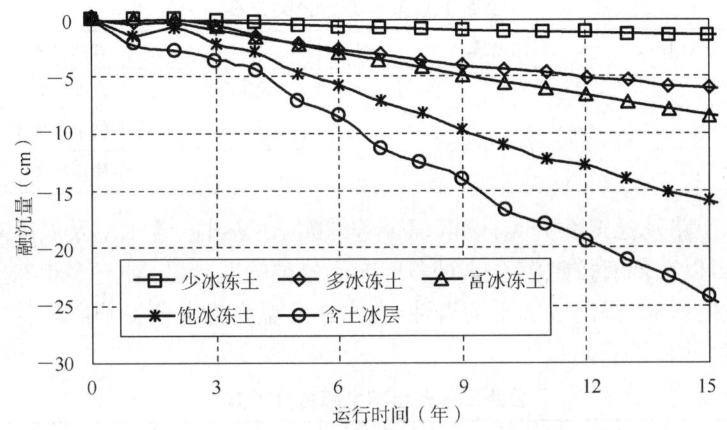

图 4-15　年平均地温－1.5℃条件下冻土路基融沉变形过程

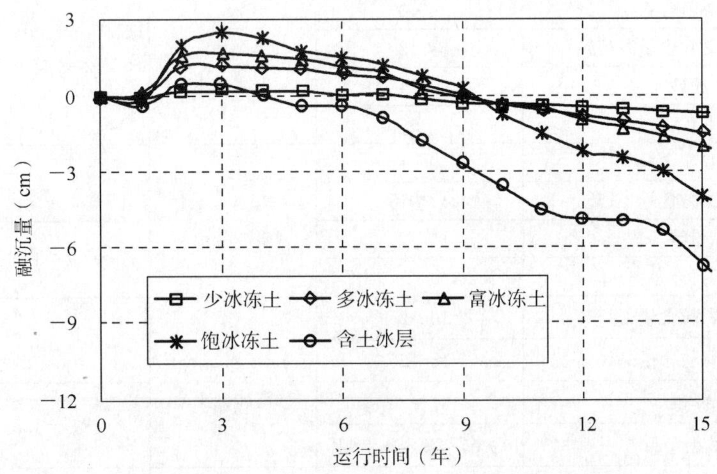

图 4-16　年平均地温－2.0℃条件下冻土路基融沉变形过程

设计使用年限内冻土路基的融沉变形量(cm)　　表 4-9

含冰类型 / 年平均地温(℃)	少冰冻土	多冰冻土	富冰冻土	饱冰冻土	含土冰层
－0.5	3.2	13.1	17.1	30.3	39.6
－1.0	2.3	9.1	12.8	22.0	30.6
－1.5	1.3	5.1	6.7	12.8	19.4
－2.0	0.5	0.8	1.0	2.3	5.0
－2.5	0.0	0.0	0.0	0.0	0.0

二、公路工程冻土分类方案

通过以上研究，以多年冻土的年平均地温及含冰特征为主要影响因素，以控制冻土路基稳定性的最大容许沉降量为指标，提出了以冻土路基稳定性为标准的公路工程多年冻土分类方案(见表 4-10)。按照多年冻土的年平均地温可将其分为高温冻土及低温冻土，按照多年冻土的含冰量可将其分为高含冰量冻土及低含冰量冻土。综合考虑对冻土路基稳定性的影响可将其分为融沉稳定型、热稳定型及不稳定型多年冻土三大类型。

公路工程多年冻土分类方案 表 4-10

<table>
<tr><td colspan="2">含冰类型
年平均地温</td><td colspan="2">低含冰量冻土</td><td colspan="3">高含冰量冻土</td></tr>
<tr><td colspan="2"></td><td>少冰冻土</td><td>多冰冻土</td><td>富冰冻土</td><td>饱冰冻土</td><td>含土冰层</td></tr>
<tr><td>高温冻土</td><td>≥ −1.5℃</td><td colspan="2" rowspan="2">融沉稳定型冻土</td><td colspan="3">不稳定型冻土</td></tr>
<tr><td>低温冻土</td><td>< −1.5℃</td><td colspan="3">热稳定型冻土</td></tr>
</table>

根据以上冻土路基稳定性分类标准，综合考虑冻土的岩性、含水率及温度对冻土路基稳定性的影响，我们可以在现有按融沉系数对多年冻土分类的基础上，补充多年冻土年平均地温对冻土路基稳定性的影响，提出以冻土的岩性、含水率及温度为主要影响因素的公路工程多年冻土综合分类方案（见表 4-11）。

公路工程多年冻土综合分类方案 表 4-11

<table>
<tr><td colspan="2">土 的 类 别</td><td>总含水率
w_n(%)</td><td>体积含冰量 i</td><td>冻土温度
T_{cp}(℃)</td><td>稳 定 类 型</td></tr>
<tr><td rowspan="2">粗颗粒土</td><td>粉黏粒含量≤15%</td><td><10</td><td rowspan="4">i<0.1
（少冰冻土）</td><td rowspan="4">不考虑</td><td rowspan="4">稳定型(I)</td></tr>
<tr><td>粉黏粒含量>15%</td><td><12</td></tr>
<tr><td colspan="2">细砂、粉砂</td><td><14</td></tr>
<tr><td colspan="2">黏性土</td><td><w_p</td></tr>
<tr><td rowspan="2">粗颗粒土</td><td>粉黏粒含量≤15%</td><td>10～16</td><td rowspan="4">i=0.1～0.2
（多冰冻土）</td><td rowspan="2">0.0～−1.0</td><td rowspan="2">基本稳定型(II)</td></tr>
<tr><td>粉黏粒含量>15%</td><td>12～18</td></tr>
<tr><td colspan="2">细砂、粉砂</td><td>14～21</td><td rowspan="2">< −1.0</td><td rowspan="2">稳定型(I)</td></tr>
<tr><td colspan="2">黏性土</td><td>w_p<w_n<w_p+7</td></tr>
<tr><td rowspan="2">粗颗粒土</td><td>粉黏粒含量≤15%</td><td>16～25</td><td rowspan="4">i=0.2～0.3
（富冰冻土）</td><td rowspan="2">0.0 ～−1.5</td><td rowspan="2">基本稳定型(II)</td></tr>
<tr><td>粉黏粒含量>15%</td><td>18～25</td></tr>
<tr><td colspan="2">细砂、粉砂</td><td>21～28</td><td rowspan="2">< −1.5</td><td rowspan="2">稳定型(I)</td></tr>
<tr><td colspan="2">黏性土</td><td>w_p+7<w_n<w_p+15</td></tr>
<tr><td rowspan="2">粗颗粒土</td><td>粉黏粒含量≤15%</td><td>25～48</td><td rowspan="4">i=0.3～0.5
（饱冰冻土）</td><td>0.0～−1.0</td><td>不稳定型(III)</td></tr>
<tr><td>粉黏粒含量>15%</td><td>25～48</td><td>−1.0～−2.0</td><td>基本稳定型(II)</td></tr>
<tr><td colspan="2">细砂、粉砂</td><td>25～45</td><td rowspan="2"><−2.0</td><td rowspan="2">稳定型(I)</td></tr>
<tr><td colspan="2">黏性土</td><td>w_p+15<w_n<w_p+35</td></tr>
<tr><td rowspan="2">粗颗粒土</td><td>粉黏粒含量≤15%</td><td>>48</td><td rowspan="4">i>0.5
（含土冰层）</td><td>0.0～−1.0</td><td>不稳定型(III)</td></tr>
<tr><td>粉黏粒含量>15%</td><td>>48</td><td>−1.0～−2.0</td><td>基本稳定型(II)</td></tr>
<tr><td colspan="2">细砂、粉砂</td><td>>45</td><td rowspan="2"><−2.0</td><td rowspan="2">稳定型(I)</td></tr>
<tr><td colspan="2">黏性土</td><td>>w_p+35</td></tr>
</table>

注：①粗颗粒土包括碎（砾）石土、砾砂、粗砂、中砂；

②总含水率界限中的+7、+15、+35 为黏性土的中间值，砂粒多的比该值小，黏粒多的比该值大。

针对以上多年冻土分类方案，可以确定相应的冻土路基设计原则：(1)对融沉稳定型冻土，虽然公路作用下冻土上限变化很大，但由于其融化后所产生的沉降量不大，可采取允许多年冻土自由融化的设计原则；(2)对热稳定型冻土，由于其热惰性较大，公路作用下上限的变化不会太大，但考虑到其融化后产生的沉降量较大，应采取保护冻土的设计原则，如修筑路堤、铺设保温材料等；(3)对不稳定型冻土，由于其热稳定性较差，并且融化后所产生的沉降量较大，须采取主动冷却多年冻土地基、控制多年冻土融化速率的设计原则，如埋设热桩、设置抛石护坡、安置遮阳板（棚）、铺设浅色路面等。

“公路工程的多年冻土分类方案”除了包括冻土的岩性、总含水率、融沉系数外，特别考虑了高原多年冻土年平均地温与气温的关系。高原地区气温主要受海拔高度的制约，成为直接影响多年冻土发育和冻土稳定性的重要因素。在评价这些地区多年冻土的工程性质时，既要考虑冻土中含冰量的多少，也要考虑冻土的地温状态；前者反映了多年冻土的融沉特性，常用冻土的融沉系数表示，后者反映了多年冻土对外界热干扰响应的敏感程度，可用冻土的热稳定性表示。

青藏公路改建为沥青路面以后，大量的路段相继产生波浪式下沉。主要是由于沥青路面的铺设极大地改变了路基下多年冻土的热状态，使多年冻土的上限下降、地下冰发生融化所致。根据青藏公路一期整治前与2001年的调查资料，相同的高含冰量冻土条件下，高平原路段冻土路基的相对沉降量均比山地路段大得多(见表4-12)。究其原因，高平原路段冻土的年平均地温都高于－1.5℃。在工程与气候变化的共同作用下，路基下多年冻土的融化速率随多年冻土年平均地温的升高而增大(图4-17)，路基的沉降变形量也随之增大。在多年冻土年平均地温低于－1.5℃的地段，冻土路基的年沉降量一般都小于5cm，路面基本平整，局部路段有小波浪，很少出现大波浪现象，属于冻土热稳定性较好的路基。当冻土年平均地温高于－1.5℃时，路基年沉降量都超过了5cm，路面不平整，往往出现不同程度的大波浪变形，属于冻土热稳定性较差的不稳定路段。

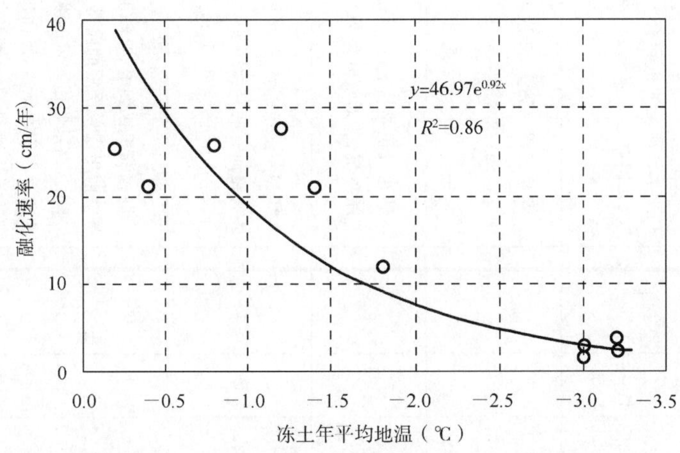

图4-17　沥青路面下多年冻土融化速率与年平均地温

由此可见，在高原多年冻土区地，路基沉降变形量的大小，不仅与路基下多年冻土的含冰特征有关，而且与多年冻土的年平均地温有关。在新建或改建工程的路基设计时，可以根据“公路工程多年冻土分类方案”提出的冻土类型划分，确定不同路段的设计原则，采取不同的工程处理措施。如此既可满足路面的平整度要求，又能保证冻土路基的稳定性。

应该说明的是，青藏高原的高海拔多年冻土与东北大小兴安岭的高纬度多年冻土都是气候的产物。前者主要受海拔高度的地带性因素控制，后者除了受纬度地带性因素控制外，水(地表水与地下水)的非地带性因素影响也起着重要的作用。在大小兴安岭多年冻土地区，路基变形的主要原因除了与多年冻土的含冰程度及年平均地温有关外，地表水及地下水的强烈侵蚀作用有着极为重要的影响。无论是公路还是铁路，冻土路基发生强烈融化下沉的路段，不是处于沼泽湿地的地表水强烈侵蚀地带，就是分布在山前斜坡和河谷地带地下水异常发育的地带。因此，采用“公路工程多年冻土分类方案”时，还应查明地下水和地表水的分布状况和径流条件，特别是在高含冰量冻土地段，水流的作用可使多年冻土上限附近的地下冰产生剧烈融化，导致路基发生严重变形。

青藏公路沥青路面路基热融沉陷状况(2001年调查结果)

表 4-12

序号	里程	地段	年平均温度(℃)		冻土类型	路基高度(m)	路基路面状况	公路工程多年冻土综合分类	备注
			气温	地温					
1	K2880～K2887	西大滩6号泵站	−4.0～−4.5	−0.3～−0.5	D—S	1.0～1.5	冰水—河流冲积砾石土、砾砂，少冰—多冰冻土。路面有网裂，路基基本平整，局部地段有一些不均匀下沉，呈小波浪	稳定型冻土	D—多冰冻土 S—少冰冻土
2	K2893～K2895	62道班	−5.5～−6.0	−1.3～−1.5	B—H	1.0～1.5	湖相沉积亚黏土、亚砂土，含有厚层地下冰。路基路面产生中度沉陷，相对沉降量达0.15～0.25m，严重的纵向裂缝，宽度达30mm	不稳定	地下水侵蚀
3	K2898～K2901	昆仑山垭口	−6.5～−7.0	−2.6～−3.2	H—B	0.8～1.5	湖相沉积亚黏土、亚砂土，含有厚层地下冰。路基路面出现轻微下沉，相对沉降量为0.01～0.05m	热稳定	B—饱冰冻土 H—含土冰层
4	K2915～K2920	不冻泉	4.5～−5.0	−0.5～−0.8	D	0.5～1.0	冲积—洪积砾石土、砾石，多冰—富冰冻土，局部为河流融区。路面有些轻微网裂，局部地段路基(约400m)有不均匀下沉，相对下沉量约0.18m。整体上说路面较平整	稳定	
5	K2927～K2943	斜水河南北	−4.5～−5.0	−0.8～−1.2	H	3.0～4.5	湖相沉积亚黏土、亚砂土及洪积砾石土，厚层地下冰发育。整治前出现较严重的路基大波浪沉陷。相对沉降量为0.3～0.5m。路基阳面严重的纵向裂缝，宽度达15～30mm。路基坡角存在积水地段，路面出现弧形裂缝及沉陷，延至路中心。严重横向网裂，占面积的20%～46%	不稳定	
6	K2943～K2946	清水河北67道班	−4.5～−5.0	−0.5～−1.0	D—F	2.5～3.0	表层为冰水—洪积砾石土、砾砂，下部为湖相亚黏土。多冰—富冰冻土。路面横向裂缝轻微，局部地段存在较严重的纵向裂缝，主要在路面左侧行车道，修补后完好，路面基本较平整	稳定	F—富冰冻土

续上表

序号	里　　程	地　　段	年平均温度(℃)		冻土类型	路基高度(m)	路基路面状况	公路工程多年冻土综合分类	备　　注
			气温	地温					
7	K2947～K2971	清水河南北	−4.5～−5.0	−0.4～−1.0	F	2.0～4.0	湖相沉积亚黏土、亚砂土，厚层地下冰发育。整治前出现较严重的路基大波浪沉陷。相对沉降量为0.2～0.5m。路基阳面严重的纵向裂缝，宽度达10～20mm。严重横向网裂，占面积的30%～56%	不稳定	
8	K3013～K3015	五道梁南	−5.0～−6.0	−0.8～−1.0	D	2.0～4.0	冲积—洪积圆砾土、砾石土，多冰冻土。路面有些网裂，基本较为平整	稳定	
9	K3015～K3038	可可西里山	−5.0～−6.0	−1.0～−1.8	H	2.5～3.5	冲洪积砾石土及亚黏土、亚砂土，厚层地下冰发育。整治前出现较严重凹形沉陷。相对沉降量为0.4～0.5m。中度网裂，占面积22%	不稳定	
10	K3059～K3064	风火山北79道班	−5.0～−5.5	−1.0～−1.2	D—F	1.5～2.5	冲积—洪积圆砾土、砾石土，多冰—富冰冻土。路面基本平整，局部地段路基有不均匀下沉，轻微网裂现象	稳定	
11	K3078～K3083	风火山垭口	−5.5～−6.5	−2.0～−2.6	H	1.5～2.5	坡积红色亚黏土，厚层地下冰发育。路面基本平整。相对沉降量为0.02～0.06m。路面网裂较严重，占面积的68%	热稳定	
12	K3110～K3121	乌丽盆地	−4.5	−0.2～−1.0	B—H	2.0～3.0	灰色亚砂土、亚黏土，发育着饱冰冻土及含土冰层。相对下沉量为0.2～0.45m。路面网裂为中度及严重，占面积的18%～44%	不稳定	
13	K3140～K3159	沱沱河	−4.0～−4.5	0～−0.5	B—H	1.5～2.5	灰色、黄色至灰绿色泥岩、粉砂岩、粉砂质泥岩、细砂岩，饱冰冻土及含土冰层发育。相对下沉量为0.3～0.5m。路面网裂为严重，凹凸不平，占面积的50%	不稳定	

续上表

序号	里程	地段	年平均温度(℃)		冻土类型	路基高度(m)	路基路面状况	公路工程多年冻土综合分类	备注
			气温	地温					
14	K3171～K3178	开心岭	−5.5～−6.0	−0.5～−1.5		1.5～2.0	灰色泥岩、坡积碎石亚黏土，地下冰发育。相对下沉量达0.05～0.2m。路面网裂为轻度—中度，占面积的18%～25%	不稳定	
15	K3181～K3191	通天河	−4.5	−0.2～−0.6	H—B	1.5～2.0	紫红色及灰绿色泥岩及亚砂土、亚黏土，冻土含冰量大且不均匀，多为含土冰层及饱冰冻土。相对下沉量为0.3～0.5m。路面网裂为中度及严重，占面积的25%～40%	不稳定	
16	K3239～K3243	雁石坪北加油站	−4.5	−0.5～−1.0	D	1.0～1.5	冲积—洪积圆砾土、砾石土，多冰冻土。路面基本平整，路面有网裂现象	稳定	
17	K3276～K3281	老温泉兵站	−4.5～−5.0	−0.5～−1.0	D	1.0～1.5	摆渡河冲积阶地及山涧小河的洪积圆砾土、砾石土，多冰冻土。路面平整，有些网裂现象，路基较稳定	稳定	
18	K3310～K3317	唐古拉兵站	−4.5～−5.5	−0.5～−1.0	H—B	2.0～3.0	紫红色和青灰色泥岩强风化的亚黏土及亚砂土夹碎石，饱冰冻土及含土冰层发育。相对下沉量为0.3～0.4m。路面网裂为中度及严重，占面积的20%～45%	不稳定	
19	K3361～K3380	扎加藏布河	−4.0～−5.0	−1.0～−1.2	H	2.5～3.5	冰水堆积物，湖相粉砂质亚黏土夹砾石，具厚层地下冰，未含土冰层。相对下沉量为0.3～0.5m。路面网裂为严重，占面积的30%～50%	不稳定	
20	K3414～K3422	114～115道班	−3.0～−4.0	−0.2～−1.0	F—B—H	1.5～2.5	坡积、洪积碎石亚黏土、碎石土，具层状、包裹状厚层地下冰，属饱冰—富冰冻土，部分地段为含土冰层。相对下沉量为0.3～0.5m。路面网裂为中度及严重，占面积的15%～40%	不稳定	

第五章

多年冻土地区公路工程病害

第一节　多年冻土地区公路病害的主要类型与特征

公路病害调查是研究多年冻土地区公路病害类型、病害特征的前提和基础。大规模病害调查以青藏高原地区二级沥青路面公路为主，详细调查了青藏公路和青康公路多年冻土段的病害及沿线冻土工程地质条件，并以此为基础展开对多年冻土地区公路病害规律的分析；对于东北林区公路、中尼公路、川藏公路以及其他等级较低的多年冻土地区公路所做的调查还比较宏观，同时也只进行了一些定性的分析，进一步的深入调查研究还有待于在今后的工作中逐步展开。

青藏公路沿线的病害调查除20世纪70年代以来中交第一公路勘察设计研究院[以下简称中交一公院(原交通部第一公路勘察设计院)]历次记录资料外，还包括长安大学和中科院寒区旱区环境与工程研究所共同承担项目中1997～1998年期间的调查结果、中交一公院2001年调查结果以及2003年所做的区域补充调查结果(病害统计如表5-1所示)。214国道的病害调查主要为2003～2004年对新、改建二级公路初期病害和鄂拉山水泥混凝土路面段、清水河极高温多年冻土路段的调查结果。其他公路的病害调查包括花石峡—昌马河三级公路(44km沥青路面，38km砂砾路面)、热水—祁连三级公路、天峻—木里砂石路、新藏公路等。

青藏公路K2879～K3500段病害统计　表5-1

病害类型		统计属性	病害量	病害总量	病害率(%)
波浪		长度(km)	117	117	18.84
沉陷	轻度	面积(m^2)	37 402	81 966	18.86
	中度	面积(m^2)	31 329		
	重度	面积(m^2)	13 235		
	最大沉陷量	深度(m)	0.6		

续上表

病害类型		统计属性	病害量	病害总量	病害率(%)
路基 纵向裂缝	轻度	长度(km)	9.8	109.3	17.6
	中度	长度(km)	47.1		
	重度	长度(km)	52.4		
	最大裂缝宽度	宽度(mm)	500		
路基 横向裂缝	轻度	长度(km)	64.8	185.2	29.8
	中度	长度(km)	32.9		
	重度	长度(km)	87.5		
路面 纵向裂缝	轻度	长度(km)	59.5	165.1	26.6
	中度	长度(km)	15.2		
	重度	长度(km)	90.4		
网状裂缝	轻度	面积(m^2)	838 862	1 836 787	42.3
	中度	面积(m^2)	715 310		
	重度	面积(m^2)	282 615		
坑槽		面积(m^2)	5 994	5 994	0.14
		最大深度(mm)	150		
翻浆	轻度	面积(m^2)	0	10 050	0.23
	中度	面积(m^2)	0		
	重度	面积(m^2)	10 050		
坡脚积水		面积(m^2)	5 475	5 475	0.13
		最大深度(m)	0.8		
		次数	21		

注:1. 沉陷的评价标准为:轻度 $S\leqslant 0.1\text{m}$,中度 $0.1\text{m}<S\leqslant 0.25\text{m}$,重度 $S>0.25\text{m}$(S 代表沉降量);

2. 路基纵向裂缝的评价标准为:轻度 $W\leqslant 0.025\text{m}$,中度 $0.025\text{m}<W\leqslant 0.25\text{m}$,重度 $W>0.25\text{m}$(W 代表路基裂缝宽度);

3. 网状裂缝主要是根据裂块边长 L 来确定:轻微 $L>30\text{cm}$,中等 $10\text{cm}<L\leqslant 30\text{cm}$,严重 $L\leqslant 10\text{cm}$;

4. 路面的横向裂缝和纵向裂缝根据裂缝边缘的剥落和支缝发展情况来判断,而翻浆、车辙主要是根据病害外部形态进行经验确定。

一、多年冻土地区公路病害

(一)路基路面病害

公路路基路面病害调查内容包括公路修筑时间、最近一次的修复时间、公路等级、路面类型、路基高度、病害类型、行车状况、沿线气候条件、地形地貌、冻土地质类型等。路基路面病害由于受上述各控制因素的影响,其表现形式也各不相同,为便于病害统计,分为路面纵向裂缝、路面横向裂缝、路面网状裂缝,以及沉陷、波浪、路基纵向裂缝、翻浆、坑槽等8类。

1. 不同公路修筑时间的病害

公路的修筑时间不同,路基下的多年冻土稳定状况也不相同。一般而言,在采用同一种措施的前提下,公路运行的时间越长,路基下的冻土也就越稳定,而新建公路则对路基下的冻土扰动比较大,需要较长一段时间才能稳定下来。公路的修筑时间除了影响冻土地基以外,还将影响到公路的路堤、路面基层和面层，随着时间的延长，路堤、路面基层的压实度越高，变形量也就越小，而路面则会老化并不断破坏。最后一次的修复时间对病害调查结果的影响更大，相同修复条件下，最后一次修复距离调查的时间越短，公路病害就越少，病害程度也就越轻。

(1)旧沥青混凝土路面公路(G214 国道 K321＋000～K323＋000 段)的主要病害为路面龟裂(16％)、啃边(20％)和路面松散(10％)，其次为路面波浪(5％)和路基沉陷(1％)；新沥青混凝土公路(G214 国道 K353＋355～K369＋600 与 K375＋200～K418＋000 段)是在以前的砂砾路面公路上拓宽加高、铺设沥青路面后建成的，仅在部分路段存在规则的横向路面裂缝，个别区段轻微沉陷，整体路况较好，但是由于施工时就地取土，加上路堤填方过高，又出现了新的病害现象，部分路段存在严重的纵向裂缝。

可见，多年冻土地区新旧沥青路面的病害区别主要表现为路面病害，旧沥青路面由于老化而病害严重，新沥青路面则没有此病害，仅出现由于温差引起的路面横向裂缝；其次，新修公路由于就地取土和加高路基而出现的路基纵向裂缝则是一个新的问题。同时，新旧沥青混凝土路面都出现了不同程度的沉陷问题。

(2)旧水泥混凝土路面公路(G214 国道 K313＋000～K320＋000 段)运行已接近 9 年，目前整体状况较好，局部路段病害主要表现为坑槽、横向裂缝、断板、角隅断裂、沉陷(包括单侧沉陷、纵向整段沉陷、涵顶跳车)以及涵洞进出口铺砌面的剥落、松散等。K318＋000～K321＋000 段，路面右半幅的水泥混凝土受断裂板影响的板块占 5.5％，左幅比例为 18％；角隅断裂的板块占 2.1％；沉陷段占 2.9％，且主要出现在路基填土高度不对称的区段，部分是由于高路基边坡坍塌或侧向变形所引起。新建水泥混凝土路面公路(G214 国道 K369＋700～K375＋200 段)的主要病害为断板(1.6％)，而且这种病害仅有一小部分是由行车荷载导致，绝大多数断板病害与伸缩缝的切割深度较浅有关，为施工质量较差所致。同样基于就地取土和过高填土的因素，新建的部分路段也出现了严重的路基纵向裂缝。

对比新旧水泥混凝土路面的病害可以发现，两者的表现形式略有不同，旧路面的病害表现形式多样，病害程度比新路严重，而且新路的病害主要也是由于施工质量不严、设计考虑不周所致。新旧水泥混凝土病害表现虽有不同，但是都同样出现了路基沉陷问题。

2. 不同公路等级的病害

公路等级的提高是多方面的，既包括公路的加宽加高，也包括路面的黑色化和硬化。20 世纪，青藏公路在经过“八五”改建和 90 年代一期、二期整治后，作为一种提高冻土路基稳定性、保护路基下部冻土的措施，绝大部分多年冻土地区的路基都被加高。这一措施在一定程度上抬高了路基下冻土的上限，增加了路基的稳定性，减少了翻浆和沉陷病害(据统计，青藏公路的沉陷病害率为 18.86％，翻浆病害率为 0.23％；青海省 X411 公路沉陷病害的路段总长为 36.7km，发生翻浆病害的路段总长为 16.4km，分别占 90km 多年冻土段总长的 40.8％和 18.2％；新藏公路新疆段多年冻土的长度约 150km，受到沉陷、翻浆病害威胁的路段总长达 60km，占该段多年冻土总长的 40％左右)，但是也随之产生了一种新的病害——路基纵向裂缝。根据对青藏公路随机抽取的 10 处路基纵向裂缝破坏的统计结果，仅有一处路基高度小于 2.0m(实际为 1.8m，接近 2.0m)，共有 9 处破坏段的路基高度大于 2.0m，其中有 7 处路基高度接近或者超过 3.0m，且路基纵向裂缝的病害程度随着路基高度的增加而增加(表 5-2)。青藏公路的病害调查表明，路基纵向裂缝已经成为高填土路基的一种主要病害。

青藏公路路基纵向裂缝与路基高度对应关系 表 5-2

起 始 里 程	终 止 里 程	最大路基高度(m)	路基纵向裂缝最大宽度(mm)
K2911+000	K2913+600	4.0	7
K2939+100	K2940+300	2.8	250
K2940+800	K2941+100	1.8	350
K2946+900	K2947+100	2.0	500
K2947+500	K2951+100	3.0	500
K3020+000	K3027+000	3.5	400
K3027+000	K3033+000	3.0	10
K3078+400	K3081+000	4.5	300
K3219+100	K3225+400	2.2	300
K3342+000	K3350+000	3.0	200

青海省省道 S205 花石峡—昌马河段，在调查的 82km 路段中分为 38km 砂砾路面和 44km 沥青路面。截至病害调查时，该公路已完工 1 年左右，年交通量较少，主要为牧区牧民服务，车型主要为荷载较轻的车辆。病害调查时发现，沥青路面的主要病害为桥涵跳车，路面发育的少量纵向和横向裂缝已经被修补而不影响行车，局部路段存在严重沉陷病害，但整体路况较好；砂砾路面的病害主要为坑槽，严重影响行车速度，路面平整度较差，局部存在不均匀沉陷和纵向裂缝，整体路况较差。虽然沥青路面的路况好于砂砾路面，但是沥青路面的沉陷病害比砂砾路面严重，而且这还是公路修筑后第一年的路况对比。随着公路运行时间的增加，沥青路面由于严重改变地表的水热交换条件所带来的危害将日益加剧，沥青路面的沉陷病害将不断恶化；相反，砂砾路面对下部冻土的热扰动较弱，虽然路面状况较差，但是只要勤于养护，在今后较长一段时间内可以满足该地区人民生产、生活的需要。

公路等级的差异不仅仅体现在路基高度、路基宽度、路面类型等方面，而是多种因素的综合。除了上述三个因素以外，还包括路基压实度、填料粒径、路面平整度等指标。青康公路全线基本达到二级公路标准，绝大部分都已修筑黑色路面，仅有部分路段采用了水泥混凝土路面。新藏公路为砂砾路面，属于三、四级公路。两条公路的交通量也比较接近，平均日交通量在 500 辆左右。由于公路等级不同，除了均有比较严重的沉陷病害之外，两条公路的病害表现差异较大。青康公路沥青路面的主要病害为路面松散、龟裂和啃边，水泥路面的主要病害为断板和角隅碎裂；新藏公路多年冻土段的主要病害为公路翻浆、沉陷。对于交通量比较大的青藏公路和青海省天峻—木里公路而言，青藏公路为二级公路，调查前经过了四次大修；天峻—木里公路为四级县乡道，在木里煤矿大规模开发后，这里的交通量剧增，且行驶车辆以载质量 40t 左右的重型卡车为主。调查结果表明，无论是沉陷病害还是翻浆病害，青藏公路都要比天峻—木里公路好得多，尤其是翻浆病害，两者的差异更为明显，青藏公路仅为 0.23%，而天峻—木里公路的翻浆病害高达 18.2%。

3. 不同交通状况的病害

交通量和行车荷载对公路路面的状况具有不可忽视的影响。在多年冻土地区的公路上同样存在这样的问题，交通量越大、车辆荷载越重，公路的病害越严重。青海省 S205 省道和

X411 县乡道分别为部分和全部砂砾路面，但是 S205 的交通量较小、绝大部分为轻型车辆，因此病害较轻，主要病害类型为路面坑槽；而 X411 公路主要为载质量在 40t 左右的重型卡车，翻浆、车辙病害严重，部分车辙深度达到 0.5m 左右，经常因为翻浆导致交通中断。青藏公路和青康公路也存在类似的状况，无论是沥青路面还是水泥混凝土路面，虽然青藏公路经过四次大修，但是其病害程度仍比青康公路严重。比较两条公路的水泥混凝土路面可以发现，青康公路鄂拉山顶水泥混凝土路面（K313＋000～K320＋000）在运营使用 7 年后，目前整体状况良好；与前者相反，由于交通量大，重型车辆多，青藏公路可可西里和唐古拉山两处的水泥混凝土路面都已严重破坏，裂缝贯穿板体，破碎板块占 70％。

4. 不同地理条件的病害

除了修筑时间、公路等级、交通量这三个主要因素对多年冻土地区的公路病害有显著影响之外，公路沿线的地形、地貌、气候条件也对公路病害有一定影响。

公路经过山坡或者坡脚时要做好上边坡截水、边沟和涵洞排水，否则就易于出现涎流冰、冰幔或者冻胀丘病害。在秋末冬初多雨的东北多年冻土地区，一方面要更加重视涎流冰危害，这一病害目前已经导致奇～伊、荒～牛两条边防公路在冬春季节发生交通中断问题；另一方面还要预防路基冻胀和桥梁桩基冻拔病害。路基在秋末侵入雨水以后，冬季的水分迁移冻结将导致路面冻胀破裂，来年春季出现唧泥、翻浆病害；同时，雨水将沿着路面的裂缝侵入基层，引起更大规模的破坏。

综上所述，在不同的控制因素作用下，多年冻土地区公路主要病害的表现形式具有一定的差异性。公路营运时间对公路病害的影响主要体现在路面，旧沥青路面的主要病害为龟裂和网裂，新沥青路面的主要病害为横向裂缝，同时前者的沉陷病害要比后者严重得多；旧水泥混凝土路面的主要病害为板裂和角隅碎裂，而新水泥混凝土路面的主要病害为行车荷载和施工不良所导致的横向裂缝及轻微断板。公路等级对多年冻土地区公路病害的影响主要表现为：(1)路面不同引起的病害：采用砂砾路面的公路由于等级普遍较低，因此其病害主要表现为翻浆、车辙、坑槽和路面平整度差；沥青路面的主要病害为路面裂缝（包括横向裂缝、纵向裂缝、网状裂缝和龟裂）、松散以及路基重度沉陷；水泥混凝土路面的主要病害为断板、角隅碎裂；(2)路基高度引起的病害：低路基段的主要病害为沉陷、波浪和翻浆，而高路基段的主要病害为路基横向不均匀变形引起的路基纵向裂缝。行车荷载对公路的病害也有非常重要的影响，尤其是当行驶车辆的轴载超过路面设计承载力以后，行车荷载对路面的破坏力呈指数形式增长。超重、超载车辆对公路的破坏主要体现在水泥混凝土路面的断板和砂石路面的车辙、翻浆。地形、地貌、气候条件对多年冻土地区的公路病害也有不可忽视的影响。与西部高寒山地区多年冻土相比，东北地区由于秋末冬初降雨较多，冻胀、翻浆和涎流冰是该地区的主要病害。

虽然多年冻土地区的公路病害表现形式多样，但是，无论在上述哪一种或者哪几种因素控制下，多年冻土地区的公路病害有一个共性——都存在不同程度的路基沉陷病害，这一病害控制着多年冻土地区公路的质量，并影响着其他病害的发展和破坏程度。

(二)桥梁病害

青藏公路第二次改建后桥梁结构的主要构造形式为钢筋混凝土板桥，约占全部桥梁的 82％；钢筋混凝土 T 形梁桥占 12.5％；在唐南的季节冻土区建有三座拱桥，占全部桥梁的 5.5％。下部构造形式主要为桩、柱式墩台或轻型墩台。根据 2003 年对青藏公路桥梁状况所进行的调查，这些桥梁的病害表现主要为：(1)预制板梁产生较大的挠曲变形，且板梁底部已出现较大的裂缝，有的板底混凝土碎落、露筋等；(2)多孔桥由于桩基不均匀沉降，桥面出现波浪形的不平状，桥面铺装脱落；(3)伸缩缝掉落、堵死，板梁端头顶死、突起并折断；(4)墩台严重剥蚀，部分桩、柱露筋，轻型墩台基础沉降，墩台身开裂；(5)锥坡冻胀、沉陷、八字墙外倾、外移；(6)导流堤冻胀、沉陷、坍塌等破坏。如图 5-1 和图 5-2 所示。

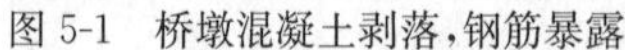
图 5-1　桥墩混凝土剥落，钢筋暴露

图 5-2　桥台锥体护坡破坏

对于埋置深度较浅、自重较小而且强度和刚度较大的墩台基础，在法向冻胀力和切向冻胀力共同作用下，可能造成墩台基础整体上抬。基底土层的不均匀冻胀，也会导致墩台基础倾斜上抬。多年的冻胀变形积累，可造成整个结构物破坏。

墩台在较大切向冻胀力或水平冻胀力作用下，由于其强度不足，可能会出现被拔断剪断现象，产生横向裂缝，使上部结构遭到破坏。而许多分离式八字翼墙倾斜变位甚至整体失稳，以及整体式 U 形桥台的翼墙与前墙连接处开裂，大多都是因为台背填土冻胀力的作用。开裂后的桥台，一方面由于裂缝中积水结冰冻胀，另一方面由于台背填土的冻胀，加速了裂缝的发展并逐年扩大，最后导致前墙与翼墙断裂，致使桥台破坏。

青藏公路可可西里至尺曲段的 16 座桥梁，产生病害的有 8 座。其中，一般病害的 6 座，轻微病害的 2 座。桥梁使用良好率为 50%。桥梁病害主要集中在附属工程，主体均处于良好状况。附属工程以锥体护坡破坏及桥下铺砌破坏为甚。主要病害有：(1)台身裂缝(1 处)；(2)台后路面裂缝(1 处)；(3)锥体护坡破坏(4 处)；(4)台下、桥下及河床铺砌破坏(6 处)。

(三)涵洞病害

1. 国道 214 线多年冻土地区涵洞使用情况

国道 214 线姜路岭至玛多段全长 142km，在调查的 246 道涵洞中，各个部位全部完好的涵洞比率仅为 36%，基本完好的涵洞比率为 55%，重要部位发生破坏的涵洞比率为 9%。其中，中温过渡型多年冻土地带各个部位全部完好的涵洞比率最低(12%)，而重要部位发生破坏的涵洞比率最高(22%)；高温不稳定多年冻土地带和融区及季节冻土地带重要部位发生破坏涵洞的比率分别为 13%和 5%。

在各种破坏类型中，涵洞洞口病害问题最为普遍。常发生翼墙倾斜或翼墙与涵身脱开、翼墙墙体开裂或顶部抹面损坏。洞口或急流槽铺砌损坏的涵洞数量分别占调查涵洞总数的 17%、30%和 24%；台身倾斜及台身开裂分别占调查涵洞总数的 9%和 3%；洞身铺砌损坏占 15%。另外，调查区段涵洞还存在少量的排水不畅和洞口淤积病害，以及钢筋混凝土圆管涵管节错动、脱开等。涵洞基本情况见表 5-3。

国道 214 线姜路岭至玛多段涵洞使用状态调查 表 5-3

涵洞破损形式	不同冻土工程地质条件下各种破损形式涵洞的发生比率(%)			合计
	中温过渡型多年冻土	高温不稳定多年冻土	融区及季节冻土	
台身开裂/管节沉降	20	18	4	9
台身倾斜	7	3	2	3
台身勾缝或抹面损坏	2	3	4	3
洞身铺砌损坏	32	5	13	15
盖板顶铺装损坏	17	5	2	5
翼墙倾斜/与涵身脱开	29	13	16	17
翼墙墙体开裂/顶部抹面损坏	41	30	27	30
洞口或急流槽铺砌损坏	56	10	20	24
出口铺砌被掏空	2	3	1	2
洞口淤积	5	5	11	9
排水不畅	0	0	2	2

2. 天峻—木里公路木里地区涵洞使用状况

木里盆地天峻—木里公路尚未改建的高含冰量冻土地段涵洞状况见表 5-4。在调查的 8 道涵洞中，仅 2 道涵洞基本完好，而 5 道涵洞严重破坏，其中 2 道涵洞甚至失去排水功能。涵洞内积冰较为严重，不但影响春季正常排水，而且对涵墙破坏作用强烈。

木里盆地天峻—木里公路尚未改建的高含冰量冻土地段涵洞状况调查结果 表 5-4

涵洞代号	跨径/净高(m)	径流状况	涵洞状况总体评价	涵墙状况	翼墙状况	排水状况
01-05	1.0/2.0	水量大，时间长	严重破坏	向内倾斜 严重斜向开裂	进口倒塌 出口开裂	涵内积冰 0.4m
02-15	1.5/1.5	水量小，时间短	基本完好	完好	进出口顶部开裂	良好
03-16	1.0/1.0	水量小，时间短	基本完好	完好	进出口均开裂	良好
04-05	5.0/2.0	水量大，时间长	严重破坏	严重开裂	进出口均倒塌	涵内积冰 严重 0.6m
05-04	1.5/1.5	水量大，时间长	严重破坏	沉降变形较大	进出口开裂	堵塞
06-29	1.0/1.0	水量小，时间短	严重破坏	倒塌	倒塌	堵塞
07-26	1.0/1.0	水量大，时间长	破坏	轻微横向开裂	基本完好	涵内积冰 严重 0.6m
08-25	1.5/1.5	水量小，时间短	严重破坏	倒塌	倒塌	堵塞

3. 青藏公路涵洞使用状况

青藏公路沿线涵洞的主要类型为钢筋混凝土盖板涵，约占该地区涵洞总数的 71%；石盖板涵占总数的 20.65%，圆管涵占总数的 6.28%，石拱涵占总数的 2.22%。石盖板涵、圆管涵和石拱涵多用在非多年冻土区。涵洞以暗涵为主，早期修建的明涵因经过多次整治，路基抬高许多而变为暗涵。涵洞工程病害的主要现象有钢筋混凝土盖板裂缝，少数盖板断裂；涵洞墩、台、身开裂、下沉；由于涵管冻胀变形不均匀以及混凝土收缩，混凝土与沥青麻絮不能在负温下共同工作，使涵管接缝拉大而渗水，并将接缝处路基填土冲出，引起不均匀沉陷，造成跳车；涵洞进出口八字墙、端墙圬工开裂与管节脱离，并向沟漕倾斜或下沉；洞口铺砌及截水墙被掏空破坏，进出口锥坡坍塌；管节错动，管身中间下沉，造成管中积水或淤堵；管涵的端墙与涵身的连接处多产生裂缝，造成管节错台，端墙上端产生较大的纵向裂缝等。

根据多年冻土地区涵洞使用状况调查资料统计，多年冻土区涵洞的病害有如下类型：(1)洞身涵台沉降、倾斜或开裂；(2)涵底铺砌开裂、破碎或渗漏；(3)洞口端墙和翼墙沉降、倾斜或开裂；(4)洞口铺砌和急流槽开裂、破碎、渗漏或冲刷损毁；(5)盖板明涵与路基沉降变形不协调，影响行车平顺性；(6)洞内冰塞或淤堵。

二、主要公路病害的特征

多年冻土地区的主要公路病害是冻土路基病害与沥青路面病害。本节通过对青藏公路主要公路病害与冻土含冰量、冻土地温、路基高度和路基走向等之间关系的分析，增强对多年冻土区路基路面病害特征及其影响因素的认识。病害调查距上次大规模公路改建已有 6 年时间，且病害分析结果仅仅是针对多年冻土地区沥青路面而言，不宜将此病害分析结果推广应用到水泥混凝土路面和砂石路面的公路上。

(一)公路病害与冻土特征的相关性

1. 沉陷、波浪与冻土特征

青藏公路多年冻土段路基沉陷给公路的行车条件带来了严重影响。一方面，沉陷的深度比较大，最大值达 0.6m；另一方面沉陷的面积也较大，占多年冻土段总面积的 19%左右。为了了解沉陷与冻土特征之间的关系，图 5-3 给出了沉陷与含冰量和地温分区之间的关系。

根据图 5-3a)，路基沉陷病害率的峰值出现在过渡多年冻土带，病害率接近 25%，在年平均地温大于 0℃的深季节冻土区和稳定多年冻土地区，病害率最小，仅为 10%左右；根据图 5-3b)，路基沉陷病害率随着含冰量的增加而增加，当含冰量达到饱冰冻土时，随着含冰量增加，沉陷病害率不再增加。在少冰冻土地区，沉陷病害率最小(几乎为 0)，这可能与列入统计的少冰冻土段里程较小(约 8km)有关。

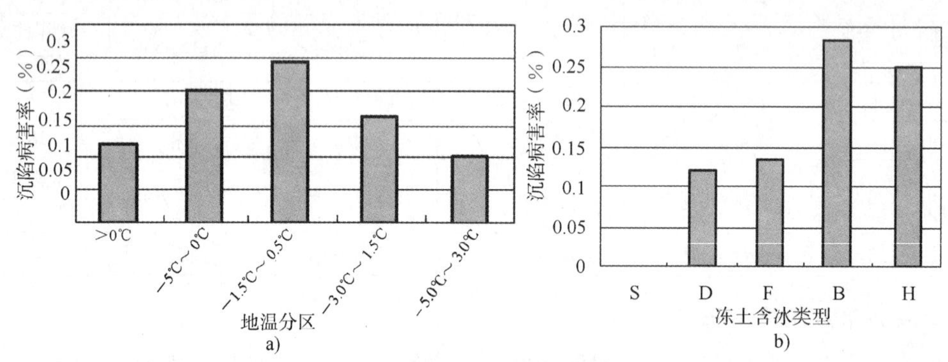

图 5-3　沉陷与冻土特征的关系

a)沉陷病害率—地温；b)沉陷病害率—含冰类型

波浪是由于路基变形不均匀造成的，其波峰与波谷间的高差则比较大，路面起伏显著。因此，当路基沉陷病害发展到一定程度后，波浪就会随之出现。在青藏公路多年冻土段，出现了较多波浪，因此，有必要分析该段冻土特征与波浪之间的关系。

从图 5-4a)和图 5-4b)可以看出，沉陷病害与冻土特征之间的关系与波浪病害是相似的。这一现象再一次说明，在多年冻土地区，路基沉陷病害往往都是严重的，波浪病害几乎总是伴随着沉陷病害的出现而出现。

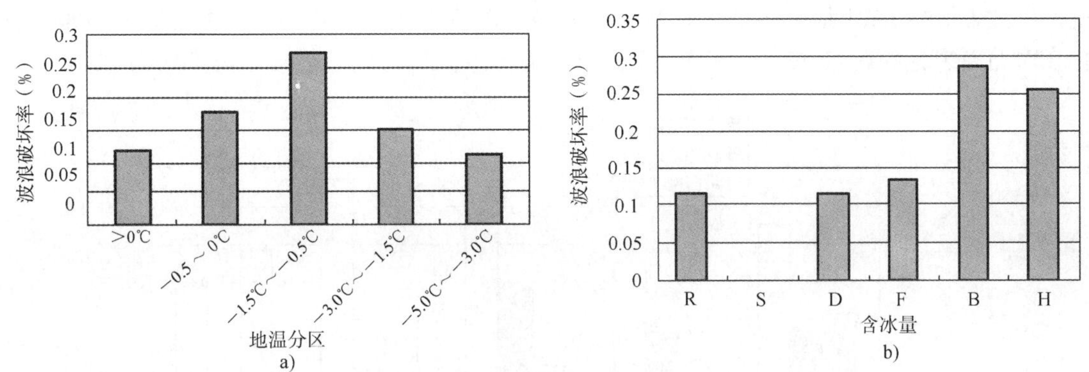

图 5-4 波浪与冻土特征的关系

a)波浪破坏率—地温；b)波浪破坏率—含冰量相关性分析

2.路基纵向裂缝与冻土特征

在青藏公路一期整治结束以后，路基纵向裂缝大大增加，比“八五”改建期间高出约3倍，纵向裂缝病害总里程达35km，占一期整治工程的11.7%。2001年中交一公院的调查则表明，纵向裂缝病害在整个青藏公路多年冻土段已经达到17.6%，路基最大裂缝宽度达到0.5m，成为路基病害的一个主要形式，因此，需要对这一特殊问题的冻土特征进行分析。图5-5描述路基纵向裂缝与冻土地温分区和含冰类型的关系。

从图5-5a)中可以看出，在融区基本上不存在路基纵向裂缝病害，这说明纵向裂缝的发育与路基下的多年冻土是密切相关的。在冻土地区，路基纵向裂缝的病害率随着冻土温度的降低而降低，高温冻土地区的路基纵向裂缝病害率要高于稳定多年冻土地区的纵向裂缝病害率；同时，亚稳定多年冻土地区较高的病害率则表明路基纵向裂缝不仅仅取决于冻土的地温，还取决于冻土的含冰量(图5-5b)。在少冰冻土地区，无一例路基纵向裂缝病害的发生，则说明冻土含冰量是影响路基纵向裂缝是否发育的一个重要因素。多冰冻土区的纵向裂缝病害也比较小，当含冰量达到富冰冻土阶段以后，路基纵向裂缝病害急剧增加，达到25%左右，并且随着含冰量的进一步增加，路基纵向裂缝病害逐渐趋于稳定。

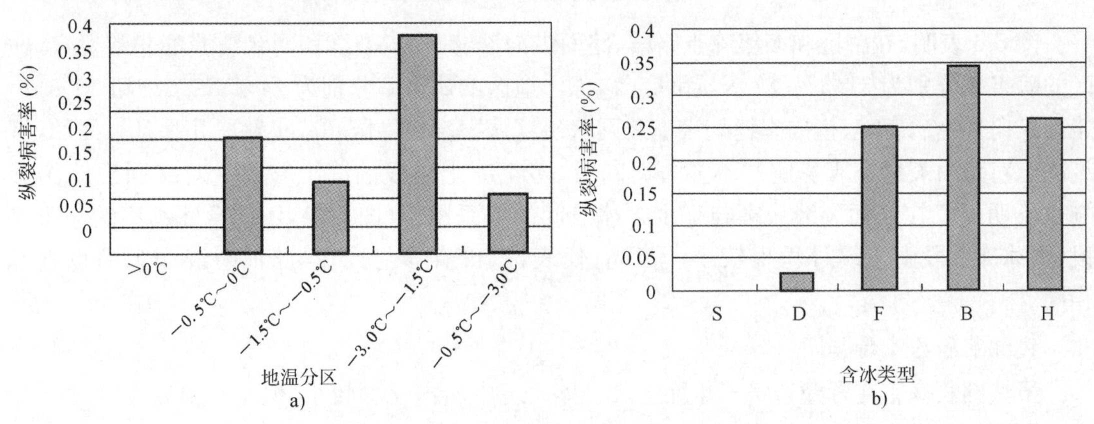

图 5-5 路基纵向裂缝与冻土特征之间的关系

a)路基纵裂病害率—地温；b)路基纵裂病害率—含冰量

3.路面裂缝病害与冻土特征

路面破坏是公路病害的综合体现，面层结构不合理、沥青上面层与下面层连接不好、半刚性底基层反射裂缝、沥青混合料面层老化、温度应力、路基滑移、路基软弱都会导致路面产生裂缝。因此，无论在冻土地区还是非冻土地区，路面裂缝都是路面破坏的一种主要形式。冻土的存在对路面裂缝的影响，图 5-6 和图 5-7 做出了解释。

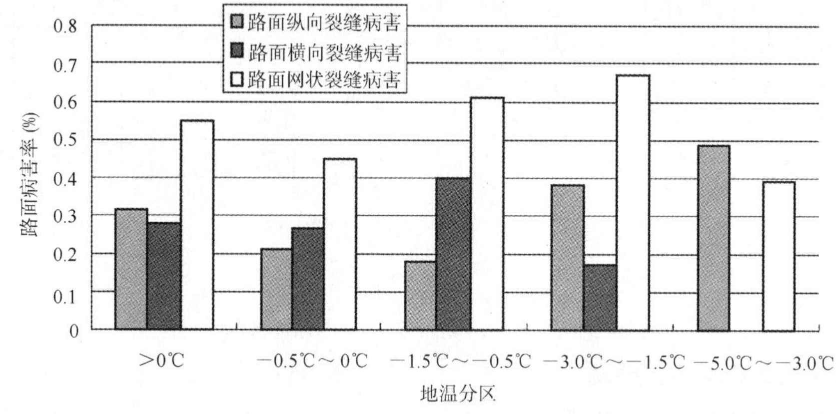

图 5-6 路面裂缝病害与地温分区间的关系

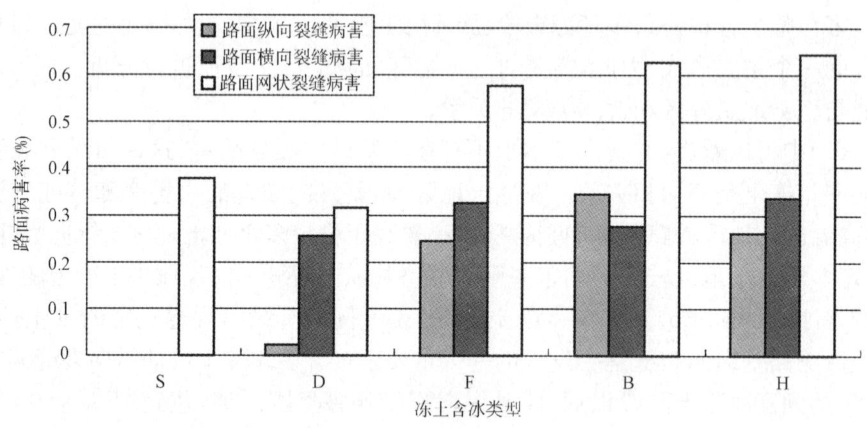

图 5-7 路面裂缝病害与冻土含冰类型间的关系

图 5-6 表明，在融区和多年冻土路段，路面纵向裂缝、横向裂缝和网状裂缝都非常发育，融区的病害率分别为 31.5%、27.8%和 55%，冻土地区的病害率分别为 24%、29.6%和 55.3%。路面纵向裂缝病害率、横向裂缝病害率和网状裂缝病害率在融区和冻土路段几乎是一样的，可见冻土对路面裂缝病害影响并不显著。同时，多年冻土路段的冻土含冰量对路面裂缝的影响也不明显。在路面裂缝病害与冻土含冰量间的关系图中(图 5-7)，不同含冰类型的冻土路段(少冰冻土段由于统计里程较小，不具有代表性，没有参与比较)路面裂缝病害率也基本相同。

4. 翻浆和冻土特征

虽然翻浆病害在青藏公路多年冻土段总体病害中所占比例较小，但是其对路况和通行能力的影响却不容忽视。一般认为，翻浆是季节冻土区的一种常见病害，常常由于路基填料不良(填料为细颗粒土)，含水率较大或者有外来水分的侵入(如路面裂缝渗下的雨、雪水，边坡的横向渗水，或者地下水水位较高，毛细水上升高度大)，在季节冻融作用和行车荷载作用下基层软化而形成，翻浆病害常常伴随有路面严重车辙和冒泥现象。翻浆会严重降低公路的行车能力，尤其是在等级较低和路面没有硬化的公路上，还会出现因为翻浆而导致公路交通中断的现象，因此，有必要认识翻浆病害与多年冻土地区冻土特征之间的关系，以指导工程实践。

从图5-8可以看出，融区的翻浆病害率远远高于冻土路段，高温多年冻土的翻浆病害率又高于其他类型的多年冻土。之所以产生这种现象，主要是由于以下两个原因：(1)在平均地温接近0℃的地区，土体中的水分相对活跃，容易引起翻浆；(2)在季节冻土地区，路基往往较低，受地下水和两侧土体水的影响显著，易于翻浆。在不同含冰类型的多年冻土之间，翻浆病害率与冻土含冰量之间的关系如图5-9所示。

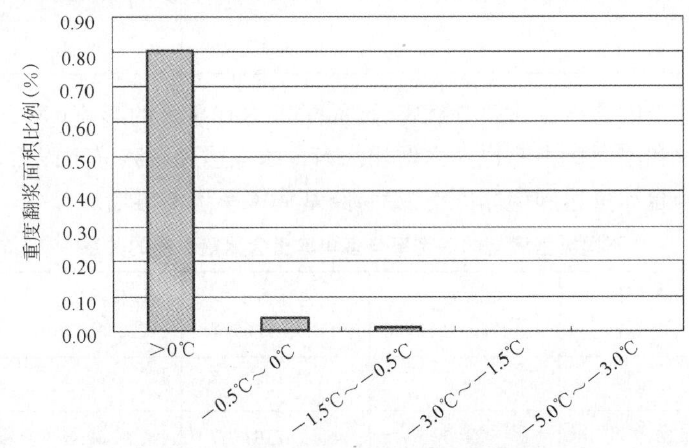

图5-8　翻浆与多年冻土地温分区的关系

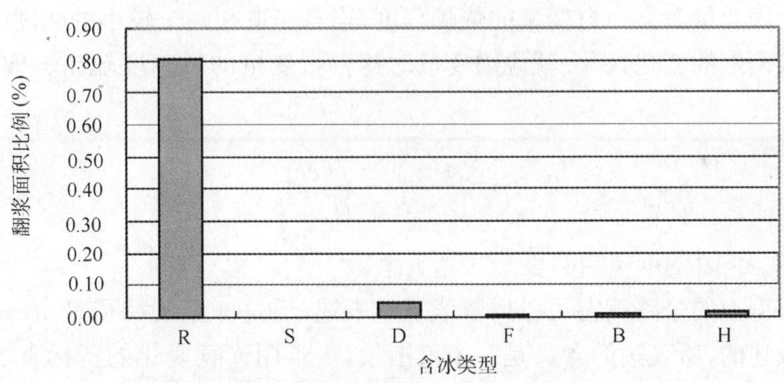

图5-9　翻浆与多年冻土含冰类型的关系

5.公路病害对冻土地温、含冰量的敏感性分析

分析公路病害对冻土地温和含冰类型的敏感性，查清影响公路病害的主要因素，为的是在不同地温分区、不同含冰量的多年冻土地区采取合理的应对措施。

为了尽量减小冻土地温和冻土含冰类型以外因素的影响，按路基病害率和路面病害率对这两个因素的敏感性进行分析。相对于普通的非冻土地区而言，路基病害严重是多年冻土地区公路工程中的一个突出问题，而路基沉陷病害又是导致多年冻土地区其他类型路基病害的主要诱发因素。因此，此处采用路基沉陷病害代替路基病害，用来分析路基病害对冻土地温和含冰量的敏感性。在评价路面的质量时，龟裂的影响因子为1.0，而路面纵向和横向裂缝的影响因子仅为0.1，可见龟裂对路面行车质量的影响远远大于纵横向裂缝对路面质量的影响。同时，从前面有关分析中可以得知，路面病害中，裂缝类病害是多年冻土地区公路的基本病害类型，其他类型的路面病害虽然也有出现，但是病害率较低。因此，研究采用网状裂缝代替路面病害来评价路面病害对冻土地温和含冰量的敏感程度。

表 5-5 反映了不同类型病害的病害率与多年冻土地温分区之间的关系。可以看出，地温对路面病害的影响较小；对路基病害影响具有一定规律，即路基病害在不稳定多年冻土和亚稳定多年冻土段出现峰值，在这两个地温分区的左右两侧，路基病害减少。

不同类型病害的病害率与多年冻土地温分区之间的关系 表 5-5

病害类型	深季节冻土(>0℃)	极不稳定多年冻土(−0.5℃～0℃)	不稳定多年冻土(−1.5℃～−0.5℃)	亚稳定多年冻土(−3.0℃～−1.5℃)	稳定多年冻土(−5.0℃～−3.0℃)
路基病害率(%)	11.8	19.9	24.4	16.3	9.9
路面病害率(%)	55.0	44.7	61.0	66.8	39.1

与地温不同，冻土的含冰量对路基病害、路面病害均有显著的影响(表 5-6)。随着含冰量的增加，路基病害率和路面病害率也随之增加。当含冰量达到富冰冻土以后，路面病害率的增加幅度显著减小；当含冰量达到饱冰冻土以后，路基病害率也不再增加。

不同类型病害的病害率与多年冻土含冰量之间的关系 表 5-6

病害类型	少冰冻土(<1%)	多冰冻土(1%～12%)	富冰冻土(12%～20%)	饱冰冻土(20%～50%)	含土冰层(>50%)
路基病害率(%)	0.0	12.2	13.4	28.3	24.9
路面病害率(%)	37.7	31.5	57.6	62.8	64.3

敏感性表示因变量对某一自变量的依赖程度，当自变量在一个较小的幅度内变化时，如果因变量表现出较剧烈的变化，那么就说因变量对这一自变量的敏感度较高。敏感度通常用下式表示：

$$S = \frac{f(\tau_2) - f(\tau_1)}{\tau_2 - \tau_1}$$

式中，S 值越大，因变量 f 对自变量 τ 越敏感。

不同冻土类型上的公路病害可以用数值定量表述，但是冻土的特征是由一个非连续变化的区间指标来表述的，所表达的含义是一个范围量，很难用连续变化的指标来表达冻土特征。因此，为了表示病害对冻土含冰量与冻土地温的敏感性，这里仅用病害敏感度的相对意义来表达不同类型病害对冻土特征的敏感性。多年冻土地区公路病害对冻土特征的敏感度计算方法如式(5-1)所示：

$$S_{\mathrm{i}} = \frac{\begin{matrix}\text{不同含冰量对应的某种类型的} \\ \text{最大病害率}\end{matrix} - \begin{matrix}\text{不同含冰量对应的该种类型} \\ \text{病害率的最小值}\end{matrix}}{\text{不同含冰量对应的某种类型的最大病害率}}$$

或

$$S_{\mathrm{T}} = \frac{\begin{matrix}\text{不同地温区对应的某种类型的} \\ \text{最大病害率}\end{matrix} - \begin{matrix}\text{不同地温区对应的该种类型} \\ \text{病害率的最小值}\end{matrix}}{\text{不同地温区对应的某种类型的最大病害率}} \tag{5-1}$$

冻土特征指标对不同类型病害的影响程度与同种类型病害对该冻土特征指标的敏感度大小是一致的，以路基病害对冻土含冰量的敏感度为例，敏感度越大，那么冻土含冰量对路基病害的影响越大，敏感度最大为 1。路基病害对冻土含冰量的敏感度的计算方法如式(5-2)：

$$S_{i-roadbed}=\frac{\text{不同含冰量对应的最大路基病害率}-\text{不同含冰量对应的最小路基病害率}}{\text{不同含冰量对应的最大路基病害率}}$$

$$=\frac{28.3-0.0}{28.3}=1 \tag{5-2}$$

同样计算可得：

路面病害对冻土含冰量的敏感度 $S_{i-roadsurface}=0.51$；路基病害对冻土地温的敏感度 $S_{T-roadboad}=0.59$；路面病害对冻土地温的敏感度 $S_{T-roadsurface}=0.41$。

把上述计算结果列于表5-7。表中路基病害对含冰量的敏感度最高为1，而路面病害对地温的敏感度最小，仅为0.41；路基病害对冻土特征的敏感度大于路面病害对冻土特征的敏感度；同时可以发现，在冻土地温和冻土含冰量两个冻土特征指标中，公路病害对冻土含冰量的敏感度比对冻土地温的敏感度高出很多。

青藏公路多年冻土地区公路病害对冻土含冰量和冻土地温的敏感性 表5-7

冻土特征指标	路基病害敏感度	路面病害敏感度
含冰量	1.00	0.51
冻土地温	0.59	0.41

(二)公路病害与路基高度的相关性

提高路基在多年冻土地区的路基工程中被作为一项预防和治理公路病害的措施，由于其施工方便、经济效益高、易于实现，在多年冻土地区被广泛采用。采用提高路基的措施虽然暂时对减少路基病害起到了有益的作用，但是在工程完工后随着时间的推移，采用提高路基措施的路段出现了一些新的病害趋势，为了能够对这些病害趋势有一个定量的认识，下面将对上述主要病害与路基高度的相关性给出分析。根据最初阶段的试算，用路基高度和各种病害率所绘制的散点图关系较差，很难发现路基高度和各病害之间的关系(图5-10)。基于此，采用路基高度分段的方法来绘制柱形图，寻找不同类型的病害率和不同路基高度区间内的对应关系。鉴于目前高路基在冻土地区公路工程中的实际状况，大于3m的路基较少，因此我们采用的路基高度分段方案如下：0≤路基高度<1m，1m≤路基高度<2m，2m≤路基高度<3m，路基高度≥3m。考虑到公路病害调查时并没有对全线的路基高度给予详细的记录，因此，分析的结果可能与全线的实际值有一定误差。

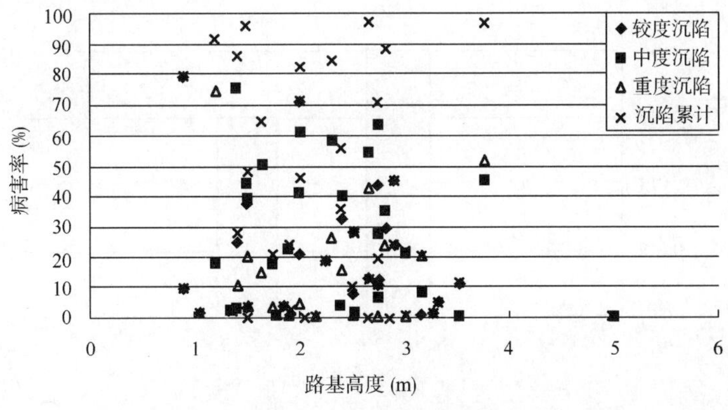

图5-10 路基沉陷病害率与路基高度的散点关系图

图 5-11～图 5-14 分别为路基沉陷病害、纵向裂缝病害、翻浆病害、路面裂缝病害与路基高度的关系。可以看出，沉陷病害和路基纵向裂缝病害与路基高度的关系比较密切，随着路基高度的增加，沉陷病害率逐渐减少，而路基纵向裂缝不断增加；路面裂缝与路基高度的关系比较复杂，随着路基高度的增加，一方面路面纵向和横向裂缝病害减少，另一方面路面网状裂缝变化较小，病害率基本在 50%。翻浆病害与路基高度的关系较差，这可能与该路的翻浆病害率较小有关。

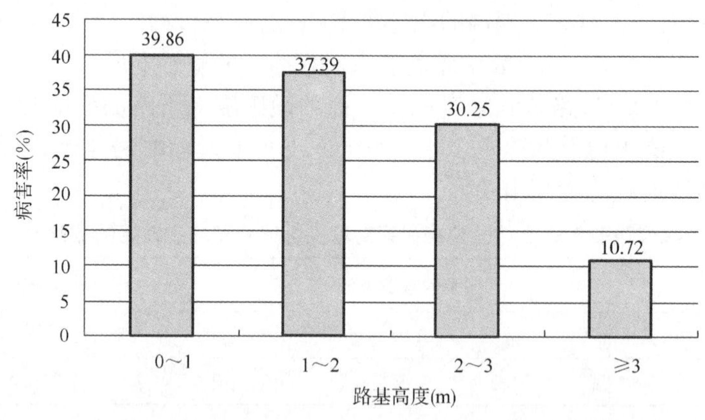

图 5-11　路基沉陷病害与路基高度的关系

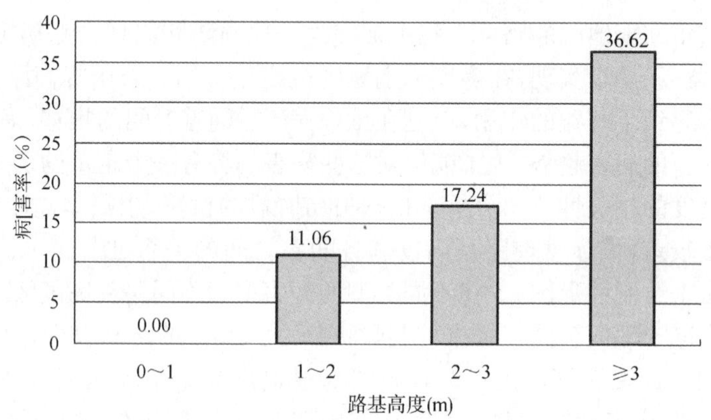

图 5-12　路基纵向裂缝病害与路基高度的关系

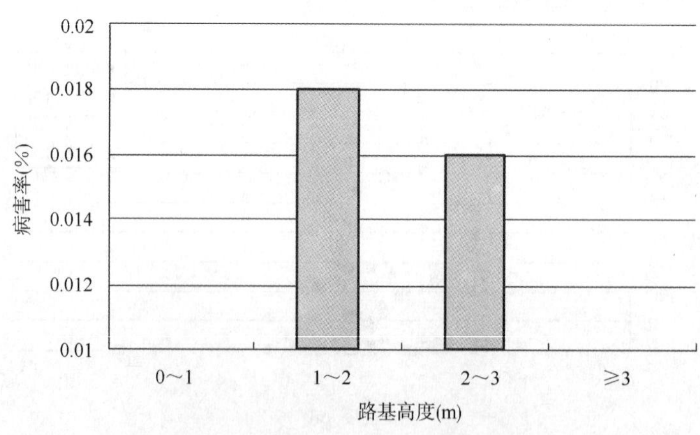

图 5-13　路基翻浆病害与路基高度的关系

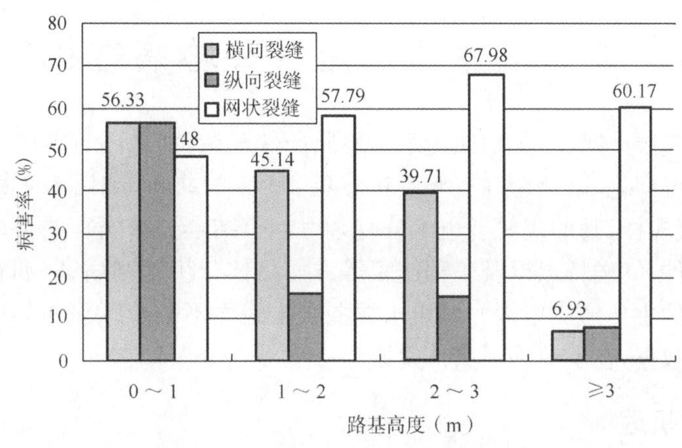

图 5-14　路面裂缝病害与路基高度的关系

(三)路基纵向裂缝与路基走向的关系

如果因为路基的走向因素使得路基两侧边坡接受太阳辐射的量比较接近，那么路基两侧的坡面和下伏冻土的温度状况也将是相似的，那么路基在横断面上的变形就比较均匀，不易形成纵向裂缝；相反，如果因为路基走向的因素使得路基两侧边坡的辐射条件差异较大，那么就容易在辐射条件较好的阳坡发生纵向裂缝。

为了便于分析路基纵向裂缝与路基走向之间的关系，对于走向在 ES75°～WS75°之间的路基，对左右边坡不划分阴阳坡；对于走向在 ES0°～ES75°间的路基，西南坡为阳坡，东北坡为阴坡；对于走向在 WS0°～WS75°之间的路基，东南坡为阳坡，西北坡为阴坡。根据这一标准，对发生在青藏公路多年冻土段的路基纵向裂缝分布位置进行了统计分析。统计结果表明，发生在向阳侧的路基纵向裂缝有 22.5 次，占总裂缝条数的 70%；发生在背阴侧的路基纵向裂缝有 9.5 次，占总裂缝条数的 30%。按照路基纵向裂缝的总长度来分析，向阳侧的裂缝有 97km，占总长度的 65%；背阴侧的裂缝有 53km，占总长度的 35%。上述统计结果包括了多年冻土融区中的裂缝，在排除融区裂缝以后，发生于路基向阳侧的裂缝条数占总条数的 78%，而阳侧裂缝总长度占到了全部裂缝长度的 74.7%以上，其再一次证实了太阳辐射在地表热平衡中的重要作用，也从侧面说明多年冻土地区的工程建筑物需要充分考虑建筑物表面接受太阳辐射的差异。

根据对青藏公路多年冻土段沿线公路路基纵向裂缝与路基走向关系的分析，发生在走向为东西、东偏南 60°、南北、西偏南 30°和 60°等路基上的裂缝次数比较接近，变化在 4～7 次之间；发生在走向为南北路基上的裂缝次数最多，达到 9 次；发生在东偏南 30°路基上的病害较少，仅为 1 次，这可能与走向为东偏南 30°路基的长度较短有关(主要分布在唐古拉山北坡，约 20km)。在接近南北走向的路基上之所以产生裂缝的次数最多，这可能有两个原因：(1)青藏公路主体为近南北方向，因此，接近南北走向的路基最长；(2)青藏公路沿线特殊的辐射日变化规律。相关研究结果表明，在青藏公路沿线，上午的总辐射明显大于下午的总辐射。根据青藏公路 D66 道班、沱沱河站、D110 道班、安多气象站和青藏公路 K3608 处的辐射资料，各站上午的总辐射比下午的总辐射分别大 16.2%、22.1%、51.2%、40.4%和 40.2%。

上述青藏公路路基纵向裂缝与路基走向和路基边坡坡向之间的关系分析表明，在多年冻土地区筑路，需要采取一些积极的工程措施来消除路基走向和坡向差异带来的不利影响，否则，就有可能产生类似的纵向裂缝破坏。

第二节　多年冻土地区公路病害机理

多年冻土地区气候严寒、工程地质与水文地质条件复杂，加之随着地区经济开发的深入，道路运输车辆日趋重型化，以及全球气候变化等众多因素的共同作用，导致多年冻土地区公路病害频发，表现形式多样，其形成机理也十分复杂。本节结合公路病害的类型与特征，从多年冻土区工程地质条件、气候特点以及工程施工等方面具体分析路基病害、沥青路面病害、桥梁病害及涵洞病害等的主要形成原因。鉴于水泥混凝土路面不是寒区路面的主要形式，且缺乏必要的试验与调查数据，在本节将不具体讨论。

一、路基病害机理

多年冻土区路基病害产生的原因是复杂的、多方面的，但究其根本原因是由于修筑路基、加铺黑色路面等工程因素破坏了多年冻土的生存环境而引发的。根据病害特征，冻土路基病害的原因可分为三大类：(1)融化夹层(盘)是形成高温高含冰量路段路基病害的主要原因；(2)低温区高路基内的冻结核也有产生路基病害的可能；(3)路基两侧冻土环境的人为损害加剧和加速了路基病害的产生与发展。本节将首先从青藏公路多年冻土区路基病害的表现形式及特征着手定性分析冻土路基病害的成因。

(一)低路基病害的主因

在低路堤的情况下，如果阴阳坡面的影响较小，路基内融化盘相对于路中线较为对称，融化盘的最大深度出现在路基中心，这时路基病害常表现为路基整体下沉、路基中心凹陷(图5-15)。因此，当多年冻土上限处含冰量较高时，融化盘的形成与发展是形成低路基病害的主要原因，主要表现为两点：

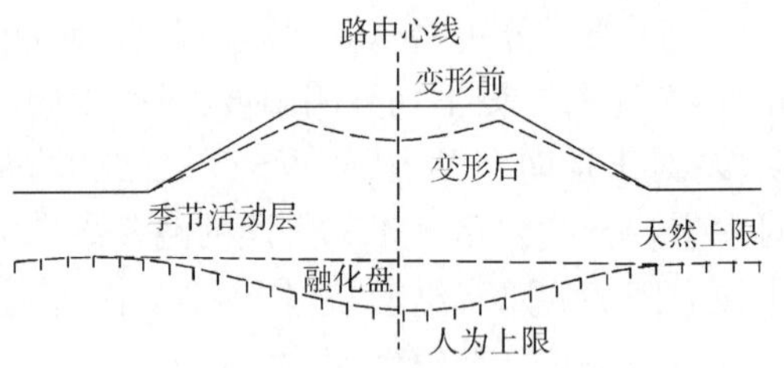

图5-15　低路基病害的形成机理

(1)在相同条件下，融化盘厚度越大，路基沉降变形就越大，随着融化深度增大，路基的固结沉降变形滞后时间越长。

(2)路基内"锅底形"的融化盘，成为地表水渗入和冻结层上水汇入的"聚水盆"，加速了融化盘的发展，进而增大了路基的沉降变形，成为路基不稳定的隐患。

另外，由于土层含水率及上限附近含冰量的不同，在路基纵断面方向路基的下沉变形是不均匀的，这是形成路基波浪变形及横行裂缝的主要原因。

(二)高路基病害的形成原因

1.高温多年冻土区高路基病害的形成原因

在高温多年冻土区(−1.5℃≤年平均地温≤0℃)，高路基病害的形成机理因路基高度的不同而有所差异。

当路基高度小于临界高度时，路基内由于阴阳坡面的影响，形成非对称性融化盘。青藏公路自格尔木至拉萨方向这种不对称一般表现为左侧路基下融化盘厚度较右侧大。在两侧路基下融化盘厚度差异较小的情况下，较易形成路基的整体倾斜变形(图5-16a)，反之，当融化盘厚度差异较大的时候，则很可能形成路基(肩)或边坡的纵向裂缝与滑塌(图5-16b)。另外，由于融化盘的聚水作用，在大气降水、地表水以及融化盘内的聚水的共同参与下，路面经车辆荷载的反复作用，常出现大面积破坏与翻浆。

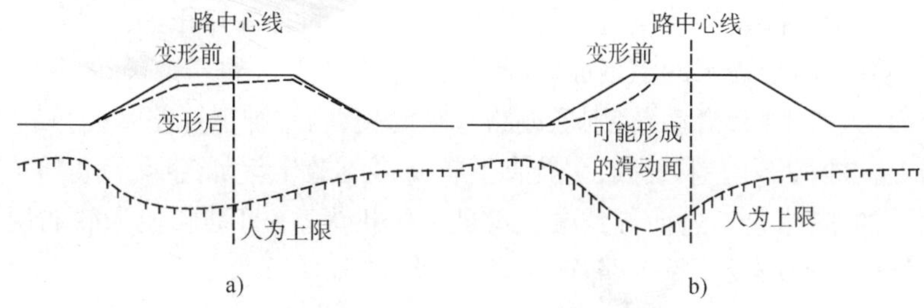

图 5-16　融化盘所引发高路基病害示意图

a)融化盘厚度差较小；b)融化盘厚度差较大

当路基高度大于临界高度时，在当地气候条件下能产生的最大冻结深度无法达到人为上限处，在路基内最大冻结深度的界面与多年冻土人为上限间形成一层隔年或多年以至永远不能冻结的融化夹层。如同融化盘一样，融化夹层也具有很强的聚水特性，作为软弱层，其承载能力往往较低。该类融化夹层上界面是冷期最大冻结深度，下界面是人为上限(图 5-17)。

在冻结期，融化夹层上部具有一定的冻结厚度，因此，路基路面的承载能力也相应较强，但由于融化夹层上下界面的冻结压缩作用，造成封闭的融化夹层内部应力相当大。到融化期，融化夹层上部冻结层自上而下融化，冻结层的厚度也在逐渐变薄，当融化夹层的内部应力与其上冻结层的强度都无法抵挡路基自重及外部荷载时，路基将不可避免地出现凹陷、滑塌等病害，进而引发路面翻浆；反之，当路基自重及外部荷载与其下冻结层的强度都无法阻止融化夹层内部应力释放时，将可能出现路基垮塌甚至爆炸等病害(1990 年 6 月在头二九北坡 K3395 处发生的路面爆炸，直径 6m，深达 3m)。

另外，如图 5-17 所示，当路基内最大冻结深度大于天然上限时，路基内将会形成“凸”形的冻结锋面。在融化期，当路基上部冻结层还未完全融化时，该冻结锋面将成为大气降水、雪水及边沟水等地表水汇聚的锋面，在汇聚水的作用下，可能发展为路基(肩)、边坡滑塌及路基纵向裂缝的滑动面，致使该类型的融化夹层诱发纵向裂缝、路肩(边坡)滑塌等病害。

2. 低温多年冻土区高路基病害的形成原因

在低温冻土区，虽然在施工期间，路基内也会形成融化夹层，但由于多年冻土地温较低，足以使融化夹层在年内冻结，人为上限逐渐稳定于路基下最大冻结深度处。当路基高度大于临界高度时，路中人为上限有一定的抬升，但坡脚处人为上限(尤其是阳坡坡脚)则有所下降，路基内形成如图 5-18 所示的“凸”形冻结核。造成这种情况的原因是显而易见的，不管是新建路堤还是旧路改建，抬高路堤以后，边坡都要向两侧延伸，破坏了原有的多年冻土的热平衡条件，加上青藏公路路堤填土相对于天然地表(尤其是有植被覆盖的天然地表)更易吸热，位于阳坡

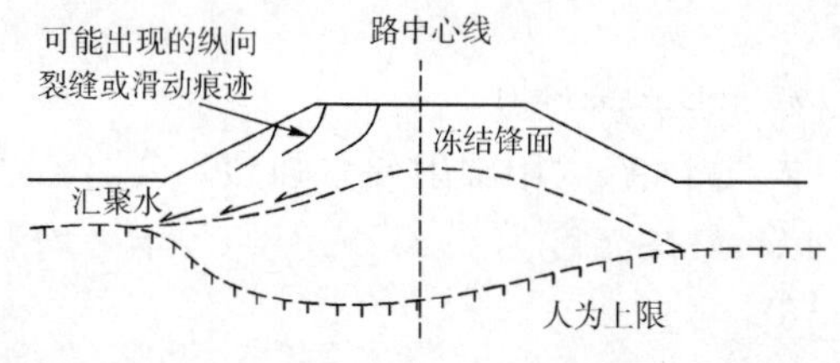

图 5-17　融化夹层所引发高路基病害示意图

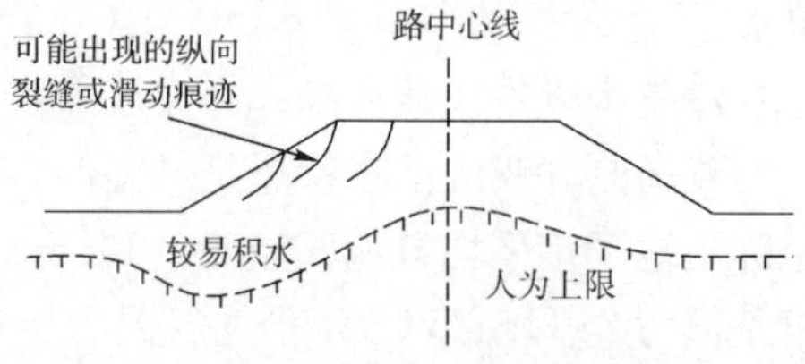

图 5-18　非对称性冻结核所引发高路基病害示意图

侧的坡脚人为上限下降较为剧烈(但在阴坡侧,由于其吸收的太阳辐射能相对较小,坡脚人为上限下降很微弱甚至有所抬升)。

从图5-18中不难看出,冻结核有两种可能形成路基病害:(1)正如前节所述,在融化期人为上限作为大气降水与地表水的汇聚面,冻结核两侧路基受水的侵蚀,较易形成滑体,可能会沿冻结核上锋面(人为上限)滑动,轻则形成路基纵向裂缝,重则造成路基(肩)或边坡滑塌;(2)在横断面方向上,坡脚人为上限最低,在坡脚下较易形成融化盘,该融化盘也将成为地表水、边坡水以及路面水的“聚水盆”,进而导致融化盘进一步扩大,一旦坡脚成为软弱层,极有可能造成边坡纵裂、滑塌,进而波及到整个路基。

(三)施工质量与冻土环境的破坏对路基病害的影响

多年冻土区路基病害的形成具有复杂性,表现形式具有多样性,不仅受到地下冰冻融等客观因素的影响,还受到施工质量与冻土环境的破坏等人为因素的影响。后者与前者之间相互影响,较差的施工质量与冻土环境的人为破坏将加速路基病害的发生与发展。

青藏公路病害调查结果表明,所调查病害路段的48处边坡冲蚀均是由于施工质量控制不严引起的。其中8处边坡冲蚀所形成的冲沟宽度达40cm,深度达30cm,严重处已造成土路路肩的部分滑塌,对路基稳定性构成了极大的威胁。冲蚀路段边坡土体松散,边坡坡度均小于1∶1.5。因此,边坡冲蚀的主要原因是由于边坡土体压实度及边坡坡度不符合设计规范的要求所造成。

另外,冻土环境的人为破坏也是影响青藏公路多年冻土区高路基病害的主要因素。由于公路填筑路基两侧取土铲除原天然地表,加之边沟排水未成体系造成局部积水严重,导致脆弱生态系统失衡,冻土对环境变化的响应所依赖的天然屏障遭到损害。气候变暖在冻土中的响应进程明显加快,热扰动在短时间内即产生冻土环境的恶化,加剧路基病害。

如青藏公路的曲水河附近,由于自然和人为活动破坏了斜坡冻土的热平衡状态,引起地下冰融化产生热融滑塌。滑塌体长约100～150m,宽约80～100m。这种热融滑塌与融冻泥流具有溯源侵蚀性质,直到斜坡没有地下冰为止,往往淹没路基。

楚玛尔河高平原、通天河南岸、扎加藏布河两岸等地处高平原,路基两侧横向排水不畅,形成大量热融洼地,且逐年扩大,加速了冻土路基下地下冰的融化,往往引起路基边坡的滑塌。

青藏公路整治改建期间,路基两侧遗留大量积水的取土坑,加速了路基下多年冻土融化,进而造成路基下沉,引起路基形成纵向或弧形裂缝。

二、沥青路面病害的成因

多年冻土地区常见路面病害主要有:波浪、坑槽、松散和局部沉陷、纵裂和横裂等。各类病害在青藏高原109国道、214国道,以及内蒙古301国道多年冻土区段均有分布。究其原因主要有:

1.严酷恶劣的气候环境是沥青路面出现多类型病害的主要原因

青藏高原气候的基本特点是气温低、空气稀薄、大气干洁、太阳辐射异常强烈。公路沿线多年冻土地区年平均最低气温为－14.5℃～－17.4℃、最高温度为6.8℃～8.1℃,年平均温度较差值为23℃～26℃,年平均气温为－4.0℃～－6.9℃。

在海拔高、太阳辐射强烈的青藏高原,沥青老化速度很快。对沥青进行老化试验,针入度、延度5年中下降了55%以上,组分试验沥青质增高了近38%。

在冻融剧烈的10月至翌年5月，路面每天都要冻融循环多次，即便在6～9月的暖季也存在冻融循环的现象，加上高原天气多变，几乎每天都有降水，且夜间有负温出现，导致沥青路面冻融病害和水损害较为严重。

除地基或路基冻胀、融沉导致路面裂缝外，沥青路面的非荷载裂缝主要为低温收缩裂缝和温度疲劳裂缝，主要表现为横向裂缝，也有纵向裂缝和大块状网裂。

2.大交通量、重荷载导致路面破坏加剧

交通量增大，重车比例加大，重荷载作用深度相应增加，路面在大交通重荷载作用下，导致主要承重层半刚性基层破坏，进而形成路面整体破坏。

3.材料是沥青路面病害的诱因

为满足低温条件下沥青路面性能要求，青藏公路在多年的工程实践中，采用了低温抗裂性强的低标号(AH－160)沥青。但由于青藏高原所能提供的集料多为酸性，致使沥青混合料黏性较差，这也是青藏公路沥青路面产生松散病害的原因。

4.施工控制及条件也是导致沥青路面产生病害的重要因素

路基压实度不足使路基产生沉陷，进而使路面出现变形，路基边部压实不足也使路基、路面产生纵向裂缝。沥青混合料拌和、摊铺、压实都与温度密切相关，而青藏公路夏季的气温也很低，最高约20℃，沥青混合料运输、摊铺中降温快，致使压实温度过低，从而影响混合料的工后空隙率，使沥青路面产生松散、冻胀等水害现象。虽然在高原沥青路面施工中采用了一些防止混合料降温的措施，但恶劣的气候条件总是无法避免的。

5.养护不及时加重了路面破坏程度

在每年降水期到来之前，路面出现的局部坑槽未及时修补，形成积水坑；路肩土在频繁冻融下密度减小，路肩升高，路面形成积水槽；边沟、排水沟雨季前未作清理，雨、雪漫上公路，使路面较长期地浸水。路面出现病害后养护管理工作不及时，加剧了路面破坏。

三、桥梁病害的成因

调查表明，基础的冻胀和融沉，是多年冻土区桥梁稳定性破坏的主要原因。一些桥梁，由于基础埋置深度不够，防冻胀措施不力，基础冻胀、沉降变形过大，导致桥梁毁坏。多年冻土地区桥梁病害产生的原因，可归纳为以下五个方面。

1.多年冻土环境的变化

多年冻土地区桥梁工程的施工和运营，改变了建桥地段地表的热平衡条件，使地基多年冻土产生衰退和融化，引起桥梁基础下沉。一种现象为桥梁完工后，墩、台短期内就产生沉降，引起全桥结构变形，原因是施工过程中热量传入大，引起地基冻土融化下沉。明挖基础暖季施工，基坑暴露时间较长时，更易引起这种病害。另一种现象为建筑物长期下沉，其原因是地基多年冻土含冰量大，且多年冻土温度较高，在恒载作用下，地基多年冻土产生蠕变而沉降。

2.桥梁地基活动层的冻、融循环

桥梁基础埋藏较浅且防冻胀措施不力，台背回填料碾压不密实，在冻、融交替作用下，导致墩、台身和铺砌严重变形或开裂。冻胀隆起和融化下沉的病害，对明挖基础，主要导致桥梁锥坡以及铺砌等桥梁附属工程的破坏；对深基础，如果桩基础埋藏深度不足时，也可导致墩、台身和铺砌工程严重变形或开裂，甚至引起桥面产生不均匀变形。

3. 冻融循环和冰蚀对混凝土的影响

据调查，在青藏高原多年冻土地区，一年中出现正、负温交替次数可达 180 次左右。严寒的气候条件和混凝土抗冻耐久性能不足，导致混凝土剥蚀、脱落等破坏。

4. 荷载作用

多年冻土地区公路等级偏低，青藏公路未整治路段的大部分桥涵设计荷载是汽－15、挂－80（旧标准，新规范已作更替），承载能力普遍偏低。近年来，西藏经济建设进度加快，大吨位车辆和超载现象加速了钢筋混凝土板梁的破坏。据调查，在青藏公路上行驶的车辆除军车外，几乎都超载，且重车车辆已达到 70％以上。载重的日益增大，使桥梁挠度增大，裂缝加剧，导致桥梁破坏。

5. 施工质量不良

钻孔灌注桩的施工带入孔内热量，致使孔壁热融，再经历胀缩过程，孔底土质松软，或混凝土配合比不良，使混凝土混合料不能在多年冻土层内达到设计强度，降低了桩基的承载能力。

四、涵洞病害的成因

1. 冻胀、融沉作用

冻胀融沉作用较为普遍，主要原因是涵洞基础埋深不够（处于人为上限以上），基础下地基土每年都要经受冻、融循环作用，发生周期性的不均匀冻胀和融沉而造成涵洞病害。

冻胀和融沉量的大小主要取决于涵洞地基周围土体条件以及温度场、水分场的状态和变化及其相互作用的影响。在对 10 座涵洞的长期沉降观测中，有 6 座发生了不均匀冻胀和沉降病害，所测的变形曲线表明，总的趋势是以融沉为主，见图 5-19。

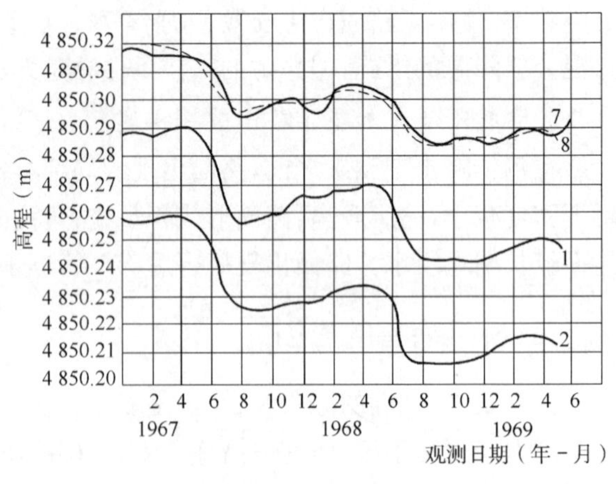

图 5-19 青藏公路 K940＋600 1～1.2m 盖板箱涵变形过程曲线图

当涵洞周期性不均匀冻胀、融沉量超过涵洞的容许变形时就会造成砌体开裂、翼墙倾斜，以及涵身纵向位移、涵管塌腰积水、管节错台、涵底潜流等病害。在冻、融循环过程中，洞底铺砌破坏，洞内流水渗入地基，引起地基多年冻土大量融化，使涵洞变形量过大而破坏。

2. 泥石流淤塞及洞内冰塞

在较陡的由风化碎屑覆盖表面的山坡上，融冻泥流沿沟谷下泄到涵洞内堆积堵塞。此现象在青藏公路昆仑山北坡、风火山地区及唐古拉山至头二九之间较为严重。冰塞多发生在排泄泉水的涵洞内，因洞内气温低于洞外，寒季水流在洞内冻结逐渐加厚堵塞涵洞。春融开始后洞内积冰融化较晚，上游水流不能及时由涵洞排除，严重时会造成水漫路堤。

第六章 公路工程多年冻土基础理论

第一节 公路与多年冻土的相互作用

一、沥青路面(黑面)热效应

(一)沥青路面对多年冻土地温状况的影响

由于沥青路面强烈的吸热作用和减少蒸发的能力,导致修筑沥青路面后表面温度升高,增大了土体温度的年较差,进而影响其下部土体温度的变化。图 6-1 给出了低温多年冻土区沥青路面和天然地表以下 0.5m 土体的温度。可以看出,修筑沥青路面后极大地增大了夏季土体的温度,沥青路面下 0.5m 深度夏季土体温度要比天然条件下高出 8℃～10℃,冬季土体温

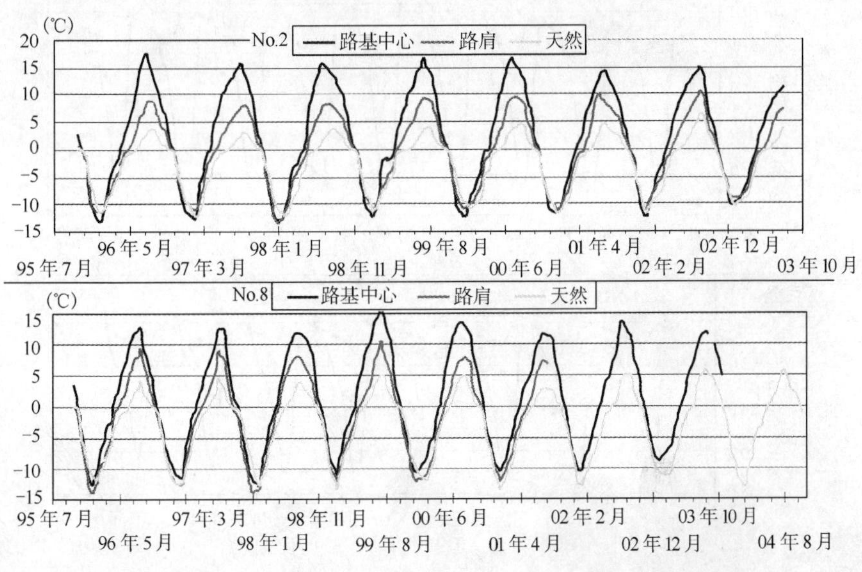

图 6-1 低温多年冻土区沥青路面和天然地表以下 0.5m 土体温度

度相差不大，最大相差仅 1℃～1.5℃，昆仑山区、可可西里山区、风火山区和唐古拉山区监测场地均表现出这种特征。

图 6-2 给出了高温多年冻土区沥青路面和天然地表以下 0.5m 土体的温度，可以看出，高温多年冻土区修筑沥青路面不仅增大了夏季土体温度，且也影响了冬季土体温度。沥青路面下 0.5m 深度夏季土体温度要比天然条件下高出 8～10℃，冬季土体温度要比天然升高约 5℃，高温多年冻土区修筑沥青路面增大了近地表土体的年较差温度。多年冻土上限温度变化主要与气温、地表特征、冻融过程、土的水分和土体热性质有关。沥青路面下多年冻土上限温度变化与天然状态下基本一致，其年变化呈正弦函数变化。图 6-3 和图 6-4 分别给出了低温和高温多年冻土区天然和沥青路面下多年冻土上限附近温度的变化。可以看出，工程活动较大地升高了多年冻土上限附近温度，沥青路面下多年冻土上限附近温度明显高于天然状态，多年冻土上限温度变化最大的差异为 6℃，最小为 1℃。其清楚地说明了由于沥青路面的吸热作用，对路基下的地温都有较大的影响，不仅影响到 0.5m 深的土体温度，而且也影响多年冻土上限温度，甚至会影响年平均地温的变化。从图 6-3 和图 6-4 可以看出，沥青路面下多年冻土上限附近温度升温幅度明显要大于天然状态，且沥青路面对高温多年冻土上限附近温度的影响要明显大于低温多年冻土。

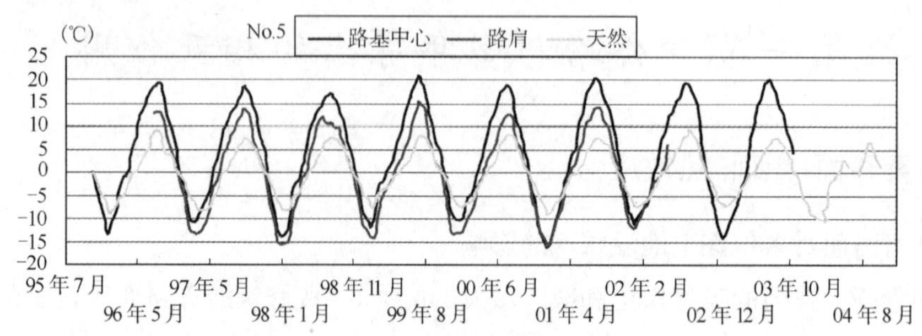

图 6-2 高温多年冻土区沥青路面和天然地表以下 0.5m 土体的温度

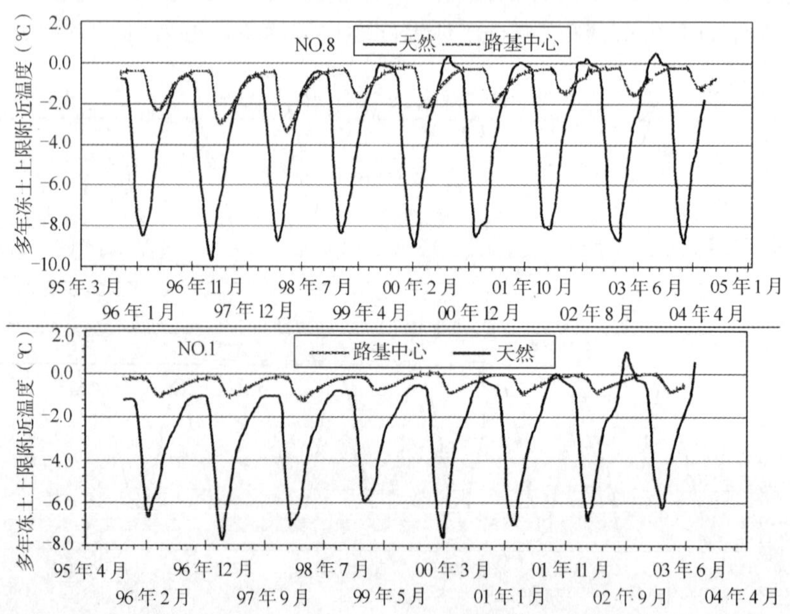

图 6-3 低温区多年冻土上限附近温度变化

表 6-1 给出了沥青路面下多年冻土上限附近年平均温度升温幅度变化，可以看出，沥青路面引起高温多年冻土上限附近温度升温幅度大于低温多年冻土，达到了 0.057～0.075℃/年，低温多年冻土相对较小，为 0.02～0.04℃/年。昆仑山 1 号场地路基下铺设保温材料，升温幅度更小。

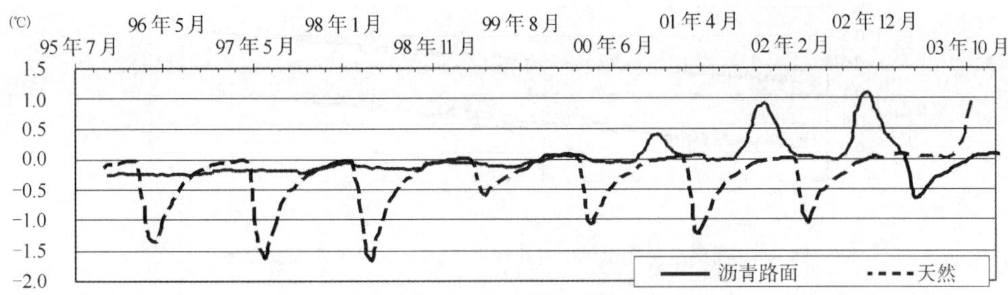

图 6-4 高温区多年冻土上限附近温度变化

沥青路面下多年冻土上限附近温度 表 6-1

场地	多年冻土上限附近年平均温度(℃)		年平均升温速率(℃/年)
	1996	2002	
昆仑山 1 号场地	−0.26	−0.17	0.010
昆仑山 2 号场地	−0.40	−0.16	0.026
风火山场地	−0.86	−0.48	0.038
可可西里场地	−0.20	0.20	0.067
66 道班场地	−0.49	−0.04	0.075
楚玛尔河高平原	−0.25	−0.14	0.057

修筑沥青路面后也同样会引起一定深度上的多年冻土温度的升高，图 6-5 和图 6-6 给出了沥青路面下 11m 深度处多年冻土温度的变化特征。从图上可以看出，不管是高温多年冻土，还是低温多年冻土，深部多年冻土也处于强烈升温过程中。

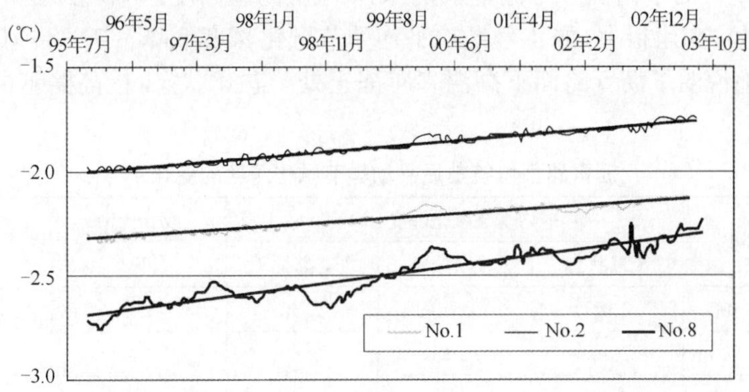

图 6-5 低温多年冻土区沥青路面下 11m 深度处土体温度变化

表 6-2 给出了沥青路面下 11m 深度处多年冻土温度升温速率的变化。工程和气候影响下深部多年冻土温度升温速率大致在 0.018～0.040℃/年左右，低温多年冻土和高温多年冻土升温幅度差异不大。

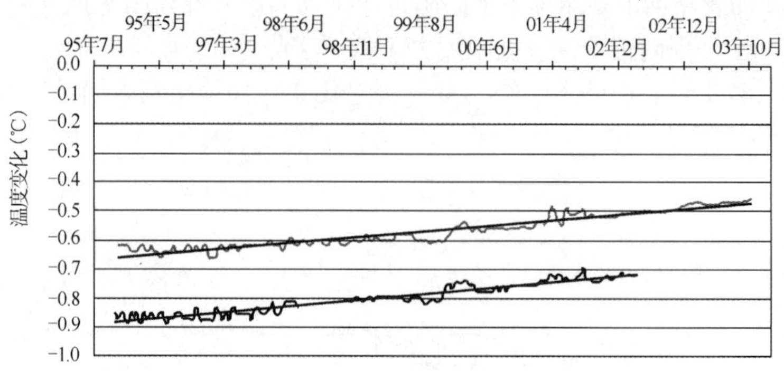

图 6-6 高温多年冻土区沥青路面下 11m 深度处土体温度变化

沥青路面下多年冻土温度变化(11m 深度) 表 6-2

场　　地	多年冻土地温年平均值(℃)		年平均升温速率(℃/年)
	1996	2002	
昆仑山 1 号场地	−2.31	−2.13	0.021
昆仑山 2 号场地	−1.98	−1.80	0.025
风火山场地	−2.64	−2.37	0.040
可可西里场地	−1.50	−1.37	0.023
66 道班场地	−0.87	−0.73	0.022
楚玛尔河高平原	−0.63	−0.51	0.018

(二)沥青路面对土体冻融过程的影响

在青藏公路沥青路面修筑后,冻土环境发生了较大的变化,也改变了冻土工程地质特征,表 6-3 说明了沥青路面下季节融化深度大于天然状态下的深度。对于低温多年冻土来说,如果减去路基高度,季节融化深度与沥青路面下多年冻土的上限相当,甚至略有上升。如昆仑山区和风火山区场地。对于高温多年冻土来说,如果减去路基高度,季节融化深度与沥青路面下多年冻土上限比较,变化很大,如 4 号场地平均季节融化深度下降了 1.38m,5 号场地下降了 1.14m。这清楚地说明了沥青路面下高温多年冻土处于融化状态,抬高路基的方法不能够保证路基稳定。

沥青路面修筑前后平均季节融化深度的变化 表 6-3

序号	桩　　号	平均季节融化深度(m)			路基高度(m)	位　　置
		天然状态	路肩下	沥青路面下		
1	K2 898+100	1.20	2.58	2.60	1.8	1、2 号昆仑山区
2	K2 898+800	1.45	2.58	2.80	1.6	
4	K2 936+400	1.86	6.01	6.24	3.0	4、5 号楚玛尔河平原
5	K2 959+970	3.43	5.02	6.67	2.1	
6	K3 006+100	2.85	4.3	5.98	1.8	6、7 号可可西里山区
7	K3 017+300	1.86	4.69	4.61	3.2	
8	K3 075+700	1.57	3.25	4.34	2.7	风火山区

一般年平均地温越高，沥青路面下季节融化深度变化越大。沥青路面修筑后在高温多年冻土中会形成融化夹层。沥青路面下冻结过程持续时间比天然状态下要短，融化过程持续时间要长于天然状态。对于低温多年冻土，天然状态下冻结过程约为8个月，融化过程约为4个月，季节冻结深度要大于季节融化深度。在沥青路面下，冻结过程约为5个半月，融化过程约为6个半月，季节融化深度略大于季节冻结深度。对于高温多年冻土，在天然状态下冻结过程约为5个月，融化过程约为7个月，季节融化深度略大于季节冻结深度，冻融过程维持在动平衡状态下，融化深度会逐渐增大。在沥青路面下，冻结过程约为4个半月，融化过程约为7个半月，季节融化深度远大于季节冻结深度，冻融过程不能维持在动平衡状态下，融化深度产生很大的变化。这表明了沥青路面对高温多年冻土具有较大的影响。

由于气候条件和多年冻土热稳定性的差异，工程作用对路基下部人为多年冻土上限的影响存在较大差异。低温多年冻土公路工程，只要保证合理路基高度，路基下人为多年冻土上限会持续抬升(图6-7)。低温多年冻土区在气候转暖的情况下，多年冻土人为上限并未发生下降，如图6-7所示的昆仑山场地和风火山场地。高温多年冻土在气候变化和工程影响下，人为多年冻土上限持续下降，如图6-7中4号、5号和6号场地。上述结果表明天然状态下冻土的活动层变化较小，而沥青路面下季节冻融过程主要受沥青路面强烈的吸热效应和大幅度减少路基的蒸发作用的影响，中、高温多年冻土的季节融化深度变化要比低温冻土大得多。这是因为中高温多年冻土区路表面的热量平衡状态被打破，导致路基中热量的积累，影响活动层和冻融过程。

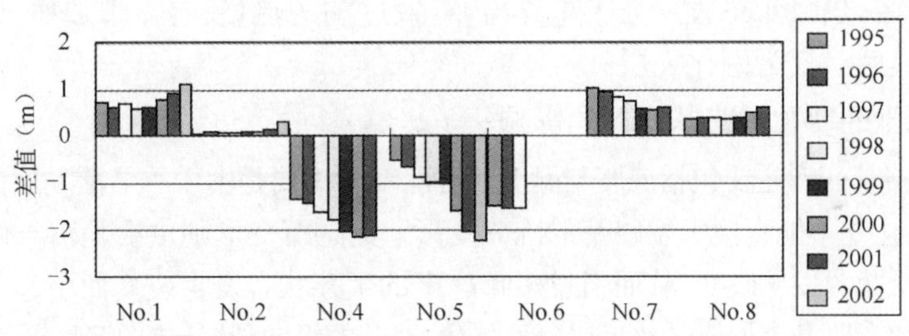

图6-7　路基下部人为多年冻土上限与路基高度和天然上限的差值变化

从天然状态和沥青路面下多年冻土上限的年变化幅度比较结果来看(图6-8)，低温多年冻土区，天然状态下多年冻土上限的年变化幅度要远大于沥青路面下人为多年冻土上限，如昆仑山区和风火山区1号、2号和8号场地；中温多年冻土(年平均地温介于－1.0～－2.0℃)如可可西里山区7号号场地，高温多年冻土区，如楚玛尔河高平原区4号和5号场地，沥青路面下多年冻土人为上限的年变化幅度要远大于天然状态下的变化。

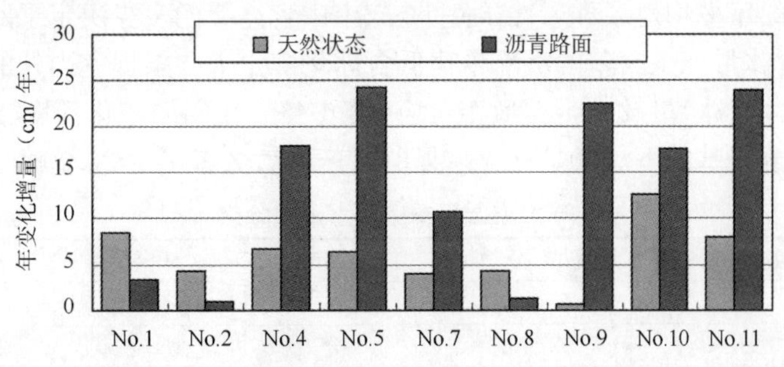

图6-8　天然和沥青路面下多年冻土上限年变化增量的比较

二、路基变形效应

(一)冻土地温状况对路基稳定性的影响

修筑在高原多年冻土地区的冻土路基是以下伏多年冻土为依托的,多年冻土又以负温为基本的生存条件,多年冻土地温代表冻土的物理力学特征,在实际工程建设当中具有十分重要的意义。地温的高低直接预示了工程对多年冻土扰动与影响程度的大小,也就是代表了这一地区多年冻土对外部环境条件发生变化时的响应敏感程度。在多年冻土构造、类型、土质相同的条件下,多年冻土年平均地温控制着冻土路基变形的大小。青藏公路多年冻土路基病害研究,从多年冻土年平均地温角度对冻土路基变形进行了分析。从图 6-9 冻土路基变形与多年冻土年平均地温的关系看出,路基变形随年平均地温升高而增大。观测研究表明,因为沥青路面的强烈吸热作用,路面蒸发的热量损失的减小,导致沥青路面下热量总收入增加,但这种影响程度又随多年冻土地温的不同而有所不同。在年平均地温高于－1.5℃的高温多年冻土地区,热量年总收入大于总支出,导致过剩的热量积累,造成季节融化深度大于季节冻结深度,最后演变为融化夹层。

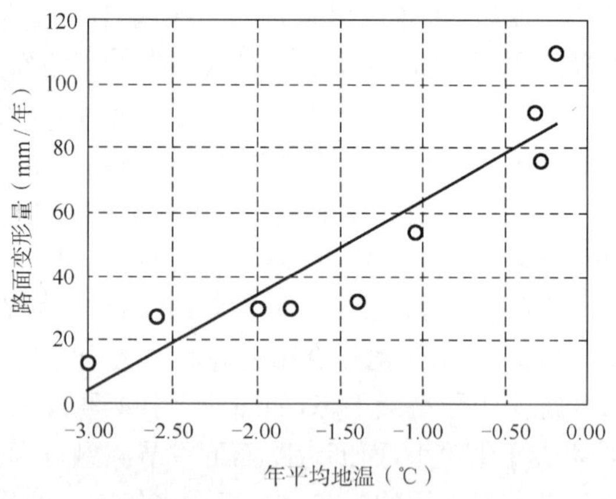

图 6-9　年均地温与冻土路基变形关系图

(二)多年冻土的变化对路基变形的影响

多年冻土区路基变形主要包括冻胀与融沉。冻胀变形主要是由于季节活动层的水分迁移引起的,多年冻土的变化并不能直接引发路基的冻胀变形。而融沉变形则主要是由于修筑路基导致多年冻土层热量收支状况发生改变,从而引发多年冻土的生存状态发生改变而引起的。其典型特征是多年冻土的融化在路基内形成融化夹层(盘),导致路基的纵向裂缝、热融沉陷等一系列变形。

融化夹层的存在对青藏公路的稳定性影响是很大的。第一,融化夹层中含水率较大,冻土产生的融化下沉变形量较大;第二,融化夹层的存在,使季节融化深度和多年冻土上限逐渐增大,融化夹层有增厚的趋势;第三,融化夹层中一般含有大量的自由水分,使多年冻土上限逐渐加深,且变化极不稳定。青藏公路的破坏,80%以上均为融化下沉破坏,20%为冻胀和翻浆破坏。冻胀和翻浆破坏、融化下沉破坏,都与路基中的水分有关。在 80%的融化下沉破坏的路段中,含有融化夹层的路段占 90%以上,这充分说明了融化夹层的破坏作用。

另外,在相同的年平均地温和岩性条件下,冻土中含冰量的多少决定了路基融化后的沉降量,也就是说,高含冰量冻土路基的沉降量比低含冰量冻土大。根据室内外的试验、统计,冻土融化下沉系数与含水(冰)量及冻土类型相对应(表 6-4)。相同的融化深度(或上限变化值)情况下,高含冰量冻土路基的下沉量是低含冰量的 2～5 倍,大者可达 20 倍以上。

冻土类型与多年冻土工程分类　　表 6-4

冻土类型	融沉系数(%)	融沉分类	工程分类	冻土构造	冻土总含水率(%)
少冰冻土	<1	不融沉	I	整体状	16.5<17.0
多冰冻土	1～5	弱融沉	II	包裹(壳)状	17.0<17.4<24.0
多冰冻土	1～5	弱融沉	II	微层状	17.0<19.3<24.0

续上表

冻 土 类 型	融沉系数(%)	融 沉 分 类	工 程 分 类	冻 土 构 造	冻土总含水率(%)
多冰冻土	1～5	弱 融 沉	II	微 网 状	17.0<17.4<24.0
富冰冻土	5～10	融 沉	III	层 状	24.0<28.8<32.0
饱冰冻土	10～25	强 融 沉	IV	斑 状	32.0<49.4<52.0
含土冰层	>25	融 陷	V	基 底 状	451.0>52.0

第二节　多年冻土区公路路基温度场数值模拟

一、冻土路基温度场数值模拟方法

研究路基内土的冻结和融化过程、多年冻土的形成演化规律、路基内温度场分布及变化规律和季节活动层变化时,必须要研究伴有相变的非稳态热传导问题。该类问题的数学描述是由所谓单值性条件和热传导方程组成,单值性条件包括参与过程的系统大小与形状,环境介质与系统的物理性质、边界条件、初始条件等。该类数学描述属于参数非线性与时间非线性问题,因此,只能通过数值计算方法求取数值解。

目前,冻土路基温度场数值模拟所采用的主要方法有:(1)移动相变界面法;(2)焓方法;(3)等效参数法;(4)多场耦合法等。本节具体介绍前三种方法的数学表达及其在本书中所应用的定解条件,下节将主要论述水、热、力三场耦合的理论框架与试验研究的成果。

(一)移动相变界面法

该方法基本出发点认为季节活动层内土体在冻结融化过程中存在随时间变化的相变界面。该界面为固定温度边界,即为冻结(或融化)温度,通过该界面传递的热流为土体的相变潜热。移动相变界面方法的突出优点是通过冻融界面的热流变化反映系统的相变过程,使数值计算较为简单,但该方法未考虑系统内冻融过程对水分迁移的影响。移动相变界面法主要用于模拟多年冻土的生成条件、变化趋势预测及对公路路基的影响等。

1. 移动相变界面法微分方程的数学表达

$$C_f = \frac{\partial T_1}{\partial t} = \frac{\partial}{\partial x}\left(\lambda_f \frac{\partial T_1}{\partial x}\right) \tag{6-1}$$

$$C_u = \frac{\partial T_2}{\partial t} = \frac{\partial}{\partial x}\left(\lambda_u \frac{\partial T_2}{\partial x}\right) \tag{6-2}$$

$$T(0,t) = f(t) \tag{6-3}$$

$$T(x,0) = g(x) \tag{6-4}$$

$$T_1(x,t)\mid_{x=\xi} = T_2(x,t)\mid_{x=\xi} = T_f \tag{6-5}$$

$$\lambda_f \frac{\partial T_1}{\partial x}\mid_{x=\xi} - \lambda_u \frac{\partial T_2}{\partial x}\mid_{x=\xi} = L\gamma_d(w-w_u)\frac{\mathrm{d}\xi}{\mathrm{d}t} \tag{6-6}$$

$$T_1(x,\ t)\mid_{x=\xi_d} = T_2(x,\ t)\mid_{x=\xi_d} = T_f \tag{6-7}$$

$$\lambda_f \frac{\partial T_1}{\partial x}\mid_{x=\xi_d} - \lambda_u \frac{\partial T_2}{\partial x}\mid_{x=\xi_d} = L\gamma_d(w-w_u)\frac{\mathrm{d}\xi}{\mathrm{d}t} \tag{6-8}$$

$$\lambda_u \frac{\partial T_2}{\partial x}\mid_{x=H} = q \tag{6-9}$$

式中：λ_f、λ_u——冻土和融土的导热系数[W/(m·k)]；

C_f、C_u——冻土和融土的容积热容量[kJ/(m^3·℃)]；

γ_d——土的干重度(kN/m^3)；

T_1、T_2——冻结和未冻结区域的温度函数(℃)；

T_f——土的起始冻结温度(℃)；

w、w_u——土层的总含水率和未冻结含水率(%)；

x、t——空间和时间变量(m,h)；

H——计算区域的下边界(m)；

ξ——冻融相变交接面(m)；

ξ_d——多年冻土下限(m)。

为了计算气候变暖条件下青藏公路沿线多年冻土热状况变化趋势和特征，采用三层无条件稳定的显格式，同时引入内能函数 E，通过求解内能确定系统内能变化，再用内能与温度的关系求出温度。

2.移动相变界面法的定解条件

该方法主要用于模拟预测未来 50 年年平均气温升高后多年冻土地温变化趋势，进而预测冻土路基的变形特征，具体详见本章第四节。为反映平均状态的多年冻土地层条件，近似地将求解低温的地层分为两层，上层厚度 $H_1=5\text{m}$，$w=17\%$，$w_u=3\%$，$\gamma_d=1\,600$，$\lambda_f=1.57$，$\lambda_u=1.38$，$C_f=1\,872$，$C_u=2\,475$；下层厚度 H_2 根据不同区域多年冻土的厚度确定，其有关参数为 $w=6\%$，$w_u=1\%$，$\gamma_d=1\,600$，$\lambda_f=1.61$，$\lambda_u=1.28$，$C_f=1\,411$，$C_u=1\,673$。

上下边界条件 $T(0,\ t)=f(t)$ 和 $\lambda_{u2}\dfrac{\partial T_1}{\partial x}|_{x=H}=q$ 分别取为：

$$f(t)=T_0+G_t t+A_0\sin\left(\frac{2\pi t}{8\,760}\right) \tag{6-10}$$

$$q=\lambda_{u2}G_g \tag{6-11}$$

式中：G_t——0.02℃/8 760h，为地面温度升温率；

G_g——0.04℃/m，为多年冻土下限以下地温梯度；

A_0——13℃为地面温度振幅(温度年较差的一半)，根据高原冻土地区及毗邻气象站的资料取平均值。

当 $G_t=0$ 时，计算结果反映多年冻土与环境条件处于平衡状态的情况。但必须满足多年冻土与环境间的热平衡条件，在实际计算过程中以每个年周期沿深度的计算结果在较高精度范围内重复为原则。

(二)焓方法

由于相变界面上温度随时间的变化曲线(T-t 曲线)出现奇异点，其微分曲线是间断的，但焓随时间的变化曲线(T-t 曲线)是连续可微的(图 6-10)。根据焓函数的特点，该方法采用焓模型在系统内(包括冻融两相界面)建立一个统一的能量方程。焓方法的优点是求解焓场分布时不需跟踪两相界面，从

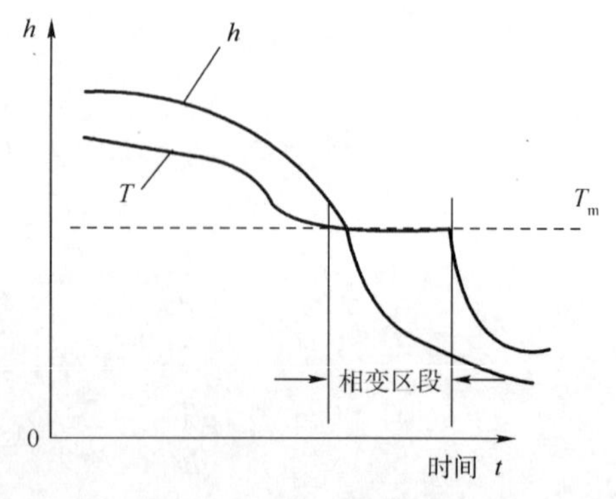

图 6-10 焓法模型示意图

而使液相区和固相区统一处理成为可能，求解出焓场后，就容易地获取了温度场。该方法具有收敛性与稳定性，但也未考虑水分迁移对路基温度场的影响。

$$E(x,t)=\begin{cases}\int_{T_f}^{T} C_u dT+Q, T>T_f \\ Q, T=T_f \\ \int_{T_f}^{T} C_f \mathrm{d}T, T<T_f\end{cases} \qquad (T_f \text{ 为相变温度})$$

$$t(x,t)=\begin{cases}\dfrac{E(x,t)-Q}{C_u}, E\geqslant Q \\ T_f, 0\leqslant E(x,t)\leqslant Q \\ \dfrac{E(x,t)}{C_f}, E\leqslant 0\end{cases}$$

1. 焓方法微分方程的数学表达与几何模型

根据热力学理论，平面二维问题非稳态温度场的导热偏微分方程如下：

$$\frac{\partial T}{\partial t}=\frac{k}{\rho\cdot C_p}\left(\frac{\partial^2 T}{\partial x^2}+\frac{\partial^2 T}{\partial y^2}+\frac{q_v}{k}\right) \tag{6-12}$$

式中：T——物体的瞬态温度(℃)；

t——过程进行的时间(s)；

k——材料导热系数[W/(m·℃)]；

ρ——材料密度(kg/m^3)；

C_p——材料定压比热[J/(kg·℃)]；

q_v——材料的内热源强度(W/m^3)；

x,y——直角坐标(m)。

焓场的表达式为：

$$H=\int\rho\cdot C_p(T)\mathrm{d}T \tag{6-13}$$

又：

$$\frac{\partial H}{\partial t}=\frac{\partial H}{\partial T}\cdot\frac{\partial T}{\partial t}=\rho\cdot C_p(T)\cdot\frac{\partial T}{\partial t} \tag{6-14}$$

将式(6-14)代入式(6-12)，可得到用焓法求解的伴有相变的路基非稳态温度场的控制方程：

$$\frac{\partial H}{\partial t}=k\cdot\left(\frac{\partial^2 T}{\partial x^2}+\frac{\partial^2 T}{\partial y^2}+\frac{q_v}{k}\right) \tag{6-15}$$

采用加权余量法，可得到用焓法求解相变问题的有限单元法基本方程：

$$\iint\left[k\left(\frac{\partial w_l}{\partial x}\cdot\frac{\partial T}{\partial x}+\frac{\partial w_l}{\partial y}\cdot\frac{\partial T}{\partial y}\right)-q_v\cdot w_l+w_l\cdot\frac{\partial H}{\partial t}\right]\mathrm{d}x\mathrm{d}y-\oint k w_l\cdot\frac{\partial T}{\partial n}\mathrm{d}s=0 \tag{6-16}$$

将空间域离散为若干个有限单元体，在单元体内部构造温度场函数 T，然后采用 Galerkin 法选择函数，代入边界条件后，即可从式(6-16)中离散出单元方程组：

$$\sum_e\iint_D k\left[\frac{\partial N_j}{\partial x}\cdot\frac{\partial N}{\partial x}+\frac{\partial N_j}{\partial y}\cdot\frac{\partial N}{\partial y}\right]\cdot T^e\mathrm{d}x\mathrm{d}y-\sum_e\iint_D\frac{\partial H}{\partial t}\cdot N_j\mathrm{d}x\mathrm{d}y-\sum_e\int_{\Gamma_e}k\frac{\partial N}{\partial y}N_j\mathrm{d}\Gamma=0$$

$$(j=1,2,3,\cdots,n) \tag{6-17}$$

写成矩阵形式为：

$$[K]\cdot\{T\}+N\cdot\left\{\frac{\partial H}{\partial t}\right\}=\{P\} \tag{6-18}$$

对于式(6-12)的抛物型偏微分方程，在空间域上采用有限单元网格划分法，在时间域内采用有限差分网格划分法的复合方法予以解决。

对于方程式(6-18)，边界条件和初始温度场均为已知，求解时从初始温度场开始，每隔一个时间步长，求解下一时刻的温度场，一步一步向前推进，可得：

$$\frac{\partial H}{\partial t}=\frac{1}{\Delta t}(H_t-H_{t-\Delta t}) \tag{6-19}$$

将式(6-19)代入式(6-18)得：

$$[K]\cdot\{T\}+\frac{N}{\Delta t}\cdot(H_t-H_{t-\Delta t})=\{P\} \tag{6-20}$$

式(6-20)就是采用焓法模型计算瞬态温度场的基本方程，式中 K、P、N 均为已知的系数矩阵，Δt 取适当的时间步长，$H_{t-\Delta t}$ 为初始时刻或前一时刻的焓场，从而求得下一时刻的焓场，再通过 H—T 的关系，求出对应的 T 值，如此逐步推进。

图 6-11 为有限元计算的几何模型，为了考虑路基修建对下伏多年冻土层及邻近区域的影响，并结合考虑路基的实际影响范围，路基下冻土计算深度取 10m，两侧边坡以外的宽度各取 10m。

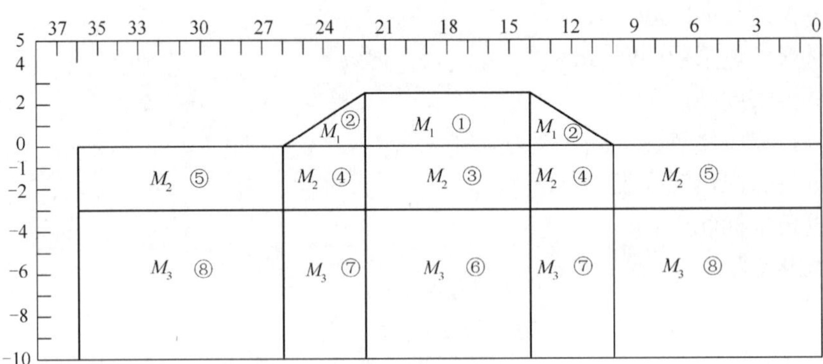

图 6-11　有限元计算模型结构示意图

2. 焓方法中物理参数取值

考虑到温度对冻土导热系数及比热的影响，综合现有实测资料与参考文献，图 6-11 几何模型中的土质类型及各项热物理参数如表 6-5 所示。为了考虑未冻土含量及冰水相变对冻土路基温度场的影响，引入土体的焓值 H，其计算方法如式(6-13)所示。

计算用土体热参数及特性参数　　表 6-5

温度(℃)		−10	−5	−2	−1	−0.5	0	15
M_1 天然砂砾	ρ(kg/m^3)	1 870	1 870	1 870	1 870	1 870	1 870	1 870
	λ[W/(m·℃)]	2.2	2.2	2.2	2.2	2.2	1.68	1.68
	C[J/(kg·℃)]	856.52	856.52	856.52	856.52	856.52	1 102.51	1 102.51
	H(10^{6}J/m^3)	0	8.88	15.59	19.53	23.91	71.13	102.06
	w_u(%)	0.29	0.45	0.78	1.19	1.82	10	10

续上表

温度(℃)		-10	-5	-2	-1	-0.5	0	15
M_2 碎石亚黏土	$\rho(\mathrm{kg/m^3})$	1 708	1 708	1 708	1 708	1 708	1 708	1 708
	$\lambda[\mathrm{W/(m\cdot ℃)}]$	1.19	1.19	1.19	1.19	1.19	0.95	0.95
	$C[\mathrm{J/(kg\cdot ℃)}]$	1 169.79	1 169.79	1 169.79	1 169.79	1 169.79	1 439.69	1 439.69
	$H(10^6\mathrm{J/m^3})$	0	16.91	38.24	59.60	70.88	148.57	185.46
	$w_u(\%)$	2.7	4.18	7.46	11.6	13.8	22	22
M_3 草炭亚黏土	$\rho(\mathrm{kg/m^3})$	1 050	1 050	1 050	1 050	1 050	1 050	1 050
	$\lambda[\mathrm{W/(m\cdot ℃)}]$	0.56	0.56	0.56	0.56	0.56	0.39	0.39
	$C[\mathrm{J/(kg\cdot ℃)}]$	1 465.71	1 465.71	1 465.71	1 465.71	1 465.71	2 063.14	2 063.14
	$H(10^6\mathrm{J/m^3})$	0	11.20	22.37	31.85	45.48	125.28	157.77
	$w(\%)$	3	4.5	7.3	10.7	16.2	50	50

3. 焓方法中初始条件的确定

路基温度场有限元分析的初始条件由路基施工完成日期确定：路基本体的土温取施工完成日期时天然地面下2m深度范围内土体的平均温度，天然地面以下的土温按青藏公路K3363+088实际土温(表6-6)取值。为了分析施工季节对隔热板路基温度场的影响，分别取8月20日与11月20日两个施工完成日期进行对比分析。

8月20日、11月20日天然地面下土层初始温度值 表6-6

深度(m)		-0.5	-1	-1.5	-2	-2.5	-3	-3.5	-4	-4.5	-5
温度(℃)	8月20日	6.01	4.58	3.09	1.44	-0.09	-0.40	-0.57	-0.69	-0.77	-0.84
	11月20日	-0.62	-0.09	-0.09	-0.07	-0.11	-0.25	-0.38	-0.49	-0.58	-0.65
深度(m)		-5.5	-6	-6.5	-7	-7.5	-8	-8.5	-9	-9.5	-10
温度(℃)	8月20日	-0.89	-0.91	-0.96	-0.99	-1.01	-1.02	-1.03	-1.03	-1.02	-1.02
	11月20日	-0.71	-0.75	-0.79	-0.84	-0.87	-0.91	-0.93	-0.97	-1.00	-1.01

4. 焓方法中边界条件的确定

在所建立的有限元分析模型中，有三个不同位置的待定边界条件：上边界条件；左右两侧边界条件和下边界条件。

(1)路基上边界条件

按"附面层原理"简化边界条件的影响，综合考虑采用第一类边界条件。在青藏高原地区，下附面层底相对于百叶箱气温的总增量分别为：湿润细粒土表面为2.5℃；干燥粗粒土表面为4.0℃；而公路沥青混凝土表面可高达6.0℃。综合参考文献，附面层温度增量的取值如表6-7所示。

附面层温度增量取值表(℃) 表6-7

下垫面类型	天 然 地 面	砂 砾 边 坡	沥 青 路 面
下附面层温度增量	2.5	4.0	6.5

路基各边界处温度年变化过程可用式(6-21)～式(6-24)的单正弦曲线进行拟合。

气温变化曲线：

$$T(t)=T_0+g(t)+A\cdot\sin\left(\frac{2\pi}{36}t+\frac{5\pi}{9}\right) \tag{6-21}$$

天然地面温度变化曲线：

$$T(t) = T_0 + 2.5 + g(t) + A \cdot \sin\left(\frac{2\pi}{36}t + \frac{5\pi}{9}\right) \tag{6-22}$$

边坡温度变化曲线：

$$T(t) = T_0 + 4 + g(t) + A \cdot \sin\left(\frac{2\pi}{36}t + \frac{5\pi}{9}\right) \tag{6-23}$$

沥青路面温度变化曲线：

$$T(t) = T_0 + 6.5 + g(t) + A \cdot \sin\left(\frac{2\pi}{36}t + \frac{5\pi}{9}\right) \tag{6-24}$$

式中：t——旬序，0，1，2，3，…（路基建成之日 8 月 20 日时 $t=0$，8 月 30 日 $t=1$，9 月 10 日$t=2$，…）；

T_0——当地的年平均气温；

$g(t)$——年平均气温逐年上升的速率，取 0.022℃/年；

A——日平均气温年振幅，取 11.3℃。

(2)两侧边界条件

由于路基对邻近区域冻土的影响范围有限，根据青藏公路现场调查资料，公路对两侧冻土的影响范围一般不超过坡脚以外 10m。故在数值计算中将模型的左边界定义为绝热边界，同时计算模型为对称模型的一部分，故对称轴（模型右边界）也定义为绝热边界。

(3)下边界条件

多年冻土温度孔的长期观测资料表明，短期的外部气候变化对多年冻土的影响深度范围有限，在地面以下一定深度处的地温对外部气候变化的响应很小，基本保持相对稳定状态。在数值计算中对路基天然地面下 10m 处的下边界条件取−1℃。

(三)等效参数法

该方法的突出特点是考虑土体在冻融循环过程中水分迁移对温度场的影响。根据热传导和质量迁移理论，将冰水相变和水分迁移等复杂问题转化为对非稳态热传导方程热物理参数的影响。该方法的基本出发点是冻土的不饱和程度与水分的迁移动力取决于未冻水含量，并且，未冻结土的水分特性曲线也适用于冻土中的未冻水。试验表明冻土中未冻水含量与温度间存在单值关系，这一发现为该方法的数值求解提供了可能。该方法的优点是用便于数值计算的方法考虑了冻融过程中的水分迁移与冰水相变，缺点是方程收敛速度较慢，并且无法获取水分场的分布。

1. 等效参数法的数学模型表达

二维形式的饱和与不饱和的非稳态热传导的数学描述可表达为：

$$\frac{\partial}{\partial x}\left(k_x \frac{\partial T}{\partial x}\right) + \frac{\partial}{\partial y}\left(k_y \frac{\partial T}{\partial y}\right) = c\rho \frac{\partial T}{\partial t} - L\rho_i \frac{\partial w_i}{\partial t} \tag{6-25}$$

式中：k_x，k_y——导热系数分量，是温度 T 的函数；

T——温度；

t——时间；

c——土体的质量比热；

ρ——土体的密度；

ρ_i——冰的密度；

L——冻融潜热；

w_i——体积含水率。

x,y构成的平面为路基横断面，其中x为垂直路基纵断面方向（向右）；y为竖方向（向上）。

假定空气和水蒸汽迁移对于水分迁移的影响可以忽略，一般来说，饱和或非饱和土冻结和融化过程的二维非稳定流的质量迁移方程的数学描述可表达为：

$$\frac{\partial}{\partial x}\left(K_x\frac{\partial\varphi}{\partial x}\right)+\frac{\partial}{\partial y}\left(K_y\frac{\partial\varphi}{\partial y}\right)=\frac{\partial w_u}{\partial t}+\frac{\rho_i}{\rho_w}\cdot\frac{\partial w_i}{\partial t} \tag{6-26}$$

式中：φ——土中水的总势能，$\varphi=\phi+z$；

ϕ——土中水的容积势；

z——重力势（通常略去不计），则$\varphi=\phi$；

K_x,K_y——导水系数；

ρ_w——水的密度；

ρ_i——冰的密度；

w_u——未冻水体积含量。

将式(6-26)中关于含水率的一项移项后代入式(6-25)可得如下式(6-27)：

$$\frac{\partial}{\partial x}\left(k_x\frac{\partial T}{\partial x}\right)+\frac{\partial}{\partial y}\left(k_y\frac{\partial T}{\partial y}\right)=\rho c\frac{\partial T}{\partial t}+L\rho_w\frac{\partial w_u}{\partial t}-L\rho_w\left[\frac{\partial}{\partial x}\left(K_x\frac{\partial\phi}{\partial x}\right)+\frac{\partial}{\partial y}\left(K_y\frac{\partial\varphi}{\partial y}\right)\right] \tag{6-27}$$

显然在冻结过程中未冻水含量w_u是温度T的函数，即$w_u=f(T)$，利用偏导数的关系$\frac{\partial w_u}{\partial t}=\frac{\partial w_u}{\partial T}\cdot\frac{\partial T}{\partial t}$，因此，可以进一步把式(6-27)写成如下式(6-28)：

$$\left(\rho c\frac{\partial T}{\partial t}+L\rho_w\frac{\partial w_u}{\partial t}\right)\frac{\partial T}{\partial t}=\frac{\partial}{\partial x}\left(k_x\frac{\partial T}{\partial x}\right)+\frac{\partial}{\partial y}\left(k_y\frac{\partial T}{\partial y}\right)+L\rho_w\left[\frac{\partial}{\partial x}\left(K_x\frac{\partial\phi}{\partial x}\right)+\frac{\partial}{\partial y}\left(K_y\frac{\partial\varphi}{\partial y}\right)\right] \tag{6-28}$$

实质上，上式是高度非线性问题，如果在已知$w_u=f(T)$与φ的前提下，是可以求得式(6-28)数值解的。Talor 等人(Jame etal . 1976；Talor etal 1978)提出根据冻土的未冻水含量与温度的关系以及水分特性曲线，可确定不同温度的未冻水的容积势，如下式所示：

$$\frac{\partial\phi}{\partial T}=\frac{\partial\phi}{\partial w_u}\cdot\frac{\partial w_u}{\partial T}$$

又根据微分水容量的关系式$c=\frac{\partial w_u}{\partial\phi}$，可得水分扩散系数$D_x=\frac{K_x}{c}$，于是式(6-28)可简化为：

$$\left(c\rho+L\rho_w\frac{\partial w_u}{\partial T}\right)\frac{\partial T}{\partial t}=\frac{\partial}{\partial x}\left(k_x+L\rho_w D_x\frac{\partial w_u}{\partial T}\right)\frac{\partial T}{\partial x}+\frac{\partial}{\partial y}\left(k_y+L\rho_w D_y\frac{\partial w_u}{\partial T}\right)\frac{\partial T}{\partial y} \tag{6-29}$$

因为目前未冻水含量对温度的关系可由试验测定，因此，对于求解方程组(6-29)和(6-26)是很方便的。在未冻水含量与温度关系已知的情况下，可直接利用差分等方法先解方程(6-29)，然后再利用方程(6-26)求w_i。这样就把问题转化为如何求解如下形式的二维非线性方程的问题：

$$C(T)\frac{\partial T}{\partial t}=\frac{\partial}{\partial x}\left[\beta_x(T)\frac{\partial T}{\partial x}\right]+\frac{\partial}{\partial y}\left[\beta_y(T)\frac{\partial T}{\partial y}\right] \tag{6-30}$$

式中：$C(T)=c\rho+\rho_w\frac{\partial w_u}{\partial T}$；$\beta_x(T)=k_x+L\rho_w D_x\frac{\partial w_u}{\partial T}$；$\beta_y(T)=k_y+L\rho_w D_y\frac{\partial w_u}{\partial T}$。

2. 等效参数法中计算模型及物理参数的确定

青藏公路昆仑山段是具有代表性的低温冻土区，该段路基设计的原则是保护下伏多年冻土层。选择其中某一横断面作为计算断面，据工程地质勘察资料，该断面多年冻土天然上限为2.0m，地层结构如图6-12所示，其具有典型代表性，简化上述断面得到的数值计算的几何模型如图6-13所示。

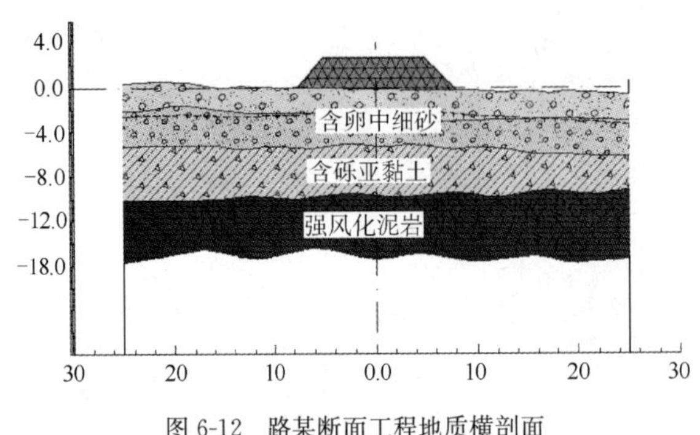

图6-12 路某断面工程地质横剖面

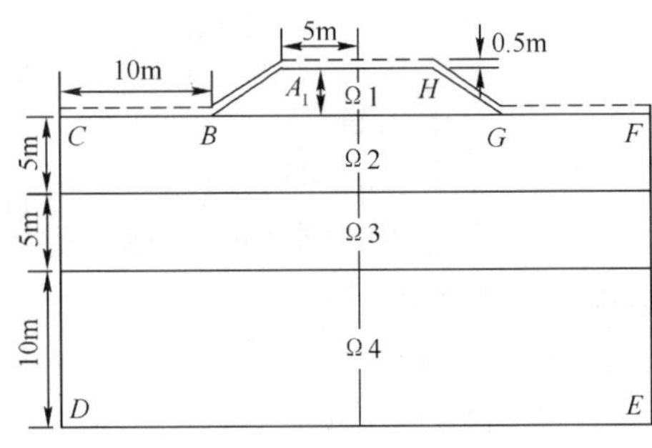

图6-13 路基温度场计算的几何模型

图6-13中Ω1为路基填土(砂砾与碎石土)层，Ω2为含卵石中细砂层，Ω3为含砾亚黏土层，Ω4为强风化泥岩层，图中虚线为路基实际表面，其下0.5m深处为计算面上边界。

徐学祖在《冻土物理学》中详细论述了热学参数与含水率及含冰率的关系，冻融土的容积热容量可由下式表示：

$$c_u = (c_{su} + wc_w)\rho_d$$

$$c_f = [c_{sf} + (w - w_u)c_i + w_u c_w]\rho_d \tag{6-31}$$

式中：c_{su}，c_{sf}——土骨架在融化和冻结状态下的比热；

w——土体总含水率；

w_u——土体内未冻水含率；

c_i，c_w——冰与水的比热；

ρ_d——土的干密度。

同样，冻融土的导热系数可根据各组成物质的导热系数及其相应的体积比，按下式计算：

$$\lambda_u \approx \lambda_w^{\phi}\lambda_m^{1-\phi} = (0.55)^{\phi}\lambda_m^{1-\phi}$$

$$\lambda_f \approx \lambda_i^{\phi-\Delta\phi}\lambda_w^{\Delta\phi}\lambda_m^{1-\phi} = (2.22)^{\phi-\Delta\phi}(0.55)^{\Delta\phi}\lambda_m^{1-\phi} \tag{6-32}$$

式中：λ_m——矿物组分的平均导热系数；

λ_w——水的导热系数，一般取0.55W/(m·℃)；

λ_i——冰的导热系数，一般取2.22W/(m·℃)；

ϕ——总含水率；

$\Delta\phi$——未冻水含率。

实质上，冻土的导热系数随负温降低略有增大，但增率很小，在一般工程热工计算中，允许导热系数取值只考虑冻融状态而忽视温度的影响。

对于冻土中的未冻水含量，徐学祖等认为主要取决于三大因素：土质(包括土颗粒的矿物化学成分、分散度、含水率、密度、水溶液等)、外界条件(包括温度和压力)以及冻融历史。其中，未冻水含量与负温始终保持动态平衡关系，可用下式表达：

$$w_u = a\theta^{-b} = w_0\theta_f^b\theta^{-b} \tag{6-33}$$

式中：w_0——初始含水率；

θ——负温的绝对值；

θ_f——冻土的冻结温度的绝对值；

a,b——与土质因素有关的经验系数，可通过试验测得。

需说明的是 θ_f 是土体刚刚发生冻结的瞬间温度，既可通过实验手段测得，又可通过经验常数 a、b 估算，即：

$$\theta_f = \exp\left(\frac{\ln a - \ln w_0}{b}\right) \tag{6-34}$$

在本节的数值计算中，上式是十分有用的，θ_f 将作为冻融两种状态的分界点，即认为当 $T \geqslant -\theta_f$时，各类参数取融土参数；当 $T < -\theta_f$ 时，各类参数取冻土参数，是负温的函数。

综上所述，将式(6-33)代入式(6-31)得：

$$C = \begin{cases} (c_{su} + w_0 c_w)\rho_d & (T \geqslant -\theta_f) \\ \rho_d c_{sf} + \rho_d c_i w_0 + \rho_d(c_w - c_i)\cdot w_0\theta_f^b(-T)^{-b} & (T < -\theta_f) \end{cases} \tag{6-35}$$

对于导热系数，只考虑冻融状态，取平均含水率下的实验结果，则有：

$$k_x = k_y = \begin{cases} \lambda_u & (T \geqslant -\theta_f) \\ \lambda_f & (T < -\theta_f) \end{cases} \tag{6-36}$$

至此，将式(6-35)、式(6-36)代入式(6-30)的参数项，即可得等效热学参数随温度变化的函数表达式，如下：

$$C(T) = \begin{cases} (c_{su} + w_0 c_w)\rho_d & (T \geqslant -\theta_f) \\ \rho_d c_{sf} + \rho_d c_i w_0 + \rho_d(c_w - c_i)\cdot w_0\theta_f^b(-T)^{-b} + L\cdot w_0\theta_f^b\cdot b\cdot(-T)^{-(b+1)} & (T < -\theta_f) \end{cases} \tag{6-37}$$

$$\beta_x(T) = \beta_y(T) = \begin{cases} \lambda_u & (T \geqslant -\theta_f) \\ \lambda_f + LD\cdot w_0\theta_f^b\cdot b(-T)^{-(b+1)} & (T < -\theta_f) \end{cases} \tag{6-38}$$

图 6-13 所示路基几何模型中各层材料所对应的参数分别见表 6-8。

青藏公路路基模型各层材料对应参数表 表 6-8

材　料	单　位	砂砾与碎石土	含卵石中细砂	含砾亚黏土	强风化泥岩
干密度(ρ_d)	kg/m^3	1 800	1 700	1 300	1 500
初始含水率(w_0)	%	25	30	30	30
融土骨架比热(c_{su})	J/(kg·℃)	0.79×10^3	0.84×10^3	0.84×10^3	0.84×10^3
冻土骨架比热(c_{sf})	J/(kg·℃)	0.71×10^3	0.73×10^3	0.75×10^3	0.75×10^3
水的比热(c_w)	J/(kg·℃)	4.182×10^3	4.182×10^3	4.182×10^3	4.182×10^3
冰的比热(c_i)	J/(kg·℃)	2.09×10^3	2.09×10^3	2.09×10^3	2.09×10^3
融土导热系数(λ_u)	W/(m·K)	1.919	1.95	0.87	1.47
冻土导热系数(λ_f)	W/(m·K)	1.980	2.69	1.22	1.82
水分扩散系数(D)	m^2/s	9.35×10^{-6}	4.66×10^{-5}	3.73×10^{-4}	3.44×10^{-6}
冻结温度($-\theta_f$)	℃	−0.20	−0.10	−0.19	−0.05
水的冻结融化潜热(L)	J/kg	334.56×10^3	334.56×10^3	334.56×10^3	334.56×10^3
经验系数(b)	—	0.610	0.732 5	0.574	0.473 5

3. 等效参数法中边界条件的确定

青藏公路路基断面测温孔均从表面以下 0.5m 处开始布设，综合考虑附面层原理，在工程热状况下的计算中，为安全起见本节所有讨论路基的上边界条件均取表面以下 0.5m 深处的地温函数。青藏公路带有保温护道的典型断面 0.5m 深处实际观测的连续地温曲线如图 6-14 所示。

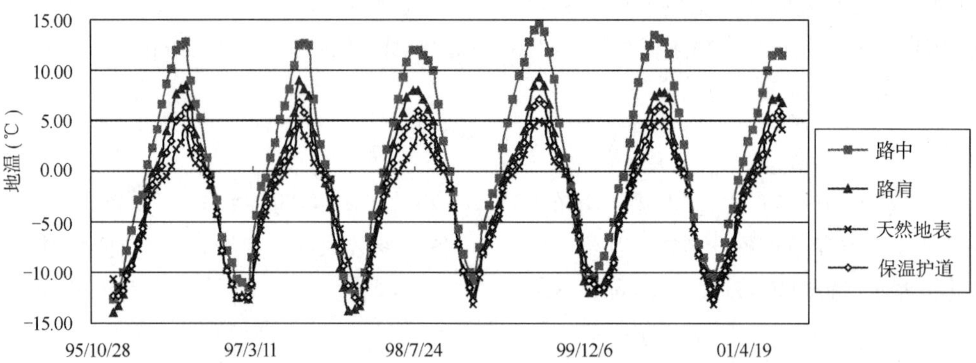

图 6-14　典型断面 0.5m 深处地温观测曲线

在图 6-14 中可以看出，从每年元月份开始地温基本满足正弦曲线的变化规律，考虑到青藏高原气候变暖的影响，可假设青藏公路地温满足标准正弦函数，形式为：

$$T = a_0 + b_0 \sin(b_1 t_d + b_2) + c_0 t_d$$

式中：　T——温度；

t_d——以天计的时间；

a_0, b_0, b_1, b_2, c_0——待定参数。

根据实际地温观测数据，采用最小二乘原理即可求得典型断面各处所对应的待定参数，具体列于表 6-9 中。路基横断面边坡上地温根据路肩与天然地表的地温按路基高度和边坡点垂向坐标值（y 方向坐标）进行内插得出，也列于表 6-9 中。

地温曲线拟合参数及拟合度（0.5m 深处）　　表 6-9

参 数 位 置	a_0	b_0	b_1	a_2	c_0	拟合度(R)
路中	+1.29	12.22	$\frac{2\pi}{365}$	$-\frac{7\pi}{12}$	1.10×10^{-4}	0.90
路肩	−1.92	10.60	$\frac{2\pi}{365}$	$-\frac{2\pi}{3}$	1.10×10^{-4}	0.94
保温护道	−2.96	+9.60	$\frac{2\pi}{365}$	$-\frac{2\pi}{3}$	1.10×10^{-4}	0.94
天然地表	−4.0	8.55	$\frac{2\pi}{365}$	$-\frac{2\pi}{3}$	1.10×10^{-4}	0.92
边坡	$-4.0+2.08h/H$	$8.55+1.05h/H$	$\frac{2\pi}{365}$	$-\frac{2\pi}{3}$	1.10×10^{-4}	—

注：表中边坡项中 h 为边坡上的点距天然地表的距离，是变量；H 为路堤高度。

二、冻土路基温度场数值模拟结果分析

（一）路基高度对冻土路基温度场的影响分析

路基高度是影响多年冻土地区路基热稳定性的重要参数，同时路基高度的取值将决定道路建设的工程量，从而影响工程经济性。为了较为全面地分析不同气温地区路基高度对路基及基底下多年冻土温度场变化的影响，运用前节论述的焓方法对年均气温−5.2℃（五道梁地

区)、−4.5℃、−4℃地区的不同高度路基温度场进行有限元分析,结合青藏公路沿线的实际状况,计算中边坡坡度取为1∶1.5,路基高度分别取0.5m、1m、2m、2.5m、3m、3.5m、4m、5m。

分析评价路基热状况时选择了基底年最大融深、−0.5℃等温线下界位置及路基体系内部6月1日时融土核高度三个指标进行综合对比分析。

1.年均气温−5.2℃地区路基高度对温度场的影响

年均气温−5.2℃地区不同高度路基最大融深状况及−0.5℃等温线下界深度如图6-15和图6-16所示。

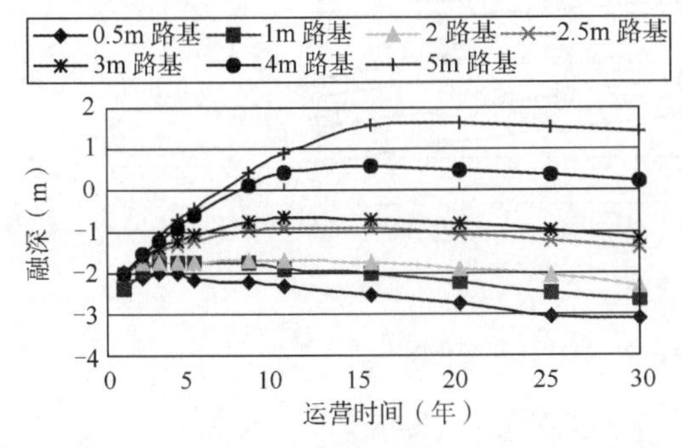

图6-15　不同高度路基下冻土年最大融深逐年变化图

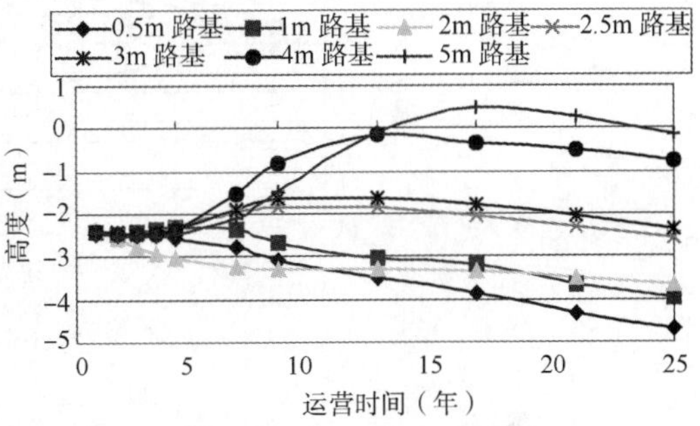

图6-16　不同高度路基下−0.5℃地温最大深度逐年变化图

从计算结果中可以看出:

(1)从长期来看,由于青藏高原气温持续上升,路基下多年冻土的最大融深及−0.5℃高温冻土区位置均随着公路运营时间的延长而增大。

(2)路基施工完成日期为8月20日,此时路基填土的温度取天然地面下2m范围内土体的平均温度,在4℃左右,路基体的平均温度高于0℃,积蓄了较多的热能,故在第一年时路基下的多年冻土融深及−0.5℃高温冻土位置均为最大。在路基建成后的一定周期内,从总体上看,路基体向边坡外及下伏多年冻土层内散热。

(3)在年均气温为−5.2℃的五道梁地区,路基走向为东偏北45°时,左、右边坡面的年均温度在公路建成前18年内均为0℃以下,边坡的年积温为负值,在年周期内路基体通过边坡向外散热,路基高度越高,边坡面积越大,散热效果越好。故在公路建成后一定年限内基底多年冻土的年最大融深有一定的回升,其回升高度、持续时间与路基高度有关。其中,5m高路基冻土上限上升时间持续了20年,融深达1.6m(图6-15)。同时,由于沥青路面的强烈吸热效应,路面的年均温度高于2.6℃,体现了强烈的正积温效应,热量向路基内及基底多年冻土不断地输运,并不断地被土体吸收,温度逐渐降低,而路基高度越高,路基土体的累积热阻越大,冻土保护效果越好,基底多年冻土稳定性也越好。

(4)当路堤高度由2m增高至2.5m时,路基下最大融深及−0.5℃高温冻土区位置有较大程度的上升。公路建成30年后,2m高度路基基底最大融深为2.31m,−0.5℃高温冻土区深度为3.67m;2.5m高度路基基底最大融深为1.37m,−0.5℃高温冻土区深度为2.53m,上限及高温冻土区位置提升1m左右。计算结果表明,在年均气温较低地区抬高路基能够起到保护多年冻土的作用。

(5)2.5m高度路基建成30年后,基底冻土人为上限为1.37m,比天然上限(1.73m)要高,体现了良好的热稳定性。此时若继续增加路基高度无大意义,工程经济性变差。

(6)该地区外部年均气温较低,路基稳定性普遍较好,不同高度路基建成30年内尚无隔年融土核产生。

2. 年均气温−4.5℃地区路基高度对温度场的影响

年均气温−4.5℃地区不同高度路基各项评价指标的综合对比如图 6-17～图 6-19 所示。通过有限元计算结果可以得出：

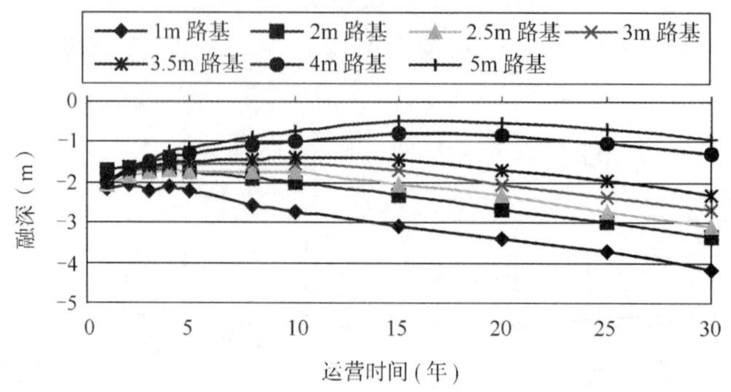

图 6-17　不同高度路基下冻土年最大融深逐年变化图

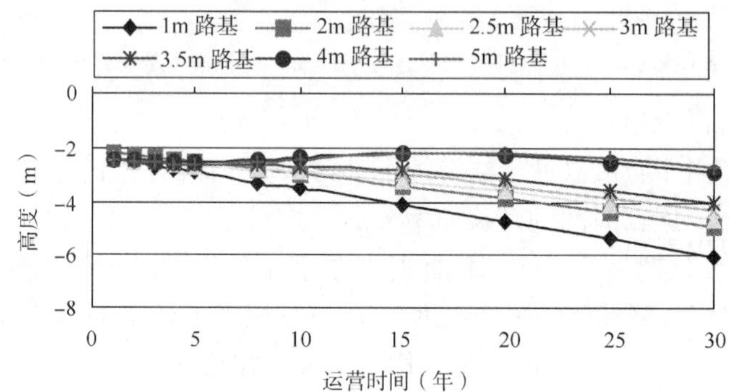

图 6-18　不同高度路基下−0.5℃地温最大深度逐年变化图

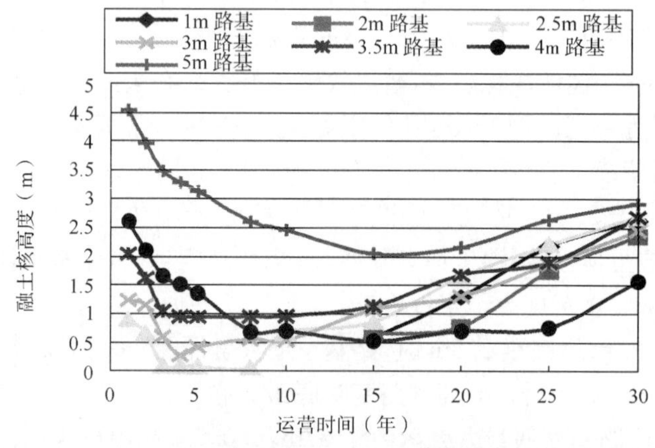

图 6-19　不同高度路基内融土核高度逐年变化图

(1)对于年均气温为−4.5℃的多年冻土区，由于左边坡及沥青路面的正积温效应与气温的温室效应，随着公路建成后运营时间的延长，不同高度路基下的多年冻土上限与−0.5℃高温冻土区位置在总体上均呈下降趋势，其下降速率与路基高度有关，低路堤下冻土上限及−0.5℃高温冻土区位置下降的速率要快于高路堤。

(2)由于外部气温较高，高路基因初期蓄热量不同而导致基底－0.5℃高温冻土区位置对于外部气温变化响应的滞后性有所减弱。在年均气温为－5.2℃地区，4m、5m高路基建成10年后基底－0.5℃高温冻土区位置相差0.86m，而在年均气温－4.5℃地区，二者相差仅0.13m。

(3)对于1m、2m高的路基，由于路基较低，路基横断面积较小，路基对外部温度变化的响应迅速，温度波动在基底多年冻土的影响深度较大。在公路建成后的前14年，路基及基底冻土内不足以形成隔年融土核。后期由于外部边界处持续的正积温效应，且路基热阻较小，热量在路基内不断地累积。而路基中下部的含水率较高，具有较大的比热，且受外部环境变化影响强烈，故在路基中下部出现融土核且其高度增加迅速。

(4)2.5m高度以上的路基横断面积大，公路建成之时路基体的初期蓄热巨大，处于向外散热过程，融土核高度持续下降，公路建成后第8～15年，外部的正积温累积效应逐步体现，融土核高度又持续上升。路基横断面积越大，散热周期越长，同时对外界气温变化的响应越慢，融土核高度上升的速率也越慢。

(5)从以上三个指标的对比可见，当路基高度由3.5m增至4m时，基底冻土上限及－0.5℃高温冻土区位置回升幅度较大，公路建成30年后基底冻土上限仅1.28m，比天然上限(1.85m)要高，且路基内融土核高度较小。由此可见，若仅从以上三个指标来看，在年均气温－4.5℃地区，4m高度路基体现了良好的热稳定性。

3. 年均气温－4℃地区路基高度对温度场的影响

年均气温－4℃地区不同高度路基各项评价指标的综合对比如图6-20～图6-22所示。通过有限元计算结果可以看出：

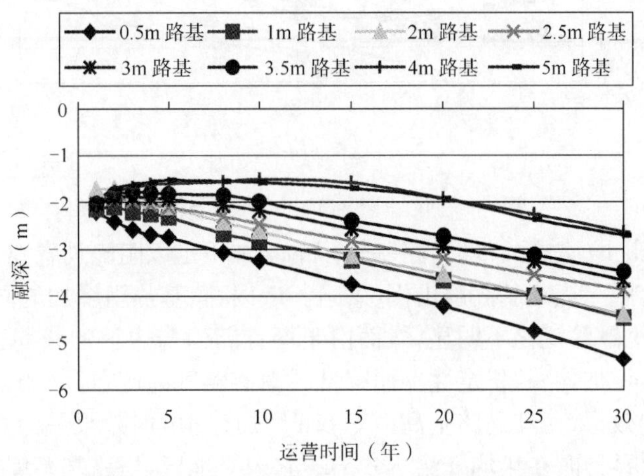

图6-20 不同高度路基下冻土年最大融深逐年变化图

(1)对于年均气温为－4℃的冻土地区，公路的修建对原本极为脆弱敏感的多年冻土产生极大的干扰，路基下冻土最大融深逐年下降，基底多年冻土持续升温。

(2)由于外部气温较高，暖季施工的路基蓄热不能有效地对外散发，且受到外部环境正积温效应的影响，路基内部融土核高度较大。2.5m高度以上路基在建成后路基体内部一直存在融土核，初期有减小的趋势，后期因温室效应逐渐增大。

(3)与年均气温－4.5℃地区的路基相比，年均气温－4℃地区低路基内出现融土核的时间有一定的提前，1m高路基第13年、2m高路基第5年出现了融土核。相同高度的路基在运营时间相同的情况下，年均气温－4℃地区路基内融土核比年均气温－4.5℃地区路基内的融土核大。对于4m高度路基运营20年后，年均气温－4.5℃地区路基内融土核高为0.7m，而年均气温为－4℃地区路基内的融土核高达2.75m。

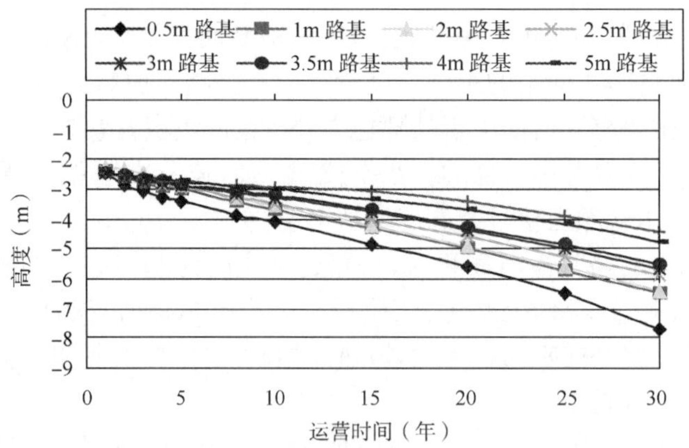

图6-21 不同高度路基下－0.5℃地温最大深度逐年变化图

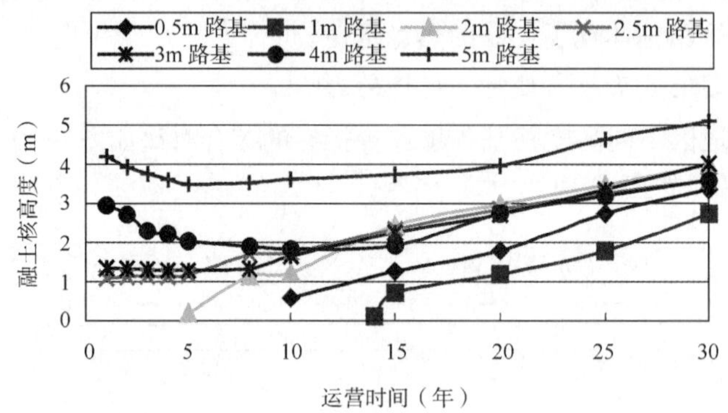

图6-22 不同高度路基内融土核高度逐年变化图

(4)当路基高度由1m增至2m时，路基热阻的增加不足以阻隔沥青路面强烈的积温效应，基底融深回升幅度有限。当路基高度由4m增至5m时，路基热阻增加的同时边坡的吸热面积亦随之增加，基底冻土融深变化不明显，然而由于沥青路面与边坡的长期正积温效应，路基体内融土核的高度显著增加，路基稳定性反而降低。只有路基高度在2～4m之间时增加路基高度可体现一定的保温效果，尤其是路基高由3.5m增加到4m时效果最为显著。

(5)综合上述分析可知，在年均气温－4.5℃与－4℃地区，当路基高度由3.5m增加到4m时，以上三个评价指标均有较大幅度的改善，而当路基高度由4m增加至5m时，各项指标均有所降低。

(6)有限元计算结果表明，当年均气温升高到一定程度时，增加路基高度以保护基底冻土的效果在减弱，可能还有相当程度的负作用。

(二)边坡坡度对路基温度场的影响

计算的几何模型如图6-13所示，数值模拟方法选用等效参数法，首先在HA、AB、BC边界上分别施加不考虑气候变暖的温度边界条件，DE边界上施加地热流$q=0.06\mathrm{W/m^2}$。边坡坡度分别选择为1∶1、1∶1.25、1∶1.5、1∶1.75和1∶2等五种情况，路基高度均取为1.5m，通过10年的数值模拟计算，将计算结果作为初始温度场。保持计算模型及热学参数，将上边界条件中添加气候变暖项，地中热流不变，在上述不同的边坡坡度下再分别模拟20年。对于这20年的模拟结果及规律，本节将从三个方面分别论述。

1. 边坡坡度对人为上限的影响

在道路工程建设中，路堤或路堑的边坡坡度一般根据当地的工程地质与水文地质条件、路基高度、填料或当地土质的物理力学性质、施工方法、地貌形态等因素，并结合自然稳定山坡形式及力学分析方法综合确定。我国行业标准规定实际工程中公路路基填方边坡坡度一般取1∶1.5～1∶1.75。在多年冻土区富冰冻土、饱冰冻土和含土冰层上修筑路堤时，若细粒土层中天然含水率较高，一般将边坡坡度放缓到1∶1.5～1∶2，这些都是从力学稳定性来考虑的。在多年冻土区，尤其在低温冻土区路基设计的原则首先是保护冻土，对于放缓路基边坡而言，一方面不仅在力学上增强了路基稳定性，同时由于边坡土体的加厚，使热阻增大，对保护冻土有利；另一方面，放缓边坡无疑又增大了受热面，而边坡土体温度一般较天然地表高，导热性能也较天然地表好，对保护冻土又不利。数值模拟的结果认为后者为主要影响因素。

图6-23描述了人为上限随边坡坡度的变化规律，从图中可以看出在边坡从1∶1至1∶2的变化范围内，随着坡度的变缓路中人为上限则越大，即年最大融化深度越大，并且两者之间具有较好的一维线性关系，人为上限对边坡坡度的变化率(上限的变化除以坡度的变化)如表6-10所示。从表中数据可知，边坡对人为上限的影响是不显著的，对于寒区道路工程而言，边坡坡度不应作为考虑路基热稳定性的主要影响因素，放缓边坡不仅不能保持或抬升上限，反而会增加最大融深，使人为上限略有下移，尽管其影响很小甚至可以忽略不计，但其影响趋势是客观存在的。

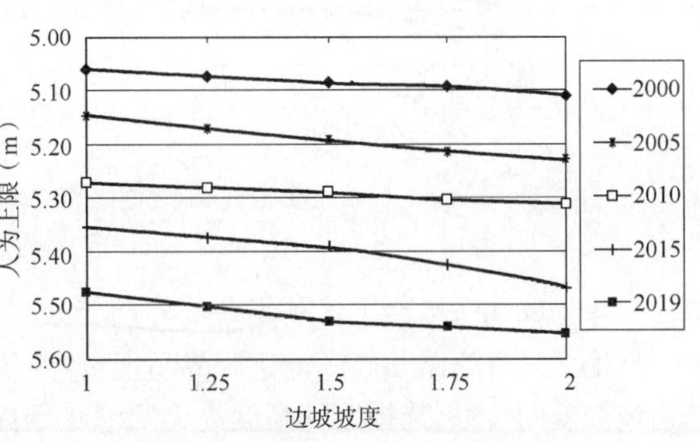

图6-23　路中人为上限随深度的变化

不同坡度下的人为上限值(m)　　表6-10

时　间	1∶1.0	1∶1.25	1∶1.5	1∶1.75	1∶2.0	上限变化率
第1年	5.06	5.07	5.09	5.09	5.11	0.05
第5年	5.15	5.17	5.19	5.22	5.23	0.08
第10年	5.27	5.28	5.29	5.30	5.31	0.04
第15年	5.36	5.37	5.39	5.43	5.47	0.11
第20年	5.48	5.50	5.53	5.54	5.55	0.09

2. 边坡坡度对年平均地温的影响

通过模拟计算可知，放缓边坡不仅增大路中人为上限，还提高土体的年平均地温，图6-24描述了路中不同深度处的年平均地温随坡度的变化情况。从图中可以看出，坡度越缓地基土体的年平均地温明显有升高的趋势，这一趋势在多年冻土层表现得更为突出[图6-24b)、c)]，当边坡由1∶1放缓至1∶2时，多年冻土层的年平均地温约升高0.1～0.2℃。虽然这一数值不至于威胁到低温或连续分布的高温冻土区的路基稳定性，但它对极高温冻土区或濒临退化的岛状冻土区则是不容忽略的影响。因此在这类冻土极不稳定的地区，用放缓边坡来保护冻土显然不可行。

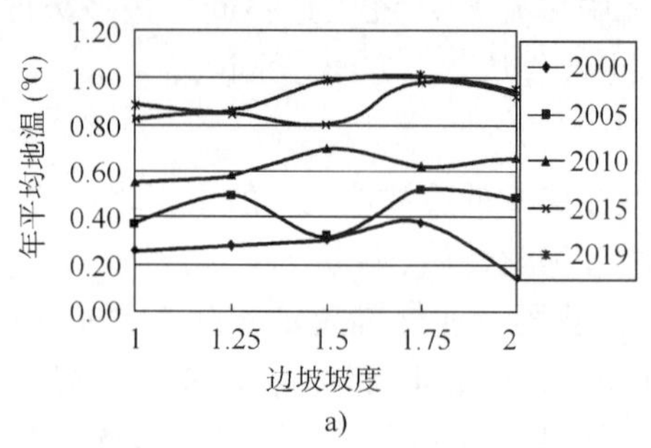

a)

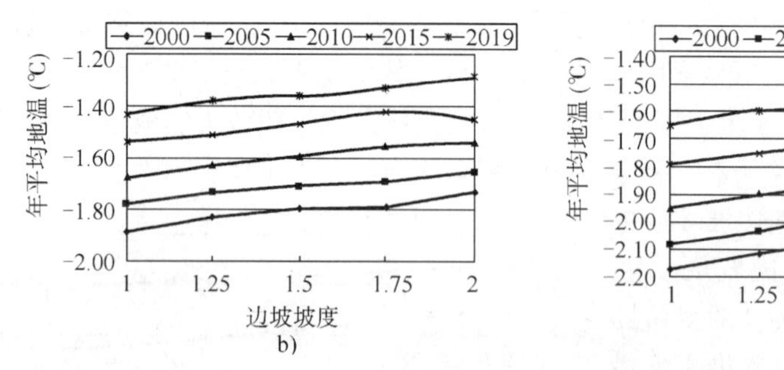

b) c)

图 6-24 不同深度处年平均地温随边坡坡度的变化

a)1.5m 深度处；b)6.0m 深度处；c)8.5m 深度处

3. 边坡坡度与路基下伏融化盘的关系

理论上只有当路基高度低于临界高度时，路基下才会发育融化盘。为探讨融化盘的大小与边坡坡度的关系，选择路基高度为 1.5m（小于路基临界高度）。图 6-25 描述了融化盘大小随边坡坡度的变化关系，从图中可以看出，融化盘随坡度放缓而减小，基本上具有较好的线性关系，当边坡坡度从 1∶1 放缓至 1∶2，其对应的融化盘横向最大距离则从 11.0m 缩小到 10.5m。对于无限制地放缓边坡会不会导致融化盘缩小到“零”的问题，实际上是肯定不会出现的，因为边坡越缓融化盘缩小的速率相应越小，最终融化盘大小收敛于一定值。在实际工程上，这种讨论也是没有任何意义的。

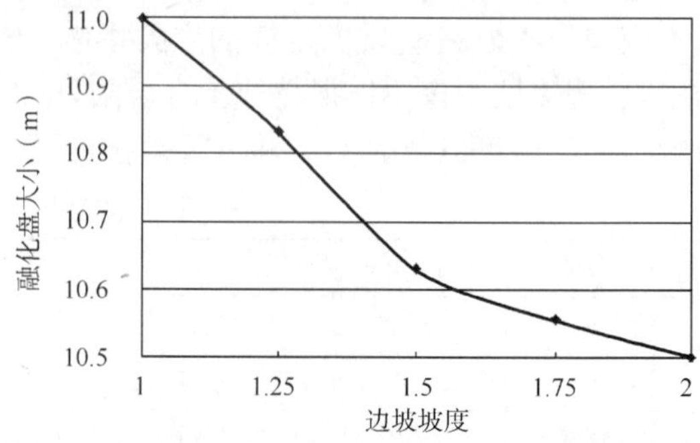

图 6-25 融化盘横向大小与坡度的关系

综上所述，边坡坡度对人为上限、年平均地温及融化盘等路基温度场特征要素具有一定的影响，但影响均不显著，不是影响路基温度场的主要因素。另外，从路基热稳定性的角度而言，虽然放缓边坡能有限缩小融化盘大小，并且其缩小量几乎不会对路基的热稳定性产生影响，但却是以增大融化深度和提高年平均地温为代价的。在低温冻土区放缓边坡对人为上限及年平均地温的影响可以忽略不计，但在冻土极不稳定的高温或岛状退化冻土区，有可能会导致路基下多年冻土大面积退化甚至消亡，因此带来的路基稳定性问题是不容忽略的。放缓边坡意味着增大了受热面，用边坡上的温度代替了原应是天然地表的温度边界，而边坡土体温度一般较天然地表要高，且导热性能也较天然地表要好，进入地基或路基的年平均热流增大是造成人为上限下移，年平均地温升温的根本原因。

因此，边坡坡度不应作为路基热稳定性的影响因素，应根据当地的工程地质及水文地质条件，从力学及工程实际情况选择合适的边坡坡度。

（三）保温护道对路基温度场的影响

目前寒区道路工程中，普遍认为"修筑保温护道的目的在于削弱热传导作用对多年冻土温度状况的影响，防止路基冻土上限特别是阳坡侧冻土上限下降，减少因为人为活动对路堤坡脚及附近天然地表的破坏，防止路堤侧向地表积水渗入基底，同时，对路基边坡产生反压，防止路肩滑塌"。从路基的力学稳定性上来说前述观点无疑是正确的，但目前保温护道对路基热状况的影响规律还缺少系统的研究。本节将利用数值模拟手段，分别比较多年冻土区、无保温护道对路中不同深度的温度状态的影响规律，试图揭示保温护道是否具有现有观点普遍认为的效果。

研究选择的保温护道填料与路基填料相同（砂砾碎石土），护道宽度为 2.0m，高度为 1.5m，路基高度为 2.5m，护道边坡与路基边坡相同均为 1∶1.5。地基土层及其物理参数与前文相同。计算模型的上边界条件见表 6-9 所示，下边界的地中热流为 0.06W/m^2。计算过程和方法与前文相同，首先不考虑气候变暖项计算 10 年，将计算结果作为初始温度场，然后再施加包含气候变暖项的温度边界共计算 20 年。

1.路基温度场特征的比较

图 6-26a)～图 6-26d)分别描述了是否设置保温护道对每年 1 月 20 日、4 月 20 日、7 月 20 日和 10 月 20 日的路基温度场的影响。从图中可以看出，设置保温护道以后，路基土体地温有所上升，在季节活动层这一情况表现不很明显，在多年冻土区低温等值线包围的范围明显收缩（或低温等值线向土体深处移动），均表明地温有不同程度的上升，在路中的表现更加显著。为进一步论证解释这一现象，下面比较有无保温护道对路中年平均地温的影响。

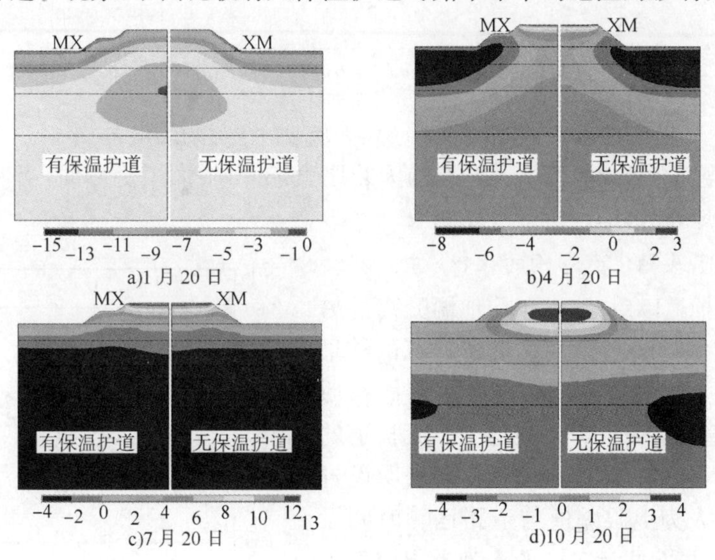

图 6-26　不同日期路基温度场比较

2.路中年平均地温的比较

图 6-27 表明了有无保温护道的路中平均地温随深度的变化关系，从图中可以看出有保温护道的路中年平均地温明显高于无保温护道的年地温，并且随着深度增大其差值更大（图 6-28）。

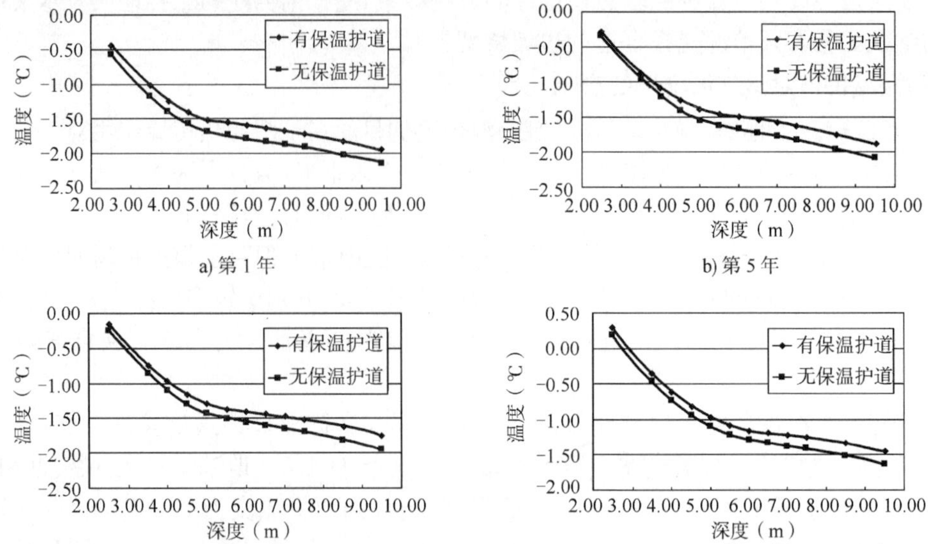

a) 第 1 年

b) 第 5 年

c) 第 10 年

d) 第 15 年

图 6-27　不同年份路中温深曲线

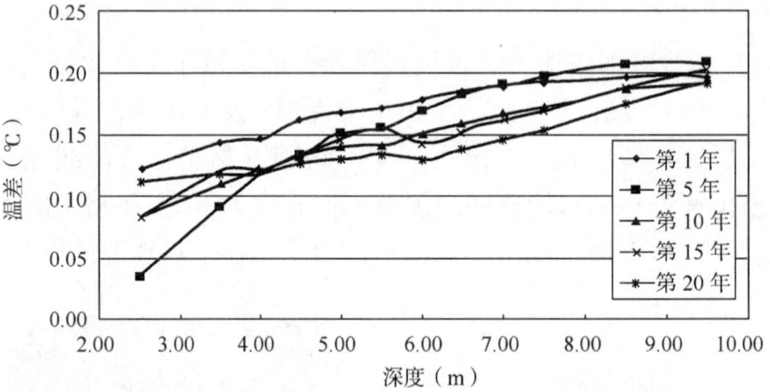

图 6-28　有无保温护道的路中年均地温差值与深度的关系

由于修筑保温护道以后，改变了原有的天然地表条件，增大了受热面，当保温护道表面年均温度高于天然地表时，即产生了上述现象。

3. 对人为上限及融化盘影响的比较

当修筑保温护道以后，路中年均地温升高的另一结果可能是路中人为上限下移，数值计算的结果也是如此。从图 6-29 中可以看出，在道路修筑后的各年中，有护道的路中人为上限均大于无护道的路中人为上限，其差值在各年均相当，即表明设置保温护道引起的人为上限差值与道路运营时间没有直接的相关性，虽然两者对应的人为上限差值很小(平均为 6.0cm)，不足以影响路基稳定性，但这一点可以说明保温护道的保温效果是不容乐观的。

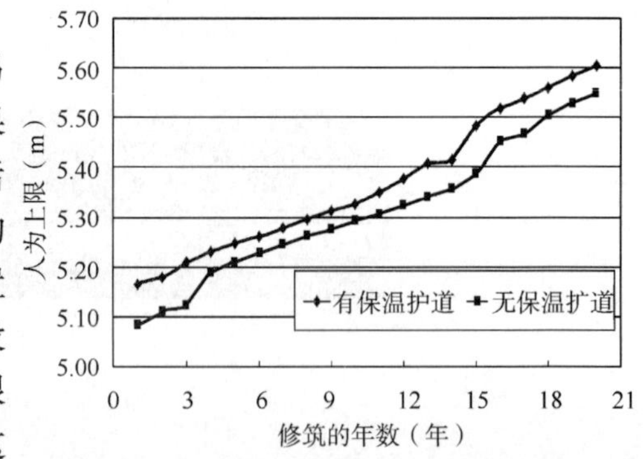

图 6-29　有无保温护道路中人为上限的比较

保温护道不能有效改善路中热状况，计算结果也证明保温护道对限制路基融化盘的大小影响也非常有限，保温护道对边坡下最大融深改善甚微。

综上所述，在本章所选用的边界条件作用下，保温护道对人为上限、年平均地温及融化盘等路基温度场特征要素具有一定的影响，但影响均不显著，不是影响路基温度场的主要因素，这一规律在青藏公路低温冻土区被证明是同样有效的。因此，保温护道不应作为路基热稳定性的影响因素。在极高温或冻土退化区不应使用，应选择必要的工程措施；在高温区应选择高热阻、低导热系数与防排水较好的填料填筑护道；在低温冻土区，原则上其填筑厚度不小于护道临界高度都是可以采用的。

总之，修筑保温护道一方面不仅在力学上增强了路基稳定性，同时也有效阻断了边坡坡脚积水，减小了积水下渗对路基内多年冻土的影响，且由于边坡土体的加厚，使热阻增大，对保护冻土有利；但另一方面，因修建保温护道增大了受热面和导热性能，负面影响也不容忽视，这两者在不同的地区、不同的气候条件、不同的地表及边坡铺盖以及不同的护道填料等情况下表现出不同的影响程度。故实际工程中应根据当地的工程及水文地质条件，从力学及防排水角度选择是否设置保温护道。

（四）路基走向对路基温度场的影响

路线走向是影响多年冻土地区路基温度场的一个重要因素。以往为了方便计算与求解，对冻土路基温度场进行量化分析时近似解和数值模拟一般都是将问题简化为以路堤中轴线为对称轴的平面问题。然而当道路为东西走向或南北走向时，虽然路基的几何形状对称于路基中轴线，但路基的左右边坡的日照时长、太阳辐射吸收量、积雪厚度与覆雪均有所差异，若路线走向与当地主导风向不一致时其左右边坡表面的对流换热状况也不相同，以上诸多因素的综合影响使得路基温度场不对称性显著。本节考虑太阳辐射、气温变化、风速、风向、坡面蒸发等诸多气象因素后，对不同气温地区南一北走向、东偏北 45°走向、东一西走向的路基温度场运用焓方法进行数值模拟分析。

1. 路基边坡坡面温度状况分析

路线走向的不同首先影响到边坡坡面对太阳辐射吸收状况，引起路基边坡坡面温度有所差异，进而影响到路基内部，从而导致路基温度场的不对称性。因此，研究路线走向对路基温度场的影响效应，首先要分析不同路线走向路基边坡坡面的温度状况。本研究对路基各边界处的年均温度在公路建成 30 年内的变化状况及公路建成后第 5 年（坡面温度状况不受有限元计算初始条件影响，处于相对稳定状况时）边坡坡面温度在年周期内的变化规律进行分析。

经有限元计算，五道梁地区不同走向路基各边界处的年均温度在公路建成 30 年内的变化状况如表 6-11 所示，第 5 年温度变化状况如表 6-12 所示。

不同走向路基边界处的年均温度（℃） 表 6-11

位置 运营时间（年）	沥青路面	左边坡			右边坡			天然地面
		E-W	45°	N-S	E-W	45°	N-S	
1	2.63	0.21	−0.28	−1.41	−3.64	−3.00	−1.60	−1.45
5	2.69	0.25	−0.29	−1.42	−3.65	−3.08	−1.60	−1.49
10	2.78	0.34	−0.21	−1.31	−3.56	−2.99	−1.49	−1.40
15	2.90	0.45	−0.09	−1.20	−3.45	−2.87	−1.39	−1.30
20	3.02	0.55	0.02	−1.09	−3.35	−2.76	−1.28	−1.18
25	3.12	0.66	0.12	−0.98	−3.24	−2.68	−1.17	−1.07
30	3.24	0.76	0.23	−0.87	−3.14	−2.56	−1.06	−0.97
年均增幅	0.021	0.019	0.017	0.019	0.017	0.015	0.018	0.016

注：表中 E-W、45°、N-S 分别表示路线走向为东一西、东偏北 45°、南一北走向的路基。

不同走向路基边界处第5年温度变化过程(℃)　表6-12

日期＼位置	沥青路面	左边坡			右边坡			天然地面
		E-W	45°	N-S	E-W	45°	N-S	
8月20日	16.84	11.14	10.60	10.39	9.80	10.04	10.48	10.58
8月30日	13.82	10.20	9.70	8.01	6.80	6.34	8.04	8.66
9月10日	12.73	9.33	8.88	7.00	5.62	5.20	6.96	7.57
9月20日	11.53	8.22	7.85	5.80	4.41	4.01	5.75	6.33
9月30日	6.95	6.13	5.66	3.16	−0.32	0.72	3.04	2.78
10月10日	5.09	4.54	4.04	1.49	−1.30	−0.68	1.32	1.01
10月20日	3.30	2.84	2.36	−0.30	−2.14	−1.90	−0.45	−0.53
10月30日	−0.96	−0.56	−0.77	−1.75	−5.80	−5.30	−1.44	−1.26
11月10日	−2.39	−1.35	−2.09	−4.56	−7.72	−7.13	−4.62	−4.08
11月20日	−4.14	−2.91	−3.77	−6.42	−9.64	−8.77	−6.59	−6.96
11月30日	−7.29	−5.94	−6.56	−9.03	−11.90	−10.78	−9.30	−9.38
12月10日	−9.09	−7.71	−8.20	−10.71	−13.56	−12.34	−11.04	−11.13
12月20日	−10.62	−9.16	−9.64	−12.17	−15.04	−13.79	−12.51	−12.61
12月30日	−10.18	−9.35	−10.14	−12.16	−15.06	−13.95	−12.63	−13.00
1月10日	−11.11	−10.19	−11.17	−12.97	−15.90	−14.99	−13.45	−13.93
1月20日	−11.58	−10.79	−11.65	−13.60	−16.54	−15.53	−14.07	−14.60
1月30日	−10.06	−9.39	−10.52	−12.01	−16.05	−14.72	−12.56	−12.76
2月10日	−9.82	−9.17	−10.33	−11.78	−15.95	−14.59	−12.32	−12.51
2月20日	−9.43	−8.81	−10.01	−11.43	−15.62	−14.31	−11.95	−12.12
2月29日	−9.53	−10.00	−10.50	−11.35	−14.85	−13.77	−11.82	−11.67
3月10日	−8.71	−9.35	−9.87	−10.56	−13.97	−12.95	−10.96	−10.73
3月20日	−7.53	−8.29	−8.84	−9.44	−12.80	−11.88	−9.79	−9.48
3月30日	−1.98	−5.42	−5.89	−6.22	−8.81	−8.39	−6.50	−5.46
4月10日	−0.17	−3.81	−4.25	−4.52	−7.01	−6.67	−4.75	−3.66
4月20日	0.89	−2.15	−2.65	−2.83	−5.28	−5.03	−3.03	−1.97
4月30日	5.76	0.34	0.12	0.07	−1.48	−0.84	0.01	0.16
5月10日	7.93	1.27	1.62	1.12	0.42	0.50	1.11	1.58
5月20日	9.90	3.86	3.46	3.30	1.33	2.29	2.60	2.25
5月30日	11.75	5.40	5.00	5.11	3.72	4.44	5.18	5.40
6月10日	13.42	6.99	6.57	6.68	6.06	6.15	6.65	7.14
6月20日	14.86	8.39	7.94	8.10	7.39	7.59	8.11	8.45
6月30日	16.55	9.78	9.50	9.55	8.97	9.05	9.57	9.42
7月10日	17.48	10.66	10.42	10.48	9.92	9.98	10.54	10.17
7月20日	18.08	11.24	11.01	11.08	10.54	10.61	11.15	10.73
7月30日	17.38	11.45	10.88	10.78	10.21	10.33	10.89	10.94
8月10日	17.24	11.45	10.82	10.73	10.14	10.28	10.83	10.96

续上表

日期＼位置	沥青路面	左边坡			右边坡			天然地面
		E-W	45°	N-S	E-W	45°	N-S	
年均温度	2.69	0.25	−0.29	−1.42	−3.65	−3.08	−1.60	−1.49
最小值	−11.58	−10.79	−11.65	−13.60	−16.54	−15.53	−14.07	−14.60
最大值	18.08	11.45	11.01	11.08	10.54	10.61	11.15	10.96
年温差	29.66	22.24	22.67	24.68	27.07	26.14	25.23	25.56

通过分析得出：

(1)从长期来看，由于青藏高原气温持续上升，各种走向路基边坡、路面及天然地面处的年均温度均有逐年升高的趋势。

(2)路基边坡处的年均温度与路线走向密切相关。左边坡(阳坡)的年均温度以路线东西走向的为最高，东偏北45°走向的路基次之，南北走向路基最低，右边坡(阴坡)则相反。

(3)路基左右边坡坡面年均温度的不对称效应以东西走向路基最为严重，其次为东偏北45°走向路基，以南北走向路基为最低。虽然南北走向路基左右边坡吸收的太阳辐射量相等，但对于五道梁地区而言，因在冷季的西风频率较高，致使在冷季右侧(西侧)边坡坡面的对流换热比左侧边坡要强烈得多，温度也较左侧边坡低。这种对流换热的差异导致路基两侧边坡的温度状况存在差异。

(4)从边坡坡面日均温度年振幅来看，阴坡年温差较大，阳坡的年温差较小。在阴坡中，以坡向效应显著的阴坡年温差较大，在阳坡中，以坡向效应不显著的阳坡年温差较大。从大至小排序依次为：东西走向路基的阴坡，东偏北45°走向的阴坡，南北走向路基的阴坡，南北走向路基的阳坡，东偏北45°走向路基的阳坡，东西走向路基的阳坡。

(5)当路线走向存在坡向性时，左右边坡坡面温度差异性的大小还与季节密切相关。阴阳坡面温差的季节性差异导致了纵向裂缝、路基沉陷等分布于阳坡一侧的病害集中在冷季发育。

2.不同走向路基温度场对比分析

为了便于直观地对比分析不同走向路基温度场分布状况，现将五道梁地区不同走向路基温度场的有限元计算结果整理为等值线图的形式。图6-30～图6-32分别为东西走向、东偏北45°走向、南北走向路基运营10年后4月20日时的温度场等值线图。通过比较可见如下规律：

(1)路线走向对路基温度场分布的不对称性有着重要影响。当路线走向为东西走向时，温度场的不对称性体现得最为显著，路基内的−0.5℃高温冻土核(图6-30中F区域)明显向阳坡一侧偏移。

(2)不同走向路基内部高温冻土核大小不相同，其稳定性亦不相同。当路线走向为东西走向时，其−0.5℃高温冻土核也较东偏北45°走向与南北走向路基的大，且其位置更靠近下部，因而其稳定性亦最差。

(3)不同走向路基左右边坡的温度状况不相同。以右边坡(阴坡)为例，图6-30中路基阴坡的最低温度为−7.50℃，图6-31中为−6.87℃，均比图6-32中的−5.63℃低，阴阳坡效应较为显著。从以上三图中右边坡处−5℃低温区(图中的B区域)大小的比较来看，图6-30中阴坡的B区域最大，图6-32中B区域最小且左右边坡基本对称。

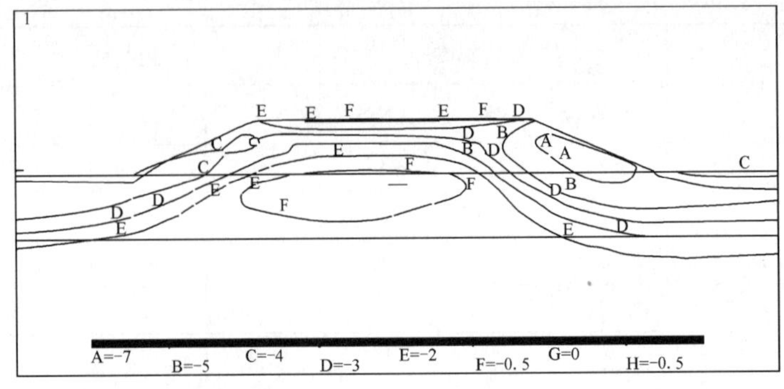

图 6-30　东西走向路基运营 10 年后 4 月 20 日温度场等值线图

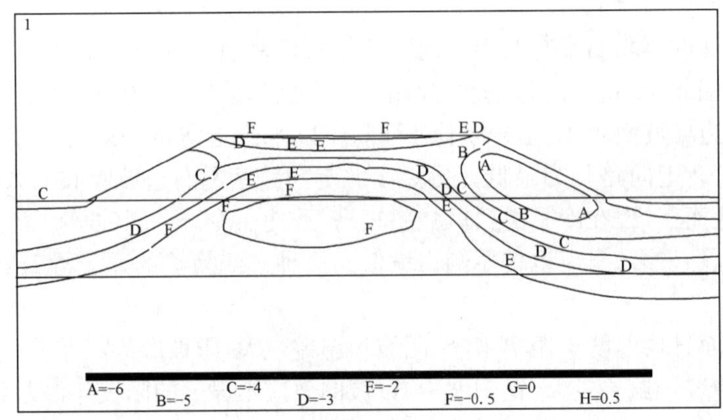

图 6-31　东偏北 45°走向路基运营 10 年后 4 月 20 日温度场等值线图

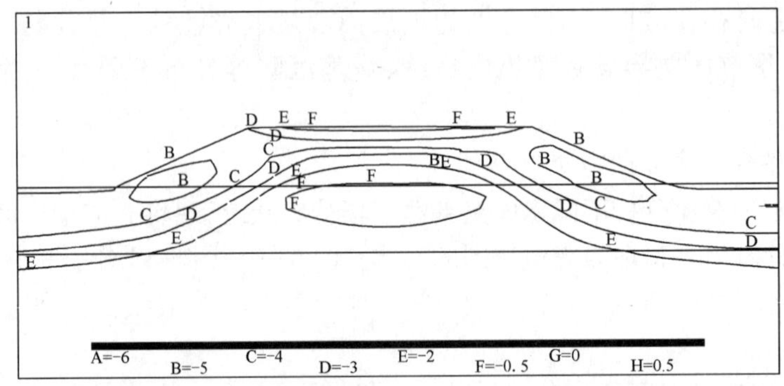

图 6-32　南北走向路基运营 10 年后 4 月 20 日温度场等值线图

(五)不同路基宽度对路基温度场的影响

我国大部分多年冻土分布区经济不发达,较差的交通基础设施严重制约了该类地区的发展。随着我国国民经济持续高速发展,在多年冻土区修建宽幅路面的高等级公路或高速公路逐渐提上了议事日程。显而易见,随着路基路面的加宽,地基表面的吸热面也相应扩大,而沥青路面使多年冻土在与外界环境的热交换过程中将会吸收更多的能量。因此,正确认识修筑宽幅路基路面后路基内的地温特征与热量收支状况将对我国宽幅高等级公路的科学设计、施工和病害防治具有十分重要的指导意义。

在模拟计算中分别取四级公路路基宽 6.0m、二级公路路基宽 10.0m、双车道高速公路路基宽 12.0m 的一半 3.0m、5.0m 和 6.0m 进行计算，数值模拟方法采用等效参数法，路堤边坡坡度为 1∶1.5，路堤高度为 1.0m，路面的温度边界选择无路面影响的温度状况（见表 6-9 的路肩）。为方便分析不考虑阴阳坡效应所导致的地温场横断面的非对称性问题。对数值模拟的结果，将从以下三个方面具体讨论。

1. 对人为上限及融化盘的影响

众所周知路基内积聚的热量主要来源于路面吸热，而路面吸收的热量与其面积成正比。即表明路面越宽通过其传入下伏路基的热量则越多，当天然地表与部分边坡放热强度没有显著变化以及热量横向扩散也不显著时，通过路面吸收的热量则主要用于地基土体升温，其中一个突出表现即为多年冻土人为上限下移（表 6-13）。当然土体升温和人为上限下移的幅度与路面类型（即路面的吸热强度）有关，本节只考虑无沥青路面影响的弱吸热条件下的路基宽度对路基地温特征的影响。计算结果表明随路基宽度的增加路中人为上限也明显下移，12m 宽路基下多年冻土人为上限较 10m 宽路基下平均下移 0.67m，较 6m 宽路基平均下移 0.25m。表中人为上限随路基宽度的变化率表明当路基宽度增加一个单位时，人为上限则平均下移 0.11 个单位。另外从表中还可以看出因路基高度相同，受气候变暖效应的影响也大致相同，表现为不同宽度的路基人为上限的融化速率基本相当。

不同宽度路基的人为上限 表 6-13

年　份	路中人为上限(m)			人为上限随宽度的变化率
	路基宽 6m	路基宽 10m	路基宽 12m	
2000	−5.10	−5.50	−5.80	−0.11
2001	−5.10	−5.56	−5.86	−0.13
2002	−5.05	−5.46	−5.88	−0.13
2003	−5.16	−5.50	−5.90	−0.12
2004	−5.34	−5.67	−5.85	−0.08
2005	−5.22	−5.68	−5.86	−0.11
2006	−5.13	−5.55	−5.88	−0.12
2007	−5.13	−5.80	−5.86	−0.13
2008	−5.29	−5.82	−5.97	−0.12
2009	−5.52	−5.66	−5.88	−0.06
2010	−5.43	−5.71	−5.97	−0.09
2011	−5.32	−5.80	−6.00	−0.11
2012	−5.55	−5.91	−6.09	−0.09
2013	−5.43	−5.95	−6.12	−0.12
2014	−5.42	−5.86	−6.02	−0.10
2015	−5.48	−5.89	−6.27	−0.13
2016	−5.68	−6.02	−6.32	−0.10
2017	−5.69	−5.99	−6.47	−0.12
2018	−5.62	−6.20	−6.28	−0.12
2019	−5.55	−6.03	−6.29	−0.12
回归公式	$y=-0.031x+57.025$	$y=-0.0324x+59.251$	$y=-0.03x+54.254$	平均变化率：−0.11

注：表中回归公式行内 y 为拟合的人为上限值，x 为数值计算的年份。

路基横断面方向人为上限的差异则表现为路基融化盘的分布形态。图 6-33 比较了不同宽度的路基在 2000 年其内融化盘的形态。从图中可以看出随路基宽度的增加，其内融化盘的深度与宽度也相应增加，其深度的变化率与路面的吸热强度有关，而融化盘宽度则与路基宽度直接相关。计算结果表明随着路基宽度的增加，路基内融化盘深度变化率小于宽度的变化率，即宽幅路基主要是使路基内融化盘产生了横向扩张。可以想象如果上限处为高含冰量多年冻土，随着路基的加宽，路基内融化盘引发的路基病害的几率也会急剧增加。

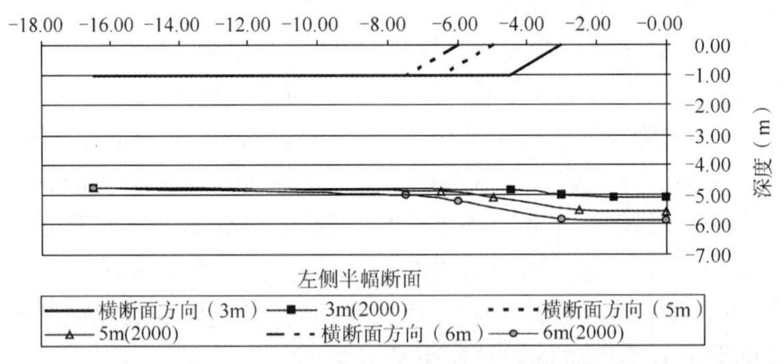

图 6-33　两类路基下融化盘形态的对比

另外，值得说明的是人为上限深度不仅与路基高度有关，还与路基宽度密切相关，因此，上节中提出的路基临界高度与合理高度不适用于路面宽度大于 10m 的宽幅路基。

2. 对路中年平均地温的影响

因宽幅路基吸热面较大，整体路基内积聚的内能也相应较大，计算结果表明路基下伏多年冻土层的年平均温度，12m 路基较 10m 路基约高 0.1℃，较 6m 路基约高出 0.3℃（如图 6-34）。

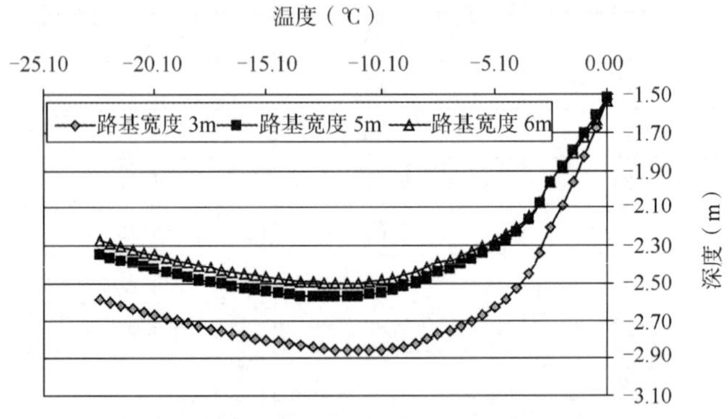

图 6-34　不同路基宽度下地温年平均值随深度的变化

由于未考虑沥青路面吸热的影响，致使路基宽度对多年冻土年均地温的影响不十分显著，但随路基宽度的增加，多年冻土年均地温增加的趋势则十分明显，因此，深入研究宽幅路基下多年冻土的变化特征及其保护对策则十分必要。

3. 路堤基底热量收支的比较

不同宽度路基的路堤基底垂直方向的年均热流密度从路中到左侧坡脚下的变化规律如图 6-35 所示。图中曲线与 X 坐标轴所围成的面积为路堤基底收支的总热量，其中 X 轴以下为通过基底吸收的热量，以上为放出的热量，两者的差为通过基底吸收的净热量，计算结果见表 6-14。由此可见随路基宽度的增加，通过基底吸收与放出的热量也相应增加，并且基底吸热能力及热量收支随宽度的变化率均大于基底的放热情况，导致基底每年均要吸收一定量的热量，并且随路基宽度增加，净吸收的热量也相应增加。

不同宽度路基基底年均热量收支状况　　表 6-14

热量收支	路基宽度 6m	路基宽度 10m	路基宽度 12m	热量收支随宽度的变化率
基底吸热量(W)	78.04	87.94	96.47	2.99
基底放热量(W)	14.45	23.67	31.36	2.75
净吸热量(W)	63.58	64.27	65.10	0.24
吸/防	5.40	3.71	3.08	1.09

另外，在路中一定范围内窄幅路基的吸热强度要大于宽幅路基，究其原因是因为路基宽度较窄，吸收的热量不易扩散，在垂直方向形成的地温梯度较大，导致路基垂直方向的热流密度较大。另外图 6-35 还表明，由于边坡也参与路堤基底热交换作用，致使基底热交换最强烈的位置向边坡侧偏移(图中热流密度的最小值偏向边坡)。

综上所述，在多年冻土区修建高等级公路，由于路面宽度的增加会导致冻土路基内热量积累更加严重。数值模拟的结果表明当路基宽度增加 1.0m 时，通过路堤基底每年平均吸收的热量增大 2.99W，放出的热量增加 2.75W，路基内吸收的热量使多年冻土人为上限下移 0.11m，多年冻土年均地温升高 0.1℃。这对高温多年冻土地区修建宽幅高等级公路提出了更为严峻的挑战，工程上必须积极应对，应通过积极有效的主动降低路基温度的工程措施加以解决。

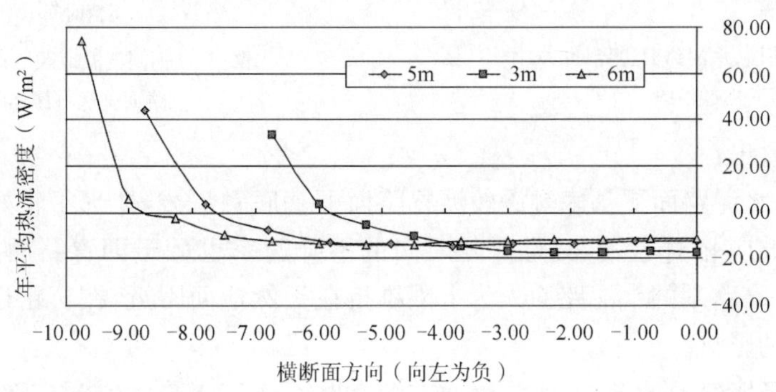

图 6-35　不同路基宽度下路堤基底垂直方向年均热流密度的对比

(六)路面类型对路基温度场的影响

1. 沥青路面与水泥路面对路基温度场影响的对比分析

本节运用焓方法对沥青路面与水泥路面结构下的路基温度场进行了模拟计算，并对比分析其差异。

(1)路基边界处的温度状况分析

由于不同年均气温地区路基边界处的温度变化规律相同，仅在数值上有所差异，故本节只对五道梁地区水泥路面与沥青路面路基边界处温度状况进行分析。

经有限元计算，年均气温－5.2℃地区水泥路面与沥青路面路基各边界处第 5 年的日均温度变化过程如图 6-36 所示。

根据计算结果，可以看出：

①总体来看，水泥路面的年均温度比沥青路面低 2.2℃左右，体现了良好的降温效应，因而铺筑水泥路面的冻土路基热稳定性较好。

②水泥路面对外部气温的增温响应速度比沥青路面迟缓。在年均气温升温幅度为 0.022℃/年的青藏高原地区，沥青路面的年均温度增幅为 0.021℃/年，水泥路面为 0.019℃/年。因而从长期来看，水泥路面的温度增幅较小，公路运营时间越长，与沥青路面相比，其热稳定性越好。

③受温室效应影响，路基各边界处年均温度均呈上升趋势，然而各边界对气候升温的响应速度却不相同，从快到慢排序依次为：沥青路面、水泥路面、阳坡、天然地面、阴坡。

④不同路面类型间的温度差异也随着季节变化而变化，在冷季（11 月至翌年 3 月），沥青路面与水泥路面间的温度差异较小，最小时为 1.16℃，而在热季（4 月至 10 月），二者间的温度差异较大，最大时可达 4.05℃。故水泥路面的降温效应在热季体现得更为突出。

（2）不同气温地区沥青路面与水泥路面路基基底融深比较

根据有限元计算结果，不同气温地区沥青路面与水泥路面基底融深的比较如图 6-37 所示。

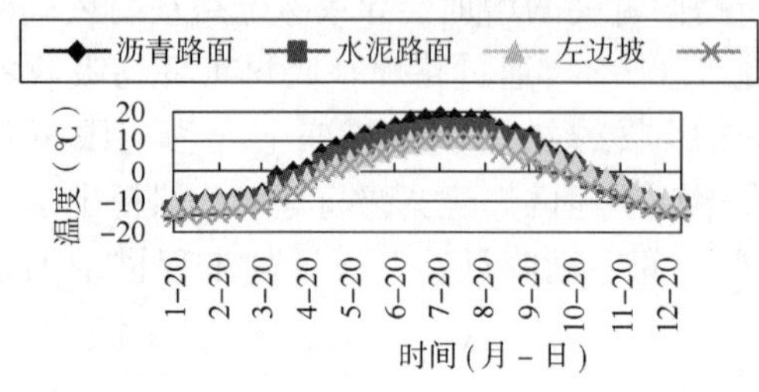

图 6-36 沥青路面、水泥路面边界处的日平均温度年变化过程图

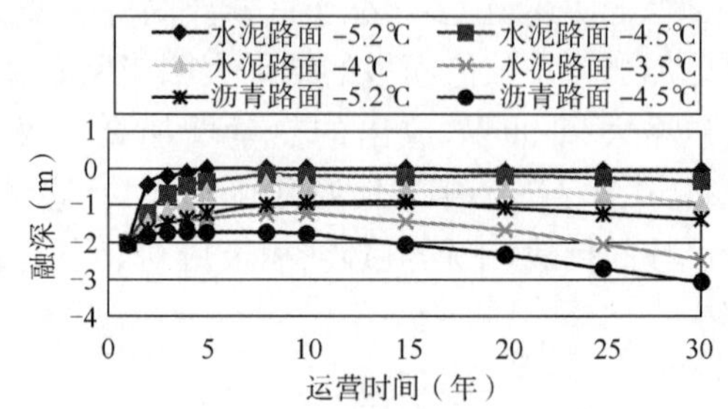

图 6-37 不同气温地区沥青路面及水泥路面基底融深逐年变化

从图中可以看出：

①相同地区，水泥路面下基底融深较沥青路面下基底融深浅，体现了较好的热稳定性，且对外部气温升温响应相对迟缓，其融深随时间的下降速率也低于沥青路面。当年均气温为－5.2℃时，2.5m 高路基的水泥路面人为上限维持在天然地面附近，在公路运营 30 年内基本上不受气温升高的影响。

②随着所处环境气温的升高，水泥路面与沥青路面基底年最大融深亦随之增加。与沥青路面基底融深变化规律不同的是：沥青路面基底融深对中低温地区气温的升高响应迅速，水泥路面基底融深对中低温地区气温的升高响应较为迟缓，为此也对高温极不稳定地区气温的升温响应迅速。

③不同气温地区采用水泥路面保护基底冻土的工程效果是不相同的。在年均气温－5.2℃地区，公路运营 30 年后，水泥路面与沥青路面下最大融深相差 1.32m，而在年均气温－4.5℃地区，二者相差可达 2.73m。由此可看出，在高温不稳定冻土区，采用水泥路面可有效地保护基底多年冻土。

④对于年均气温－4℃的地区，当铺筑水泥路面时，2.5m 高度的路基运营 30 年后基底融深仅 0.94m，高于当地的天然上限（2.03m），体现了良好的稳定性，此人为上限的高度较该地

区铺设沥青路面的相同高度路基下的人为上限有大幅度的抬升。

2. 沥青路面与砂砾路面对路基温度场影响的对比分析

利用3.1.1节中所述等效参数法几何模型及其物理参数，运用有限元数值计算方法模拟路基温度场，研究沥青路面与砂砾路面对冻土路基地温特征的影响规律。

沥青路面上边界条件选择表6-9中的路中地温曲线参数，而砂砾路面的上边界条件选择路肩的地温曲线参数。首先在路面、边坡及天然地表上分别施加不考虑气候变暖的温度边界条件，将地中热流 $q=0.06\mathrm{W/m^2}$ 作为模型的下边界条件，通过一定时间的数值计算，图6-13所示路基的计算模型内温度场已达到动态平衡状态，将这一温度场作为后续计算的初始温度场。保持计算模型及其物理参数，将其上边界的温度边界条件中加入气候变暖项，下边界条件不变，在沥青路面与砂砾路面条件下分别模拟20年。对于这20年的模拟结果及规律，从以下三个方面分别进行讨论。

(1)对人为上限及融化盘的影响

多年冻土区道路工程中路面条件的差异将会导致气候与多年冻土地基之间的热量收支状况明显不同，进而致使多年冻土路基地温特征的不同。

图6-38描述了相同断面与相同气候条件下的沥青路面与砂砾路面下人为上限随时间的变化规律。图中可以看出沥青路面人为上限大约分布在6～7m，而砂砾路面大约分布在4～5m。模拟结果表明20年间砂砾路面下人为上限的平均值较沥青路面抬升约2.3m。另外，两种路面结构人为上限变化率也略有差异，沥青路面的融化速率约为0.036 9m/年，略高于砂砾路面的0.031 5m/年。

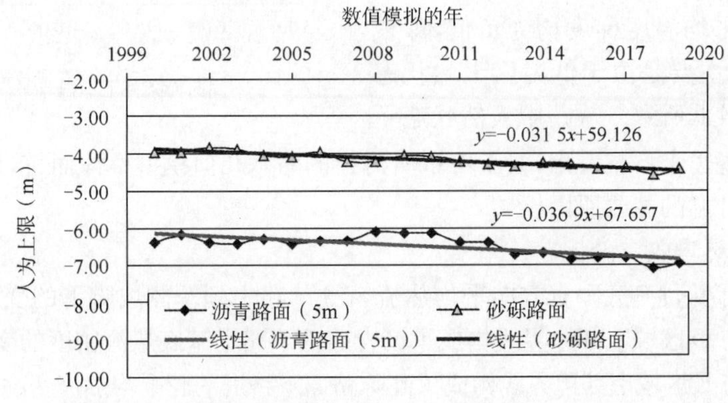

图6-38　两种路面条件下人为上限随时间的变化

两种路面结构下人为上限差异的另一种结果是路基下融化盘形态的不同，图6-39描述了数值模拟的2010年两种路面下最大融深的分布。如图所示，在2010年沥青路面下明显形成宽度达7.5m、深度达1.27m的凹形融化盘。此类融化盘在高含冰量多年冻土区极易形成路基凹陷、沉陷等病害，进而引发大面积路基翻浆。相对而言，在路基高度相同的条件下，由于砂砾路面吸热能力较弱，透气能力较强的特性，它能有效地改善地基的地温状况，致使路基内无法形成类似于沥青路面下的融化盘形态，人为上限还略有抬升，因此，砂砾路面下路基病害发生几率大大减小，路基运行的安全系数与时间也会相应地大大提高。

对于多年冻土区的铁路工程而言，正好可以利用铁轨道渣层的热吸收率低与透气性好的特征改善路基内融化盘形态，从而提高路基的稳定程度。然而对于公路工程而言，砂砾路面作为低等级的路面形式毕竟无法满足现代高等级公路建设的需求，因此，铁道工程与公路工程表面条件的差异也就造成了多年冻土区两类线性工程建设的诸多不同。

通过上述两类路面对人为上限及融化盘影响的对比分析不难发现，因为路面效应的影响，多年冻土区高等级公路建设将面临更多的困难与挑战。

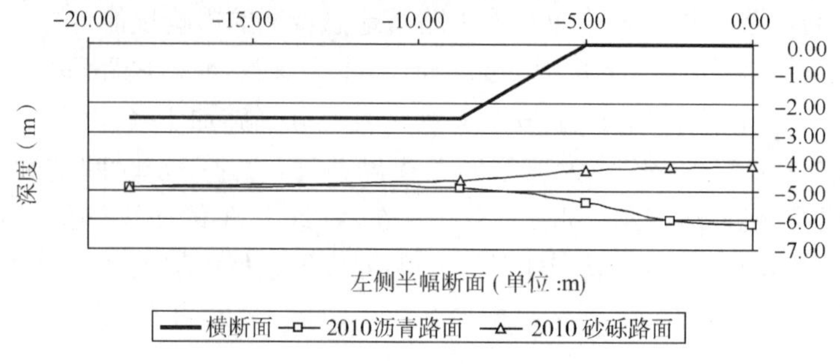

图 6-39 两种路面下融化盘形态的对比

(2)对路中年平均地温的影响

除人为上限之外，冻土年平均地温也是反映多年冻土敏感性与稳定性的重要指标，它能有效反映一定地质、自然地理条件下冻土层的热量收支状况。图 6-40 反映了两种路面地温年平均值随深度的变化关系。从图中可以看出，由于沥青路面的强吸热作用造成附面层底年平均温度较高，致使年变化深度内的平均温度梯度表现出较砂砾路面下更强烈的吸热作用。然而天然地表下的平均温度梯度均为负值，即表现为放热作用，这主要是由于低温区天然状态下地表平均地温较低所致。从路中天然状态下平均地温的变化规律中不难看出，对于本章所讨论的路基几何模型整体而言，通过路面吸热量是路基平均地温升温的主要原因。

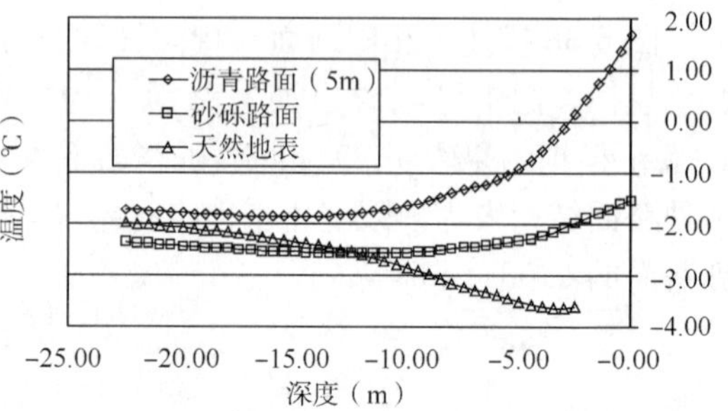

图 6-40 不同路面条件下地温年平均值随深度的变化

(3)路堤基底热量收支的比较

图 6-41 描述了路堤基底垂直方向平均热流密度从路中到左侧坡脚下的变化规律。图中 B 区域下部边界线与 D 区域上部边界线构成了沥青路面下路堤基底热流密度的变化趋势，而 A、C 区域下部边界线与 E 区域上部边界线构成了砂砾路面下路堤基底平均热流密度的变化趋势。图中各阴影部分所围成的面积表示热量(单位为 W)，其中 A 与 B 的面积和表示沥青路面下路堤基底 0～－6.02m 范围内平均每年吸收的热量，为－184.5W；而 D 与 E 的面积和表示沥青路面下路堤基底－6.02～－8.75m 范围内平均每年所放出的热量，为 81.6W(吸热为负，放热为正)。同样 A、C 的面积和为砂砾路面下路堤基底 0～－7.46m 范围内平均每年吸收的热量，为－91.7W；E 的面积代表－7.46～－8.75m 范围内平均每年放出的热量，为30.5W。由此可知沥青路面平均每年吸收的热量约有 102.9W 通过路堤基底传入下伏地基，而砂砾路面约有 61.2W的热量传入下伏地基。可见在路堤高度与宽度相同的条件下，沥青路面平均每年的吸热能力较砂砾路面强 1.68 倍。实际上通过路面传入路堤的热量一部分通过基底传入地基，另一部分则通过边坡横向扩散了，这里所讨论的数值均不考虑路堤内热量的横向扩散。

另外，从图 6-41 中可以看出，两种路面条件下由于平均地温梯度分布的差异致使沥青路面下路堤基底无论是吸热强度还是放热强度均高于砂砾路面。

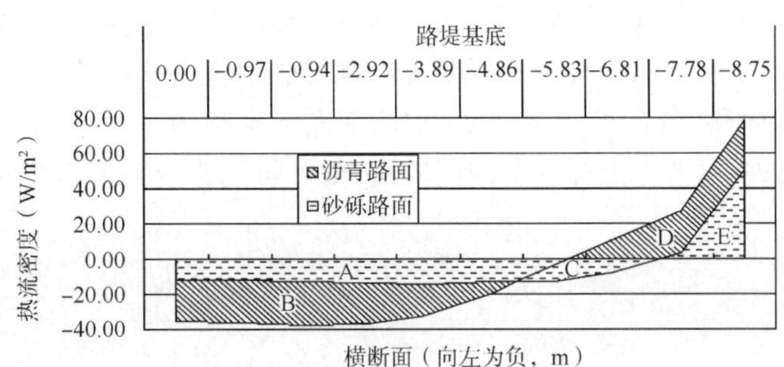

图 6-41　两种路面条件下路堤基底垂直方向平均热流密度

对所模拟的路基与地基整体而言，年均吸收的热量主要来源于路面，地中热流虽然也有所贡献但相较则可忽略。每年平均吸收的热量主要消耗于三个方面：第一，用于多年冻土层的土体升温；第二，用于横向扩散；第三，通过天然地表面和部分坡面放出。如果天然地表或坡面条件较差，每年通过其释放的热量越少，则多年冻土层吸收的热量越多，土体升温速率越大，即加快了多年冻土的退化速度。横向扩散的强度主要取决于路基周边分布多年冻土的地温特点，年均地温越低则扩散速度越快，反之地温越高则扩散速度越慢。因此，在道路修建的过程中应尽量减少破坏多年冻土赖以生存的地表放热条件。

综上所述，由于沥青路面强烈的吸热与阻滞蒸发的作用，造成沥青路面下多年冻土的生存条件较砂砾路面更差。这两种路面结构也在一定程度上反映了多年冻土区公路工程与铁道工程的差异。因为黑色路面吸热效应的影响，相对其他线性工程而言，多年冻土区高等级公路路基的处理存在诸多特点与难点，也将更为复杂。

第三节　公路冻土路基水—热—力三场耦合

土体的冻结过程是温度场、水分场及应力场相互作用的一个极其复杂的热力学、物理化学和力学的综合问题。土体冻结时，不仅在冻结层中应力和孔隙水压力产生变化，而且在已冻结层中应力也在增大。土体降温至冻结温度，除寒土外，随着固体水分的增加，当其体积膨胀量超过土体孔隙时，冻胀力便开始产生，原来土体内的应力状态开始重新分布；伴随着土温的继续降低，冻胀逐渐增加，应力重分布也在继续。融化过程相继开始后土温逐渐升高，冻胀力减小，直至完全融化后，冻胀力消失，重新变为融土的应力分布状态（可能不同于冻前的融土应力状态）。除了上述温度对冻融过程中应力和冻结强度的直接影响外，温度又通过对水分迁移的直接热力作用而对应力分布产生影响。在温度梯度的作用下，冻土因水分迁移引起的冻胀变形也造成空间张应力梯度的扩展，在某一部分达到极大值，并且冻融两区扩展应力相互影响着。在大温度梯度下，水分迁移聚冰作用小，减小了土的冻胀变形，从而又制约应力场的产生和扩展。小温度梯度作用的结果是增加冻胀变形和应力场的扩展。因此，研究土体冻结和融化过程中水-热-力三场耦合效应对揭示寒区建（构）造物的冻胀与融沉造成的结构破坏具有非常重要的意义。本节将简单讨论三场耦合的理论框架与模型试验的成果。

一、三场耦合理论与计算方法

（一）水热耦合模型的控制方程及计算

路基中热量的差异和改变引起水分的迁移与转化，同时路基中的水分通过改变土体热特性来影响土的温度。由于温度是影响水分运动不可忽视的因素，传统的等温模型不能确切反映温度变化引起路基中水分的迁移。根据前文中以质能平衡为基础建立水、热迁移的理论模型，假定在某一瞬时时刻，各向的导热系数、扩散率及导水率为一定值，其值只是含水率的函数，与空间的位置无关，且考虑土体的各向同向性，则可得到冻土路基温度场和水分场的控制方程为：

$$\rho c \frac{\partial T}{\partial t} = k\left(\frac{\partial^2 T}{\partial x^2} + \frac{\partial^2 T}{\partial y^2}\right) + q_v + \rho L \frac{\partial f_s}{\partial t} \tag{6-39}$$

$$\frac{\partial \theta}{\partial t} = D\left(\frac{\partial^2 \theta}{\partial x^2} + \frac{\partial^2 \theta}{\partial y^2}\right) + D_T\left(\frac{\partial^2 T}{\partial x^2} + \frac{\partial^2 T}{\partial y^2}\right) + K - \frac{\rho_I}{\rho_W}\frac{\partial f_s}{\rho_W} \tag{6-40}$$

式(6-39)和式(6-40)构成了冻土路基温度场和水分场耦合的理论模型。在质能平衡基础上建立的水热耦合方程是非线性偏微分方程，很难用解析的方法求解，为此在空间域内采用有限元网格划分，在时间域内用有限差分网格划分的混合解法；采用混合单元进行计算，即在路基内采用四边形单元，在路基边坡上采用三角形单元。采用伽辽金加权余量法对冻土路基温度场和水分场的控制方程进行有限单元法方程的转变，引进格林公式把区域内的面积分与边界上的线积分联系起来，从线积分中得出边界条件。以$\frac{\partial J^{D}}{\partial T_l} = \sum_{e=1}^{E}\frac{\partial J^{e}}{\partial T_l} = 0$为单元合成计算的基础，可以得到式(6-39)有限元表达形式，即：

$$[K]\{T\}_t + [N]\{\partial T/\partial t\}_t = \{P\}_t \tag{6-41}$$

式中：$[K]$——温度刚度矩阵；

$[N]$——非稳态变温矩阵；

$\{T\}$——未知温度值的列向量；

$\{P\}$——边界条件和相变引起的列向量。

同理，可得到水分场控制方程式(6-40)的有限元表达形式，即：

$$[K]\{\theta\}_t + [N]\left\{\frac{\partial \theta}{\partial t}\right\}_t = \{P\}_t \tag{6-42}$$

式中：$[K]$——水分场刚度矩阵；

$[N]$——非稳态水分场矩阵；

$\{\theta\}$——未知含水率值的列向量；

$\{P\}$——边界条件、温度梯度引起水分迁移和相变引起的列向量。

其中，矩阵参数和边界条件根据前文确定，导热系数、比热容、相变潜热等热参数不采用定值，而充分考虑水分迁移的影响，边界蒸发量也应根据地面含水率并结合当地气候条件进行计算；确定含水率时，考虑每一瞬时段由于温度梯度引起水分扩散造成的影响。水热耦合计算的总体流程如图6-42所示。

（二）温度场与应力场耦合模型的控制方程

路基土体的冻胀是导致工程病害的直接原因，土体中使水相变为冰的负温是引起土体冻胀的基本条件。引用前述伴有相变的路基非稳态温度场控制方程及冻土路基变形场的二维数值计算模型，来研究路基冻结过程中温度场变化引起路基土体变形场的变化规律。

1.路基非稳态温度场的控制方程

根据前文对温度场的建模，得到伴有相变的路基非稳态温度场的控制方程为：

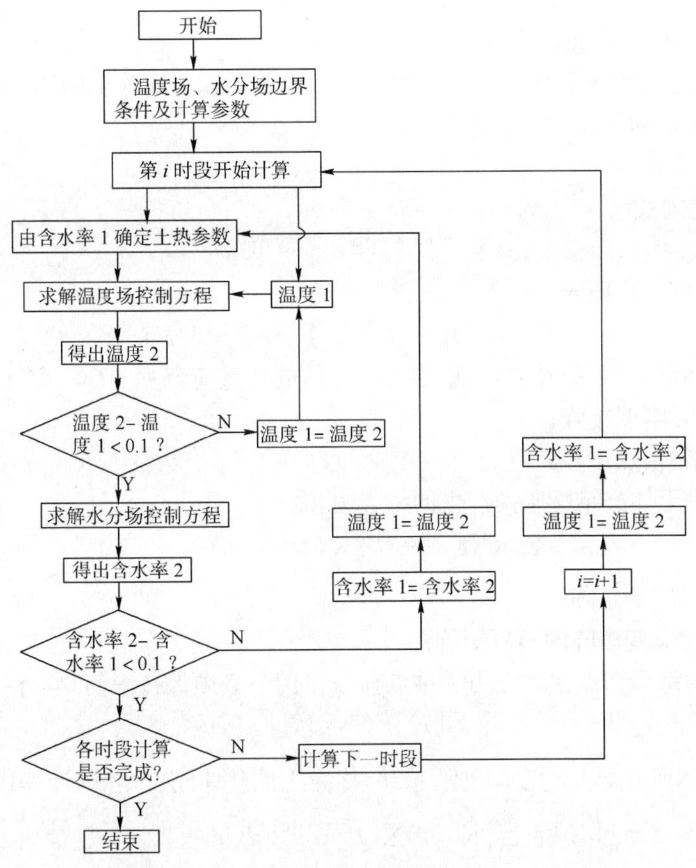

图 6-42　水热耦合计算流程图

$$\rho c\,\frac{\partial T}{\partial t}=\frac{\partial}{\partial x}\left(k\,\frac{\partial T}{\partial x}\right)+\frac{\partial}{\partial y}\left(k\,\frac{\partial T}{\partial y}\right)+q_v+\rho L\,\frac{\partial f_s}{\partial t} \tag{6-43}$$

式中：f_s——该节点的固相率；

L——土冻结或融化相变潜热(J/kg)；

k,c——分别为导热系数[W/(m・℃)]和比热[J/(kg・℃)]，在固相和液相区分别取为 k_S、k_L、c_S、c_L，在相变区内 k 可根据温度 T 作线性插值处理；

ρ——材料的密度(kg/m³)；

q_v——材料的内热源强度(W/m³)。

在非相变区内：$\partial f_s/\partial t=0$，则上式转变为通常的导热微分方程。其中 f_s 为固相率，是无因次量，固相率的增加(或减小)与相变潜热的释放(或吸收)量成正比。f_s 含义为：

$$f_s=(T_L-T)/(T_L-T_S)$$

式中：T_L，T_S——融化及冻结温度；

T——相变区内节点温度。

2.应力和变形的基本方程

在自重作用下，冻土路基土体单元的应力-应变关系如下：

$$\{\sigma\}=[D](\{\varepsilon\}-\{\varepsilon^{v}\}) \tag{6-44}$$

式中：$\{\sigma\}=\{\sigma_x\quad\sigma_y\quad\tau_{xy}\}^{T}$；

$\{\varepsilon\}=\{\varepsilon_x \quad \varepsilon_y \quad \gamma_{xy}\}^{\mathrm{T}}$；

$[D]$——平面应变问题的弹性矩阵；

$\{\varepsilon^{\mathrm{v}}\}$——由原土中的部分水和迁移来的部分水冻结成冰引起冻土的体积变化。

用结点位移表示的单元应变矩阵方程为：

$$\varepsilon = [B]\{\delta\}^{\mathrm{e}} \tag{6-45}$$

将式(6-45)代入式(6-44)，得：

$$\{\sigma\} = [D][B]\{\delta\}^{\mathrm{e}} - [D]\{\varepsilon^{\mathrm{v}}\}$$

根据虚位移原理，经推导得：

$$\{F\}^{\mathrm{e}} = [K]^{\mathrm{e}}\{\delta\}^{\mathrm{e}} - [B]^{\mathrm{T}}[D]\mathrm{d}A\{\varepsilon^{\mathrm{v}}\} \tag{6-46}$$

式中：$\{F\}^{\mathrm{e}}$——单元结点所受外力，这里主要指土体的自重荷载；

$[K]^{\mathrm{e}}$——单元刚度矩阵；

$\{\delta\}^{\mathrm{e}}$——单元结点位移。

式右第二项是土体冻结膨胀而产生的结点力，令：

$$\{R\}^{\mathrm{e}}_{\varepsilon^{\mathrm{v}}} = [B]^{\mathrm{T}}[D]\{\varepsilon^{\mathrm{v}}\}\mathrm{d}A$$

式中：$[B]$——单元应变矩阵；

$[B]^{\mathrm{T}}$——单元应变矩阵的转置矩阵。

又路基土体的每个结点在结点力和结点荷载作用下必须保持平衡，故有：

$$[K]\{\delta\} = [F] \tag{6-47}$$

式中：$[K]$——土体所有单元刚度矩阵的总和，称为土体整体刚度矩阵，计算式如下：

$$[K]=\sum_{e=1}^{n}[K]^{\mathrm{e}}=\sum_{e=1}^{n}[B]^{\mathrm{T}}[D][B]\mathrm{d}A \tag{6-48}$$

采用消元法对式(6-46) $2n$ 阶线性代数方程组求解，得到结点位移。

(三)水分场与应力场耦合模型的控制方程

随着温度周期性的变化，多年冻土路基土体中会形成不同范围的冻胀冰锋线，由于水分的存在，产生体积膨胀与融沉的现象，会引起土体产生不同的变形。土体中水分的多少也是引起路基变形大小的一个重要因素，在前文建立的冻土路基中水分迁移的有限元控制方程和冻土路基变形场及应力场的二维数值计算模型基础上，进一步分析水分变化引起的路基变形规律。

前文中已经得到冻土路基中水分迁移的有限元控制方程为：

$$[K]\{\theta\}_{\mathrm{t}} + [N]\left\{\frac{\partial\theta}{\partial t}\right\}_{\mathrm{t}} = \{P\}_{\mathrm{t}} \tag{6-49}$$

应力和变形的基本方程为：

$$[K]\{\delta\} = \{F\} \tag{6-50}$$

$$[K]=\sum_{e=1}^{n}[K]^{\mathrm{e}}=\sum_{e=1}^{n}[B]^{\mathrm{T}}[D][B]\mathrm{d}A \tag{6-51}$$

由水分迁移的有限元控制方程求解出的体积含冰量超过临界值时，路基土体就会产生膨胀。一般认为土体处于强冻胀级别时，会给工程带来较大的危害。

(四)水、热、力耦合模型的控制方程及计算

前文已经初步建立了多年冻土地区路基非稳态温度场控制方程、水分迁移的有限元控制方程和路基变形场及应力场的计算模型，在此基础上，进一步研究三场耦合效应的模型及其计算方法。

1. 控制方程

冻土路基的冻胀、融沉过程受控于土体中温度场、水分场、应力场及其变化规律。有限元计算非稳态相变温度场的基本方程、计算水分迁移方程及应力和变形的基本方程分别如下：

$$[K]\{T\}_t+[N]\left\{\frac{\partial T}{\partial t}\right\}=\{P\} \tag{6-52}$$

$$[K]\{\theta\}_t+[N]\left\{\frac{\partial \theta}{\partial t}\right\}_t=\{P\}_t \tag{6-53}$$

$$[K]\{\delta\}=\{F\} \tag{6-54}$$

$$[K]=\sum_{e=1}^{n}[K]^e=\sum_{e=1}^{n}[B]^T[D][B]\mathrm{d}A \tag{6-55}$$

2. 水、热、力耦合模型的计算流程

水、热、力三场耦合计算实际上是式(6-53)～式(6-55)的耦合计算。由三场耦合模型可以看出，多年冻土地区温度场温度分布形成温度梯度，引起土体中水分发生相变的同时，使得未冻水在土水势的作用下产生迁移变化；水分的变化将引起温度场中土体热物理参数产生变化，同时产生的相变现象又会引起热流的变化，影响温度场的变化规律；温度场与水分场的变化是引起路基变形场及应力场变化的重要因素，温度变化引起的冻融现象，水分迁移引起的聚冰现象是使得路基破坏的重要因素。

在前文对单场进行有限元数值解析的基础上，考虑水、热、力场控制方程中参数的相互影响，应用 VB 语言编写计算程序，计算流程见图 6-43。

二、实际边界条件的试验研究

目前，大多数温度场计算模型的上边界条件均根据“附面层”原理，将复杂气候因素简化为附面层底正弦波动的地温边界(第Ⅰ类边界)。选择此类边界条件使数值模拟较为方便，但其不具备典型性和代表性，因此，有必要开展综合考虑太阳辐射、蒸发、风速、风向、地表湍流等影响的路基实际边界条件的研究。

对路基温度场的真实边界条件的研究首要任务是找出诸多外界气象要素与路基边界处对流换热与辐射换热的关系。

(一)对流换热边界条件的试验研究

(1)试验原理与设备

通过研制的试验设备对青藏公路不同路面类型(沥青路面、水泥路面)与空气间的对流换热系数进行测定。

根据传热学理论可知，当高温流体掠过固体表面时，进入固体表面的热流密度为：

$$q=(T_f-T_s)\cdot h \tag{6-56}$$

式中：q——热流密度($\mathrm{W/m^2}$)；

T_f——流体(空气)温度(℃)；

T_s——固体(砂砾石面层、沥青混凝土面层、水泥混凝土面层)表面温度(℃)；

h——对流换热系数[$\mathrm{W/(m^2\cdot ℃)}$]。

将(T_f-T_s)保持恒定，则经过 t 时间后，进入固体表面的热量为：

$$Q_1=q\cdot S\cdot t \tag{6-57}$$

式中：Q_1——进行固体表面的热量(J)；

S——固体表面的面积(m^2)；

t——加热时间(s)。

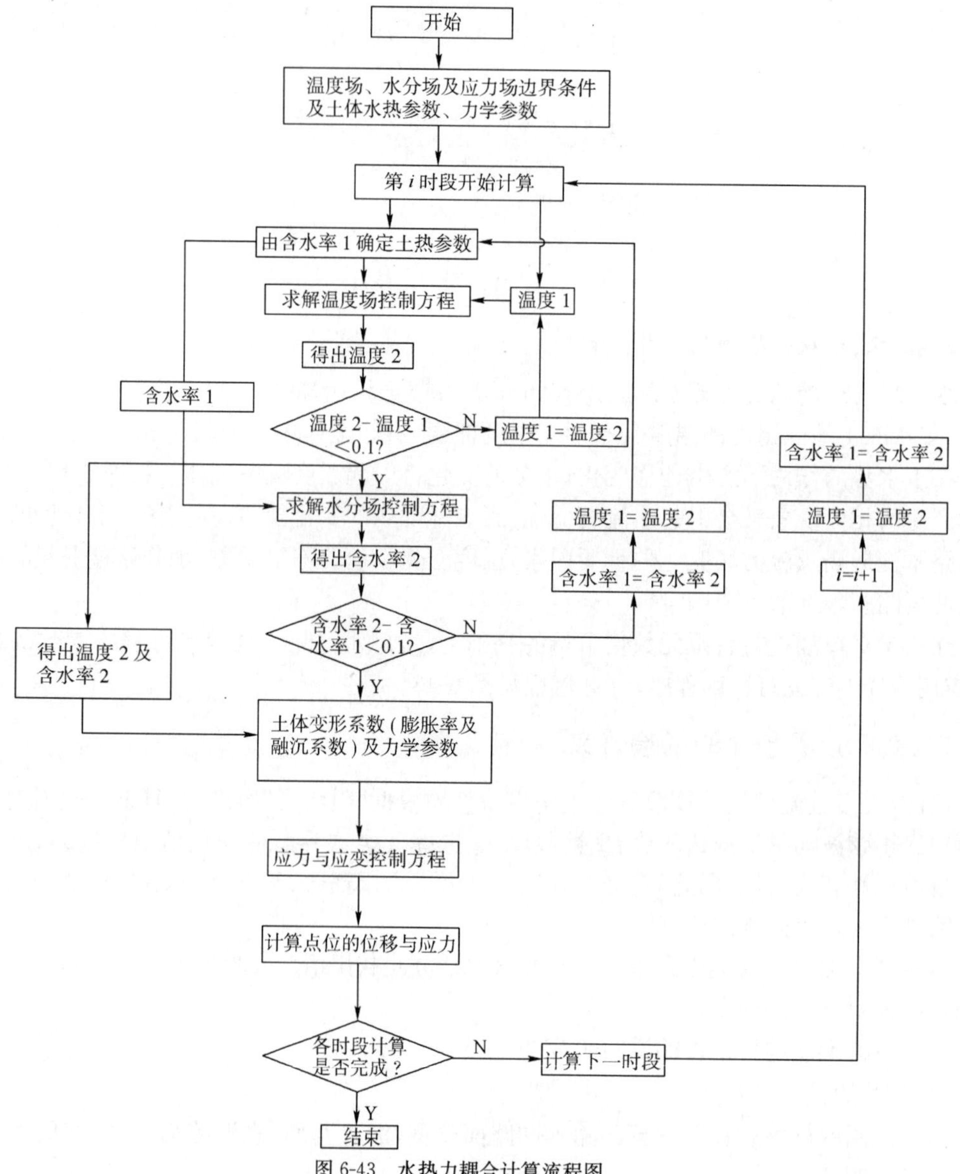

图 6-43 水热力耦合计算流程图

同时，通过布置于固体表面及底部的多个温度传感器可知加热前固体的平均温度 T_b 及经过 t 时间加热后固体的平均温度 T_e，则固体吸收的热量为：

$$Q_2 = C(T_e - T_b)m \tag{6-58}$$

式中：Q_2——固体吸收的热量(J)；

C——固体的比热(J/kg·℃)；

m——固体的质量(kg)。

根据能量守恒定律知：

$$Q_1 = Q_2 \tag{6-59}$$

则可得对流换热系数的表达式：

$$h=\frac{C(T_e-T_b)m}{(T_f-T_s)St} \tag{6-60}$$

为了能够较好地分析青藏高原地区路基与空气间的对流换热状况，并将其通过室内试验进行模拟，利用长安大学研制的热风环境试验机对不同介质表面与空气间的对流换热系数进行测定。热风环境试验机分为动力系统、加热系统、控制系数、数据采集系统及箱体五个主要组成部分。其工作原理及程序示意图如图 6-44，设备如图 6-45。

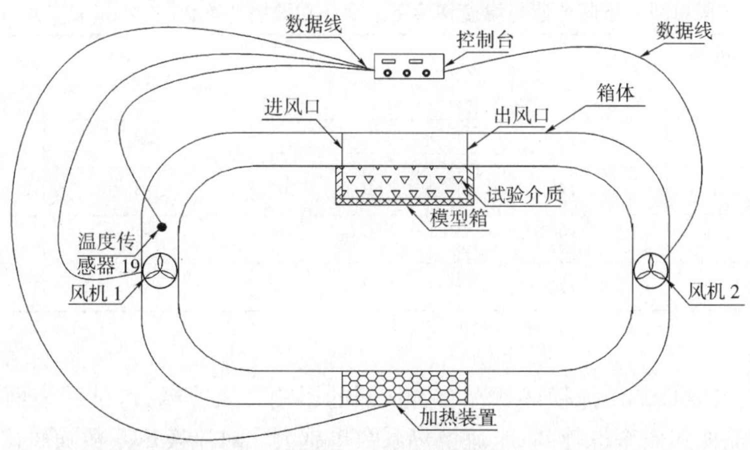

图 6-44　热风环境试验机示意图

(2)试验方案组合及材料参数

为了能够较为全面地了解风速和温度梯度这两个主要因素对不同材料表面对流换热系数的影响，进行了三因素试验，参考青藏高原各月的平均风速状况，结合考虑高原常见风速的变化范围及试备的使用性能，试验中风速取值分别采用 3m/s、4m/s、5m/s、6m/s 四挡，温度梯度采用 3℃、5℃两挡，每种材料需 8 次试验，沥青与水泥混凝土两种路面材料共需进行 16 次试验。具体组合方式如表 6-15 所示。

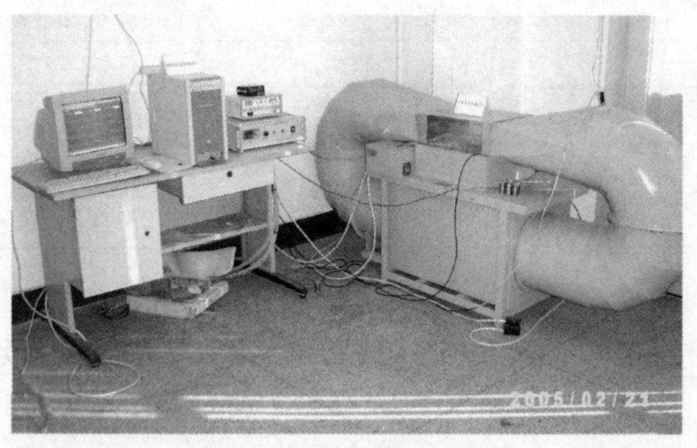

图 6-45　热风环境试验机外观图

对流换热系数试验编号表　　表 6-15

温差＼风速	3 m/s	4 m/s	5 m/s	6 m/s
3℃	$T_{1,3,3}/T_{2,3,3}$	$T_{1,3,4}/T_{2,3,4}$	$T_{1,3,5}/T_{2,3,5}$	$T_{1,3,6}/T_{2,3,6}$
5℃	$T_{1,5,3}/T_{2,5,3}$	$T_{1,5,4}/T_{2,5,4}$	$T_{1,5,5}/T_{2,5,5}$	$T_{1,5,6}/T_{2,5,6}$

注：$T_{i,j,k}$中 i 为材料编号，1 为沥青混凝土，2 为水泥混凝土；j 为试验时的温差值；k 为试验时的风速值。

在对流换热及辐射换热试验中，各种材料的比热是试验的基本参数，必须对试验过程中所用材料的比热进行严格的测定，以保证试验结果的真实性与可靠性。沥青混凝土、水泥混凝土的比热试验结果如表 6-16 所示：

两种试验材料的比热测试结果　　表 6-16

材料类型	沥青混凝土	水泥混凝土
比热(J/kg·℃)	1 034	1 101

(3)试验结果分析

对表 6-15 中的 16 种组合工况分别进行试验,得出不同工况下的表面对流换热系数的试验结果如表 6-17 所示。

不同材料在不同风速与温度梯度下的表面对流换热系数[W/(m^2·℃)]　　表 6-17

度梯度温 \ 风速		3 m/s	4 m/s	5 m/s	6 m/s
沥青混凝土	3℃	126	150	192	218
	5℃	129	150	184	186
水泥混凝土	3℃	123	149	174	181
	5℃	113	134	140	151

试验结果表明:

①风速对试件表面的对流换热状况有着强烈的影响。风速越大,试件表面的对流换热状况越为剧烈,对流换热效率也越高,对流换热系数也越大。对流换热系数随风速基本呈线性关系,经线性拟合后的回归公式如表 6-18 所示。

对流换热系数与风速的线性关系　　表 6-18

温度梯度		回归公式	拟合度(R^2)
沥青混凝土	3℃	$H=27.4+29.8v$	$R^2=0.987$
	5℃	$H=65.2+19.4v$	$R^2=0.917$
水泥混凝土	3℃	$H=66.3+21.2v$	$R^2=0.948$
	5℃	$H=80.1+12.1v$	$R^2=0.931$

②随表面风速的增加,温度梯度对表面对流换热系数的影响越显著,并且温度梯度越大,相对应的对流换热系数越小,其趋势如图 6-46 所示。

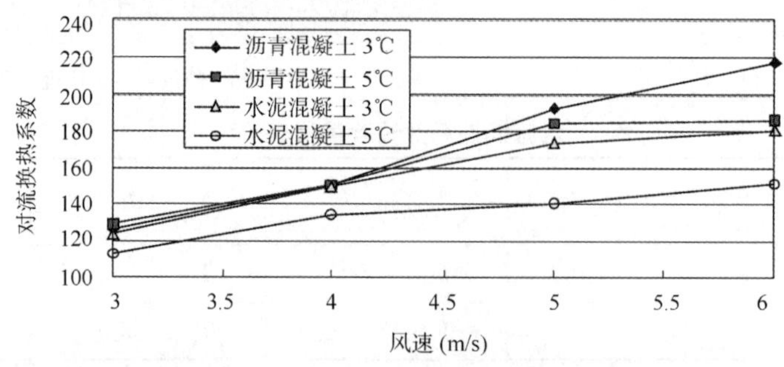

图 6-46　不同工况下对流换热系数与风速的关系

③在相同的气温、风速等条件下,沥青混凝土路面与空气间的对流换热量要大于水泥混凝土路面与空气间的对流换热量。

④随着风速的增大,路面类型对对流换热系数的影响也随之增加。当风速为 3m/s 时,沥青混凝土试件与水泥混凝土试件在对流换热系数上的差异为 3W/(m^2·℃),仅占 2.4%;当

风速为 4m/s 时，二者间的差异为 1W/(m^2 · ℃)，占 0.7%；当风速为 5m/s 时，二者间的差异为 18W/(m^2 · ℃)，占 10.3%；当风速为 6m/s 时，二者间的差异达 37W/(m^2 · ℃)，占 20.4%。

(4)青藏高原地区两种材料表面对流换热系数的推荐值

影响对流换热的因素是复杂多样的，除了风速、温度梯度、固体表面的粗糙程度以外，还有流体的黏滞度、导热系数、流态(层流还是紊流)、固体表面的尺寸、形状等多种因素。

考虑青藏高原地区的气候特点及路面类型状况，结合路面温度场的实测资料，充分考虑试验设备的使用性能与精度范围，推荐沥青混凝土路面的对流换热系数应该在风速 4m/s、温度梯度为 5℃时取值，为 150 W/(m^2 · ℃)；而水泥混凝土路面的对流换热系数应该在风速 4m/s、温度梯度为 5℃时取值，为 134W/(m^2 · ℃)。

(二)辐射换热试验研究

(1)试验原理与设备

辐射换热试验的试验条件较为苛刻，对于在试验过程中热量的向外散发控制难度较大。为了增加试验的效率与精度，本文简化了试验中的诸多控制要求，采用自行研制的辐射换热试验环境箱(图 6-47、图 6-48)对沥青路面、水泥路面的辐射吸收状况进行比对试验，以下对试验的基本原理进行简要阐述。

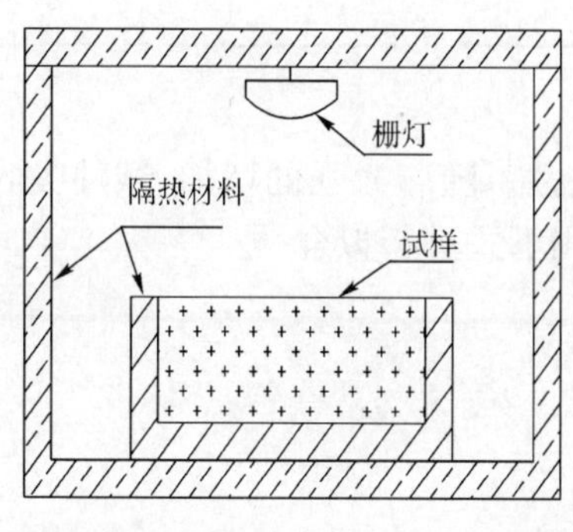

图 6-47 辐射换热试验箱示意图

图 6-48 辐射换热试验箱外观图

试样经栅灯照射 t 时间后，试样表面所接收的热辐射总量进入试样内部，使试样的温度升高，辐射能转化为热能，试样所吸收的辐射能等于试样的热能增量，为：

$$Q_1 = C_s \cdot (T_{es} - T_{bs}) \cdot m_s \tag{6-61}$$

式中：Q_1——试样热能的增量(J)；

C_s——试样的比热[J/(kg · ℃)]；

T_{es}、T_{bs}——试样试验后、试验前的平均温度(℃)；

m_s——试样质量(kg)。

另一方面，

$$Q_2 = R \cdot S \cdot t \tag{6-62}$$

式中：Q_2——试件吸收的辐射能(J)；

R——试件的辐射热交换系数(W/m^2)；

S——试件接受辐射的面积(m^2)；

t——试件接受辐射的时间(s)。

根据能量守恒定律可知，

$$Q_1 = Q_2 \tag{6-63}$$

则可得出辐射热交换系数的计算公式：

$$R = \frac{C_s \cdot (T_{es} - T_{bs}) \cdot m_s}{S \cdot t} \tag{6-64}$$

(2)试验结果分析

为了能够较为全面地了解不同材料类型的辐射换热状况，针对青藏高原太阳辐射分光谱特征，采用两因素分析法。将辐射强度与材料界面类型作为影响辐射热交换系数的主要因素。初步选定4种光强及两种材料界面类型(沥青混凝土试件与水泥混凝土试件)，进行全面试验。

试验中将光强分为三挡，按照平滑法处理后不同光强下两种材料的辐射换热系数试验结果如表6-19与图6-49所示。

不同光强下两种材料的辐射换热系数(W/m^2)　　表6-19

光强 (10^{-3}W)	15	20	25
沥青混凝土	1 327	1 430	1 558
水泥混凝土	1 146	1 221	1 365
二者比值	0.864	0.854	0.876

通过分析可以看出如下规律：

①辐射换热系数与光强间具有密切的线性相关性。随着光强的增加，试件吸收的辐射量也增加，辐射换热系数随之增大。二者间的关系可用下式进行拟合。

沥青混凝土试件：

$$y = 115.5x + 1\,207.3 \qquad R^2 = 0.996 \tag{6-65}$$

水泥混凝土试件：

$$y = 109.5x + 1\,205 \qquad R^2 = 0.968 \tag{6-66}$$

②由于水泥混凝土试件表面呈灰色，其吸收辐射的能力要低于沥青混凝土试件，因而其辐射换热系数也小于沥青混凝土试件。

③尽管试验过程中光强发生变化，水泥混凝土试件与沥青混凝土试件间辐射换热系数的比值基本保持恒定，保持在85%～87%之间。

三、耦合效应的验证

(一)室内试验验证

1.试验设备与试验方法

本次试验采用长安大学研究开发的水分迁移测试系统，在土样无破损的条件下，对土柱中的点位进行温度和含水率的动态观测。该试验测试系统共由三大部分组成，试验装置如图6-50所示，包括含水率与温度的测试装置(温度传感器及水分传感器等)、试件的温度控制装置(冷浴、顶板及底板等)和试件的绝热装置(隔温壁)。土柱试件高为22cm，直径为16cm。

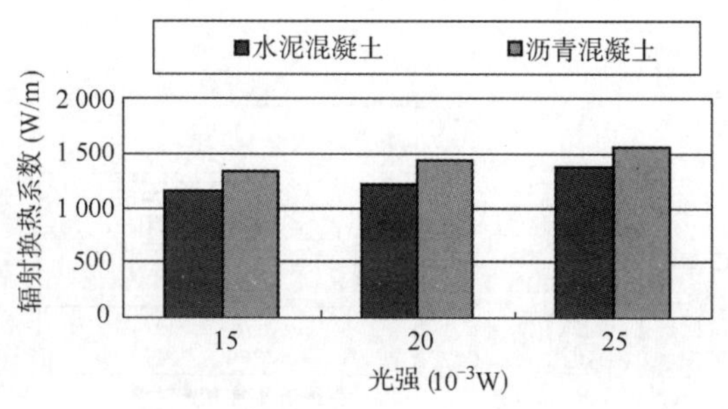

图 6-49 光强与沥青混凝土试件辐射换热系数间的关系图

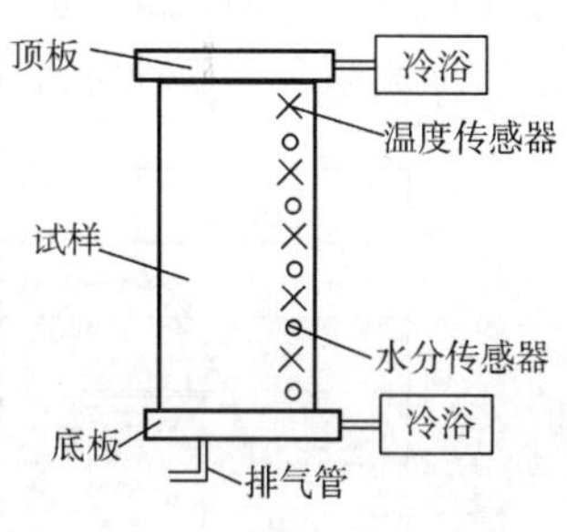

图 6-50 试验装置示意图

2. 试验结果与分析

通过试验观测得到,不同时刻温度随试件深度的变化曲线(图 6-51)及不同时刻水分随试件深度的变化曲线(图 6-52)。土柱冻结后从表层向下土体含水率将会提高。当土体发生单向冻结时,土柱从上到下产生较大的温度梯度,从而改变了土体中的水量平衡,使其水分场发生重新分布,水分从土样的暖端向冷端迁移,进而土柱上层的含水率较冻结前有所提高。

由图 6-51 不同时刻温度随试件深度的变化曲线可以看出,试件在 24h 之内温度变化较大,随着时间的增加后期温度降低幅度不大;试件上部的温度梯度大于下部的温度梯度。

从图 6-52 可以看出,含水率冻结前后的变化量随土层的深度加大而有减小趋势,这种变化与土的冻结过程有关。土柱初始的温度与室温比较接近,当把土柱上下两个端面降温,尤其在土柱的顶面 0 到 4cm 的范围内,其降温的速度很大,导致土样迅速冻结,而水分迁移量并不很大;但土样在 4cm 左右含水率达到最大,这是因为该处产生冻结锋面(从试件的表面看到该处产生较密集的裂纹),致使试件下部水分向冻结锋面迁移;在 8cm 处含水率最小,原因在于该处的水分向上迁移,而其下部的水分由于温度梯度小,不能及时补给土柱的中层。因此,可以看出温度梯度是导致水量梯度产生的一个直接原因,在温度梯度作用下,土中未冻水沿着温度降低的方向迁移,迁移量随温度梯度的增大而增加。

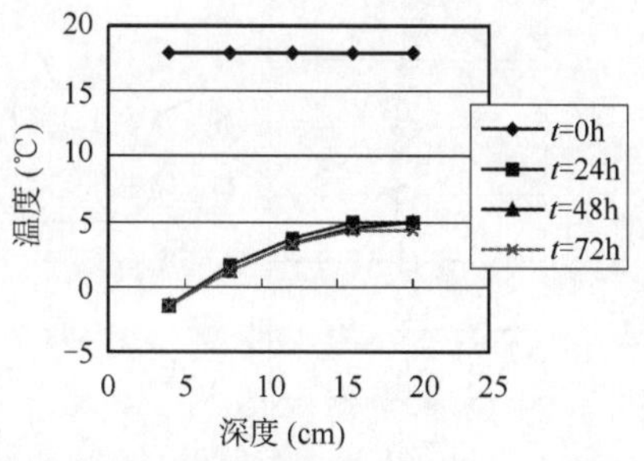

图 6-51 不同时刻温度随试件深度的变化曲线

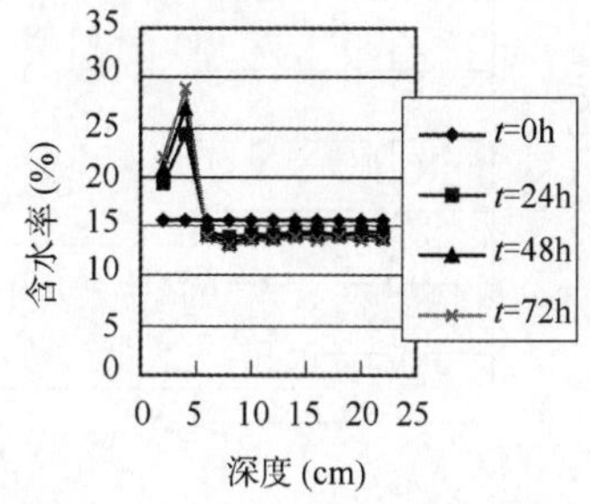

图 6-52 不同时刻含水率随深度的变化曲线

3. 数值模拟结果与试验结果对比分析

根据前文提及数值计算方法对试件含水率的变化进行数值模拟,计算结果见图 6-53 和图 6-54。从图 6-53 可以看出计算温度曲线与实测温度曲线试验值吻合较好,但在试件的暖端出现了差异,分析其原因可能是在设置边界条件时产生误差。由图 6-54 可以看出,水分迁移计算值与试验观测结果基本吻合,但计算值含水率最大值产生的位置比试验值提前,可能是由于相变温度取值范围影响所致。可见含水率产生突增的位置位于 0℃附近,即在温度梯度的作用下,土体含水率有向冻结锋面迁移的趋势。

通过比较分析得知，温度场与水分场耦合模型可以模拟室内模型的试验结果，验证了该模型可以进行水热耦合效应理论分析。

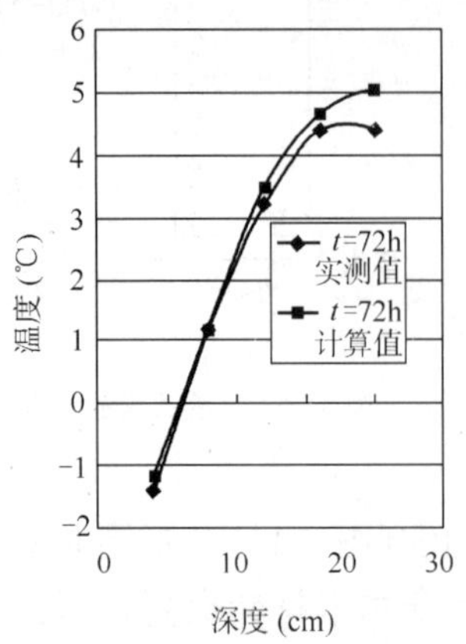

图 6-53　温度场计算与试验值比较图

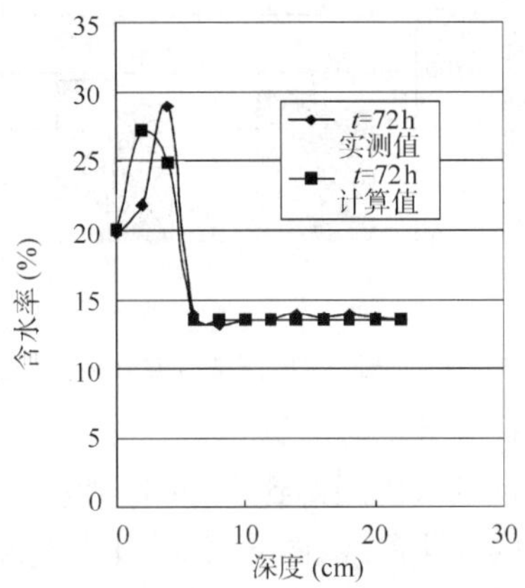

图 6-54　水分场计算与试验值比较图

(二)青藏公路现场试验验证

图 6-55 和图 6-56 分别给出在 8 月 20 日和 1 月 20 日 K3 363＋880 断面路基的路堤中心沿深度方向的计算温度与实测值的比较。从图 6-55 和图 6-56 中可以看出，考虑冻土路基水热耦合效应后温度场的计算结果接近于实测结果。尤其是在接近及进入相变区，考虑水热耦合效应后，温度场计算过程中温度的最大误差由非耦合的 1.27℃降低到 0.6℃。

由此可见冻土路基水分场的迁移及水冰的相变主要发生在冻结冰锋线附近。路基中水分的迁移与变化将直接影响土体热物理参数即比热容和导热系数，进而影响温度场的变化规律，在冻结冰锋线处尤为显著。

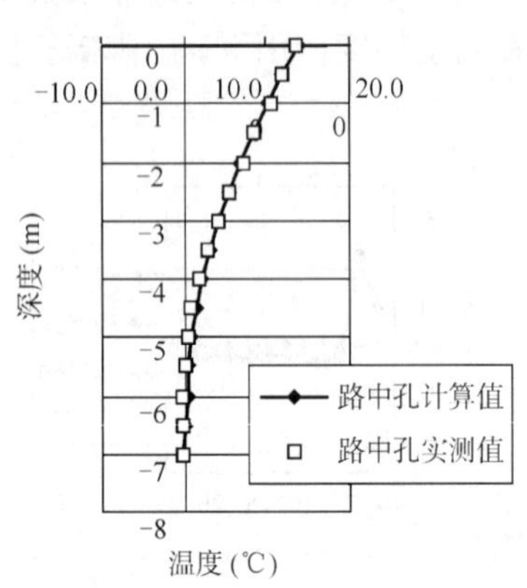

图 6-55　8 月 20 日实测与计算值比较图

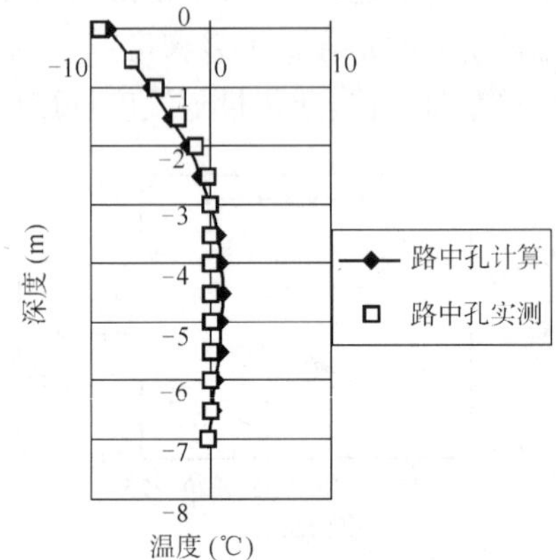

图 6-56　1 月 20 日孔实测与计算值比较图

K3 363＋880 断面路基温度场的计算值与实测值之间还有误差存在，可能由以下原因造成：(1)土热参数及水分运动参数的选取。由于计算参数测试的复杂性，在计算过程中借助前人的试验结果，可能与现场土体的参数不大相符。(2)边界条件的确定。温度场的路基左右边界条件采用路左右路肩的温度进行回归，水分场的边界条件根据当地的气象资料进行回归与折减，将导致计算边界条件与实际情况存在差异。(3)测试温度场的传感器本身存在着误差。

总体来看，计算结果与实测结果比较接近，从而可以证明水热耦合效应模型是合理可用的，计算中所采用的有限元计算方法是合适的，参数的选取及边界条件的确定是基本可靠的，可以用来进行温度场与水分场的理论计算分析。

第四节　多年冻土地区路基变形

冻土路基变形不仅有一般土体的变形特征，更因冻土自身特点而具有不同于一般土体的变形规律。多年冻土融沉变形在冻土路基变形中占有主导地位，其发生、发展与冻土温度、含冰量及土体特性等有关，也与路堤结构和工程措施有关。

一、路基变形特征及影响因素分析

(一)路基变形特征

1. 冻土路基变形的不均匀性

冻土路基的不均匀变形：多年冻土路基的变形特征主要与多年冻土构造类型、多年冻土的工程地质条件，以及他们在沿线的空间分布有关。多年冻土中的含冰条件无论在平面还是垂直方向分布都是不均匀的，而且差异特别大。所以，由于多年冻土融化而引起的路基变形，无论是路基的纵向变形，还是横向变形都表现出较大的不均匀性。

从图 6-57 与图 6-58 中可明显看出，冻土路基在纵向与横方向的不均匀变形的差异特征。图 6-57 分别为 3 个不同冻土工程地质条件下的观测路段，2 年间路基中心纵向最大下沉变形量变化图。从图中看出，冻土路基的纵向变形非常不均匀，60m 长的观测路段中，二、三号场地纵向最大与最小变形之差为 4.0～4.5cm，最大下沉变形分别达 6.5cm 和 8.0cm。一号场地的纵向最大与最小变形之差为 2.0cm，最大下沉变形为 4.0cm。从图 6-58 三号路基变形观测路段的 4 个横向变形曲线看出，在仅有 7m 的路面横向宽度上，路基变形最大的Ⅰ号和Ⅲ号剖面，横向变形最大和最小差仅 2 年就达 2.0～2.5cm。从图 6-58 看出，目前冻土路基的最大变形位置并不在路基中心，而是在路肩。

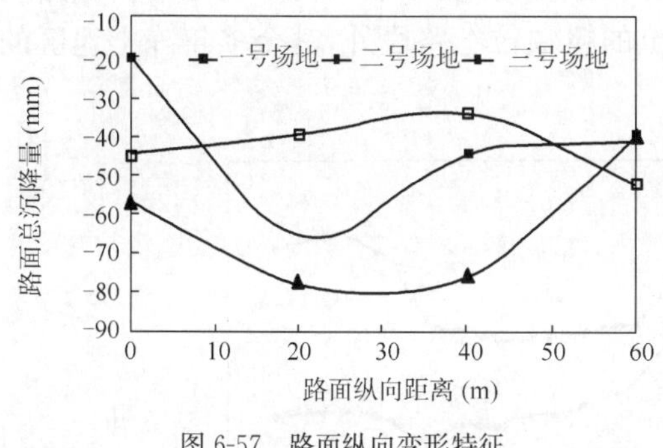

图 6-57　路面纵向变形特征

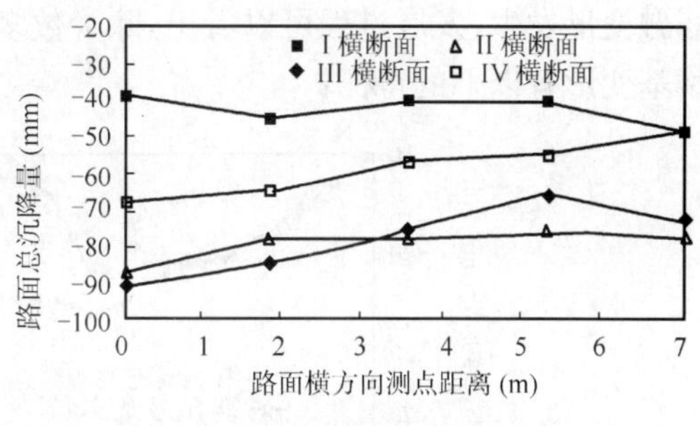

图 6-58　冻土路基的横向变形特征

在以层状和基底状分布的厚层地下冰和饱冰多年冻土地段，冻土路基的不均匀变形表现特别明显。就上述 3 个路基变形观测路段来说，一号场地位于富冰多年冻土的砂砾石地区，二和三号场地位于饱冰多年冻土的亚黏土夹碎石地区，一号路段的路基变形不但整体上都小于二号和三号路段，而且在纵向的最大和最小变形的差值同样也小于二和三号路段(图 6-57 所示)。在整个青藏公路冻土路基所产生的波浪、倾斜、坑槽等较严重的路基热融下沉变形，都发生在饱冰与厚层地下冰较发育的路段中。少冰和多冰多年冻土地区，地下冰一般以整体状或网状构造分布，冻土路基变形特征主要以整体下沉为主，横向与纵向变形差异较小。另外，由于多年冻土中的含冰量较少,在这些地区冻土路基的热融下沉变形一般都比较小,而且冻土路基的下沉变形相对也比较均匀,所以,这些地区的冻土路基病害相对较少。

2. 冻土路基变形的可逆性

冻土路基是随季节融化过程产生融化下沉变形,随季节回冻冻结产生冻胀变形,这个全过程我们称冻土路基可逆变形过程。所有冻土路基都具有这个规律,其共同的特点是:路基融化下沉量大,回冻冻胀量就越大。但随着路基高度与路基土的不同,其变形可逆性也有很大差别,按青藏公路的具体条件,可分如下类型:

(1)路基高度高于保护冻土的临界高度,且不受侧向水流的影响的路基。这时冻土上限保持原天然位置或略有提高。因变形层局限于原天然季节融化层和路基填土范围内,所以此类路基变形除在施工后一两年开始有小的压密变形外,融化下沉变形与冻结冻胀量基本上是相等的。由于施工的压密,其变形量一般是较小的,年单向变形(年融沉或年冻胀量)一般均小于3cm,多数在2cm之内。

(2)路基高度虽大于临界高度,但受路基积水等侧向水流的影响的路堤基。这时路基融化和冻结过程往往有较大的融沉量与冻胀量,年融化下沉量或年冻胀量一般大于3cm,最大可达7cm,可逆变形量最大达0.7倍年融沉量,可见此类路基属大起大落的变形。

(3)挖方、零填路基(包括高度低于0.15倍临界高度的低路堤)。此类路基形成较大的融化盘,盘内融化土不易排水固结,因此形成大起大落的变形。年冻胀量均很大,一般大于4cm,最大达12cm以上,可逆变形量最大达0.8倍的年融沉量。

(4)路基高度低于临界高度,但高于0.15临界高度。此类路基由于受路基高度的高低与基底基上成分的影响,路基年变形量较大,年融沉量最小可小于2cm,最大达12cm以上,可逆回冻量一般为0.3倍的年融沉量。

从唐南冻土路基变形过程与地温的年波动变化关系看出(图6-59),两条路基变形过程曲线数据,都来自三号观测路段的右路肩,它们的冻胀过程与融化下沉过程也都不一致,而且差异很大。当土体冻结时,变形表现为冻胀变形,但土体融化时,变形表现为下沉变形。从路基冻融变形发生、发展过程可以看出,除少数多冰冻土的粗颗粒土路段外,其余多年冻土地区的路基变形有以下的特征:

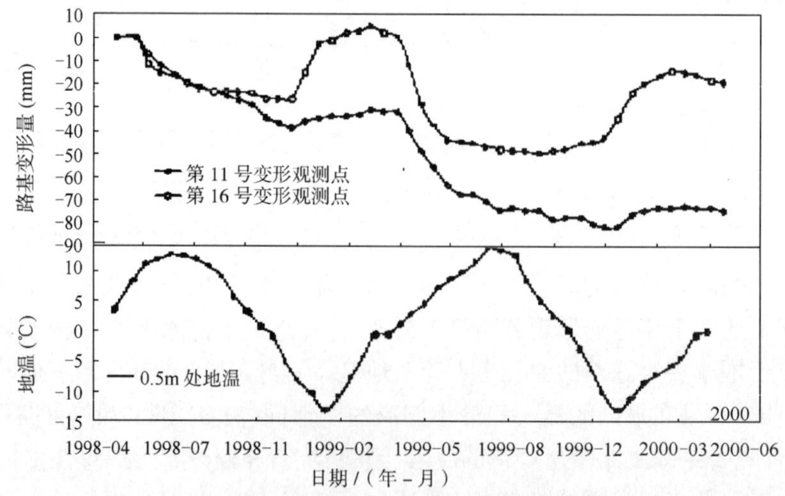

图6-59 冻土路基变形与地温波动变化的关系

(1)沉降量大于冻胀量：在路基变形发展过程中，沉降量总大于冻胀量，各路段 t-S（时间—沉降曲线）变形曲线在前阶段的总趋势是沉降，后阶段才趋于稳定。即使填土高度能满足保护冻土的需要，路基在一定的时期内仍需要经过一个较均匀的下沉阶段，才进入动平衡阶段。

(2)高含冰量冻土在年内变形幅度大：高含冰量冻土地段，路基变形即使已处于动平衡阶段，如果地基土为细颗粒土，则路基年内冻胀及融沉幅度仍然会很大。

(3)变形达到稳定阶段所需时间长：自路面竣工至路基基本稳定，整个变形过程历时很长，高含冰量冻土和填土高度较低的路段要达到所需时间更长。

(4)变形量主要发生在地基融化层，且上部沉降滞后于下部。路基沉降量主要发生在原地基的季节融化层和天然上限下降后的多年冻土融化层。其中不均匀变形的沉降量主要是高含冰量冻土的融化下沉。在沉降变形发展过程中，路基下部土层首先下沉，上部土层沉降则相对滞后。这一现象不仅在钻探时经常发现，从分层冻融变形 t-S 曲线也能看出。

青藏公路沿线多年冻土地区的天然地面，起始冻胀变形时间一般在 9 月下旬，最晚也在 10 月上旬开始，并且在 11 月底以前完成剧烈冻胀过程。初始冻胀时间随地区及海拔、纬度等略有差异。沥青路面下的冻土路基，一般要到 10 月底 11 月初才开始冻结。在地下水丰富和具有较好的水分补给条件的路段，当冻结深度达到接近冻结层上水位或饱水层附近时，开始产生较大冻胀过程。所以，从冻土路基变形与地温波动变化关系图 6-59 中的 16 号监测点的变形过程看出，冻土路基进入剧烈冻胀变形时间在 12 月到翌年 1 月之间，而剧烈沉降变形发生时间在 4～7 月之间。其他时间，路基的变形处于融沉或者冻胀变形的缓慢过渡阶段。

多年冻土路基下已形成融化夹层，并具有较大路基热融下沉变形的路段，路基上部在无侧向水补给条件时，因受路基上部的含水及水分迁移条件的制约，路基的冻胀变形起始时间要推迟到 12 月份以后，而且冻土路基在冻结期没有剧烈的冻胀变形过程，只有不明显的缓慢冻胀或路基暂时处于相对稳定状态(图 6-59 中的第 11 号路基变形监测点的变形过程)。在路基下部土层仍在继续沉降的作用下，使冻土路基的起始冻胀量很小，甚至当冻胀量小于路基的下沉变形量时，路基变形仍处在继续下沉状态。所以，图 6-59 中的 11 号变形监测点，在路基的整个变形过程中，反映了只有持续下沉和相对稳定的两部分路基变形过程。产生这一现象的主要原因，除了路基上部水分补给较少外，更主要的是，路基下融化夹层的存在，在冬季路基仍具有较大的下沉变形，冻胀和融沉变形的相互作用，使冻土路基的冻胀变形没有表现出来。另一方面，由于路基上部冻结层的不断增厚和土温的不断降低，使路基的整体强度也在不断增大，这在一定程度上阻碍了冻土路基的下沉变形，在上述冻胀和融沉以及路基上部冻结强度增加的共同作用下，使冻土路基变形在冬季的 3～4 个月当中，处于暂时的相对稳定状态。

3. 冻土路基变形规律

多年来对青藏公路唐南、唐北冻土路基变形连续观测发现，青藏公路冻土路基发生较大下沉变形的高温多年冻土路段，路基一年当中的变形过程，主要以下沉变形为主，绝大部分路段没有明显的冻胀过程或冻胀变形很小。特别是经过一、二期整治工程以后的路段，由于抬高了路基，加强了路基侧向水的疏通和保护，减少了路基中的水分补给和向冻结锋面的迁移，使路基的冻胀变形减弱。

在冻土路基下未形成融化夹层的路段，由于这些地区的气温和年平均地温都比较低，在进入冬季以后，路基的冻结过程很快，路基的剧烈冻胀变形时间一般在 10 月底至翌年 1 月初，在 1 月底以前完成整个路基的全部冻胀过程，2～4 月份这些地区冻土路基处于相对稳定状态。冻土路基的冻胀变形是可逆变形，无论冬季产生多大冻胀变形量，当进入暖季路基土开始融化时，随着路基土的融化与冻结强度的消失以及在外部荷载作用下，路基进入剧烈下沉变形期。所以在较短的时间内，路基高度很快恢复到冻胀初期位置，并以相同的下沉速率，使冻土路基的沉降变形继续发展。从唐南高温多年冻土地区路基的变形过程(图 6-60)中可看出，由于受冻土路基地温分布状况和变化过程的控制，冻土路基的冻胀变形期很短，只有 3 个月左右(12 月初到翌年 3 月底)，而融化下沉变形期很长，达 9 个月左右(4 月初到 11 月底)。也就是说，在一年当中，冻土路基绝大部分时间是处在下沉变形状态，这也是青藏公路冻土路基变形的主要特征之一。

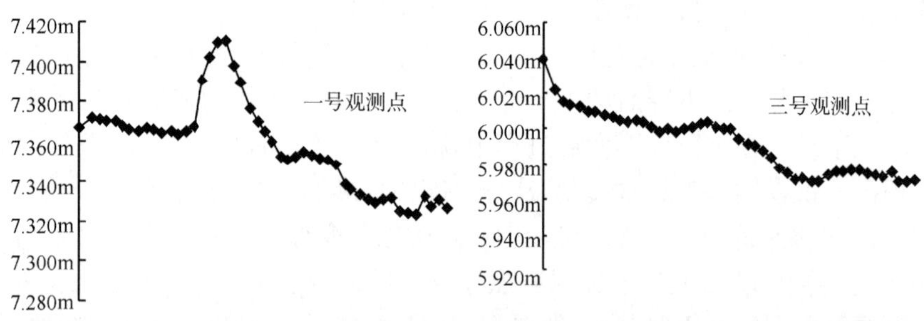

图 6-60　下沉变形的时间与路基的填土高度的关系

冻土路基进入剧烈下沉变形的时间与路基的填土高度有关，图 6-60 中的三号路基变形观测场，路基横向断面型式属半填半挖，虽然在整治工程时，在原来的基础上增加了路基填土，但路基中心的填土高度仍小于 0.5m。所以，从图 6-60 可看出，三号路段路基的剧烈下沉变形初始时间在 4 月份，与路面下冻土的初始融化时间基本一致。而一号观测路段为高填方路堤，路基高度大于 2.5m，而路基剧烈下沉变形起始时间推迟到 9 月份以后。这说明，冻土路基的冻胀与沉降变形主要发生在天然土层当中，路基填土本身的变形很小，特别是剧烈下沉变形部分，主要是由多年冻土的继续融化而引起的。

(二)路基变形影响因素分析

由以上路基变形的发展过程和变形特征可以看出，路基冻融和冻胀都与含水率和温度变化有着直接的关系。然而这样的划分太粗，不利于很好地理解和分析路基变形。事实上，青藏高原多年冻土地区公路的路基变形是多种因素综合作用的结果，将含水和温度变化这两个因素进一步细分，其因素可分为以下几个方面：

(1)路基状况：包括地貌位置(包括地形、两侧的植被等)、填土类型、路基断面、路面状况、路堤高度、车辆通行状况、冻结层上水和路基侧地表水等。

(2)工程地质条件，可从以下几个方面考虑：冻土类型、含水率、孔隙比、压缩系数、冻结速度、融化速度和冻土含冰量等。

(3)环境条件：包括太阳直接辐射、气温、降水、蒸发和年平均地温、最大冻土上限等。温度场反映着路基下多年冻土的发育及退化特征；其中地温高低及其变化是正确评价冻土路基及构造物基础热稳定性的依据。影响多年冻上限变化的主要因素：气候变化、环境变化、人为活动、地形和土的成分、含水率。

以上影响路基变形的众多因素又可分为定量化因素与定性化因素。

(1)定量化因素，如路堤高度、含水率、土颗粒孔隙度、太阳直接辐射量、降水量、蒸发量和年平均地温；

(2)定性化因素，如路基状况、路基填料、路基断面和基底土壤、冻土类型、地形的影响、植被状况和地貌状况。

为便于分析各因素对路基变形影响的权重可采取模糊信息优化处理的方法。该方法的优点是不必考虑各个因素对于路基变形沉降量的影响过程、机理，同样对于量化的数据要求也可以放宽，甚至可以对定性的数据进行处理。另外，运用模糊信息优化处理的方法可以方便地将多种因素同时包括到模型当中，因此对于分析路基变形沉降量这样一个复杂的问题来说，模糊信息优化处理是很合适的。

模糊信息优化处理方法基于模糊近似推论对自然界中不确定信息进行分类、分析的数学方法，其数学公式可表示为：

$$B_i = A_i \circ R$$

式中：A_i，B_i——论域 $U \triangleq \{u_1, u_2, \cdots, u_n\}$，$V \triangleq \{v_1, v_2, \cdots, v_n\}$ 里的模糊子集，代表某种概念；

R——模糊关系，它反映依据信息而获得的知识经验；

符号"∘"表示运算规则或合成方法。

从式 $B_i = A_i \circ R$ 可知，模糊关系是进行模糊近似推论的主要环节。R 是由若干条单块信息构成的，Zadeh 和 Mamadani 曾建议采用条件命题，"if^{A_i} then^{B_i}"等办法来表示这些单块信息。

设有两个论域：

$$U \triangleq \{u_1, u_2, \cdots, u_n\}$$

$$V \triangleq \{v_1, v_2, \cdots, v_n\}$$

以元素 u_i，v_j 作为行列构成信息矩阵 $Q(n \times n)$，信息矩阵记录了 U 在 V 轴上的可能性分布。每个原始信息数据提供了一个单位信息，它按一定形式分配给相邻的控制点。公式如下：

$$Q_{ij} = 1 - \frac{|u - u_i|}{\Delta}, i = 1, 2, \cdots, n$$

式中：Δ——基础变量的步距，即 $\Delta u_{i+1} - u_i$；

Q_{ij}——构成信息矩阵的元素，信息矩阵正规化后为模糊关系 R。

为了避免前人采用专家打分的主观影响，王家鼎 1991 年曾提出如下公式：

当 $a \leqslant a_{\min}, a_{\min} \in A_i$ 时；$A_i = [1, 0, \cdots, 0]$

当 $a \geqslant a_{\max}, a_{\max} \in A_i$ 时；$A_i = [1, 0, \cdots, 1]$

当 $a_{\min} < a < a_{\max}$ 时；$A_i = \left[\max\left\{0, 1 - \frac{|a - a_i|}{\Delta}\right\}\right] \qquad i = 1, 2, \cdots, n$

式中：Δ——步距，即 $\Delta = a_{i+1} - a_i$。

上式表明，当原始 a 信息元素超出 A_i 的范围时（$a \overline{\in} A_i$）应突出 A_i 两头元素（$a_{\min}$，$a_{\max}$）的信息。

为了不丢失由模糊近似推论得出结果的信息，王家鼎提出了信息集中原理公式如下：

$$u = \sum_{i=1}^{n} b_i^k \mu_i / \sum_{i=1}^{n} b_i^k$$

式中：u——要求得变量的最终结果；

b_i——模糊近似推论求出的第 i 个元素的可能性分布；

μ_i——等级 i 变量的大小；

k——常数，视情况而定。

在考虑准确性的同时为了使模糊信息优化处理模型易于理解，不至于太复杂，仅仅采用部分因素参与模型。影响路基变形的因素设有5个论域，即：路基填料、人为上限、冻土类型、年平均地温、路堤高度；设路基沉降变形的论域为 S：

$$S \underline{\underline{\Delta}} \{s_1, s_2, s_3, s_4, s_5, s_6, s_7,\} = \{\mathrm{I}, \mathrm{II}, \mathrm{III}, \mathrm{IV}, \mathrm{V}, \mathrm{VI}, \mathrm{VII}\};$$

式中，{I，II，III，IV，V，VI，VII}＝{0.009m，0.024m，0.038m，0.052m，0.067m，0.081m，0.095m}。

各因素影响权重的计算流程如图6-61所示。

经计算参与模型的各影响因素的权重分配如下：

$$A^{[2]} = \{0.34, 0.16, 0.22, 0.11, 0.18\}$$

从权重的分配来看，在参与模型的因素中，路堤高度、填料对与沉降起着显著的影响，人为上限、地温对于沉降有着一定的影响，冻土类型对路堤沉降的影响较小。

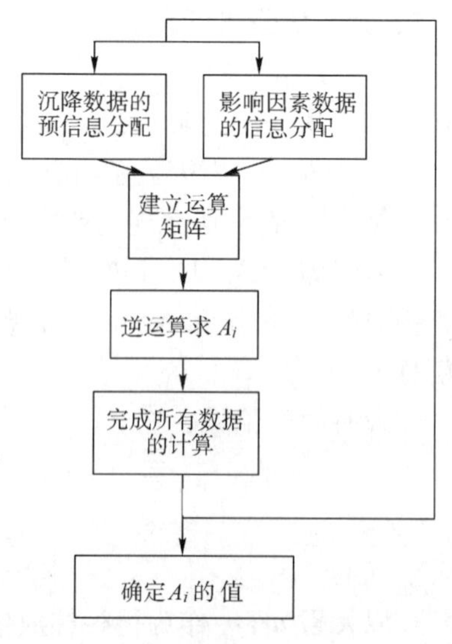

图6-61　权重求取模型示意图

从权重分析的结果来看，路堤高度、填料对沉降起着显著的影响，地温、人为上限对沉降的大小影响次之，冻土类型的影响最小。冻土地区路基高低，对于路堤的导热和水的运移都有显著的影响；冻土类型，按照冻土中含水或含冰量的大小来度量，也有一定的影响，因为含水较多的冻土，在变化中参与变形的水多，变形量大；人为上限被认为有一定的影响，这与第三节的分析结果一致。对于地温，在前面章节中认为有一定的影响，然而从权重来看，比预想的小。地温虽然对沉降有影响，然而影响只是周期性（年际变化）的，而不是趋势性的，因此，按照年最大沉降量的标准来衡量地温对于沉降变形的影响不显著。真正影响沉降的应该是相对的变化，而不是不同观测点的温度高低的绝对数值。

二、路基变形预测

（一）基于变形数据的数学预测

继20世纪70、80年代对青藏公路冻土路基变形的观测以来，90年代又对冻土路基变形进行了观测。本节在观测数据的基础上，对冻土路基融沉变形的特点在第三节的基础上作进一步分析，建立冻土路基变形预测的数学模型。

从1998年6月～2003年6月三段观测路段（一号观测场（K3363＋810，设水准点高程为：4997m（5 009，3 242 437，9 152 608）、二号观测场路基变形资料（K3393＋950，设水准点高程为：4873m（4 415，3 229 179，3 149 615））、三号观测场路基变形资料（K3411＋810，设水准点高程为：4786m（4 803，3 223 497，9 142 966）））的观测资料可以看出青藏公路冻土路基的冻融变形随着时间按一定的规律变化。从由资料得到的图6-62～图6-63可以看出：冻土路基的冻融变形随着时间呈周期性的波动，并且随着时间的推移冻融变形的量的大小有减小的趋势，路基变形绝大部分时间是处于下沉状态。

基于冻土路基冻融变形的上述特点，应选择合适的数学模型进行预测。目前，基于冻融变形实测数据进行变形预测的数学模型可分为三种方法：（1）函数拟和方法，即运用一般多项式或正交多项式，进行最小二乘拟和，求解观测数据的趋势函数。（2）指数平滑法，该方法假设时间序列具有某种特征，即存在某种基本数据模式，而这些观测值既体现着这种基本数据模式，又反映着随机变动。指数平滑法的目标就是采用"修匀"历史数据来区别基本数据模式和随机变动，即相当于在历史数据中消除极大值或极小值来获得该时间序列的"平滑值"，即对未来的预测值。该方法可分为一次指数平滑与二次指数平滑，往往后者比前者更能反映客观世界的非线性规律。(3)周期叠加模型，该模型认为数据往往都可以表示为 Cycle(周期)、Season(季节)、Trend(趋势)和 Irregular(不规则)这四个部分的组合。对于数据先分解因子(Decomposition)，再进行叠加。进行在处理的过程中，并非每个部分都存在，需要对数据进行分析处理来考虑数据中存在的因子。

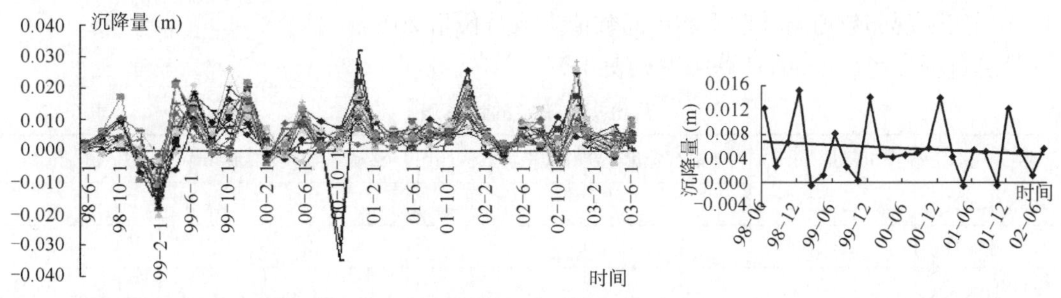

图 6-62　一号观测场观测点沉降观测数值

图6-63　一号观测场观测点沉降观测平均数值

通过对模型的应用结果来看(如图 6-64)，叠加模型较好地把握了冻土路基沉降变形的规律，充分反映了季节因素对数据的影响，预测的精度也较其他模型更高。与其他模型相比，还可以对远期的数据进行预测，这是指数平滑模型或是曲线平滑模型不能做到的。另外模型形式的简单，求解思路明确也是这种模型的优点之一。

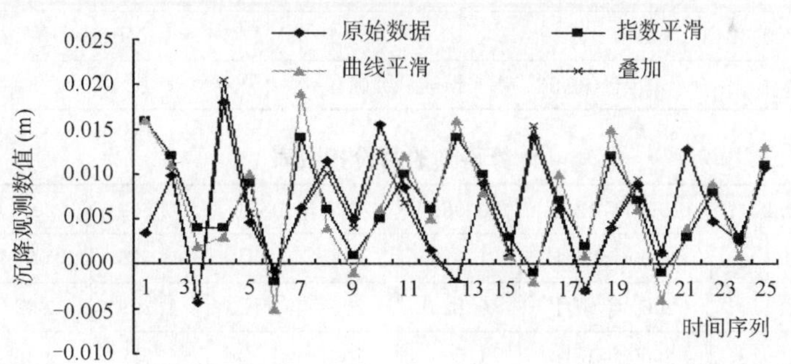

图 6-64　各模型比较结果

综上所述，推荐采用周期叠加模型对冻土路基冻融变形进行预测分析，本节将基于三号观测场 1999 年 2 月到 2002 年 12 月的观测数据详细论述该模型的应用步骤，具体如下：

(1)数据的特征分析

对于数据作自相关分析，可以得到自相关分析图表：

依据自相关分析图表(图 6-65)，数据存在着明显的季节性波动，数据的相关系数普遍偏小，不适合用线性回归处理，随着时间的变化，数据的相关程度加强，有向某一区域收敛的趋势。在此分析的基础上，由于模型要求参与运算的数据需为正，故在数据的处理上对于每一点的沉降量都加上同一固定数值(0.006)使所有的数值都大于零，建立好新数据的模型后再减去加上的数值，得到最终的模型。

(2)月份(每两个月)指数的确定

①用公式 $A_i=\sum_{i}^{i+5}X_i$ 求取一年移动平均总沉降量；

②用公式$\overline{A_i}=\frac{1}{6}\sum_{i}^{i+5}X_i$ 求取一年移动平均每两个月沉降量；

③用公式 $B_i=(\overline{A_i}+\overline{A_{i+1}})/2$ 求取移动平均中间数值；

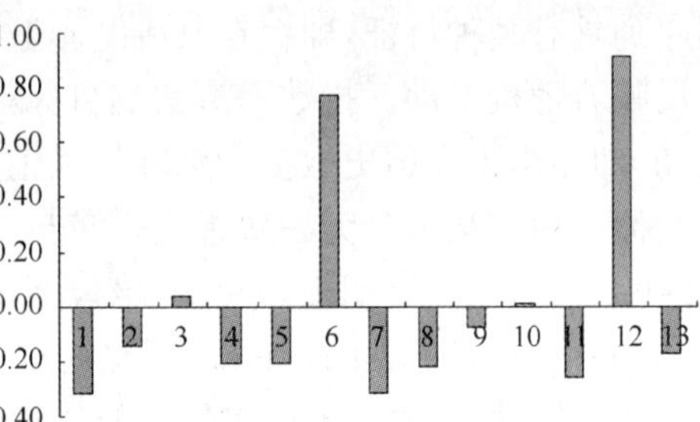

图 6-65　自相关分析图

④用实际观测数值与移动平均中间数值求取月份指数 S_i。

计算过程参考表 6-20，计算结果见表 6-21。

月份指数确定的计算表　　表 6-20

年　份	沉降量(m)	一年总沉降量(m)	移动平均数值(m)	移动平均中间数值(m)	月份指数
1998 年 6 月	0.022				
1998 年 8 月	0.017				
1998 年 10 月	0.008				
1998 年 12 月	0.009				
		0.074	0.012		
1999 年 2 月	0.016			0.012	1.274
		0.076	0.013		
1999 年 4 月	0.002			0.012	0.144
		0.070	0.012		
1999 年 6 月	0.024			0.011	2.110
		0.067	0.011		

计算得到的月份指数表　　表 6-21

1999 年 2 月	1.274	1999 年 12 月	0.965	2000 年 10 月	0.602	2001 年 8 月	1.125
1999 年 4 月	0.144	2000 年 2 月	1.326	2000 年 12 月	0.336	2001 年 10 月	0.269
1999 年 6 月	2.110	2000 年 4 月	0.826	2001 年 2 月	1.309	2002 年 12 月	0.949
1999 年 8 月	0.928	2000 年 6 月	1.553	2001 年 4 月	0.629	2002 年 2 月	1.410
1999 年 10 月	0.443	2000 年 8 月	1.086	2001 年 6 月	1.897	2002 年 4 月	0.668

从计算得到的月份指数来看，2 月、6 月、8 月的变形相对与其他月份更大，这和观测到的现象一致，说明得到的月份指数合理、正确。

(3)数据的趋势特征的求取

①月份指数的校正

对原始的数据用月份指数进行校正 A_i/S_i，得到校正后的数值；

②趋势特征的求取

用最小二乘法的原理，对于校正后的数值进行回归分析。得到回归的方程：

$$y=0.0129\text{Exp}(-0.0088t)$$

(4)模型的叠加

对于模型的叠加有两类方法：

①乘积形式　$Y_i = S_i \times T_i \times C_i \times I_i$

②加法形式　$Y_i = S_i + T_i + C_i + I_i$

式中，Y_i、S_i、T_i、C_i、I_i 分别为预测值、季节指数、趋势因素、周期因素和误差项。由于对于观测到的冻土路基变形数据没有周期项，而误差项的期望值为 0（在乘积形式里为 1），故预测模型为（采用乘积形式的叠加模型）：

$$Y_i = S_i \times T_i \times C_i \times I_i = 0.0129 \times T_i \times \mathrm{Exp}(-0.0088i)$$

T_i 的取值见表 6-22。对于表中未给定的 T_i 值，可以取各相同月份的数值，即

$$T_i = \begin{cases} 1.303 & i\bmod 6 = 1 \\ 0.533 & i\bmod 6 = 2 \\ 1.853 & i\bmod 6 = 3 \\ 1.046 & i\bmod 6 = 4 \\ 0.438 & i\bmod 6 = 5 \\ 0.750 & i\bmod 6 = 0 \end{cases} \quad i > 20$$

式中，$i \in N$，N 为自然数集合，i 的每单位代表 2 个月，$i=1$ 时对应 1999 年 2 月。

由于最初对于数据进行了预处理，应当对模型做出校正（减去预加的数值）最终的预测模型为（采用乘积形式的叠加模型）：

$$Y_i = S_i \times T_i \times C_i \times I_i = 0.0129 \times T_i \times \mathrm{Exp}(-0.0088i) - 0.006$$

$i \leqslant 20$ 时 T_i 的取值见表 6-22。对于表中未给定的 T_i 的期望值为：

$$T_i = \begin{cases} 1.303 & i\bmod 6 = 1 \\ 0.533 & i\bmod 6 = 2 \\ 1.853 & i\bmod 6 = 3 \\ 1.046 & i\bmod 6 = 4 \\ 0.438 & i\bmod 6 = 5 \\ 0.750 & i\bmod 6 = 0 \end{cases} \quad i \leqslant 20$$

叠加模型预测结果　　表 6-22

1999 年 2 月	0.010	2000 年 4 月	0.004	2001 年 6 月	0.015
1999 年 4 月	−0.004	2000 年 6 月	0.013	2001 年 8 月	0.007
1999 年 6 月	0.021	2000 年 8 月	0.007	2001 年 10 月	−0.003
1999 年 8 月	0.006	2000 年 10 月	0.001	2002 年 12 月	0.004
1999 年 10 月	−0.001	2000 年 12 月	−0.002	2002 年 2 月	0.009
1999 年 12 月	0.006	2001 年 2 月	0.009	2002 年 4 月	0.001
2000 年 2 月	0.010	2001 年 4 月	0.001		

（二）基于气候效应的物理预测

气候变化对路基稳定性影响的趋势预测主要是通过考虑不同气候转暖背景下不同路基高度沥青路面下多年冻土上限和热状态变化，然后根据路基下多年冻土温度场的变化趋势，对路基变形进行数值模拟计算。

本节主要考虑两种气候转暖背景：气温 50 年升高 1℃和气温 50 年升高 2℃；考虑了四种多

年冻土年平均地温条件：−0.5℃，−1.0℃，−1.5℃和−2.0℃；考虑了六种路基高度条件：H=1m、2m、3m、4m、5m和6m；并考虑计算的冻土类型为富冰冻土。路基计算条件为：沥青路面宽度8m，两侧路肩（砂砾）宽度各1m，路堤边坡坡率1∶1.5（图6-66）；路堤高度1～6m；升温速率分别取0.02℃/年及0.04℃/年。数值计算方法采用第二节中所述移动相界面方法。

1.路基变形的计算模型

本项目采用路基下多年冻土温度场的数值模型，采用一般通用的方法，这里不再叙述。本项目主要介绍路基变形的计算模型。一般多年冻土区路基变形采用下列模型进行计算：

$$S=S_1+S_2=\sum_{i=1}^{n}A_i\cdot h_i+\sum_{i=1}^{n}\alpha_i\cdot P_i\cdot h_i \tag{6-67}$$

式中：S——路基总沉降变形量；

S_1——冻土融化产生的变形量；

S_2——冻土融化后的压缩变形量；

A——冻土的融沉系数；

h——计算分层厚度；

α——冻土的融化压缩系数；

P——计算土层所受的自重应力及附加应力。

常规路基变形计算认为冻土是不可压缩的，由于路基下部人为上限附近多年冻土处于极高温状态下，这种极高温多年冻土具有较强的可压缩性，即极高温多年冻土具有较强的蠕变性，如图6-67所示。从图6-67可以看出，多年冻土温度在高于−0.4℃情况下，冻土压缩系数大于0.3/MPa，说明多年冻土上限附近温度在较高的情况，仍可产生较大的路基变形，这是一个不能够忽视的重要因素。

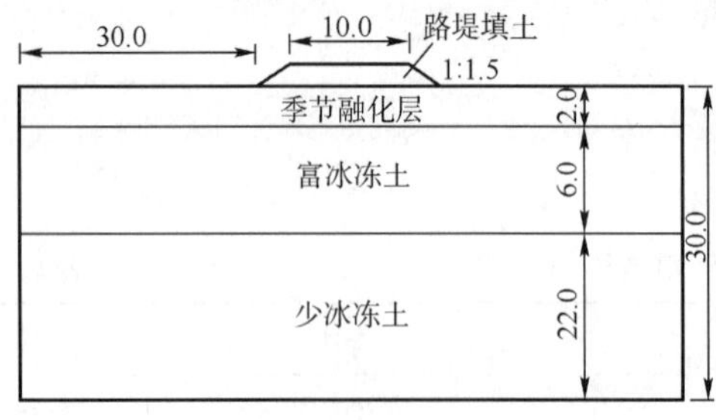

图6-66 路基土层冻土剖面示意图（单位：m）

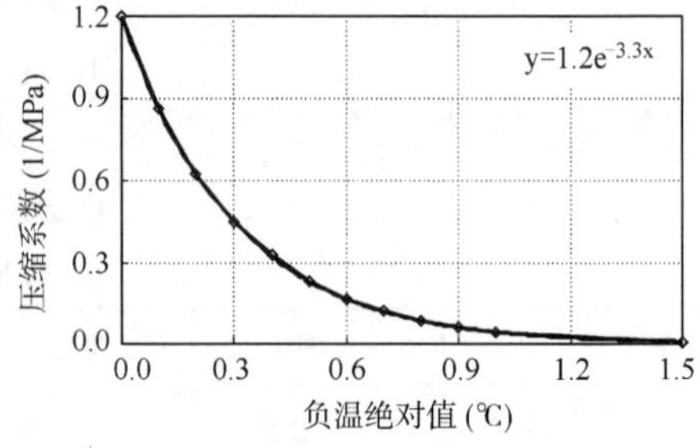

图6-67 冻土压缩系数随温度的变化关系

本项目在考虑了高温多年冻土的压缩性后，模型引入了第三个计算分量——高温冻土变形量S_3，路基变形的计算模型如下：

$$\begin{aligned}S&=S_1+S_2+S_3\\&=\sum_{i=1}^{n}A_i\cdot h_i+\sum_{i=1}^{n}\alpha_i\cdot P_i\cdot h_i+\sum_{j=1}^{m}\Delta\alpha_j^{\Sigma}\cdot P_j\cdot h_j\end{aligned} \tag{6-68}$$

式中：S_3——高温冻土的压缩变形量；

$\Delta\alpha^{\Sigma}$——冻土因温度升高而引起的压缩系数的变化值；

其他符号与前述相同。

上述计算模型与路基下多年冻土温度场模型一起构成了由气候变化引起的路基变形的计算模型。

2. 50 年气温升高冻土路基变形趋势

图 6-68 给出了 50 年气温升高 1℃不同路基高度下不同年平均地温多年冻土区冻土路基变形趋势。从图 6-68 可以看出，对于年平均地温为－0. 5～－1. 0℃的多年冻土区来说，修筑沥青路面后，冻土路基变形量随着气温逐渐升高而增大，50 年后可达到 50～60cm。同时，路基高度对路基变形影响不大，路基高度为 1m 和 6m 所产生的变形量并无太大的差别，即便是抬高路基达 6m，也不能够确保路基稳定性。显然在高温多年冻土区修筑沥青路面后，如果仅依靠抬高路基高度，在气候转暖影响下路基将会产生较大的变形，若不采取其他工程结构措施，根本不能够确保路基稳定性。对于年平均地温为－1. 0℃～－2. 0℃的多年冻土区来说，修筑沥青路面后，冻土路基变形量随着气温逐渐升高而增大，但变形增大的幅度较高温多年冻土区要小，50 年后约为 20～30cm 左右。同时在气候转暖条件下路基高度与路基变形量有密切的关系，抬高路基能够有效地减少多年冻土变化，有效地抑制融化下沉的路基变形。

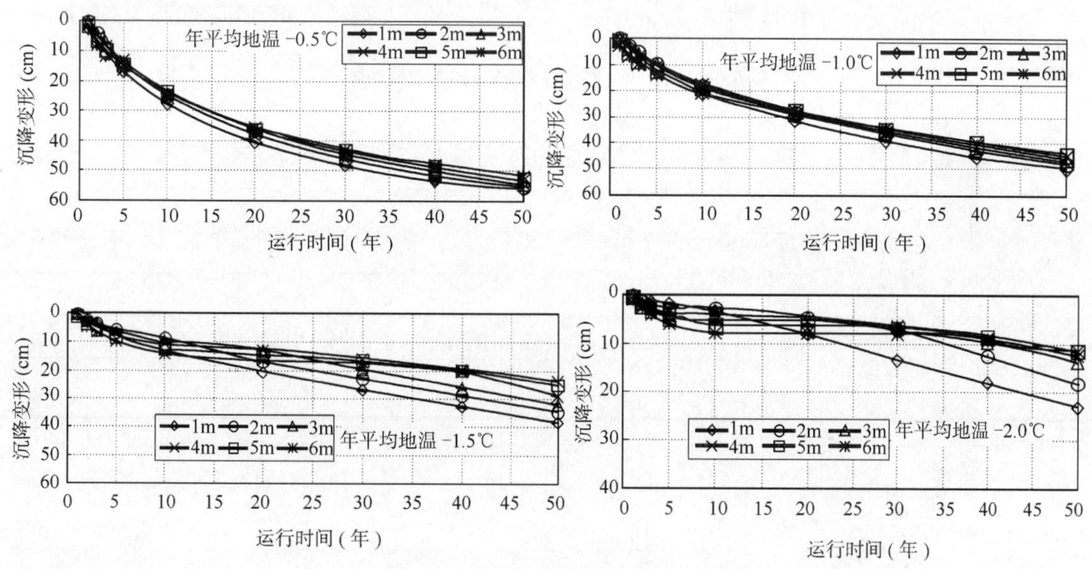

图 6-68　50 年气温升高 1℃冻土路基变形趋势

图 6-69 给出了 50 年气温升高 2℃后不同路基高度和不同年平均地温条件冻土路基变形趋势。图 6-69 可以看出，50 年气温升高 2℃后，由于多年冻土变化较升高 1℃要大，因而总的变形趋势比升高 1℃后要大。从规律来看，对于年平均地温在－0. 5～－1. 0℃多年冻土区来说，路基变形与路基高度关系不大，基本上不随路基高度变化而变化，随着气温逐渐升高而增大。抬高路基已不能够保证路基稳定性，必须采用其他冷却路基的措施才能在气候转暖背景下保证路基稳定性。对于年平均地温在－1. 5℃的多年冻土，由于气温升高地温也随之升高的变化状态以及上限下降导致地下冰融化而产生较大的沉降变形，单纯依靠抬高路基也不能保证路基稳定，尚需要辅助一些措施来抑制和减缓多年冻土融化。对于年平均地温为－2℃的多年冻土，路基变形与路基高度有较为密切的关系，且不同的路基高度产生的路基变形有较大的差异，可以根据公路使用年限，合理地选取不同路基高度，以确保路基稳定性。例如，在 50 年气温升高 2℃后，路基高度为 2m，路基变形不超过 10cm，公路可以使用 20 年。要使用 30 年，路基高度就须抬高到 3m 左右。多年冻土区公路工程在考虑气候转暖背景下要保证路基稳定性，就必须合理地根据不同多年冻土年平均地温、不同含冰状态等，合理地选择工程措施和路基高度。

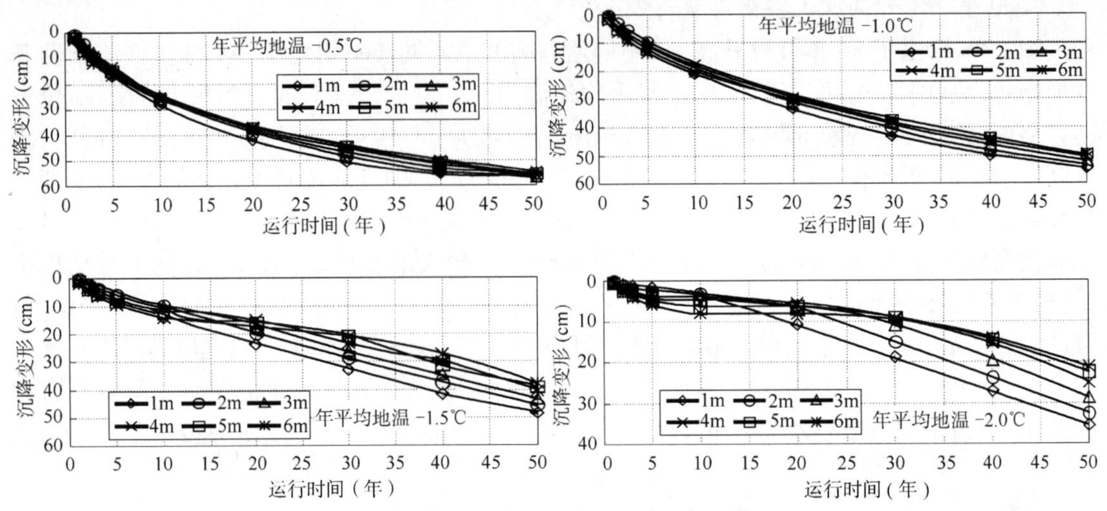

图 6-69　50 年气温升高 2℃冻土路基变形趋势

第七章 多年冻土地区公路路基设计

第一节 概 述

多年冻土区公路修筑的核心技术问题之一即为路基建造与稳定技术。多年冻土地区公路路基设计包括普通结构冻土路基与特殊路基的设计原则与方法，设计建造与施工要点以及设计使用效果的分析评价等各方面的内容。路基设计是多年冻土地区公路设计成败的关键，自青藏公路建设以来的 50 多年时间里，公路交通科研设计单位与相关冻土工程研究单位依托青藏公路，开展了长达 30 多年的跟踪观测研究，逐步形成、发展、集成了全球升温背景下高海拔多年冻土地区公路路基修筑技术。青藏公路历次科研过程，既是对冻土工程特殊性的认识过程，也是多年冻土地区公路路基设计施工技术提升的过程。

1956 年在青藏公路第一次改建工程中，又多处发现多年冻土，限于当时仍缺乏有效的工程处理措施，导致了以后的工程冻害隐患。1972 年青藏公路再次进行改建，并加铺吸热性强的沥青路面，给公路建设增加了更大的难度。为此在 1973 年交通部决定成立青藏公路科研组，对在多年冻土区修筑沥青路面的有关技术问题进行深入研究。

第一期青藏公路科研（1973～1978 年）经过六年的艰苦努力，在总结工程实践经验的基础上，结合我国的实际情况，提出了“高原多年冻土区的路基，除少冰冻土、多冰冻土地段及融区外，一般均应遵循宁填勿挖”的设计原则。根据上限多年冻土类别，可将沿线按保护冻土的要求分为四类：第一类，少冰冻土、多冰冻土及融区可按一般季节冻土地区设计与施工；第二类，富冰冻土，适当注意保护冻土问题；第三类，饱冰冻土，应采取必要的保护冻土措施；第四类，含土冰层，应采取严格的保护冻土措施。

第二期青藏公路科研（1979～1984 年）在工程实践与吸收国外先进技术和总结第一期青藏公路科研组工作经验的基础上，经过六年的工作，根据我国的具体条件，将就地取材、提高路基作为保护冻土的基本措施。对高原多年冻土区公路沿线高含冰量冻土分布规律、冻土上限的勘察与确定、冻土路基临界高度与冻土上限的关系、路基设计高度、路基沉降变形与控制路基变形的工程措施等冻土路基修筑技术难题进行了较为深入的研究。主要研究成果为：(1)必须采取措施保证路基稳定，在设计施工中应遵循保护冻土原则；(2)提高路基，抵消黑色路面吸热影响，同时还要做好侧向保护和路基排水；(3)在确定路基必需的填土高度时，不采用国外的完全冻结法，而采用保持路堤下多年冻土上限不变和富冰以下冻土允许上限少量下降的原则；(4)由于沿线砂石材料缺乏，除特别地段外，一般允许用路侧土作为填土材料，但不得在坡脚10m内取土；(5)根据工程地质条件不同，将路段划分为四种类型，分别提出不同的保护冻土要求，同时考虑不同填料导温性能的差异，采用不同的填土高度。可以看出第二期青藏公路科研组在路基稳定性研究中开展了大量的研究工作，基本上解决了冻土路基修筑技术难题，满足了青藏公路沥青路面改建工程的需要，也为高原多年冻土地区的公路工程建设提供了必要的依据和资料。

第三期青藏公路科研(1985～1999年)在总结第一、二期科研组工作的基础上，针对公路营运中存在的问题及冻土路基病害，开展了冻土路基温度场研究，冻土路基变形规律及容许变形研究，冻土路基设计原则及冻土路基临界高度研究，工业隔热材料及钢纤维水泥混凝土在高原多年冻土地区的应用研究和冻土路基稳定性数学模拟计算等研究，满足了青藏公路整治改建(1991～1999年)的技术需要。

20世纪90年代，在修建214国道时，借助于青藏公路的科研成果，针对214国道的特殊情况相应开展了214国道沿线多年冻土地区的公路修筑技术研究。2001年6月开工建设的青藏铁路，在高原冻土区线位基本依青藏公路布设，铁路部门及中国科学院寒区旱区环境工程研究所根据青藏公路路基病害特征开展铁路冻土路基稳定性研究；为保证青藏铁路建设的特殊交通需要，2002年5月交通部对青藏公路进行全面整治，同时立项开展多年冻土区公路修筑成套技术研究，重点依托青藏公路铁路建设期整治工程开展公路冻土路基综合稳定措施研究。

另外，国内在青藏高原多年冻土区开展的公路路基稳定技术研究的相关报道还有：喻文学等(1986年)从控制冻融变形及融化速率出发，建立了路基临界高度与路基设计高度的关系，提出了按一定路基高度保护冻土的基本论述；朱林楠等(1996年)对冻土退化环境下的道路工程的设计，提出了严格保护、部分保护、不保护等四项原则与方法；李东庆(1999年)用动态模拟计算分析方法，研究了在气候变暖条件下和人为因素共同作用下多年冻土的退化情况，把道路运营时间引入了多年冻土地区路堤临界高度的研究中，为多年冻土地区各类型路段修筑路堤临界高度的确定提供了一条新途径；令锋(1999年)将数学物理问题的数值方法应用于冻土路基热状况动态特征的模拟研究，对路堤边坡坡度对冻土路基热状况的影响，铺设保温材料对冻土路基热状况的作用，施工季节对路基热状况的影响，道路坡向对路基热状况的影响，修筑保温护道对冻土路基热状况的作用及修筑于斜坡上冻土路基的热状况动态特征等冻土路基建设中的实际问题进行了数值分析研究；吴青柏等(2001年)分析全球气候变暖背景，研究青藏公路冻土变化规律，建立青藏公路冻土变化响应模型，提出冻土热融敏感性是评价冻土稳定度的一项重要参考指标；王绍令等(2001年)从热平衡理论讨论青藏公路沥青路面吸热、路基储热对冻土路基稳定性的影响；丁靖康等(2000年)研究冻土路基临界高度与年平均气温的关系，以年平均气温临界值计算冻土路基临界高度；吴紫汪等(1998年)对青康公路进行调查与钻探，研究正退化的多年冻土区不同路面结构的路基合理高度；吴紫汪通过大量的现场调查研究，得出了青藏公路沥青路面的临界高度；黄小铭根据大量的现场观测研究，得出青藏高原风火山地区黏性土路基的上临界高度；袁筱林通过二维数值计算分析了冻土路基的临界高度。此外，在吴紫汪、程国栋等人著作的《冻土路基工程》中，对青藏公路冻土路基的临界高度与设计高度问题作了详细的讨论。20 世纪 80 年代，在青藏公路可可西里山区段进行的少量热管加强涵洞基础稳定的试验，其结果较为满意。热管在处理多年冻土地基的稳定性方面有较高的应用价值，技术上和理论上都是可行的。

虽然近五十年来，随着人类经济活动的逐渐深入，人类生存空间的逐渐扩大，越来越多的寒区被开发，寒区工程的研究水平也在逐步提高，但是限于对冻土内在规律及其与工程相互影响的认识，多年冻土区公路路基工程研究仍有不少问题尚待进一步解决，典型问题如不同冻土区划内路基合理结构的研究，其包含三个层次：首先是一般路基的合理断面形式，其次是特殊路基结构及其稳定性评价，最后则是我国特定地理与气候条件下的冻土路基设计与施工技术。详细论之，目前多年冻土地区公路路基工程的研究方向可归结为以下方面：

(1)研究气候、地质地貌——多年冻土——路基稳定性之间的相互作用关系；

(2)不同冻土区划内的一般路基合理结构与断面形式的研究；

(3)冷却多年冻土路基的工程措施，即特殊路基结构，尤其是充分考虑调控传导、对流与辐射的综合措施；

(4)特殊路基结构应用的量化、优化及强化，即路基稳定性评价的研究；

(5)多年冻土区路基设计与施工技术研究。

第二节　多年冻土地区路基工程措施作用机理与效果

一、多年冻土路基主要工程措施

多年冻土区公路路基工程技术涉及多年冻土区的气候、地质地貌及路基合理断面结构和冷却冻土路基的工程措施等问题，是多年冻土区修筑公路的关键技术。冻土路基工程研究的首要任务是在了解气候—工程—多年冻土相互作用规律的基础上，研究开发新的地温调控技术，提出能冷却地基的特殊路基结构及其设计参数。从冻土热稳定性的机理来看，国内外研究成果可分为调控热传导、调控对流和调控辐射三类路基结构形式。

(一)调控热传导类

该类工程措施主要是调整路基高度或路基填筑材料的热物理参数，用以增大路基热阻，减缓工程作用对冻土路基的影响，从而确保路基稳定。

(1)调整路堤高度

研究表明，路堤高度与多年冻土地区路基的稳定密切相关，为达到保护多年冻土地基的目的，提出了冻土路基临界高度的概念。当前国内外对冻土路基临界高度的计算方法大致可分为三类：①热学计算法，根据冻土路基热平衡原理导出相应的计算公式，如目前普遍采用的斯蒂芬方程及各种修正的斯蒂芬公式；②模拟试验法，通过室内模拟试验建立相应冻土地基计算参数和计算公式；③经验法，通过对试验路及实体工程的调查，观测资料的采集、分析，建立地区性的经验计算公式。实际应用结果表明第一类方法的可靠性与精度取决于选择的计算模型与边界条件，若选择不当，则会导致计算结果与实际情况出入较大。经验公式法目前应用较多，公式的形式各异，就统计变量而言，有冻土融化指数、地基的天然上限与人为上限、冻土分布的海拔高度及地理位置等。统计变量不同，由此而确定的路基临界高度也有一定的差异。

(2)保温隔热路基

该路基是在冻土路基内部铺设一层隔热材料，利用其热传导系数较低这一特点减少上部热量进入下部冻土层，从而达到保护冻土的目的。

20世纪50年代，挪威开始尝试用树皮等作为冻土路基的保温材料，为防止树皮分解，使用冻渍黏土覆盖。从70年代起美国、前苏联、日本、加拿大等国对EPS(聚苯乙烯)隔热板在冻土路基中的隔热影响效应进行试验研究。70年代中后期，我国开始应用聚苯乙烯保温材料保护冻土。目前国内外鲜见报道保温隔热路基的适应性及其工程应用效果优化方面的研究。

(3)保温护道

路基坡脚和路基本体具有不同热融条件和沉降速率，易导致路基边坡失稳，为此可以采用护道进行侧向保护。同时，保温护道还可以起到阻挡地表径流与积水侵蚀以及从力学上平衡路基中心沉降变形的作用。另外，保温护道也可与保温隔热板配合使用，既可保护坡脚不被融化，又可减轻坡脚填土自重。

(二)调控对流类

该类工程措施主要是调控路基边界及路基体内部的对流换热状况，从而保证冻土路基稳定。

(1)热棒及斜热虹吸管

热棒及斜热虹吸管是一种人工冷却装置，利用换热介质的液汽两相循环，将地基中的热量带出，从而起到冷却地基的目的。美国、前苏联和加拿大等国已经将其推行于道路和输油管线等工程，以提高地基强度，保持建筑物稳定。目前，热棒技术在我国还处于试验阶段，能否大面积使用尚待进一步研究。

(2)块石通风路基

该类路基是利用填石路基的通风透气性，来实现保护冻土路基的目的，块片石路堤内较大的空隙和较强的自由对流使得冬夏冷热空气由于空气密度差异而不断发生冷量交换和热量屏蔽，从而维持冻土上限的热平衡条件，保持现有冻土上限位置或促使上限上升。

块石通风路堤最早出现于俄国，美国在阿拉斯加公路路基上也进行了试验，均取得了较好的效果。

(3)通风管路堤

通风管路堤是通过在路基中每隔一定距离设置一定尺寸的圆管来降低路基中温度的一种措施。在寒冷季节，冷空气有较大的密度，在自重和风的作用下将管中的热空气挤出，达到冷却地基的目的。国外鲜见通风管路基工程应用效果的报道，该措施在我国也刚刚起步，对于如何选择合理的管径及间距才能达到最佳的降温效果，还处于试验研究阶段。

(三)调控辐射类

该类方法通过增加道路各边界表面的反射率以减少路基体吸收太阳辐射，从而起到降低地温，保护冻土的作用。

(1)反射表面和刷漆罩面

1963年，美国和加拿大通过改变路面面层颜色来减少路面吸收的太阳辐射热量，从而降低道路的融化深度。由于刷漆罩面导致路面抗滑性能下降和造价升高，该方法未得到推广。

(2)遮阳棚(板)

应用遮阳棚(板)遮挡路堤，可以有效地保护路堤、边坡及邻近区域。这一技术目前在俄罗斯及美国阿拉斯加等地区研究应用较多。实践中一般有全幅式遮阳棚和半幅式遮阳棚(板)，其中全幅式遮阳棚主要用于路基不宽而较高的情况，半幅式遮阳棚(板)主要用于阴阳坡辐射差异明显的阳坡面。

二、填土路基高度

众所周知，由于沥青路面强烈的吸热和阻滞蒸发作用，使冻土路基温度场发生剧烈变化，土温升高，冻土上限下降。为防止冻土上限的下降，在低温冻土区目前最经济的方法是抬高路基高度（而高温冻土区建议采用主动冷却的工程措施）。如何确定安全、合理的路基填土高度，一直是多年冻土地区路基工程研究的重要课题之一，冻土路基设计中，临界路基高度值是一个关键数值，只有当路基高度大于或等于临界高度时才能保证冻土上限保持不变或上升。喻文学等人在 20 世纪 80 年代提出了路基临界高度的经验公式：

砂砾路面：　$H_0=0.933-0.088h_{天}$

沥青路面：　$H_0=2.16-0.38h_{天}$　（气温－6.0～－7.5℃）

　　　　　　$H_0=2.50-0.44h_{天}$　（气温－4.5～－5.5℃）

式中：H_0——路基临界高度（m）；

$h_{天}$——冻土天然上限（m）。

本节利用第六章论述的等效参数，用数值计算的方法模拟路基温度场，重新讨论路基临界高度及合理高度。

路基高度分别选择为 0.5m、1.0 m、1.5m、2.5 m、3.5 m、4.5 m 和 5.5 m 等七种情况，边坡坡度均取为 1∶1.5，考虑气候变暖项，在上述不同的路基高度下分别模拟 20 年。

（一）低温冻土区路基临界高度

为了分析问题的方便，本专题中先引入最大相对融深的概念。所谓最大相对融深是指最大融化季节时，路面以下冻融两相界面处距未填筑路堤前原天然地表的距离，也就是说最大相对融深应等于人为上限与路基高度的差值（如图 7-1 所示），用公式表达为：

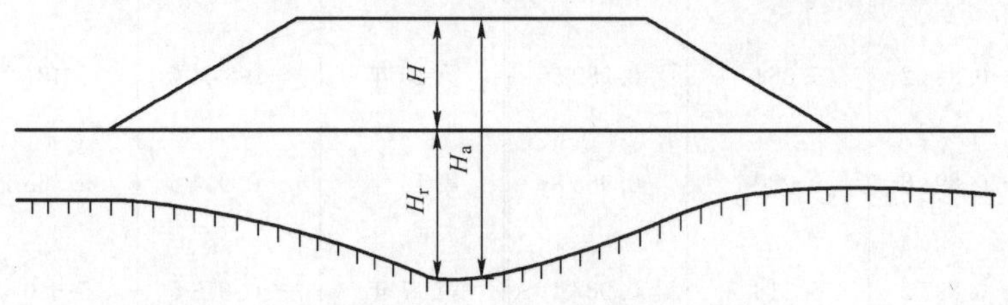

图 7-1　最大相对融深、人为上限与路基高度的关系

$$H_r=H_a-H \tag{7-1}$$

式中：H_r——最大相对融深（m）；

H_a——人为上限（m）；

H——路基高度（m）。

通过对数值模拟结果的分析，我们发现最大相对融深（H_r）与路基高度（H）具有非常强的一维线性相关性，即随着路基高度增加，最大相对融深（H_r）呈线性减小趋势（图 7-2）。因此，可假设最大相对融深（H_r）与路基高度（H）之间满足一维线性关系为：

$$H_r=a\cdot H+b \tag{7-2}$$

式中：a,b——与时间相关的常数，通过对数值计算结果的回归分析，我们得出模拟计算 20 年间的 a,b 值及 H_r 与 H 的线性关系数（R^2）如表 7-1 所示。

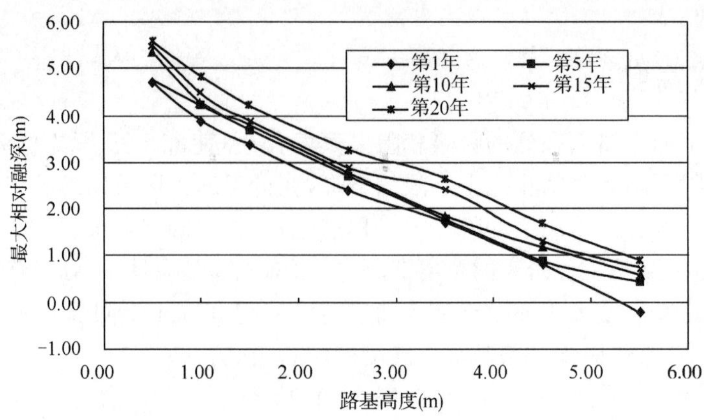

图 7-2 最大相对融深与路基高度的关系

a,b 值及 H_r 与 H 的线性相关系数(R^2) 表 7-1

模拟的时间	a	b	R^2	模拟的时间	a	b	R^2
第 1 年	−0.933 2	4.917 6	0.992 4	第 11 年	−0.918 3	5.354 1	0.970 0
第 2 年	−0.881 1	4.858 3	0.985 6	第 12 年	−0.917 0	5.370 6	0.969 7
第 3 年	−0.873 9	4.865 8	0.983 8	第 13 年	−0.915 9	5.399 0	0.969 0
第 4 年	−0.882 5	4.957 0	0.985 8	第 14 年	−0.901 7	5.437 6	0.970 8
第 5 年	−0.896 2	5.064 0	0.989 5	第 15 年	−0.904 4	5.481 2	0.972 4
第 6 年	−0.894 8	5.080 1	0.988 8	第 16 年	−0.914 6	5.565 1	0.975 9
第 7 年	−0.897 2	5.116 5	0.987 4	第 17 年	−0.918 5	5.640 4	0.982 1
第 8 年	−0.894 1	5.133 4	0.986 6	第 18 年	−0.918 9	5.710 3	0.988 7
第 9 年	−0.918 0	5.300 0	0.974 2	第 19 年	−0.906 3	5.724 2	0.988 9
第 10 年	−0.915 7	5.319 4	0.972 1	第 20 年	−0.905 5	5.762 5	0.989 3

最大相对融深(H_r)是随着青藏高原气候变暖而动态变化的,在气候均匀变暖的情况下,H_r 表现出与时间具有一定的相关性,而这种相关性是通过式(7-2)中的 a、b 项联系的。图 7-3 描述的是 a、b 随时间的变化曲线,从图 7-3a)中可以看出随时间变化随机波动明显,线性回归拟合度也较差,且 a 本身之间的较差相对较小,因此可认为 a 与时间不相关,其值可取计算 20 年间的几何平均值,即:

$$a = -0.9054 \tag{7-3}$$

从图 7-3b)中可以看出，b 值与时间具有非常强的线性关系，与时间的回归拟合度为 98%。a 值与时间(t)的回归方程可表达为：

$$b = 0.0491t + 4.7876 \tag{7-4}$$

式中：t——年数(年)。

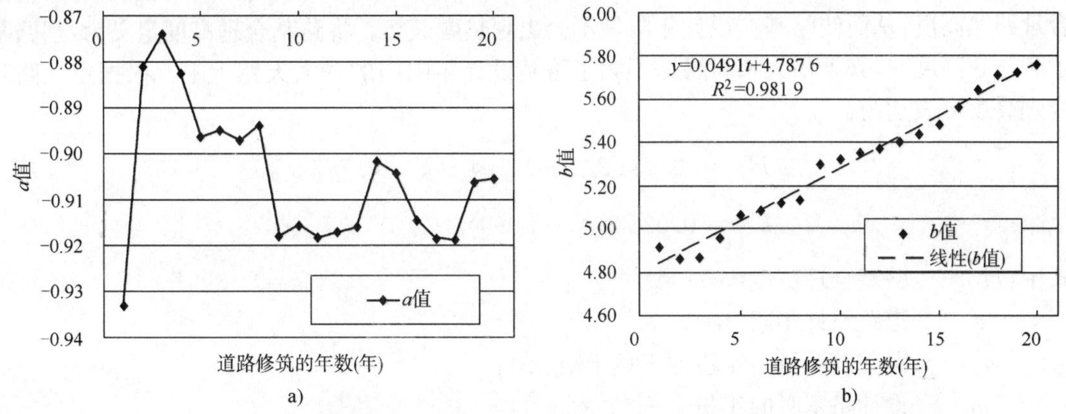

图 7-3　常数 a、b 随道路修筑年数的变化规律

a) a 随道路修筑年数的变化；b) b 随道路修筑年数的变化

至此将式(7-3)、式(7-4)代入式(7-2)得：

$$H_r = -0.9054H + 0.0491t + 4.7876 \tag{7-5}$$

进而将式(7-5)代入式(7-1)得：

$$H_a = 0.0946H + 0.0491t + 4.7876 \tag{7-6}$$

低温冻土区路基设计原则是保持多年冻土上限不变或上升。对于新建公路，在冻土路基设计中，只有当路基高度大于或等于临界高度时，才能保证这一原则的实施，这也是保证冻土路基稳定的前提条件。当路基高度处于临界高度时，其人为上限由路基填土高度与天然上限深度两部分组成，即

$$H_a = H_0 + h_{天} \tag{7-7}$$

式中：H_a——人为上限(m)；

H_0——临界路基高度(m)；

$h_{天}$——冻土天然上限(m)。

联立式(7-6)与式(7-7)可得：

$$H_0 = 0.0542t - 1.1045h_{天} + 4.7876 \tag{7-8}$$

式中各参数意义同前。

式(7-8)是根据数值计算总结出来的半经验半理论公式，在年平均气温为−4.5℃～−5.5℃的低温冻土区具有普遍的适用性。

用式(7-8)计算 80 年代的新建路基临界高度为 2.0m，与当时提出的经验公式的计算结果 1.85 m，仅差 0.15 m。当时提出的经验公式被实践证明是合理的，但其为静态公式，只能指导

当时有限时间段内的路基设计。而本文中所提出的式(7-8)则具有动态特征,不仅能指导现在的路基设计,还能指导将来新建路基的设计。

(二)低温冻土区路基合理高度

式(7-8)的动态特征表现在其与时间的相关性上。从式中可以看出,如果要保持多年冻土上限不变,路基临界高度每年约需增加5.42cm,即意味着每年均要抬高路基到该年临界高度,这在工程上显然是不可能的。因此在路基设计时,必须要使路基高度达到一合理值,即所谓的合理路基高度,从而使路基在设计年限内不会出现热融破坏。将路基合理高度定义为:当路基达到这一高度时,其下最大相对融深不大于路基设计年限内的最大天然上限。根据定义路基合理高度可表达为:

$$H_{合} = 0.0542\Delta t - 1.1045h_{天}^{0} + 4.7876 \tag{7-9}$$

$$h_{天}^{0} = 0.0232(t_0 - 1999) + 2.01$$

式中:$H_{合}$——路基合理高度(m);

Δt ——道路设计年限(年);

$h_{天}^{0}$——路基设计所在年份的天然上限(m);

t_0——设计路基时的年份。

随着全球气候升温,我国大多数多年冻土都在逐渐退化,多年冻土上限在逐年下移,因此,本文所讨论的路基临界高度与路基合理高度只有在年平均地温小于-1.5℃的多年冻土区才有实际意义。因此可以得出路基存在合理高度的地温条件为:

$$T_0 \leqslant -\frac{\partial T_0}{\partial t} \cdot \Delta t - 1.5 \tag{7-10}$$

式中:T_0——年平均地温(℃);

$\frac{\partial T_0}{\partial t}$——年平均的变化率,即增温速率;

Δt——道路设计年限(年)。

三、隔热层路基

(一)作用机理

隔热层路基是利用工业隔热材料,在不过多加高路堤的情况下,增大路基热阻、减少大气(太阳)热量传入路基下的一种路基结构形式(图7-4),其可在一定时间内(如设计年限内)起到保护冻土延缓冻土退化的作用。青藏公路隔热层路基选择的保温材料是聚苯乙烯泡沫材料(EPS)和挤塑聚苯乙烯泡沫材料(XPS),该类材料具有轻质、多孔、导热系数小、热阻高及强度大等特点。

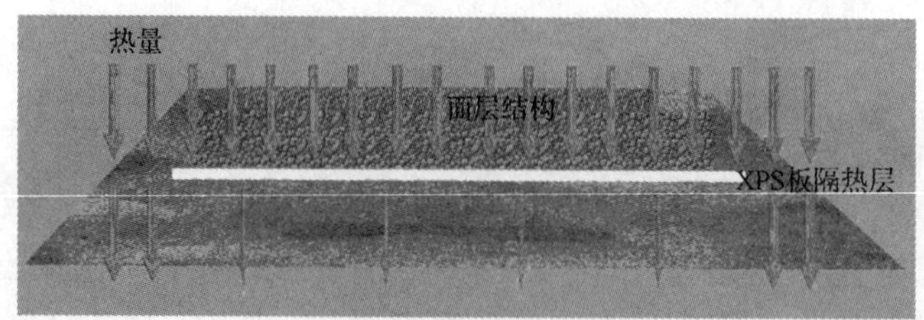

图7-4 XPS板隔热层效果示意图

对于道路工程，加铺黑色沥青路面后，表面热交换条件改变，黑色路面吸热较多，引起路基内的热积累急剧增加，导致多年冻土上限下降。当铺设隔热层后，则有可能补偿这部分上限下降，保持多年冻土上限稳定、甚至抬升。隔热材料的导热系数越小，其效果就越佳。在土层上部以一年为周期的近似正弦波动的温度边界条件控制下，下部土层的温度也呈现出随深度振幅逐渐减小、相位逐渐滞后的周期性波动变化，因此，多年冻土的地温剖面表现为介于各土层深度最高和最低温度形成的包络线之间的动态变化曲线，最高温度包络线等于冻结温度（通常为 0℃）处深度即为多年冻土上限位置。在没有铺设保温层时，最高、最低温度包络线通常呈较为光滑的连续曲线，当铺设保温层后，如果外界太阳辐射、温度场、水分场、以及应力场保持不变，根据热传导原理，由于隔热材料导热系数与路基土体导热系数的巨大差异（约 40 倍），将会导致保温层上下部形成很大的温度差，由此决定了保温层下部土体温度的年振幅的降低，即最高温度、最低温度包络线之间的范围缩减，在这种情况下，最高温度包络线与深度轴相交于相对较高的深度，即多年冻土的上限被抬高，这就是保温处理措施保护多年冻土的基本原理。

（二）室内试验

保温隔热材料热阻高的特性主要取决于它的低容重和高孔隙率。材料孔隙中充满了空气，而空气的导热系数约为 9.96kW/m·℃，仅是水导热系数的 1/20。但隔热材料吸水后导热系数将大大增加，当体积含水率为 20%～25%时，导热系数将增大一倍，这对于工程使用来说是不利的；埋于多年冻土路基中的该类材料每年要经受多次冻融循环，多年后是否能保持良好的工程性能，也是设计中要解决的问题。为此针对两种材料在反复冻融作用下和不同的荷载作用下的导热系数、吸水率和强度开展了室内试验，分析两种材料在反复冻融条件下的老化问题。

开展冻融循环后隔热材料的性能稳定性试验，是为了模拟隔热材料在实际工程使用条件下遭受多次冻融循环和荷载作用后其老化以及其他工程性能的变化情况。对实际工程中采用的两种隔热材料分别进行了 5、10、20、30 次冻融循环后的导热系数、吸水率和抗压强度测试，其中导热系数、吸水率分别采用同一个样品进行试验，抗压强度采用平行多个样品进行试验，测试结果如表 7-2。

EPS 板、XPS 板两种隔热材料冻融循环后的物性测试结果 表 7-2

材料类型	循环次数	导热系数[W/(m·℃)]	体积吸水率(%)	抗压强度(kPa)
EPS 板	5	0.025 3	2.6	347
	10	0.024 9	2.5	335
	20	0.025 3	2.8	352
	30	0.024 2	2.5	326
	平均	0.024 9	2.6	340
XPS 板	5	0.022	0.422	646
	10	0.023	0.362	637
	20	0.021	0.39	628
	30	0.019	0.38	633
	平均	0.021	0.389	636

测试结果表明，冻融循环后隔热材料的导热系数、体积吸水率变化不大，抗压强度的结果表现出一定的波动性，总体呈现出随冻融循环次数增多稍有下降的趋势。这是由于抗压强度属破坏性试验，因此，不同循环次数下的测试结果实际上是由不同的试样完成的，试样的不一致性也完全有可能导致测试结果的差异性。XPS 板的导热系数比 XPS 板大，体积吸水率 EPS 板是 XPS 板的 6 倍还多，抗压强度 EPS 板几乎只有 XPS 板的一半。

室内实验研究表明，两种材料反复冻融循环下的热学与力学性能均能满足多年冻土道路工程的要求，因此在青藏公路多年冻土区开展 EPS 与 XPS 隔热层路基的实体工程试验，用以研究其工程应用效果。

(三)工程应用效果分析

为了进一步研究隔热层路基在多年冻土区路基中的隔热效果，从研究 EPS 板、XPS 板隔热层路基的变形，隔热板上下的热流与温度，隔热层路基的温度场出发，结合整治改建工程进度，根据拟研究的内容，结合实测地质资料的具体情况，经过反复比选，确定在昆仑山垭口试验段 K2897＋000～K2897＋300、K2897＋300～K2898＋100 区段，斜水河试验段 K2933＋800～K2934＋000 区段以及清水河试验段 K2951＋500 附近设置隔热层路基和 4 个观测断面。

1. EPS 隔热层效果分析

地温观测表明，该路段 6 月初地基开始融化，同年 11 月底 12 初地基开始冻结，路基近地表正温持续期大致为 6、7、8、9、10、11 共六个月，其余六个月左右则为负温期，路基表面至 3.5m 深度范围内，地温受大气温度的影响强烈。观测结果显示 8 月初高原气温出现最高值，至 11 月初正温期结束，最低温出现在翌年 1 月份。测温电缆能观测到的 0.5m 深度最高地温同步出现在 8 月份，有 EPS 隔热板的断面 0.5m 深度地温最高值为 9.06℃，最低值为－7.76℃，相应对比断面 0.5m 深度地温最高值为 7.48℃，最低值为－5.61℃，该深度两个断面地温最高最低的差异分别是 1.58℃和 2.15℃。这主要是由于隔热材料有较大热阻，暖季从上表层传递下来的热量受隔热材料阻隔，热量在隔热层上土体中储存，形成该深度有隔热材料比没有隔热材料温度高的情况；冷季外界温度较低，路基土体暖季储热向外界散热，外界的冷量和路基体进行热量传递与交换，这时热量的交换既与冷暖界面温差有关还和中间介质的性质有关，在存在隔热材料的路基中，由于隔热材料的高热阻作用，冷季路基体内的热量向外界传输同样受阻，冷热交换没有对比断面进行的充分，这也是有隔热材料的路段 0.5m 深度冷季地温为－7.76℃比对比断面地温低 2.15℃的原因。这说明，一年中隔热材料的只有在暖季发挥积极效应，在冷季反而产生不利于路基土体稳定的消极作用。选择使用这种工程措施，是注意到在高温高含冰量地区暖季的积极作用大于冷季的消极作用，总体来说对保护路基下冻土有利。隔热材料能减少暖季路基下伏土体吸热，但不能改变路基下土体热储逐渐增加的趋势，即它只能减少路基体吸热量，延减缓路基破坏时间，使路基体尽量在设计使用年限内不发生热融破坏。

图 7-5 为 K2933＋500 和 K2933＋700 两个断面地温经过一个变化周期以上的地温等值线图。由图中可以看出，在隔热材料断面 0℃温度等值线最深到路面设计高程下 6m 左右，而对比观测断面 0℃温度等值线最深到路面设计高程下 8m 左右，即有隔热材料能使上限抬高 2m 左右。

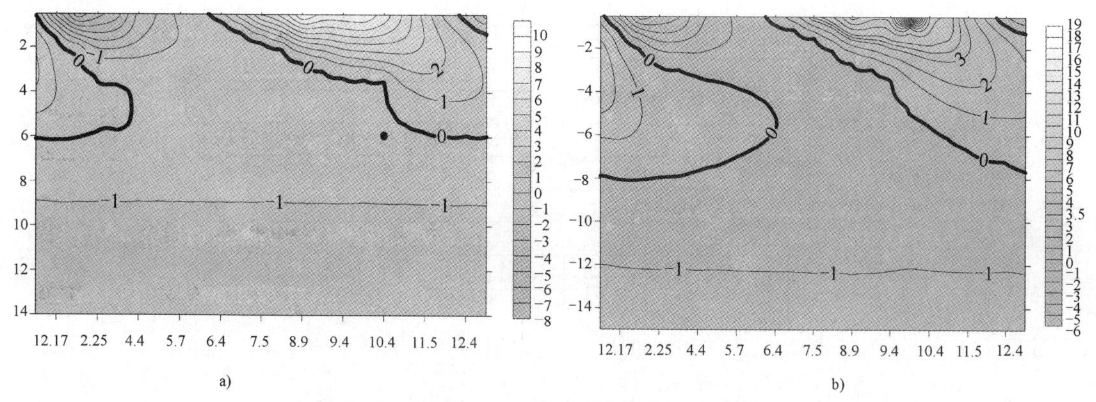

图 7-5　有无 EPS 左路肩地温冻融等值线图

a)有 EPS 板；b)无 EPS 板

2. XPS 隔热层效果分析

对于 K2897＋150 路中孔，地温观测数据表明，在铺设 XPS 板的路中孔，刚铺设后第一年暖季末即 10～11 月，路面下 2m 处观测到的地温还存在正温，但第二年开始正温深度已明显减少，2m 深度已是全年处于负温状态下，1.5m 深度也只有 9、10、11 三个月观测有正温存在，其余月份全部为负温值。近地表 0.5m 深度，11 月下旬开始回冻，5 月底 6 月初开始解冻，2 月份近地表温度达到最低值，铺设 XPS 板后，季节活动层变浅 0.5m 以上。在铺设隔热板后初期 2m 以下、一个冻融周期稳定后 1.5m 以下，地温随深度的波动不是很明显，常年处于负温且波动趋势相似。在地温随时间的关系曲线上，在冷季，可以看出活动层内温度降低很明显，在 1.5～3.5m 深度范围内暖季甚至出现全年温度最低值，这种波动的极值与 XPS 板有良好的隔热性能是分不开的，路面下 2.5m 深度以下地温的波动已基本消失。

对于 K2897＋150 左路肩孔，与路中孔有着大致相同的总趋势，在铺设 XPS 板后第一年暖季末即 10～11 月，路面下 2m 处观测到的地温还存在正温，但第二年开始正温深度已明显减少，2m 深度已是全年处于负温状态下，1.5m 深度也只有 9、10、11 三个月观测有正温存在，其余月份全部为负温值。近地表 0.5m 深度，11 月下旬开始回冻，5 月底 6 月初开始解冻，2 月份近地表(0.5m 深度)温度达到最低值－4.2℃，铺设 XPS 板后，季节活动层也变浅 0.5m 以上。在刚铺设隔热板后 2m 以下、一个冻融周期稳定后 1.5m 以下，地温随深度的波动不是很明显，常年处于负温且波动趋势相似。

与 K2897＋150 路中孔相比，左路肩孔活动层下面温度降低明显，且温度梯度较大；在冷季，左路肩孔活动层温度要比路中孔温度低 2～3℃。分析其中原因，路中孔处沥青路面中央吸热明显是一个原因，XPS 板隔热层有良好的隔热性能夏天隔热、冬天隔冷保温，使得暖季热量进入路基体较少，冷季外界低温度与路基体的热冷交换减弱；在左路肩孔处，由于路面黑面下铺设了隔热材料而路肩部分没有铺设，路肩处较之路中有开放的与外界进行水热交换的边界条件，路肩处暖季吸热减少了，冷季冷热交换没有减弱，冷季回冻比较充分且温度降低的比较大。这种差异也完全验证了，隔热材料在冻土路基中使用时，暖季是正效应，冷季是负效应。

图 7-6 表明，隔热板上表面平均温度为－1.29℃，下表面平均温度为 0.05℃，上表面温度波动较大，暖季最大气温达到 18.41℃，冷季最低温度达到－18.46℃，温度年较差在 34℃左右，下表面暖季最大值为 5.26℃，冷季最低温度为－5.97℃，温度年较差在 7.16℃左右，即设置隔热层后，下部土体地温年增幅大大减小。

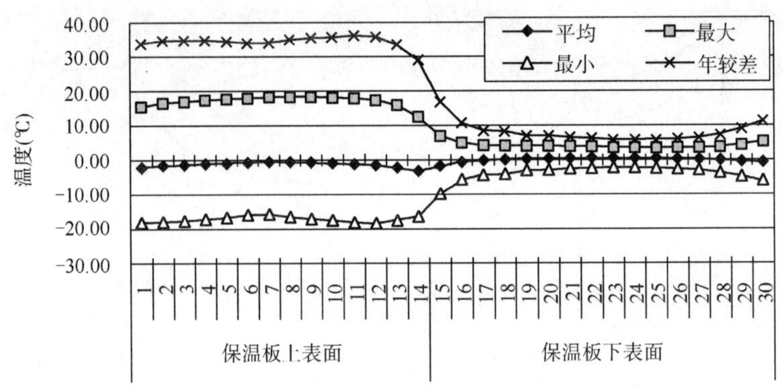

图 7-6　K2897＋150 隔热材料板上、下表面相关温度的变化

3. EPS 与 XPS 隔热层效果对比

上面分别对 EPS、XPS 两个隔热材料的作用效果进行了分析，它们对减少路基土体吸热，保护冻土路基稳定都有积极意义，但两种材料不同，在保护冻土方面也有所差异。

地温观测表明，在 EPS 隔热层断面人为上限深度路中孔和路肩孔都在 6.0m 左右，XPS 隔热层断面人为上限深度在 2.5m 左右。虽然两处路基横断面结构有所差异，但两者对人为上限影响的差值可以说明 XPS 板较 EPS 板在保护冻土、控制人为上限方面有较大的优势。

在 EPS 断面 0℃温度线以上正温的深度和范围要比 XPS 断面大得多。在左路肩，0℃温度线深度 EPS 隔热材料段为 6.0m 左右，而 XPS 隔热材料段为 2.0m 左右，在路中孔，0℃温度线深度 EPS 隔热材料段为 6.2m 左右，而 XPS 隔热材料段为 2.3m 左右；再者，由于隔热板是在路面下 0.5～0.8m 深度埋设的，地温等值线图基本上反映的是隔热板下路基土体的温度分布情况，XPS 隔热材料断面负温区持续的时间较长，且人为上限浅，该工程措施作用效果更有利于冻土路基的稳定。

综上所述，两种材料的工程应用效果可归纳为以下几点：

(1)加铺工业隔热材料能大大减少传入路基中隔热层下土体的热量，减少路堤下最大季节融化深度 1～2m，对提高冻土路基下人为上限具有明显的作用，有利于寒区道路路基的稳定。

(2)一年中隔热材料只有在暖季发挥积极效应，在冷季反而不利于路基土体散热。在年平均地温较低，冻结期较长的多年冻土区，选择该类措施将对保护路基下伏冻土有利。

(3)XPS 隔热材料的应用效果要大大优于 EPS 隔热材料，更有利于冻土路基的稳定。

(4)单纯依靠保温隔热的工程措施，不能有效改变路基体内热储增加的趋势，且其作用效果与路基走向、路基结构形式(有无保温护道)、路基高度等因素有关。

(四)数值模拟效果分析

1. 隔热模型及定解条件

对于铺设保温隔热层的计算断面大致可分为 4 个区域，分别为 Ω1、Ω2、Ω3、Ω4，边界为 B1～B6，见图 7-7 所示。Ω1～Ω4 对应不同的材料区域，B1～B6 为计算区域边界。

由于沥青路面阻断了 Ω1 区域与地表间的水分交换，加之 Ω1 区域多为保水性差的砂砾与碎石土充填，因此在计算中可认为 Ω1 区域内无水分迁移，只考虑热流方程；Ω2 区域为隔热保温材料，该材料是一种轻质多孔的半硬性工业隔热材料，具有导热系数小，吸水率低、耐老化等特点，因此该区域内也只考虑热传导。Ω3，Ω4 分别为隔热板下路基层及天然土体。

综上所述，铺设EPS保温材料的路基内温度场的二维数学描述、土层材料的热物理参数及其定解条件可参见第六章等效参数法所述。

计算模型如图7-7所示，路基高度为1.3m，隔热板埋置深度为1.0m，其厚度为10cm，导热系数为0.034 W/(m·℃)，密度为40kg/m^3。在不考虑阴阳坡影响的情况下，计算模型是按中轴线对称的，模拟时只需计算半幅断面。考虑水分迁移及冻融相变对路基温度场影响的情况下，应作如下假设：

(1)路基断面各层土体及隔热板是均质的，各向同性；

(2)在冻结和融化过程中无任何外荷载作用；

(3)忽略路基中的水汽迁移、空气对流和蒸发耗热作用；

(4)忽略路基内应力对路基温度场的影响；

(5)忽略隔热板内的水分迁移；

(6)忽略温度变化对隔热板热学参数的影响。

首先用考虑无增温条件下的天然地表温度边界在无路堤的情况下模拟计算10年，分别取第10年5月15日和7月15日的地基温度场作为初始条件，再填筑路堤，路堤土体的初始温度分别为-4℃和2℃，并施加含气候变暖影响的上边界条件及地中热流(0.06 W/m^2)的下边界条件，再次模拟20年。

2. 对人为上限的影响

在路基内铺设工业隔热材料能大大增加路堤热阻，减少传入地中的热量，提高路中人为上限。从图7-8可知，未铺设隔热板的路基在第一年人为上限为5.13 m，比5月15日施工的隔热板路基在第一年的人为上限低3.53 m，比7月15日施工的低2.93 m。由此可见工业隔热路基在低温冻土区对提高人为上限，防止下伏多年冻土退化，保证路基稳定性是十分有效可行的。

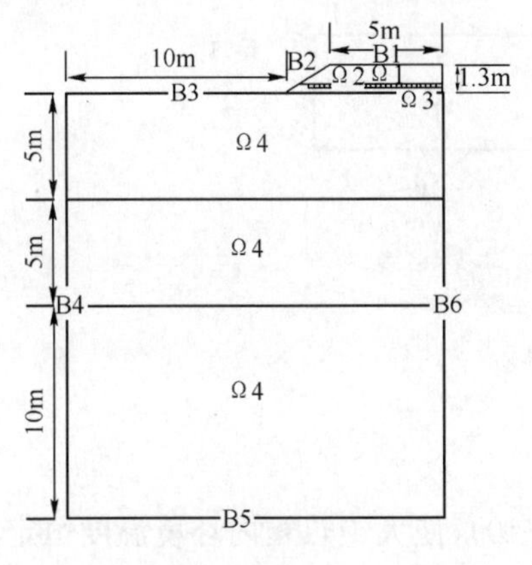

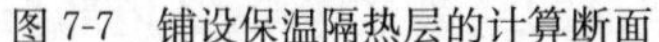
图7-7 铺设保温隔热层的计算断面

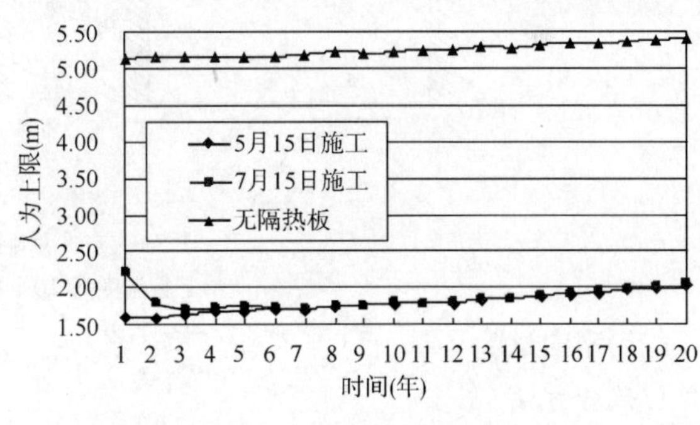

图7-8 隔热板施工季节对人为上限的影响

另外，如图7-8所示，铺设保温隔热材料的施工季节对路堤下冻土上限有较大影响，特别是在路堤铺设后最初的1～2年内，随后路中人为上限的变化趋势逐渐稳定，直至第6年施工季节对路中人为上限的影响才逐渐消失。图7-8中还可看出，7月15日施工对路中人为上限的扰动比5月15日的施工扰动大得多，这主要是由于路堤及下伏土体的初始正温造成的，因此保温隔热路基的施工季节最好能选择在冬季，如果冬季无法施工，应避开最大融深季节，综合考虑保温隔热材料铺设的时间应选择在6月底以前。

四、碎石路基

(一)作用机理

碎石路基的对流换热是气体流过碎石壁面时，由于气体和碎石表面的温度差所导致的热量交换现象。对流换热中，气体与碎石壁面必须直接接触，且导热和对流同时起作用。气体流动可以是由外部动力源(如风力)引起，也可能是由于冬季碎石层中的温度差异造成其中气体的密度差引起，它们分别对应为强制对流换热和自然对流换热。

对于现场碎石路基，导热、强制对流换热和自然对流换热这三种机理可能同时存在，对于气温波动的不同阶段和碎石的不同粒径、铺设位置和高度，其作用机理会有不同或主次之分。

同时，对流换热强度还与下列因素有关：(1)气体流动的层流和湍流两种状态；(2)换热面的几何因素：换热面的形状、大小、相对位置及其表面粗糙度；(3)湿气有无发生相变及气体的物理性质。

碎石层中自然对流是由于温度场的不均匀性引起密度的不均匀性并在重力作用下产生浮升力而引起的空气流动。因此，在自然对流传热中，没有温差就意味着没有热交换，也就没有孔隙空气的流动。但不均匀的温度场并不一定引起自然对流，如图 7-9 所示的两种情形，只有图 7-9a)顶面温度低于底面温度时才会产生自然对流。因为图 7-9b)的底面为低温，靠近底面的空气密度将大于顶面附近的空气密度，在重力作用下不会产生自然对流。因此，自然对流只有在秋冬季节，当碎石层顶面温度低于其底面温度时才可能形成，由于地温按指数规律随深度递减，为增强降温效果，碎石层在路堤中铺设的位置应当在满足力学稳定性的前提下，尽量靠上，即尽量减少上覆土层的厚度。强制对流与自然对流换热不同，只要有风压差存在且碎石层温度与环境温度间存在温差就可以产生强制对流，降温效果只有在碎石层温度高于环境温度时才有可能表现出来。

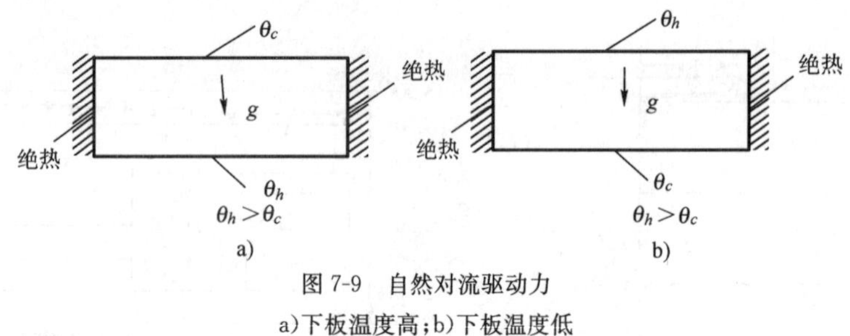

图 7-9 自然对流驱动力

a)下板温度高；b)下板温度低

(二)室内试验

1. 试验方法

在一个大的绝热箱体内安装了环境温度控制器(图 7-10)，使大绝热箱内环境温度恒定在 2℃～4℃。内部放置两个由壁厚为 155cm 聚氨基甲酸脂板组成的绝热试样箱，其内部长宽高的尺寸分别为 50cm×50cm×65cm。与低温循环冷浴相连的箱体温度控制器控制试验箱顶温度按正弦变化规律波动，温度振幅除粒径 $d = 4 \sim 6$cm 和 $d = 6 \sim 8$cm 的试样为 30℃ 外，其余试样均为 25℃，平均温度为 0℃，波动周期为 24h。每个箱体内布设三个测温剖面，采用热敏电阻传感器、DT500 型数据采集仪和个人计算机组成测温系统，每 5min 采集一次碎石温度。图 7-11 列举了测温剖面中热敏电阻传感器布设位置，标注尺寸单位为 cm。试样分别采用碎石、卵砾石和砂砾石三种材料。试验分单一结构、复合结构和混合结构三种情况进行。详细试验设计见表 7-3。

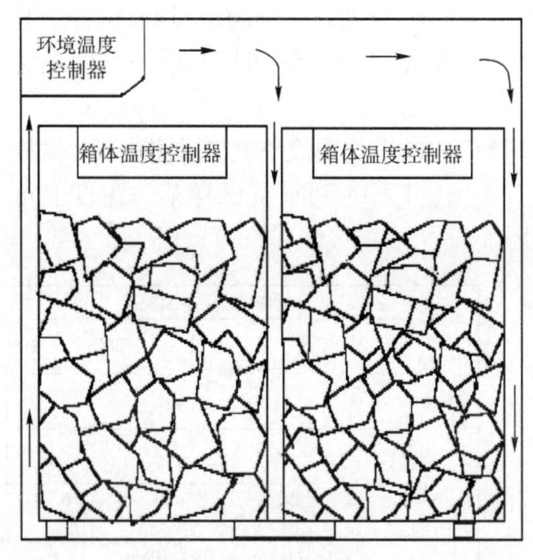

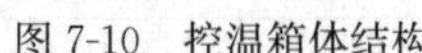

图 7-10　控温箱体结构

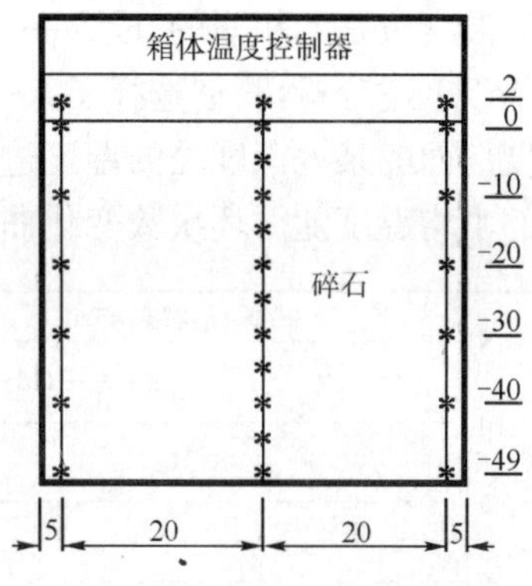

图 7-11　热敏电阻传感器布设位置图(尺寸单位:cm)

试验参数一览表　　　　表 7-3

序　号	名　　称	粒径(cm)	高度(cm)	密度(kg/m³)	备　　注
1	碎石	4～6	49	1 563.49	单一结构
2	碎石	6～8	53	1 472.45	
3	碎石	2～4	55	1 533.82	
4	碎石	10～15	54	1 369.27	
5	砂砾石	0.05～0.5	55	1 780.73	
6	卵砾石	1～4	55	1 844.73	
7	碎石 卵砾石	6～8 1～4	29 26	1 502.07 1 895.38	复合结构
8	碎石 砂砾石	6～8 0.05～0.5	25 29	1 548.80 1 998.60	
9	卵砾石 碎石	1～4 6～8	25 29	1 972.80 1 502.07	
10	砂砾石 碎石	0.05～0.5 6～8	19 36	1 975.80 1 601.10	
11	卵砾石 碎石	1～4(含量 49%) 6～8(含量 25%) 10～15(含量 26%)	55	1 874.18	混合结构

2. 自然对流机制的判别

在上述试验设计的三种材料不同结构的试样中,试样与环境间的热交换可能存在着两种机制:热传导和自然对流。在一维热传导情况下,均质试样中某一点的温度只是时间(t)和坐标(z)的函数,即同一时刻、同一深度上试样中各点的温度应是相同的。

在存在自然对流传热效应的情况下，试样温度分布将变成为二维问题，均质试样中某一点的温度是时间(t)、孔隙气流速度(z_y,z_z)和坐标(y,z)的函数，即同一时刻、同一深度上试样中各点的温度应是不相同的，成为一个二维的温度分布问题。

基于上述分析，我们选择了某一深度上每一周期内的平均温度作为判别指标，对试样中三个温度剖面的某一深度处的温度进行比较。图 7-12～图 7-14 列举了试样某一深度上每一周期内的平均温度随循环次数变化曲线。

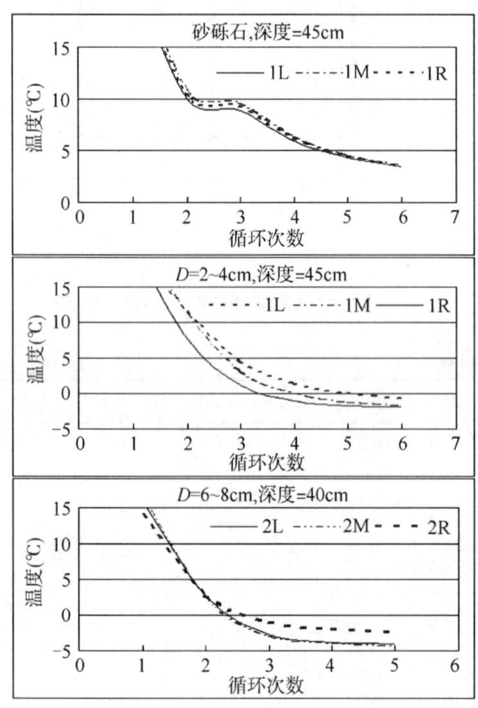

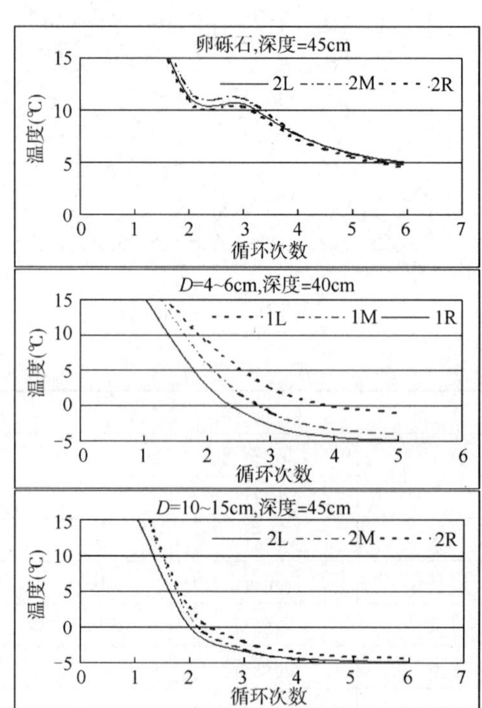

图 7-12　单一结构中某一深度上每一周期内的平均温度随循环次数变化曲线

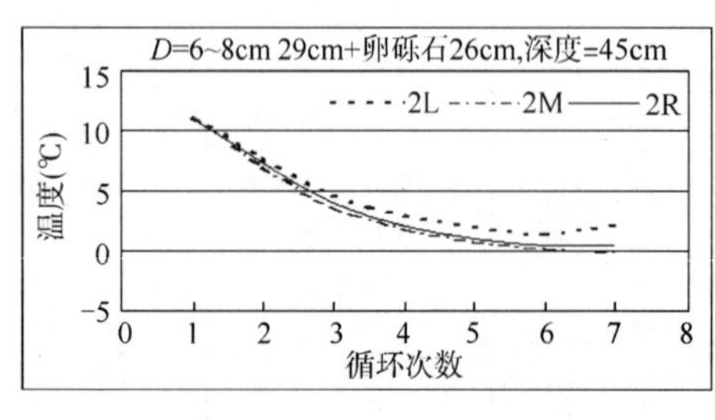

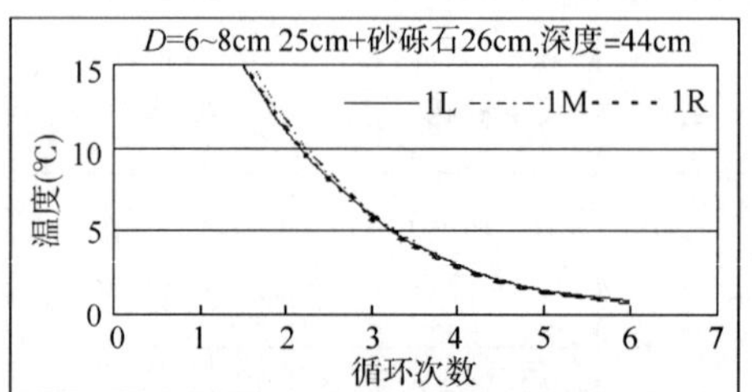

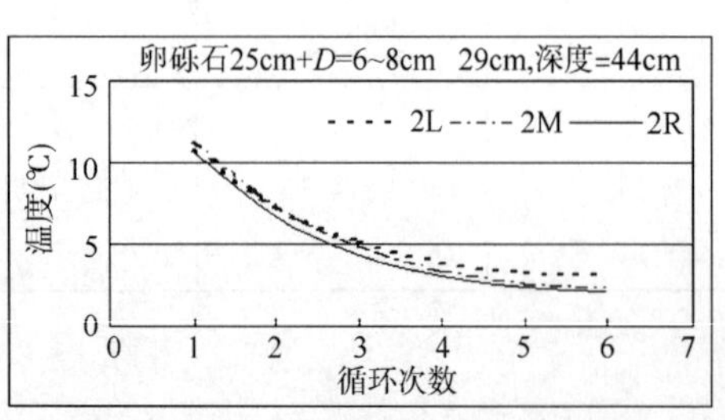

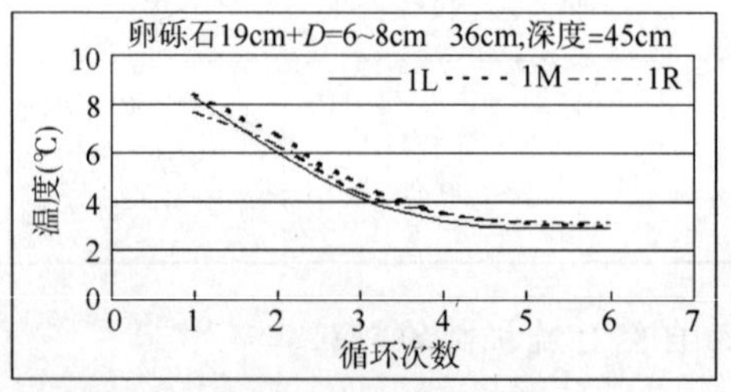

图 7-13　复合结构中某一深度上每一周期内的平均温度随循环次数变化曲线

由图 7-12，对于高度为 53～55cm 的由相同块、粒径组成的单一结构碎石试样，其中，砂砾石试样的 45cm 深度上，除在前三个循环周期中由于初始温度分布不均匀，左、中、右三个剖面测得的温度略有差异外，其余的温度基本是相同的，由此可以认定，试样中的热传输只有热传导机制。而其他单一结构试样中，从第四个周期开始，或多或少存在一定温度差异，说明存在自然对流传热机制，但卵砾石中的自然对流传热机制也是十分微弱的。从同一深度温度分布的高低来看，具有两种模式，即左高右低或左低右高，说明碎石试样中存在自然对流传热机制时，其空气的流动形式总体上是由试样的一边流向另一边。

由图 7-13 可见，在由两种块、粒径分层铺设的复合结构试样中，粒径为 6～8cm 的碎石与砂砾石搭配时，在同一深度上温度基本相同，即使砂砾石层厚度只有 19cm，而下面铺设的碎石厚度达 36cm，其试样内部基本上也不存在自然对流传热效应。但是，当粒径为 6～8cm 的碎石与卵砾石搭配时，试样在同一深度上的温度略有差异，说明存在比较小的自然对流传热机制。其中，碎石铺于上层的试样温度差异比碎石铺于下层的试样温度差异略大，说明碎石铺于上层的试样自然对流传热效应优于碎石铺于下层的试样。这是由于铺设于试样上部的碎石表面温度波动要大于铺设于试样下部的碎石表面温度波动。

由图 7-14 可见，在由不同块、粒径材料混装的混合结构试样中，45cm 深度上的温度略有差异，说明其内部的热传输存在自然对流机制，但这种自然对流传热效应是十分微弱的。

由上述室内试验结果可知，从强化自然对流传热机制的角度出发，实际寒区路堤的碎石层铺设方式采用单一结构要比复合结构和混合结构都好，碎石层铺设厚度应以大于 50cm 为宜，且应从路基顶面开始铺设。

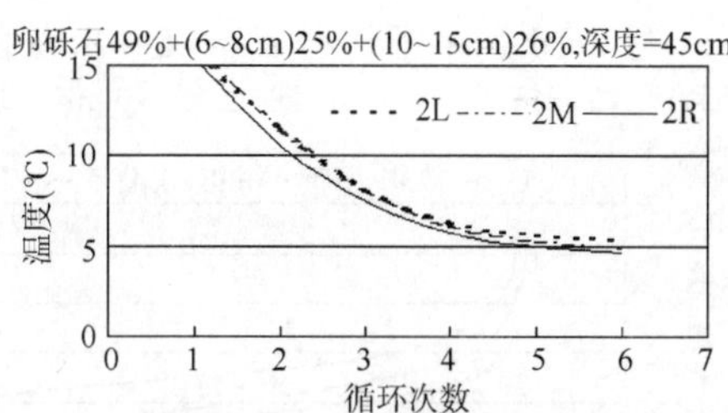

图 7-14　混合结构中某一深度上每一周期内的平均温度随循环次数变化曲线

3. 不同粒径试样降温效果评价

由于存在自然对流传热机制时，不同测温剖面在同一深度上的温度值是不相等的，同时，在边界气温周期波动条件下形成的温度场可视为准稳态的温度分布，因此采用试样内各测点在每一次循环中各个时刻温度的平均值，即每一次循环试样平均温度来评价总体降温效果是合理的。

图 7-15 列举了三种结构形式试样的整体平均温度随循环次数变化曲线。由图 7-15 可见，单一结构试样中，砂砾石和卵砾石的整体平均温度随循环次数增加，其降温速率基本接近，卵砾石快于砂砾石，且经过 6 个周期循环，其平均温度仍为 2.5℃，再次显示其中只有热传导机制。而其他 4 种碎石的试样高度为 49～55cm，经过 3～4 次循环后，其平均温度均已进入负温，即已低于气温周期波动的平均温度 0℃，这种现象只有存在自然对流传热机制的情况下才能出现。4 种不同粒径组成的碎石试样降温效果由强到弱排列依次为 $d=4～6$cm 的最佳、$d=6～8$cm和 $d=10～15$cm 的次之、$d=2～4$cm 的较差。产生这种情况的原因可能与碎石体中的孔隙大小和碎石的比表面积有关。众所周知，碎石体中的孔隙大小将会影响孔隙空气的流动速度，碎石的比表面积随粒径减小而呈几何级数增大，这两者均直接影响碎石试样的降温效果。复合和混合结构试样中，经过 5 次循环后只有上覆 25～29cm 厚、$d=6～8$cm 碎石的复合结构的试样平均温度进入负温，其他结构试样的平均温度均处于正温，且混合结构的平均温度最高。说明上覆砂砾石或卵砾石层都会削弱降温效果。

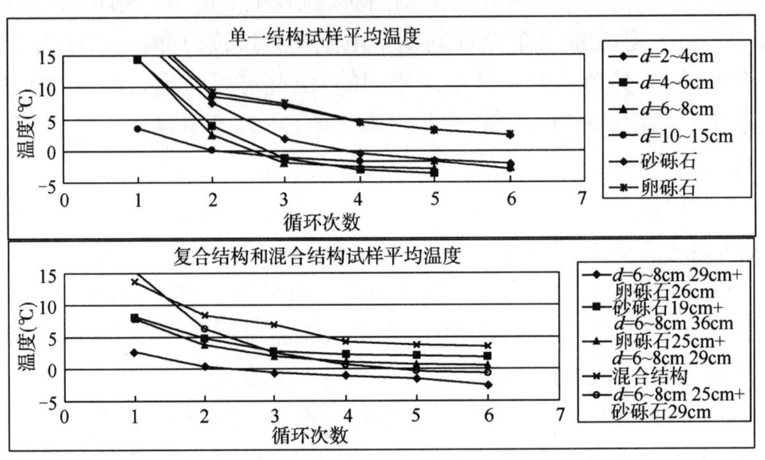

图 7-15 试样平均温度随循环次数变化曲线

4. 碎石铺设厚度对降温效果的影响

图 7-16 列举了粒径 $d=6\sim8\text{cm}$ 的碎石体在经历第 3、4、5 次气温波动后平均温度与碎石厚度的关系曲线。由图 7-16 可见,碎石体的平均温度随碎石层厚度增加近似按指数规律递降。

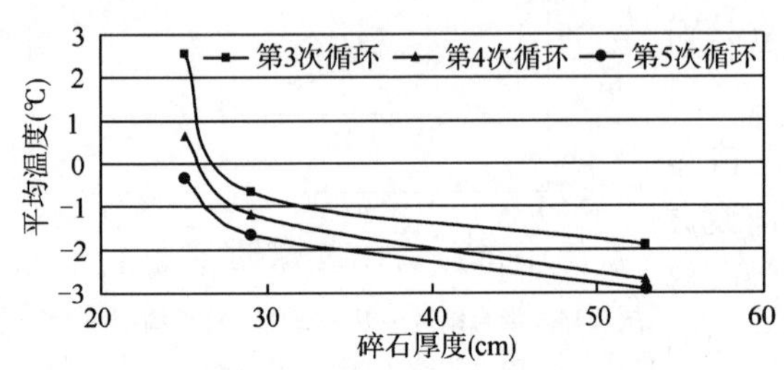

图 7-16 碎石平均温度与厚度关系曲线

(三)工程应用效果分析

通过研究比选,本次试验工程最终选择在青藏公路路基沉降变形与纵向裂缝较为严重的昆仑山垭口地区与五道梁地区,该路段冻土地质病害典型,具有代表性。试验路具体情况如下:

片、块石路基试验工程:青藏公路桩号 K3005+500～K3006+450(五道梁地区)。设计主要指标为:基底部填石厚度 1.5m,其中,第一层(下层)0.8～1.0m 为规格不小于 20cm 的块石,第二层(上层)0.5～0.7m 为规格 5～15cm 的小块石,在块石层上为 60cm 厚最大粒径 5.0cm的级配碎砾石层。在 K2932～K2962 段的部分高温冻土路段路基阳坡上设置了 30cm 厚的块石坡面。块石粒径 20～50mm。技术要求为碎石的压碎值不大于 25%,且不得含有泥土和其他杂物。

碎石路基试验工程:青藏公路桩号 K2896+600～K2897+000 段(昆仑山垭口地区),设计主要指标为:长度 400m,碎石置于底基层下,碎石粒径 2～5cm,厚度 60cm。

1. 碎石路基应用效果分析

通过对青藏公路 K2896+800 地温断面(碎石断面)和 K2896+500 地温断面(对比断面)的观测数据对比分析,结果表明:路面表面年平均地温,碎石断面的左路肩为−0.71℃,对比断面的左路肩为−1.57℃,碎石断面的右路肩为−0.67℃,对比断面的右路肩为−1.57℃;路面下 6m 处年平均地温,碎石断面的左路肩为−1.18℃,对比断面的左路肩为−1.81℃,碎石断面的路中心为−1.18℃,对比断面的路中心为−1.65℃,碎石断面的右路肩为−1.56℃,对比断面的右路肩为−1.82℃。观测断面路面温度平均比对比断面高 1℃左右,路面下 15m 处温度平均比对比断面高 0.3℃左右，说明 2～5cm 的碎石层的对流降温效果不显著。

图 7-17 描述了有无碎石层路基在暖季和寒季温度随深度的变化。从图中也可以看出碎石降温效果不明显。分析原因可能是碎石粒径过小，其间孔隙被堵塞没有形成通风对流条件。

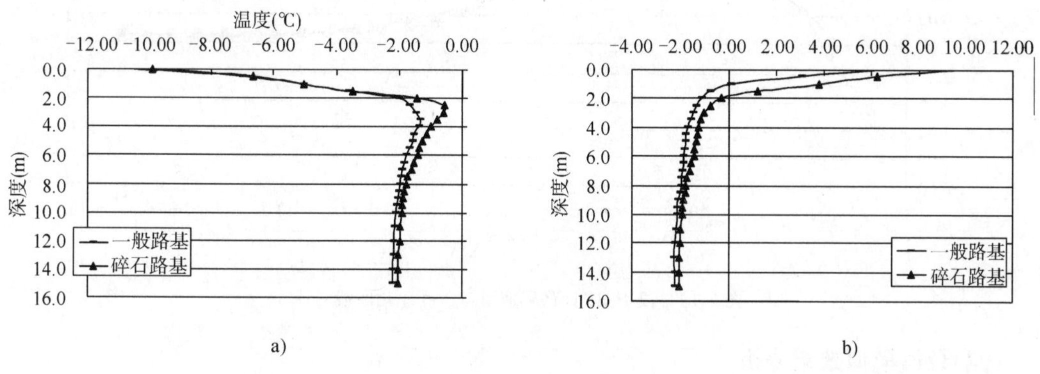

图 7-17 地温随深度的变化曲线

a)寒季(2 月 2 日)；b)暖季(7 月 18 日)

2.*碎石护坡应用效果分析*

为研究碎石护坡夏季的降温效果，我们选取了最有代表性的 7 月份的地温资料进行分析，图 7-18 中描述了青藏公路风火山北麓 K3053＋700 碎石路肩与 K3053＋701 碎石路肩对比断面 7 月 22 日的地温与深度的变化曲线对比。从图中可以看出在路基下 4m 的范围内碎石路肩的温度明显低于一般填土路基的温度。在 0.5m 处一般填土路基路肩下的温度比碎石路基下高出 0.66℃，最高处则能高出 1.44℃。该路肩一侧碎石路肩比一般填土路肩的人为上限提升了 1m 左右，可以说明在夏季使用碎石护坡后，由于碎石层外空气温度较碎石空隙中空气温度高、密度小，此时热量主要通过碎石接触点缓慢地向下传导，碎石层起到了较好的热量屏蔽作用。阻止了大量的热量传入路基，使路基下的温度场在夏季得到明显的改善。

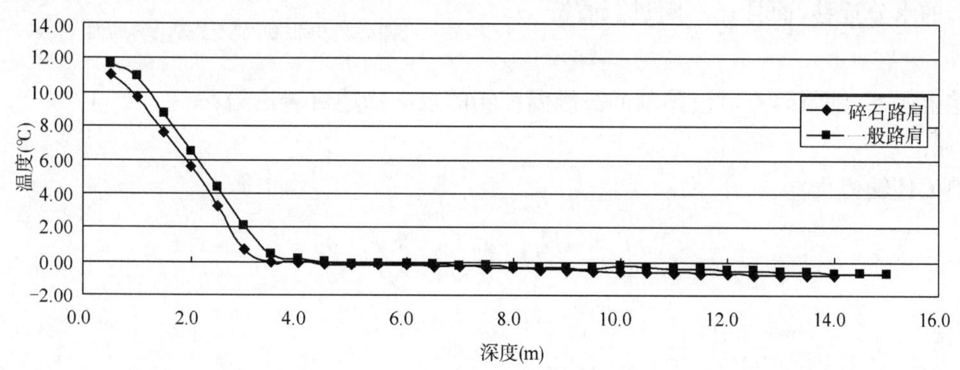

图 7-18 7 月 22 日路肩地温与深度变化曲线对比

图 7-19 中描述了青藏公路风火山北麓 K3053＋700 碎石路肩与 K3053＋701 碎石路肩对比断面 12 月 21 日的地温与深度的变化曲线对比。从图中可以看出路基下碎石路肩的温度与

一般填土路基的温度基本相同,没有明显的差别。可以说明在寒季使用碎石护坡后,没有出现室内试验所表现出的对流降温效果。

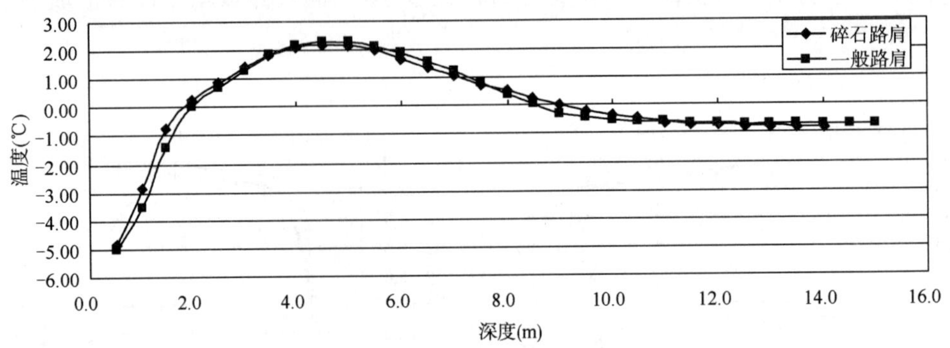

图 7-19　12 月 21 日路肩地温与深度变化曲线对比

(四)数值模拟效果分析

1. 对流模型及定解条件

本节主要研究碎石路基内流体为空气时的温度传输特征。该问题实质上是一种共轭传热问题,铺筑碎石的区域内发生的是对流传热(自然对流和强制对流),其他区域发生的则是伴有相变的,具有水分迁移影响的热传导问题。铺筑碎石路基的计算断面如图 7-20 所示,其中 Ω1 层含水率较低,可忽略水分迁移对该区温度场的影响;Ω2 为大孔隙强渗透的多孔介质层,其间主要依靠空气对流进行热量的交换;Ω3 层为土基层,其间分布有多年冻土及季节冻土,该层内热传导过程较为复杂,不仅具有较强的水分迁移,而且在不断进行着冻融循环。

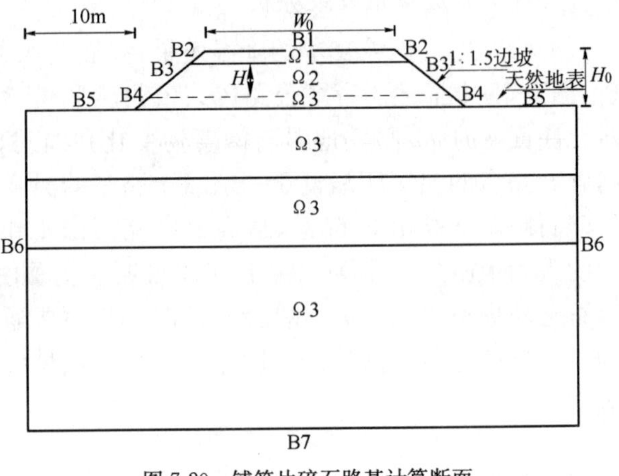

图 7-20　铺筑片碎石路基计算断面

综上所述,铺筑碎石对流路基的二维温度场的数学描述可表达为:

Ω1 区域:

热流传输方程:

$$C\frac{\partial T}{\partial t}=\frac{\partial}{\partial x}\left(k_{x}\frac{\partial T}{\partial x}\right)+\frac{\partial}{\partial y}\left(k_{y}\frac{\partial T}{\partial x}\right) \tag{7-11}$$

Ω2 区域:

连续性方程:

$$\frac{\partial\rho}{\partial t}+\frac{\partial(\rho u)}{\partial x}+\frac{\partial(\rho v)}{\partial y}=0 \tag{7-12}$$

动量方程:

$$u = -\frac{K}{u}\frac{\partial p}{\partial x} \tag{7-13}$$

$$v = -\frac{K}{\mu}\left\{\frac{\partial p}{\partial y} - \rho_0[1-\beta(T-T_0)]g\right\} \tag{7-14}$$

能量方程：

$$C_e\frac{\partial T}{\partial t} + C_a\left(u\frac{\partial T}{\partial x} + v\frac{\partial T}{\partial y}\right) = \frac{\partial}{\partial y}\left(k_y\frac{\partial T}{\partial y}\right) + \frac{\partial}{\partial x}\left(k_x\frac{\partial T}{\partial x}\right) \tag{7-15}$$

Ω_3 区域内同时考虑热流方程及水分迁移的影响。

式中：ρ——多孔介质中空气密度，是温度的函数，即 $\rho=\rho_0[1-\beta(T-T_0)]$；

ρ_0——空气初始密度；

T_0——初始温度；

β——体积膨胀系数；

u,v——空气流动的速度分量；

k——多孔介质的渗透系数；

μ——空气动力黏滞系数；

p——多孔介质内部压强；

C_e——多孔介质有效容积热容量；

C_a——空气的容积热容量；

k_y,k_x——多孔介质有效导热系数的分量。

计算模型如图 7-20 所示，路堤坡度为 1∶1.5，路面宽度为 W_0（分为 10m 和 12m 两种情况），碎石层填筑厚度 H，公路路堤总高度 H_0（分为 2.2m 和 2.8m 两种情况），碎石层下垫层可用传统路基填料填筑（图 7-20 的虚线以下部分）。

求解公路碎石路堤区域中的自然对流传热问题还需要具体的温度和压力边界条件。其中，路堤表面、边坡坡面和天然地面三个区域组成的上边界为具有给定温度值的温度边界条件，其边界温度见表 6-9。计算区域的左、右边界为绝热边界，下边界的地中热流密度取为0.06W/m^2。

对于压力边界条件，沥青路面、水泥混凝土等公路路面由于路基结构层的特殊要求可以近似为不透气边界，两边边坡多数直接曝露在空气之中，或者冬季有结雪等覆盖物，或者采取特定工程措施，可以分为透气定压边界和不透气边界两种情况进行讨论，考虑到黏土、砂砾等材料的空气渗透率要比碎石的空气渗透率小 4～5 个量级，碎石层以下计算区域各土层的左右边界和下边界均为不透气边界。

碎石层由 6～8cm 的碎石铺设而成，其物理参数如表 7-4 所示。在海拔 4 000m 以上、常温条件下，空气密度取为 0.678kg/m^3，膨胀系数为 $3.50\times10^{-3}\text{K}^{-1}$，定压比热为 1.004 kJ/(kg·K)。

碎石层物理参数 表 7-4

材料类型	各层位置 (m)	密度 (kg/m^3)	λ_f,λ_u [W/(m·K)]	C_f,C_u [kJ/(m^3·K)]	相变热 (J/m^3)	渗透系数 K(m^2)
6～8cm 碎石	0.0～H	1 490	0.396	1 250	0	4.38×10^{-6}

2. 路面宽度、路堤高度对碎石路堤冬季自然对流降温效应的影响

为研究不同路面宽度、路堤高度对碎石路堤冬季自然对流降温效应的影响，对两种尺寸的碎石路堤进行了数值分析：一种路面宽度为 10m、路堤总高度为 2.2m，其路面结构层厚度为 0.4m，碎石层填筑厚度为 1.8m；另一种路面宽度为 12m、路堤总高度为 2.8m，其路面结构层厚度为 0.5m，碎石层填筑厚度为 2.3m。碎石粒径选为 6～8cm，路堤下面的土层分区如图7-20所示。左右边坡均为透气边界，假设碎石路堤在 7 月 15 日完成施工。图 7-21 和图 7-22 为两种公路碎石路堤修建第 3 年 1 月 14 日和 7 月 15 日的瞬时等温线分布和路堤孔隙空气自然对流运动情况，其中，左边图形为第一种尺寸路堤，右边图形为第二种尺寸路堤。

由图 7-21a)等温线的畸变程度和图 7-21b)碎石层孔隙空气的流动模式可知，当路表温度波动到一年的最低温度时，两种碎石路堤中的自然对流降温效应都达到最大程度。比较而言，路堤高度较大的碎石路堤具有更强的冬季自然对流降温能力，其下面土层具有更低的温度，这主要是因为高碎石路堤具有较厚的碎石层。这种现象在路表温度波动到一年的最高温时还同样存在，如图 7-22 所示的公路路堤瞬时等温线分布，此时公路路堤的碎石层中几乎不存在空气自然对流，虽然路堤中只存在单纯的热传导传热机理，但由于冬季自然对流降温效应使路堤下冻土储存了更多的冷储量而使其在夏季时期仍然可以保持较低的温度。

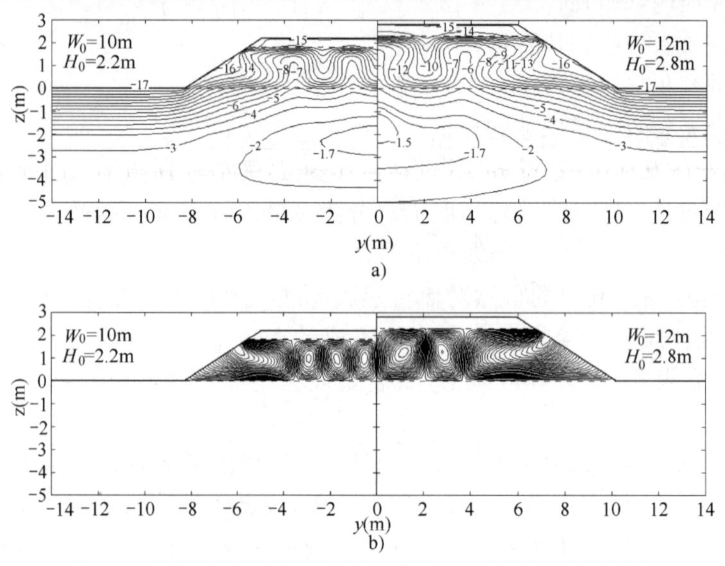

图 7-21　路堤修建后温度场与自然对流第 3 年 1 月 14 日的温度分布

a)第 3 年 1 月 14 日；b)第 3 年 1 月 14 日

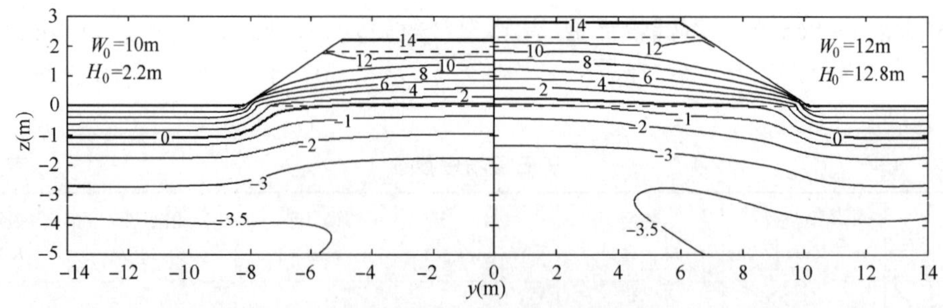

图 7-22　路堤修建第 3 年 7 月 15 日的温度分布

在相同的温度和空气渗透边界条件下，路面宽度、路堤高度对碎石路堤冬季自然对流降温效应的影响主要表现为：(1)对于相同路面宽度的不同高度路堤，当填筑相同厚度的碎石层时较高路堤的冬季自然对流降温效应要稍弱于较低路堤；(2)对于相同路堤高度的不同宽度路堤，当填筑相同厚度的碎石层时较宽路面路堤的冬季自然对流降温效应要强于较窄路面路堤。

3. *公路路堤碎石层的填筑厚度*

研究表明，影响多孔碎石路堤发生冬季自然对流降温效应的主要无量纲参数之一是 Rayleigh 数 R_a。针对寒区路堤的碎石层，Rayleigh 数 R_a 可定义为：

$$R_a = \frac{\rho_0 g\beta C_a K_0 H\Delta\theta}{\mu\lambda_0} \tag{7-16}$$

式中：$\Delta\theta$——路堤中碎石层下边界与上边界之间的温度差(K)；

H——路堤碎石层的填筑高度(m)；

K_0——路堤碎石层的空气渗透系数(m^2)；

λ_0——路堤碎石层的空气渗透系数[W/(m·K)]；

ρ_0——对应参考温度 θ_0 的空气密度(kg/m^3)；

g——重力常数(m/s^2)；

β——孔隙空气的热膨胀系数(K^{-1})；

μ——孔隙空气的动力黏滞系数[kg/(m·s)]；

C_a——孔隙空气的容积热容量[$J/(m^3 \cdot K)$]。

对于一种给定具体尺寸和形式的公路碎石路堤，其决定自然对流产生的临界 Rayleigh 数 R_{ac} 已经给定，这时公路路堤碎石层中自然对流能否产生将完全由温度差 $\Delta\theta$ 所决定，即由寒区公路所处的实际环境条件决定，H 和 $\Delta\theta$ 必须要达到一定的值，使得 Rayleigh 数 R_a 能大于产生自然对流的临界相似 Rayleigh 数 R_{ac}，由式(7-16)可得

$$H\Delta\theta \geqslant \frac{\mu\lambda_0}{\rho_0 g\beta K C_a} R_{ac} \tag{7-17}$$

式中：各符号意义同前。

只要冻土路堤碎石层的填筑厚度能满足上式，即能产生自然对降温流效应。如果碎石层填筑厚度 H 已经给定，则发生自然对流的临界温度差 $\Delta\theta_c$ 可表示为

$$\Delta\theta_c = \frac{\mu\lambda_0 R_{ac}}{\rho_0 g\beta K C_a}\frac{1}{H} = \frac{M_p}{H} \tag{7-18}$$

只有当 $\Delta\theta \geqslant \Delta\theta_c$ 时，路堤碎石层中才会产生自然对流效应。在某一时刻路堤中碎石层下、上边界间的温度差 $\Delta\theta$ 是沿边界线变化的，图 7-23 描述了冻土路堤中碎石层下、上边界间温度差的变化。其中，能产生自然对流的部分温度差为图 7-23 中的竖线部分。为考虑时间效应，可定义积温：

$$A_\theta = \int_{t_1}^{t_2} (\Delta\theta - \Delta\theta_c)\mathrm{d}t = \int_{t_1}^{t_2}\left(\Delta\theta - \frac{M_P}{H}\right)\mathrm{d}t \tag{7-19}$$

为度量公路碎石路堤冬季自然对流降温能力的积温指数，A_θ 可称为自然对流指数，单位为℃·d。

研究发现，自然对流指数能够表征由路堤碎石层引起的冬季自然对流降温效应的强度及其持续时间。

图 7-24 为通过数值计算得到的公路碎石路堤在给定具体环境条件下的自然对流指数 A_θ 随碎石层厚度 H 的变化规律，在 H 比较小时，积温指数保持为零，碎石层存在一个最小厚度 H_{min}，在 $H > H_{min}$ 时，自然对流指数大于零。随着 H 的增加，自然对流指数急速增加，在 H 达

到一定值后自然对流指数进入缓慢变化阶段，H 一直增加直至 A_θ 达到最大值，即满足：

$$0 \leqslant A_\theta \leqslant A_{\theta\max} \tag{7-20}$$

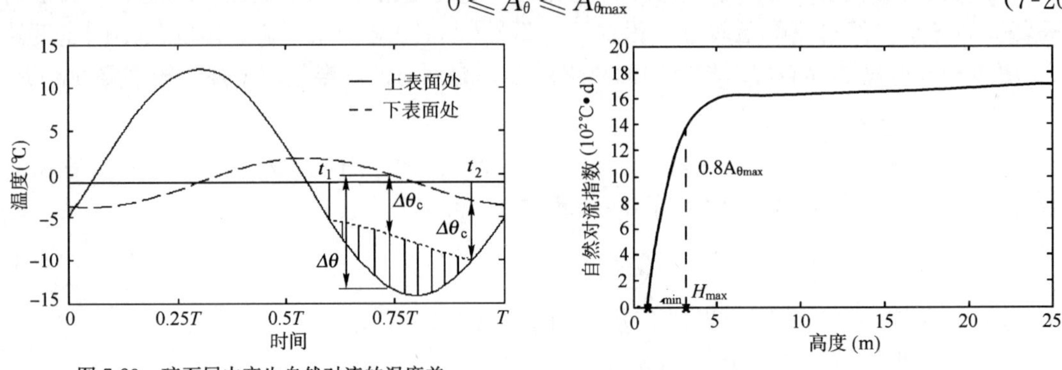

图 7-23　碎石层中产生自然对流的温度差

图 7-24　自然对流指数随碎石层厚度的变化

由图 7-24 可知，对一给定冻土区碎石路堤，其自然对流指数 A_θ 随冻土路堤碎石层填筑厚度的变化规律可以分为三个不同区域，即恒零区、急增区和缓变区，它们分别对应着碎石路堤冬季自然对流降温效应不发生阶段、产生并急速演化阶段和平缓发展阶段，大量的数值计算显示这一规律对于寒区碎石路堤具有普遍性。因此，自然对流指数能定量表征多年冻土区碎石路堤具有的冬季自然对流降温能力。

自然对流指数 A_θ 随冻土路堤碎石层填筑厚度变化的恒零区、急增区和缓变区，对应于急增区的起始期和终止期，碎石层填筑厚度存在一个最小厚度 H_{min} 和一个最大厚度 H_{max}，当 $H<H_{min}$ 时，碎石层中并不产生冬季自然对流降温效应，这时的碎石层只起到类似于绝热材料的作用，当 $H \geqslant H_{min}$ 时，碎石层中开始产生冬季自然对流降温效应，直到碎石层填筑厚度达到最大值 H_{max}，当 $H>H_{max}$ 时，超过厚度最大值的碎石部分并不会对自然对流效应产生更有利的影响。从节约碎石和经济性考虑，可以把自然对流指数达到最大值的 0.8 倍时的碎石层厚度定义为最大厚度 H_{max}。

对于给定冻土区环境条件下的碎石路堤，基于自然对流降温效应的碎石层填筑厚度应满足：

$$H_{min} \leqslant H \leqslant H_{max} \tag{7-21}$$

在具体工程应用中，考虑到自然对流降温效应的周期性，实际冻土路堤的碎石层填筑厚度并没有必要一定要达到 H_{max}，可取一个大于最小厚度的适当数值。

表 7-5 给出了公路碎石路堤在路面温度振幅为 20℃、16℃和 13℃时的碎石层最小填筑厚度和最大填筑厚度。

不同工程条件下公路路堤碎石层的最小厚度和最大厚度　　表 7-5

序号	路面温度振幅	临界 R_{ac}	填筑厚度(m)	4～6cm	6～8cm	8～10cm
1	20℃	$R_{ac}=4.5$	H_{min}	0.27	0.19	0.17
			H_{max}	1.74	1.65	1.64
		$R_{ac}=37.9$	H_{min}	0.84	0.57	0.50
			H_{max}	2.82	2.20	2.08
2	16℃	$R_{ac}=4.5$	H_{min}	0.30	0.23	0.19
			H_{max}	1.78	1.67	1.65
		$R_{ac}=37.9$	H_{min}	0.95	0.65	0.57
			H_{max}	3.15	2.35	2.20

续上表

序号	路面温度振幅	临界 R_{ac}	填筑厚度(m)	4～6cm	6～8cm	8～10cm
3	13℃	R_{ac}= 4.5	H_{min}	0.35	0.25	0.22
			H_{max}	1.84	1.70	1.68
		R_{ac}= 37.9	H_{min}	1.06	0.73	0.64
			H_{max}	3.59	2.53	2.34

上述计算发现，冻土公路路堤基于冬季自然对流降温效应的碎石层填筑厚度具有如下特点：

(1)较大粒径的碎石层填筑厚度相对较小，表明在相同条件下较大粒径的碎石路堤更容易产生冬季自然对流降温效应。

(2)公路碎石路堤冬季自然对流降温效应的发生可分为边坡附近区域和路堤中间区域两个阶段，其中，对应于路堤边坡附近区域发生冬季自然对流降温效应的碎石层填筑厚度明显小于路堤中间区域发生冬季自然对流效应的碎石层厚度。

(3)碎石护坡层对冻土路堤具有足够的冬季自然对流降温能力，是一种相对经济、简便的地温调控技术。

(4)单纯从冬季自然对流效应来讲，路面温度波动幅度越大，产生的自然对流效应也越大，碎石层的填筑厚度则越小。

五、热棒路基

(一)作用机理

热棒的工作原理如图 7-25 所示：当下部环境温度 $t_下$ 高于上部环境温度 $t_上$ 时，热棒下部(蒸发段)的管内工质受热后蒸发变为蒸汽向上升，由于上部环境温度 $t_上 < t_下$，所以当蒸汽升入上部空间(热棒冷凝段)后受管外冷风的冷却，冷凝成液体，在重力作用下回到下部空间，通过工质循环的蒸发，冷凝过程将下部环境的热量源源不断的送到上部环境，也就是说将上部环境的冷量源源不断地送到下部环境，使下部环境的温度不断下降；直到上下温度相等，即 $t_上 = t_下$ 时，这时对下部环境的制冷过程才停止。而当 $t_上 > t_下$ 时，在重力场中由于蒸汽密度远远小于冷凝液的密度，蒸汽不可能自发往下流，冷凝液也不可能自发往上流，所以相反的传热过程不可能发生，所以热棒是一种单向传热的元件，只能把上面的冷量传到下面，不能把上面的热量传到下面去，也就是说当热棒放置于冻土环境中，在气温低于地温时，它是一种对下部冻土的很好的制冷元件；而当气温高于下部地温时，不会通过它把热量传入地下，此时它是一种隔热元件。因此热棒是一种很好的单向制冷元件，可以把外部的冷量直接传送到地下深处，起到稳定降低地温的作用。

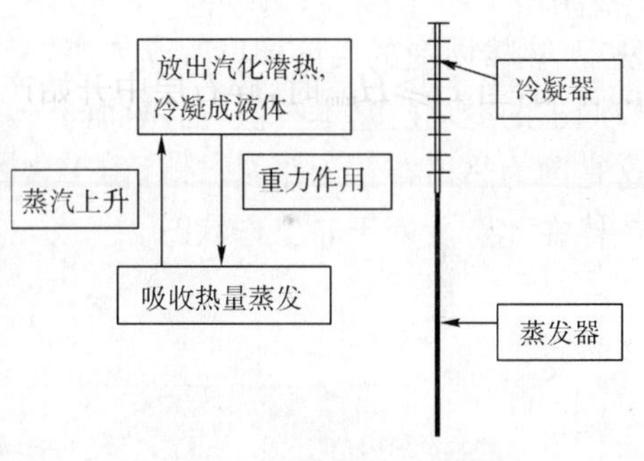

图 7-25　热桩工作原理示意图

(二)工程应用效果分析

试验工程选择在青藏公路路基沉降变形与纵向裂缝较为严重的楚玛尔河高平原 K2937＋100～K2939＋160 和 K2947＋500～K2951＋100 段约 5.6km 的路基病害路段。热棒的设置间距为 4m，总计 1 558 根。本节以 K2 939＋120 的地温观测断面为例，分析热棒路基的工程应用效果。

1. 热棒的工作周期与工作状态

图 7-26～图 7-37 分别描述了天然地表以下在 2004 年 1 月到 2004 年 12 月一年路基横断面的温度场分布。图中纵坐标为深度坐标，其中“0”坐标表示路面以下 0.5m 深，“－2”表示路面以下 2.5m 深，以此类推；横坐标是以路中为中心的横断面，热棒位于左路肩上。

图 7-26～图 7-31 为 2004 年第一季度热棒路基温度场分布图。在这三张图中，热棒周围等温线分布较密集，沿热棒径向方向形成较强的温度梯度，热棒处于工作状态。元月份，热棒周围的土体还有部分正温区，3 月份中旬，热棒周围的土体就全部为负温，热棒停止工作。

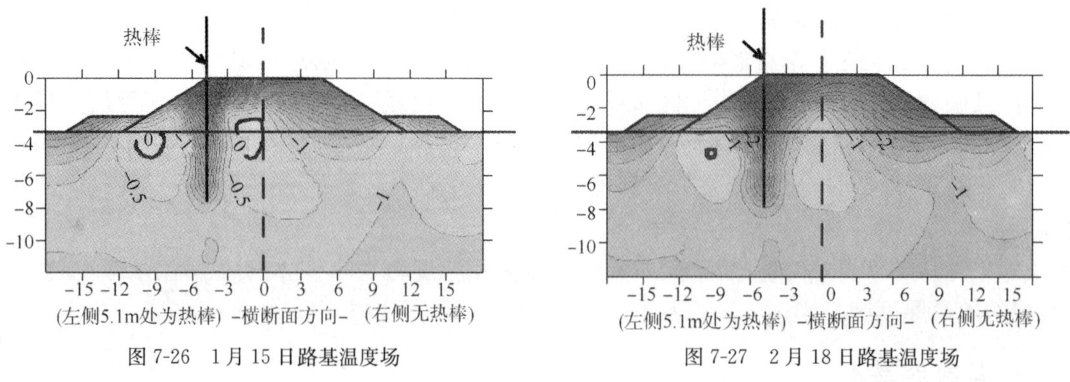

图 7-26　1 月 15 日路基温度场　　图 7-27　2 月 18 日路基温度场

图 7-29～图 7-34 为 2004 年 4 月中旬到 9 月中旬的热棒路基温度场分布图。从图中可以发现，热棒周围的温度梯度逐渐变小，5 月份其周围等温线变的较为稀疏。6 月份到 9 月份，热棒周围的冷量已基本扩散，由路面向下，形成了一个大致平行于路面，左浅右深的等温线分布，这是因为热棒布置于路基左侧，由于热棒的储冷作用，使接近热棒的土体内含有更多的冷量。热棒在此阶段处于非工作状态。

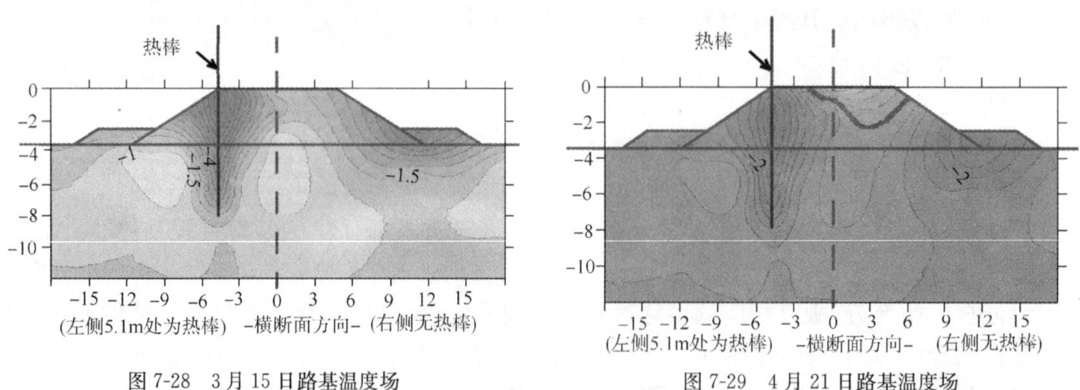

图 7-28　3 月 15 日路基温度场　　图 7-29　4 月 21 日路基温度场

图 7-35～图 7-37 为 2004 年 10 月中旬到 12 月中旬的热棒路基温度场分布图。从图中可以发现，热棒 10 月中旬在其周围开始形成等温线，但温度梯度较小，即表明其工作强度不大，因此可视此时为热棒开始工作。而在图 7-36 中，可以明显看到热棒周围形成的等温线较为密集，有较强的温度梯度，将热棒周围的正温区分为两部分，这说明热棒的工作功率在逐渐增强。

综上所述，热棒每年 10 月中旬到次年的 3 月中旬处于工作状态，次年的 3 月下旬到同年的 10 月上旬处于非工作状态，元月输出功率最大。

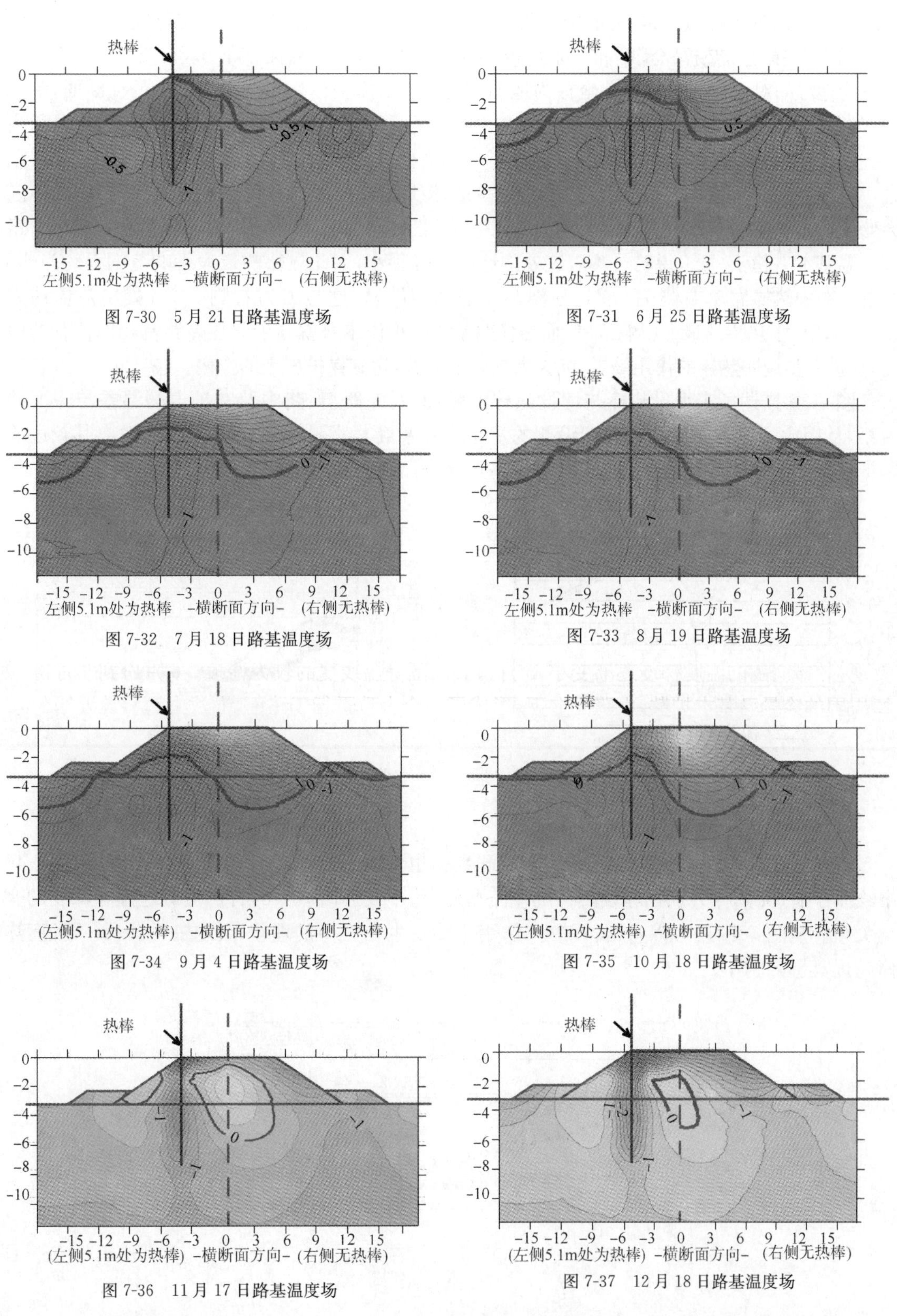

图 7-30　5 月 21 日路基温度场

图 7-31　6 月 25 日路基温度场

图 7-32　7 月 18 日路基温度场

图 7-33　8 月 19 日路基温度场

图 7-34　9 月 4 日路基温度场

图 7-35　10 月 18 日路基温度场

图 7-36　11 月 17 日路基温度场

图 7-37　12 月 18 日路基温度场

2. 热棒的影响范围

热棒的影响范围是热棒降温效果的主要表征之一。所谓热棒的影响范围是指热棒在工作期间所带入的外界冷量在地中所传递的距离，分为有效影响范围和最大影响范围。

图 7-38 描述了热棒路基断面与未埋设热棒的路基断面，在路面以下 6.5m 处，2004 年元月份平均地温的对比情况。其中纵坐标为地温，单位为℃；横坐标为以路中为中心的横断面，单位为 m。如图所示，无热棒路基在元月份形成的地温是一个平滑的曲线，左面处于阳面，地温稍高一些。而热棒路基在路基左面路肩下形成了一个突变，地温从－0.4℃左右下降到的－3.3℃左右，又上升到 0.3℃左右，这说明热棒带入了冷量，使地温下降。热棒位于左路肩上，图中的地温突变说明了热棒的有效影响范围大约为 2m 左右。图中路中右侧 4m 左右，热棒路基与非热棒路基地温基本上趋于一致，说明热棒对该处的影响已经很小，因此热棒的最大影响范围大约为 8m 左右。图中热棒路基右侧 7.5m 处地温高于非热棒路基，这是因为右侧 7.5m 处离热棒约为 12.5m，超出了热棒的最大影响范围，而热棒路基该处地温本身就高于非热棒路基相同位置的地温，这进一步说明热棒的作用效果，能大大地降低地温，达到保护冻土的作用。

图 7-39 描述了未埋设热棒与埋设热棒的断面，在左路肩、路中及右护道的温差与深度的关系，从图中可以看出热棒在其埋设侧的左路肩温差最大、影响最大，路中次之，对离其较远的右护道则还残留有一定影响，即表明越远离热棒方向其影响越小。

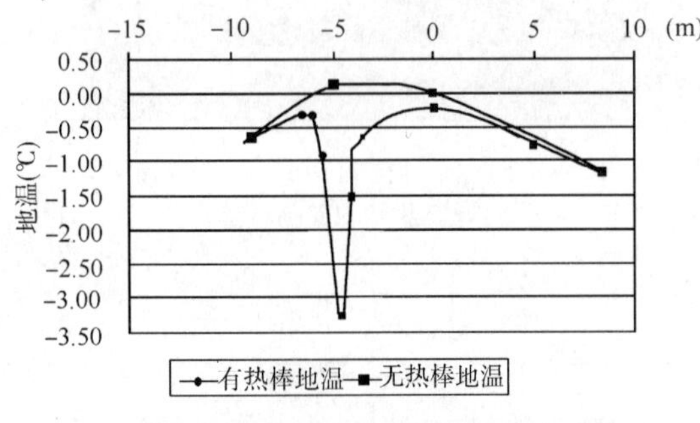

图 7-38　地下 6.5m 处元月平均地温对比

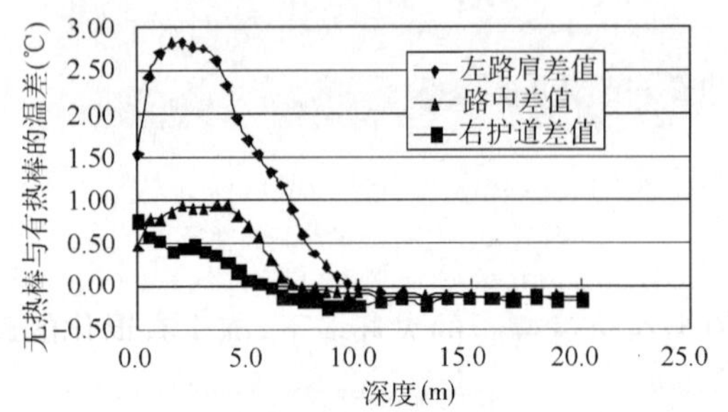

图 7-39　在不同位置的温差随深度的变化

3. 热棒对路基温度场的影响

青藏公路热棒路基试验工程的实际观测数据也证明了热棒具有较强“储冷”作用，图 7-40 中绘制了有、无热棒分别在埋设热棒的左路肩侧、路中及远离热棒的右护道侧地温随深度的变化关系。从图 7-40 中可以看出，“储冷”作用主要发生在热棒的埋置范围内即 0～8m，且离热棒越远其影响越小。

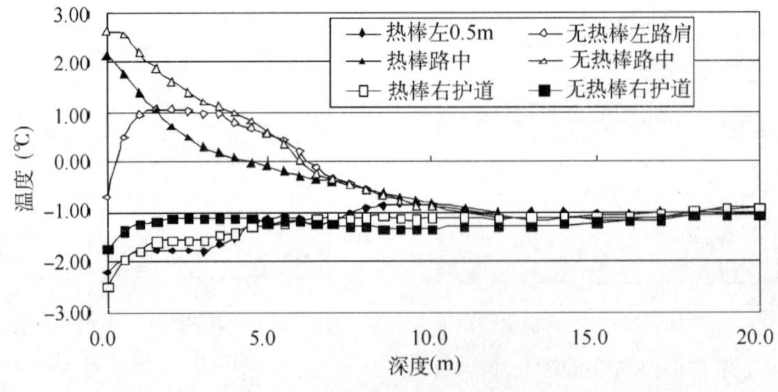

图 7-40　有无热棒在不同位置的地温对比

4. 热棒冻土上限及冻结时间的影响

图 7-41～图 7-42 分别为热棒路基左路肩、路中与非热棒路基的同一位置的温度场分布对比图，观测时间为 2003 年 12 月 4 日到 2005 年 12 月 18 日。图中纵坐标为深度，单位为 m，横坐标为时间，单位为 d。

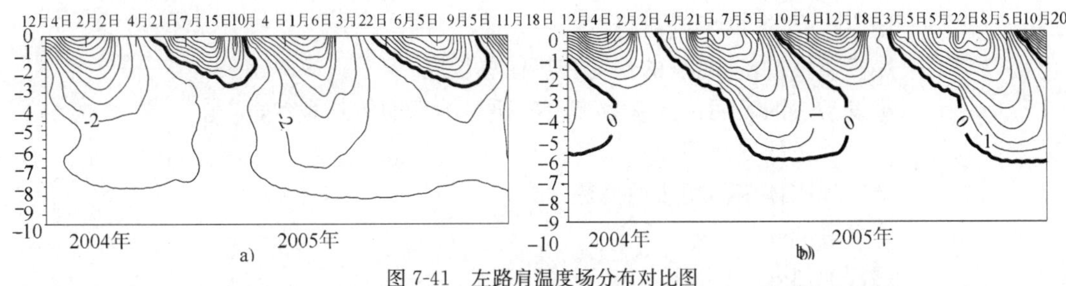

图 7-41　左路肩温度场分布对比图

a)热棒路基左 0.5m；b)对比断面左路肩

如图 7-41 所示，热棒路基左 0.5m 处上限约为－2.5m 左右，而非热棒路基左路肩却有－6.5m左右；热棒路基左 0.5m 处融化期约为 5 月上旬到 10 月中旬，非热棒路基左路肩的融化期约为 4 月中旬到 10 月中旬，说明热棒对左路肩有明显的降温效果，能大大的提高冻土的人为上限，延长冻土的冻结时间。

在图 7-42 中，有热棒路中上限约为－5.5m 左右，非热棒路基路中上限约为－6.3m 左右；融化期有无热棒路中大致相同，约为 4 月中旬到 10 月中旬。在图 7-41～图 7-42 中可以发现，无论是热棒路基还是无热棒路基，2005 年的人为上限或天然上限均比 2004 年稍微加深，这是因为在全球变暖的大环境下，冻土有退化的趋势。

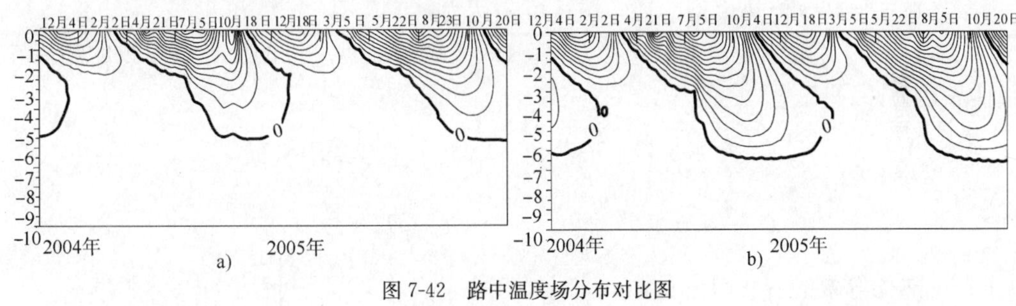

图 7-42　路中温度场分布对比图

a)热棒路基路中；b)对比断面路中

由以上分析可知，热棒在其影响范围内能大大的提高冻土的上限，延长冻土的冻结时间，对保护冻土路基的稳定性有积极的作用。

(三)数值模拟效果分析

1. 热棒等效传热模型及定解条件

所谓热棒等效传热模型是在保证热棒传热功率与温差相同的条件下，把一根热棒的实际换热状况等效成一根外尺寸与热棒相同的实心圆杆，且热量从杆的一端(热端)以单纯导热方式(杆的其余部分完全绝热)传向另一端(冷端)。等效的结果可把一根热棒等效成一根导热性能极佳的金属杆。这样就具有很高的等效导热系数，可以比纯金属材料的导热系数大几个数量级。经研究发现，在模型等效过程中需计算两个重要参数：(1)热棒工作状态下的等效导热系数；(2)将热棒冷凝段翅片换热的对流换热系数等效为无翅片状态下的换热系数。两参数的计算公式如下：

等效导热系数：$\lambda_{eff}=l/\left[\left(\frac{1}{2\pi\lambda l_e}\ln\left(\frac{d_0}{d_i}\right)+\frac{1}{\pi d_i l_e h_{i,e}}+\frac{1}{\pi d_i l_c h_{i,c}}+\frac{1}{2\pi\lambda l_c}\ln\left(\frac{d_0}{d_i}\right)\right)\cdot\frac{\pi d_0^2}{4}\right]$ (7-22)

等效换热系数：$h_a^{eff}=\frac{S_f h_a[l_c\cdot d_0+2n(r_2^2-r_1^1)\cdot\eta_f]}{l_c d_0}$ (7-23)

式中：d_0，d_i——热棒管壳的外径和内径；

l_e，l_c，l——热棒蒸发段、冷凝段的长度和热棒总长度；

$h_{i,e}$，$h_{i,c}$——蒸发换热的表面传热系数和冷凝换热的表面传热系数；

λ——热棒管壳的导热系数；

h_a——空气到固体壁面的表面换热系数；

n——冷凝段的翅片个数；

η_f——翅片换热效率；

r_1——翅片基圆半径，本文中与等效外径 d_0 相同；

r_2——翅片外圆半径，$r_2=r_1+H_c$，其中 H_c 为翅片的高度；

S_f——考虑翅片间辐射的影响因子。

青藏公路应用的热棒长度为 12m，其中蒸发段和冷凝段的长度分别为 6.0m 和 4.0m，热棒路段多年冻土人为上限为 5.7～7.7m，因此热棒的蒸发段已埋入多年冻土上限以下，埋设热棒的热棒路基的计算断面如图 7-43 所示。其中 Ω1 为路堤填土区，填料一般为亚黏土和砂砾土；Ω2 为天然地基；Ω3 为热棒，当蒸发段温度高于冷凝段时，热棒具有很高的导热系数，即 λ_{eff}，反之当蒸发段温度低于冷凝段时，热棒具有极低的导热系数，为气态工质在饱和状态下的导热系数。

热棒路基二维高效传热模型的数学描述可表达为：

Ω1、Ω2 区域内考虑热流及水分迁移方程。Ω3 区域等效为一维的变导热系数的热传导方程，具体表达为：

$$\begin{cases}C\frac{\partial T}{\partial t}=\frac{\partial}{\partial y}\left(\lambda_{eff}\frac{\partial T}{\partial y}\right) & (T_e>T_c+\Delta T)\\ C\frac{\partial T}{\partial t}\approx 0 & (T_e\leqslant T_c+\Delta T)\end{cases} \tag{7-24}$$

式中：C——热棒等效的容积热容量；

λ_{eff}——热棒等效导热系数；

T_e，T_c——蒸发段与冷凝段的平均温度；

ΔT——热棒的启动温差。

求解该问题的边界条件参见第三章等效参数法。另外，需增加热棒冷凝段边界条件，即第三类边界条件：

$$-\left(\frac{\partial T}{\partial n}\right)=h_c(T_c-T_f) \tag{7-25}$$

$$T_f=-4.73+10.77\sin\left(2\pi t/365-\frac{7}{12}\pi\right)+0.000\,011t \tag{7-26}$$

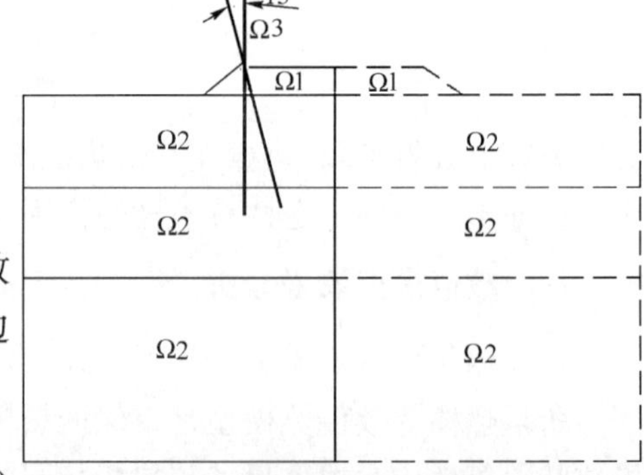

图 7-43 热棒路基的计算断面

注：热棒有竖置和斜置埋设方式，可设计在单侧和双侧。当热棒设计在单侧时，保留右侧虚线表示的断面；双侧设置热棒时取以地称断面的左侧半副断面。

式中：h_c——热棒冷凝段表面传热系数；

T_c——冷凝段表面壁温；

T_f——冷凝段周围气温；

t——以天为单位的时间。

为充分研究热棒路基的特点，针对四类热棒路基模型，即单侧竖置、单侧斜置15°、双侧竖置与双侧斜置15°，利用所建立的数学模型，运用有限元方法分别对其进行了数值模拟。需要指出的是，无论是竖置与斜置热棒均埋置于路肩外侧，斜置热棒是与竖直方向成15°角，其冷凝段偏向路基外侧。

经计算，等效导热系数λ_{eff}为：1.725 5×10^{6}W/(m^2·℃)h_a^{eff}=1 480.0W/(m^2·℃)。另外，热棒在非工作状态下，其内部充满饱和气态工质，其导热系数非常小，热棒蒸发段与冷凝段由于被具有极大热阻的多孔保温材料包裹的绝热段阻隔，热量通过热棒管壁传递的可能性也很小，因此在非工作状态下，热量无论是通过管内气体或是管壁几乎都无法传递，也就是其导热系数非常低。本文的计算中取为：0.03 W/(m^2·℃)（常温下氨气的导热系数）。

2.模拟结果分析

(1)热棒每年冬季开始工作，工作周期为5个月，从每年10月上旬到次年3月中上旬。图7-44为热棒工作期间蒸发段与冷凝段的温差变化，图中红线为热棒启动温差取0.8℃。红线以上部分为热棒工作状态，以下部分为热棒非工作状态。由此可见，在其工作周期内，热棒并不是始终连续工作的，实际工作时间约为工作周期的2/3。究其原因也是显而易见的，当热棒蒸发段与冷凝段的温差超过启动温差，使其开始工作时，由于热棒极高的导热系数，使其两段温降很快减小，直至低于启动温差，使热棒停止工作，但随着外界气温变化及热棒周围冷量的进一步扩散，致使热棒两段温差超过启动温差，又开始工作，如此反复形成的温差波形图如图7-44所示。

(2)图7-45描述了热棒外壁土温沿深度的变化规律。图中0～1.5m深度为绝热段外壁土温，该段基本不受热棒内部传热影响，只受周围土体及路基边界温度的影响；1.5～7.5m深度为冷凝段外壁土温，从图中可以看出，在热棒工作期间，其冷凝段具有极高的等温性能。热

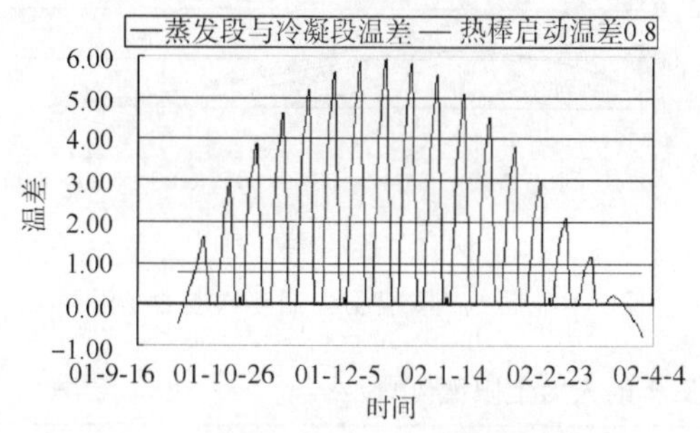

图7-44 工作期间蒸发段与冷凝段的温差变化

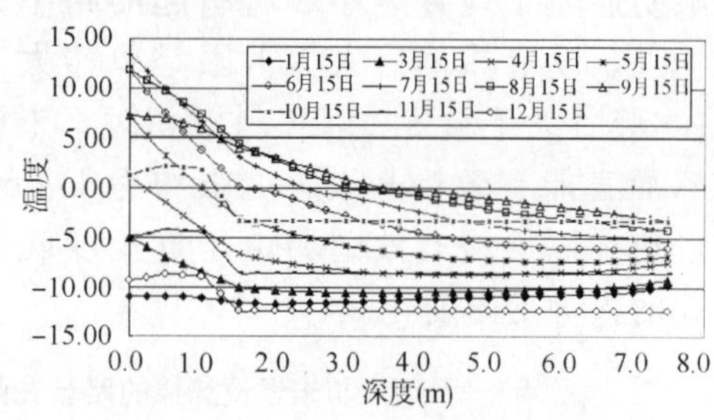

图7-45 热棒外壁土温沿深度的变化规律

棒从10月中上旬开始工作，其外壁土体温度主要受其从气温带入的冷量控制，随着气温的降低棒壁土体温度也逐步减小，直至12月中下旬降至最低达到－12.5℃，而此时热棒的工作功率也达到最大值（由图5-58中也可看出），此后气温开始回升，虽然热棒仍然处于工作状态，但其两端温差缩小，功率降低，冷凝段棒壁土温也开始均匀回升，直至次年3月中旬热棒停止工作，此时棒壁土温达到(－10±0.5)℃。从3月中上旬至同年10月中上旬，热棒处于非工作状态，其外壁土温在周围土体及边界温度控制下，也逐步非均匀性回升，上部回升速度较快，下部

回升速度较慢，至 9 月中下旬上下部土温均达到最大值。

(3)热棒的作用半径大小是热棒降温效果的主要表征之一。所谓热棒的作用半径是指热棒在工作期间所带入的外界冷量在地中所传递的最大距离。从温度的角度来说，是指热棒蒸发段周围的土体的温度梯度沿远离热棒方向开始出现零值或负值的范围；从热流的角度来说，是指在热棒工作期间，沿远离热棒方向，其周围土体中的热流全部为负值(流向热棒方向)的范围。显然热棒的作用半径与其蒸发段外壁面的温度及周围土体的导温系数(热扩散率)有关，因为含有相变，从传热学角度来说属于强非线性问题，因此求解该半径下的解析解几乎不太可能，但工程上需了解其数值范围。现取热棒蒸发段中部水平截面来研究其作用半径。图 7-46 为沿远离热棒方向温度梯度的变化规律，从图中可以看从 10 月 15 日至次年 3 月 15 日，热棒工作期，热棒蒸发段外壁与周围土体间温度变化较大，形成较大的温度梯度，其余时间的温度曲线则较平缓，其梯度变化较小，并且可以看出越远离热棒，其温度梯度越小。图中还显示所有时间的梯度曲线将沿远离热棒方向收敛于 0，其值为7.6m，理论上这就是热棒最大作用半径。当然在工程应用中，用温度梯度为 0 作为热棒作用半径的控制标准显然是不合理的，有必要探讨热棒工作的有效影响范围。由图 7-46 可知，热棒在工作的不同季节均会出现一个温度梯度的最大值，并且随着热棒工作的深入，该最大值也在逐步远离热棒，到 3 月中旬热棒停止工作时，其出现的位置离热棒最远，即为 2.25m。据此我们可以进一步将图 7-46 分为两个部分，第一部分为 0～2.25m 范围内，为温度梯度的“振荡区”；第二部分为 2.25～8m 范围内，为梯度变化“平缓区”。温度梯度在“振荡区”变化相当剧烈，可认为是热棒影响的主要范围，而“平缓区”温度及温度梯度变化相对较为平缓，主要是为平抑“振荡区”的振荡而引起的梯度渐变。因此，取“振荡区”范围 2.25m 作为热棒的有效作用半径，可以体现热棒的工作强度和效果。需要指出的是热棒的作用半径是动态变化的，在不同的季节其作用半径是不同的。

(4)数值计算得出不同热棒埋设(单棒竖置，单棒斜置、双棒竖置及双棒斜置)形式路基与未埋设热棒的路基的路中人为上限见表 7-6 所示，未埋置热棒路基的路中人为上限明显大于埋置热棒后所引起的路中人为上限。设置热棒后人为上限是单棒大于双棒，竖置大于斜置。双棒斜置相对于未设热棒而言能有效抬升人为上限约为 1.8m，埋设热棒以后能有效削弱由于气候变暖而引起的人为上限变化。

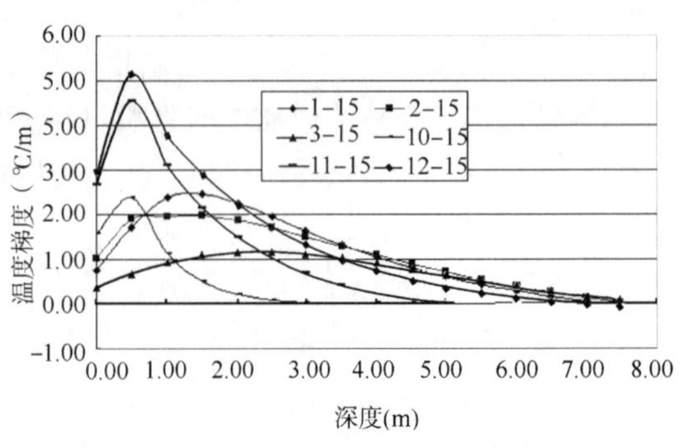

图 7-46　沿远离热棒方向温度梯度的变化

埋设与未埋设热棒的路基在修筑后三年的人为上限值(单位：m)　　表 7-6

形　式	第一年路中上限	第二年路中上限	第三年路中上限	三年平均路中上限
未埋置热棒	5.50	5.56	5.62	5.56
单棒竖置	4.40	4.25	4.25	4.30
单棒斜置	4.25	4.15	4.15	4.18
双棒竖置	4.10	3.95	3.95	4.00
双棒斜置	3.85	3.75	3.75	3.78

(5)本文不仅比较了几种热棒形式对人为上限的影响，还比较了它们对路中不同深度处的年平均地温的影响，图 7-47 即为五种不同形式路中年平均地温随深度的变化规律。从图中可知：埋设热棒以后能明显降低路基及下伏土体的年平均地温，并且还是双棒低于单棒，斜置低于竖置。对于未埋置热棒的路基随着深度的增大，其平均年地温也在逐渐降低，在一定的深度范围内，将趋向于一定值，也就是说年平均地温的最小值出现在计算范围内的最深处。然而在埋设热棒以后，这一情况则有所改变，不同热棒埋设形式都会或多或少的在热棒的埋置范围内使路中年平均地温出现“凹陷”，即年平均地温的最(极)小值都会提前出现在热棒的作用范围内。这一点也能充分的证明热棒具有较强的“储冷”作用。

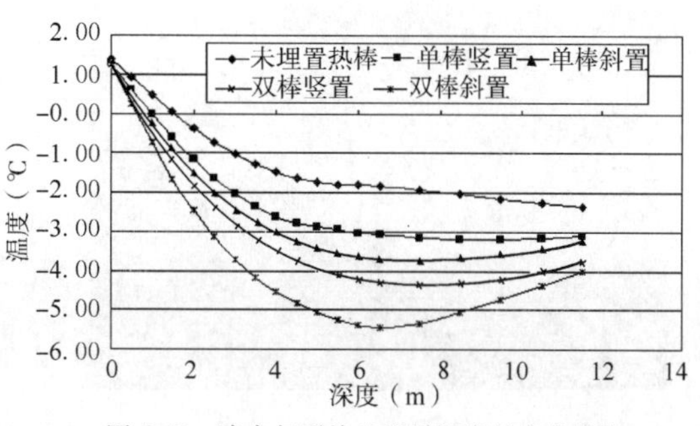

图 7-47　路中年平均地温随深度的变化规律

综上所述，热棒于每年 10 月中上旬开始工作，至次年 3 月中上旬停止工作，年平均功率为 551.18W，意味热棒每年能将约 1.997×10^3kJ 的能量从土体内带出。在热棒的工作期内，它并不是连续工作的，实际工作时间约为工作周期的 2/3，其作用的最大距离约为 7.6m，但其有效影响范围约为 2.25m。经过对未埋置热棒、单棒竖置、单棒斜置、双棒竖置与双棒斜置等五种不同的路基结构形式的影响结果进行比较，得知在路基埋置热棒以后能大大抬升路中人为上限，有效降低土体内的年平均地温，具有较强的“储冷”能力，因此在中高温多年冻土区、冻土退化区应用热棒技术主动冷却路基，保持路基稳定性将是十分有效可靠的措施。从冷却效果上来说，双棒优于单棒，斜置优于竖置，但在实际应用中根据地温特点工程造价等酌情选择：第一，在施工条件允许并不损失热棒制冷效果的情况下应尽可能斜置热棒；第二，在极高温冻土区及冻土退化区应尽可能埋置双向热棒，并保持适当的路基填土高度；第三，在中高温冻土区，如果人为上限较大，可选用双向热棒冷却路基，如果融化盘因阴阳坡的影响而偏移，应考虑在阳坡设置单向热棒；第四，在低温冻土区，宜优先考虑抬高路基高度。

六、遮阳板路基

(一)作用机理

从传热理论上讲，遮阳板技术属于调控辐射的范畴，其改变以往消极被动保护冻土的方法，成为一种积极主动的保护冻土的工程措施。在有明显阴阳坡面的路段，由于路基阴阳面的吸热不均，融化盘向阳面偏移，导致了路基纵向裂缝的发生。在主动冷却地基的工程措施中，利用遮阳板路基能有效降低篷下温度的这一特点，在路基吸热量较多的一侧设置遮阳板，如图 7-48。一方面，遮阳板阻止了太阳对路基边坡的直接辐射，明显地减少了路基吸收的太阳辐射热，降低路堤的温度，以达到保护冻土路基的目的；另一方面，其遮挡雨雪，切断了路基边坡的大气降水补给，减少或阻隔了带有融化潜热的降水下渗路基，减弱了因垂直渗流而加速下部冻结层融化的趋势。两个方面都对减少路基体吸热，平衡路基体由于路基走向、高度等引起的融化盘偏移有积极意义。其综合作用，对于降低路基体温度，减少路基体下冻土的融化量，治理路基体的热融沉陷，以及对因融化盘偏移引起的纵向裂缝严重路段的治理起到显著作用，从而有效地保护并加强了多年冻土路基。

为了提高遮阳板对太阳辐射的反射率，增加其防辐射效果，遮阳板外表面应有比较大的反射率，宜为白色或银色金属表面，或在其上涂上白色或银白色油漆材料。

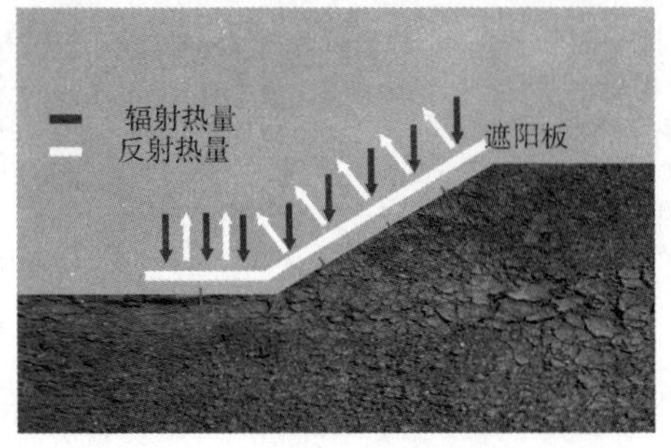

图 7-48　遮阳板作用机理效果图

(二)工程应用效果分析

1. 路基中心孔冻融过程

遮阳板区段检测孔位布设在 K3057＋050 断面，对比断面孔位布设在 K3057＋150 断面。两个断面除布设测温孔外基本未受施工影响，K3057＋050 断面地温受左侧遮阳板影响，K3057＋150 断面地温热状况完全由自然条件决定，路基中心孔冻融过程主要受控于路基结构以及边坡防护工程。图 7-49 和图 7-50 分别为遮阳板试验段和对比试验段中心孔的冻融过程。

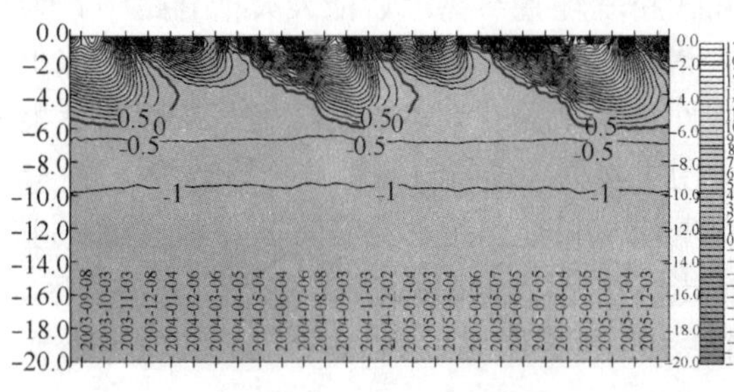

图 7-49　遮阳板段路中孔冻融过程

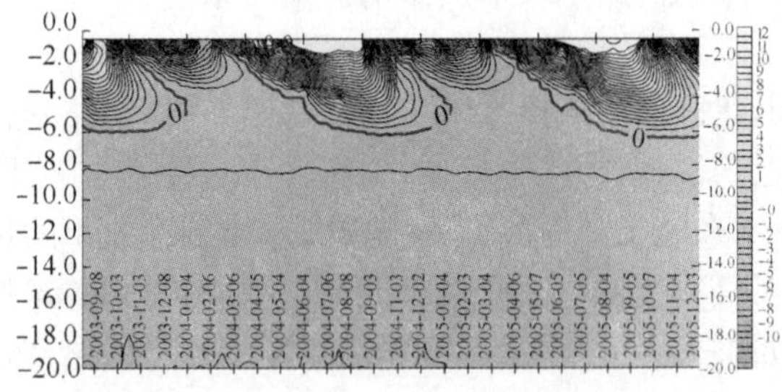

图 7-50　对比断面路中孔冻融过程

从图 7-49 和图 7-50 来看，遮阳板路段中心孔在 2003 年到 2004 年第一个周期内观测的最大融深在路面高程下 5.8m，天然地表下约 2.2m 处，而对比断面中心孔最大融深在 6.0m，天然地表下约 2.4m 处。到 2005 年底在又经过完整的一个周期后，遮阳板试验段最大融深在天然地表下 2.4m，而对比断面在天然地表下 2.8m 处。两个断面路中孔上限均有所下降，遮阳板断面下降 0.2m，对比断面下降 0.4m，遮阳板段下降量明显较小。冻融过程等温曲线图总体趋势相似，但遮阳板断面活动层负温期相对较长，且活动层下冻土温度也相对较低，温度梯度大。无疑遮阳板断面有利于保护路基下深层冻土稳定。

2. 左路肩孔冻融过程

遮阳板断面左路肩 0.5m 深度处年均地温较对比断面温度平均低 0.65℃，遮阳板段左路肩最大融深为路肩下 6.125m，地面线以下约 2.5m 深度处，而对比断面最大融深要比遮阳板断面深 0.6m 左右。就整个活动层而言，遮阳板断面热储相对较少，相同深度温度最低值较对比断面低 0.2～1.0℃。人为上限以下年均温度比较如图 7-51 所示，可以看出遮阳板断面同深度地温要比对比断面低 0.2～0.6℃，由此可见遮阳板在高温高含冰量冻土区具有明显的降低地温、保护冻土的作用。

3. 阳面边坡地温分析

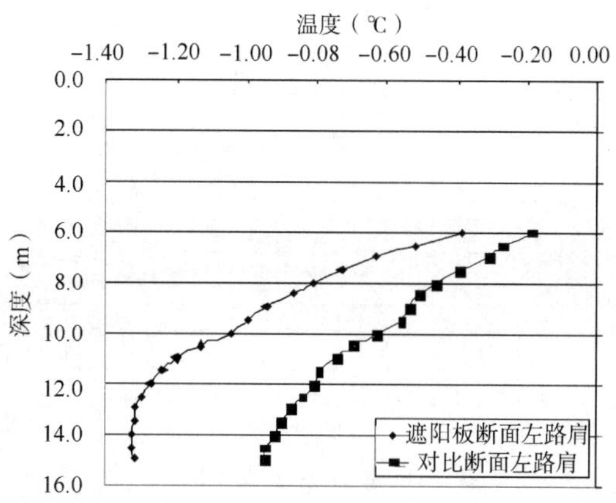

图 7-51 6.0m 深度以下地温平均值比较

道路使用状况调查表明，具有明显阴阳坡面的路段（路线走向和路基高度所形成的）路基病害主要发生在向阳面一侧，并且容易形成阳面坡脚积水，水热共同作用下加剧了病害的发生与演变。遮阳板试验工程遮阳板选择设置在路基阳面边坡及坡脚，除监测分析其对路中、路肩和路基坡脚的地温影响外，还对遮阳板下即路基边坡的地温进行了监测。图 7-52 为遮阳板试验段路基边坡中部孔冻融过程曲线。在新的平衡形成后其上限在边坡中部下 3.5m 处，地面线以下 1.7m 处，且多年冻土上限年均温度在抬升，向着有利于冻土稳定的方向发展。

在阳面边坡坡面下 0.5m 深度处采集到坡面下该深度地温，在 11 月至来年 6 月第一个半年寒季观测周期内，遮阳板的效果已十分明显，在遮阳板内边坡平均温度比板外对比观测断面对应温度要低 4℃左右，图 7-53 为路基边坡下 0.5m 深度有无遮阳板地温平均值比较图。暖季观测数据表明，遮阳板的应用效果更加明显，遮阳板内地面平均温度比板外会低出 8℃左右。

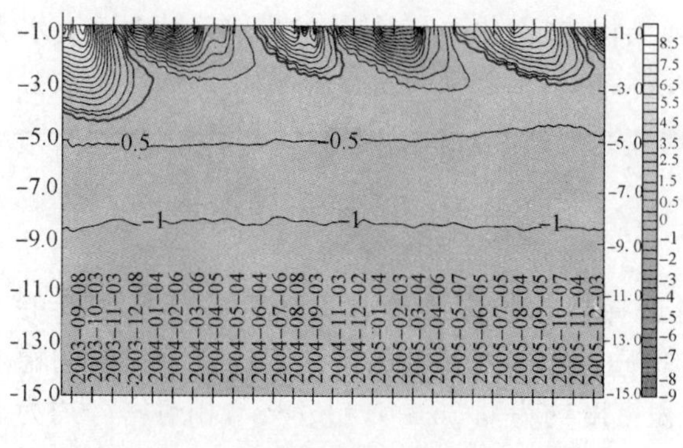

图 7-52 板下边坡中心孔冻融过程

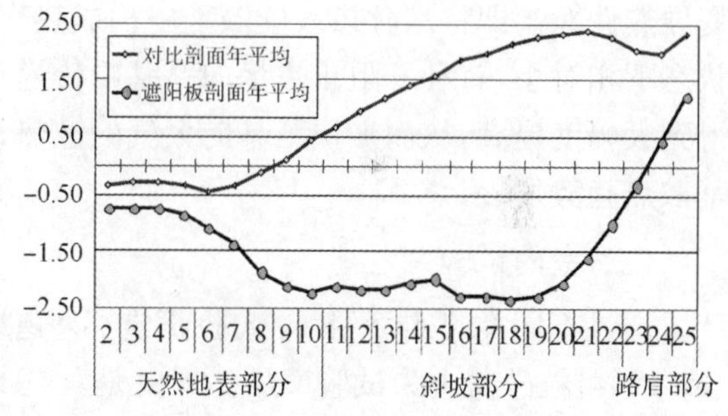

图 7-53 边坡下 0.5m 深度地温年均值比较

4. 路基变形分析

变形监测在两个研究断面同时进行，遮阳板断面选在 K3057＋080 断面，沿横断面布设 20 个测点，水准点设置在路基外侧，水准点高程取 4 676m；对比断面选在 K3057＋180 断面，同样布设监测点，水准点取同一水准点。变形监测主要监测路基的整体变形，图 7-54 和图7-55为研究断面近两年的变形图，各点变形量虽然均很小，但变形主要表现为沉降变形，并且一直处于下沉阶段，对比路基试验段还是如此。在下沉变形过程中遮阳板护坡试验段路基下沉速度较对比断面平缓，下沉量也相对小得多。产生差异的主要原因是设置遮阳板后，路基土体吸收太阳辐射热大大减少，原来阴阳坡面两侧路基吸热不均现象被显著改善，向阳面上限有了较大回升，路基体吸热量明显减少。遮阳板在全年均产生持续积极作用，减小了地温年振幅，使得路基土体冻胀、融沉量大大减小，提高了冻土路基稳定性。

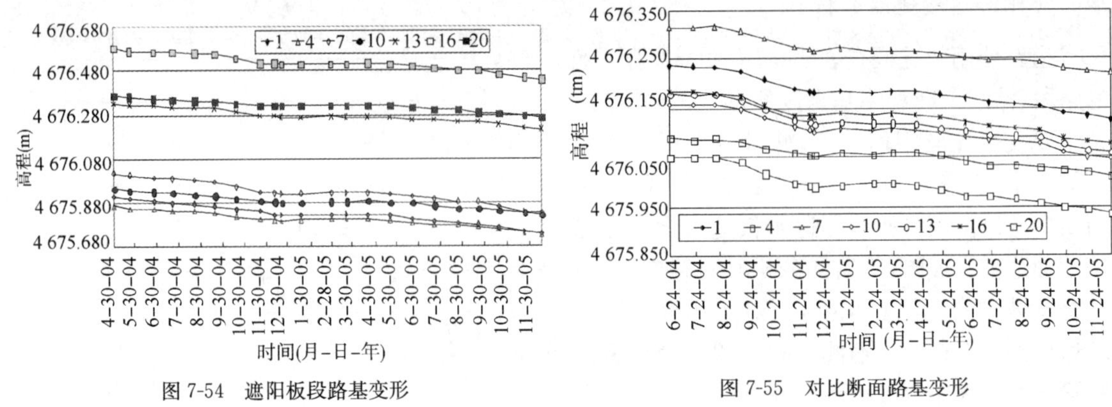

图 7-54 遮阳板段路基变形

图 7-55 对比断面路基变形

七、硅藻土护坡

(一)作用机理

硅藻土是以单细胞水生物植物硅藻遗骸为主的一种生物沉积岩，主要化学成分是 SiO_2，还有少量的 Al_2O_3、Fe_2O_3、CaO、MgO 等。硅藻土具有多孔性、低密度、大比表面积、惰性化学成分，并具有相对的不可压缩性。硅藻土经过干燥、粉碎、分选、煅烧、再分级，以改变颗粒的形态、匹配颗粒粒径及提纯表面性质以适应过滤及填充需要。

硅藻土极强的孔隙吸水能力(含水率可达 200%)使人们可以利用水的相变原理实现其改变导热性能。即将水分掺入硅藻土中构成热交换结构，在融化季节，结构的导热系数在液态水状态下相对小，有利于阻止热量向路基内传递；在冻结期，水分变成固态水，结构的导热系数会得到大幅度提高，从而加快路基向大气的散热；由此实现调节公路边坡地气间的热交换向着路基散热趋势发展。

(二)室内试验

通过不同类型硅藻土的试验筛选，课题组选择吉林长白硅藻土责任有限公司生产的 No. 180粗粒硅藻土为试验产品。理由是其在具备硅藻土吸水特性的基础上还具有较好的稳定性，实际应用时易于实现。No. 180 硅藻土堆积密度约为 0. 35～0. 43g/cm^3，相对密度约为 2. 1。对于密度为 0. 4g/cm^3 的 No. 180 硅藻土不同含水率的冻结、融化状态下导热系数测定结果见表 7-7。

硅藻土导热系数测定结果　　表 7-7

含水率(%)		60	100	140	180	208
饱和度(%)		30	50	70	90	100
导热系数[W/(m·K)]	冻结	0. 26	0. 53	0. 76	1. 08	2. 33
	融化	0. 24	0. 35	0. 46	0. 44	0. 78
导热系数比		1. 08	1. 51	1. 66	2. 47	2. 98

试验结果表明，含水率越大，硅藻土在冻结和融化状态下的导热系数差异就越大。含水率大于 140%(饱和度达到 70%以上)时冻结和融化状态下导热系数的差异基本就可以满足保持进入土层热收支平衡的要求。

在实际运用中还需要知道硅藻土的蒸发失水性能。分别对兰州黄土、兰州砂土、硅藻土、硅藻土上覆盖 2cm 厚砂土、硅藻土上覆盖海绵等 5 种结构进行了蒸发失水率试验，试验结果见表 7-8。

蒸发失水率测试结果 表 7-8

历时天数	失水率（%）				
	兰州黄土	兰州砂土	硅藻土	硅藻土＋砂土	硅藻土＋海绵
1	19.6	22.5	7.4	9.8	3.0
2	46.7	33.8	20.5	17.7	9.0
3	64.6	43.1	33.1	23.2	14.2
4	74.3	49.7	43.5	28.0	20.0
5	79.8	54.5	47.7	32.3	25.2
6	82.7	57.6	50.5	36.3	30.6
7	84.8	61.1	52.9	40.2	36.2
8	86.3	64.1	54.7	43.8	41.3
9	87.7	65.2	56.1	46.1	45.5
10	88.7	67.1	57.2	48.4	50.1
11	89.6	69.0	58.2	51.1	54.6
12	90.4	71.2	60.7	55.0	60.2

可见，在无补水条件下，兰州黄土、兰州砂土的失水都较快，单纯硅藻土的失水次之。在硅藻土表层盖有砂土和海绵的情况下，失水速度明显降低，对于海绵盖层，最初失水较慢，而后逐渐增快，而砂土盖层下的硅藻土失水在相对长的时期内效果最佳。另一方面，砂土盖层在实际运用中易于实现，也有利于维持硅藻土结构层的稳定性。因此，选择有砂土盖层的硅藻土结构为变导热性能结构作为保护多年冻土的措施。

(三)工程应用效果分析

1.坡面热状况对比

对比断面的探头埋在坡面下 30cm 处，护坡断面处的探头埋在硅藻土和边坡的交界面上。坡面的温度状况对下部的多年冻土具有决定性影响。坡面温度越高，下部多年冻土的升温就越明显；坡面的冻融指数为正，则下部的多年冻土就有可能完全融化，形成工程作用下的融区。下面将对坡面的平均温度和冻融指数进行对比，图 7-56 为三个断面上坡面 10 个探头的平均温度随时间的变化曲线，图 7-57 为坡面上不同测点的平均温度。

从坡面平均温度随时间的变化曲线可以看出以下几点规律：(1)在试验段观测初期直到第二年的 3 月中旬，对比断面的坡面温度要低于硅藻土护坡的两个断面；(2)第二年 3 月中旬以后，对比断面的坡面增温速率较快并在 4 月 23 号以后超过硅藻土护坡断面的坡面温度；(3)随着 2003 年冬季的到来，对比断面和硅藻土断面的坡面温差增大。根据开始对硅藻土护坡原理的分析，出现上述现象是不正常的，硅藻土没有发挥出夏季阻热、冬季促进冻土放热的作用。

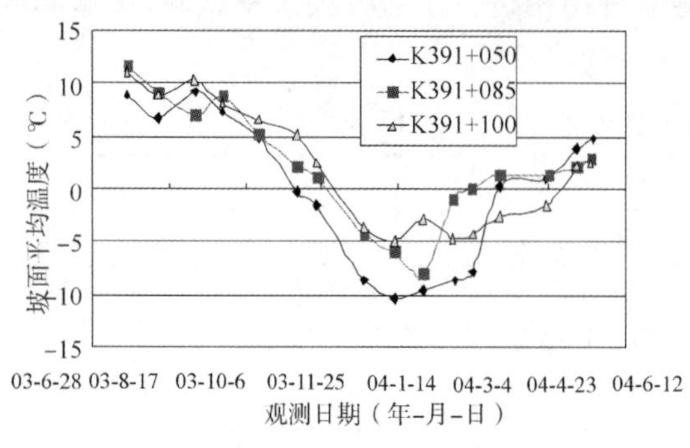

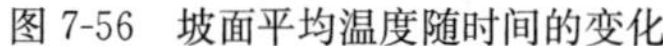

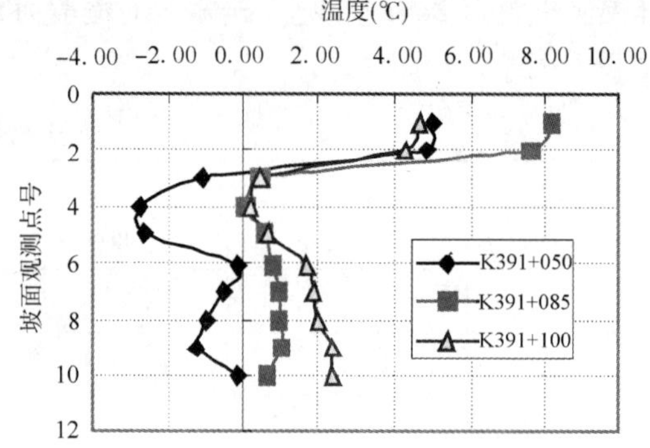

图 7-56 坡面平均温度随时间的变化

图 7-57 坡面上不同测点的平均温度比较

对比坡面上不同点位在观测期内的平均温度可以发现，除个别点外，对比断面的平均温度均高于硅藻土护坡断面的平均温度。

分析表明，从坡面的热状况变化规律看不出硅藻土在夏季和冬季的热二极管作用，硅藻土也没有起到护坡降温作用。

2.坡脚孔的热状况对比

路基刚刚铺设完毕后，在上述四个孔位中，坡脚处受上覆填土的影响最小，但是硅藻土对其影响却比较大(直接位于硅藻土之下)。因此，坡脚孔的热状况差异比较真实地反映了硅藻土的工作效果。坡脚孔的热状况对比从以下各个方面来进行。

(1)选择坡脚孔 4m 深地温随时间的变化曲线主要出于两点考虑，一是浅层地温受填土的影响很大(从初始温度场比较可以看出这一点，4m 以上的测温点由于受填土的影响，温度有一定差异)；二是试验观测时间较短，硅藻土的影响深度可能比较浅，选择过深的测温点不能反映出硅藻土的作用(观测资料表明在 8m 以下地温还没有因为硅藻土护坡而有明显差异)。三个断面坡脚孔 4m 深地温随时间的变化曲线如图 7-58 所示。

在上图中，除少数点以外，在坡脚孔 4m 深的位置上，对比断面的温度普遍低于护坡断面的温度。

(2)图 7-59 为坡脚孔不同深度的冻融指数比较，孔深 7m 以下，三个断面的冻结指数基本相同；但是，在 7m 以上，坡脚断面坡脚测温孔的冻结指数要大于硅藻土护坡断面的冻结指数。

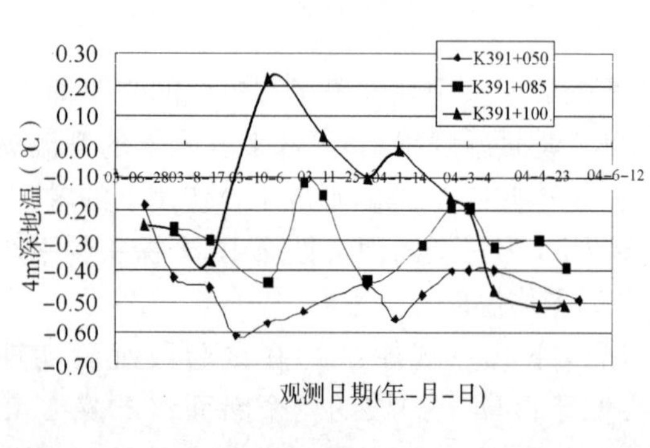

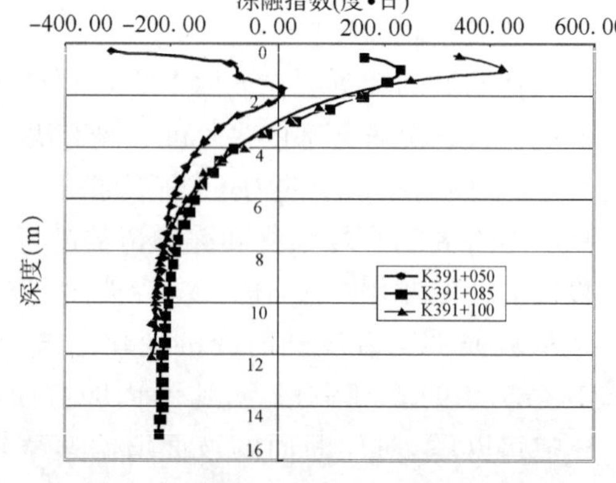

图 7-58 三个断面坡脚孔 4m 深地温随时间的变化

图 7-59 坡脚孔不同深度的冻融指数比较

而且在 3.5m 以上，护坡断面的冻融指数为正，这也就意味着在地面以下、3.5m 以上的这段深度内，观测期内试验路段的积温为正值，虽然观测期不到一个周期，但是由于缺少的是 5

月 20 号到 7 月 20 号这一段的高温期，故护坡段 3.5m 以下的多年冻土在观测期内所吸收的热量肯定要大于对比断面。因此，从最初的坡脚孔观测资料来看，硅藻土护坡所起到的只是负面作用，致使下部的多年冻土升温速率比没有任何措施的路段更快。

(3)路基修筑完毕后第一年的人为上限对比。表 7-9 给出了不同断面左坡脚孔第一年的人为上限。根据在硅藻土试验段天然地面的观测，该地区的天然上限为 2.38m。随着路基的修建，路基左坡脚的上限下降，对比断面为2.66m，K391＋085、K391＋100 两个护坡断面的上限分别为 3.88m 和 4.21m。对比断面左坡脚的上限最少比护坡断面的上限低 1.22m，又证明硅藻土护坡措施保护冻土的效果不显著。从上面对左坡脚孔 5 个角度的分析看出，不论是地温一深度曲线、4m 深地温随时间的变化曲线、不同深度在观测期内的冻融指数、观测期内的不同深度的平均温度，还是坡脚孔在第一年的上限位置，无一不说明硅藻土在试验初期非但没有发挥到护坡降温作用，反而还促进了路基下多年冻土的退化。从地温变化的趋势上来看，4m 深地温随时间变化曲线中也没有看到硅藻土在后面阶段有护坡降温的趋势。

不同断面左坡脚孔第一年的人为上限(单位:m) 表 7-9

断面名称	K391＋050	K391＋085	K391＋100
人为上限	2.66	3.88	4.21

左右路肩孔和路基中心孔在不同断面的对比结果与坡脚孔的对比结果基本一致，只是在量值上有一定差别，这种差别主要是由于测温孔位不同，路基填土的不同影响造成的。表7-10给出了左右路肩孔和路基中心孔在不同断面的上限对比值，分析方法同上，下面不再赘述。

左右路肩孔、路基中心孔在不同断面的上限对比 表 7-10

断面名称	左路肩	路基中心	右路肩	天然孔
K391＋050	6.93	6.85	6.10	2.38
K391＋085	8.29	9.40	7.20	
K391＋100	8.22	8.17	6.71	

第三节 多年冻土地区路基设计原则与方法

随着人们对冻土内在规律及其与工程相互影响认识的逐渐深入，我国多年冻土地区路基设计理论也经历了逐渐深入、渐趋成熟的过程。以青藏公路为代表，从 20 世纪 70 年代至今，我国多年冻土地区路基设计原则与方法大体经历四个过程，即：萌芽期、成长期、发展期、成熟期。本节将在总结各历史时期路基设计理论，并分析其局限性的基础上，详细论述多年冻土地区路基设计原则与方法。

一、多年冻土地区路基设计原则的演变

(一)20 世纪 70 年代末的路基设计原则与设计高度(萌芽期)

在青藏公路建成通车初期，由于未注意保护冻土，曾发生过大面积热融滑坍(泥流)、路基沉陷、热融翻浆等病害，因此在青藏公路全面铺筑沥青路面时提出“高原多年冻土地区的路基

除少冰冻土、多冰冻土地段及融区外，一般均应遵守宁填不挖的路基设计原则”。具体要求为：少冰、多冰冻土及融区的路基，可按一般季节冻土地区设计与施工；富冰冻土段路基适当注意保护冻土；饱冰冻土段路基应采取必要的保护冻土措施和含土冰层段路基应采取严格保护冻土措施的路基设计原则。最终推荐了当时条件下的路基高度建议值(表 7-11)。

不同冻土类型路基高度建议值(m)　　表 7-11

填筑路基用土 冻土类型	粉、黏性土	砂土、砂性土	砂砾(碎)石土
富冰冻土	0.5～0.8	0.5～0.8	0.5～0.8
饱冰冻土	0.8～1.0	0.8～1.1	0.8～1.2
含土冰层	1.0～1.2	1.1～1.3	1.2～1.4

由此可见，20 世纪 70 年代末已开始形成“保护冻土”的设计理论，但由于受经济条件及对多年冻土认识的限制，当时提出的路基设计理论仅限于“宁填不挖”，即认为填方路基相对于挖方路基而言更有利于路基稳定，因此可认为这一时期是“保护冻土”的路基设计思想的萌芽阶段，并且当时未对保护冻土路基的工程措施开展研究，推荐的路基高度值也只是经验估计值，带有一定的随意性，其值普遍偏低，均不大于 1.5m。

(二)20 世纪 80 年代的路基设计原则与设计高度(成长期)

20 世纪 80 年代经历了青藏公路的大规模整治改建，是高原多年冻土区路基设计理论与设计高度研究的成长时期。80 年代初期曾依据“保护冻土”的设计原则，将青藏公路沿线划分为少冰冻土、多冰冻土、富冰冻土、饱冰冻土、含土冰层五类冻土路段，分别于 1980 年和 1981 年提出了不同类型冻土路段的路基最小填土高度(表 7-12 和表 7-13)。

1980 年保护冻土路基最小填土高度建议值　　表 7-12

填筑路基用土 冻土分类	粉、黏性土(m)	砂土、砂性土(m)	砂砾、碎(砾)石土(m)
富冰冻土	0.8～1.0	0.9～1.1	1.0～1.2
饱冰冻土	0.9～1.2	1.0～1.3	1.2～1.5
含土冰层	1.1～1.4	1.2～1.5	1.3～1.7

1981 年保护冻土路基最小高度建议值　　表 7-13

冻土类型	天然上限(m)	临界高度 H_0(m)	设计高度(m)	备注
多冰冻土	>2.5	1.0	$(0.6\sim0.7)H_0$	河谷地带
富冰冻土	2.0～2.5	1.0～1.3	H_0	高平原地区
饱冰冻土	1.6～2.0	1.3～1.6	$(1.1\sim1.2)H_0$	高平原与河流阶地
含土冰层	>1.2～≤1.8	1.4～1.8	$(1.2\sim1.3)H_0$	山岭区
含土冰层	≤1.2	>1.8～2.0	$(1.2\sim1.3)H_0$	泥炭冻土岛

相对 70 年代而言，1980 年提出的最小路基高度相应要高出约 0.1～0.4m。

1981 年提出的路基高度值是以地基冻土类型、冻土天然上限和地形地貌为依据，相对 70 年代路基高度，其重要进步是在路基设计高度中引入了路基临界高度，但当时路基临界高度及由此计算设计高度的乘积系数均是青藏公路部分试验段(当时未含唐南段)的经验估计值。

至 20 世纪 80 年代中期，随青藏公路科研工作的深入，随即提出新的冻土路基设计理论，具体为:(1)必须采取措施保证路基稳定,在设计施工中应遵循保护冻土原则;(2)提高路基,抵消黑色路面吸热影响,同时还要做好侧向保护和路基排水;(3)在确定路基必需的填土高度时,不采用国外的完全冻结法,而采用保持路堤下多年冻土上限不变和富冰以下冻土允许上限少量下降的原则;(4)由于沿线砂石材料缺乏,除特别地段外,一般允许用路侧土作为填土材料,但不得在坡脚 10 m 以内取土;(5)根据工程地质条件不同,将路段划分为少冰冻土、多冰冻土、富冰冻土、饱冰冻土和含土冰层五种类型,分别提出不同的保护冻土要求,同时考虑不同填料导温性能的差异,采用不同的填土高度。

对路基设计高度的研究,在考虑冻土类型、冻土上限及地形地貌的基础上,将由于路基填土及汽车荷载的作用,使季节融化层产生的压缩沉降量,融入路基设计高度中,并将路基设计高度公式化。

路基设计高度 $H_{设}$ 用下式表示:

$$H_{设} = MH_{临} + S \tag{7-27}$$

式中:M——综合修正系数。结合公路沿线冻土类型、上限深度及已成路基季节融化层含水率情况进行验算确定,其值可以从表 7-14 查取。上限浅,含冰量大者取高值,反之取低值;

$H_{临}$——临界填土高度(唐古拉以南应使用修正后的临界高度),其计算方法如下:

1.根据天然上限计算

根据路基人为上限、天然上限与路基填土高度三者之间较好的线性关系,得出如下公式:

砂砾路面路基临界填土高度($H_{砂}$):

$$H_{砂} = 1.0 - 0.15h_{天} \tag{7-28}$$

沥青路面路基临界填土高度($H_{沥}$):

$$H_{沥} = 2.46 - 0.4h_{天} \tag{7-29}$$

由于当时青藏公路系在旧路基础上进行改建,勘探砂砾路面人为上限比较方便,因此当时为应用方便也导出了直接用砂砾路面人为上限计算沥青路面临界填土高度的计算公式:

$$H_{沥} = 2.61 - 0.496h_{砂人} \tag{7-30}$$

式中:$h_{砂人}$——砂砾路面人为上限。

唐南多年冻土因与唐北冻土的地貌条件不同,采用 7-28～7-30 三式时应乘以 1.1～1.2 的系数。

综合修正系数 M 表 7-14

冻土类型	多冰冻土	富冰冻土	饱冰冻土	含土冰层
M	0.6～0.7	0.9～1.0	1.1～1.2	1.15～1.25

2.根据融化指数计算临界高度

多年冻土地区路堤—地基体系的融化深度取决于暖季的持续时间、地表温度、路基与地基土的热物理性质和路堤高度等因素的综合作用。当时根据标准地基(五道梁观测断面路基土壤为较单一的粗颗粒土,将其作为标准地基断面)的路基融深,提出适用任何地基条件任意填料的临界填土高度 H_0:

$$H_0 = K_2(K_1h_{融} - h_{天}) \tag{7-31}$$

$$h_{融} = 1.39 + 0.239I_{砂} \text{ 或 } h_{融} = 46.8 - 0.394H_{拔} - 0.699L_{纬} \tag{7-32}$$

$$K_1 = \sqrt{\frac{\lambda_1}{Q_1} \cdot \frac{Q}{\lambda}} \tag{7-33}$$

$$K_2=\sqrt{\frac{\lambda_2}{Q_2}\cdot\frac{Q_1}{\lambda_1}} \tag{7-34}$$

式中：$h_{融}$——标准地基的路基融深，可按式(7-32)计算；

$I_{砂}$——砂砾表面融化指数，单位为100℃·h；

$h_{天}$——当地天然上限；

K_1——利用标准地基路基融深计算当地路基融深的换算系数；

K_2——填料换算系数；

λ,Q——标准地基土的导热系数和相变热；

λ_1,Q_1——当地天然上限以内土的平均导热系数和平均相变热；

λ_2,Q_2——代换填料的导热系数和相变热。

以上相变热 Q 的计算公式为：

$$Q=80(w-w_u)\gamma_d$$

式中：w——总含水率(%)；

w_u——未冻水含量(%)；

γ_d——土壤干密度(g/cm^3)。

季节融化层压缩沉降量 S，可按下式计算：

在最大融深季节施工时：

$$S=\sum_1^n a_{0i}\delta_{0i} \tag{7-35}$$

在冻结期施工时：

$$S=\sum_1^N A_{0i}h_i+\sum_1^N a_{0i}\delta_{0i}h_i \tag{7-36}$$

式中：N——路基填土基底以上季节融化层层数；

h_i——第 i 层土层厚；

δ_{0i}——第 i 层平均总应力等于平均附加应力+重量应力；

A_{0i}——第 i 层融沉系数；

a_{0i}——第 i 层冻胀系数；

A_{0i} 及 a_{0i} 值见表7-15与表7-16。

冻土融化下沉系数　　表7-15

多年冻土工程分类	多冰冻土	富冰冻土	饱冰冻土	含土冰层
融化下沉系数 A(%)	<5	5≤～<10	10≤～<40	≥40

季节融化层冻胀系数　　表7-16

季节融化层的冻胀类型	上限较深，颗粒较粗、颗粒土含水率小的路段	富冰冻土之上的季节融化层	饱冰冻土之上的季节融化层	沼泽、积水坑过湿地含土冰层之上的季节融化层
冻胀系数 a_{0i}(%)	1.0～1.5	1.5～2.0	2.0～3.0	3.0～5.0

20世纪80年代提出的多年冻土地区路基设计理论与设计高度具有一定的科学性，也符合当时的青藏公路实际情况，尤其是路基设计高度的计算公式及其参数至今仍在青藏公路的改建中广泛应用。当时虽然也提出了路基临界高度的相关计算公式，但这些公式均具有明显的地域性，较难在其他地区推广，并且当时对气候升温对路基临界高度的影响缺乏足够的认识，也使这些公式只能指导当时的路基设计。

相对20世纪70年代而言，20世纪80年代的路基设计理论已开始认识到路基侧向保护与路基排水在多年冻土地区路基设计中的重要意义，并尝试性地提出在低含冰量多年冻土地区可以允许上限少量下降的原则，这一原则有别于国外的完全冻结法，也是后续“控制融化速率”原则形成的萌芽阶段。由此可见20世纪80年代冻土路基设计理论仍以“保护冻土”的原则为核心，兼顾“在低含冰量冻土区允许少量融化”的原则，但限于当时的工程实际与研究条件，对保护冻土的策略及冻土路基病害的治理仍缺乏较深的认识，形成的路基设计思想也较笼统。

(三)20世纪90年代的路基设计原则与设计高度(发展期)

20世纪90年代经历了青藏公路最大规模的一期、二期整治，是多年冻土区路基设计理论的大发展时期，至90年代末，路基设计理论已提高到一个新的水平。

90年代初青藏公路一期整治改建期间，提出“路基填土高度的设计仍遵循保护冻土的原则，路基设计高度按满足沥青路面使用年限内多年冻土上限下降所产生的沉降不超过路面允许变形量的要求进行，并在路基设计高度基础上增加30cm作为气候转暖对多年冻土影响的估计值”，以此原则推荐了当时路基最小填土高度值(表7-17)。

1991年路基最小填土高度建议值 表7-17

冻土类别	多、少冰冻土	富冰冻土	饱冰冻土	含土冰层
路基填土高度(m)	1.5	1.8	2.2	2.6

至90年代中期，青藏公路的二期整治改建期间，研究人员结合青藏公路冻土地温分布状况，将年均地温−1.5℃作为划分高温冻土、低温冻土的标准，提出了“保护冻土，控制融化速率及综合治理”的路基设计原则，低温冻土区的路基采用“保护冻土”的路基设计原则；高温冻土区的路基采用“控制冻土融化速率”的路基设计原则；“综合治理”则是从不同的冻土地质环境出发治理路基病害。基于此提出冻土路基最小填土高度值(表7-18)。并提出根据冻土类型、地形、地貌及路基坡脚积水情况，设置高0.8～1.5m，宽2～3m的防水保温护道、回填路基坡脚5m范围内积水坑及系统的防排水设施等工程措施，以达到综合治理的目的。

1995年沥青路面路基填土高度建议值 表7-18

设计原则	保护冻土(低温冻土)			控制融化速率(高温冻土)		
冻土类型	富冰冻土	饱冰冻土	含土冰层	富冰冻土	饱冰冻土	含土冰层
路基高度(m)	1.6～2.0	1.8～2.6	2.4～3.2	1.8～2.4	2.2～3.2	2.6～3.4

20世纪90年代冻土路基设计理论已渐趋成熟，其特点仍是以“保护冻土”为核心，发展性地提出在高温冻土区不具备保护条件的情况下可以按“控制冻土融化速率”的原则设计，开始认识治理路基病害与冻土环境的重要意义，将此“综合治理”的思想融入到路基的设计理论中，并在部分冻土路段两侧修建保温护道、回填积水坑、增加防排水设施等，对恢复冻土环境起到了十分重要的作用。

这一时期冻土路基设计理论虽然取得了较大发展，但仍然很笼统，各原则的应用条件及其相应的处理方案仍未深入研究，并且对冻土融区、岛状冻土区及挖方冻土路段的路基设计没有明确的认识。另外该时期在路基设计高度的研究方面，虽然已开始认识气候转暖对路基临界高度的影响，但只是简单的将路基设计高度增加30cm，这一经验数值显然缺乏充分的科学依据。

(四)2000年以后的路基设计原则与设计高度(成熟期)

在总结多年冻土地区各历史时期路基设计理论，并分析其局限性的基础上，依据多年冻土地区地温特征值、冻土含水率、路基病害调查资料，结合区内冻土分布的多样性和变化的复杂性以及路面类型，同时考虑到全球气候周期性波动对冻土路基的影响，提出在冻土路基设计时不宜采用单一的原则，而是要根据冻土区内气候、冻土条件与道路工程建设的技术经济可行性与合理性，采用不同的设计原则。

由于多年冻土融化引起的道路路基不均匀下沉是影响路基设计的主要因素，因此，路基设计首先考虑如何控制多年冻土层的融化，正确评估冻土发生融化后的变形值。在这一指导思想下，结合冻土类型(综合冻土工程分类)及年平均地温分别采用以下设计原则：(1)保护冻土设计原则，即保持多年冻土上限不下降或略有上升；(2)控制冻土融化速率的设计原则，即保持多年冻土融化引起的路基下沉变形不影响路面的正常使用或在一定时期内多年冻土融化引起的路基下沉变形不降低公路的服务水平；(3)允许融化的设计原则，即允许多年冻土在一定时间内融化或让多年冻土预先融化，直至稳定到一定深度为止，再按一般地区路基设计；(4)按季节冻土区处理的原则。各类设计原则的适用范围见表7-19。

多年冻土区路基设计原则 表7-19

具体设计原则	应用范围
保护冻土	年平均地温低于－1.5℃的低温相对稳定多年冻土区； 经过热学计算研究确信在施工和运营过程中可以保持土的冻结状态和稳定性，冻土人为上限较浅的多年冻土路段；
控制融化速率、综合治理	年平均地温高于－1.5℃的高温多年冻土与岛状冻土区(高温冻土区)； 高温多年冻土和岛状多年冻土区中高含冰量分布地段(高温高含冰量区段)； 冻土含冰量虽低，但区域路基病害严重区段(改建、整治工程)； 不良冻土地质病害区段(新建工程)；
预融冻土	地温较高、冻土厚度较薄的少冰冻土、多冰冻土区地段；路基挖方路段；
按季节冻土区设计	冻土区内的融区

1.保护冻土的设计原则

对低温区相对稳定的多年冻土地段，尽量避免挖方。零断面和高度不够的低填方如不能避免时，要采取相应工程措施处理，如采用借土适当加高路基或铺设隔热材料等增大热阻保持多年冻土上限不下降；严格保护道路两侧植被等生态环境等。

2.控制融化速率、综合治理的原则

在高温多年冻土或高含冰量多年冻土地质病害严重区段，一般的保护措施已不能解决问题，也就是说，单纯的保护已不能解决问题，必须采取工程措施，控制融化速率，综合治理。在这一原则指导下可按实际情况选用调控冻土地温的工程措施进行干预治理，单一工程措施如热棒路基、通风管路基、片(块)石碎石路基、遮阳板路基、隔热层路基等，冻土地质灾害特别严重的地段亦可采用旱桥通过，高温高含冰量冻土区病害特别严重段推介组合工程措施。

根据冻土类型、地形、地貌及路基高度和坡脚积水情况，不仅在路基高度方向保护冻土，而且也在路基的纵、横方向采取一定的工程措施，保护冻土。如设置防水保温护道、回填路基坡脚10m范围内积水坑以及使路基纵、横向形成排水系统等工程设施，以达到综合治理的目的。

3.允许融化的设计原则

该原则就是在路基建成后的运营期间，允许路基下地基中的多年冻土全部或部分融化，或在筑路时预先使路基下的多年冻土融化，路基设计按非多年冻土地区的技术标准进行。

具体应用时，对基底地质良好，为少冰冻土及多冰冻土的低温多年冻土地段，可按一般多年冻土地区的路基设计，尽可能少扰动路基下多年冻土，设置合理偏安全的路基高度，因为冻土融化后不会产生大的融沉及冻胀病害。对含冰量大的薄层冻土，若埋藏较浅，或地下冰层下不深处即为少冰冻土、多冰冻土或基岩且无地下水的路段，根据线形设计路堤高度小于临界高度时，可全部挖除含冰量大的冻土层，换填渗水性土，并碾压密实。含冰量大的冻土层厚度较薄，但埋藏稍深，冻土层以下的土层中饱含承压地下水，挖除换填施工难度大。这种情况可采取上部挖除以渗水土换填，下部松动爆破，将冻土层震碎破裂，在施工过程中利用地下水温，加速碎裂冻土的融化，使冻土层完全消失。上部部分挖除的深度应视施工期限、冻土层厚度等综合考虑决定，一般应占整个冻土层厚度的1/2～2/3。设计中应考虑适当预留沉落量及加宽路肩。

零星岛状多年冻土带地段，由于多年冻土层已处在退化状态中，修筑公路，势必加速多年冻土的融化，突出保护多年冻土难以取得成效，应采取允许多年冻土融化的原则设计，或采取工程措施，设置过渡区间，控制融化速率。

4.冻土区的融区与冻土岛的设计原则

连续多年冻土区中的融区及其冻土岛，该类多年冻土地温最高，主要分布于大的河流两岸、湖泊盆地及河谷阶地等处。对于修筑路基导致冻土环境条件改变形成的融区、河谷融区的路段，按最高地下水位、地表积水、最大冻结深度和土质等确定路基高度；对于较小的冻土岛，则采用保护冻土或控制融化速率的设计原则，从经济、技术和线形顺适等条件综合考虑、比选，也可采用浅色路面或XPS板隔热层路基、通风管路基、热棒路基等工程结构，最终确定路基高度。

综上所述，多年冻土地区路基设计原则的总体指导思想可归纳为“制冷阻热，减少辐射，增强对流，主动保护，综合治理，积极预防”。

二、多年冻土地区路基设计方法

路基作为一种线形结构物，要跨越各类不同的地貌单元、底层岩组、构造体系以及各种特殊的不良地质现象，影响因素多，情况十分复杂，要解决好路基设计中的问题，首先要应充分调查和掌握当地的地基条件以及已有的工程成功经验和失败的教训，作为后续确定路基设计原则与方案的依据。总之多年冻土区公路路基设计方法的关键环节可分为三部分：(1)路基勘测与调查；(2)确定路基设计方案；(3)路基地面排水与侧向保护。

(一)路基勘测与调查

1.气象资料

气象资料调查包括以下主要内容：(1)一年中冻结和融化的时间；(2)积雪的时间和厚度(历年来的最大值、平均值和最小值)；(3)年降水量，降雨季节；(4)年平均气温，一月平均气温，七月平均气温，年最低气温和年最高气温；(5)按大地貌单元收集多年冻土的多年地温资料。

2.地质资料

地形资料调查包括以下主要内容：(1)地形特征，植被状况，路线方位和日照条件；季节冻融层的厚度，土的种类和融化后的潮湿程度；(2)多年冻土层的成因、分布、构造、土质和含冰状况，多年冻土层的上限和下限；(3)多年冻土不良地质地段起讫里程及平面分布范围；(4)厚层地下冰的成因、厚度、埋藏深度和分布范围；(5)热融滑坍、热融沉陷及热融湖(塘)发生热融变化的原因、发展阶段及地下冰的分布及暴露情况等，热融湖(塘)的地表排水条件及水位变化情况；(6)融冻泥流、寒冻堆踏以及因热融产生的基底松软地段的地质情况；(7)冰锥的类型及规模，冰锥发育地段的冻土情况和水文地质情况；(8)对冰丘及爆炸性充水鼓丘应查明原因，发生、发展的特点，变迁情况及积冰量等；(9)沼泽的成因、类型与地表水和地下水的联系，冻土特征，埋藏深度，植物群落，泥炭和淤泥厚度及其含水率；土、砂、石材料及保温材料的来源、蕴藏量和运输方法等。

3. 冻土的物理力学试验资料

试验资料收集包括以下主要内容：(1)总含水率、含冰量；(2)天然重度；(3)比热、导热系数、渗透系数；(4)抗剪强度、抗压强度。

上述资料可根据需要酌量增减。

(二)路基设计方案的确定

大量的研究和工程实践证明，多年冻土区公路路线、路基应遵从保护冻土的原则，尽量避免"零"填、浅挖，并在此前提下，根据多年冻土不同特性，确定相应的路基合理高度。从根本上讲，合理确定路基高度不是具体到路基设计时才来解决，而是从路线设计一开始就应摆到应有的位置来认识这一问题的重要性，因为若路线线位选择不当，平面、纵面设计在满足一定的技术指标要求条件下，可能会造成路基的大填大挖；或者路线平、纵面设计指标过高，导致路基高度过高；或者达到合理路基高度要求，导致路线平、纵面指标过低。在多年冻土区，过低的路基会带来下伏多年冻土的热融沉陷问题；过高的路基，特别是在青藏高原，由于太阳辐射异常强烈，路堤高边坡在向阳侧大量吸热，会造成下伏冻土产生融化盘偏移，最终引起路基开裂或边坡失稳。因此在多年冻土地区保护冻土的设计思想指导下，路线总体在一定程度上决定了路基的横断面形式。路基横断面主要可分为：路堤结构；低填浅挖及零断面结构；路堑结构。

1. 路堤设计方案的选择

不同的冻土地质情况，不同的设计原则，有不同的路基设计高度。

1)按保护冻土的设计原则

保护冻土的设计原则主要用于多年冻土地温较低的路段，年平均地温为－1.5～－3.5℃，冻土人为上限较浅的路段，其路基设计高度($H_{设}$)可用下式确定：

$$H_{设} = MH_{合} + S \tag{7-37}$$

式中：$H_{合}$——路基填土合理高度(m)；

$H_{设}$——路基设计高度(m)；

M——综合修正系数，依据冻土类型及上限深浅选定(表7-14)；

S——季节融化层压缩沉降量(m)，计算表达式见式(7-35)～式(7-36)。

2)按控制多年冻土融化速率的原则

控制多年冻土融化速率的原则主要用于地温较高，年平均地温－0.5～－1.5℃，这些路段沥青路面下多年冻土与季节活动层之间寒季存在不冻夹层的路段，其路基高度按满足路面设计使用年限内路基变形量不大于允许变形量的设计方法进行设计。根据钻探、雷达探测资料，在同一允许变形量指标下，按不同冻土地质条件分段采用不同的多年冻土人为上限下降允许值(表7-20)，以多年的观测和钻探资料所得统计经验公式确定路基高度。

不同冻土类型的上限下降允许值 表7-20

地基多年冻土类型	上限下降允许值(m)	地基多年冻土类型	上限下降允许值(m)
含土冰层	0.15～0.20	富冰冻土	1.00～1.50
饱冰冻土	0.50～0.75		

新建公路路基设计高度以式(7-38)计算：

$$H_{设} = MH_{合} + K \cdot P \cdot \phi \cdot t \cdot m + S \tag{7-38}$$

式中：K——气温修正系数(青藏路可取 $K=1.075$)；

P——平均融化速率，借鉴原有沥青路面下多年冻土融化速率，$P=\Delta h/\Delta T$；

Δh——勘探年沥青路面下多年冻土人为上限下降值，以 m 计，$\Delta h=h_1-h-h_t$；

h——计算断面的天然上限，以 m 计；

h_t——勘探年路基高度，以 m 计；

h_1——勘探年路基下多年冻土人为上限，以 m 计；

ΔT——沥青路面竣工至勘探的时间，以年计；

ϕ——融化速度衰减系数，$\phi=1/\ln t$；

t——路面设计使用年限，以年计；

m——填土当量换算经验系数，由表 7-21 查取；

其他各参数意义同前。

填土当量换算经验系数 m 取值表 表 7-21

冻土类型	适用条件		m
	路基现高(m)	上限下降值 Δh(m)	
含土冰层	$h<3.8\sim3.0$	0.4～1.2	1.0～5.0
饱冰冻土	$h<2.4\sim2.8$	0.8～1.6	1.0～2.5
富冰冻土	$h<1.8\sim2.0$	0.8～1.8	1.0～2.0

注：在设计时，现路基低者，上限下降值大者，m 取大值。

改建、整治工程原有沥青路面路段，路基增加高度采用式(7-39)计算：

$$\Delta H = K \cdot P \cdot \phi \cdot t \cdot m \tag{7-39}$$

式中：各参数意义同前。

3)按允许融化的设计原则

允许融化多年冻土的原则设计，就是在路基建成后的运营期间，允许路基下地基中的多年冻土全部或部分融化，或在筑路时预先使路基下的多年冻土融化，路基设计按非多年冻土地区的技术标准进行。

(1)多年冻土区路基的地基条件

按允许融化多年冻土的原则设计路基的地基条件为：

①基底地质情况良好，为少冰冻土或多冰冻土，融化后下沉最小不致造成路基病害者。

②基底地下冰较薄，埋藏浅，范围小，或难以保持其冻结状态，以下即为良好地层少冰冻土、多冰冻土或基岩的地段。

③零星岛状多年冻土带邻近南界的多年冻土地段，由于多年冻土层已处在退化状态中，修筑公路，势必加速多年冻土的融化，保护多年冻土难以取得成效，应采取允许多年冻土的原则设计。

(2)设计方案

允许多年冻土融化设计的原则，根据不同的地质及水文地质条件，可分以下几种情况进行。

①对基底地质良好，为少冰冻土及多冰冻土的多年冻土地段，可按一般非多年冻土地区的

路基设计，不必采取任何特殊措施。因为冻土融化后不会产生融沉及冻胀病害。

②对含冰量大的薄层冻土，若埋藏较浅，或地下冰层下不深处即为少冰冻土、多冰冻土或基岩且无地下水的路段，根据线形设计路堤高度小于临界高度时，可全部挖除含冰量大的冻土层，换填渗水性土，并碾压密实。

③含冰量大的冻土层厚度较薄，但埋藏稍深，冻土层以下的土层中饱含承压地下水，挖除换填施工难度大。这种情况可采取上部挖除以渗水土换填，下部松动爆破，将冻土层震碎破裂，在施工过程中利用地下水温，加速碎裂冻土的融化，使冻土层完全消失。上部部分挖除的深度应视施工期限、冻土层厚度等综合考虑决定，一般应占整个冻土层厚度的 1/2～2/3。设计中应考虑适当预留沉落量及加宽路肩。

4)冻土区的融区与冻土岛的设计原则

连续多年冻土区中的融区及其冻土岛。该类多年冻土地温最高，由于沥青路面吸热作用，使局部多年冻土退化，融区扩大。据初步统计，该类冻土主要分布于青藏公路的楚玛尔河两岸、通天河盆地及布曲河阶地等，长约 127km，占多年冻土区总长的 23.7%。对于黑面吸热后导致冻土环境条件改变形成的融区、河谷融区的路段，按最高地下水位、地表积水、最大冻结深度和土质等确定路基高度；对于较小的冻土岛，则采用保护冻土或控制融化速率的设计原则，从经济、技术和线形顺适等条件综合考虑、比选，也可采用钢纤维水泥混凝土、无规聚丙烯等浅色路面或 EPS 板、XPS 板隔热层路基、通风管路基、热棒路基等工程结构，最终确定路基高度。

5)综合治理的设计原则

多年冻土区修筑沥青路面，必然改变冻土与大气间的热交换条件，改变路基下多年冻土和季节活动层的水热输运过程。特别是在青藏公路第二次改建工程初期(1973 年～1984 年)，对多年冻土区修筑公路过程中保护冻土环境认识不足，就近取土填筑路基，加剧了冻土环境的破坏。为了根治道路病害，恢复和保护冻土环境，在青藏公路整治工程路基设计中，根据冻土类型、地形、地貌及路基高度和坡脚积水情况，不仅在路基高度方向保护冻土，而且也在路基的纵、横方向采取一定的工程措施，保护冻土。如设置防水保温护道、回填路基坡脚 5m 范围内积水坑以及使路基纵、横向形成排水系统等工程设施，以达到综合治理的目的。

在进行路基高度计算时还应注意以下几点：

①在计算沥青路面下人为上限时，首先应分析历年勘探资料，进行冻土地质分段，分段时要注意照顾不利冻土路段。当沥青面下人为上限资料缺乏时，可采用沥青面铺筑前砂砾路面的人为上限或天然上限进行计算。

②当采用保护冻土或控制融化速率设计原则时，多年冻土层上的植被与草炭(泥炭)层不宜清除，而应采取有效措施，首先将地表软基处理，使其在路基施工阶段完成沉降变形，再修正计算路基高度。

③除基岩路段外，路基最小高度一般不宜低于 1.5m，非纵坡或构造物控制段路基高度不宜超过 3.5m。当多年冻土特别发育或冻土路基病害严重时，仅靠填土路基已无法解决冻土路基稳定性问题，除设计合理的路基高度外，还必须采用热棒制冷路基、碎(片)石路基、通风管路基等主动调控措施或隔热层路基和遮阳板路基等被动调控措施进行处理，这些技术措施可以单独使用，也可进行组合使用。

2.低填浅挖及零断面结构设计方案的选择

多年冻土地区的低填浅挖及零断面地段是最容易产生热融下沉、冻胀及冰害的地段。为保护冻土，应尽量避免低填浅挖及零断面设计。这里讲的低填浅挖及零断面设计系指填土高度小于0.5m的路堤和开挖深度小于0.5m的路堑。但公路工程于由路线技术标准的要求需要，此类路段仍会出现，因此应尽量减少和缩短其处数及长度。低填浅挖及零断面路基的设计应根据路段的水文、地质条件和多年冻土的含冰量条件等进行，对不同的设计方案应进行经济技术比较。

对低填浅挖及零断面路基的设计，主要的技术方案有以下几种：

(1)按破坏多年冻土设计

当路基下多年冻土中的富冰冻土、饱冰冻土、含土冰层等高含冰量冻土厚度不大，且埋藏较浅时，宜全部清除换填。换填底部应填筑不少于0.6m厚的水稳定性好的渗水性土，或全部换填成水稳定性好的渗水性土，并做好基底的纵向排水和边坡防护等，以防基底积水和边坡滑塌等，影响路基的稳定性。

(2)按保护多年冻土设计

当路基下多年冻土中的富冰冻土、饱冰冻土、含土冰层等高含冰量冻土厚度较大，埋藏较深，全部清除换填困难且不经济时，一般可采取部分换填。其换填厚度应使路基高度与换填深度之和不小于保温计算厚度的1.5～2.0倍。换填材料应选用保温和隔水性能好的黏性土或设置EPS板、XPS板隔热层。并做好基底的纵向排水和边坡防护等，以防基底积水和边坡滑塌等，影响路基的稳定性。当换填材料采用保温和隔水性能好的黏性土时，其上层应采用厚度不小于0.6m厚的水稳定性好的渗水性土填筑路基，以防冻害。

(3)按预融多年冻土设计

当路基下多年冻土层中的含冰量较小，且埋藏较，采取部分换填设计方案无法保持路基稳定性，公路等级较低时，可采用预融多年冻土的方案进行路基设计。青藏公路改建工程设计施工时，采用预融回填的方法设计低填浅挖及零断面路基，从其多年的使用情况看，效果较好。具体做法是：大断面开挖，其深度应大于设计开挖深度(超挖深度由计算确定)，然后铺设简易路面并开放交通1～2年，让多年冻土自行融化至预计深度后再回填至设计高程，最后加铺路面。此种方案用于高原多年冻土地区，较之其他(如保温换填、设置隔热层、安装人工降温设施等)方案要经济合理。但该方案仅适用于低含冰量冻土路段，同时在未回填前的通车期间，暖季可能因出现严重翻浆而影响车辆畅通，对此需要及时处理或另开辟便道通车。

低填浅挖及零断面路基的预融回填设计路基横断面形式见图(图7-60和图7-61)。

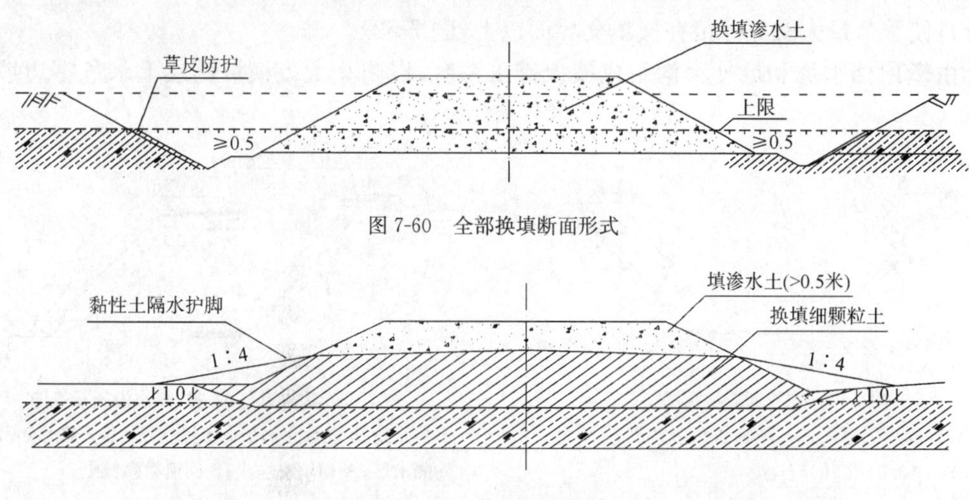

图7-60　全部换填断面形式

图7-61　基底部分换填断面形式

3. 路堑设计方案的选择

多年冻土地区的路线纵断面设计时，应采用地表的自然坡度，尽量以路堤通过，避免挖方。但有时完全避免挖方会增加工程费用和恶化路线技术条件，因此，少数位于多年冻土区地段的路堑仍属难免。

高含冰量冻土与地下冰是多年冻土地区修筑路堑工程的最大难题。施工开挖后暴露于边坡和基底的高含冰量冻土与地下冰，将引起边坡滑坍、基底融沉等病害，冬季路基路面冻胀，当有地下水存在时，还会边坡挂冰、涎流冰体上路等病害。为使路堑工程具有良好的稳定性与耐久性，就需要解决好设计、施工中存在的一些问题。

路堑设计时应按保护多年冻土的原则进行，着重解决工程处理措施和断面形式等方面的问题。

1)主要设计方案

多年冻土区的地下冰、高含冰量冻土无论其成因如何，冰层、多年冻土层与其上的季节融化层经过长久以来的环境作用，已经形成了比较稳定的平衡状态(温度场、物理和热物理性质，热量的存储、传递、周转力系平衡等)。路堑的开挖则不可避免地将要破坏这种平衡。按照工程类比的观点，欲使新的体系得到稳定，即要求工程的变形控制在稳定性与耐久性允许的范围之内，这就必须使新体系的热学、力学状态在一定限度内恢复到与原有状态相似的水平，或是使之能够适应状态改变所引起的变化。这就是确定工程处理措施的基本出发点，并由此产生了保护冻土原则的两大类设计方案：(1)以热力相似原理为基础的换填隔热方案；(2)以局部融化排水自埋稳定原理为基础的支挡结构防护方案。

2)换填隔热处理方案设计

其主要内容有：断面形式和处理措施的确定；隔热换填厚度的计算；边坡稳定性及基底强度检算等。

(1)断面形式和处理措施

合理的断面形式和处理措施应满足：尽量减少对多年冻土的扰动和破坏，以利于平衡状态的恢复；尽量减少大气降水的浸湿、渗入，及层上水的危害；尽量减少工程量，便于施工和保养。

对断面形式要求：

①采用一般断面：开挖断面应相对于确定的隔热层厚度，预留适当的超挖量(尤其是地下冰部分)，使季节最大融深停留在换填交界面以上(图 7-62)。

②由堑顶挡水埝和埝外天沟组成坡顶排水系统，以防止上方横坡的层上水危害边坡(图 7-63)。

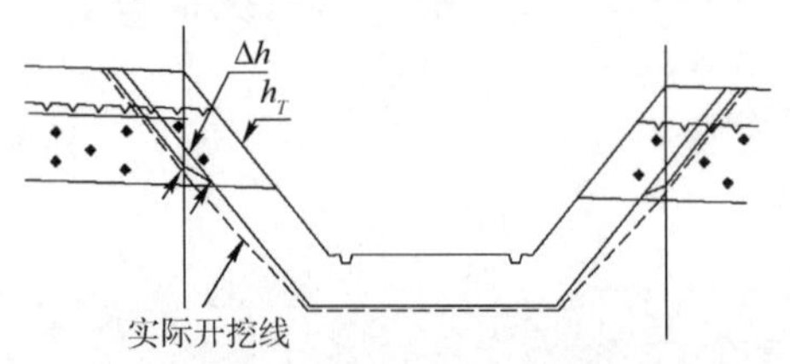

图 7-62 开挖断面示意图

h_T-计算隔热层厚度；Δh-坡顶折角处隔热层加大值，$\Delta h=(0.06\text{-}0.10)h_T$

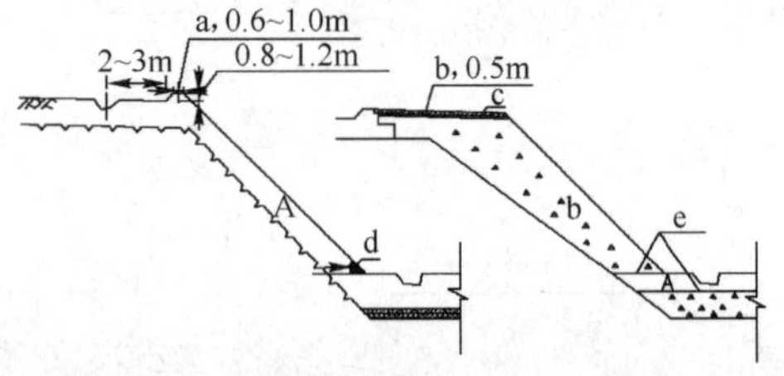

图 7-63 边坡基底截、排、隔水设施示意图

a-挡水埝；b-黏性土隔层；c-倒铺草皮；d-干砌片石垛；e-隔水层；A-回填黏性土；B-回填粗颗粒土

③采用浅宽侧沟断面，沟底用柔性隔水材料如加筋复合防水土工膜铺砌，以便于维修和保持侧沟的通畅。

④用设置侧沟上方平台的方式增强边坡的稳定，或用设置平台并配置坡脚干砌片石支垛的方式，加强边坡水分的排泄，促使边坡稳定。

对于处理措施，则应考虑以下因素：

①换填材料应以当地材料（碎石、卵砾石、黏性土、草皮等）为主。黏性土换填并在表层铺砌草皮的边坡防护形式更适合于路堑边坡防护，对减少边坡吸热促使融深衰减确保边坡稳定性有利。路堑基底换填料宜选用一定粒径范围内的碎砾石并用不透水的黏性土封层。

②为减少开挖换填量，可考虑在边坡及基底分层错缝铺设工业隔热材料。铺时应在隔热板底部设置一定厚度的粗砂隔断层。当隔热板设于边坡表面时，应适当预留泄水孔（图 7-64）。

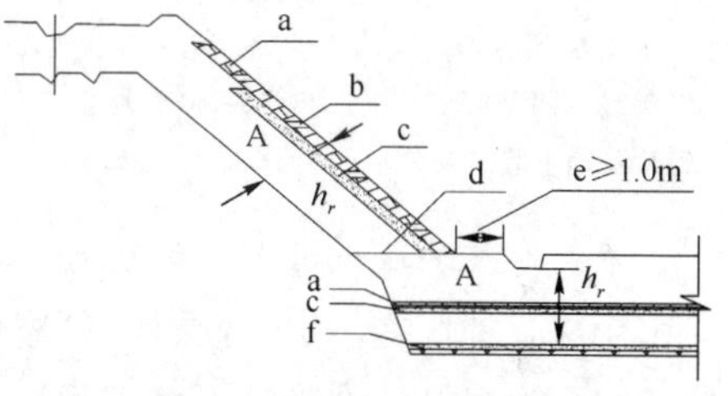

图 7-64　铺设隔热材料断面示意图

a-隔热材料；b-泄水孔；c-隔水层；d-隔水层；e-侧沟平台；f-碎石、粗砂垫层；h_r-隔热层厚度；A-换填黏性土

③为防止浸入的水分危害基底，应在边坡、基底适当部位设置防渗隔断层，并要控制填料含水率及夯实密度。

④当不在堑顶设置挡水埝时，由于堑顶变坡点受双向热源影响，融深约比坡中大 6%～10%，故应根据地下冰厚度适当加大坡面上半部隔热层厚度。

(2)换填隔热厚度的确定

换填隔热措施是以热力相似原理为依据，因此，确定隔热换填厚度的各类计算与试验方法，都应在边界条件、介质性质等方面与当地天然地层的平衡状态保持一定的内在联系，并应反映路堑断面形态的特点。侧面隔热材料设计厚度和换填地基隔热层厚度用等效热阻的方法计算确定，计算时则应考虑修正系数。

(3)边坡、基底稳定性检算

路堑基底可按一般地区要求进行强度检算，但要求热工计算可靠，季节最大融深不超过换填厚度，且能有效地防止大气降水及边坡层上水对基底的侵蚀。

暖季施工的路堑，应以填挖界面为滑动面进行边坡稳定性检算。对于暖季因坡面积雪迅速融化或暴雨作用使边坡含水率突然增大而造成的表层土溜等局部失稳，则应从填料的选择或防护措施上加以预防。厚层地下冰地段路堑其边坡坡率应缓于 1∶1.5。

3)支挡结构防护措施的设计

该措施是以自埋稳定原理为基础，因此除要求结构本身具有构造稳定性外，还要求场地条件允许被局部破坏的山坡通过季节融化层再造作用恢复平衡状态。其优点是可以减小开挖断面（只要求满足施工需要的最小断面），节省开挖和换填土方量，但它一般只适用于低路堑或与隔热措施相结合的深堑（图 7-65），设计时主要考虑：

①尽量用在地表横坡小的路段；

②挡土墙基础应埋置于人为上限以下 0.3～0.5m，或落在基岩上；

③依据土体含冰量，天然上限位置及稳定斜坡坡率估算塌落范围和墙后塌落物的堆积高度，按墙后堆土土压力为主的原则设计挡土墙断面；

④要在墙身不同高度设置泄水孔，并加强路堑纵向排水。

对于深路堑，采用下挡上保的断面可减少开挖换填量，但要求墙后回填足够厚度的填料。

设计时要考虑挡土墙在水平冻胀力作用下的稳定性，隔热层厚度等结构防护措施。以钢筋混凝土L形挡土墙或锚杆锚定板的结构形式为优，如图7-66所示。

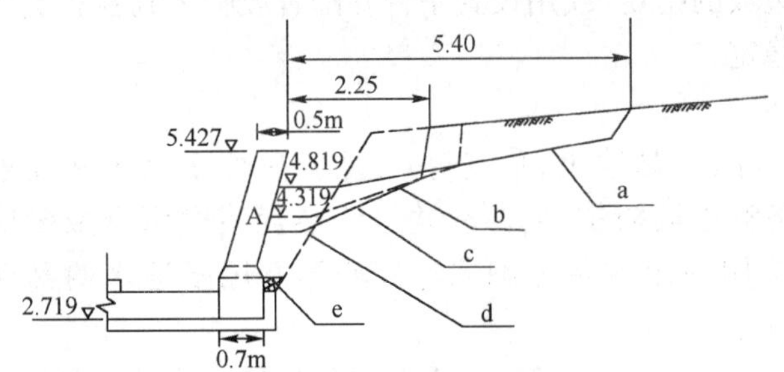

图7-65 路堑挡墙结构和背部坍落自埋情况

a-1971.9.实测塌落线；b-1970.9.实测塌落线；c-1969.9.竣工时塌落线；d-1969.8.开挖边坡线；e-50合层0.1～0.2m；A-100浆砌片石挡土墙

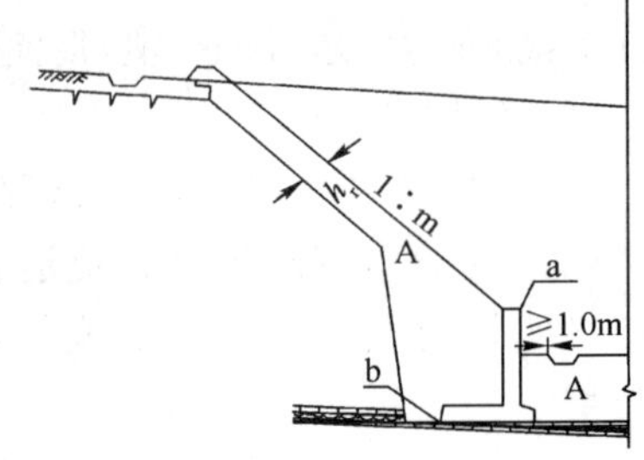

图7-66 路堑边坡上保下挡防护示意图

A-回填黏性土；a-预制拼装式钢筋混凝土，L形挡土墙；b-0.1m砂垫层

4.不良地质地段设计方案的选择

多年冻土地区在一定气候、地形、岩性、水分等自然因素综合作用下，会出现厚层地下冰、冰锥、冰丘、温泉及断裂带等不良工程地质现象，其分布与组合，往往与多年冻土的高度和纬度地带性，以及地质构造相呼应。在路基设计中若不予以重视，将导致路基在使用期的不稳定，现就几种不良工程地质现象在路基设计中的工程处理措施作以简单论述。

对不良工程地质区段的设计必须遵循“以防为主，防治结合”的原则：

(1)断裂带处理：要加大加厚柔性基础处理，采用冻融循环指标好、强度和透水性好的块石碎石路基，底部块石尺寸要求最小边长度不小于20cm，厚度150～200cm，该层不能只倾填块石，需人工调整摆放石块，其尽可能密实稳定；中间层和上层粒径依次减小分别取10～20cm和5～10cm，厚度根据需要调整；处理层顶面用最大粒径5cm的级配碎石处理，其上再填筑路基土基和面层结构。

(2)冰锥、冰丘等处理：它们对路基的破坏力相当大，在新建和改建公路时，应全面进行地质和水文地质调查，在选线中应注意避让不良冻土地质病害严重的路段，对冰丘规模较小必须通过时，路线宜在其下方以路堤通过，首先应考虑采用填方路堤或零断面路基通过，尽量不切割含水层，并控制路基两侧各50m范围内地表水与地下水的补给和传输，采取排、挡、截等防治措施进行治理。当含水层不厚，埋藏又浅，其下又为不透水层，则可在路堤上方设置冻结沟以截断地下水，在路基外侧适当位置修筑挡水墙、挡冰墙、聚冰坑、保温盲沟以及渗井等做好疏排水设计。

(3)厚层地下冰段处理：现在应该采取以桥带路或组合调控路基稳定的工程措施进行治理，组合措施可选用隔热板—热棒路基等。

(4)冻土沼泽地段路基处理：根据水源特点及补给情况，在路基一侧或两侧设置排水沟或挡水捻，将上游水源截断，必要时增设桥涵，排除地表积水。采取以桥代路或片块石基底处理与调控路基稳定的工程措施结合进行处理。路基高度适当加高。

(5)热融湖(塘)地段路基处理：无论是通过季节性有水或常年有水的热融湖(塘)的路堤，其最高水位线以上0.5m处以下的路堤必须用透水性土石填筑，并在路堤两侧设置防水护道，护道宽3.0～5.0m，护道高出最高积水水位线0.5m，护道迎水面边坡用0.3～0.5m厚的细黏土进行隔水防护，路基高度适当加高。

(6)热融滑塌地段路基处理：当路基在滑塌体下方通过时，路堤、路堑均应在在上侧山坡设置挡水捻及截水沟，并根据热融滑塌体上的泥流、水流的大小适当加大挡水捻及截水沟断面尺寸。当路基设在滑塌体上时，应挖除基底下滑塌体的松软土层并予以换填，并加铺 XPS 隔热层，并做好排水防渗设计。对路基上侧、下侧的滑塌体，视其发育情况设置支挡建筑物或进行坡面保温防护。

第四节　多年冻土地区一般路基设计

公路路基是一种线性结构物，具有距离长、与大自然接触面广的特点。其稳定性在很大程度上由当地自然条件决定。因此，需深入调查公路沿线的自然条件，从整体（地区）和局部（具体路段）去分析研究，掌握各有关自然因素的变化规律及水文情况、人为因素对路基稳定性的影响，从而因地制宜地采取有效工程技术措施，以达到正确地进行路基设计、施工和养护的目的。

(1)路基设计应符合公路建设的基本原则和《公路工程技术标准》(JTG B01—2003)规定的具体要求。设计前必须做好工程地质和水文、环境、土地利用、文物古迹及材料等有关条件的勘察工作，并应根据公路等级、行车要求和自然条件，做出正确的设计。

路基工程处在复杂多变的条件下，其设计要因地制宜，大多难以做到完全统一的设计。因此，充分考虑地形、地质、气象等自然条件及周围的社会条件，进行符合当地情况的设计是非常重要的。例如，在设计挖方及填方边坡时，即使地质条件相似，在气象条件恶劣的积雪寒冷地区，也要对边坡的坡度及护坡方法进行更加慎重的考虑。在地形陡峭，有深挖方边坡时，平面线形可稍作变动，以尽量减少边坡工程数量，在构造物周围应采用护坡措施，并对边坡的稳定性及经济性作充分的分析。总之灵活采取相应的措施，是十分重要的。

(2)充分重视水对冻土路基稳定性的影响。路基外测积水线边沟排水不畅时，水中潜热随水的下渗进入路基下冻土层。在冰冻地区，冰冻前应尽量避免边沟积水渗入路基，引起路面翻浆。总之，要做好路基排水设计。

(3)沿河线的路基设计，应注意路基不被洪水淹没或冲毁。压缩河道，引起水流形态改变时，应适当调整线位。

(4)横坡陡于 1∶5 的坡地上的填方路基，在填筑前，需将地面挖成梯台，台阶宽度不小于 1m，台阶顶面应做成 2%～4%的反向横坡，以防路基滑动而影响其稳定性。

(5)山坡上的半挖半填路基，若原地面横坡较陡，填方坡脚伸出很远，施工困难，且边坡稳定性也较差时，可修筑护肩路基，以避免边坡伸出；否则，可在填方坡脚修筑护脚以增强边坡的稳定性。当原地面横坡太陡或出现缺口及凹槽（山坳），不适于采用护肩时，可考虑修筑砌石路基或设置挡土墙甚至半边桥等特殊构造物。

(6)山坡坳形地段往往有较厚的坡积层，多为较松散的碎、砾、漂石土等，这些地方往往是地面水和地下水汇集之处。这里的挖方路基边坡稳定性较差。为此，路基设计除应根据当地土质及水文情况适当放缓挖方边坡外，还应在挖方坡脚（边沟外）设置矮墙或上挡墙。对其他松散堆积层地段的挖方坡脚亦可根据需要设置矮墙，既可增加边坡的稳定性，又可阻挡边坡面的零星碎落物填塞边沟。当挖方路基遇到多年冻土层时，应及时采取措施进行封闭保护，避免冻土层长期暴露吸热而引起边坡病害。

(7)路基工程在道路工程费用中所占的比例很大,考虑路基工程的经济性也是重要的课题。在考虑经济性时,不仅要着眼于建设投资,而且要进行包括维修费在内的综合性分析比较,只考虑减少建设投资,不考虑在设计、施工和维修管理阶段产生的问题,有时反而是不经济的。

路基工程需要很多劳力和物资设备,又受地质、气象等自然条件的约束,因此要充分考虑其施工方便,尽量采用省力、高效、经济的施工方法。

(8)路基要与路面成为一体,共同承受交通荷载,保证车辆行驶顺适。因此,必须充分注意,路基不能产生给路面带来不良影响的不均匀沉陷。软弱地基上的填方,要尽量利用时间效果,采取合理措施,使道路结构能适应通车后的长期下沉。

过湿土质,一般尽量不直接用于填筑路堤,必要时注意取土前疏干积水,翻挖晾晒或掺入其他材料后再分层压实。

(9)路基设计与施工必须与周围环境协调。因此,应充分考虑地区特点,减少工程人为破坏。多年冻土区应特别注意植被保护,施工场地、取土坑,施工便道都应进行设计,努力保护环境。

(10)要认真考虑道路路基的结构,不应在通车后发生路面的不均匀下沉及边坡坍塌,即使有所变形,也应便于补修。

在通车后修补比较困难的隧道进出口附近、互通式立交匝道、容易发生错位的构造物连接部、挖填交界等部位,需特别谨慎地设计与施工。

(11)多年冻土区的路基施工完成后,由于其稳定时间较长,因此,在工期允许的条件下,最好在路基完成一年以上,再修筑路面工程。

一、冻土路堤典型横断面

(一)平坦地段

1.填土高度符合要求时

(1)地表水条件较好时,可用当地细粒土填筑路堤下部,上部须用粗粒土填筑,其厚度不小于0.5m。

(2)地表水条件较差时,宜用粗粒土填筑路堤。如用细粒土填筑,下部应设毛细水隔断层,其厚度在路堤沉落后应高出冻前水位大于或等于0.5m。

2.填土高度不符合要求时

(1)厚层地下冰较薄且埋藏较浅时,可全部挖除换填,其结构如图7-67所示。换填选用保温、隔水性能较好的细粒土。

(2)厚层地下冰较厚时,可部分挖除换填,其结构如图7-68所示。换填选用保温、隔水性能较好的细粒土。应使换填后的路堤高度不小于路基设计高度。

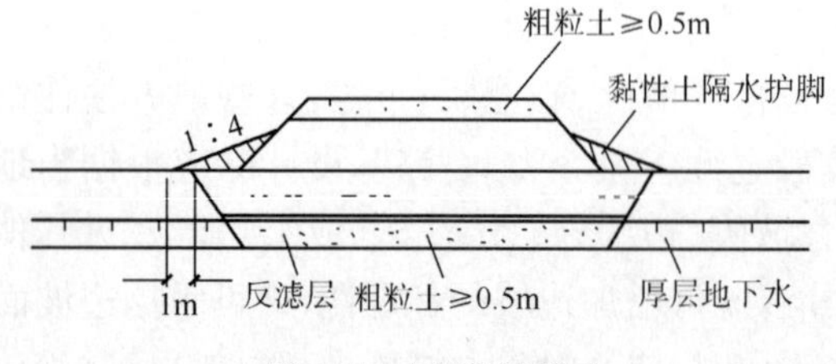

图7-67 全部换填断面

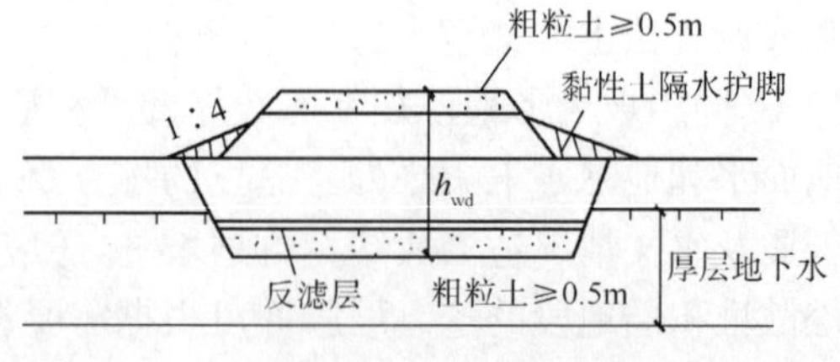

图7-68 部分换填断面

3. 设置保温护道、护脚

(1)设置条件:厚层地下冰埋藏较浅,有可能热融,影响路堤稳定时,路侧人为活动频繁,破坏坡脚冻土,影响路堤稳定时。

(2)保温材料:采用泥炭、草皮塔头草或黏性土等当地材料。采用泥炭时,表面应覆盖0.2m厚的黏性土保护层,以防失火、冲毁与浸湿。采用草皮时,草根向上分层铺筑,最外一层草根宜多带泥土,以便拍压成一护面。

(3)经验尺寸:兴安岭地区设计保温护道、护脚地经验尺寸见表7-22。

护道或护脚尺寸　　表7-22

路堤高度(m)	采用护道或护脚	高度(m)	宽度(m)
≤3	护脚	0.8	2.0
>3	护道	1.0	2.0

④断面结构:兴安岭地区所用保温护道、护脚地断面结构如图7-69~图7-70所示。

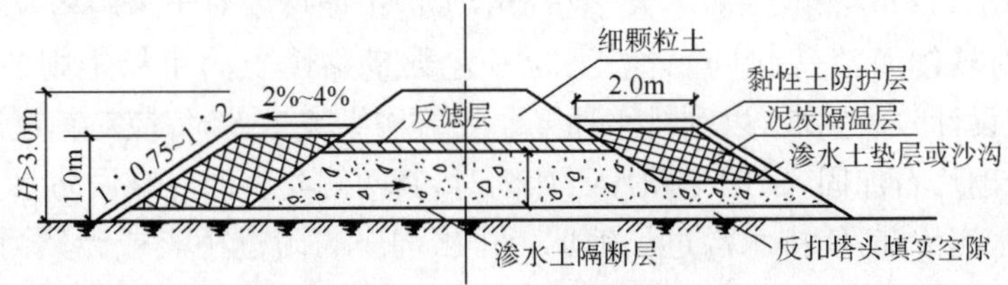

图7-69　保温护道

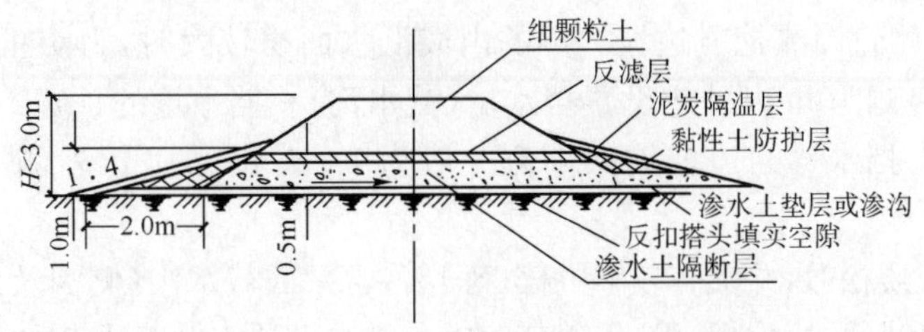

图7-70　保温护脚

(二)缓坡地段

在缓于1∶5的斜坡地段,路基应设计成路堤形式。为避免基底厚层地下冰热融,基地不挖台阶,路基结构如图7-71所示。

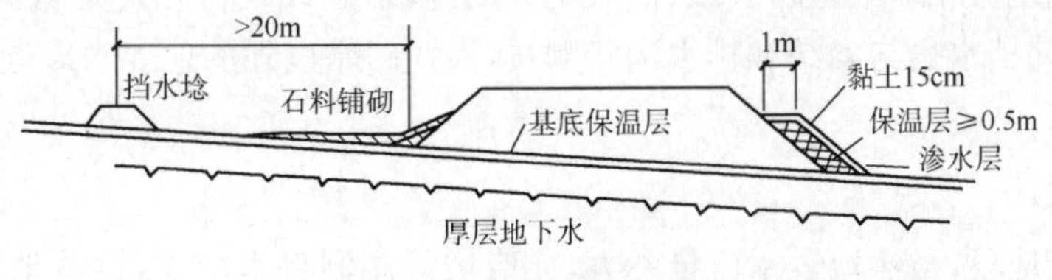

图7-71　缓坡地段路基结构

二、路基地表排水

多年冻土区的路基地表排水设施,需根据地表水文条件、地形、冻土类型进行设计,排水设施尽量远离路基坡脚，并力求排水畅通，不得在路基附近形成积水洼地，更不得在路基坡脚积水，以免引起路基基底多年冻土融化，影响路基稳定。

(一)边沟设计

边沟断面形式及尺寸应根据地形地质条件、边坡高度及汇水面积等确定，边沟沟底纵坡宜与路线纵坡保持一致，并不宜小于0.3%。在结构形式上，垭口路堑和冻胀严重路段，宜采用柔性干砌边沟或"U"形预制拼装边沟，其下增设防水加筋复合土工膜防止下渗，土工膜设置在20cm厚的细砂砾层中间，断面宜采用宽浅形式，以减少对多年冻土的热干扰。土质边沟反复冻融循环和冻胀往往引起边沟两侧塌崩，雨季冲刷严重且存在严重的下渗问题。刚性浆砌边沟冻胀和不均匀沉降易引起开裂和严重的损毁 。

(二)排水沟设计

多年冻土区路基地表排水沟一般可采用梯形断面或"三角形"断面，排水沟断面尺寸，除按地表径流进行设计确定者外，排水沟宜采用宽浅形式，以减少对多年冻土的热干扰。排水沟的底宽一般不得小于0.6m，深度一般不大于0.4m，水沟边坡坡度对于未腐朽及半腐朽的泥炭用1∶0.5～1∶1，对软塑及流塑状的黏性土、含一定数量黏性土的粗粒土则放缓为1∶1.5～1∶2。排水沟应设计较大纵坡，以利排水通畅。当排沟纵坡过大时，应对其进行加固。排水沟宜采用草皮或干砌片石加固，采用干砌片石加固时，其两侧与底部应铺设防水土工布或防水土工膜，以防止排水沟渗漏，使排水沟过早破坏。排水沟应与附近桥涵或天然河沟相通，以形成有效的排水系统。

(三)挡水埝的设计

当路基地形一侧较高或挖方边坡一侧的山坡汇水面积较大时，为防止冻结层上水渗入路基，在路基上方一侧10m以外应设置挡水埝(截水沟)。挡水埝的顶宽不宜小于1.0m，高度不宜小于0.8m。挡水埝的边坡坡率内侧一般为1∶0.5～1∶1，外侧一般为1∶1.5～1∶2。

山坡地段，当土质松散，并夹有较多的碎(砾)石，常常因截水沟(侧沟及天沟)或挡水埝的渗漏而基底冻胀、涎流冰、边坡坍(滑)塌等病害时。排水设计应做好地表防渗漏(流)和防冲刷处理。对土层松软易渗漏及流速较大可能引起冲刷的地段，可加大挡水捻尺寸并进行铺砌加固。碎石屑等未风化碎砾石坡面，坡面雨(雪)水多在地表碎石层流动，除设置挡水捻外，可以在挡水捻外侧坡面下一定深度增设一层防水土工膜，用于阻挡坡面层间水向路基下汇集、渗透。

在路基两侧地势相对平坦路线纵、横坡不大的地段，路线线位相对走低时，可设置大弧度连续挡水捻，并使挡水捻与涵洞和排水沟相顺接，阻止路基以外的地表水靠近并侵蚀损毁冻土路基。

(四)涵洞设计

在排水困难地段，虽然地表水流量不大，亦应增设涵洞将水引走，这些地段从水文条件考虑可能不需设置涵洞，但路基上方或路基坡脚的积水又无法通过排水沟排走时，为防止路基坡脚长年积水，仍应考虑设置涵洞将水排走。涵洞结构形式上，当路基高度等有条件时，推荐使用波纹管涵洞。因为波纹管涵洞有抵抗变形能力强，地基处理相对容易，拼装施工，路基开挖时间短，对路基下冻土干扰相对较少等优势。

三、路基边坡与护坡道

(一)边坡设计

在道路工程建设中,路堤或路堑的边坡坡度一般根据当地的工程地质与水文地质条件,路基高度,填料或当地土质的物理力学性质,施工方法,地貌形态等因素,并结合自然稳定山坡形式及力学分析方法综合确定。我国行业标准规定实际工程中道路边坡坡度一般取 1∶1.5～1∶1.75。在多年冻土区富冰冻土、饱冰冻土和含土冰层上修筑路堤时,若细粒土层中天然含水率较高,一般将边坡坡度放缓到 1∶1.5～1∶2.0。

数值模拟结果表明,边坡坡度对人为上限、年平均地温及融化盘等路基温度场特征要素具有一定的影响,但影响均不显著,不是影响路基温度场的主要影响。因此认为边坡坡度不应作为考虑路基热稳定性的影响因素,应根据当地的工程地质及水文地质条件,从力学及工程实际情况选择合适的边坡坡度,边坡形式与坡度的选择可按一般地区边坡设计原则执行。

(二)防水护道设置原则

2002 年在青藏公路 K2933＋500～K2934＋150 保温护道段共设置 4 个测温断面。该区段地表植被铺盖较好,路基左侧为阳面,右侧为阴面,从地温上来说,左侧地温要高于右侧地温,路基断面下伏地温要高于天然地表的地温。图 7-72 绘制了不同测温孔在 0.5m 深度处的地温变化,从图中可以明显看出,路面部分由于黑色路面的强烈的吸热作用造成下伏 0.5m 深度处土体夏季地温(图中波峰部分)较天然地表部分高出约 10℃,较左护道部分高出约 5℃;另一方面修筑路基以后,地表铺盖条件的改变对下伏土体冬季地温(图中波谷部分)的影响则相对较小。从图中我们还可以看出,该断面由于路基高度较高,阴阳坡面地温的差异也较为明显,左护道在 0.5m 深度处最大地温较右护道高约 5℃,年均地温也高出约 2.5℃。虽然位于阴面的右护道的地温与太阳直接照射下天然地温相当,但这一点并不能表明护道具有保温作用,因为阴阳面的差异使到达两者表面的太阳辐射总量也存在较大差异。左护道地温与天然地温的差异则表明加铺(尤其在阳面)护道以后,天然状态的地温有明显升高的趋势,护道表面条件相对与天然地表而言,则更有利于吸收热量,即不利于下伏冻土的热稳定性。

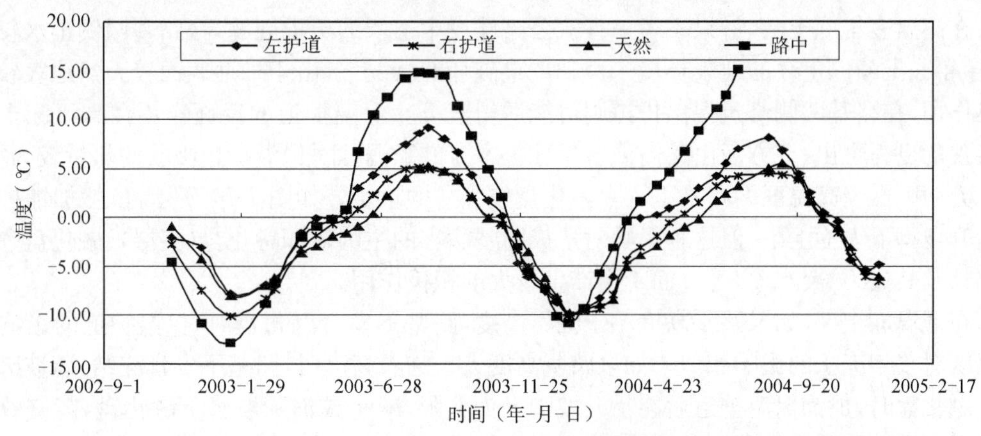

图 7-72　不同测温孔 0.5m 深度处地温变化

保温护道相对于天然地表其表面条件不利于冻土生存,冻土退化趋势有所加强,在实际的地温观测数据中,则表现为左护道孔在不同深度处的年平均地温较天然孔高(图 7-73)。从图中我们还可以看出左护道孔与路中孔上部年平均地温较下部为高，热流方向向下，对多年冻土而言表现为吸热，长期结果是加速下伏冻土退化；天然孔与位于阴面的右护孔则刚好相反，热流方向向上，对多年冻土而言表现为放热。造成这一现象的原因可以分而论之，从热量平衡的角度，对左右护道的差异而言，由于两者分别位于路基两侧的阴阳坡面，使到达其表面的太阳总辐射量具有较大差别；而对于左护道与天然地表而言，虽然可近似认为两者达到两者表面的辐射总量相同，但由于天然地表植被的存在一方面使地表反射率有所增加，另一主要方面则是由于植被根系的持水特性，使大量大气降水被植被吸收并用于蒸发，在此过程中消耗了大量热量，长期以来则形成多年冻土赖以生存的地表热量平衡系统。另外护道和天然地表相比而言，大气降水则更易进入，进入的降水直接汇聚多年冻土顶板，使融化盘成为更大的"聚水盆"加速了路基的热融变形。究其原因是显然的，天然地表在有植被铺盖的情况下，植物根系具有较好的持水特性，使大量降水不易下渗，一部分降水被植物本身吸收，大部分则用于蒸发，进一步降低了土体温度。

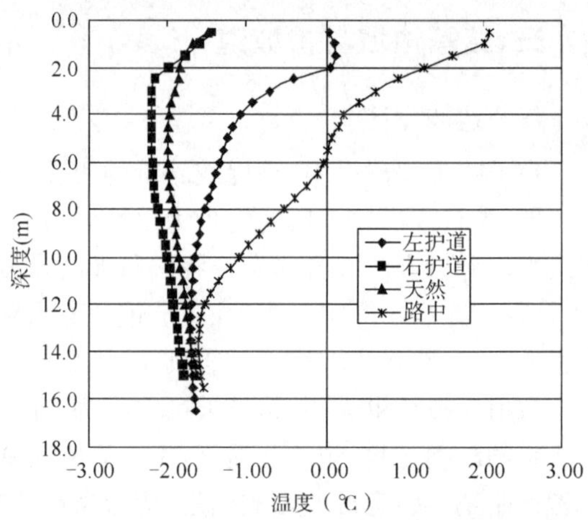

图 7-73 不同测温孔年平均地温随深度的变化

青藏公路在建设初期，未考虑路基两侧冻土环境的保护，而采用直接回拢路基两侧表土的方法填筑路堤。这种情况造成路基两侧一定范围内植被破坏较为严重，坡脚较易积水，进而造成路基下伏融化盘(夹层)较大，加上坡脚积水的渗入，融化盘(夹层)积水十分严重，因此造成路基融沉、翻浆、纵向裂缝等病害。但加铺保温护道以后，有效回填了坡脚两侧凹陷，一定程度上恢复了两侧冻土环境，防止了两侧坡脚积水，对防止地表水对多年冻土的热扰动，抬升坡脚下人为上限、缩小融化盘，减少路基病害的发生，减缓路基病害的发展起到了十分积极的作用。但这一点并不能说明护道具有提高路基热稳定性的作用。

在高温多年冻土区，如果不考虑青藏公路建设中遗留的历史问题，在路基两侧排水较为通畅，多年冻土赖以生存的地表环境未遭到严重破坏的情况下，由于护道表面较天然地表较强的吸热作用，在路基两侧修筑保温护道则可能适得其反。保温护道的反面作用在高温冻土区可能表现的更为突出，一方面由于高温多年冻土本身的脆弱性对保温护道吸收的热量较为敏感，另一方面则由于高温区的路基下存在融化盘(夹层)的事实。如图 7-74 所示，虽然加铺护道后能抬升坡脚下人为上限，但这种影响对造成路基病害的主因诸如融化盘(夹层)、融化盘(夹层)的偏移及其成为"聚水盆"等方面不会产生较大的积极作用。

在低温冻土区，如果路基高度小于临界高度，路基下发育融化盘时，保温护道的影响与在高温区对多年冻土的影响相似。如果路基高度大于临界高度时，路基下发育冻结核，坡脚下形成了融化盘时，加铺保温护道后能抬升坡脚人为上限，减小或消除坡脚下融化盘，能有效防止路基纵向裂缝、路肩(边坡)滑坍等路基病害。

综上所述，修建保温护道虽然增加了对路基边坡的反压，从力学上增强了路基稳定性，但相对于天然地表而言保温护道表面条件不利于冻土生存，冻土退化趋势有所加强。结合数值模拟结果，研究认为防水保温护道的设置应遵循如下原则：

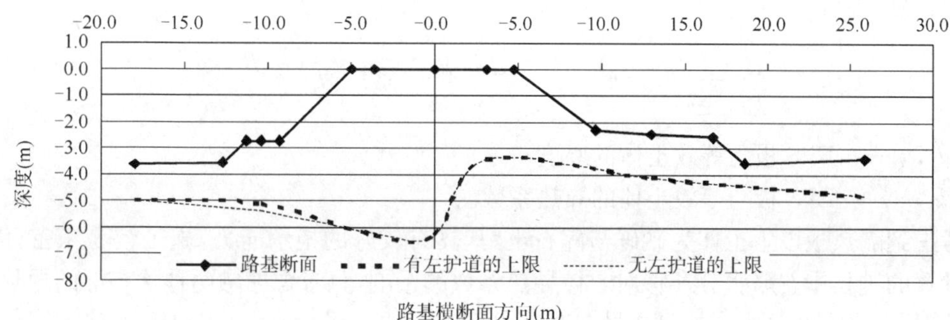

图 7-74　有无护道对人为上限的影响

(1)在高温多年冻土区,如果是新修路堤或路堤两侧地表环境未遭到严重破坏的情况下,考虑到护道表面较天然地表强的吸热作用,不宜修筑保温护道。

(2)高温多年冻土区,若从力学上稳定边坡或防水需要设置护道时。

(3)在低温高含冰量多年冻土区,路基高度大于临界高度,路基内形成较为明显的冻结核时,可以修筑保温护道,用以减小或消除坡脚融化盘,防止路基病害的发生与发展。

(4)如果在修建护道后尽可能恢复护道与边坡的植被分布,则其保温效果会立即凸现,这样处理的效果在青藏公路 20 世纪 80 年代修建的草皮护道中得到了体现。如此处理也将是一举多得的,不仅能有利于保护冻土,也美化了道路沿线生态环境。

第五节　多年冻土地区特殊路基设计要点

多年冻土地区修筑道路以后,改变了地气间的热交换条件和水热输运过程,导致的路基内逐年热积累使下伏土体温度升高、多年冻土融化,从而引起多年冻土路基普遍存在的以融沉为主的道路病害。为规避冻土路基病害的发生、发展,多年冻土地区路基设计的主流方向仍然是运用各种结构、材料、技术等调控路基热状况。目前除以路基合理高度和合理横断面结构形式为主要研究方向的一般填土路基的研究较为成熟之外,以保护或主动冷却为目的的多年冻土地区特殊路基结构的研究尚处于试验验证阶段,缺乏必要的长期应用效果的数据资料。本节在本章前述研究成果的基础上初步提出隔热层路基、碎石路基、热棒路基、遮阳板路基与硅藻土护坡等特殊路基结构的设计要点与适用条件。

一、隔热层路基

(一)设计要点与过程控制

1. 材料基本性质参数的获取

工业隔热材料的隔热性能取决于材料自身的性质,在选用时要对材料性能进行室内试验确认,如抗压强度(kPa)、导热系数[W/(m·℃)]、体积吸水率(%)、表观密度(kg/m^3)以及冻融循环后材料的稳定性等。从 EPS、XPS 两种材料对比试验看,冻融循环后导热系数、体积吸水率、抗压强度等性能 XPS 都远远优于 EPS 隔热材料。

2. 隔热层设置厚度的确定

修筑保温隔热层和抬高路基都是通过调控传热热阻达到保护多年冻土的目的,其基本原理是一致的,因此从热阻的角度,我们可以将两者进行等效处理(以 EPS 板为例)。为保证两者热阻相等，应有：

$$\frac{d_e}{k_e}=\frac{d_s}{k_s}\quad 即\quad d_s=\frac{d_e\cdot k_s}{k_e}\quad 或\quad d_e=\frac{d_s\cdot k_e}{k_s}\tag{7-40}$$

式中：d_e，d_s——EPS板与等效土体的厚度；

k_e，k_s——EPS板与等效土体的导热系数。

考虑到隔热板以上土体为砂砾与碎石土，其具有较好的拒水能力，施工较易压密，因此在等效计算的过程中忽略水分迁移对土体导热系数的影响，只考虑冻融两种状态下的导热系数。一般情况下，只有在夏季当外界热量向路基内部传递的时候，增大路堤热阻才有实际意义；相反在冬季则希望热阻越小越好，因此只需将EPS板与融土进行等效就可以了。

根据路基合理高度的概念和表达式进一步提出保温隔热材料的合理厚度为：

$$d_{合}=0.0542\cdot\frac{k_e\cdot\Delta t}{k_s}-1.1045\cdot\frac{k_e\cdot h_{天}^0}{k_s}+4.7876\cdot\frac{k_e}{k_s}-\frac{k_e}{k_s}(h_u+h_d)$$

$$h_{天}^0=0.0232\cdot(t_0-1999)+2.01\tag{7-41}$$

式中：$d_{合}$——保温隔热材料合理厚度；

h_u——从隔热材料上伏土体厚度；

h_d——隔热材料下垫土层厚度。

如假设道路设计年限为20年，于2004年设计施工的新建保温隔热路基，隔热材料上伏土体厚度(h_u)为1.0 m，下垫土层厚度(h_d)为0.2 m，保温材料及等效土体导热系数同前，由式(7-41)得保温材料的合理厚度为0.042 m。

3.隔热层埋设深度的计算

单从热学考虑，埋设在表层或浅层较好，埋设愈深，隔热效果愈差；但是从路面结构形式、力学角度考虑埋设在表层又不现实也不可行。根据车辆荷载的特点和路面下应力扩散原理，以及隔热层板材容许承载力等条件，可按下式计算隔热层合理埋设深度。

$$\frac{2Pd}{d+2h\tan\Phi}+hr\leqslant\sigma\tag{7-42}$$

式中：P——轮胎压强(MPa)；

d——单轮传压面当量圆直径(m)；

r——隔热层以上各结构层容重加权平均(MN/m^3)；

Φ——隔热层以上和结构层应力扩散角加权平均值(°)；

h——隔热层合理埋深(m)；

σ——隔热层容许压应力(MPa)。

不同隔热材料，有着不同的容许压应力(σ)，隔热层上不同填料对应计算出不同的应力扩散角加权平均值(Φ)和结构层容重加权平均值(r)。带入不同参数可以计算出相应合理埋深。

若以标准轴载BZZ-100，$\Phi=36°$，$r=0.023MN/m^3$，$\sigma=0.58MPa$(r、Φ取值可能有偏差)，$P=0.7$ MPa，$d=0.17$ m为例，经计算：$h\geqslant0.17$ m。在设计应用中，考虑到行驶的车辆载重较大超载严重以及上述计算的误差，对上述计算结果增加1.5的安全系数，则XPS板隔热层的埋置深度为路基设计高程以下25.5cm。考虑设计与施工的影响，将XPS板隔热层埋置在路面结构层与土基之间是合理的。

4. 隔热层上结构层最小压实厚度的确定

依据圆柱体与平面挤压理论，圆柱体与平面挤压产生的最大接触应力为：

$$\sigma_{max}=\sqrt{\frac{q}{\pi^2 R(\theta_1+\theta_2)}} \tag{7-43}$$

式中：q——线压力；

R——压路机滚轮半径；

θ_1、θ_2——分别为土基、压轮刚度。

结合试验，并经过简化，对滚轮最大接触应力 σ_{max} 可以由下式计算：

$$\sigma_{max}=\sqrt{\frac{qE_0}{R}} \tag{7-44}$$

式中：E_0——土基（结构层）形变模量（MPa）。

要想得到高质量的压实效果，就必须有一定的接触应力，而隔热层的容许应力又是有限的，这就是必须以这两个条件来控制，才能既使结构层被压密实，又保证隔热层密度不致增加、变薄而降低隔热效果。据有关资料介绍压路机的接触应力与结构层极限强度的关系为 $\sigma_{max}=(0.8\sim0.9)\sigma_p$ 时，能得到最好的压实效果。以两轴三轮压路机后轮为例。设隔热层上结构为水泥稳定土，其极限强度如表 7-23 所示，并取 $\sigma=0.3$MPa，$\Phi=36°$，可得下列公式：

$$\frac{0.53\times5}{0.53+2h\tan36°}+h\gamma\leqslant0.3 \tag{7-45}$$

经计算上式无解。这就是说，若压路机的接触应力为 5MPa，水泥稳定土可以被压密实，但这时无论其施工压实厚度为多少，都无法控制压路机传递到隔热层上的压应力不大于 0.3MPa。即在隔热层上不可能采用水泥稳定土这种混合料作为上结构层。若以隔热层上结构层压实厚度为 $h=20$cm、$\sigma=0.3$MPa、$r=0.018$MN/m^3，作为控制条件，求 σ_{max}。

由式（7-45）可推出下列计算式：

$$\frac{0.53\sigma_{max}}{0.53+2\times0.2\tan36°}+0.2\times0.018\leqslant0.3 \tag{7-46}$$

解之得≤0.46MPa。

由此可知，若想得到高质量的压实度，又使 $\sigma\leqslant0.3$MPa，压路机的压实厚度以不小于 20cm 时，其接触应力不得大于 0.46MPa，从表 7-23 知，只有采用低黏性土，才能满足要求。由此可知对不同的混合料，隔热层板材有不同的施工埋设深度。

部分材料极限强度表 表 7-23

被压材料	极限强度（MPa）	被压材料	极限强度（MPa）
低黏性土（砂土、亚砂土）	0.3～0.6	碎石路基	3.8～5.5
中黏性土（亚黏土）	0.6～1.0	砾石路基	3.0～3.8
高黏性土（重亚黏土）	1.0～1.5	水泥稳定土	5.0～6.3

5. 搭接与施工控制

以 XPS 板为例,其拼接方式有平接、搭接、企口,如图 7-75 所示。

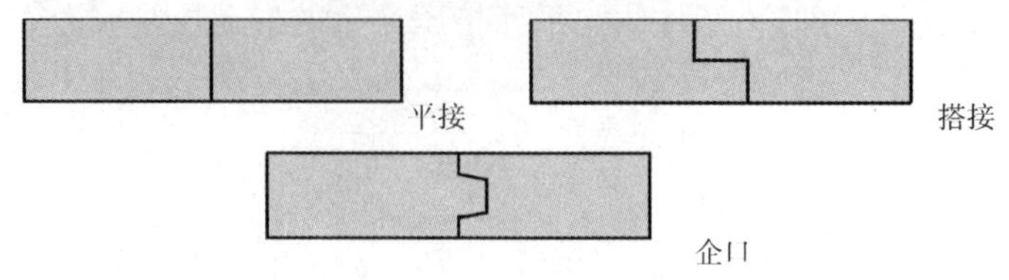

图 7-75　XPS 板接口示意图

在定购隔热材料时应该考虑拟定搭接方式,由厂家预先制作搭接槽或在施工时采用黏合剂进行胶接连接,从而提高工程质量,减少劳动强度。当铺设两层板材时,对每一层均进行错缝铺设。

直线段线形要素简单,拼接布设板材相对较容易,曲线段拼接就比较困难。当隔热层工程措施段位于弯道上时,可以采用直向积累集中拼缝处理的方法进行铺设。

在隔热板铺设完成检查无误后,进行板上填料铺筑。按照设计要求,施工机械不能直接碾压隔热板,施工时将合适的填料用自卸汽车运抵路段的一端卸料,由铲车将填料按照预留压实厚度向前将过剩的填料推运,依次类推,完成板材上填料的铺筑工作,随后用平地机整平,压路机压实。

另外,铺设保温隔热材料的施工季节对路堤下冻土上限有较大影响,特别是在路堤铺设后最初的 1～2 年内,随后路中人为上限的变化趋势逐渐稳定,数值模拟结果显示,直至第 6 年施工季节对路中人为上限的影响才逐渐消失。如 7 月 15 日施工对路中人为上限的扰动比 5 月 15 日的施工扰动大得多,这主要是由于路堤及下伏土体的初始正温造成的,因此保温隔热路基的施工季节最好能选择在冬季,如果冬季无法施工,应避开最大融深季节,综合考虑保温隔热材料铺设的时间应选择在 6 月底以前。

(二)适应性及优缺点

在路基中加铺工业隔热材料能在不过高增加路基高度的情况下增大路基热阻,大大减少传入路基中隔热层下土体的热量,减少路堤下最大季节融化深度 1～2m,对提高冻土路基下人为上限具有明显的作用,有利于寒区道路路基的稳定。隔热材料这种作用在年平均气温较低地区比年平均气温较高地区更为明显。另外,当计算压缩沉降量超过路基容许沉降量,路基设计高度由于路线纵坡控制不满足临界高度或不经济时,路堑处或翻越垭口处需要进行换填保护下伏多年冻土的等等区段可以考虑选用隔热层路基。

保温隔热材料的强度差异较大,在实际使用时推荐选用强度较高、导热系数更小的新型材料,为防止保温层在道路施工与运营期间的破坏,在实际设计和施工时可根据保温隔热材料的强度确定合理的埋置深度。就 XPS 隔热材料与 EPS 隔热材料相比,XPS 隔热材料在隔热、保护冻土路基方面效果更好一些,另外其还有强度高,便于结构层设计等优势,再者经济性分析两者差异不大,研究认为,在从热传导角度处理冻土路基时,相对 EPS 隔热路基,推荐使用 XPS 隔热材料。

隔热层路基减少路基体吸热的积极效应不是全年持续作用的,其只在外界温度大于路基体内温度,温度梯度趋于使路基体温度升高的暖季才发挥积极效应,也就是说,在多年冻土区这种措施的时效性很强。在冷季,隔热层路基不利于路基体和外界进行热量交换,不利于冷季路基体自上而下的回冻，不利于隔热层下土体冷季吸收外界冷量而降温。这说明，单纯依靠保温隔热的工程措施，不能有效改变路基体内热储增加的趋势，且其作用效果与路基走向、路基结构形式(有无保温护道)、路基高度等因素有关。

二、碎石路基

(一)设计要点与过程控制

1.碎、块石粒径的选择

要达到良好的对流效果，碎石路基中孔隙率是一个关键参数，即要解决粒径问题；为使碎石孔隙率保持在一定范围，防止施工期间将碎石碾压成粉碎，因此，碎石的压碎值也是一个关键参数。

选择合理的碎、块石粒径是碎、块石路基材料设计重要的部分之一。选择碎、块石的粒径时要考虑两个方面，首先从碎、块石路基通风对流要求考虑，要有利于碎、块石路基的通风对流从而保护路基下的多年冻土，就要使冷空气在碎、块石中易进难出，其核心是最佳孔径的问题。孔径过大，冷空气易进也易出，起通风作用，其降温效果取决于通风量及碎、块石层温度要高于环境温度，反之，孔径过小，冷空气难进也难出，几乎没有降温效果。碎、块石体中的空隙大小将会影响气流速度，碎、块石体中的空隙大小和碎、块石的比表面积有关，碎、块石的比表面积随碎、块石粒径减小呈几何级数增大，这二者均直接影响降温效果。

室内试验表明:为充分利用自然对流机制，应采用单一粒径的碎石铺设路基，不应采用不同粒径的混合结构。当采用碎石料填作为路基填料时，单一粒径的碎石试样的降温效果以粒径 4～6cm 为最佳、6～8cm 及 10～15cm 次之、2～4cm 较差，片、块石料填作为路基填料时，片、块石最小边长宜大于 15cm，且长细比小于 3。考虑到实际工程应用中，由于温度、湿度、风向等自然对流启动因素的巨大差异，以及施工期间碎石层上覆填料细颗粒的填塞影响，碎石颗粒一般不宜小于 8cm。

2.碎、块石层的铺筑厚度

作为多孔介质的碎、块石路基，其中的对流换热是由于气体和碎、块石表面的温度差所导致的热量交换现象。对流换热中，气体与碎石壁面必须直接接触，且导热和对流同时起作用。气体流动是由外部动力源引起的强制对流换热和温度差异造成其中气体的密度差引起的自然对流换热。对于青藏高原的碎、块石路基，导热、强制对流换热和自然对流换热这三种机理可能同时存在。

碎、块石层中自然对流是由于温度场的不均匀性从而引起密度的不均匀性并在重力作用下产生浮力而引起流动。因此，在自然对流中，没有温度差就意味着没有热交换，就没有流体的流动。但不均匀的温度场并不一定引起自然对流，只有顶面温度低于低面温度时会产生自然对流。因此，自然对流只有在秋冬季节，当碎石层顶面温度低于其底面温度是才能形成，由于地温按指数规律随深度递减，为增强降温效果，碎石层在路堤中铺设的位置应当在满足力学的前提下，尽量靠上，即尽量减少上覆土层的厚度。强制对流与自然对流换热不同，只要有风压差存在且碎石层温度与环境温度间存在温差就可以产生强制对流，降温效果只有在碎石层温度高于环境温度时才能出现。

为了使路堤在冬季能产生自然对流效应，室内试验得出碎石层厚度宜取 60～80cm，实际使用厚度不宜小于 80 cm；块石层厚度宜取 60～100cm。

3. 碎、块石层的铺筑位置

由上述室内试验结果可知，从强化自然对流传热机制的角度出发，实际寒区路堤的碎石层铺设方式采用单一结构要比复合结构和混合结构都好，碎石铺于上层的试样温度差异比碎石铺于下层的试样温度差异略大，说明碎石铺于上层的试样自然对流传热效应优于碎石铺于下层的试样。这是由于铺设于试样上部的碎石表面温度波动要大于铺设于试样下部的碎石表面温度波动。

4. 辅助防护结构设计

为了使碎石路基达到设计的空隙率，保证其对流效果，空隙率不宜小于 25%，压碎值不大于 25%，并在碎石层上顶面和下底面设置一层双向土工格栅或透水土工布。碎石层应全断面宽度铺筑，且路基边坡进行防护，保证碎石空隙与大气联通良好，必要时边坡可进行防护处理，防止细粒土等填满碎石空隙，堵塞对流通道。片、块石路基其空隙内不得充填碎石或其他杂物，要求下层粒径大，上层粒径小，并在上顶面设置一层双向土工格栅或透水土工布，块石路基边坡进行必要防护，路基两侧排水顺畅不产生淤积。

(二)适用性及优缺点

片、块、碎石路基适用于高温冻土区，地质断裂带地下泉水发育区段，松散堆积层，地面横坡较大，路基层上水河地表径流较发育的区段。另外，片块石路基可用于治理地下水或冻结层上水较为发育区段的路基病害。

碎石坡面主要用于路基下融化盘偏移严重的路基病害路段。

碎石、片块石路堤在冷季或暖季昼夜温差较大的夜间时，其间对流热交换较为明显，暖季还具有热屏蔽作用。冬季自然对流降温效应从路堤边坡最先开始形成，并随着路表温度的不断下降逐渐向路堤中间区域发展，根据碎石层不同厚度，甚至可在整个路堤碎石层中都形成自然对流运动。对于相同碎石层填筑厚度，路面宽度、高度对碎石路堤的冬季自然对流降温效应有一定的影响。

碎石、片块石路基对石料需求较大，附近有无适合开采的，满足强度等各方面性能的石料是设计时应考虑的问题。

另外，碎石路基施工标准如压实控制等现在还不完善，施工期间碎石层空隙率不易检测与控制。全断面施工过程中振捣压实时碎石向两侧滑移，压实度较难达到设计要求。

碎石路基边坡容易被扬砂等填充，使得它的对流降温效果大大降低，在具体选用时加强边坡防护，保证碎石空隙与大气具有较好的联通性。

三、热棒路基

(一)设计要点与过程控制

1. 热棒自身参数的确定(工质、工质充装量、各部尺寸等)

热棒主要由工质和管壳组成，热棒制作的任务主要使根据使用要求和工作条件选择工质和管壳材料，设计合理的管壳尺寸，计算工质的充装数量。除此之外，还应该合理设计冷凝器的尺寸。

工质的选择应根据要求的热棒工作温度范围和管壳的耐压性能以及工质与管壳材料的相容性来确定。另外，工质的选择还应考虑工质与管壳材料不能起化学变化，否则在化学作用过程中生成的气体和其他物质将可能使热棒不能工作。工质的品质越高，热棒的热传输性能越好，因此在条件允许时，尽可能选用高品质因素的工质。

管壳材料的选择主要考虑热棒的使用条件和工程造价。管壳设计的任务是确定管壳的尺寸和壳壁的厚度。

工质的充灌数量是随热棒的总长度而变的，它等于热棒运行时，棒中蒸汽工质与壳壁上液膜数量与棒底部液池中液体工质质量之和。

冷凝器的设计主要应考虑两点，一是冷凝器要有足够的冷凝面积，以确保蒸发段吸收的热量能及时的散发到大气中去。二是冷凝器与管壳的连接最好不要有变径，这样可防止在变径段蒸汽流速加大，而过早出现淹没现象。

2.合理埋深的确定

热棒的埋设深度主要以被处治的构造物的基础埋深和地基弱化深度为依据。设置热棒的目的是在负温期有效制冷，明显降低土体温度，提升冻土上限，提高冻土地基的稳定性。所以只有当冻土的蒸发端埋置在永久冻土层以下时，才能起到对永久冻土层以上土体进行冷却，提高冻土上限的作用。因此热棒的埋深必须要在永久冻土层以下。将热棒插至永久冻土层，即深于最大融化深度，不但减少了冻胀过程中的切向冻胀力，而且消除了法向冻胀力，保证了热棒地基基础的稳定。推荐埋深为多年冻土人为上限以下 1.0～2.5m。

3.有效作用半径的确定

热棒的作用半径大小是热棒降温效果的主要表征之一。所谓热棒的作用半径是指热棒在工作期间所带入的外界冷量在地中所传递的最大距离。从温度的角度来说，是指热棒蒸发段周围的土体的温度梯度沿远离热棒方向开始出现零值或负值的范围；从热流的角度来说，是指在热棒工作期间，沿远离热棒方向，其周围土体中的热流全部为负值(流向热棒方向)的范围。显然热棒的作用半径与其蒸发段外壁面的温度及周围土体的导温系数(热扩散率)有关，因为含有相变，从传热学角度来说属于强非线性问题，因此求解该半径下的解析解几乎不太可能，但工程上需了解其数值范围。

通过数值模拟分析和试验工程验证，热棒最大作用半径为 7.6m。当然在工程应用中，用温度梯度为 0 作为热棒作用半径的控制标准显然是不合理的，有必要探讨热棒工作的有效影响范围。热棒有效影响范围为 2.25m，需要指出的是热棒的作用半径是动态变化的，在不同的季节其作用半径是不同的。

4.设置间距和方式

热棒的间距主要是根据其制冷的有效半径确定的。目前我国三个厂家生产的热棒功率基本相等，根据在青藏公路、青藏铁路的使用情况，其有效半径在 2m 左右，依据对地基处治的要求不同，热棒的间距一般为有效半径的 1.0～2.5 倍。

在热棒埋设以后，明显改变了路基温度场的分布特征，热棒工作期间其周围土体温度被大大降低。对于单向埋设的热棒路基，其内部温度场出现了明显的不对称性，埋设热棒的路基一侧温度场明显低于未埋设一侧的路基温度场，即便是在热棒不工作的 7 月份也一样。由此可知，热棒能明显地将冬季的冷量带入土体并储存，并且夏季的热量不会因为热棒而传入土体内，这对于有明显阴阳坡面影响的路段，为防止出现路基路面的侧向滑移及纵向裂缝将是十分有利的。对于双向热棒其冷却路基的效果则更加明显，从图中可以看出，热棒冷却的最大受益区域莫过于路面的下伏土体了，这一点也恰好符合设计热棒路基的初衷。另外对于斜置热棒，将有助于缓解路基温度场的不对称性，把冷量向路中方向推移，能更加有效地降低路面下伏土体温度。

(二)适应性及优缺点

在实际应用中应根据地温特点、工程造价等斟情选择：第一，在施工条件允许并不损失热棒制冷效果的情况下应尽可能斜置热棒；第二，在极高温冻土区及冻土退化区应尽可能埋置双向热棒，并保持适当的路基填土高度；第三，在中高温冻土区，如果人为上限较大，可选用双向热棒冷却路基，如果融化盘因阴阳坡的影响而偏移，应考虑在阳坡设置单向热棒；第四，在低温冻土区，应优先考虑抬高路基高度。

数值模拟路基内温度场的演化过程及现场观测验证，热棒每年冬季开始工作，工作周期为5个月，从每年10月上旬到次年3月中上旬。工作方式是波动式而不是连续的。在其工作周期内，热棒并不是始终连续工作的，实际工作时间约为工作周期的2/3。

也就是说，暖季热棒基本上不工作(只在气温波动出现负温，热棒两端的温差超过启动温差时才工作)，这种工程措施的时效性也是比较强的。如果冻结期短、融化期长，热棒形成的冻结核可能会在负温期来临之前融化而不能在路基中有效储存冷量来消除融化夹层，则热棒的长期效果不能得到保证。热棒对冻土地层的蓄能效应是一长期的、动态非线性的变化过程。

只在冷季工作，工作时效受限制，理论启动温差下是否真正工作，现在还在进行相关后续检测研究。热棒工程措施工程成本高，易被雨水和土壤腐蚀，使得抗腐蚀处理及耐久性问题成为这种工程措施有待解决的问题。

四、遮阳板路基

(一)设计要点与过程控制

1. 面板的选择

为了提高遮阳板对太阳辐射的反射率，增加其防辐射效果，遮阳板外表面要有比较大的反射率，宜为白色或银色金属表面，或在其上涂上白色或银白色油漆材料。

青藏公路试验工程遮阳板面板选用不透光材料双面铝塑板，用以更好的减弱板下接受到的辐射热；同时面板应有较大的热阻，减少传导热传递，利于抵抗不均匀沉降变形；同时面板要易于独立施工，易于稳固和加工。整个面板既要考虑其耐久性，又要考虑其经济性。

2. 骨架及连接方式

试验工程遮阳板骨架制作，整体骨架依面板尺寸大小及铆固要求进行了设计，角钢骨架设计线为骨架成型后各棱、边的中线。骨架的连接方式采用现场依尺寸焊接，每个焊点应焊接良好，合格有效焊缝长度不少于3cm长。面板与骨架之间的连接采用铆钉铆接的方式，铆钉采用Φ5mm的抽芯铆钉，铆钉间距不大于20cm。经历2个冬季1个暖季及平时昼夜间的气温循环，遮阳板试验工程骨架由于热胀冷缩作用，产生局部壳屈曲变形，相当部分面板不同程度都存在从铆钉处拉裂损坏的现象。这说明在青藏高原高寒多年冻土地区，钢骨架结构温缩变形太大，不利于工程措施持久使用；当初试验工程设计骨架材质尺寸偏小，刚度和强度不够理想。后续同类设计需要改进。

3. 设置与锚固

遮阳板面板过高，风阻较大，对骨架和锚固要求较高，且防止路基体吸收短波辐射的效果稍差，过低，冷季空气对流效果不好，反射散射角度容易引起驾驶员眩目，影响行车安全。试验工程中遮阳板与坡面之间的距离为 40cm 左右，效果尚好。

考虑高原上空旷，刮风强度大，遮阳板做好后整体迎风面较大，受风力威胁严重的现实，为了保重遮阳板做好后不被刮风破坏，设计时沿遮阳板纵向间距一定距离应进行锚固，以稳固坡面的钢骨架。本试验遮阳板路基护坡工程措施在使用中因热胀冷缩量过大，内应力导致结构损坏严重，以后在高寒地区同类措施设计与施工时应对低温和比较大的温度振幅引起足够重视。

(二)适应性及优缺点

在太阳辐射十分强烈的青藏高原，高路基路段明显的阴阳坡面两侧吸热不均导致融化盘产生偏移，利用遮阳板能大大降低板下温度的特点，在路基吸收辐射较多的一侧设置这样板，该工程措施可调控阴阳面吸热不均，治理融化盘偏移，不均匀沉陷，路基纵向裂缝等病害，既可用于新建路段，也可用于旧路潜在病害路段的早期治理与防控。

目前使用状况说明，遮阳板的作用效果十分明显，它能有效降低路基温度，可使遮阳板下年平均地温降低约 4～6℃，使路基下伏多年冻土年均温度降低 0.5～1.0℃；能有效抬升人为上限，可使路中人为上限抬升 0.5～1.0m；能有效缩小融化盘大小，有效控制融沉变形。

遮阳板遮蔽太阳对路基直接辐射的时效性是常年的，在暖季表现得更突出一些，在冷季遮阳板又具有棚室效应，使得板下土体温度极值变小，地温年振幅减小。在雨水补给减少等综合作用下路基冻胀量和融沉量大大减小，特别是冻害减弱明显，有利于冻土路基稳定。

在多年冻土区热胀冷缩严重，面板易变形、损坏；另外遮阳板骨架与板材也较易受人为损坏或破坏，设计者应考虑选用不易被损毁的板材以及设计合适的骨架结构。

五、硅藻土护坡

虽然硅藻土护坡降温措施在 214 国道红土坡的试验没有取得先期预料的结果，但是对于这种工程措施的作用并不能全盘否定。根据上面对硅藻土护坡资料的分析，下面给出以下评价，既是对现有工程措施的总结，也为未来该材料在冻土地区的应用提供一些经验：

(1)由于试验段所处地带为高寒大陆性气候控制，气候干旱，不利于硅藻土的持水和自然降雨的利用，最终导致硅藻土护坡措施在 214 国道红土坡试验段失效。

(2)疏松多孔结构硅藻土在夏季可以发挥保温隔热的作用；

(3)硅藻土发挥热二极管作用的关键是其持水能力。从材料学的角度来看，要利用硅藻土蓄水后的热二极管性质，需要改良硅藻土，提高硅藻土的持水能力。

(4)如果不能成功改良硅藻土，并且打算成功利用硅藻土那么至少需要注意以下两点：一是应用于秋季降雨较多的多年冻土地区；二是在应用于气候干旱区的多年冻土地区时，要及时养护，尤其是要在冻结期到来之前充分让硅藻土饱和。

第六节　多年冻土地区过渡段路基处置对策

过渡段路基设计，主要包括：(1)填、挖过渡段路基设计；(2)路基与桥(涵)过渡段路基设计；(3)融区与多年冻土区过渡段路基设计；(4)高、低含冰量冻土过渡段路基设计。

一、填、挖过渡段路基设计

填挖过渡段路基过渡段分为路基纵向过渡段和横断面方向设计。

路基纵向过渡段设计：应考虑路基设计方案的连续性。当路基最小填土高度等于路基临界高度(150cm)时,则认为该点为填挖过渡段路基的填方段过渡段起点(终点),当路基开挖深度等于 50cm 时,则认为该点为填挖过渡段路基挖方段过渡段的终点(起点),路基纵向过渡段设计,应以挖方路段设计方案延伸为宜,在路基设计填挖高度等于“零”的断面至填方段过渡段起点(终点),路基中宜设置 XPS 隔热层。

路基横向过渡设计:当地表横坡大于 1∶3 时,路基基底横断面方向以开挖台阶给予解决(图 7-76),纵向台阶长度应大于或等于 200cm,水平宽度不小于 100cm,台阶深度大于或等于 30cm,台阶深度不小于 30cm,并设置 2%向内倾斜的横坡。最小路基填土高度应满足路基临界高度要求,当路基最小填土高度不能满足路基临界高度要求时,可设置 XPS 隔热层,XPS 隔热层的最小厚度不宜小于 6cm,埋深宜设置于路面结构层下,也可以采用其他调控措施以达到保持路基稳定的目的。

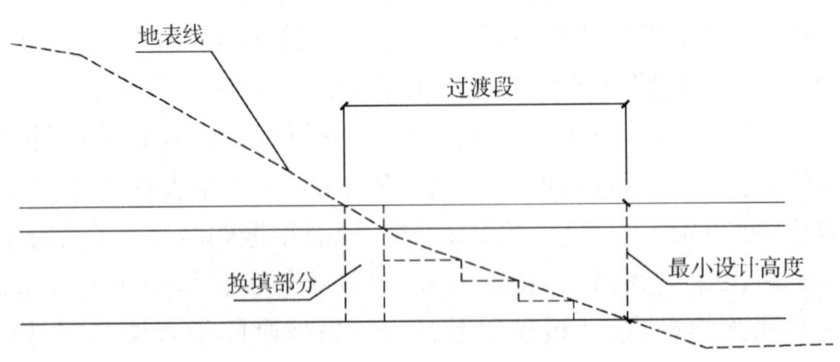

图 7-76　路堤与路堑过渡段的形式

二、路基与桥(涵)过渡段路基设计

路基与桥(涵)连接处的路基设计称为路基与桥(涵)过渡段路基设计(图 7-77 和图 7-78)。路基与桥(涵)过渡段路基设计长度不小于 200cm,路基设计高度按填方路基高度设计,若路基设计高度不能满足路基临界高度时,则应采取保温隔热工程措施,或设计 XPS 隔热层。当桥(涵)基础深度较大时,路基与桥(涵)过渡段路基设计时,应采取换填或设置保温隔热层,以保护多年冻土地基。除设置保温隔热层外,路基与桥(涵)过渡段路基应采用砂砾土回填,且砂砾土粉黏粒含量不大于 5%。

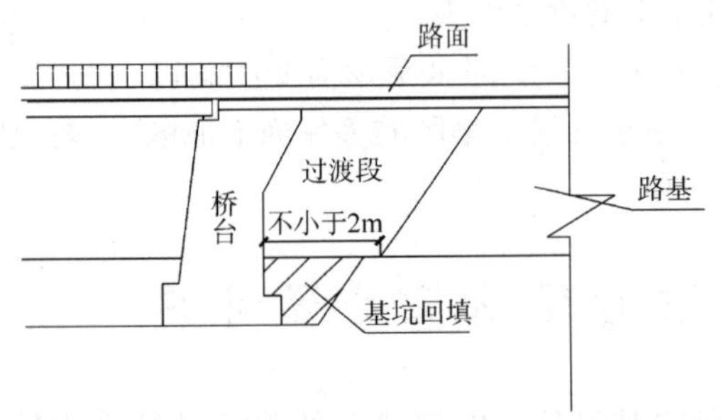

图 7-77　路堤与桥台过渡段的形式

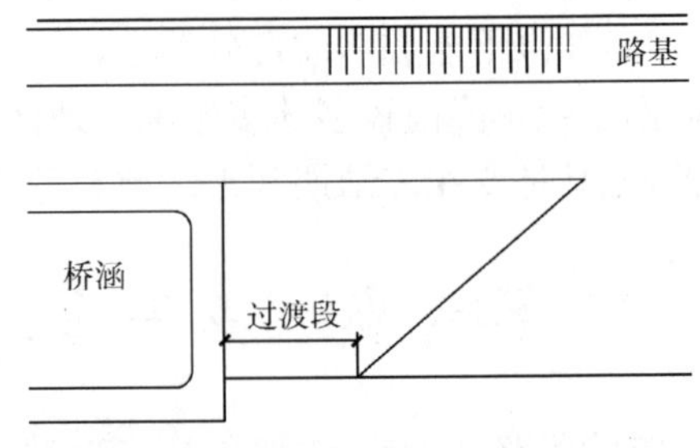

图 7-78　路堤与横向结构物过渡段形式

三、融区与多年冻土区过渡段路基设计

融区与多年冻土区的分界限一般很难确定,根据融区(季节冻土区)、多年冻土区对路基稳定性的影响,在融区(季节冻土区)路基设计主要以防治冻胀为主,而在多年冻土区则主要以防

治融沉为主，因此，在融区与多年冻土区过渡段路基设计时，既要防治冻胀，也要防治融沉。从这一原则出发进行路基设计，路基最小填土高度不宜小于150cm，如果公路沿线石料丰富，路基结构采用片块石路基为宜，如果公路沿线石料匮乏，则以在填土路基中设置防水隔热层为宜。

四、高、低含冰量冻土过渡段路基设计

高、低含冰量冻土的分界限非常难确定，因此，在以往的多年冻土路基设计中，很少有关于高、低含冰量冻土过渡段路基设计的相关内容。一般情况下，高、低含冰量冻土过渡段路基设计应以高含冰量冻土为设计依据，也就是说，对于高、低含冰量冻土过渡段路基设计方案，采用高含冰量冻土区的路基设计方案。

过渡段路基设计长度，从路基设计的连续性与便于路基施工出发，除填、挖过渡段与路基与桥（涵）过渡段路基设计按实际需要长度设计外，融区与多年冻土区过渡段路基设计的最小路段长度不宜小于300m，高、低含冰量冻土过渡段路基设计（含高含冰量冻土区的路基设计）的最小路段长度不宜小于300m。

第八章 多年冻土地区公路路面设计

第一节 概 述

一、国内外研究概况

多年冻土地区修筑道路一直被视为世界性难题，国外多年冻土地区路面多用砂石路面。我国从20世纪70年代至90年代，先后多次对多年冻土地区路面立项进行研究。路面结构也从20世纪50年代的砂石路面发展到20世纪70年代的黑色沥青路面，以及到20世纪90年代的改性沥青路面。其中在青藏高原也修筑了部分水泥混凝土路面。

1973年起交通部先后组织了青藏公路三期科研工作。第一期青藏公路科研（1973年～1978年），在路面研究中依据青藏高原多年冻土地区气候、当地自然条件及材料特性，对各类沥青面层结构的用油量、材料技术指标和施工方法等进行了研究；同时，对粒料型、半刚性等路面基层结构进行了研究，并依据不同地基条件和路基干湿类型，推荐了九种路面结构组合类型；还就不同路面结构材料的“三参数”补强公式系数“β”值进行了研究。研究成果为青藏公路第二次改建工程的设计与施工提供了初步依据。

第二期青藏公路科研（1979年～1985年）又对沥青路面结构选型及其修筑进行了研究；在大量室内试验的基础上先后在不同路段修建了三种面层、五种基层（总计4.0km）的试验路面。论证地提出了适用于高原多年冻土地区不同地带的九种较为经济合理的路面结构组合和部分计算参数，其中首次在我国使用无规聚丙烯砾石混合料面层，对无规聚丙烯及其混合料的路用性能进行了试验研究。

第三期青藏公路科研（1986年～1999年）根据20多年工程实践及大量试验、应用着重从沥青混合料的低温抗裂性、水稳性、抗老化性和疲劳耐久性等考虑，提出了改性沥青混合料合理的矿料级配范围、改性沥青技术指标及最佳用量；提出了在该地区适宜的施工工艺；总结提出了具有良好抗冻性能水泥稳定砂砾的最佳水泥含量和矿料的合理级配、细料含量及快速施工方法；得出钢纤维水泥混凝土路面在保护多年冻土方面的效应，提出了配比设计的新方法，改进了粗集料级配，得出合理板长及切缝时间。研究的成果提高了整治工程后的路面服务性能和行车平均速度。

1997年交通部组织对高原多年冻土地区路基路面典型结构开展了系统研究。1998年～2000年，内蒙古自治区交通厅组织对301国道所经过岛状多年冻土地区筑路技术开展了研究，对岛状多年冻土路面修筑取得了诸多成果。20世纪90年代，青海省交通厅对青康公路(214国道)的退化性多年冻土地区公路修筑技术进行了较系统的研究。

二、多年冻土地区公路路面病害

多年冻土地区最常见路面病害主要有：波浪、坑槽、松散和局部沉陷、纵裂和横裂等。各类病害在青藏高原109国道、214国道和301国道内蒙段多年冻土区段均有分布。

109国道多年冻土段地处青藏高原腹地，多年冻土分布广，属中低纬度高海拔多年冻土，既分布有连续多年冻土，也有岛状多年冻土。特殊的自然环境和冻土条件造成沿线道路病害较为严重。研究表明，沥青面层与半刚性基层脱离现象严重，且大多数芯样面层较为完整，基层基本呈松散状态；水泥稳定基层在低温条件下不易形成板体，在35个路面钻孔芯样中，未形成板体的有25个，松散率达71.4%。沥青路面在强烈紫外线照射和长期低温作用下，老化加剧，龟裂、网裂达11.8%，松散占16.8%，路面波浪为26.4%，路面横向裂缝十分严重。20世纪90年代修筑的刚性路面因气候条件恶劣，施工和养护困难，强度较难形成，沿线6km的水泥混凝土和钢纤维水泥混凝土路面，断板、断角、破碎严重，完好板较少。

青藏公路格拉段沥青路面破坏按损坏类型、严重程度及范围可归于以下四个大类：

①裂缝类。裂缝是青藏公路沥青路面上较为普遍的破坏类型，主要有横向裂缝、纵向裂缝、网状裂缝和龟裂等。其中横向裂缝居多，分布较有规律性，在同一路段内基本等间距分布，大多在路面宽度范围内贯通。纵缝在个别路段上发育明显，比例相对较少，但较长，多出现在路面中央和路肩边缘，长度由数米至数十米不等。网裂和龟裂多出现在沉陷路段。

②变形类。主要表现为波浪和沉陷，车辙、隆起的比例很小，路面结构的其完整性一般较好，变形破坏受冻土路基的变形影响显著。

③松散类。主要表现为松散、坑槽、脱皮等，其中以松散破坏占多数。长期高原紫外线影响，沥青老化，黏结力下降，是造成这种状况的主要原因。

④其他破坏类型。主要为泛油、表面磨光等。

多年冻土地区公路路面病害的产生，除与一般地区相同的原因外，多年冻土地区公路路面特殊的使用条件和施工条件至关重要。

青海214国道沿线310.0km多年冻土区位于青藏高原多年冻土带边缘，属退化性多年冻土，冻土分布条件复杂，稳定性极差，受人为影响多年冻土极易发生变化，不利于工程建设，病害发生率高。沿线路基路面沉陷、波浪变形严重，路面纵横向裂缝和龟裂、网裂破坏明显。

301国道内蒙古段的岛状多年冻土属低海拔、高纬度多年冻土，目前处于退化阶段，公路建设面临巨大困难。原路面为砂石，路况差、车速低、运营成本高。为改善运输条件，降低运输成本，提高运输效益，内蒙古自治区将301国道全线黑色化列为重点工程。然而多年冻土地区特有的道路病害，沿线路基路面沉陷、波浪和冻胀变形明显。

路面与施工技术研究，是在上述研究的基础上，针对多年冻土地区路面近年来出现的系列新病害开展研究。

三、设计要求

青藏公路格拉段地处平均海拔 4 500m 以上，地质条件复杂、材料运输供应艰难、施工期短、施工条件恶劣等问题给路面结构的设计和施工带来了许多的障碍。加之我国在“低纬度、高海拔”的多年冻土地区修筑沥青混凝土路面的经验除青藏公路外还不是很丰富，可以借鉴的成功设计范例不是太多，所以进行该地区的路面结构设计时，主要依据现有的路面设计规范、过去的青藏公路的研究成果、内地的可借鉴的路面结构设计理论和方法等。要把握路面结构层次不易过多、厚度适中、材料供应方便、施工容易的原则，既要使路面结构满足交通荷载和自然环境的综合作用，又要经济、耐用、可行。

多年冻土地区长期低温，降温速率快，且昼夜温差大。青藏公路格林—拉萨路段全年基本为负温环境，多年平均最低气温为－14.5～－17.4℃，最高气温为 6.8～8.1℃，5～8 月份有较短的正温环境，但最低温度仍低于 0℃；昼夜温差为 23～26℃，地表温差可高达 50℃。这种特殊的气温状况是青藏公路多年冻土区沥青路面病害区别于一般地区的主要原因，也是该地区沥青路面设计需要考虑的重要因素。主要表现在路面施工期短、施工温度低、碾压成型困难和养生条件有限等。多年冻土地区公路的最佳施工时间为每年的 5～9 月份，但气温仍较低，日温差也较大，夜间往往出现负温，有效施工时间短。同时，多年冻土地区的降水又集中在 7～9 月，且雨雪无常，明显影响路面施工的连续性。多年冻土地区常年低温，即使在路面的可施工季节，路面施工温度也明显低于一般地区，往往难以满足现行规范规定的施工温度。多年冻土地区气温低，加上多风、风大，热拌沥青混合料施工过程中的温度损失明显快于一般地区，使沥青混合料碾压成型困难；多年冻土地区气候干燥，蒸发率高，使路面基层施工中水分损失比一般地区速度快，且损失量大，对无机结合料稳定基层的强度形成有显著不利影响。在多年冻土地区特殊的自然条件下，水泥稳定类材料和水泥混凝土保温保湿养生难度明显大于一般地区，水分蒸发损失容易引起干缩裂缝，频繁冻融循环将导致早期损伤，大温差使结构层内产生较大温缩应力和翘曲应力。

融沉变形是多年冻土地区路基的主导病害。均匀的沉降变形对路面结构不会产生大的重要影响，而不均匀融沉变形则会在路面结构中产生融沉附加应力，导致路面沉陷、裂缝等病害发生，因而成为多年冻土地区路基路面相互作用的一个重要方面。

多年冻土地区公路路面特殊的使用和施工条件对路面材料与结构提出了特殊要求，主要表现在以下方面：

①路面材料的低温特性。多年冻土地区长期低温条件下，路面半刚性基层混合料的强度形成缓慢，难以形成板体；沥青变得脆硬，沥青混合料的劲度模量提高，变形能力和应力松弛性能降低，沥青混合料的低温抗裂性能降低，容易产生开裂。因此，多年冻土地区沥青路面材料设计中，应以低温特性为主，对路面基层与面层混合料的低温强度、低温抗裂等特性提出更高要求。

②路面材料的耐久性。由于区域筑路材料来源限制，以及施工条件的局限性，多年冻土地区路面在施工中与其他地区相比，其强度和耐久性能普遍较差；且多年冻土地区路面使用中经受频繁冻融循环和强辐射作用，影响程度明显高于一般地区，要求路面材料具有更高的抗冻耐久性，面层沥青混合料还要具有良好的抗辐射能力，以延长路面使用寿命。

③路面结构的(融沉)变形能力。路基不均匀融沉变形使多年冻土地区路面结构产生不可忽视的附加应力。因此，多年冻土地区沥青路面结构设计不仅要考虑行车荷载的作用，还应考

虑路基不均匀融沉变形的影响。

多年冻土地区气温降温速率快、昼夜温差大、蒸发率大，使路面半刚性基层混合料的干燥收缩和温度收缩比一般地区更为严重，沥青混合料的温度收缩明显，因此要求提高路面材料的抗变形能力。

设计时应满足设计年限内交通荷载作用的沥青混凝土面层最小设计厚度。最小厚度并非单纯为了满足交通荷载的作用，还体现沥青路面的功能设计和防反射裂缝上，足够的面层厚度可以提供良好的平整度、防滑、耐磨、防渗、好的温度稳定性以及良好的行驶性能。为满足防冻要求，对于多年冻土地区的中湿、潮湿路段，路面总厚度不宜小于表 8-1 的值。此外，还应考虑到材料应力扩散和压实能力而要满足的各结构层最小施工厚度。

沥青混凝土路面面层最小设计厚度(cm) 表 8-1

道路冻深(cm)	土基干湿类型	粉　性　土	黏性、细砂亚土
50～100	中湿 潮湿	30～50 40～60	30～45 35～55
100～150	中湿 潮湿	40～60 50～70	35～50 45～60
150～200	中湿 潮湿	45～70 60～80	40～60 50～70
＞200	中湿 潮湿	50～75 65～100	50～70 55～80

根据对多年冻土地区公路沥青路面的使用情况和对公路设计、施工、养护人员和专家咨询意见的分析，提出了多年冻土地区沥青路面建议使用年限，如表 8-2 所示。

多年冻土地区沥青路面建议使用年限 表 8-2

公 路 等 级	面 层 类 型	基 层 类 型	规范设计年限(年)	合理使用年限(年)
二级公路	沥青混凝土 (5～9cm)	(20～25cm)水泥稳定砂砾	12	8
		(20～25cm)石灰稳定砂砾		
三级、四级公路	沥青表面处治 (3cm)	15～20cm 级配砾石掺灰	8	6

第二节　多年冻土地区路面结构热学与力学分析

一、多年冻土地区路面热学特征

(一)表面温度

根据青藏公路第三期科研成果，对青藏高原五道梁和风火山的气温 T_q 和地温 T_d 月平均值均可用余弦函数表达(表 8-3)，且二者存在以下线性关系：

$$T_d = A \cdot T_q + B \tag{8-1}$$

式中：A、B——系数；

T_d——地温，A、B 因地区和地表材料状况而异。对青藏高原热水地区也可用上式表达，天然地表土质为草炭亚黏土时：$A=1.029$，$B=2.217$，相关系数 $R=0.992$；土质为砂砾石时：$A=1.122$，$B=4.158$，相关系数 $R=0.994$。

青藏高原五道梁和风火山地区气温的统计结果 表 8-3

地区		回归表达式	参数	95%置信区间
五道梁（北纬 35°13）	气温（℃）	$T_a=A\cos\left(\frac{\pi}{6}t+B\right)+C$	A −10.788 B 5.743 C −5.424	−11.564～−10.92 5.671～5.815 −5.973～−4.875
	地温（℃）	天然 $T_s=AT_a+B$ 沥青 $T_s=AT_a+B$	A 1.164 B 5.633 A 1.135 B 5.934	相关系数 0.994 相关系数 0.987
风火山	气温（℃）	$T_a=A\cos\left(\frac{\pi}{6}t+B\right)+C$	A −11.090 B 5.753 C −6.251	−11.657～−10.522 5.699～5.808 −6.665～−5.838
	地温（℃）	天然 $T_s=AT_a+B$ 沥青 $T_s=AT_a+B$	A 1.224 6 B 4.062 2 A 1.313 0 B 7.602 2	相关系数 0.994 相关系数 0.981

五道梁地区地温如图 8-1 所示，填土高度为 0m 的"0"填断面和填土高度 1.1m 砂砾路面表面的地温与气象站观测的天然地表地温二者的线性关系良好，且完全可以用气象站观测的天然地表的地温表达砂砾路面表面的地温。

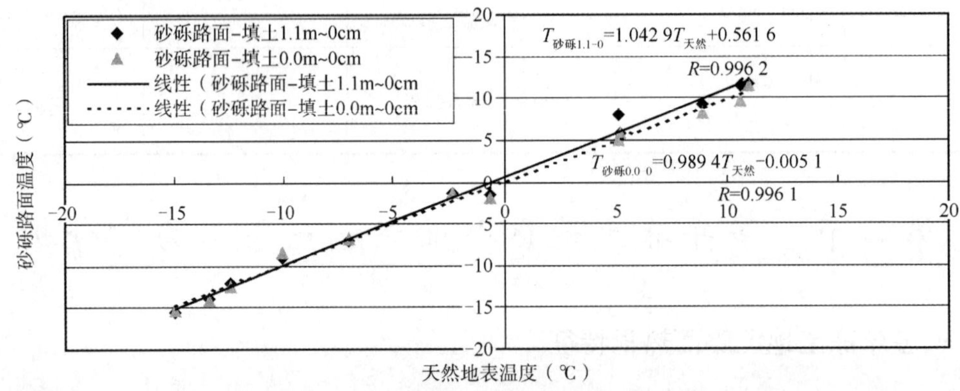

图 8-1 砂砾路面表面地温与天然地表温度的线性关系

根据半无限大物体内温度波的传递理论，随着深度的增加，半无限大物体内任意深度处的温度随时间的变化规律与表面的温度变化规律相似，都是周期相同的余弦函数定律，但随着深度的增大，振幅衰减，且存在相位差，即温度波的传播存在延迟特征。

沥青路面路表温度与大气温度的变化规律相似(图 8-2),但受沥青混凝土材料本身吸热及蓄热特性影响,沥青路面路表的年均温度为2.61℃,比年均气温约高7.8℃;日均温度的年振幅高于日均气温的年振幅,约高出4.1℃;沥青路面的日均温度年变化曲线的相位较气温提前约$\frac{1}{9}\pi$。

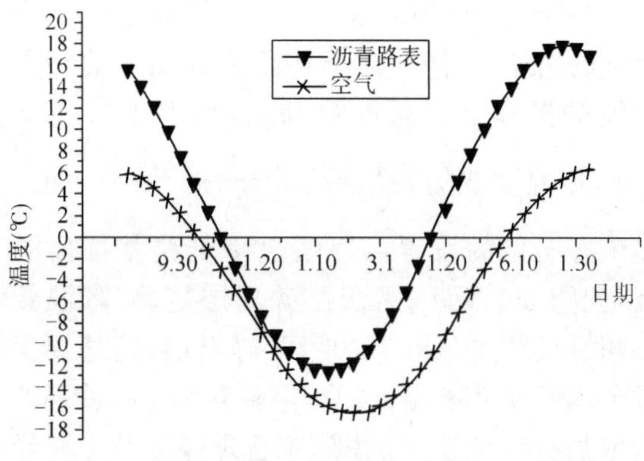

图 8-2 沥青路面表面日均温度与日均气温关系

(二)路基顶面日均温度与日均气温间的关系

对于均质的半无限大物体周期性变化边界条件下的温度场,可用导热微分方程表达:

$$\frac{\partial T(z,t)}{\partial t}=\alpha\frac{\partial^2 T}{\partial z^2} \tag{8-2}$$

针对沥青面层和路基层面之间设置不同的层如表 8-4,构建如式(8-2)的模型,公式中 T 为温度、Z 为距离,t 为时间。应用有限元进行模拟计算,结果如图 8-3 所示。

路面温度分析的结构组合 表 8-4

模型编号	面层	级配碎石层	基层	垫层
模型 1	4cmAC+5cmAC	不设	20cm 水泥稳定砂砾	20cm 天然砂砾
模型 2				不设
模型 3		20cm 级配碎石		20cm 天然砂砾
模型 4		15cm 级配碎石		
模型 5		10cm 级配碎石		
模型 6		5cm 级配碎石		

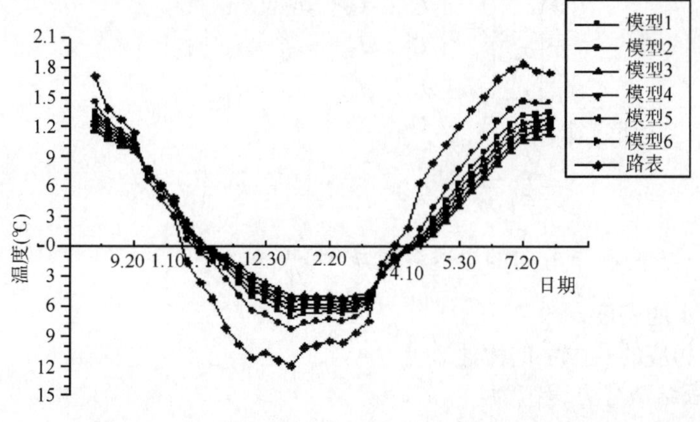

图 8-3 路表与路基顶面中心处日均温度的年变化过程

在路表温度波向路面深处传播的过程中，随着沥青面层和水泥稳定沙砾基层之间碎石层厚度的增加，不同路面结构路基顶面处的年温度波的振幅呈衰减趋势，碎石层厚度每增加5cm，年温度波的相位滞后约$\frac{3}{38}\pi$。结果表明，级配碎石层的设置可以明显降低路基顶面温度，如图8-4所示；且级配碎石层越厚，降温效果越好，设置20cm厚的级配碎石层，路基顶面的年均温度可降低0.2℃，但降温幅度随着厚度的增加有所减缓。考虑施工合理厚度及工程经济性，级配碎石层的厚度宜取15cm。

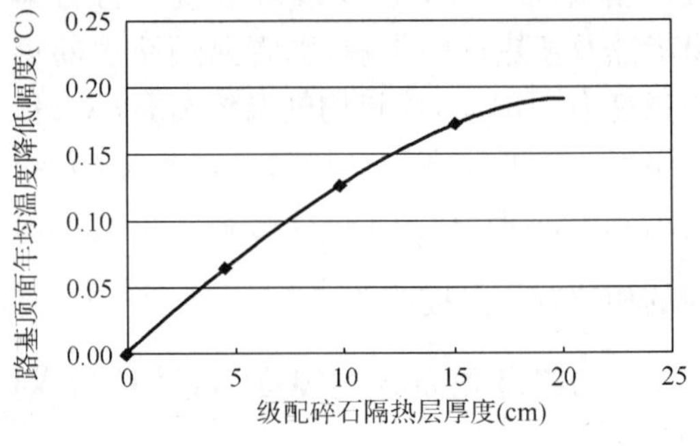

图8-4 级配碎石层厚度与降温效果

二、冻土路基融沉下沥青路面附加应力分析

(一)冻土路基融沉变形分析

融沉变形是多年冻土地区路基的主导病害。均匀的沉降变形对路面结构不会产生大的影响，而不均匀的变形则会对路面造成危害，必须在路基路面综合设计中进行控制。通过理论分析，由土体的平衡方程、几何方程、达西定律以及修正剑桥本构方程得到Biot固结微分方程组[公式(8-3)]，包含位移u、v以及孔隙压力P三个未知变量。

土体的平衡方程为：

$$\begin{cases}\dfrac{\partial \sigma_x}{\partial x}+\dfrac{\partial \sigma_y}{\partial y}+\dfrac{\partial p}{\partial x}=0\\[2ex]\dfrac{\partial \tau_{xy}}{\partial x}+\dfrac{\partial \sigma_y}{\partial y}+\dfrac{\partial p}{\partial x}-\gamma=0\end{cases}$$

几何方程(以压为正)：

$$\varepsilon_x=-\frac{\partial u}{\partial x};\varepsilon_y=-\frac{\partial v}{\partial y};\gamma_{xy}=-\left(\frac{\partial u}{\partial y}+\frac{\partial v}{\partial x}\right)$$

本构方程采用修正剑桥模型，简写为：

$$\begin{bmatrix}\sigma_x\\ \sigma_y\\ \sigma_z\\ \tau_{xy}\end{bmatrix}=\begin{bmatrix}d_{11} & d_{12} & d_{13} & d_{14}\\ d_{21} & d_{22} & d_{23} & d_{24}\\ d_{31} & d_{32} & d_{33} & d_{34}\\ d_{41} & d_{42} & d_{43} & d_{44}\end{bmatrix}\begin{bmatrix}\varepsilon_x\\ \varepsilon_y\\ \varepsilon_z\\ \gamma_{xy}\end{bmatrix}$$

水的渗透满足达西定律，故：

$$-\bar{k}_x\frac{\partial p}{\partial x}=q_x;\qquad -\bar{k}_y\frac{\partial p}{\partial y}=q_y$$

式中：k_x、k_y——x方向和y方向的渗透系数，$\bar{k}_x=\frac{k_x}{\gamma_w}$，$\bar{k}_y=\frac{k_y}{\gamma_w}$；

γ_w——水的密度；

q_x、q_y——相应的孔隙水的流速。

这样，Biot固结微分方程组为：

$$d_{11}\frac{\partial^2 u}{\partial x^2}+(d_{14}+d_{41})\frac{\partial^2 u}{\partial x\partial y}+d_{44}\frac{\partial^2 u}{\partial y^2}+d_{14}\frac{\partial^2 v}{\partial x^2}+(d_{12}+d_{44})\frac{\partial^2 v}{\partial x\partial y}+d_{42}\frac{\partial^2 v}{\partial y^2}-\frac{\partial p}{\partial x}=0 \tag{8-3a}$$

$$d_{41}\frac{\partial^2 u}{\partial x^2}+(d_{21}+d_{44})\frac{\partial^2 u}{\partial x\partial y}+d_{24}\frac{\partial^2 u}{\partial y^2}+d_{44}\frac{\partial^2 v}{\partial x^2}+(d_{24}+d_{42})\frac{\partial^2 v}{\partial x\partial y}+d_{22}\frac{\partial^2 v}{\partial y^2}-\frac{\partial p}{\partial y}+\gamma=0 \tag{8-3b}$$

$$-\frac{\partial}{\partial t}\left(\frac{\partial u}{\partial x}+\frac{\partial v}{\partial y}\right)+\bar{k}_x\frac{\partial^2 p}{\partial x^2}+\bar{k}_y\frac{\partial^2 p}{\partial y^2}=0 \tag{8-3c}$$

使用加权余量法编制固结有限元分析程序，按功能分割法进行分解。在计算路堤时，将堤身的重量作为外荷直接作用于地基表面，并考虑了边界的排水条件对路堤融沉变形的影响。查变量的含义，固结计算时间考虑冻土融化以后 3 个月，地基计算范围水平取 40m，深度方向按实际融化深度考虑。

计算结果见图 8-5 和图 8-6，路基融沉变形曲线有一定规律性，融沉用二次抛物线为(回归可表达为相关系数 $R^2>0.99$)：

$$\delta=\delta_{\max}\left(1-\frac{r^2}{a^2}\right) \tag{8-4}$$

式中：$\delta_{\max}$——路中最大融沉量；

r——距路中的水平距离。

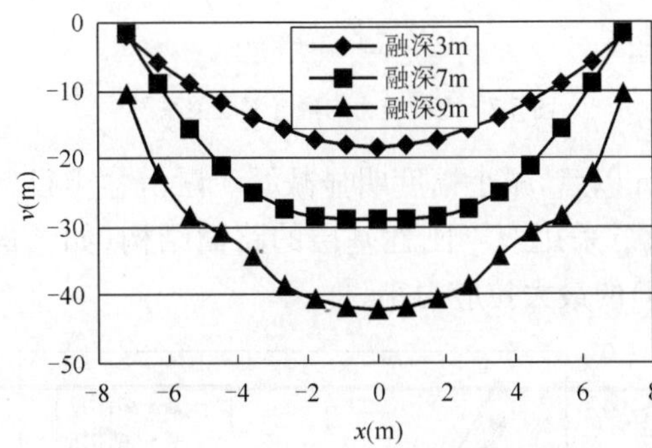

图 8-5　不同融沉深度时路基融沉曲线形状

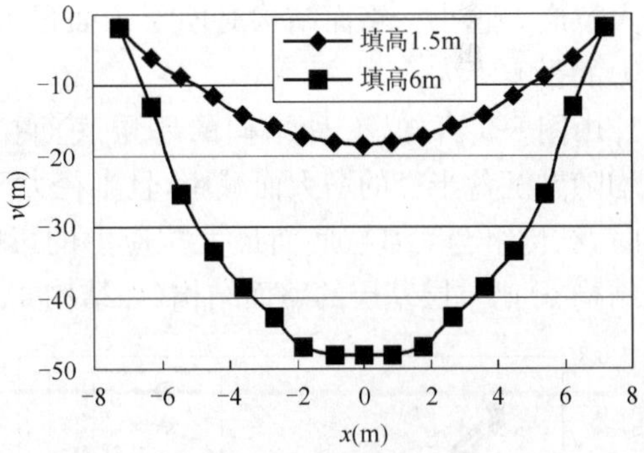

图 8-6　不同填土高度时路基融沉曲线形状

多年冻土地区路基不均匀融沉变形下路面结构附加应力计算分析中，将以上式简化路基不均匀融沉变形，作为边界条件。

(二)沥青路面纵向融沉附加应力分析

纵向产生的不均匀融沉变形，路面表现为纵向波浪变形。针对多年冻土地区独特的自然环境，总结以往的经验，提出了六种结构组合进行融沉附加应力的有限元计算分析研究(表 8-5)。结构 1 为目前常用沥青路面结构组合；结构 2 未设置砂砾垫层；结构 3 与结构 6 均设置了双半刚性基层，结构 3 在面层和基层之间设置了沥青碎石联结层；结构 4 和结构 5 均采用双层沥青混凝土面层，结构 4 设置了沥青碎石联结层，而结构 5 设置了级配碎石层。

沥青路面结构类型　　表 8-5

结　构	面　层		联结层	基　层		垫　层
	上面层	下面层		上基层	下基层	
1	细粒式沥青混凝土	中粒式沥青混凝土	—	5%水泥稳定砂砾		砂砾垫层
2	细粒式沥青混凝土	中粒式沥青混凝土	—	5%水泥稳定砂砾		—
3	细粒式沥青混凝土	—	沥青碎石	5%水泥稳定砂砾	4%水泥稳定砂砾	砂砾垫层

续上表

结　构	面　　层		联结层	基　　层		垫　　层
	上面层	下面层		上基层	下基层	
4	细粒式沥青混凝土	中粒式沥青混凝土	沥青碎石	5%水泥稳定砂砾		砂砾垫层
5	细粒式沥青混凝土	中粒式沥青混凝土	级配碎石	5%水泥稳定砂砾		砂砾垫层
6	细粒式沥青混凝土	中粒式沥青混凝土	—	5%水泥稳定砂砾	4%水泥稳定砂砾	砂砾垫层

1. *融沉深度 δ 影响分析*

计算表明(图 8-7),各路面结构的面层顶面和基层底面的最大拉应力,均随融沉深度的增大而提高,有呈线性增长趋势。

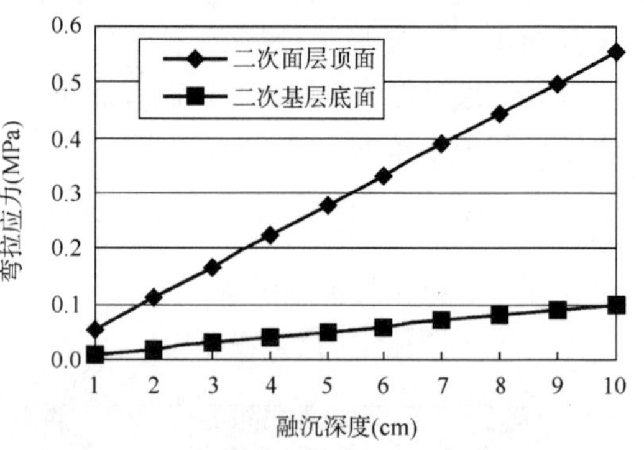

图 8-7　弯拉应力与融沉深度关系图

2. *融沉盆半径 R 影响分析*

在不均匀融沉作用下,面层顶面会产生拉应力。图 8-8 表明,融沉盆半径越大,面层顶面最大拉应力越小。路面结构对面层顶面最大拉应力的影响不大。

由图 8-9 可知,五种结构的基层底面拉应力均随融沉盆半径的增大而减小,且半径大于 2.5m 以后,减小幅度明显减缓。融沉盆半径较小时,结构组合对基层底面最大拉应力的影响较大。采用双半刚性基层的路面结构(如结构 3、结构 6)比单层基层的路面结构(如结构 4、结构 5)的最大拉应力小。

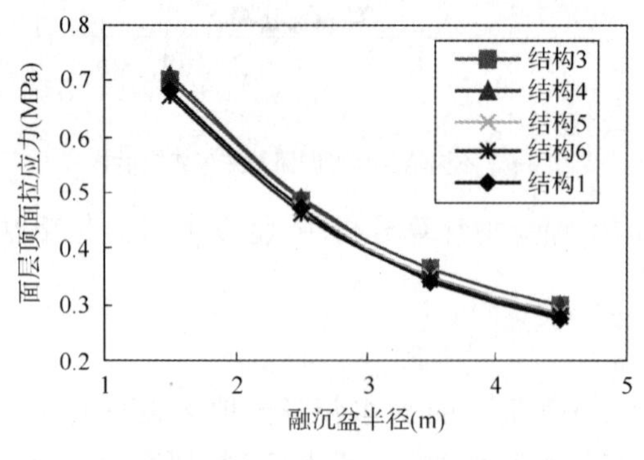

图 8-8　面层顶面拉应力与融沉半径关系图

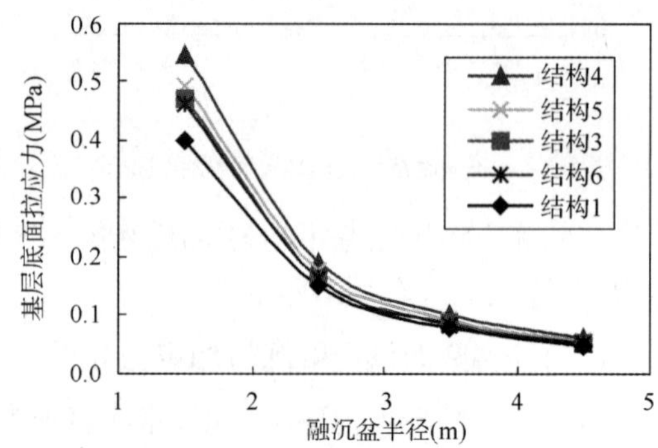

图 8-9　基层底面拉应力与融沉半径关系图

最大点位是指融沉变形引起的结构层最大拉应力出现的位置,用相对融沉盆半径表示。计算方法如下式:

$$\text{最大点位} = \frac{\text{最大拉应力位置距融沉盆中心点水平距离(m)}}{\text{融沉盆半径(m)}} \tag{8-5}$$

图 8-10 为面层顶面最大拉应力点位与融沉盘半径关系图。从中可看出,随着融沉盆半径的增大,面层顶面拉应力最大点位逐渐由外侧向盆边缘移动,当融沉盆半径大于 3.5m 后,最大点位基本稳定于融沉盆边缘处。

基层底面最大拉应力(图 8-11)的最大点位,随着融沉盆半径的增大,由融沉盆中心向盆边缘靠近。

3. 路面结构横向附加应力分析

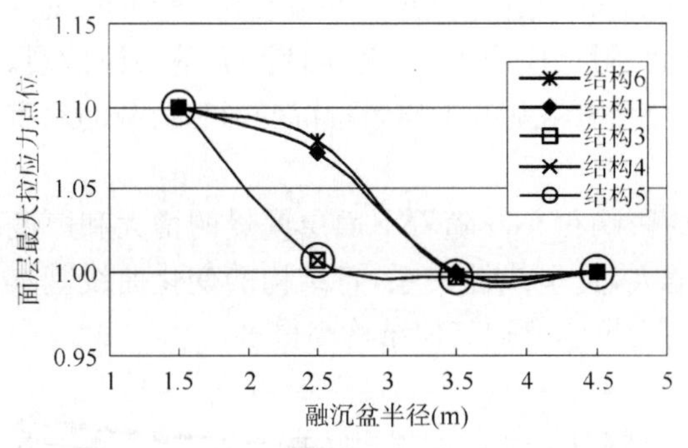

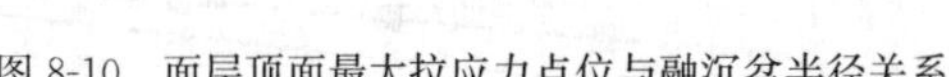

图 8-10 面层顶面最大拉应力点位与融沉盆半径关系

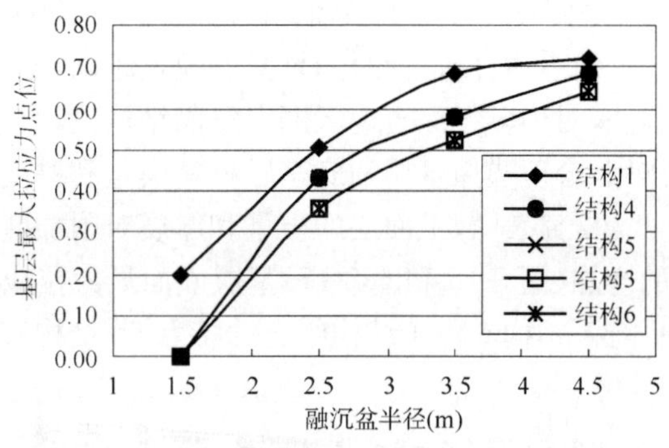

图 8-11 基层底面最大拉应力点位与融沉盆半径关系

横向融沉变形的半径取取 4.5m，融沉深度取 5cm。分析得出，路基横向不均匀融沉变形在路面结构面层均产生压应力，且压应力值远远小于沥青混合料的极限抗压强度，对路面使用不会产生影响。这里着重讨论基层产生的附加拉应力。

图 8-12 和图 8-13 反映了基层底面最大拉应力随垫层模量和厚度的增大而线性减小，不同结构的变化曲线基本平行。对于具有双半刚性基层的结构 3 和结构 6，基层层底的拉应力明显小于单层半刚性基层的值。由此可见，双半刚性基层可以有效地改善路面基层在路基不均匀融沉变形下的受力状态。

图 8-14 和图 8-15 反映了基层底面最大拉应力随基层模量和厚度的增加而线性增大，随底基层

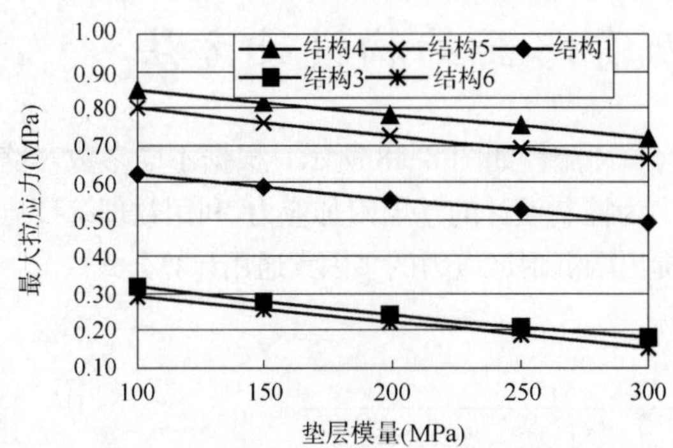

图 8-12 基层底面最大拉应力与垫层模量关系

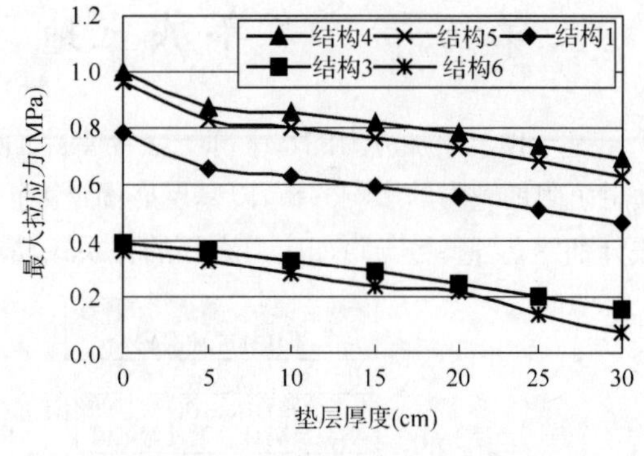

图 8-13 基层底面最大拉应力与垫层厚度关系

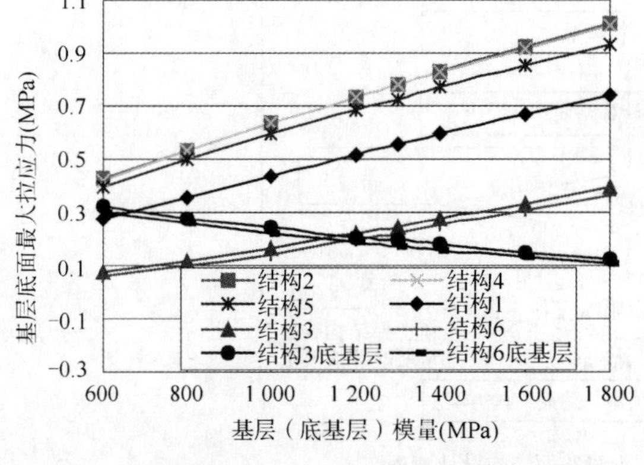

图 8-14 基层底面最大拉应力与基层(底基层)模量关系

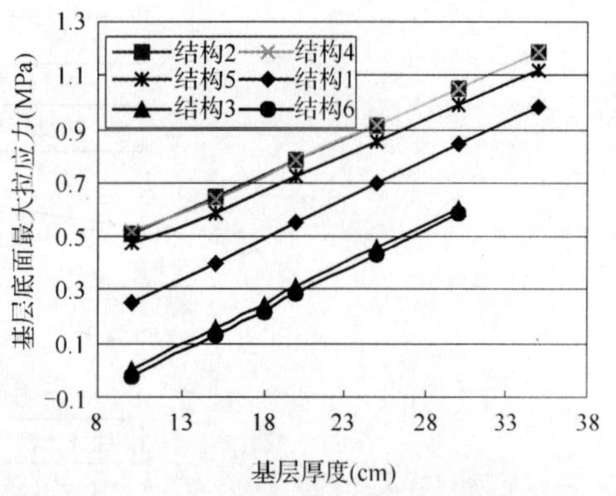

图 8-15 基层底面拉应力与基层厚度关系

模量的增大而减小，且各结构的关系曲线基本平行。同时，设置双半刚性基层的结构 3 和结构 6 的基层底面最大拉应力比其他结构小得多，且当基层厚度较小时，结构 3、结构 6 的基层处于受压状态。

由上述分析可知，如果基层模量越高，厚度越大，附加应力增大，甚至使路面基层被拉裂。因此，对于多年冻土地区沥青路面结构设计，应综合考虑路基的不均匀融沉变形和荷载的双重作用，合理选择基层和底基层材料模量和厚度。

研究表明，上面层的模量和厚度对附加应力的影响很小。随着下面层模量的增大和厚度的增加(图 8-16 和图 8-17)基层底面最大拉应力增大，且呈线性关系，各结构的变化曲线基本平行。结构 6 由于结构组合的特点，其结构底面最大拉应力较其他结构小得多。

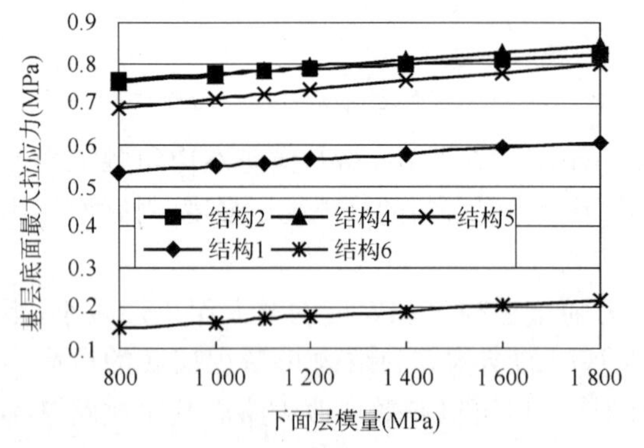

图 8-16　基层底面拉应力与下面层模量关系

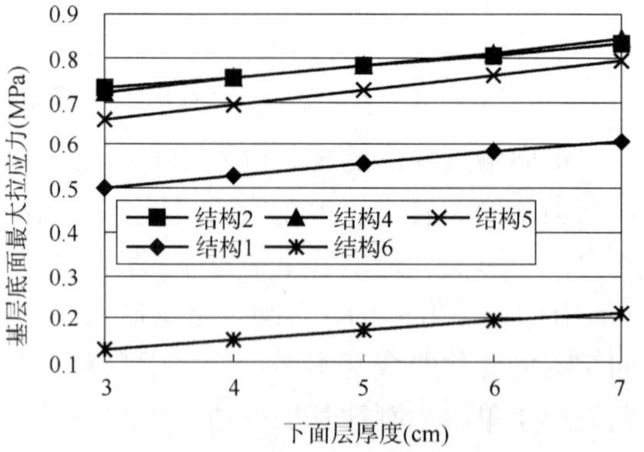

图 8-17　基层底面拉应力与下面层厚度关系

第三节　多年冻土地区沥青路面结构设计方法

基于预沉附加应力的水平冻土区沥青路面结构设计流程如图 8-18 所示。根据不同参数对路面融沉附加应力的影响分析，以基层底面最大拉应力为控制设计的基层附加应力，利用数理统计方法分别建立各参数与附加应力之间的关系式，最终提出融沉附加应力的多因素通用计算公式。

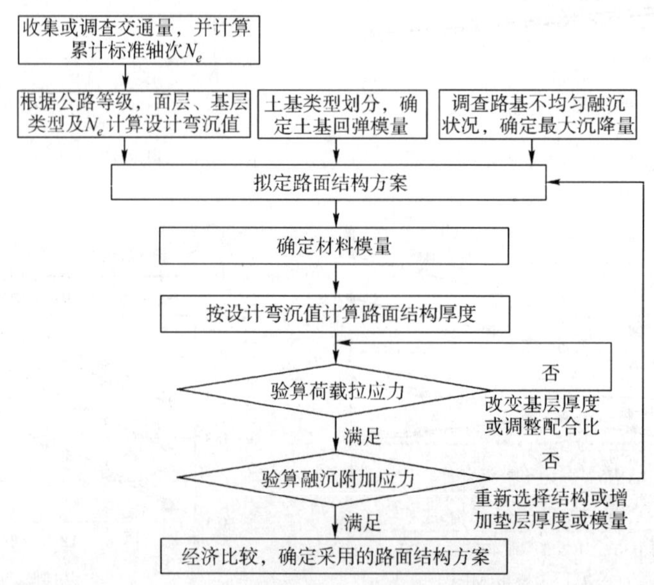

图 8-18　多年冻土地区沥青路面结构设计流程

一、基层与融沉附加应力关系式

根据前述研究，基层参数与附加拉应力的关系式为：

$$y_e = a_b \cdot h_b + b_b \tag{8-6}$$

式中：y_e——基层附加拉应力(MPa)；

h_b——基层厚度(cm)；

a_b——基层厚度与附加拉应力线性回归斜率，$a_b = C_0 \cdot E_b + C_1$，$C_0$、$C_1$ 的值见表 8-6；

b_b——基层厚度与附加拉应力线性回归截距，结构 1、结构 4 和结构 5 中，$b_b = D_0 \cdot \ln E_b + D_1$；结构 3 和结构 6 中，$b_b = D_0 E_b + D_1$；前文讨论 6 种结构 D_0、D_1 的值见表 8-6；

E_b——基层弹性模量(MPa)。

C、D 系数表 表 8-6

系 数	结构 1	结构 3	结构 4	结构 5	结构 6
C_0	0.000 02	0.000 03	0.000 02	0.000 02	0.000 03
C_1	0.001 4	−0.007 5	0.003 0	0.001 9	−0.008 0
D_0	0.051 8	−0.000 2	0.231 8	0.193 7	−0.000 2
D_1	−0.292	−0.050 4	−1.297 0	−1.057 2	−0.055 9

二、底基层与融沉附加应力关系式

底基层参数与附加拉应力的关系式为：

$$y_e = a_s \cdot h_s + b_s \tag{8-7}$$

式中：y_e——基层附加拉应力(MPa)；

h_s——底基层厚度(cm)；

a_s——底基层厚度与附加拉应力线性回归的斜率，$a_s = A_0 \cdot \ln E_s + A_1$，$A_0$、$A_1$ 的值见表 8-7；

b_s——底基层厚度与附加拉应力线性回归的截距，$b_s = B_0 E_s + B_1$，前文讨论的结构 3 和结构 6B_0、B_1 的值见表 8-7；

E_s——底基层弹性模量(MPa)。

A、B 系数表 表 8-7

系 数	A_0	A_1	B_0	B_1
结构 3	−0.008 5	0.033 4	−0.000 07	0.719 7
结构 6	−0.008 1	0.031 1	−0.000 07	0.686 4

三、垫层与融沉附加应力关系式的建立

垫层材料参数与附加拉应力的关系式：

$$y_e v = a_d \cdot (E_d - 100) + b_d \tag{8-8}$$

式中：y_e——基层附加拉应力(MPa)；

E_d——垫层模量(MPa)；

a_d——垫层模量与附加拉应力的线性回归斜率，$a_d = m_0 \cdot h_d + m_1$，$m_0$、$m_1$ 的值见表 8-8；

b_d——垫层模量与附加拉应力的线性回归截距，$b_d = n_0 \cdot h_d + n_1$，前文讨论的结构 1～结

构 6，n_0，n_1 的值见表 8-8；

h_d——垫层厚度(cm)。

m、n 系 数 表 8-8

系 数	结构 1	结构 3	结构 4	结构 5	结构 6
m_0	−0.000 04	−0.000 05	−0.000 04	−0.000 05	−0.000 03
m_1	0.000 03	0.000 05	0.000 05	0.000 07	−0.000 01
n_0	0.008	0.006	0.008 8	0.009 6	0.006 1
n_1	0.998 7	1.087 5	1.275 7	1.205 2	1.066 5

四、联结层与融沉附加应力关系式的建立

根据计算结果，联结层参数与附加拉应力的关系式为：

$$y_e = a_g \cdot (h_g - 4) + b_g \tag{8-9}$$

式中：y_e——基层附加拉应力(MPa)；

h_g——联结层厚度(cm)；

a_g——联结层厚度与附加拉应力的线性回归斜率，$a_g = \alpha \cdot E_g{}^2 + \beta \cdot E_g + \gamma$，其中 $\alpha = -6.0\times10^{-9}$，$\beta=2.0\times10^{-5}$，$\gamma=0.0127$；

b_g——联结层厚度与附加拉应力的线性回归截距，$b_g = \eta \cdot E_g + \theta$，其中 $\eta = 6.0\times10^{-5}$，$\theta=0.713$；

E_g——联结层模量(MPa)。

五、附加应力通用计算公式

综合以上分析结果，可以得出冻土路基不均匀融沉作用下，沥青路面结构的融沉附加拉应力的通用计算公式为：

$$y_e = y_{h,E} \cdot K_d \cdot K_s \cdot K_L \tag{8-10}$$

式中：y_e——基层附加拉应力(MPa)；

$y_{h,E}$——设置基准垫层（厚度 20cm，模量 200MPa）和/或底基层（厚度 18cm，模量 800MPa）和/或联结层(厚度 10cm，模量 700MPa)，基层厚度为 h，模量为 E 时的基层拉应力(MPa)，由公式(8-6)计算；

K_d——垫层影响系数，$K_d = \dfrac{y_{a,b}}{y_{20,200}}$；

$y_{a,b}$——垫层厚度为 a，模量为 b，设置基准基层(厚度 20cm，模量 1 300MPa)和/或底基层(厚度 18cm，模量 800MPa)和/或联结层(厚度 10cm，模量 700MPa)时的基层拉应力(MPa)，由公式(8-8)计算；

$y_{20,200}$——垫层厚度为 20cm、模量为 200MPa，设置基准基层(厚度 20cm，模量 1 300MPa)和/或底基层(厚度 18cm，模量 800MPa)和/或联结层(厚度 10cm，模量 700MPa)时的基层拉应力(MPa)，由公式(8-8)计算；

K_s——底基层影响系数，$K_s = \dfrac{y_{m,n}}{y_{18,800}}$，不设底基层时 $K_s=1$；

$y_{m,n}$——底基层厚度为 m，模量为 n，设置基准基层(厚度 20cm，模量 1 300MPa)和垫层(厚度 20cm，模量 200MPa)和/或联结层(厚度 10cm，模量 700MPa)时的基层拉应力

(MPa)，由公式(8-7)计算；

$y_{18,800}$——底基层厚度为 18cm、模量为 800MPa，设置基准基层(厚度 20cm，模量 1 300MPa)和垫层(厚度 20cm，模量 200MPa)和/或联结层(厚度 10cm，模量 700MPa)时的基层拉应力(MPa)，由公式(8-7)计算；

K_L——联结层影响系数，$K_L=\frac{y_{i,j}}{y_{10,700}}$，不设联结层时 $K_L=1$；

$y_{i,j}$——联结层厚度为 i，模量为 j，设置基准基层(厚度 20cm，模量 1 300MPa)和垫层(厚度 20cm，模量 200MPa)和/或底基层(厚度 18cm，模量 800MPa)时的基层拉应力(MPa)，由公式(8-9)计算；

$y_{10,700}$——联结层厚度为 10cm、模量为 700MPa，设置基准基层(厚度 20cm，模量 1 300MPa)和垫层(厚度 20cm，模量 200MPa)和/或底基层(厚度 18cm，模量 800MPa)时的基层拉应力(MPa)，由公式(8-9)计算。

公式(8-10)的计算结果与有限元计算值对比，误差基本在 10%左右，实际应用中精度可以满足工程要求。

第四节　多年冻土地区沥青路面应用与研究

青藏公路始建于 1954 年，一直承担着 85%以上进出藏物资和旅客的任务。最初设计交通量为每天 500 辆次左右，而实际上从 2001 年以来已经达到了 5 000 辆次以上，青藏铁路建设期间已经达到了 10 000 辆次，而目前的交通流量平均在 4 000 辆次左右。严重超过了它的设计负载量。2002 年青藏铁路建设期间整治改建设计年限年内累计标准当量轴次每车道 145 万次。

沥青路面试验段集中在楚玛尔河试验路和昆仑山试验路两大段，均以青藏公路整治改建工程为依托工程。

一、试验工程

(一)楚玛尔河试验路

1. 试验路自然条件

楚玛尔河段试验路位于楚玛尔河盆地海拔高度 4 500～4 600m，地表植被稀疏，属半荒漠区。试验路段所处五道梁地区辐射特别强烈，气温较低，降水量小，蒸发量大，空气干燥。试验路段处于大片连续多年冻土区，年平均地温为－0.5～－1.0℃，属于过渡带；冻土类型为多冰冻土—含土冰层。

试验路为青藏公路 K2993＋440～K2995＋800 和 K2976～K2981 路段，共长 7km。总体划分为路面基层试验路和路面面层试验路两大部分，K2993＋440～K2995＋800 路段布设 2km 基层试验路，K2976～K2981 路段为 5km 路面面层试验路。

2. 试验路旧路面状况

2002 年 6 月 13 日～2002 年 7 月 20 日，试验路段整治前的主要病害为纵向不均匀沉陷和横向裂缝，局部有网裂、松散、纵向裂缝和坑槽，路面表面大面积修补，如图 8-19 所示。

a) b) c) d)

图 8-19 试验路段整治前路面状况

a)纵向不均匀沉陷变形；b)路面纵横向扭曲变形；c)路面损坏修补与横向裂缝 ；d)路面松散坑槽

3. 试验路路面结构设计

根据多年冻土地区沥青路面病害的特点，总结已有研究成果，选择确定了 5 种路面结构组合(表 8-9)进行研究。

试验路路面结构组合 表 8-9

组合	面 层		基 层	
	上 面 层	下 面 层	上 基 层	下 基 层
1	4cm Sup-12.5(SBR)	5cm Sup-19	20cm 水泥稳定砂砾(外加剂)	
2	4cm Sup-12.5(SBR)	5cm Sup-19	18cm5%水稳砂砾(外加剂)	18cm4%水泥稳定砂砾
3	4cm Sup-12.5(SBR)	8cm 沥青碎石	18cm5%水稳砂砾(外加剂)	18cm4%水泥稳定砂砾
4	4cm Sup-12.5(SBR)	5cm Sup-19	10cm 沥青碎石	20cm 水泥稳定砂砾(外加剂)
5	4cm Sup-12.5(SBR)	5cm Sup-19	10cm 级配碎石	20cm 水泥稳定砂砾(外加剂)

基层试验路段 5 段共长 2 000m，生产对比路段 3 段共长 360m，平面布置见图 8-20。

生产	组合 1	组合 5	生产	组合 2	组合 3	组合 4	生产
4AC 5AC 20CS	4AC 5AC 20CSW	4AC 5AC 10GCG 20CSW	4AC 5AC 20CS	4AC 5AC 18CSW 18CS	4AC 8ASG 18CSW 18CS	4AC 5AC 10ASG 20CSW	4AC 5AC 20CS
100m	400m	200m	100m	400m	500m	500m	160m

K2993+440 K2993+540 K2993+940 K2994+140 K2994+240 K2994+640 K2995+140 K2995+640 K2995+800

注：AC-沥青混凝土；CS-水泥稳定砂砾；CSW-掺外加剂水泥稳定砂砾；GCG-级配碎石；ASG-沥青碎石

图 8-20 路面基层试验路平面布置图

面层试验路包含三个面层材料试验段和两个连续施工试验段，路面结构组合与分布位置见表 8-10。其中连续施工段的材料、结构为生产路段的材料、结构。

沥青面层试验路结构组合 表 8-10

试验段	SBR 改性沥青面层	纤维增强沥青面层	SBS 改性沥青面层	不掺外加剂连续施工	掺外加剂连续施工
桩号	K2976～K2977	K2977～K2978	K2978～K2979	K2979～K2980	K2980～K2981
上面层	4cm SBR SUP-12.5	4cm 纤维增强 SUP-12.5	4cm SBS SUP-12.5	4cm SBR AC-13I	4cm SBR AC-13I
下面层	5cm AC-16I				
基层	20cm 水泥稳定砂砾				20cm 掺外加剂水泥稳定砂砾
垫层	20cm 天然砂砾				
试验路材料设计				材料与结构场与生产段相符	

试验路材料试验段上面层沥青混合料均采用 SUP-12.5AC，改性沥青（金石牌 SBR 改性沥青和盘锦 SBS 改性）用量 6.7%，AH-160 号重交沥青（克拉玛沥青掺 0.3%的 AST 抗剥落剂）用量 7.2%（掺 0.3%德兰尼特聚丙烯腈纶纤维）；下面层有 SUP-19AC、AM-31.5 沥青碎石和原设计的 AC-16I 三种，沥青用量分别为 6.5%、5.6%、6.5%。水泥稳定砂砾采用楚玛尔河砂砾，掺配 40%的 15～30mm 轧制碎石，水泥用量取 5%和 4%，CS-1 型水泥复合外加剂直接掺入，掺入量为水泥用量的 16%。

试验路路面沥青混凝土、沥青碎石和级配碎石所用粗集料均为青藏公路整治改建工程 K3022 石料厂碎石，岩性以石灰岩为主，部分为花岗岩。细集料为天然砂，填料矿粉为磨细石灰石。沥青稳定碎石采用 AH-160 号重交沥青，掺 0.3%的 AST 抗剥落剂，沥青用量为 5.0%。级配碎石采用 L31.5 级配，最佳含水率为 5.2%，最大干密度为 2.45g/cm^3。

4. 验路施工

2003 年 6 月 10 日～8 月 8 日施工。试验路施工中 10cm 级配碎石分两层施工，采用"贯入油结"施工工艺，第一层碎石铺筑后初步碾压，达到基本稳定后洒布一层沥青，洒布量为1.5kg/m^2；待沥青渗透 2cm 后铺撒第二层碎石，达到设计虚铺厚度，进行静压稳压、振动复压和静压整平，最后进行表面封层施工。施工中关键在于碾压，振动碾压应控制振动频率、振幅和碾压速度，宜采用弱振慢速碾压，防止碎石破碎。透层油采用重交 AH-160 沥青与柴油的掺配比例为 1∶1，洒布量为 0.8L/m^2。黏层油采用乳化沥青，洒布量采用 0.4L/m^2。

面层混合料控制出厂温度大于 165℃；卸料前混合料温度大于 155℃；摊铺温度大于 145℃；碾压终了温度大于 80℃。

5. 试验路使用状况调查与评价

2004 年 5 月～6 月，试验路经历了一个完整季节循环的使用，调查结果见表 8-11 和表 8-12。

路面基层试验路使用状况调查汇总 表 8-11

桩 号	试验目的	路 面 结 构	使用状况描述
K2993+440～ K2993+540	生产路段	4cmsup12.5(SBR)+5cmsup-19+20cm 水稳	路面出现少量油斑，路面左侧修补 2 处(3m^2)
K2993+540～ K2993+940	组合 1	4cmsup12.5(SBR)+5cmsup-19+20cm 水稳(外加剂)	路面左侧出现少量油斑

续上表

桩　　号	试验目的	路 面 结 构	使用状况描述
K2993+940～K2994+140	组合 5	4cmsup12.5(SBR)+5cmsup-19+10cm 级配碎石+20cm 水稳(外加剂)	路面左侧出现少量油斑
K2994+140～K2994+240	生产路段	4cmsup12.5(SBR)+5cmsup-19+20cm 水稳	路面左侧 4 处补块,系涵洞顶部施工时积水导致基层损坏,后用沥青碎石修补,面积约 $10m^2$
K2994+240～K2994+640	组合 2	4cmsup12.5(SBR)+5cmsup-19+18cm 水稳(外加剂)+18cm 水稳	路面出现少量油斑
K2994+640～K2995+140	组合 3	4cmsup12.5(SBR)+8cm 沥青碎石+18cm 水稳(外加剂)+18cm 水稳	完好
K2995+140～K2995+640	组合 4	4cmsup12.5(SBR)+5cmsup-19+10cm 沥青碎石+20cm 水稳(外加剂)	完好
K2995+640～K2995+800	生产路段	4cmsup12.5(SBR)+5cmsup-19+20cm 水稳	补块 4 块($6m^2$)

路面面层试验路使用状况调查汇总 表 8-12

里 程 桩 号	试 验 目 的	路 面 结 构	横裂缝(条)	横裂最小间距(m)	补块(处)
K2976～K2977	SBR 面层	4cmSBRsup12.5(6.7%)+5cmAC−16I+20cm 水稳	3	50	4
K2977～K2978	纤维面层	4cmAH−160 纤维 sup12.5(沥青 7.2% 纤维 0.3%)+5cmAC−16I+20cm 水稳	3	300	2
K2978～K2979	SBS 面层	4cmSBSsup12.5(6.7%)+5cmAC−16I+20cm 水稳	2	260	0
K2979～K2980	无外加剂连续施工	4cmSBR sup12.5(6.7%)+5cmAC−16I+20cm 水稳	3	200	0
K2980～K2981	掺外加剂连续施工	4cmSBR sup12.5(6.7%)+5cmAC−16I+20cm 水稳(外加剂)	4	50	0
K2981～K2982	对比路段	4cmSBR sup12.5(6.7%)+5cmAC−16I+20cm 水稳	11	20	0

从调查结果总体而言,路面基层试验路不同基层 2004 年使用状况均表现良好,全段落未出现横向裂缝和其他损坏(使用 1 年),相邻生产路段出现面积不等的补块。路面面层试验路路面横向裂缝明显减少,且裂缝间距明显增大。

根据试验路和室内研究,上述 5 种结构的推荐依次为:组合 3,组合 2,组合 4,组合 5,组合 1。

(二)昆仑山试验路

1. 试验路自然条件

昆仑山试验路为青藏公路 K2897+500～K2900 段,即西大滩—昆仑山口的路段,长

2.5km，属昆仑山北麓中、高山区，多有坡积碎石分布，除分布有饱冰冻土外，其余为少冰、多冰冻土，冻土上限较浅，一般为2.1～3.0m。昆仑山口的年平均气温为－3.6℃，极端最高气温为23.7℃，年平均降水量为220.9mm，年平均蒸发量为1 469.8mm，相对湿度为44.8%。海拔约4 600～4 700m，处于高原腹地，具有独特的冰缘干寒气候特征，且随海拔增高而有明显的气候垂直分布性。

2.试验路路面结构

根据计算和分析，综合考虑了既能承受交通荷载的作用，又能克服该地区的低温收缩以及水泥稳定类基层的反射裂缝等多方面的因素，在常用生产路段路面结构的基础上新增了以下5种结构(表8-13)。

拟定试验路路面结构(含新增路面结构组合)**一览表** 表8-13

结构组合编号	结 构 组 合	试验路段所处桩号
常用结构	4cmAC-13(改性) 5cmAC-16 20cm水泥稳定砂砾 20cm级配砂砾	生产段
新增1 基层同楚玛尔河试验路结构组合4 (未掺外加剂)	4cmAC-13(改性) 5cmAC-16 10cm沥青碎石 20cm水泥稳定砂砾 20cm级配砂砾	K2 897+500～K2 898+000 长500m
新增2 基层同楚玛尔河试验路结构组合5 (未掺外加剂)	4cmAC-13(改性) 5cmAC-16 10m级配碎石 20cm水泥稳定砂砾 20cm级配砂砾	K2 898+000～K2 898+500 长500m
新增3	4cmAC-13(改性) 8 cm沥青碎石 20cm水泥稳定砂砾 20cm级配砂砾	K2 898+500～K2 899+000 长500m
新增4	4cmAC-13(掺纤维) 5cm AC-16 25cm水泥稳定砂砾 20cm级配砂砾	K2 899+000～K2 899+500 长500m
新增5	4cmAC-13(改性) 5cm AC-16 10cm沥青碎石 15cm级配碎石 15cm级配砂砾	K2 899+500～K2 900+000 长500m

3.试验路路面破损调查结果分析

2003年8月试验路施工结束。2004～2005年对青藏公路的路面损坏状况进行了3次调查，结果见表8-14和表8-15。

裂缝状况调查表

表 8-14

结构	2004年7月		2005年2月		2005年9月
	位置	状态	位置	状态	状态
新增1 K2897+500～K2898+000	K2897+910	左侧未贯通	因施工原因，路面破损较多		
新增2 K2898+000～K2898+500			+025	裂缝贯通	
	K2898+045	左侧未贯通	+045	左侧贯通	
	+150	裂缝贯通	+150	裂缝贯通	
	+235	裂缝贯通	+235	裂缝贯通	
	+300	裂缝贯通	+300	裂缝贯通	
			+390	裂缝贯通	
	+440	裂缝贯通	+440	裂缝贯通	
	+480	裂缝贯通	+480	裂缝贯通	
	6条、平均间距83m		8条、平均间距62m		20条、平均间距25m
新增3 K2898+500～k2899+000	K2898+550	裂缝贯通	+550	裂缝贯通	
	+715	裂缝贯通	+715	裂缝贯通	
			+735	裂缝贯通	
	+780	裂缝贯通	+780	裂缝贯通	
			+810	裂缝贯通	
	+890	裂缝贯通	+890	裂缝贯通	
	+945	左侧未贯通	+945	左侧贯通	
			+980	裂缝贯通	
	5条、平均间距100m		8条、平均间距62m		12条、平均间距42m
新增4 K2899+000～K2899+500	K2899+000	裂缝贯通	+000	裂缝贯通	
	+015	左侧未贯通	+015	左侧贯通	
	+055	裂缝贯通	+055	裂缝贯通	
	+150	左侧未贯通	+150	左侧贯通	
			+165	裂缝贯通	
	+230	裂缝贯通	+230	裂缝贯通	
	+270	裂缝贯通	+270	裂缝贯通	
	+310	裂缝贯通	+310	裂缝贯通	
	+370	裂缝贯通	+370	裂缝贯通	
	+410	裂缝贯通	+410	裂缝贯通	
	+455	右侧未贯通	+455	右侧贯通	
			+480	裂缝贯通	
			+495	裂缝贯通	
	10条、平均间距50m		13条、平均间距39m		16条、平均间距30m
新增5 K2899+500～K2900+000	K2899		+720	裂缝贯通	
			+910	裂缝贯通	
			+980	裂缝贯通	
			3条、平均间距167m		5条、平均间距100m

路面弯沉测试汇总表 表 8-15

结　　构	2004 年 7 月		2005 年 2 月	2005 年 9 月	
	位置	BB 弯沉	BB 弯沉	BB 弯沉	FWD 弯沉
新增 1 K2897＋500～K2898＋000	＋500	94	140	65	64
	＋550	78	100	89	95
	＋600	100	96	93	100
	＋650	142	132	60	57
	＋700	80	100	74	76
	＋750	74	142	56	52
	＋800	74	66	47	42
	＋850	96	100	87	92
	＋900	72	114	88	94
	＋950	104	110	131	148
	均值	91	110	79	82
新增 2 K2898＋000～K2898＋500	＋000	86	142	55	51
	＋050	76	90	42	35
	＋100	54	70	84	88
	＋150	58	50	58	55
	＋200	62	72	48	42
	＋250	44	40	49	44
	＋300	56	58	31	21
	＋350	12	70	51	47
	＋400	50	60	45	39
	＋450	44	90	115	126
	均值	54	74	58	55
新增 3 K2898＋500～k2899＋000	＋500	68	104	51	47
	＋550	52	20	26	15
	＋600	40	90	59	57
	＋650	44	60	42	35
	＋700	66	14	34	25
	＋750	54	76	48	43
	＋800	40	50	50	45
	＋850	20	54	36	27
	＋900	80	80	32	23
	＋950	28	46	33	23
	均值	47	59	41	34
新增 4 K2899＋000～K2899＋500	＋000	74	80	41	34
	＋050	34	40	67	66
	＋100	76	60	48	43
	＋150	76	40	39	32
	＋200	36	40	37	29
	＋250	74	72	48	42
	＋300	64	36	45	39
	＋350	44	40	40	83
	＋400	36	46	56	52
	＋450	76	46	69	77
	均值	59	50	49	50
新增 5 K2899＋500～K2900＋000	＋500	100	90	37	28
	＋550	76	40	29	18
	＋600	54	70	29	19
	＋650	44	36	25	14

续上表

结　　构	2004 年 7 月		2005 年 2 月	2005 年 9 月	
	位置	BB 弯沉	BB 弯沉	BB 弯沉	FWD 弯沉
新增 5 K2899＋500～K2900＋000	＋700	50	60	30	20
	＋750	74	76	33	23
	＋800	84	58	31	21
	＋850	38	96	27	16
	＋900	58	62	38	30
	＋950	36	82	48	43
	均值	61	67	33	23

试验路调查、检测及取芯见图 8-21 和图 8-22，从图中表明：

①经历一个冻融季节后，沥青路面多出现横向裂缝，半刚性基层薄沥青路面横向裂缝最为严重，而柔性结构沥青路面未出现裂缝；经历两个冻融季节后，沥青路面裂缝趋于稳定状态，半刚性基层薄沥青路面横向裂缝最为严重，厚沥青面层裂缝较少，柔性结构沥青路面裂缝很少，路面状况良好。

K2 897+850

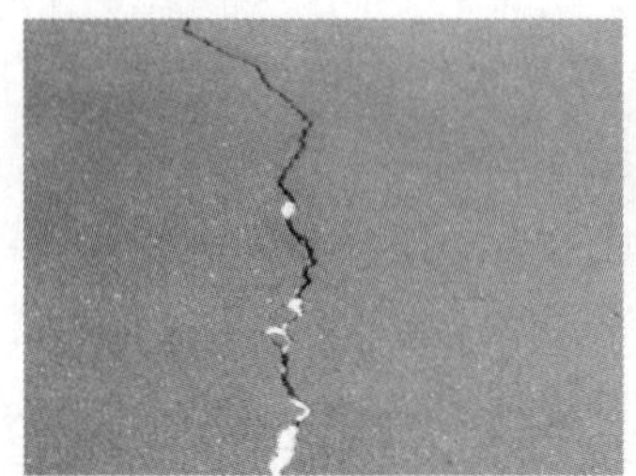

K2 898+235

图 8-21　新增路面结构横向裂缝

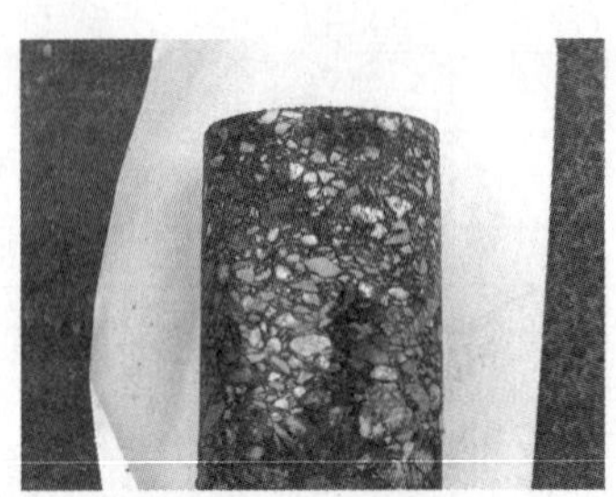

K2 897+850(上部裂缝50cm)

K2 898+235横向裂缝贯通

K2 898+550芯样(上部裂缝5cm)

K2 899+370芯样(贯通裂缝)

图 8-22　新增路面结构裂缝处芯样

②芯样调查表明，厚沥青路面起于上部，低温收缩是形成裂缝的主要原因，薄沥青面层（小于 9cm）裂缝上下贯通，由低温收缩和半刚性基层裂缝反射而形成，级配碎石对减轻薄沥青路面反射裂缝效果甚微。

③厚沥青面层和柔性结构沥青路面可减轻横向裂缝，提高路面耐久性和寿命。

④弯沉测试表明，半刚性基层沥青路面具有较高强度，BB 弯沉与 FWD 弯沉相近。

新增结构 2、结构 4 的路段的开裂情况最为严重，而新增结构 1、结构 3、结构 5 路段裂缝较少，说明这结构 1、结构 3、结构 5 能够适合该地区的交通、自然条件，结构比较合理。其中，新增结构 2 的结果与楚玛尔河段试验路组合 5 观测 1 年结果存在差异，故在路面结构中建议不重点推荐该结构。

二、多年冻土地区沥青路面合理结构

（一）1985 年推荐沥青路面结构

1985 年青藏公路科研组根据两届科研所铺几种类型试验路面，已经观测、使用 10 多年的经验，结合当地筑路材料的分布状况，按照不同地段的土质和潮湿类型，分别建议不同的路面结构形式见表 8-16。

1985 年推荐沥青路面结构（cm）　　表 8-16

土　质	潮湿状况	结构 1	结构 2	结构 3
粗颗粒土 （砂砾土，砂性土）	干燥路段	≥5 沥青面层 ≥12 石灰稳定含土砂砾	≥5 沥青面层 ≥15 级配砾石	≥5 沥青面层 ≥15 级配碎石
	中、潮湿路段	≥5 沥青面层 12～15 水泥砂砾 ≥15 天然沙砾	≥5 沥青面层 15～18 石灰稳定含土沙砾 ≥15 天然沙砾	≥5 沥青面层 15～18 碎（砾）石灰土 ≥15 天然沙砾
细颗粒土 （粉性土、黏性土）	中、潮湿路段	≥5 沥青面层 15～22 水泥砂砾 ≥20 天然沙砾 6%石灰土	≥5 沥青面层 18～25 石灰稳定含土沙砾 ≥20 天然沙砾 6%石灰土	≥5 沥青面层 18～25 碎（砾）石灰土 ≥20 天然沙砾 6%石灰土

注：1. 在高含冰量冻土地段，如加高路基受到条件限制，不能满足保护冻土所需路基高度时，可选用 2cmAPP 砾石混合料＋3cm 沥青砾石混合料面层；

2. 铺筑 APP 面层所需路基高度，可参照"青藏高原多年冻土地区无规聚丙烯路面的试验研究"报告设计。

沥青面层推荐用≥5cm 热铺沥青砾（碎）石混合料，在拌和设备缺乏，气候条件允许时（如西大滩以北拉曲以南地区），亦可采用沥青贯入式路面。

（二）1999 年推荐沥青路面典型结构

根据青藏公路道路等级，气候环境、材料状况、路基强度、交通量发展趋势，结合青藏公路 26 年来沥青路面研究成果及工程实践，推荐以下沥青路面典型结构（表 8-17）。

1999 年推荐沥青路面结构　　表 8-17

土质及潮湿状况	结　构　1	结　构　2
碎砾石土干燥路段	≥5cm 沥青混凝土 ≥18cm 水泥稳定砂砾（碎石）	≥5cm 沥青混凝土 ≥25cm 级配（碎）砾石
其他土质路段	≥5cm 沥青混凝土 ≥20～25cm 水泥稳定砂砾（碎石） ≥20cm 级配碎砾石	5～10cm 沥青混凝土 ≥22～30cm 水泥稳定砂砾（碎石） ≥20cm 级配碎砾石

沥青面层推荐采用厚度大于 5cm 和 5～10cm 的密实型沥青混凝土，结合料尽可能采用改性沥青，以提高沥青路面的低温抗裂性能；级配碎砾石基层推荐用于砾（碎）石材料丰富的唐南干燥的石质土路段。

(三)根据融沉推荐的多年冻土地区沥青路面结构

根据2002年以来大量生产路段、已有路面罩面以及前文试验路成果，推荐多年冻土地区路面结构见表8-18。

多年冻土地区沥青路面推荐结构类型 表8-18

结构编号	结构A	结构B	结构C	结构D	结构E	结构F
对应试验路	楚玛尔河组合1、生产路段	楚玛尔河组合3	楚玛尔河组合4	楚玛尔河组合2	昆仑山新增3	昆仑山新增5
结构层	细粒式沥青混凝土	细粒式沥青混凝土	细粒式沥青混凝土	细粒式沥青混凝土	4cmAC-13（改性）	4cmAC-13（改性）
	中粒式沥青混凝土	沥青碎石	中粒式沥青混凝土	中粒式沥青混凝土	8cm沥青碎石	5cmAC-16
	5%水泥稳定砂砾	5%水泥稳定砂砾	沥青碎石	5%水泥稳定砂砾	20cm水泥稳定砂砾	10cm沥青碎石
	砂砾垫层	4%水泥稳定砂砾	5%水泥稳定砂砾	4%水泥稳定砂砾		15cm级配碎石
		砂砾垫层	砂砾垫层	砂砾垫层	20cm级配砂砾	15cm级配砂砾
适用公路等级	高原二级及以下	高等级公路和重载交通道路	各级公路	高等级公路和重载交通道路	高原二级	高原二级

选择沥青路面推荐结构时应根据技术经济分析，并考虑以下问题：

①设计结构层厚度应满足最小结构厚度要求，同时考虑施工的方便；

②土基模量不应低于30MPa的低限值，如不满足应进行土基处理；

③若路基不均匀融沉深度较大、交通荷载频繁等最不利条件，应首先在路基设计中采取措施控制融沉深度，或设计砂砾垫层，直到附加应力满足为止。

三、多年冻土地区水泥混凝土路面的应用与研究

水泥混凝土路面以其吸热作用低于沥青路面而成为保护冻土路基稳定性的途径之一，我国已在多年冻土地区就此开展了相关研究工作，并在青藏公路、青海214国道等修筑了实体工程，东北多年冻土地区也在相关研究的基础上，应用了水泥混凝土路面。但在实际使用过程中，水泥混凝土路面出现了不同程度的破损。

(一)国道109线青藏公路水泥混凝土路面使用状况

青藏公路采用了钢纤维水泥混凝土路面，分别位于唐古拉山、五道梁、可可西里和风火山段(注:风火山段已经罩面)。其中五道梁试验路段K3004+400～K3006+400，多年冻土年平均地温−1℃左右，为高温、高含冰量冻土区，天然上限1.8～2.8m，路堤高度0.8～1.8m；可可西里试验路段K3017+700～K3019+700，多年冻土平均地温−2.5℃，天然上限1.4～1.5m，厚层地下冰发育，路基填土高度0.8～2.0m。

路面结构均为:12cm钢纤维混凝土面板+20cm水泥稳定砂砾基层+15cm级配砂砾底基层，面板设置拉杆，板长5m。1992年8月底完工。钢纤维混凝土设计抗折强度(7.8MPa)，施工28d抗折强度在5.5～7.2MPa之间。

1998年研究表明，五道梁钢纤维水泥混凝土试验路的融沉变形得到控制；可可西里的融沉变形也有所减小；可可西里钢纤维水泥混凝土路面的路面状况指数PCI良好，五道梁中等

偏良,唐古拉山段中等;且左侧比右侧差。

2002年6月、2003年7月和2004年6月三次对钢纤维混凝土路面使用状况进行了现场调查,三次路面破损调查结果汇总见表8-19。

青藏公路钢纤维混凝土路面破损调查结果 表8-19

<table>
<tr><th rowspan="2">路段</th><th rowspan="2">桩　　号</th><th rowspan="2">总板数(块)</th><th rowspan="2">调查时间</th><th colspan="5">路面破损状况</th></tr>
<tr><th>断板(块)</th><th>纵、横或斜向裂缝(m)</th><th>角隅破损(处)</th><th>错台(处)</th><th>沉陷(处)</th></tr>
<tr><td rowspan="3">五道梁</td><td rowspan="3">K3004+500
~K3004+600</td><td rowspan="3">40</td><td>2002.6</td><td>21</td><td>横向 56
纵斜向 31</td><td>13</td><td>6</td><td>2</td></tr>
<tr><td>2003.7</td><td>36</td><td>横向 16
纵斜向 12</td><td>14</td><td>4</td><td>2</td></tr>
<tr><td>2004.6</td><td>37</td><td>横向 14</td><td>9</td><td>4</td><td>3</td></tr>
<tr><td rowspan="4">可可西里</td><td rowspan="3">K3018+000
~K3018+100</td><td rowspan="3">50</td><td>2002.6</td><td>29</td><td>横向 73
纵斜向 55</td><td>18</td><td>9</td><td>5</td></tr>
<tr><td>2003.7</td><td>42</td><td>横向 35
纵斜向 20</td><td>27</td><td>12</td><td>7</td></tr>
<tr><td>2004.6</td><td>45</td><td>横向 28
纵斜向 12</td><td>20</td><td>8</td><td>7</td></tr>
<tr><td>K3019+000
~K3019+100</td><td>50</td><td>2002.6</td><td>13</td><td>横向 182
纵斜向 55</td><td>15</td><td>0</td><td>1</td></tr>
</table>

2002年6月钻芯取样表明,K3019+030左侧路面厚度为11.3cm,K3019+040右侧厚度为12.5cm。两个芯样基本密实,但芯样表面空洞、气泡较多,部分空洞较大,基层均未取出完整芯样。

青藏公路钢纤维混凝土路面主要破损形式为断板、裂缝、角隅破损、错台和沉陷(图8-23),断板和裂缝尤为严重。三次调查中发现,所有钢纤维混凝土路面完好板很少,部分调查的段落基本没有完好板。相对而言,可可西里K3019+000~K3019+100段在2002年调查时断板率略低,表面平整,使用状况较好,但各种裂缝分布较广,几乎每块板均有裂缝存在。2003年7月调查时发现,青藏铁路施工后断板明显增多,断板率显著提高,路面表面平整度非常差,唧泥严重,基本无法满足行车要求,钢纤维混凝土路面病害主要原因有:

①青藏公路沿线材料分布限制,级配组成与设计范围偏差较大。

②沿线施工条件所限(低温、负温、高蒸发率等),混凝土成型后的保温保湿养生等均受到限制。青藏高原特殊的自然气候条件,混凝土养生效果往往不好。最佳施工季节的夜间温度很低,且常出现负温,明显影响水泥水化反应和水化物的结晶,减缓混凝土强度形成速度;同时负温可能导致已形成水泥石骨架的损伤,降低混凝土强度。另外,恶劣条件下基层未形成板体,强度不足。

③大量重载运输车辆(含青藏铁路修建时期)的频繁通行诱发严重断板。

④路基冻胀融沉等引起的路基不均匀变形,导致钢纤维混凝土路面病害发展迅速。

(二)国道214线水泥混凝土路面使用状况调查

姜路岭至清水河段位于青藏高原南部,自然区划属VII3区,气候属青藏高寒区的河源山原草甸区,干燥多风,寒冷缺氧,气温差异极大,垂直变化明显,日照时间长,太阳辐射强,降雨分布地区差异显著。地势山岭与谷地相间,多年冻土发育,冻融作用强烈。区域冻土总体处于严重退化趋势。

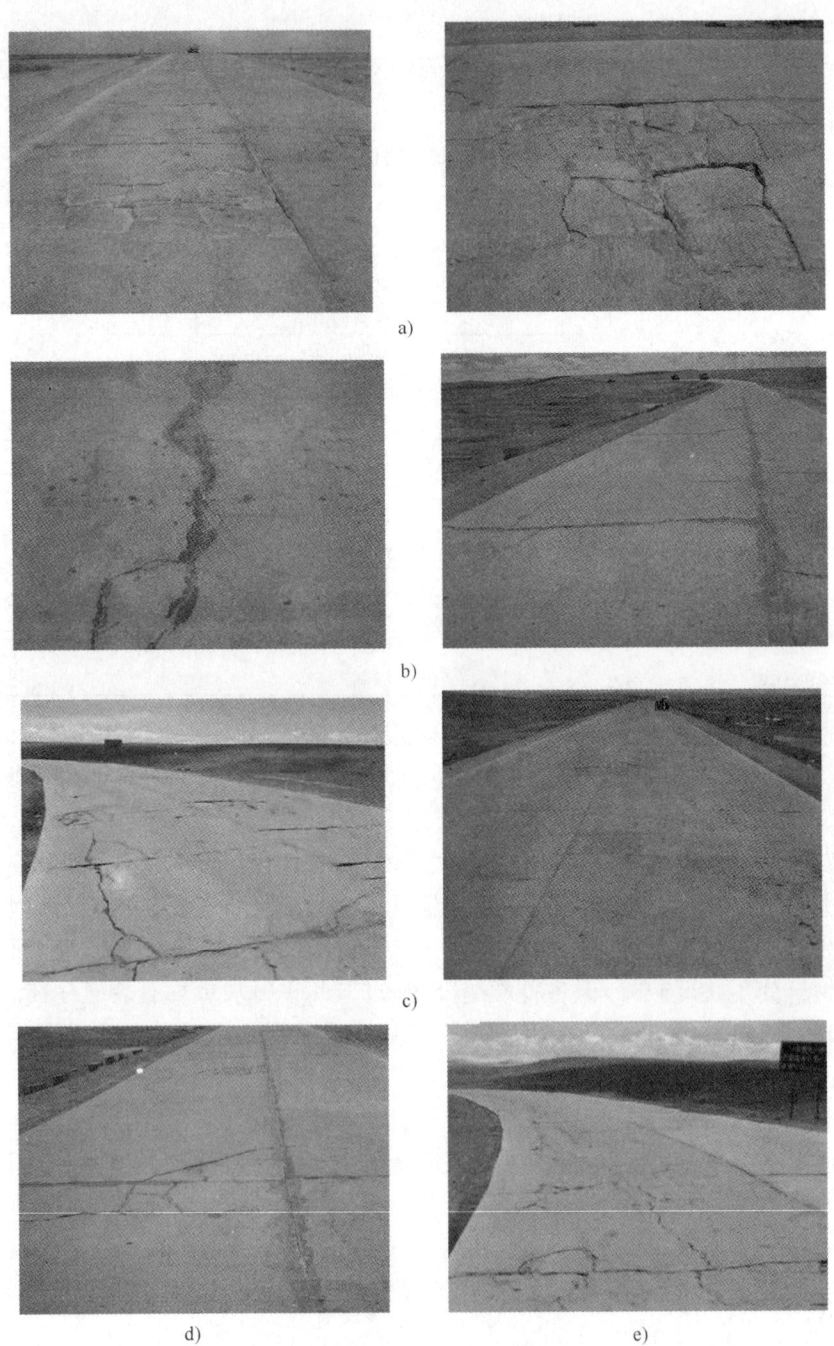

图 8-23 钢纤维混凝土路面主要破损

a)断板;b)横向裂缝;c)纵向裂缝;d)角隅破损;e)沉陷

2000 年国道 214 线姜路岭至清水河段二级公路改建工程中设计采用了 127.8km 水泥混凝土路面,属于轻交通。路面结构组合为:21cm 水泥混凝土面板＋15cm 水泥稳定砂砾基层＋30～35cm 天然砂砾垫层,路面板平面尺寸为 4.0m×3.5m,混凝土设计弯拉强度为 4.0MPa。

工程于 2003 年全部竣工,2004 年 6 月采用普查和典型路段相结合的方法调查,典型路段结果见表 8-20。总体为:

典型路段调查 表 8-20

区位及概括	段落	调查状况	备注
鄂拉山水泥混凝土路面位于共和至姜路岭路段 K313～K320，1996 年修建，以多冰、富冰冻土为主	K313＋900～K314＋150	大面积沉陷，出现了明显反拱，纵向裂缝严重，断板较多，伴随有横向裂缝、角隅裂缝、错台。横向最大沉陷值为 25cm；纵向裂缝最大缝宽为 2.5cm	有厚层地下冰存在，地表热融滑塌明显，两侧路基坡脚有积水
	K314～K317	总体使用状况良好，2 处沉陷	
	K317～K319	使用状况良好	接近鄂拉山山顶，路基高度 3～4m
	K319～K320	两处沉陷，有反拱伴随横向和纵向开	
姜路岭水泥混凝土路面 K347＋400～K359＋600 路面表面平整，基本没有明显沉陷，主要破损形式是纵向裂缝、横向裂缝和断板	K347＋600～K353＋000	大面积纵向裂缝，纵向裂缝宽度达到 2～4.5cm，纵向长度达到 100m	
	K348＋200～K348＋350	纵向裂缝非常严重。路线右侧板边缘与路肩之间严重开裂，最大宽度 4.5cm	左侧阳坡路基填筑高度超过 6m，右侧为浅挖
	K351＋450～K351＋600	两条平行纵向裂缝别位于距离路中心 1.5m的路中两侧，基本对称；路肩部位开裂最大宽度 5.5cm	
	K351＋800～K352＋400	纵向裂缝也较多，且集中在路线右侧路面板，其中有两条右侧纵向裂缝长度均达到 150m，裂缝宽度为 3cm	
花石峡、长石头上水泥混凝土路面 K369＋700～K443＋300，其中 K375＋200～K418＋000 路段为沥青路面，其余均为水泥混凝土路面	K369＋700～K375＋200	新修路面，尚未发现明显病害，使用状况良好	该路段路基填土高度在 3m 左右，路基两侧有明显积水
	K418＋000～K443＋300	新修路面，在 K418＋900、K421＋100 位置有沉陷；K436＋800 左侧 16m 长的纵向裂缝	
	K438＋600～K438＋900	左侧连续出现纵向裂缝，延伸约 300m，最大宽度 2.5cm	K441＋200 位置右侧出现 5 条横向裂缝
	其余路段	尚未发现明显病害	
黄河平原区水泥混凝土路面	K449＋200～K465＋200	新修路面，使用状况良好，调查时尚未见明显病害	位于黄河平原区
小野马岭水泥混凝土路面	K532＋300～K538＋500	新修路面，调查时尚未见明显病害	翻越小野马岭（海拔 4 303m），路基填高 4m
K549＋400～K552＋400 水泥混凝土路面		新修路面，调查时尚未见明显病害	路基填高 3～4m

①大部分水泥混凝土路面使用状况良好，但在山顶垭口两侧、山前微丘、滩地等地带的水泥混凝土路面破损较多；断板、横向裂缝、纵向裂缝是沿线水泥混凝土路面的主要破损形式，同时伴随有角隅裂缝、沉陷、网裂、错台等病害出现（图 8-24）。

②部分断板以纵向裂缝为主，与一般地区以横向裂缝为主造成的断板有所不同。在一些 2003 年新修水泥混凝土路面路段，调查时仅出现了较多的纵向裂缝，尚未发现横向裂缝等其他病害。

③在沉陷部位出现的横向裂缝宽度较大，与纵向裂缝、角隅裂缝等交叉，往往使沉陷盆内

的路面板断裂为三块以上。

图 8-24 国道 214 线水泥混凝土路面破损状况

a)横向裂缝;b)断板;c)纵向裂缝;d)沉陷;e)角隅破损;f)错台

(三)多年冻土地区水泥混凝土路面适用性

综合国道 109 线青藏公路、国道 214 线青康公路水泥混凝土路面使用状况的调查与评价，既有使用状况良好、较成功的路段，也不乏使用状况较差、无法保证正常使用的路段。总体而言，一方面多年冻土地区应用水泥混凝土路面可降低路面吸放热不平衡对冻土温度的影响，保护冻土;另一方面多年冻土地区的高蒸发率、持续低温、降温速率快、正负温交替变化频繁等特殊条件及冻土地基的不均匀变形不利于发挥水泥混凝土路面的优势。水泥混凝土路面刚度大，对不均匀冻胀、融沉变形较沥青路面敏感得多，多年冻土地区水泥混凝土路面的纵向、横向开裂和断板比较严重。多年冻土地区水泥混凝土路面宜在进一步系统研究的基础上合理应用，以达到提高路面服务水平和保护冻土的目的。

第五节　冻土地区沥青路面材料性能

一、水泥稳定砂砾基层材料性能

多年冻土地区长期低温、日温差大、气候干燥、蒸发率大等特殊的自然条件，使水泥稳定砂砾的强度形成受到影响；同时，施工条件非常恶劣，给养生成型带来了困难我们模拟多年冻土地区实际温度和湿度条件进行试验，研究水泥稳定砂砾混合料在特殊条件下的强度形成规律。并综合考虑早强、抗冻、微膨胀、延迟时间、方便施工等因素，研制了专供多年冻土地区特殊条件下水泥稳定类材料使用的CS-1型水泥复合外加剂。

(一)模拟温度条件的强度试验分析

对基层材料采用环境箱分别模拟实际日温度变化(图 8-25)和单一恒温(0℃、5℃、10℃、20℃)进行试验。

1. 模拟温度条件的抗压强度形成规律

由图 8-26 可知，模拟养生和规范标准养生条件下抗压强度随龄期的增长而增长的规律相近，但模拟养生条件下其强度低于同龄期标准养生。施工期可利用回归关系式预测后期强度形成状况。回归公式如下：

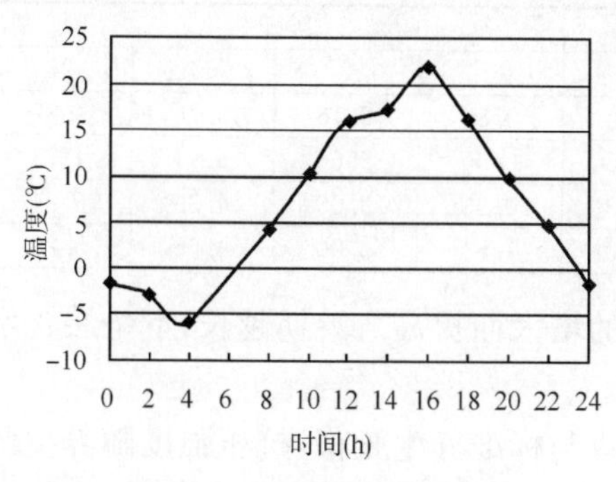

图 8-25　实际日温度变化规律

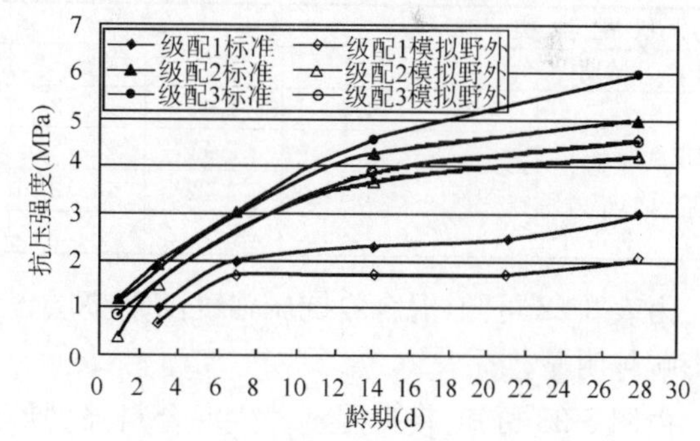

图 8-26　模拟实际温度条件抗压强度形成

标准养生：　$R=-0.0066T^2+0.3509T+0.8358$　　$(r^2=0.9797)$　　(8-11)

模拟养生：　$R=1.2002\mathrm{Ln}(T)+0.4378$　　$(r^2=0.9792)$　　(8-12)

式中：R——无侧限抗压强度(MPa)；

T——养生龄期(d)；

r——相关系数。

2. 模拟温度条件的弯拉强度形成规律

对级配 2 和级配 3 在模拟温度养生和标准养生条件下的弯拉强度进行了对比测试，结果见表 8-21。

混合料抗弯拉强度试验结果(MPa)　　表 8-21

级配 龄期	级配 2		级配 3(具体级配略)	
	标准养生	模拟养生	标准养生	模拟养生
3d	0.41	0.31	0.45	0.30
7d	0.98	0.64	0.95	0.66
28d	1.16	0.93	1.32	1.10

模拟温度条件下水泥稳定砂砾抗拉强度明显降低。模拟实际温度条件下混合料 7d 抗弯拉强度占 28d 抗弯拉强度的 60%～68%,而标准条件下约占 72%～85%,故基层开放交通时(7d)强度明显不足。

3. 模拟单一恒温初期强度形成规律

从图 8-27 可以得出,水泥砂砾抗压强度随养生温度增长而增长,龄期 1d 时养生温度每提高 1℃,抗压强度增加约 0.05MPa。龄期 2d、3d,养生温度超过一定值后强度增长幅度明显减小,养生温度对强度形成影响的临界温度约为 7℃。

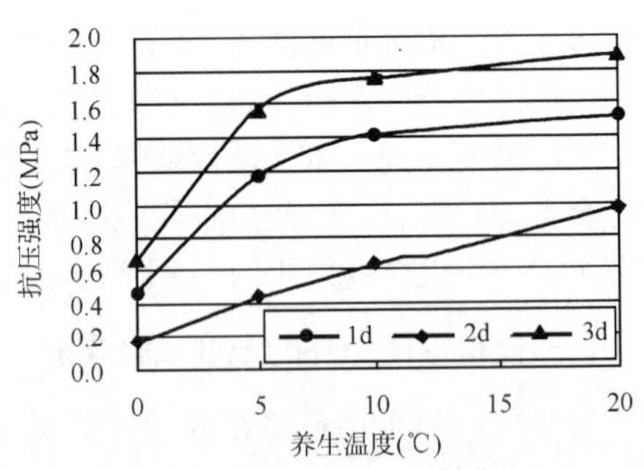

图 8-27　抗压强度与养生温度关系

(二)模拟湿度条件的强度试验分析

根据实际施工中水泥砂砾基层下垫层的可能湿度状况,养生下垫层的含水率取 4%模拟风干状态,10%模拟垫层处于最佳含水率状态,20%模拟基层施工前对垫层表面进行充分洒水湿润状态。将成型试样马上放置在不同含水率的土层上,用塑料薄膜覆盖,在恒温室(恒温 20℃)中进行养生。试验结果见表 8-22。

混合料强度试验结果(MPa)　　表 8-22

级配种类		级配 2				级配 3			
龄期(d)		3	7	14	28	3	7	14	28
模拟湿度养生	4%	1.09	2.69	3.63	3.70	0.80	2.16	3.74	4.37
	10%	1.08	2.74	3.78	3.85	0.95	2.66	3.94	4.73
	20%	1.11	2.82	4.13	5.06	0.93	3.03	4.35	5.84
标准养生		1.95	3.00	4.26	5.00	1.84	3.00	4.56	5.95

由表 8-22 可知,混合料抗压强度随下垫层含水率的增大而提高。龄期越长,下垫层含水率影响越明显。

由图 8-28 可知,模拟湿度养生混合料强度形成曲线与标准养生相似,抗压强度随养生龄期的延长而呈曲线增长,早期强度形成较快,后期逐渐减缓。

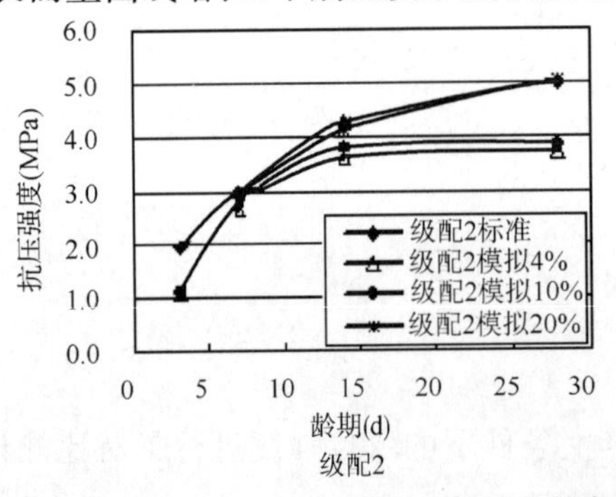

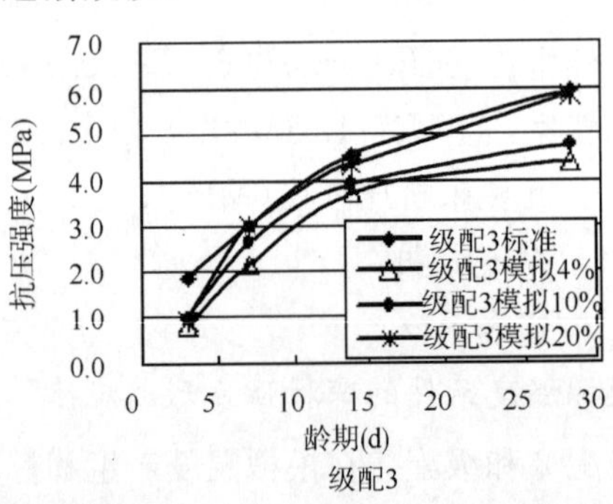

图 8-28　混合料强度随龄期变化

对于下垫层含水率为20%，模拟条件下各龄期混合料强度基本与标准条件相近。垫层含水率为4%和10%时，后期强度明显减小。

（三）模拟温度条件的收缩特性试验分析

1. 干缩试验

图8-29和图8-30分别为模拟养生7d和1d干缩系数与失水率的关系。

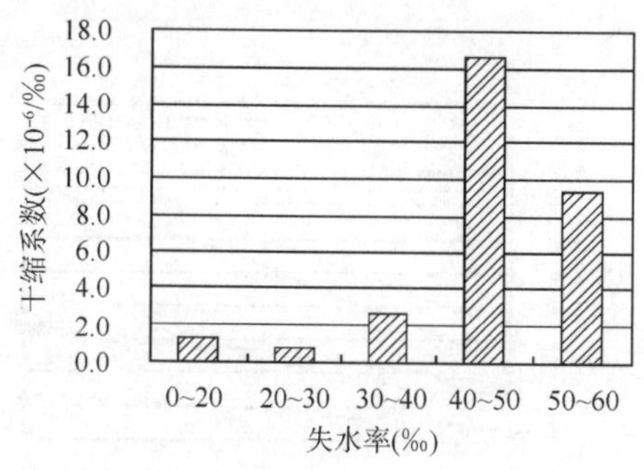

图8-29 养生7d干缩系数与失水率关系

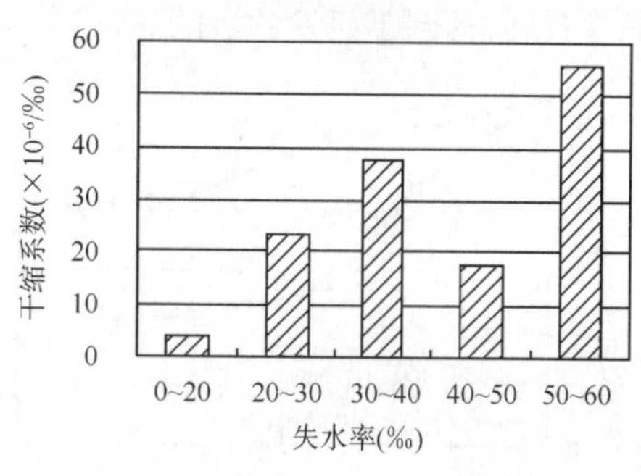

图8-30 养生1d干缩系数与失水率关系

对比发现，两龄期干缩系数随失水率变化趋势明显不同。养生7d试样干缩系数明显小于养生1d试样，降低约70%。其次，养生7d试样在失水率40‰～50‰之间干缩系数达到最大；而养生1d试样在失水率达到40‰之前干缩系数随失水率增大不断增大，在40‰～50‰时降低。

2. 温缩试验分析

温缩应变采用振弦传感器测定，试验在高低温试验环境箱中进行，试验温度从30℃开始，每次降温10℃，恒温4h采集数据，依次降温至－40℃结束。

各温度区段内，模拟养生下的温缩系数约为标准养生的1.5～5倍（图8-31）；分别在－10～－20℃和0～－10℃内差异达到最大值。

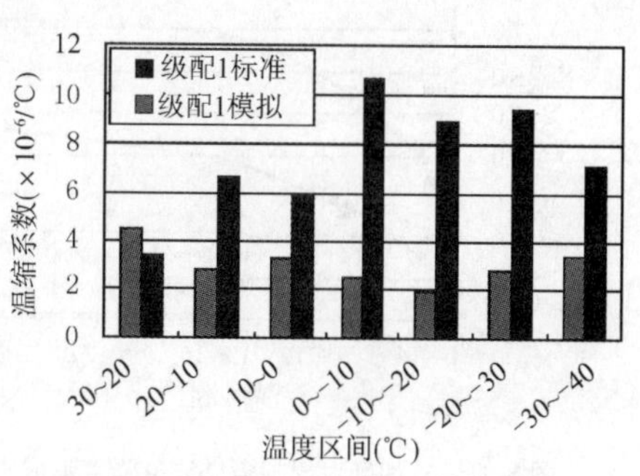

图8-31 不同养生条件下区间温缩系数

（四）模拟湿度条件的抗冻性试验分析

选择混合料冻融循环后弯拉强度S_D与冻前弯拉强度S_c之比，称作耐冻系数K_D，作为抗冻性的评价指标。冻融循环试验采用级配3混合料静压成型的10cm×10cm×40cm梁形试件，标准养生180d。试件分为两组，其中一组到达龄期取出后，置于室外风干1d，对风干试样称重后置放于快速冻融试验机试槽中，按模拟多年冻土地区基层处于潮湿状态的含水率6.6%计算用水量，吸水1d后进行冻融试验；另一组从养生室取出直接放入试槽进行冻融试验。试验采用快速冻融循环试验机，设定循环温度范围为－20～20℃，温度控制于试件中心埋设的温度传感器，一次循环降温3h、升温5h。试验结果见图8-32。

结果显示，水泥稳定砂砾在不同湿度状况下耐冻系数随冻融循环次数的增加而不断减小，即混合料弯拉强度不断降低。相同次数冻融循环下，试件越湿，耐冻系数越小，即强度损失越大。

8次循环后耐冻系数基本稳定，考虑到试验的变异性，推荐采用10次冻融循环耐冻系数评价其抗冻性。

(五)掺外加剂混合料路用性能试验分析

1. 强度特性

图 8-33、图 3-34 分别为模拟恒温条件掺入 CS-1 外加剂的抗压强度变化,CS-1 外加剂掺量为水泥用量的 16%。从图 8-33、图 8-34 可知,可见 CS-1 外加剂对低温下的初期强度(3d)形成非常有利,达到了研发的目的。

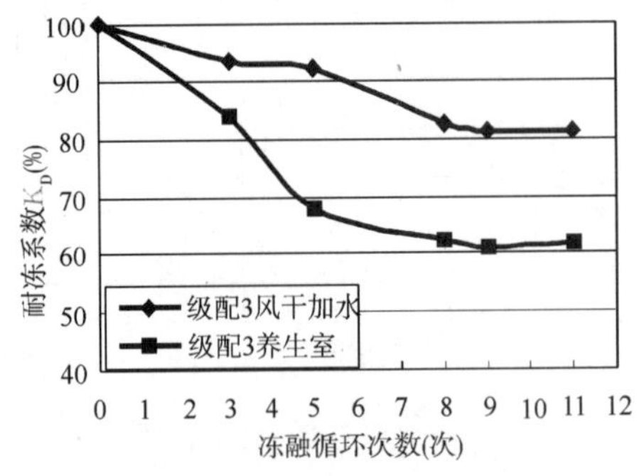

图 8-32 水泥稳定砂砾耐冻系数变化

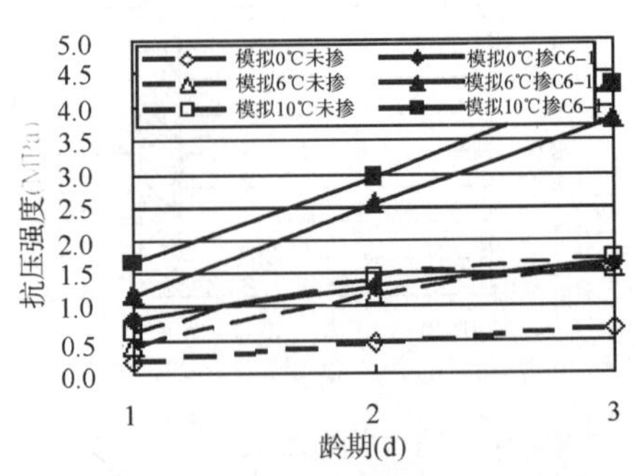

图 8-33 外加剂对模拟低温强度形成影响

掺入外加剂的混合料在 5℃、10℃和模拟野外温度下保湿养生 3d,抗压强度分别达到3.83MPa、4.31MPa 和 3.92MPa,远大于规范 7d 设计抗压强度 3.0MPa 的要求。据此可以缩短养生龄期要求为 3d,大大节约养生费用,降低工程施工成本。

水泥稳定砂砾掺入 CS-1 后弯拉强度形成速度加快,3d 已达到了未掺混合料 7d 强度,7d 达到了未掺混合料 28d 强度(图 8-35)。

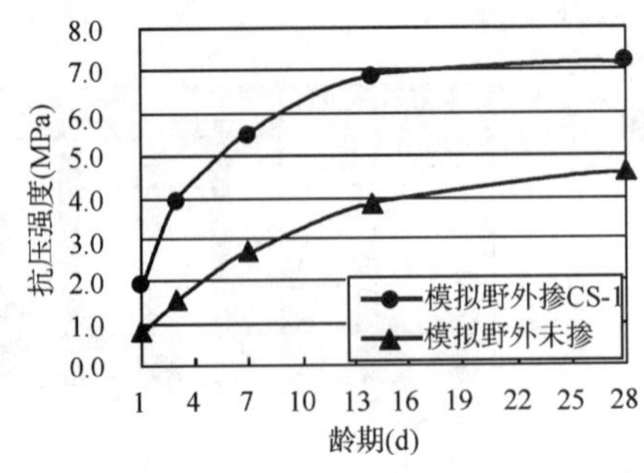

图 8-34 外加剂对模拟野外温度强度形成影响

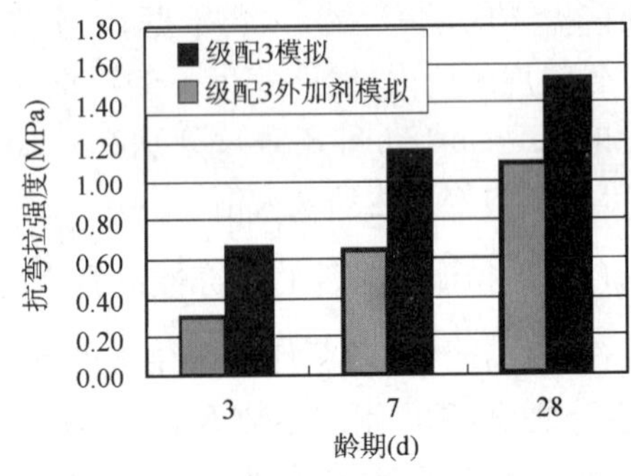

图 8-35 外加剂对模拟温度弯拉强度影

所以,掺入 CS-1 外加剂可以缩短多年冻土地区水泥稳定砂砾养生时间,提前开放交通和进行连续施工。

2. 收缩特性

由图 8-36 可知,掺 CS-1 外加剂后温缩系数变化趋势基本没有改变,仍为一上凸抛物线。差异在于:在 10~30℃之间,掺外加剂混合料的温缩系数大于未掺外加剂值;在−30~10℃之间,掺外加剂混合料的温缩系数小于未掺外加剂值;说明 CS-1 外加剂提高了混合料在低温区的抗温缩开裂能力。

3. 抗冻性

图 8-37 表明,掺入 CS-1 外加剂可以明显改善水泥稳定砂砾混合料的抗冻耐久性能(90%

湿度养生)，耐冻系数大于未掺混合料。

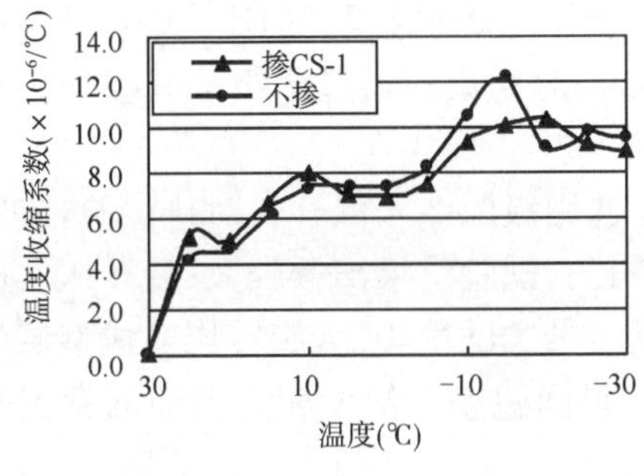

图 8-36　外加剂对混合料温度收缩的影响(14d)

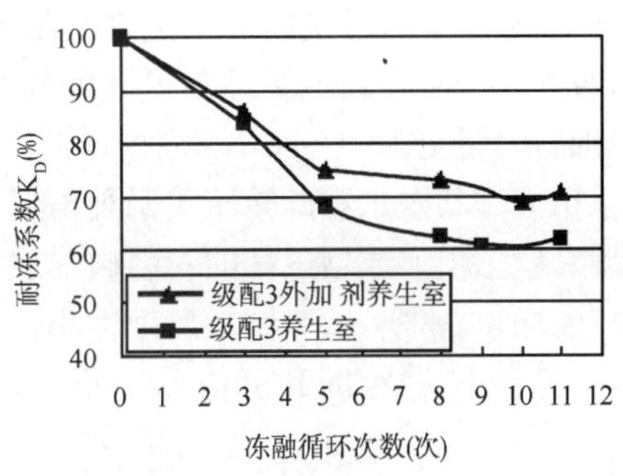

图 8-37　水泥稳定砂砾耐冻系数变化

4. 疲劳特性

试验表明，CS-1 外加剂对水泥稳定砂砾的弯拉疲劳特性总体影响不大，在低应力水平作用范围内可延长使用寿命。

二、沥青稳定碎石低温特性与组成研究

(一)沥青稳定碎石级配

针对基层沥青碎石混合料性能要求，并考虑多年冻土地区自然条件，提出了三种级配(表 8-23)进行混合料组成设计和路用性能研究，并与规范 ATB-30 级配进行对比研究。

碎石混合料给配　　表 8-23

筛孔尺寸(mm)	通过各筛孔的质量百分率(%)			
	ATB-30	统一为 1 号级配沥青稳定碎石混合料		
37.5	100	100	100	100
31.5	95	90	90	90
26.5	76	68	78	68
19	62	55	69	55
16	55	49	60	49
13.2	46	42	52	42
9.5	38	38	44	38
4.75	27	30	35	36
2.36	20	23	28	29
1.18	14	18	22	22
0.6	9	13	16	16
0.3	7	10	12	10
0.15	5	7	8	7
0.075	3	4	4	4

以 9.5mm 筛孔为界，沥青稳定碎石级配 1 号与 ATB-30 相比，具有较多的较大粒径集料和较细集料；级配 2 号是以最大密实度曲线为基础，并参考相关研究得到的比较顺滑的级配曲线；而级配 3 号则比级配 2 号有更多的较大粒径集料，同时粗集料通过率级配和级配 1 号相同，但细料含量更多。

采用大型马歇尔和旋转压实两种击实试验方法。选用级配 2 号混合料对比试验，实验表明大型马歇尔击实成型试件的石料破碎较多，试件不均匀，试验结果离散较大；旋转压实成型试件较为均匀、密实，试验结果离散性小。与大型马歇尔击实试件相比，旋转压实成型试件密度大，空隙率小，稳定度和流值差别不大，有更小的矿料间隙率 VMA 和更大的沥青饱和度 VFA。

结合多年冻土地区特殊的自然环境和实际的交通荷载情况，大型马歇尔技术标准见表 8-24。

多年冻土地区沥青稳定碎石混合料大型马歇尔技术标准 表 8-24

成型方法	各项指标					
击实次数	旋转压实次数(次)	空隙率(%)	稳定度(kN)	流值(0.1mm)	VMA(%)	VFA(%)
双面各 75 次	100	3～8	>12.5	30～60	>12	60～80

注：稳定度、流值试件在 40℃水浴中浸泡 50min。前者考虑到体积参数的增大，后者考虑沥青标号较高，60℃下沥青结合料软化，且据相关资料，40℃基本可代表多年冻土地区公路基层顶面最高温度。

采用大型马歇尔方法确定最佳沥青用量(或油石比)时，依据空隙率与稳定度指标，以混合料的抗压强度 R 与抗拉强度 r、i 作为马歇尔标准之一，确定的年均最佳油石比，结果见表 8-25。

试验混合料最佳油石比 表 8-25

混合料类型	马歇尔试验 OAC_1				强度试验 Rr 确定最佳油石比 OAC_2(%)	平均值最佳油石比 OAC_3(%)
	空隙率(%)	稳定度(kN)	流值(0.1mm)	最佳油石比(%)		
ATB-30	5.85	19.45	45.4	3.7	3.9	3.8
1 号	3.94	23.15	55.1	3.7	3.9	3.8
2 号	3.01	30.41	40.3	4.1	4.3	4.2
3 号	2.86	29.95	55.4	4.1	4.3	4.2

(二)沥青稳定碎石强度特性

混合料 15℃强度试验结果如图 8-38 所示。

不同级配沥青稳定碎石混合料的强度随油石比的增加均存在明显峰值，抗压强度和劈裂强度峰值出现位置基本接近。

混合料级配组成对其强度特性影响显著，且不同级配组成混合料的强度峰值与对应油石比有所不同。四个级配中 ATB-30 级配混合料强度最低。

对比 1 号和 3 号级配沥青稳定碎石，区别在于 0.3～9.5mm 中间粒径的颗粒含量不同，级配 3 号比级配 1 号偏细。从强度特性看，相同油石比下级配 3 号混合料抗压强度高于级配 1 号混合料但劈裂强度提高不明显。

2 号和 3 号级配沥青稳定碎石的强度特性差异很小，抗压强度级配 3 号略高于级配 2 号，而劈裂强度两者相当，可得混合料集料级配组成中当粗细颗粒比例基本相同时，单一微调粗颗粒含量或某一档粗粒径含量，对强度特性的影响不明显。

为进一步研究混合料在低温下的强度特性，选取 2 号级配沥青稳定碎石进行 0℃抗压和劈裂强度试验，结果如图 8-39 所示。低温条件下沥青稳定碎石混合料强度大幅度提高，0℃与 15℃相比，相同油石比下抗压强度和劈裂强度均增大 3～4 倍。

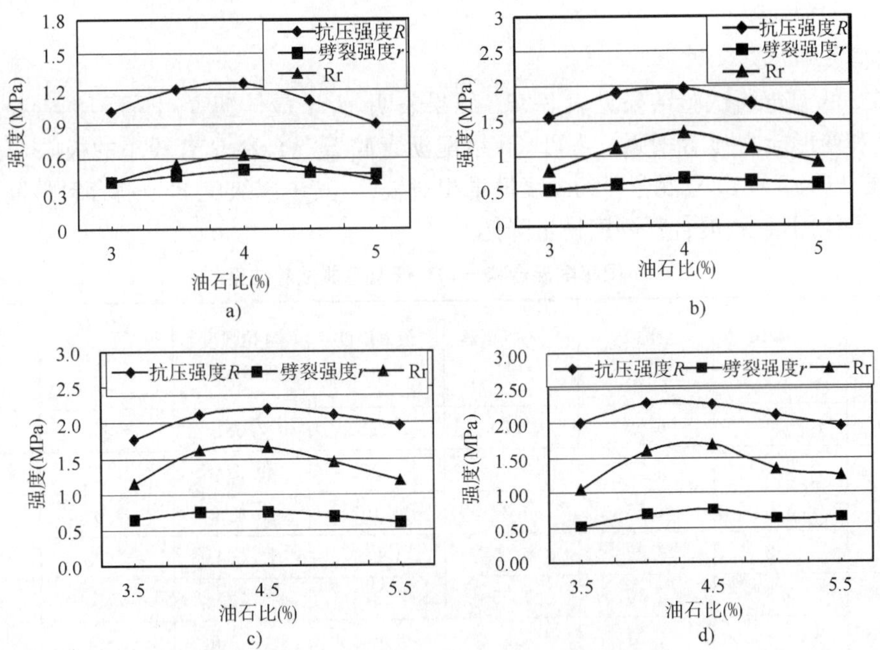

图 8-38　各级配混合料 15℃抗压及劈裂强度

a) ATB-30；b)稳定碎石 1 号；c)稳定碎石 2 号；d)稳定碎石 3 号

同时，0℃下混合料强度随油石比变化的规律与 15℃时基本接近，抗压强度峰值对应的最佳油石比约在 4.1%附近，劈裂强度峰值对应的最佳油石比约为 5.0%。

沥青稳定碎石混合料设计中应根据使用层位温度情况的不同，权衡低温条件下混合料抗压强度和劈裂强度的侧重点，利用不同低温下强度提高幅度变化规律综合确定最佳油石比，将使设计更趋合理。

(三)沥青稳定碎石低温抗裂性能研究

1. 温度收缩试验

试验表明(图 8-40)，沥青稳定碎石的温度收缩系数随温度基本呈上凸曲线形式变化，最大值出现在 5～−15℃之间。各级配沥青稳定碎石的收缩系数基本在 0.15×10^{-4}～0.35×10^{-4}

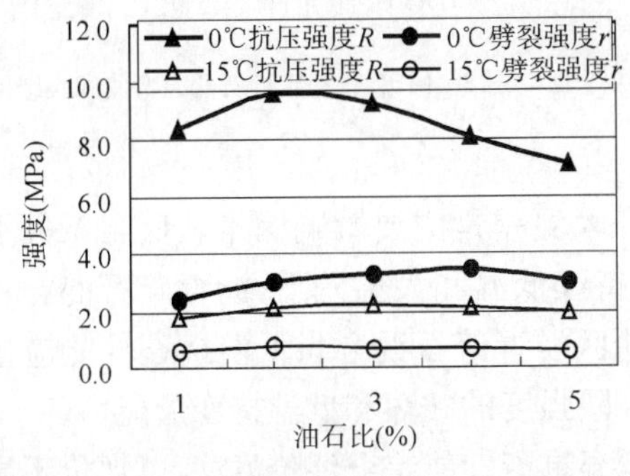

图 8-39　沥青稳定碎石 15℃和 0℃强度对比

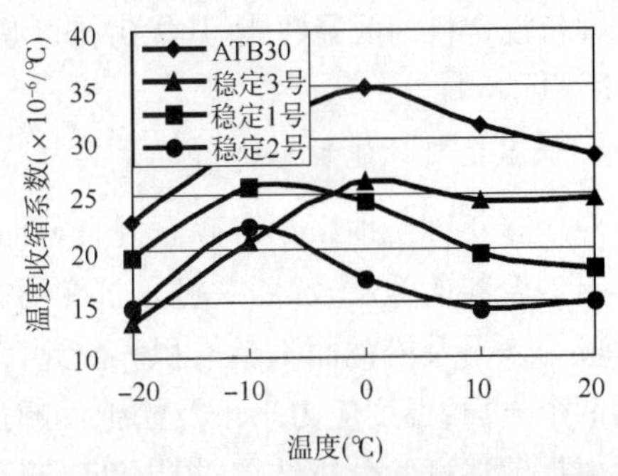

图 8-40　温度收缩系数与温度关系

之间。而研究资料表明，中粒式和细粒式密实级配沥青混合料在20℃～－30℃温度范围内的收缩系数在$0.40\times10^{-4}\sim0.70\times10^{-4}$之间，说明随着沥青混合料集料粒径的增大，温度收缩系数明显减小。不同级配混合料间比较，ATB-30级配混合料的收缩系数较大，其他三种混合料较小，且差异较小。

2. 低温弯曲试验分析

－10℃低温弯曲试验结果见表8-26。结果表明，大于最佳沥青用量后，沥青稳定碎石的弯拉强度和变形能力显著增强。ATB-30级配沥青碎石混合料具有较小的极限弯曲劲度模量，而级配1号、2号、3号混合料的劲度模量相对较高，其中以级配3号混合料最高。当沥青用量大于最佳用量后，混合料劲度模量降低。

不同级配混合料－10℃低温弯曲试验结果 表8-26

混合料类型	油石比(%)	空隙率(%)	最大荷载(kN)	最大挠度(mm)	弯拉强度(MPa)	最大弯拉应变($\times10^{-6}$)	极限弯曲劲度模量(MPa)
ATB-30	3.8	6.50	3.20	1.153 5	7.681	8 651	887.84
沥青稳定碎石1号	3.4	6.01	3.97	0.958	9.524	7 185	1 325.54
	3.8	4.56	4.34	1.107	10.428	8 302	1 256.01
	4.2	3.88	5.05	1.284	12.064	9 622	1 253.73
沥青稳定碎石2号	3.8	5.06	4.05	0.838	9.721	6 735	1 443.36
	4.2	4.03	4.89	1.040	11.745	7 808	1 504.32
	4.6	3.25	5.79	1.333	13.888	9 998	1 389.15
沥青稳定碎石3号	3.8	4.67	5.03	0.875	12.072 3	6 563	1 839.59
	4.2	3.86	5.13	0.908	12.315	6 818	1 806.38
	4.6	3.11	5.54	1.265	13.292	9 488	1 401.48

3. 弯曲应变能分析

由试验结果(图8-41)可得，沥青稳定碎石的破坏荷载排序为2号＞1号＞3号＞ATB-30，最大变形量排序却是ATB-30＞2号＞1号＞3号，抗弯拉强度和最大挠度的变化趋势并不相同，所以，单纯以破坏荷载(强度)或变形量来评价沥青混合料的低温性能，其结果缺乏一致性，不大可靠，甚至会出现互相矛盾的情况。以能量法来评价混合料的低温性能，其优劣排序是2号＞1号＞3号＞ATB-30。

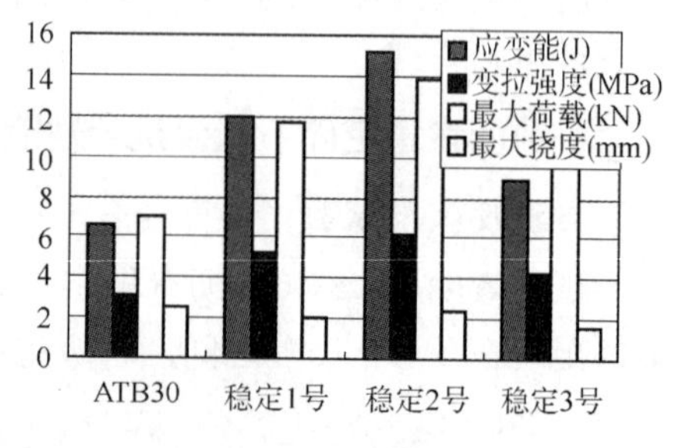

图8-41 沥青稳定碎石低温弯曲试验结果

4. 低温抗裂性能综合评价方法

对于多年冻土地区沥青碎石混合料而言，低温和大温差是主要影响因素。低温条件下沥青碎石混合料的强度较高，关键是抗变形能力弱；而持续低温和大温差下，沥青碎石混合料的温度应力来不及松弛而不断累积。因此，多年冻土地区沥青碎石混合料低温抗裂性能应主要控制两个方面：温度应力来不及松弛而超过混合料极限强度的破坏和低温抗变形能力。

根据前述试验分析结果，提出沥青碎石混合料低温抗裂性能综合评价方法，以评价不同类型混合料的低温抗裂性能。评价试验采用低温弯曲试验和温度收缩试验，评价指标选择温度应力比和弯曲应变能。

具体评价方法为：

根据前述方法，对不同混合料分别在其最佳沥青用量下进行温度收缩试验和低温弯曲试验，测定混合料的温度收缩应变、荷载与变形，确定不同温度区间沥青碎石的平均温度收缩系数。低温弯曲试验温度尽量根据当地路面最不利温度确定，根据低温弯曲试验测定结果，分别计算弯拉强度、弯曲劲度模量及弯曲应变能。

温度应力比由平均温度收缩系数、弯曲劲度模量及弯拉强度按下式计算：

$$R_T=\frac{\sigma_T}{S_T}\times 100,\sigma_T=\beta_T\times\Delta T\times S_m$$

式中：R_T——最不利温度区间的温度应力比(%)；

S_T——最不利温度区间中值 T 时的弯拉强度(MPa)；

σ_T——最不利温度区间的温度应力(MPa)；

β_T——最不利温度区间的平均温度收缩系数($\times 10^{-6}$/℃)；

ΔT——最不利温度区间(℃)；

S_m——最不利温度区间中值 T 时的弯曲劲度模量(MPa)。

对不同沥青混合料的弯曲应变能和温度应力比进行排序，综合评价混合料的低温抗裂性能。本项目研究的四种沥青碎石混合料的低温抗裂性能综合评价结果如表 8-27 所示，其中温度应力计算温度区间取－15～－25℃。

沥青碎石低温抗裂性能综合评价　　表 8-27

混合料类型	油石比(%)	温度应力比(%)	弯曲应变能(J)
ATB-30	3.8	3.49	6.626 0
沥青稳定碎石 1 号	3.8	3.09	11.960 8
沥青稳定碎石 2 号	4.2	2.84	15.127 3
沥青稳定碎石 3 号	4.2	3.04	8.865 7

两个评价指标对四种混合料低温抗裂性能的评价结果一致，优劣排序均为：沥青稳定碎石 2 号＞沥青碎石级配 1 号＞沥青碎石级配 3 号＞ATB-30 级配沥青碎石。

(四)沥青稳定碎石其他性能

1. 冻融劈裂试验

采用大型马歇尔试件，进行冻融劈裂试验，结果表明由－18℃降低到－28℃随着冻融循环冷冻温度的降低，劈裂强度损失明显增大，说明冻土地区的极度低温环境对沥青混合料的抗水损害性极其不利。前文几种级配的沥青稳定碎石抗水损害性能均满足使用要求。

2. 疲劳试验方法

由沥青稳定碎石混合料 15℃和－25℃下的疲劳试验结果可以得出：沥青稳定碎石在－25℃时的弯拉强度比 15℃时约大 5～7 倍，－25℃的疲劳寿命比 15℃的大得多，相差几个数量级。说明沥青稳定碎石低温条件下的强度明显高于常温，抗疲劳性能显著提高。因此，混合料设计中应通过常温下的疲劳试验结果选择混合料类型。15℃与－25℃时，对于同一级配的混合料，随着油石比的增大，混合料的疲劳寿命增大。不同混合料之间，随着混合料密实度的增加，疲劳寿命对应力水平的敏感度降低。

三、多年冻土地区沥青混合料性能

多年冻土地区气候条件特殊，昼夜温差大，在不同季节，气温变化非常显著，年平均气温较低。试验主要采用兰炼160号（路安特改性）和克拉玛依160号（金石改性）、KOCH沥青、兰炼沥青110号（代号L110）、130号（代号L130）、AH-160号沥青（代号X160）、金石SBR改性沥青（代号SBR）和欢喜岭SBS改性沥青（代号SBS）沥青。研究所用集料取自青藏公路改建工程施工现场，粗集料为花岗岩、石灰岩，细集料为天然砂，矿粉为磨细石灰石。

（一）马歇尔试验及级配设计

1. 马歇尔试验的温度效应

试验采用了AC13级配、兰炼160号（路安特改性）沥青，且将最大公称粒径1/4以上的集料即2.36～13.2mm的集料称为粗集料。

（1）成型温度对稳定度、流值的影响

由试验可知，混合料的稳定度在5.5%～6.5%之间出现峰值，在峰值之后，稳定度对成型温度不再敏感。从图8-42曲线趋势分析，当击实成型温度低于125℃时，稳定度曲线斜率较大，稳定度的增长率要比流值的增长率大；而当温度高于125℃时，流值的增长率比稳定度的增长率大。

（2）击实温度对马氏模数的影响

马氏模数是指沥青混合料的稳定度与流值的比值。从图8-43可看出，马氏模数随油石比增大而减小。随着温度的升高，马氏模数减小（油石比4.5%、5%除外）。

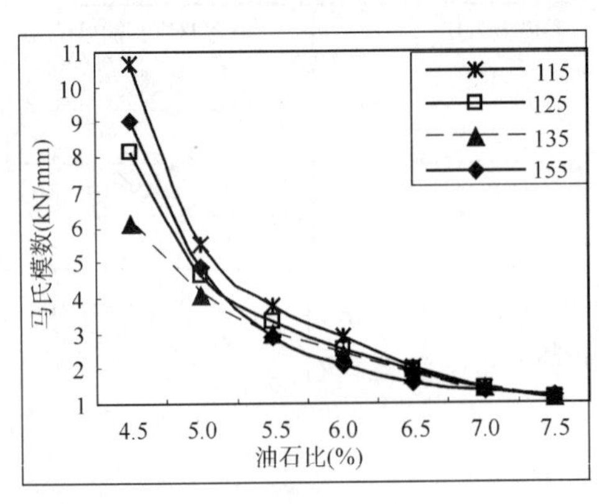

图8-42　马氏模数—油石比关系图

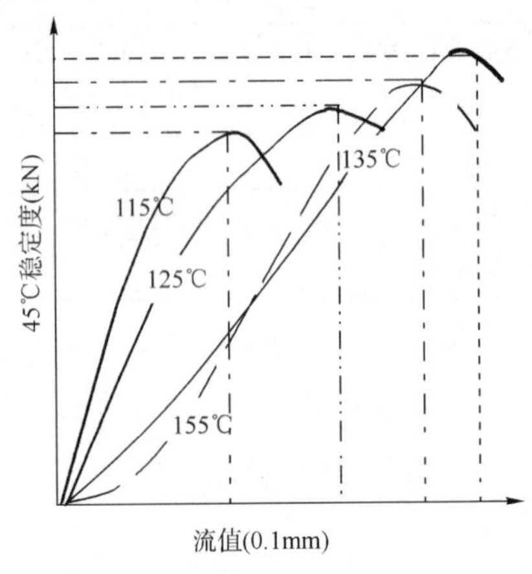

图8-43　温度对稳定度—流值关系的影响

（3）击实温度对马氏韧性的影响

根据马歇尔试验荷载变形结果计算得到的马氏韧性与成型温度的曲线（图8-44）在125℃左右均出现峰值，与油石比的曲线（图8-45）也分别出现与温度相关的峰值。

（4）击实温度对空隙率的影响

击实成型温度对混合料的空隙率的影响不太明显，不同油石比的混合料的空隙率相差较大，但随着油石比增加到7.0%时，空隙率变得很小。

2. Superpave级配设计

根据试验路厚度公称最大粒径取16mm，结合Superpave的控制点和限制区，在限制区的上沿和下沿分别设计了15种级配，这些级配又被进一步分成3组，每一组级配选择13.2mm、

4.75mm 和 2.36mm 粒径作为关键控制点，采用贝雷法参数分析得出，Superpave 限制区上沿的混合料具有较大的密度，且空隙率比 Superpave 限制区下沿的级配小很多。

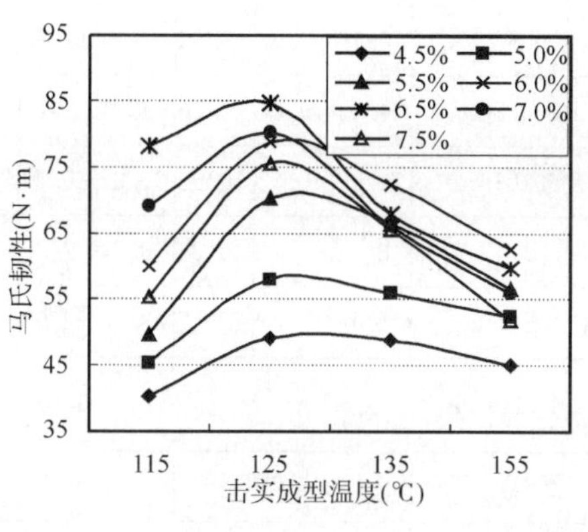

图 8-44　马氏韧性－击实成型温度曲线

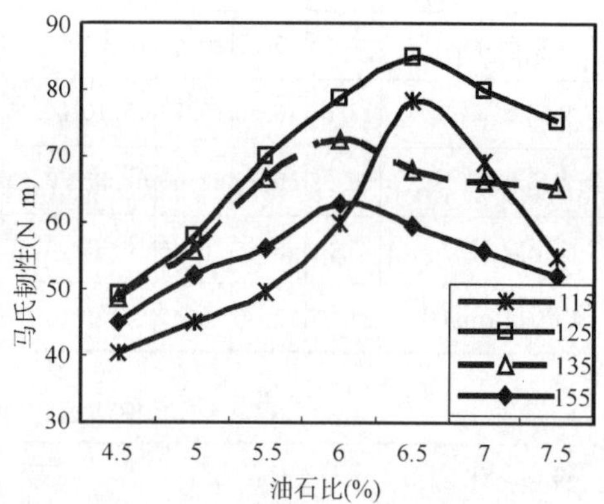

图 8-45　马氏韧性－油石比关系图

利用 Superpave 的计算公式确定各级配相应于 4%空隙率的沥青用量，相应的马歇尔试验结果见表 8-28。基于多年冻土地区沥青路面的低温抗裂性能和抗冻融性能方面的考虑，以 4%作为目标空隙率，空隙率的变化范围确定为 4%～5%；对于常年低温的多年冻土地区，矿料间隙率可以适当放大，增加沥青用量，对低温抗裂和抗疲劳都有利，且该地区温度较低，也不会带来高温稳定性问题，综合考虑确定该值范围为 14%～16%；稳定度采用现行规范 8.0kN 以上。根据以上严重的指标，级配 1 号、6 号、20 号、25 号和 30 号作为初选级配。

对 5 个初选级配进行高低温路用性能试验（沥青用量与马歇尔试验相同）。高温采用 60℃车辙试验，低温采用 0℃低温弯曲蠕变试验，结果见表 8-29。

30 种级配混合料马歇尔试验结果　　表 8-28

级　配	1号	2号	3号	4号	5号	6号	7号	8号	9号	10号	11号	12号	13号	14号	15号
沥青用量(%)	4.86	4.86	4.86	4.86	4.87	4.87	4.87	4.87	4.87	4.88	4.88	4.88	4.88	4.88	4.88
有效沥青用量(%)	4.25	4.25	4.25	4.26	4.26	4.25	4.25	4.25	4.26	4.26	4.25	4.25	4.25	4.26	4.26
理论密度(g/cm³)	2.515	2.515	2.514	2.513	2.513	2.515	2.514	2.514	2.513	2.513	2.515	2.514	2.514	2.513	2.513
毛体积密度(g/cm³)	2.410	2.450	2.459	2.467	2.459	2.411	2.455	2.463	2.466	2.449	2.446	2.470	2.490	2.472	2.471
空隙率(%)	4.17	2.56	2.20	1.85	2.15	4.14	2.35	2.00	1.88	2.55	2.73	1.78	0.95	1.64	1.67
沥青体积百分率(%)	10.18	10.35	10.39	10.42	10.39	10.18	10.37	10.41	10.42	10.35	10.33	10.43	10.52	10.45	10.44
矿料间隙率(%)	14.35	12.91	12.59	12.27	12.54	14.32	12.72	12.41	12.30	12.90	13.06	12.21	11.47	12.09	12.11
沥青饱和度(%)	70.93	80.17	82.52	84.93	82.86	71.09	81.52	83.88	84.71	80.23	79.09	85.42	91.72	86.43	86.21
稳定度(kN)	7.67	9.92	10.64	11.45	13.56	8.30	11.09	11.17	12.79	13.54	8.72	11.24	11.73	12.82	13.10
流值(0.1mm)	30.48	33.58	33.73	31.47	32.70	23.84	35.74	30.77	31.71	33.89	23.40	30.13	32.53	28.53	34.68
级　配	16号	17号	18号	19号	20号	21号	22号	23号	24号	25号	26号	27号	28号	29号	30号
沥青用量(%)	4.90	4.90	4.91	4.91	4.91	4.85	4.86	4.86	4.86	4.86	4.90	4.90	4.91	4.91	4.91
有效沥青用量(%)	4.24	4.24	4.25	4.25	4.25	4.24	4.25	4.25	4.25	4.25	4.24	4.24	4.24	4.25	4.25
理论密度(g/cm³)	2.521	2.520	2.519	2.518	2517	2.521	2.519	2.519	2.519	2.518	2.522	2.521	2.520	2.519	2.518
毛体积密度(g/cm³)	2.322	2.352	2.373	2.392	2.411	2.277	2.330	2.352	2.382	2.409	2.284	2.333	2.361	2.392	2.413
空隙率(%)	7.88	6.64	5.77	5.01	4.23	9.66	7.48	6.61	5.42	4.33	9.42	7.43	6.29	5.02	4.16

续上表

级　配	16号	17号	18号	19号	20号	21号	22号	23号	24号	25号	26号	27号	28号	29号	30号
沥青体积百分率(%)	9.78	9.92	10.01	10.09	10.17	9.59	9.83	9.92	10.04	10.16	9.62	9.83	9.95	10.09	10.18
矿料间隙率(%)	17.66	16.56	15.78	15.10	14.40	19.25	17.31	16.53	15.46	14.49	19.04	17.26	16.24	15.11	14.34
沥青饱和度(%)	55.39	59.89	63.43	66.82	70.63	49.83	56.78	60.01	64.95	70.12	50.53	56.96	61.28	66.77	70.99
稳定度(kN)	5.20	5.80	6.46	6.86	8.27	4.46	5.69	7.27	7.36	8.26	4.72	6.25	6.74	7.89	9.10
流值(0.1mm)	21.77	23.80	23.49	27.39	24.91	22.09	19.81	27.09	23.86	24.14	22.02	23.07	23.88	22.93	25.76

5种初选级配高低温性能试验结果 表8-29

级　配	1号	6号	20号	25号	30号
动稳定度(次/mm)	622	716	811	684	669
蠕变速率(s^{-1}/MPa)	2.09×10^{-6}	2.70×10^{-6}	3.06×10^{-6}	2.75×10^{-6}	2.23×10^{-6}

综合高低温性能，在限制区上沿和下沿分别优选级配6号和20号作为进一步研究的级配(表8-30)，同时引入我国规范的AC-16级配的中值作为对比级配。

优 选 级 配 表8-30

级配编号	筛　孔(mm)										
	19	16	13.2	9.5	4.75	2.36	1.18	0.6	0.3	0.15	0.075
限制区上沿6号	100	94	92	70	51	43	32	24	16	6	5
限制区下沿20号	100	95	93	75	48	29	25	19	15	10	5

(二)面层沥青混合料低温抗裂性能

1. 低温劈裂

对AC-13调整后级配，选择克拉玛依160号(金石SBR改性)沥青混合料进行－10℃劈裂试验(图8-46)。当油石比在5.5%时，劈裂试验韧性出现低谷值，之后随着油石比的增加，劈裂韧性将明显地增加。

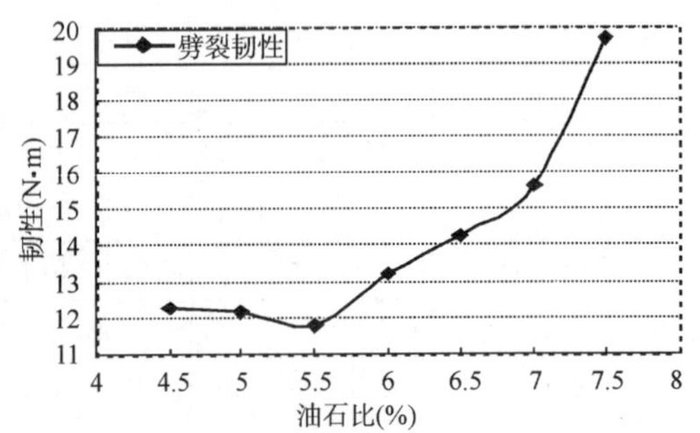

图8-46　劈裂韧性随油石比的变化规律

从图8-47、图8-48可以看出，随着油石比的增加，劲度模量逐渐减小；劈裂强度也随之减小；当油石比超过7%之后，劈裂强度又由低谷逐渐增加。

2. 低温弯曲试验

(1)AC-13I型沥青混合料

对AC-13I型沥青混合料，集料采用石灰岩，沥青采用改性克拉玛依160号(金石改性)进行－18℃的24次冻融循环，然后进行－10℃弯曲试验。

从图8-49可看出，随油石比的增加，低温弯曲韧性和低温弯拉强度均在5.5%～6.0%时出现峰值。冻融循环之后，低温弯曲韧性和低温弯拉强度均明显降低。

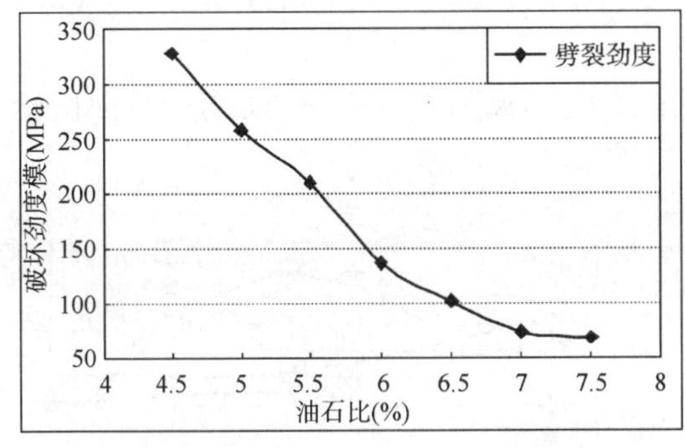

图 8-47 劲度模量随油石比变化的规律

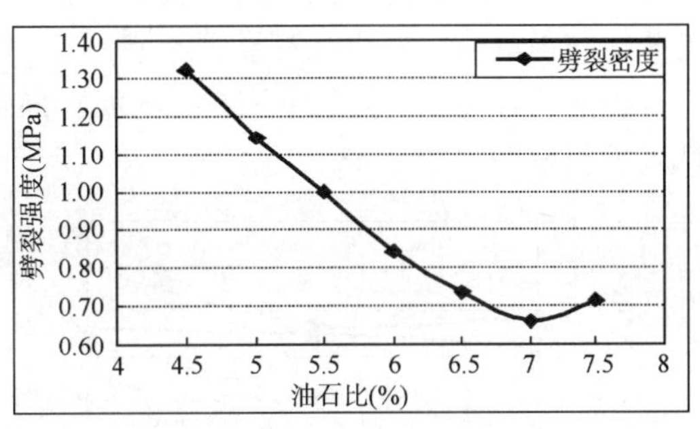

图 8-48 劈裂强度随油石比变化的规律

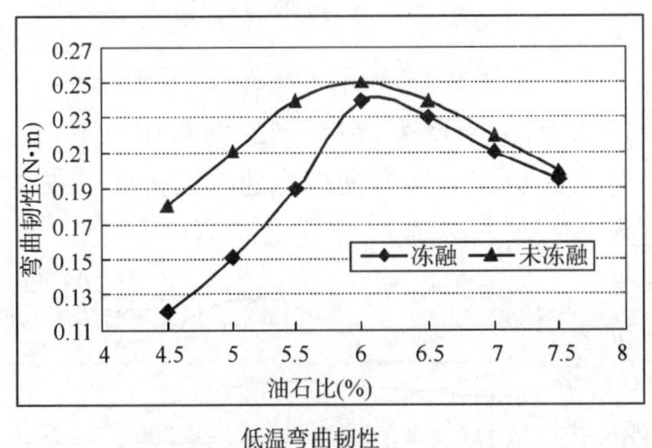

低温弯曲韧性

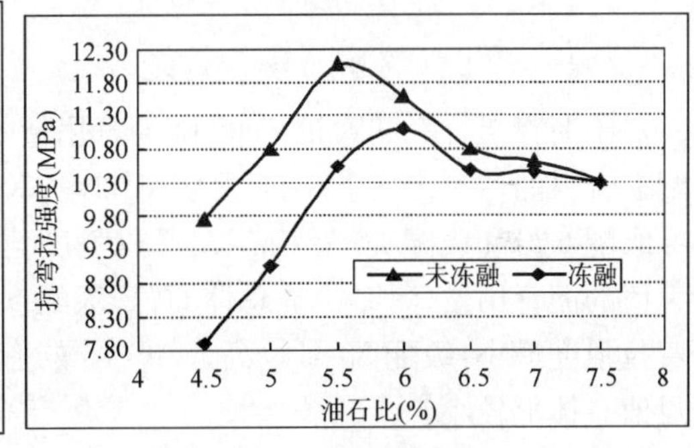

抗弯拉强度

图 8-49 冻融、未冻融混合料低温性能与油石比关系

(2)级配 6 号和 20 号及 AC-16 级配

级配 6 号和 20 号及 AC-16 级配沥青混合料 0℃弯曲蠕变试验结果如图 8-50 所示。随着沥青用量的增加，不同沥青混合料的 0℃弯曲蠕变速率均逐渐增大，提高沥青用量可以有效改善沥青混合料的低温抗裂性能。SBR 和 SBS 改性沥青混合料的 0℃弯曲蠕变速率受沥青用量变化的影响明显大于其他沥青混合料。矿料级配对混合料 0℃弯曲蠕变速率随沥青用量的变化趋势影响较小。

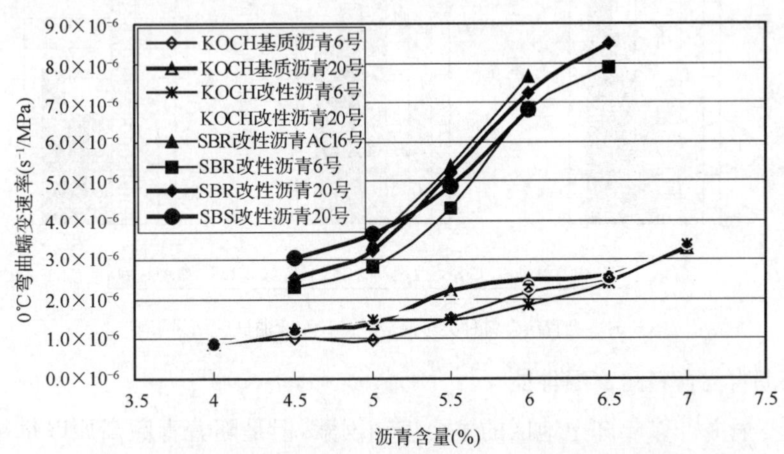

图 8-50 沥青混合料 0℃弯曲蠕变速率与沥青用量关系

就蠕变速率来讲，三个级配的排序是：AC-16＞20 号＞6 号。分析级配组成可以看出，20 号级配比 6 号级配整体偏粗，20 号级配中 1.18～2.36mm、2.36～4.75mm、4.75～9.5mm 这三档料的用量与 6 号级配有显著不同。

级配 6 号和 20 号及 AC-16 级配沥青混合料在 MTS 试验机上进行－10℃低温弯曲试验，结果见图 8-51～图 8-53。

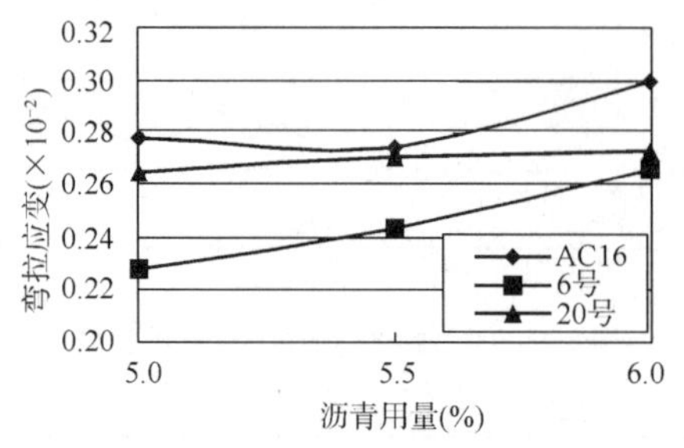

图 8-51　AC-16、6 号、20 号弯拉应变

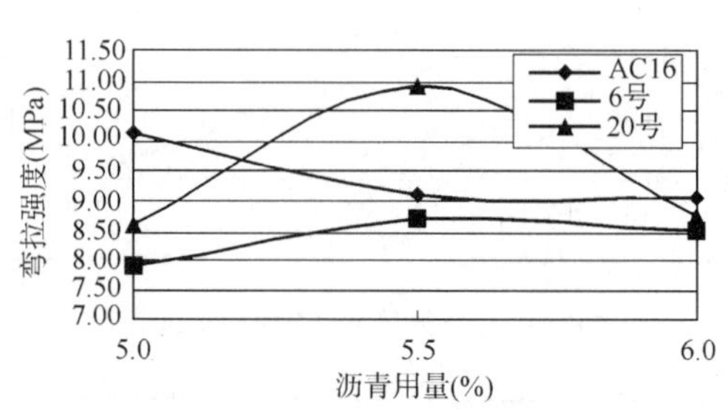

图 8-52　AC-16、6 号、20 号弯拉强度

对于沥青混合料的弯拉应变，随沥青用量的增加而不断增大，在相同的沥青用量下，三个级配混合料的弯拉应变大小排序为 AC-16＞20 号＞6 号，与 0℃弯曲蠕变速率的排序一致。

级配 6 号和级配 20 号均存在弯拉强度达到最大值的沥青用量（5.5％）。总体而言，级配 6 号的弯拉强度最小，级配 20 号较高。AC-16 的弯拉模量值总体上较小。

从图 8-54 可以看出，SBR 改性沥青混合料的弯拉强度最大，但其弯拉应变低于 SBS 改性沥青混合料。改性沥青混合料的弯拉应变大于普通沥青混合料，AH160 沥青混合料的弯拉强度和弯拉应变明显大于 L110 和 L130，可见，采用改性沥青和高标号沥青可以提高混合料的低温抗裂能力。

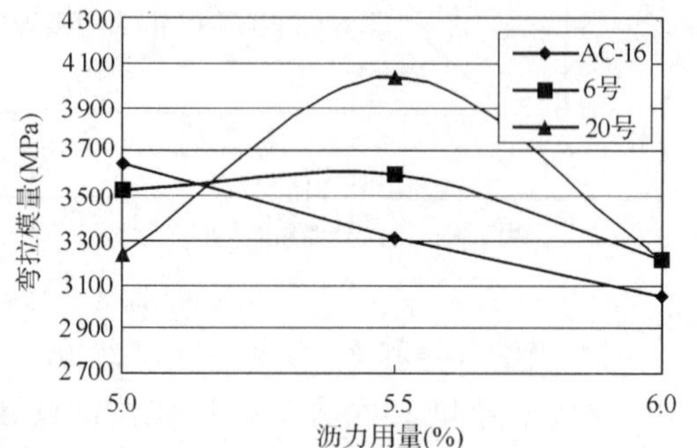

图 8-53　AC-16、6 号、20 号弯拉模量

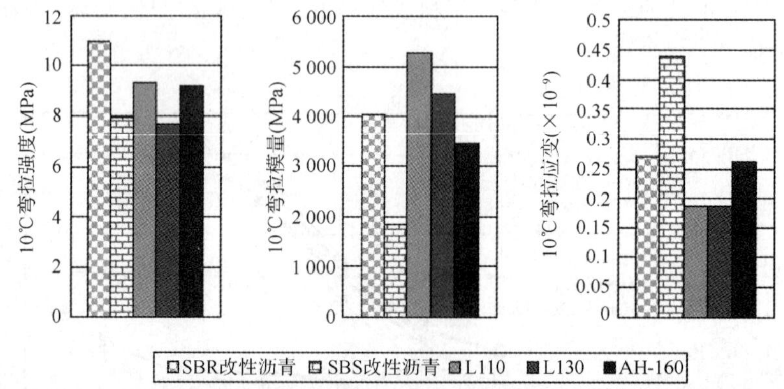

图 8-54　沥青结合料种类对混合料－10℃弯曲试验结果影响

(三)面层沥青混合料耐高温性能

高温性能尽管并非多年冻土地区的主要控制因素，但是随着青藏高原以每年 0.3℃的速率上升，青藏公路超载、超限车辆比较多，尽管路面温度不太高，但重车反复作用将使轮迹带逐

渐变形下凹，形成了车辙。

根据青藏公路的气象资料分析可知，比如五道梁、坨坨河、风火山的 6、7、8 月份的平均最高气温分别为 17.1℃、17.3℃、17.4℃，则其 7 月份平均气温为 17.26℃，由此可知路面浅层温度应为 27.2～35.2℃。根据美国以 SHRP 的计算公式得到该地区的最高路面设计温度仅为 39.6℃，分别选择了 45℃、60℃两个不同的温度，确定最终适合该地区车辙试验的试验温度；矿料级配采用 AC-13(F)骨架密实型结构。

图 8-55 反映了动稳定度和永久变形随油石比的变化规律。45℃、60℃的动稳定度随着油石比的增加均呈下降趋势，曲线在变化过程出现"拐点"突然变缓并趋于稳定，60℃动稳定度曲线"拐点"要比 45℃"拐点"出现的早；同一油石比 60℃动稳定度比 45℃小。而永久变形则随油石比的增加而增大，同一油石比 60℃永久变形比 45℃大。

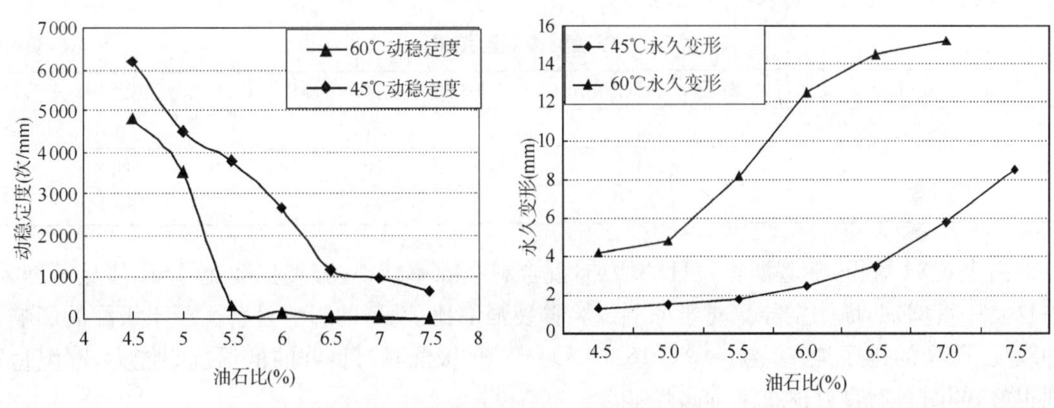

图 8-55　高温性能随油石比的变化规律

表 8-31 中 45℃、60℃试验数据表明，油石比和环境温度是影响动稳定度、永久变形等评价指标的最敏感因素。对于克拉玛依 160 号、AC-13 沥青混合料，45℃、60℃时动稳定度趋于稳定时的油石比都超过了 5.5%，比较大。再从动稳定度对温度的敏感性看，当油石比超过 5.5%时，60℃的动稳定度均小于 750 次/mm。

车辙试验结果　　表 8-31

试验温度		油石比（%）							规范标准	
		4.5	5.0	5.5	6.0	6.5	7.0	7.5	高速公路	其他公路
45℃	动稳定度 DS(次/mm)	5 687	4 500	3 805	2 672	1 155	881	467	—	—
	永久变形(mm)	1.3	1.5	1.8	2.5	3.5	5.8	8.5	—	—
60℃	动稳定度 DS(次/mm)	4 521	3 200	750	360	53	20	—	800 夏凉区	600
	永久变形(mm)	4.2	4.8	8.2	12.5	14.5	15.2	—		—

表 8-32 中级配的混合料 AC-16 是按现行规范确定的最佳沥青用量，45℃车辙试验的动稳定度并不高，一方面是采用的沥青标号较高，另一方面是 AC-16 级配并不具备很好的抗车辙能力。级配 6 号和级配 20 号混合料的差异甚为明显。6 号级配混合料不能满足高温稳定性的要求，而 20 号级配混合动稳定度高达 1 851 次/mm，满足抗车辙能力要求，说明对于高温稳定性，Superpave 限制区下沿的级配具有优势。

45℃车辙试验结果 表 8-32

级　配	试验温度(℃)	沥青用量(%)	动稳定度(次/mm)
AC-16	45	4.7	946
6号	45	5.8	342
20号	45	5.8	1 851

(四)面层沥青混合料抗水损性能

对AC-13级配沥青混合料,进行抗水损性能试验结果见表8-33。当油石比从5.3%增至6.3%时,冻融、非冻融劈裂强度均下降,而当油石比再增加1.0%时,其值又有所增加,但冻融劈裂强度比均呈增加趋势,由80.0%增至88.8%。所以随着油石比的增加,冻融劈裂强度也随之增加,说明混合料的水稳定性也好。

冻融劈裂实验结果 表 8-33

油石比(%)	冻融劈裂抗拉强度(MPa)	非冻融劈裂抗拉强度(MPa)	冻融劈裂强度比(%)
5.3	1.14	0.91	80.0
6.3	0.84	0.72	85.2
7.3	0.85	0.75	88.8

由表8-34可得,随着沥青用量的增加,混合料空隙率减小,劈裂强度比TSR值显著增大,并且是一直增加,证明空隙率对于冻融试验劈裂强度比TSR的影响显著。至于级配的影响,3种级配TSR的排序是:20号> AC-16>6号。20号级配具有良好的低温抗裂能力,高温稳定性也好,同时具有良好的抗水损害性能。

-18℃冻融劈裂试验结果汇总 表 8-34

级　配	沥青用量(%)	未冻融试件		冻 融 试 件		TSR
		空隙率(%)	劈裂强度(MPa)	空隙率(%)	劈裂强度(MPa)	(%)
AC-16	4.0	7.53	0.413	7.17	0.247	59.8
	4.5	5.13	0.433	5.87	0.323	74.7
	5.0	3.50	0.403	3.51	0.356	88.5
	5.5	2.56	0.370	2.55	0.342	92.4
	6.0	2.33	0.302	2.31	0.286	94.5
6号	4.5	6.87	0.388	6.98	0.259	66.7
	5.0	5.21	0.423	5.02	0.335	79.2
	5.5	3.40	0.397	3.73	0.360	90.6
	5.8*	2.97	0.376	3.27	0.349	92.9
	6.0	2.68	0.362	2.96	0.342	94.5
	6.5	2.54	0.300	2.78	0.273	91.2
20号	4.5	7.90	0.333	7.05	0.253	75.9
	5.0	5.16	0.359	5.19	0.310	86.4
	5.5	3.70	0.351	3.60	0.327	93.1
	5.8*	3.34	0.339	3.20	0.322	95.1
	6.0	3.10	0.330	2.93	0.319	96.5
	6.5	3.27	0.308	2.89	0.301	97.7

注:带*的为插值计算的结果。

(五)面层沥青混合料抗冻性能

为定量地评价混合料的抗冻性能,引入了“冻融循环飞散试验”。冻融循环一定次数后进行飞散试验计算每个试件的飞散损失。如图 8-56 所示,24 次冻融循环后的水中质量变化随着油石比的增加逐渐呈现增加趋势。

图 8-57 中显示,油石比越小,采用的几个评价指标差别均比较大,冻融飞散损失、非冻融飞散损失尤为明显;而随着油石比的增加,油石比大于 6.0%后,各项指标均趋于稳定,变化范围很小;这充分证明了该地区的沥青混合料只有满足了 6.0%的油石比的要求,才能充分地显示出其良好的抗冻性能。同时,也可看出损失比这个指标对油石比的变化不太敏感。

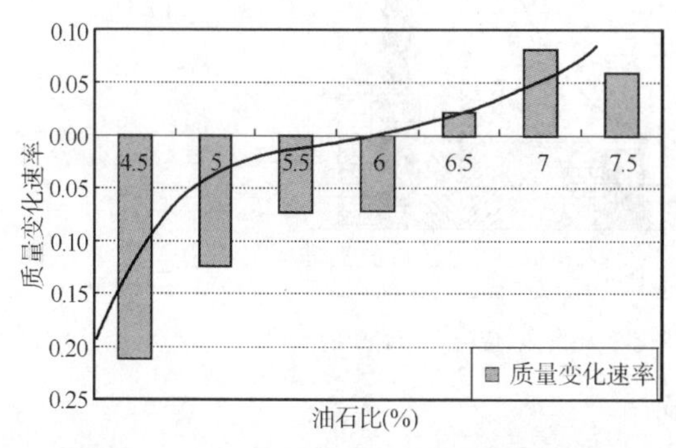

图 8-56 冻融循环过程中质量损失柱状图

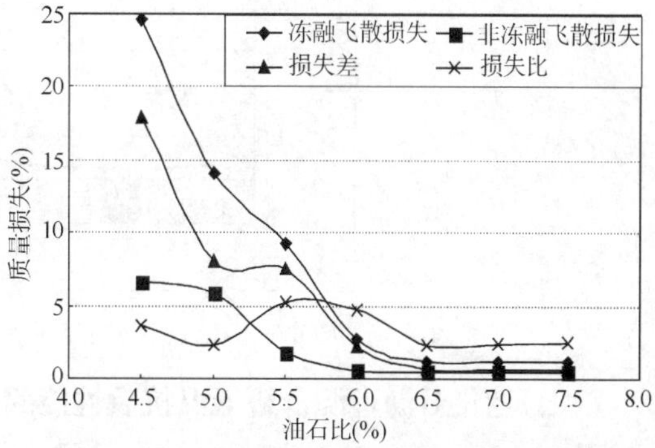

图 8-57 冻融、非冻融循环试验质量损失曲线

(六)棉层沥青混合料的冻融疲劳特性

这里通过冻融循环作用后的疲劳寿命和混合料的能量疲劳方程进行对比评价沥青混合料的疲劳性能。试验将采用半正弦应变控制模式,结果见表 8-35。

不同油石比冻融、非冻融循环后的混合料劲度变化　　表 8-35

油 石 比 (%)		5.3	6.3	7.3
非冻融	疲劳寿命(次)	262 253	329 526	1 507 493
	初始劲度(MPa)	2 150	1 890	1 660
	下降 3/8 后的劲度(MPa)	1 344	1 181	1 038
	下降 3/8 初始劲度的疲劳寿命(次)	15 000	60 000	165 000
	劲度下降最大速率(MPa/万次)	538	118	38
	剩余寿命期劲度下降速率(MPa/万次)	54	39	7
冻融循环	疲劳寿命(次)	126 273	214 706	1 381 277
	初始劲度(MPa)	2 070	1 830	1 660
	下降 3/8 后的劲度(MPa)	1 294	1 144	1 038
	下降 3/8 初始劲度的疲劳寿命(次)	10 000	20 000	50 000
	劲度下降最大速率(MPa/万次)	776	343	125
	剩余寿命期劲度下降速率(MPa/万次)	116	44	12
冻融循环寿命衰减率(%)		53.9	34.8	8.4

图 8-58 显示,当油石比从 5.3%增至 7.3%时,非冻融试件疲劳寿命由 26 万次增至 150 万次,而冻融试件疲劳寿命也由 12 万次增至 138 万次。对于同一油石比来说,经过冻融循环

后寿命将衰减 1/2～1/12，随着油石比的增加，其冻融疲劳寿命衰减率也将愈来愈小。

混合料未经冻融循环与经过冻融循环作用后的累积耗散能和疲劳寿命随着油石比增加，其达到疲劳开裂破坏所需的累积耗散能也将增加，说明其抗疲劳性能也在不断地增强；而且，油石比为在 6.3%（即空隙率约为 2.4%）处均出现明显变陡的趋势，这说明满足了该油石比或空隙率的要求，混合料才能具备较好的抗疲劳性能。

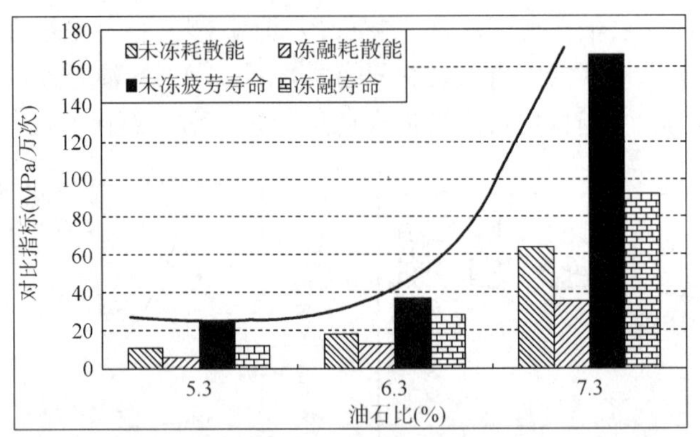

图 8-58　冻融、非冻融循环后混合料累积耗散能、疲劳寿命对比图

（七）老化对沥青混合料低温抗裂性能的影响

1. 热老化对沥青结合料低温特性的影响分析（图 5-59）

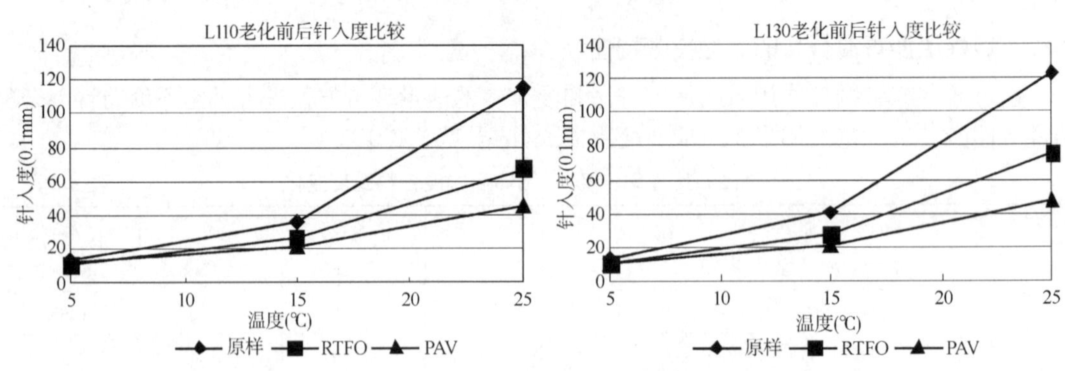

图 8-59　普通沥青老化前后针入度温度曲线

图 8-60 反映了分别采用 RTFO 和 PAU 两种老化方法沥青及改性沥青长期老化后的针

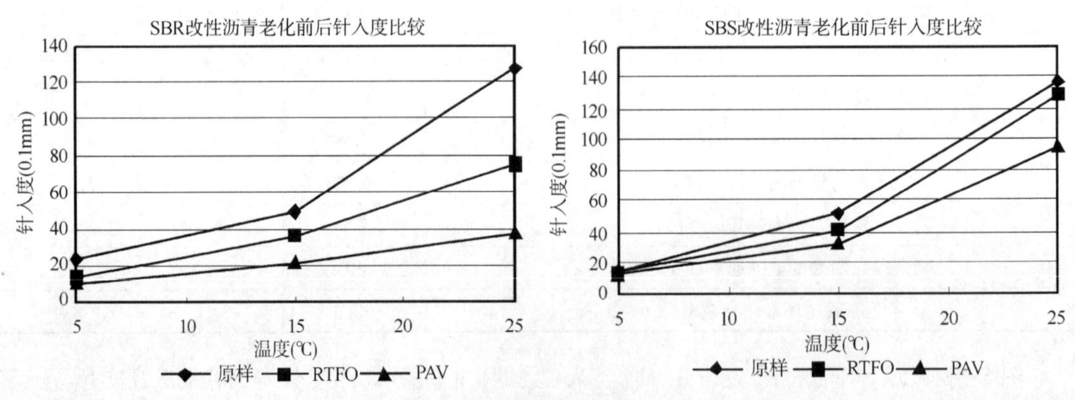

图 8-60　改性沥青老化前后针入度比较

入度随温度的变化趋势没有改变。老化后，针入度减小，针入度指数 PI 增大，说明老化使沥青的感温性减弱，低温抗裂性能降低。

从表 8-36 看出，对于改性沥青而言，经过 PAV 老化后，感温性减弱，且老化程度比 RTFOT 老化剧烈。

改性沥青不同温度下的延度比 表 8-36

沥青种类		温度(℃)						
		3	4	5	7	10	12	15
RTFOT 老化后延度比	SBR	0.055	0.125	0.302	0.763	0.957	0.606	0.439
	SBS	0.678	0.796	0.824	1.000	1.000	1.000	1.000
PAV 老化后延度比	SBR	—	—	0.026	—	0.026	—	0.054
	SBS	—	—	0.136	—	0.313	—	1.000

分析两种改性沥青的延度比发现，这两种改性沥青低温延度比的变化类似，PAV 老化后，低温延度比明显降低，且延度比随温度的升高而逐渐增大。SBS 改性沥青的低温延度比总体上高于 SBR 沥青。

2. *沥青结合料光老化试验研究*

高原多年冻土地区的太阳辐射强，太阳辐射中的紫外线对沥青结合料的光老化严重，沥青与沥青混合料的性能明显劣化。室外自然老化试验是将沥青试样在五道梁地区经受 1 年自然老化后回收。

由图 8-61 所示外观表明，三种沥青结合料经过 1 年自然光老化后，表面均有不同程度的硬化收缩，出现了不规则裂纹。自然光老化对沥青结合料的表观有明显影响，X160 沥青和 SBR 改性沥青的弹性恢复能力明显降低，SBR 改性沥青尚能保持良好的弹性恢复能力。

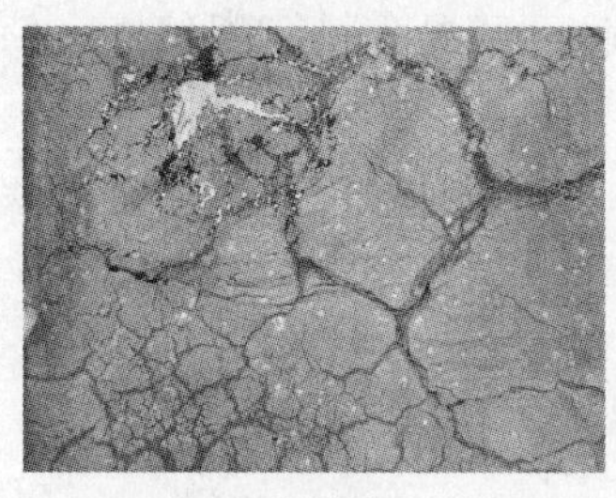
X160沥青

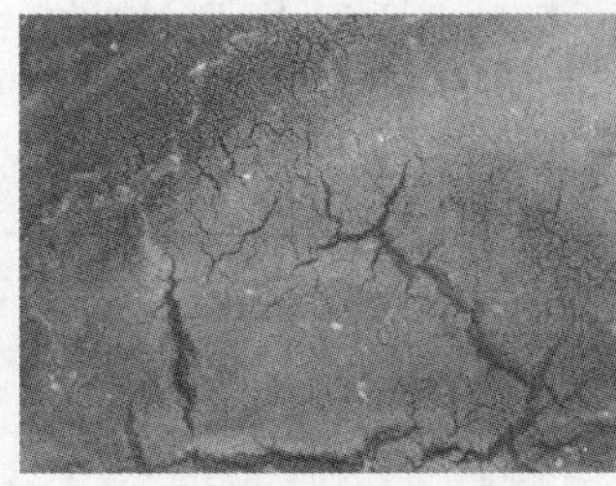
SBR改性沥青

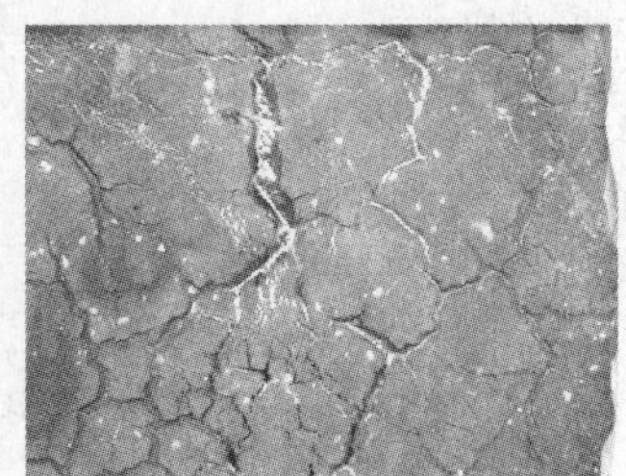
SBS改性沥青

图 8-61 沥青结合料自然老化外观图

普通沥青室内紫外光老化后，表面明显硬化收缩，形成了圆形波纹，收缩中心部位明显变厚，且表面有细小的皱纹，老化后按压痕迹的恢复均不明显，表明弹性较小。其中 X160 和 L110 沥青的收缩比 L130 沥青严重。改性沥青光老化后，SBR 改性沥青的表面硬化收缩较小，形成了月形波纹，而 SBS 改性沥青表面硬化收缩明显，但弹性恢复能力明显好于普通沥青和 SBR 改性沥青。

沥青结合料经过室内光老化后，不同温度的针入度减小，针入度指数 PI 增大，低温抗裂性能均有所降低。从老化前后的针入度比来看，SBS 改性沥青明显高于其他沥青，光老化的影响较小；相同油源的 L160、L130 和 L110 比较，L160 的针入度比总体高于其他两种沥青。光老化后，不同沥青的针入度指数的差异较明显，SBS 改性沥青的针入度指数变化不大，而 SBR 改性沥青、L160、L130 和 L110 均明显增大，其中 L110 变化最大，说明其抗老化性能较差。

沥青结合料经过光老化后，软化点均升高。总体而言，SBS 改性沥青的抗老化性能较好。自然光老化后沥青的软化点略高于室内光老化，差异较小，表明室内光老化能够模拟自然光老化。

普通沥青光老化后的延度均明显减小，延展性变差，但具有与原样沥青相似的流变规律，延度随着温度的升高而增大。改性沥青光老化后的延度明显减小，尤其是 SBR 改性沥青在室内光老化后 5℃和 10℃延度明显减小，可见光老化对 SBR 改性沥青的低温延伸性能有明显影响。SBS 改性沥青受光老化影响较小，延度保持了与老化前的变化趋势，且变化较小，可见 SBS 改性沥青的抗光老化能力好于 SBR 改性沥青。

热分析发现，L110、L130 和 X160 沥青光老化后，均出现了较大的吸热峰，低温区间吸热峰的吸热量减小，高温区间则增大，聚集态转化的区间转移，聚集态转化数量在低温区间减少，但在高温区间增多，而且微观状态变化的数量较多，热稳定性变差。X160 沥青光老化后的 DSC 曲线出现了多个较大的吸热峰，说明热稳定性明显降低。

SBR 改性沥青经过光老化后，DSC 曲线出现了较大的吸热峰，热稳定性明显降低。而 SBS 改性沥青光老化后的 DSC 曲线比老化前平缓，且吸热峰减小。

3. 沥青混合料长期老化影响分析

长期老化后沥青混合料的试件表面颜色明显加深，呈暗黑色，并且可以清楚看出沥青进入石料内部孔隙，试件表面出现了大量孔隙。

SBR 改性沥青混合料长期老化后的－10℃弯曲试验结果(图 8-62)表明，长期老化后，三种级配混合料的－10℃弯拉应变均随沥青用量的增加呈线性变化，且影响程度有所提高。由此表明，增加沥青用量可以明显提高混合料长期老化后的低温抗裂性能。老化后沥青混合料的－10℃弯拉应变的排序基本没有改变，AC-16 级配混合料最大，6 号级配混合料最小。6 号级配是控制区上沿级配，与 20 号级配和 AC-16 级配相比偏细，可见混合料级配偏细，老化后低温弯曲应变减小明显，不利于低温抗裂。

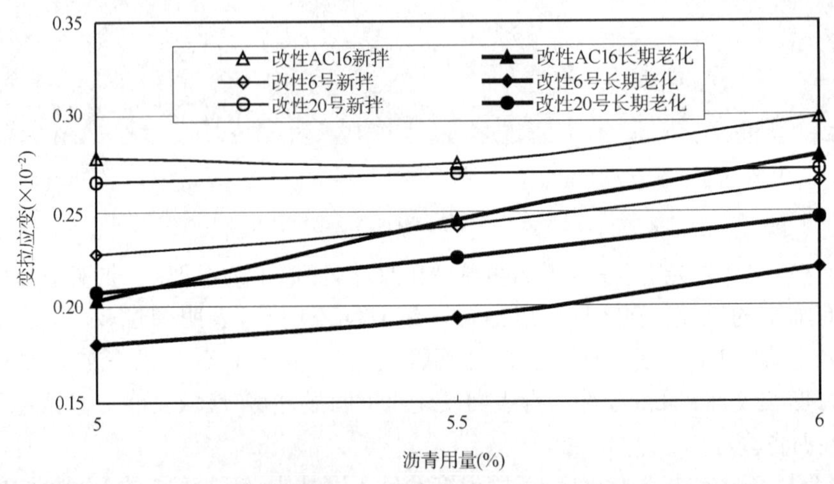

图 8-62　不同状态沥青混合料的－10℃弯拉应变

(八)丁苯橡胶改性沥青混合料性能

经过青藏公路一、二期科研组工作，1973～1985 年试验路的试铺观测，在高原多年冻土地区成功地大面积铺筑了沥青路面。但限于施工机械水平、测试条件及我国沥青路面发展的状况，青藏公路铺筑的黑色面层多为沥青贯入、沥青表处、热拌沥青碎砾石。对黑色路面研究局限于试铺，室内常规试验，生产路铺筑总结。而对沥青混合料的路用性能研究甚少。

青藏高原气候寒冷，年平均气温－2～－6℃，最高月平均气温6℃，夜间尚出现负温，冰冻期长、冻融交迭频繁，雪、冰雹固态降水任何季节都可能出现，气候变化无常。气候环境极为恶劣，沥青及沥青混合料在这种环境下承受车辆荷载作用，尤其目前重车比例增大，超载严重，这就要求沥青路面应具有更好的路用性能。因此，第三期科研期间开展了改性沥青及其混合料的研究，根据青藏高原的气候特点，结合国内外改性沥青的研究现状及科研成果，主要进行了SBR改性沥青及混合料低温性能、疲劳试验、水稳定性试验。

1. 基质沥青、改性沥青技术指标

青藏公路第三期科研针对兰炼160号沥青进行SBR、SBS改性研究。改性剂SBR和SBS，剂量为2％、4％，基质沥青采用兰炼160号(L-160号)。基质沥青、改性沥青技术性能指标见表8-37。

沥青及改性沥青试验结果 表8-37

项目		L-160号	L＋2％SBR	L＋4％SBR	L＋2％SBS	L＋4％SBS
针入度(100g，5s，0.1mm)	25℃	146	134	124	85	74
	15℃	46	42	39	30	26
	5℃	11	11	9	8	7
延度(cm)	25℃	＞100	＞100	＞100	＞100	＞100
	10℃	＞100	＞100	＞100	31	39
	5℃	26	＞100	＞100	21	30
软化点(环球法)(℃)		42.6	44.0	45.6	46.0	47.2
薄膜加热试验(163℃，5h)	质量损失(％)	－1.60	－0.83	－1.17	－0.97	－0.87
	针入度(25℃，0.1mm)	51	72	67	49	48
	针入度比(25℃)(％)	34.9	53.7	54.0	57.6	64.9
	延度(cm) 25℃	＞100	＞100	＞100	＞100	＞100
	延度(cm) 10℃	14	＞100	＞100	24	31
	延度(cm) 5℃	7	＞100	＞100	11	15
	软化点(℃)	48.2	49.7	48.9	52.1	51.0
蜡含量(蒸馏法)(％)		1.7	—	—	—	—
脆点(℃)		－17	－25	－22	－14	－22
密度(15℃)(g/cm³)		1.009	1.012	1.014	1.029	1.028
T_{800}(℃)		37.8	39.1	38.8	43.6	44.8
$T_{1.2}$(℃)		－12.5	－13	－10.8	－11.5	－10.3
PI值		－2.12	－1.92	－2.20	－1.59	－1.57
运动黏度(135℃)(mm²/s)		157.7	413.2	632.7	295.2	478.7
动力黏度(60℃)(Pa·s)		395	963	1 327	1 038	1 915
弹性恢复	恢复长度(cm)	3.0	3.9	7.0	3.3	3.7
	恢复率(％)	30	39	70	33	37

从试验结果可以看出，SBR 和 SBS 均可使兰炼 160 号沥青高低温性能和抗老化性能得到改善。而 SBS 可以更好改善沥青的高温性能，SBR 则更好地改善沥青低温性能。根据青藏高原的气候环境要求，应选用 SBR 改善兰炼 160 号沥青，合理剂量为 2%。

2. 车辙试验

基质沥青和改性沥青混合料车辙试验结果如表 8-38 所示，表明改性前后沥青混合料的车辙深度的变化。

车辙试验结果　　表 8-38

沥青类型	达 30mm 车辙深度次数（次）(60℃)	动稳定度 DS（次/mm）(30℃)	沥青类型	达 30mm 车辙深度次数（次）(60℃)	动稳定度 DS（次/mm）(30℃)
L-160 号	220	284	L+2%SBS	323	388
L+2%SBR	305	350	L+4%SBS	480	646
L+4%SBR	420	600			

由表 8-37 可以看出基质沥青经改性后，沥青黏度增加，表现出较好的高温稳定性；结合青藏公路具体的气候特点，进行了 60℃和 30℃沥青混合车辙试验。结果表明改性沥青混合料抗高温稳定性增强；并随 SBR 和 SBS 掺量增加，耐高温性能增加；掺加 SBS 的高温稳定性要比掺加 SBR 要好。

3. 低强度弯曲破坏试验

基质沥青和改性沥青混合料不同面度的低温弯曲破坏试验及低温 −10°劈裂试验结果见表 8-39 和表 8-40。

低温弯曲试验结果　　表 8-39

指标		L-160 号	L+2%SBR	L+4%SBR	L+2%SBS	L+4%SBS
0℃	弯曲强度(MPa)	8.799 5	7.585 5	8.193 9	8.290 1	7.609 5
	破坏应变(με)	7 065	12 353	9 882	7 739	7 269
	应变能密度(kJ/m³)	40.28	64.40	52.23	44.25	42.50
−10℃	弯曲强度(MPa)	10.831 7	11.281 0	11.561 6	11.620	11.560
	破坏应变(με)	2 350	4 830	2 770	3 590	2 460
	应变能密度(kJ/m³)	12.50	34.60	12.44	19.60	17.05
−15℃	弯曲强度(MPa)	10.062 7	9.842 1	11.974 6	10.108 9	9.381 7
	破坏应变(με)	3 047	6 379	5 708	6 512	3 232
	应变能密度(kJ/m³)	13.11	39.62	38.60	39.43	23.60
−20℃	弯曲强度(MPa)	10.934 2	11.211 2	13.071 7	10.814 0	11.551 6
	破坏应变(με)	3 817	9 031	5 154	4 732	2 964
	应变能密度(kJ/m³)	16.40	55.65	31.70	34.66	17.87

低温劈裂试验结果 表 8-40

指标 / 沥青种类	劈裂强度(MPa)	劈裂破坏应变(με)	破坏劲度模量(MPa)
L-160 号	2.139 5	4.24×10^{-3}	505
L+2%SBR	1.443 3	5.24×10^{-3}	275
L+4%SBR	2.260 9	4.57×10^{-3}	495
L+2%SBS	1.891 3	4.80×10^{-3}	394
L+4%SBS	2.219 4	4.42×10^{-3}	503

结果表明 SBR 和 SBS 掺入兰炼 160 号沥青中，沥青混合料低温性能得到了改善。其中以兰炼 160 号沥青中掺加 2%SBR 抗裂性能最佳，其次为掺加 2%SBS 和 4%SBR，而掺加 4%SBS 改善效果相对较差。

4. 疲劳试验

15℃沥青混合料疲劳试验结果见表 8-41～表 8-45。结果表明兰炼 160 号沥青经 SBR 的 SBS 改性后，其混合料抗疲劳性能得到了改善，而且随掺量增加，耐疲劳性能改善也愈好。

15℃时 L-160 号沥青混合料疲劳试验结果 表 8-41

指标 / 标号	σ(MPa)	N_f(次)	回归方程
1	0.196	76 632	$N_f=481.5(1/\sigma)^{3.08}$ $R=0.996$
2	0.245	36 582	
3	0.294	18 279	
4	0.343	14 495	

15℃时 L+2%SBR 沥青混合料疲劳试验结果 表 8-42

指标 / 标号	σ(MPa)	N_f(次)	回归方程
1	0.158	188 541	$N_f=456.4(1/\sigma)^{3.15}$ $R=0.998$
2	0.211	61 313	
3	0.264	25 576	
4	0.317	20 351	
5	0.370	9 947	

15℃时 L+4%SBR 沥青混合料疲劳试验结果 表 8-43

指标 / 标号	σ(MPa)	N_f(次)	回归方程
1	0.309	47 333	$N_f=3\,258.5(1/\sigma)^{2.21}$ $R=0.984$
2	0.386	25 375	
3	0.436	15 593	
4	0.540	14 465	

15℃时L+2%SBS沥青混合料疲劳试验结果 表8-44

标号 \ 指标	σ(MPa)	N_f(次)	回归方程
1	0.228	90 100	$N_f=1\,301.8(1/\sigma)^{2.87}$ $R=0.985$
2	0.285	53 807	
3	0.342	21 320	
4	0.399	21 070	

15℃时L+4%SBS沥青混合料疲劳试验结果 表8-45

标号 \ 指标	σ(MPa)	N_f(次)	回归方程
1	0.339	57 873	$N_f=1\,329.1(1/\sigma)^{3.44}$ $R=0.994$
2	0.424	22 997	
3	0.509	12 926	
4	0.594	8 460	

5.沥青混合料水稳定性试验

兰炼160号沥青改性后混合料浸水马歇尔试验和冻融劈裂试验结果见表8-46和表8-47。

残留稳定度试验结果 表8-46

沥青 \ 性能指标	M_δ(kN)	$M_{\delta1}$(kN)	$M_{\delta0}$(%)
L-160号	4.04	4.47	90.5
L+2%SBR	5.53	5.48	94.7
L+4%SBR	5.54	5.73	96.6
L+2%SBS	5.42	5.69	95.3
L+4%SBS	5.89	6.03	97.7

冻融劈裂度试验结果 表8-47

沥青 \ 性能指标	R_1(kN)	R_2(MPa)	TSR(%)
L-160号	0.411	0.335	81.6
L+2%SBR	0.415	0.348	83.6
L+4%SBR	0.402	0.341	84.7
L+2%SBS	0.428	0.353	82.5
L+4%SBS	0.452	0.399	88.3

试验结果表明兰炼160号沥青经SBR和SBS改性后，其混合料抗水害能力得到了提高。

1992年青藏公路整治工程开始铺筑SBR改性沥青混合料路面，最初采用丁苯橡胶母体现场掺入基质沥青形成改性沥青结合料的工艺。实际掺配使用中由于受搅拌设备的限制，掺配均匀性差造成改性剂分散性不好，影响到改性效果。

1997年～2004年开始使用工厂化生产的丁苯橡胶改性沥青，保证了沥青混合料的质量，施工拌和极为方便，与一般沥青混合料拌和方法一样，仅加强控制而已。

改性沥青混合料的使用使沥青路面裂缝间距由原来普通沥青混合料路面的3～15m，延长到20～60m，减少了沥青路面的裂缝，提高了沥青路面的使用寿命。实践表明工厂化生产改性沥青是改性效果的保证。尤其在青藏高原的气候环境下，推荐采用工厂化生产改性沥青。

(九)多年冻土区新型沥青混合料性能

1.新型改性沥青结合料性能

本节对TPS改性沥青、路孚8000改性沥青和Sasobit改性沥青进行进一步对比研究。

与老化后的沥青相比，TPS、路孚8000加入后沥青的25℃、30℃针入度都有不同程度的降低；针入度指数明显增大。

与基质沥青相比，Sasobit加入后沥青的15℃、25℃、30℃针入度都有不同程度的降低；针入度指数明显增大；随着改性剂掺量的增加针入度减小，针入度指数增大。

TPS、路孚8000和Sasobit改性沥青都能使5℃延度增大(表8-48)，其中TPS改性沥青的增大较明显，路孚8000和Sasobit改性沥青的增加有限。因此，TPS改性沥青对抗裂性能，包括抗温缩裂缝、抗温度裂缝、抗温度疲劳裂缝改善较路孚8000和Sasobit好，更适用于多年冻土区沥青路面。

三种改性剂不同掺量的5℃延度 表8-48

改性剂种类	不同掺量的5℃延度(cm)(基质沥青的延度为1.5cm)				
TPS(5cm/min)	15%	12%	9%	6%	3%
	62	64	52	37	18
路孚8000(1cm/min)	16%	13%	10%	7%	4%
	2	4.2	7.1	6.0	2
Sasobit(1cm/min)	5%	4%	3%	2%	1%
	3.5	5.1	6.0	5.5	4.5

加入这三种添加剂后，沥青胶结料的软化点(表8-49)都得到了提高，并且随着改性剂掺量的增加而升高，掺量达到一定程度后软化点都大于80℃，说明改性后沥青具有良好的高温性能。

加入新型添加剂后的软化点变化 表8-49

改性剂种类	不同掺量的软化点(℃)(基质沥青的软化点为48.4℃)				
TPS	15%	12%	9%	6%	3%
	>80	>80	78.9	50.8	49
路孚8000	16%	13%	10%	7%	4%
	>80	>80	62	52	50
Sasobit	5%	4%	3%	2%	1%
	>80	>80	62.5	52.6	49.6

随着改性剂的增加弹性恢复能力增强，TPS 超过 12%后，弹性恢复为 100%。

2. *新型改性沥青混合料性能*

确定路孚 8000 的掺量为沥青用量的 15%，TPS 的掺量为沥青用量的 13.5%，Sasobit 的掺量为沥青用量的 3.5%，矿料级配采用 AC-13，三种添加剂对应混合料的油石比路孚 8000 为 4.5%，TPS 为 4.9%，Sasobit 为 4.7%。

低温弯曲破坏试验结果(表 8-50)表明，加入新型添加剂后除了 Sasobit 改性沥青混合料基本保持不变外，其他改性剂对低温性能都有较大改善。弯曲应变能从大至小依次为 TPS>路孚 8000>Sasobit>基质沥青。

新型沥青混合料弯曲破坏试验结果 表 8-50

沥青混合料种类	抗弯拉强度(MPa)	最大弯拉应变	弯曲应变能($N\cdot m\times10^{-3}$)
基质沥青混合料	7.84	0.001 034	109
加入路孚 8000 后的沥青混合料	10.64	0.001 381	188
加入 TPS 后的沥青混合料	10.27	0.001 366	210
加入 Sasobit 后的沥青混合料	7.94	0.001 120	126
加入 SBS 后的沥青混合料	10.30	0.001 895	252

表 8-51 表明，加入三种新型添加剂和 SBS 的沥青混合料的动稳定度都达到了规范要求的大于 3 000 次/mm，表明都具有良好的抗车辙能力，都比 SBS 改性沥青混合料的动稳定度要高，尤其是路孚 8000，动稳定度达到了 7 920 次/mm，对高温性能的改善非常显著。加入三种新型添加剂后变形量也都有明显的减小，变形量都在 2.5mm 以内。

新型沥青混合料动稳定度试验结果 表 8-51

添加剂种类	动稳定度(次/mm)	变形量(mm)	添加剂种类	动稳定度(次/mm)	变形量(mm)
基质沥青	1 280	18.5	Sasobit	4 150	2.5
路孚 8000	7 920	1.6	SBS 改性沥青	4 080	2.5
TPS	5 720	2.2			

冻融劈裂试验结果(表 8-52)表明，加入路孚 8000 和 TPS 添加剂后，沥青混合料的劈裂强度比增大，表明加入路孚 8000 和 TPS 后，沥青混合料的水稳定性能得到提高。Sasobit 对水稳定性的提高不大。

沥青混合料的冻融劈裂试验结果 表 8-52

混合料类型	基质沥青	路孚 8000	TPS	Sasobit	SBS
劈裂强度比(%)	83.5	89.5	92	84	91

15℃应变控制的疲劳试验结果(表 8-53)表明，路孚 8000、TPS 和 SBS 改性沥青对疲劳性能均有较大的改善，但是 SBS 和 TPS 改善效果较显著，尤其是 TPS，疲劳寿命达到了 70 多万次，SBS 的疲劳寿命与基质沥青相比也增加了三倍以上。

疲劳试验结果 表 8-53

种　类	基质沥青	路孚 8000	Sasobit	TPS	SBS
结束劲度	2 708	4 240	3 559	2 763	2 733
循环次数	86 500	158 000	56 867	754 705	292 080

3. 纤维沥青混合料性能

选用 Dolanit 和 GoodRoadII 两种纤维进行试验研究，纤维掺量分别为 0.3%和 0.23%，沥青为 SBR 改性沥青。

沥青混合料马歇尔试验结果表明，掺入纤维后在相同的沥青用量下，沥青混合料马歇尔试件的密度明显减小，矿料间隙率和空隙率增大，沥青饱和度有不同程度的减小，流值有所降低，而稳定度的变化不明显。

0℃弯曲蠕变试验结果(图 8-63)表明，纤维沥青混合料的蠕变速率减小，并且沥青用量越大，蠕变速率减小越多；纤维沥青混合料的弯拉应变(图 8-64)依然表现出随着沥青用量的增加而增大的趋势。同时，与未掺纤维的沥青混合料相比，两种纤维沥青混合料的弯拉应变均明显增大。

图 8-65 和 图 8-66 显示纤维沥青混合料的弯拉强度并没有明显提高，加入纤维后沥青混合料的弯拉模量变小。

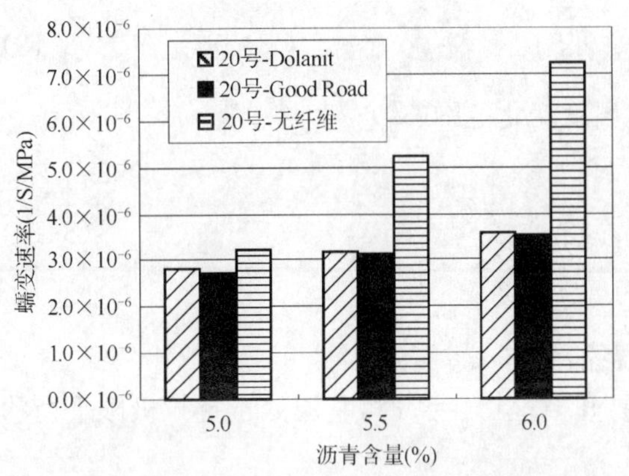

图 8-63　纤维沥青混合料蠕变速率

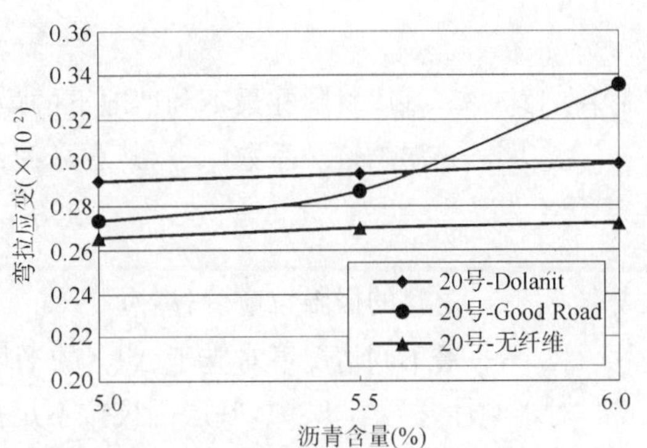

图 8-64　纤维沥青混合料弯拉应变

纤维沥青混合料－18℃冻融劈裂试验结果可得，与未掺纤维沥青混合料相比，同样的沥青用量下，纤维沥青混合料的冻融劈裂比 TSR 均要小，且沥青用量越小，差异越明显。这说明纤维的掺入降低了沥青混合料的抗冻性。

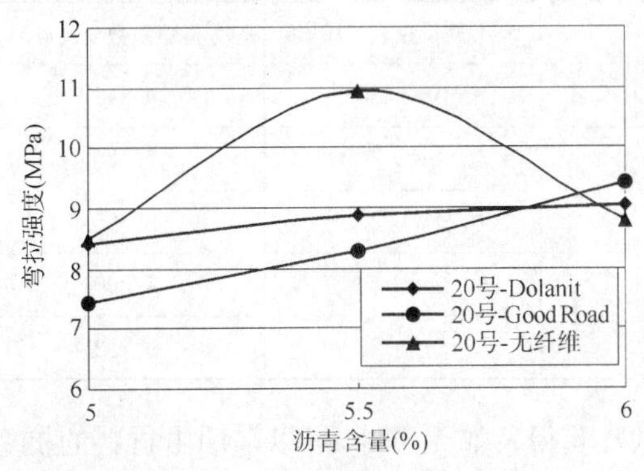

图 8-65　纤维沥青混合料弯拉强度

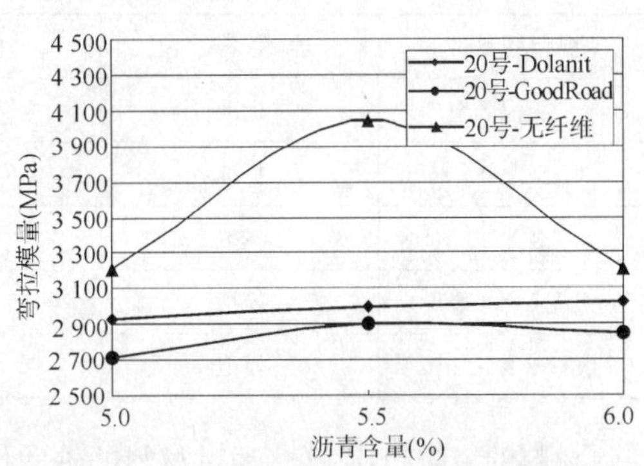

图 8-66　纤维沥青混合料弯拉模量

掺入纤维后，沥青混合料试件的空隙率增大，45℃高温车辙试验结果表明，纤维沥青混合料的动稳定明显增大，即高温稳定性明显提高。

第六节　多年冻土地区沥青路面材料设计方法

一、水泥稳定砂砾基层配合比设计方法

(一)设计参数及其确定

1. 抗压强度 R_y

对于多年冻土地区特殊条件应尽量模拟现场温度、湿度等条件进行养生测试混合料实际抗压强度；当不具备试验条件时可以采用前文得出的强度增长规律公式进行预测，为连续施工或开放交通提供依据；若按规范规定进行室内标准条件抗压强度试验时应对试验结果适当折减。

2. 温缩抗裂性指数 I_t

定义温缩抗裂指数如下：

$$I_t = \Delta T_m / [T] \tag{8-13}$$

式中：ΔT_m——基层材料在最不利情况下的最大温度变化范围(℃)；

$[T]$——温缩抗裂系数(℃)，其意义为：

$$[T] = \varepsilon_m / \bar{\alpha}_t \tag{8-14}$$

式中：ε_m——材料的极限拉应变($\mu\varepsilon$)；

$\bar{\alpha}_t$——最不利情况下对应于 ΔT_m 的平均温缩系数($\mu\varepsilon$ /℃)。

对半刚性基层当 $I_t>1$，基层因抗拉不足而易开裂；当 $I_t=1$ 时，基层处于抗拉极限平衡状态；当 $I_t<1$ 时基层能抵抗温缩应力而不致开裂。

一般情况下，0～－20℃温度区间是多年冻土地区水泥稳定粒料基层温度收缩的最不利温度段；掺入 CS-1 外加剂后最不利温度降低 5℃。对应于最不利温度范围的平均温缩系数如表 8-54 所示。

多年冻土地区水泥稳定砂砾最不利温度范围和平均温缩系数　　表 8-54

混合料类型	养生条件	龄期(d)	最不利温度范围(℃)	平均温缩系数 $\bar{\alpha}_t$ ($\mu\varepsilon$/℃)
级配 2	标准	7	0～－20	9.843
级配 3	标准	7	0～－20	9.926
级配 3	模拟	14	0～－20	9.683
级配 3 掺 CS-1	模拟	14	0～－20	9.360
级配 3 掺 CS-1	模拟	14	－5～－25	9.852

材料的极限拉应变 ε_m 通过材料的轴向拉伸试验获得。如无条件，可以采用由材料的抗弯拉强度和抗弯拉回弹模量计算得出的材料极限拉应变代替。

3. 干缩抗裂指数 I_d

定义干缩抗裂指数如下：

$$I_d = \Delta W_m / [W]$$

式中：ΔW_m——基层材料在最不利情况下含水率的最大变化幅度(%)；

$[W]$——干缩抗裂系数(%)，可表示为：

$$[W] = \varepsilon_m / \bar{\alpha}_d$$

式中：ε_m——材料的极限拉应变($\mu\varepsilon$)；

$\bar{\alpha}_d$——最不利情况下对应于 ΔW_m 的平均干缩系数($\mu\varepsilon$ /%)。

若 $I_d > 1$，基层因抗拉不足而易开裂；当 $I_d = 1$ 时，基层处于抗拉极限平衡状态；当 $I_d < 1$ 时，基层能抵抗温缩应力而不致开裂。

(二)材料组成优化设计方法

多年冻土地区水泥稳定粒料基层，根据以上三个设计指标，综合考虑力学强度和抗收缩开裂，从技术和经济两方面合理确定混合料组成中集料和结合料的最佳配比，具体方法是：在保证强度满足规定要求的前提下，根据该地区干燥收缩和温度收缩最不利的情况，确定各种拟定配合比混合料的抗裂指数 I_t 和 I_d，综合优化确定强度特性和收缩特性俱佳的配合比。

根据模拟实际环境条件下水泥稳定粒料收缩特性研究分析可知：干燥收缩主要发生在成型初期，最不利阶段是相对失水率在 $65\% w_{max} \sim 80\% w_{max}$ 之间，对该阶段混合料含水率而言，大约在最佳含水率到半风干含水率之间。因此，$\Delta w_m = w_{半风干} - w_0$；相应 $\bar{\alpha}_d$ 取最佳含水率到半风干含水率之间的平均干缩系数，或取相应于失水率在 $65\% w_{max} \sim 80\% w_{max}$ 之间的平均干缩系数。对温度收缩而言，最不利情况是混合料失水较少(基本在最佳含水率附近)、温度在 0～-20℃之间时。因此，选取 $\Delta T_m = -20$℃；$\bar{\alpha}_t$ 取 0～-20℃之间的平均温缩系数。

多年冻土地区水泥稳定粒料基层的材料组成设计步骤如图 8-67 所示。根据试验研究与分析得出多年冻土地区半刚性基层强度形成技术保障措施：

①保证半刚性基层混合料设计抗压强度要求，取规范规定上限(3.0MPa)；

②混合料中掺入适宜外加剂，保证混合料强度快速形成，加快施工进度，降低工程施工成本；

③采用吸热覆盖措施，提高第 1 天养生温度，保证第 2 天之后养生温度达到临界温度 7℃以上；

④初期(3d)洒水、保湿养生；

⑤采取有效措施封闭施工；

⑥基层施工前对垫层充分洒水湿润。

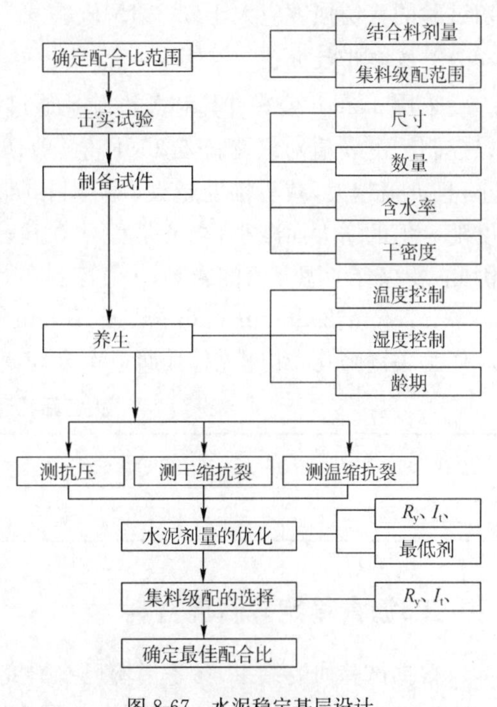

图 8-67　水泥稳定基层设计

二、级配碎石基层配合比设计方法

(一)现行规范组成设计

我国现行规范中级配碎石的组成设计较为简单,按原材料技术要求选择碎石材料后,根据规范推荐级配组成范围拟定初选级配,采用重型击实试验确定最佳含水率和最大干密度,对初选级配进行 CBR 试验验证,确定满足要求的目标级配。在实际应用过程中,现行规范设计方法的级配组成推荐范围过宽、控制指标单一,在施工质量控制中除提出 CBR 值定量控制标准外,其他如级配组成、筛孔通过率等均为定性要求,无法有效控制施工质量,往往使施工级配与设计级配差异较大,实际成型混合料的性能变异性较大。级配碎石作为松散颗粒材料,施工难度较大,若控制不严,成型质量很难保证,这也是制约级配碎石应用的主要原因。

基于以上原因,我们以 CBR 值和剪切强度为控制指标,提出双指标控制的级配碎石组成设计方法。

(二)级配组成设计控制参数

1. CBR 值控制标准

CBR 值控制标准与现行规范要求保持一致,如规范上基层要求 CBR 值不小于 180%。

2. 剪切强度控制标准

以二级公路设置级配碎石层的路面结构组合为例,用有限元法计算分析级配碎石结构层在标准轴载 BZZ—100 作用下的剪切状况,以级配碎石层中部靠近车轮内侧边缘的位置作为剪切破坏的最不利位置,考虑施工和超载等因素,根据剪切试验中平行试验剪切强度的级差确定修正安全系数为 1.4,以剪切破坏最不利位置的竖向剪切应力提出剪切强度控制标准,即剪切试验的剪切强度应大于 0.521MPa。

3. 级配指数 n 值

采用 Taibol 公式计算和关键筛孔通过率控制相结合的方法选择初选级配,为此对 n 值予以控制。由 n 值对级配碎石 CBR 值、剪切强度的影响分析得出,CBR 值随 n 值的增大而减小,且 n 值越大,减小幅度越大,应控制 n 值不大于 0.50,且 D_{max} 越大,控制应越严格;剪切强度随 n 值的增大而减小,当 n 值大于 0.50 后影响程度较小,n 值应控制在 0.45~0.50 之间。因此,要综合考虑 n 值的影响,n 值控制在 0.45~0.50 之间,以 0.50 为宜。

4.75mm、2.36mm、0.6mm、0.075mm 筛孔通过率变化对 CBR 值、剪切强度有明显影响,应作为关键筛孔予以控制,其通过率合理变化范围推荐如表 8-55 所示。

关键筛孔通过率合理变化范围　　表 8-55

关键筛孔	4.75mm	2.36mm	0.6mm	0.075mm
通过率范围(%)	37~45.5	25.5~37	13.5~17.5	3.5~7.5

三、沥青稳定碎石混合料

根据试验研究结果,参考借鉴已有研究成果与经验,在马歇尔设计方法的基础上,提出多年冻土地区沥青稳定碎石基层混合料配合比设计方法,设计流程见图 8-68。

配合比设计方法在以下方面与现行规范沥青混合料设计方法有所不同。

(一)环境荷载条件及结构分析

通过环境条件调查与分析,确定沥青结合料选择条件和试验温度条件,如基层混合料使用中可能出现的高温、低温和常温条件,为沥青选择、强度试验、疲劳试验等提供依据。通过交通量、轴重等荷载条件和路面结构分析,为混合料强度等路用性能要求提供依据,也为初步选择矿料级配组成提供依据。

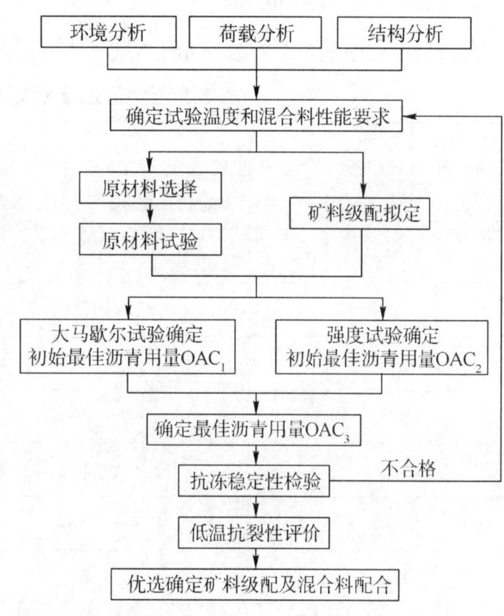

图 8-68　多年冻土地区沥青稳定碎石基层混合料设计流程图

(二)原材料选择

应用于多年冻土地区路面基层的沥青碎石混合料,以低温抗裂性能作为混合料设计的首要目标时,应采用较软的低稠度沥青以减轻温度应力的影响,减少低温开裂的可能。参照我国规范,综合分析提出多年冻土地区沥青稳定碎石的结合料与集料选择的要求,如表 8-56 和表 8-57 所示。

多年冻土地区沥青稳定碎石的沥青技术要求　　表 8-56

试验项目		技术要求
针入度(100g,5s,0.1mm)	25℃	120～160
	5℃,15℃	测定值
高温稳定性指标	T_{800}	测定值
针入度指数 PI		−1.5～−1.0
低温抗裂性指标	$T_{1.2}$(℃)	<−18.0
	10℃延度(cm)	>30
抗老化指标(旋转薄膜烘箱)	质量变化	±0.8
	残留针入度比(%)	>40
	残留延度(10℃)	>10
施工安全指标闪点(COC)(℃)		>230
溶解度(%)		>99.5
密度(15℃)(g/cm^3)		测定值

多年冻土地区集料性质与试验项目　　表 8-57

检验性质	试验	标准
强度	压碎值(%)	<30
冻融	抗冻性(%)	质量损失<5
		强度损失<25
黏附性	黏附性	≥4 级
杂质	含泥量(%)	<1
吸水率	吸水率(%)	<3
形状	针片状(扁平)颗粒含量(%)	<20

(三)矿料级配组成

通过试验研究,推荐多年冻土地区沥青稳定碎石的级配组成范围见表 8-58。

多年冻土地区沥青稳定碎石矿料级配组成推荐范围　　表 8-58

筛孔尺寸(mm)	通过各筛孔的质量百分率(%)		
	级配沥青稳定碎石 1 号级配	沥青稳定碎石 2 号级配	沥青稳定碎石 3 号级配
37.5	100	100	100
31.5	85~95	85~95	85~95
26.5	62~76	72~84	62~76
19	46~65	62~80	46~65
16	40~54	52~68	40~54
13.2	35~50	42~60	35~50
9.5	30~46	36~50	32~46
4.75	22~38	28~42	30~42
2.36	18~30	22~34	23~35
1.18	12~24	16~28	16~28
0.6	8~18	10~20	11~22
0.3	5~15	7~17	5~15
0.15	4~11	4~12	4~11
0.075	3~7	2~6	3~7

(四)最佳沥青用量(油石比)的确定

对拟定矿料级配组成分别在不同沥青用量(或油石比)下,首先按照推荐的大型马歇尔技术标准进行马歇尔试验,以密度、空隙率、稳定度三项指标为主确定初始最佳沥青用量 OAC_1。再根据温度分析结果,进行常温下的抗压强度和劈裂强度试验,确定初始最佳沥青用量(油石比)OAC_2。将大型马歇尔确定的初始最佳沥青用量(油石比)OAC_1 与强度试验确定的初始最佳沥青用量(油石比)OAC_2 取平均值,作为最佳沥青用量(油石比)OAC_3。

(五)水稳定性检验

根据研究成果,混合料设计中应结合多年冻土地区的气候特点,在冻融劈裂试验(Lottman 试验 T 0729—98)的基础上,改进冻融条件。根据沥青稳定碎石基层实际最低温度代表值确定试验冻结温度,以现行规范中普通沥青混合料的残留强度比不小于 70%的要求作为检验标准,对不同矿料级配混合料最佳沥青用量下的水稳定性进行检验。

(六)低温抗裂性评价

利用研究提出的低温抗裂性能综合评价方法,对不同矿料级配混合料最佳沥青用量下的低温抗裂性能进行评价,优选矿料级配。

四、面层沥青混合料

(一)马歇尔设计方法在多年冻土地区的适用性分析

1.马歇尔设计方法的合理性

马歇尔方法突出的特点是试件成型设备简单、价格低廉,应用的历史较长,仪器设备完善,技术成熟,质量稳定;同时,测定方法简便,易于操作,数据处理方便,没有复杂的概念和繁琐的计算。在确定最佳沥青用量时,图表制作和相关计算也简单,方法容易掌握。这些都为马歇尔方法的推广和应用提供了良好条件。

2.在多年冻土地区的适用性分析

多年冻土地区的气候特征表现为常年温度较低,降温速度快,降水季节与正负温交替作用的时间重叠导致冻融循环剧烈,以及太阳辐射强烈。这种复杂的气候条件要求沥青混合料必须具有足够的低温抗裂、抗冻和耐老化性能,而这些指标都难以在马歇尔设计方法中得以体现,因此马歇尔方法应根据本地区的情况进行适当改进。

对于多年冻土地区,马歇尔方法最大的缺陷是没有低温和老化的指标,而采用一般地区的设计方法设计的沥青混合料,很难在该地区获得良好的路用性能。因此,对于多年冻土地区,应该考虑在马歇尔方法确定最佳沥青用量时,增加控制低温抗裂和耐老化的路用性能新指标,同时,在最佳沥青用量确定后应考虑增加水稳性、抗冻性能的检验性指标,这对于冻融循环剧烈的多年冻土地区更显重要。马歇尔方法的稳定度、流值等高温指标在常年低温的多年冻土地区作为控制指标不够恰当,尤其是流值,更是没有明显工程意义。对于空隙率、矿料间隙率、沥青饱和度等指标,应根据多年冻土地区沥青混合料的要求适当调整。通过对马歇尔方法一定程度的改进与完善,将能适合多年冻土地区的气候条件和使用要求。

(二)基于低温性能的配合比设计方法

(1)原材料及矿料级配选择

根据研究结果,并参照公路沥青路面施工技术规范,多年冻土地区沥青技术指标建议,如表8-59所示。考虑多年冻土地区的自然条件与材料分布,集料试验项目与要求见表8-60。

多年冻土地区沥青结合料控制指标与建议标准　　表8-59

指　标	单　位	建议标准		试验方法
年极端最低气温	℃	＞−21.5	＜−21.5	
针入度(25℃,5s,100g)	0.1mm	120～140	140～160	T 0604
针入度指数PI		−1.5～+1.0		T 0604
软化点(R&B),不小于	℃	40	38	T 0606
60℃动力黏度,不小于	Pa·s	60	—	T 0620
10℃延度,不小于	cm	50		T 0605
15℃延度,不小于	cm	100		
蜡含量(蒸馏法),不大于	%	3.0		T 0615
闪点,不小于	℃	230		T 0611
溶解度,不小于	%	99.5		T 0607

续上表

指　标	单　位	建议标准		试验方法
密度(15℃)	g/cm^3	实测记录		T 0603
RTFOT 后				T 0610 或 T 0609
质量变化,不大于	%	±0.8		
残留针入度比,不小于	%	60		T 0604
针入度指数 PI		−1～0.2	−1.5～0	T 0604
残留延度(10℃),不小于	cm	10	12	T 0605

多年冻土地区集料试验项目与要求　　表 8-60

检验性质	试验项目	技术要求
摩阻	轧制石料(%)表面纹理(%)	>80　粗糙
强度	压碎值(%)	<30
级配退化	洛杉矶磨耗(%)	<40
冻融	抗冻性(%)	质量损失<5
		强度损失<25
对沥青的黏附性	黏附性	4 级
有害杂质	含泥量(%)	<1
吸水性	吸水率(%)	<3
形状	针片状(扁平)颗粒含量(%)	<20

根据多年冻土地区沥青混合料路用性能的要求,重点考虑低温抗裂性能、抗冻性能和耐老化性能,选择骨架密实类结构混合料较为有利。但是,即使同为密实结构,各种级配仍然可能产生较大的性能差异。

对于多年冻土地区来讲,密实级配可以使用,而偏粗的 20 号和 AC-13 级配具有良好的低温抗裂性能、高温稳定性和抗冻性能,以此级配在青藏公路铺筑的试验段使用状况良好。

(2)最佳沥青用量的确定方法

稳定度标准,作为一项基本的力学指标,应予以保留,其要求与一般地区相同。空隙率指标是各种性能的综合反映,依据试验研究结果,空隙率在 2%～4%的时候,混合料的蠕变速率上升最快,另外根据路面调查时钻芯取样的结果,空隙率在 1.8%～2.4%时,路面各种使用性能良好,因此,其取值比一般地区宜减小。流值指标对于多年冻土地区已经没有多大意义。由于采用有效沥青计算矿料间隙率,比我国传统计算方法的结果偏小,并且用考虑到矿料间隙率过大也有不利的影响,宜确定一个上限值。由于空隙率变小,对沥青饱和度的范围应作适当的调整。

当沥青含量由 4.5%增加到 7.5%时,混合料的各种路用性能都在发生较大的变化,但都没有一个平稳的变化趋势,而在变化中均出现性能发生明显突变的"拐点",所以,沥青含量的增加尽管能够改善混合料的低温性能,但并非含量越大越好,在选择好了沥青结合料的类型后,最佳沥青含量的确定显得尤为重要,确定最佳沥青用量的具体步骤与现行规范相同,只是采用了不同的控制与检验指标。确定的最佳沥青用量比采用现行规范标准确定的略大。

多年冻土地区马歇尔设计方法的技术指标要求见表 8-61。

多年冻土地区与一般地区马歇尔法技术指标要求 表 8-61

技 术 指 标	一 般 地 区	多年冻土地区
建议沥青用量(%)	4.0～6.0	4.5～6.5
击实次数	双面各 75 次	双面各 75 次
空隙率(%)	3～6	2～4
矿料间隙率(%)	>14.0	14～16
稳定值(kN)	≥7.5	≥7.5
饱和度(%)	70～85	75～88
流值(0.1mm)	20～40	—
残留稳定度(%)	>75	≥75
动稳定度(次/mm)	800	≥800
TSR(−18℃)(%)	—	≥80
24 次冻融循环飞散损失差(%)	—	不大于 1

注:多年冻土地区的动稳定度在 45℃条件下测定。

将高温稳定性、水稳性作为检验性指标。结合多年冻土地区的气候状况,高温稳定性检验采用 45℃车辙试验,水稳性用冻融劈裂残留强度进行混合料的检验。这里,针对抗冻性能立足于冻融循环飞散试验,提出“冻融飞散损失差”设计控制指标。

第九章 多年冻土地区桥涵基础设计

第一节 概 述

多年冻土地区的桥涵建设已有100多年的历史，积累了许多成功经验。俄罗斯多年冻土的研究始于19世纪40年代，对多年冻土上地基基础工程的系统研究，则始于19世纪20年代。1892年，俄罗斯西伯利亚大铁路的修建，大大促进了工程冻土学的发展。美国和加拿大对多年冻土桥涵地基基础工程的研究则始于20世纪初。二战初期，美国和加拿大开始在北方多年冻土区修筑铁路(阿拉斯加铁路和爱得蒙顿—大努湖铁路)、公路和机场。20世纪50、60年代，美国和加拿大的冻土地基基础工程研究，得到了很快的发展。至20世纪末，美、加两国在多年冻土上地基基础工程研究和工程实践方面，已赶上世界工程冻土研究的先进水平。

我国多年冻土区桥涵地基基础的研究始于20世纪50年代。随着大兴安岭多年冻土区铁路的修建，开始了我国多年冻土与多年冻土地基基础工程的研究。20世纪60年代，为修建青藏铁路而开展的冻土工程前期研究，使我国多年冻土与多年冻土地基基础工程研究进入全面、系统的发展阶段。青藏公路与青藏铁路的修建，更使我国工程冻土的研究进入了世界多年冻土研究的先进行列。

20世纪70年代至80年代，交通部第一公路勘察设计院(中交一公院)与铁道部科学研究院西北研究所等单位，先后在青藏公路沿线多年冻土区的五道梁、清水河和昆仑山等进行了桩基试验，对钻孔打入桩、钻孔插入桩和钻孔灌注桩进行了垂直与水平荷载试验，对桩基承载能力进行了试验研究；90年代结合青藏公路整治改建，开展钢波纹管涵在多年冻土地区应用试验研究。2004年，中交一公院采用自平衡试验桩基对桩基础的垂直与水平荷载及其回冻规律进行了试验研究。

注：本章中的工程案例为方便计算，g 取 $10m/s^2$。

第二节 多年冻土地区桥梁桩基回冻规律

多年冻土地区桥梁桩基各项研究及进展主要根据试验桩讨论。2004 年在桩基试验场修筑试验桩 2 根，试桩工程位于青藏公路沿线的昆仑山垭口附近，试桩的设计参数见表 9-1。1 号试桩和 2 号试桩桩心间距为 6m，外周间距 4.8m。

试桩参数一览表　　表 9-1

试桩编号	桩身直径(mm)	实际桩长(m)	有效桩长(地面以下桩长)(m)	荷载箱距桩底距离(m)	成桩方法
1 号	1 200	16	15	1.5	人工挖孔灌注桩
2 号	1 200	16	15	1.5	人工挖孔灌注桩

一、测温孔布设与观测方法

该试桩试验共设置了 7 个测温钻孔(包括一个原始地温对比钻孔)，另在 1 号试桩内部设 2 组测温孔，分别绑缚在桩壁和试桩中心的测温管(5 号与 9 号)，在 2 号试桩桩壁也设置 1 组测温温管(10 号)，共 11 组测温管，其平面布置如图 9-1 所示。测温深度 15～20m，每孔测温管地面至 10m 深度内探头间隔为 0.5m，10m 以下为 1m，测点总数计为 298 个。

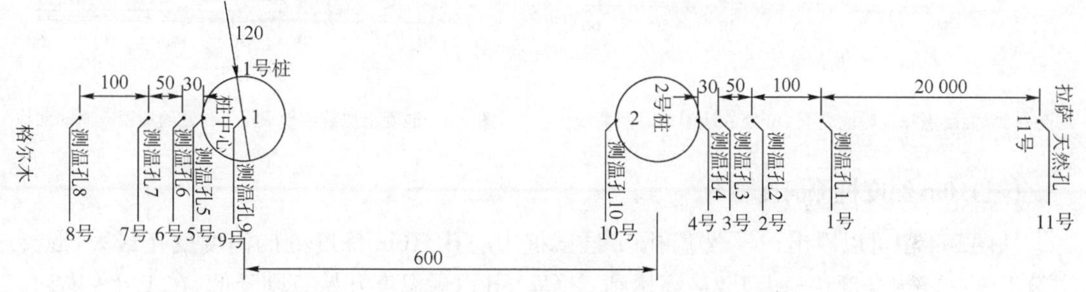

图 9-1　试桩测温钻孔平面布置示意图(尺寸单位：cm)

试桩试验温度观测频率为：混凝土浇筑前观测 1 次；混凝土浇筑后，第 1～7d 每天观测 6 次，间隔 4h；8～30d 每天观测 2 次，间隔 12h；31～60d 每天观测 1 次；60d 后，每 3d 观测 1 次；90d 后，每月观测 2 次。在进行静载试验期间，静载试验前观测 1 次，静载试验后观测1 次。

二、桩侧温度场随时间的变化规律

(一)2m 深度桩测温度变化

从图 9-2 中可以看出，9 号测温孔(1 号试桩中心孔)2m 深度处的温度变化最大，混凝土浇筑后 1～3d 内温度快速上升，最高达到 14℃。3d 以后温度开始降低，在 10d 左右时，温度下降的速度开始减缓，30d 以后，整个桩体的温度小于 0℃，变成了负温，降温速度趋于平缓。对于 5 号桩侧测温孔，与 9 号孔有类似的规律，只是其峰值温度为 7℃，说明 1 号桩浇筑后 2m 深处桩体的温度分布是不均匀的，中心温度高，往侧缘逐渐降低。离桩侧 0.3m 的 6 号测温孔的温度也有类似的变化，但其变化后的峰值温度没有超过 0℃，而且变化的幅度在 1℃以内。参照作为对比的 11 号孔温度，8 号孔温度基本没有变化，而 7 号孔的变化也很小，这说明混凝土水化热的影响范围随着距离的增加在逐渐减小，离桩侧 2m 处基本没有影响。

(二)5m 深度桩测温度变化

从图 9-3 中可以看出，9 号测温孔(1 号试桩中心孔)5m 深度处的温度变化最大，混凝土浇筑后 1～3d 内温度快速上升，最高达到 11℃。3d 以后温度开始急剧降低，在 10d 左右时，温度下降的速度开始减缓，20d 以后，整个桩体的温度小于 0℃，变成了负温，降温速度趋于平缓。对于 5 号桩侧测温孔，与 9 号孔有类似的规律，只是其峰值温度为 3℃，离桩侧 0.3m 的 6 号测温孔的温度也有类似的变化，但它变化后的峰值温度没有超过 0℃，而且变化的幅度在 1.5℃以内。参照作为对比的 11 号孔温度，8 号孔温度变化有逐渐升高的趋势，但幅度很小，而 7 号孔的变化也很小，这说明混凝土水化热的影响范围随着距离的增加在逐渐减小，离桩侧 2m 处的影响很小。

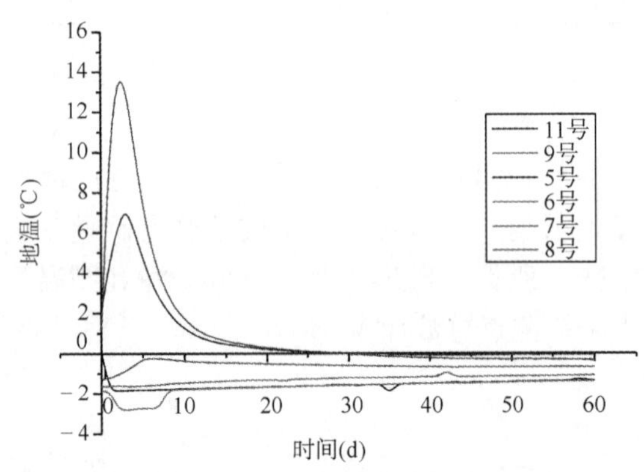

图 9-2　混凝土浇筑后地表下 2m 处的地温—时间曲线

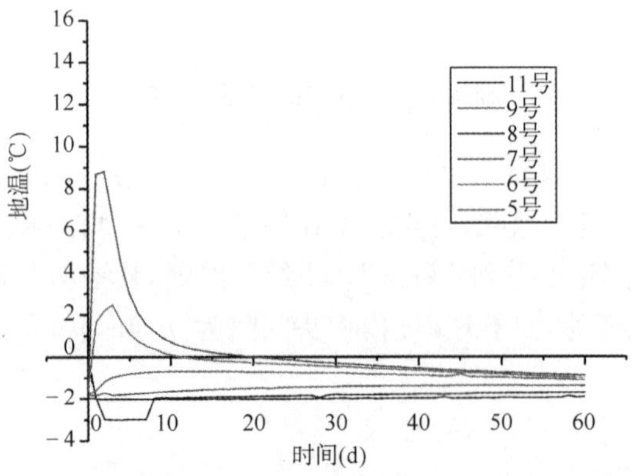

图 9-3　混凝土浇筑后地表下 5m 处的地温—时间曲线

(三)10m 深度桩测温度变化

从图 9-4 中可以看出，9 号测温孔(1 号试桩中心孔)10m 深度处的温度变化最大，混凝土浇筑后 1～3d 内温度快速上升，最高达到 13℃。3d 以后温度开始急剧降低，在 10d 左右时，温度下降的速度开始减缓，18d 以后，整个桩体的温度小于 0℃，变成了负温，降温速度趋于平缓。对于 5 号桩侧测温孔，与 9 号孔有类似的规律，只是其峰值温度为 3℃，11d 以后，整个桩侧的温度小于 0℃，变成了负温，降温速度趋于平缓。离桩侧 0.3m 的 6 号测温孔的温度也有类似的变化，但它变化后的峰值温度在 3d 时为正温，但在第 5d 时就小于 0℃，而且变化的幅度在 1.5℃以内。参照作为对比的 11 号孔温度，8 号孔温度变化有逐渐升高的趋势，但幅度很小，而 7 号孔的变化也很小，这说明混凝土水化热的影响范围随着距离的增加在逐渐减小，离桩侧 2m 处的影响很小。

(四)15m 深度桩测温度变化

从图 9-5 中可以看出，9 号测温孔(1 号试桩中心孔)15 m 深度处的温度变化最大，混凝土浇筑后 1～2d 内温度快速上升，最高达到 3.5℃。3d 以后温度开始急剧降低，在 10d 左右时，温度下降的速度开始减缓，12d 以后，整个桩体的温度小于 0℃，变成了负温，降温速度趋于平缓，但比 15m 之上位置处的降温速度要快得多。对于 5 号桩侧测温孔，与 9 号孔有类似的规律，只是其峰值温度为－5℃，整个桩侧的温度一直小于 0℃，降温速度平缓。离桩侧 0.3m 的 6 号测温孔的温度也有类似的变化，但它的温度变化更为平缓，而且变化的幅度在 1℃以内。参照作为对比的 11 号孔温度，8 号孔温度变化有逐渐升高的趋势，但幅度相当小，而 7 号孔的变化也很小，这说明混凝土水化热的影响范围随着距离的增加在逐渐减小，离桩侧 2m 处的影响基本可忽略。

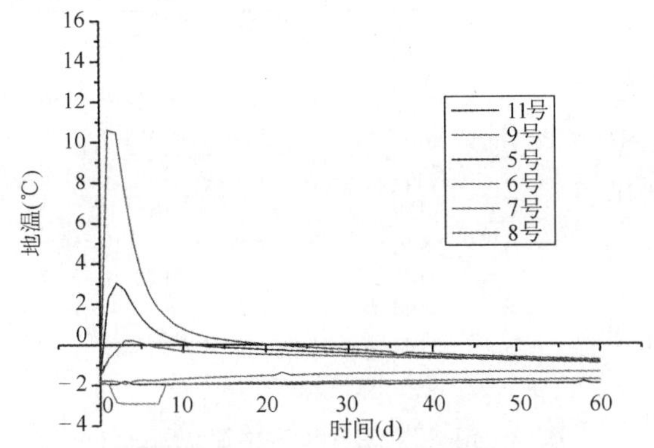

图 9-4 混凝土浇筑后地表下 10m 处的地温—时间曲线

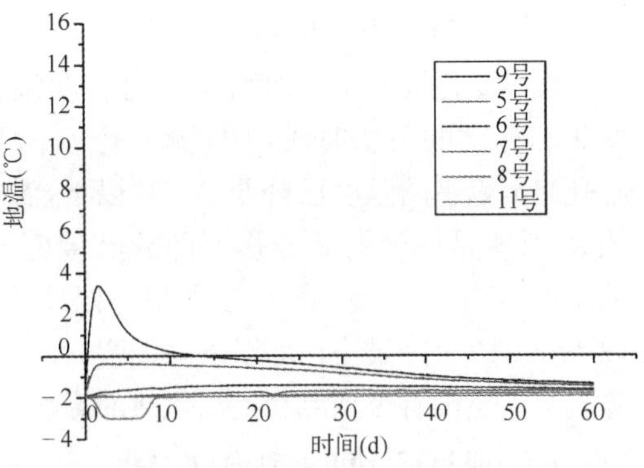

图 9-5 混凝土浇筑后地表下 15m 处的地温—时间曲线

三、桩侧温度场随空间的变化规律

(一)成桩后 2d 桩测温度变化

图 9-6 是成桩后 2d 各测温孔的温度随深度变化的关系，9 号测温孔(1 号试桩中心孔)温度变化最大，其次是侧壁上的温度；6 号孔的 11～14m 段，温度大于 0℃；而 7 号孔、8 号孔基本还没有受到混凝土水化热的影响。平行于桩的各个部位温度变化是不一样的，桩底可以向底部散热，因此温度降低速度很快。地下 6～11m 桩体散热较快，地基升温较慢，这是由于这一段地层是含冰冻土。

(二)成桩后 5d 桩测温度变化

图 9-7 是成桩后 5d 各测温孔的温度随深度变化的关系，9 号测温孔(1 号试桩中心孔)温度变化最大，其次是侧壁上的温度；6 号孔的 11～14m 段，温度大于 0℃；而 7 号孔、8 号孔基本还没有受到混凝土水化热的影响。平行于桩的各个部位温度变化是不一样的，桩底可以向底部地基散热，因此温度降低速度很快。地下 6～11m 桩体散热快，这是由于这一段地层是含冰冻土。

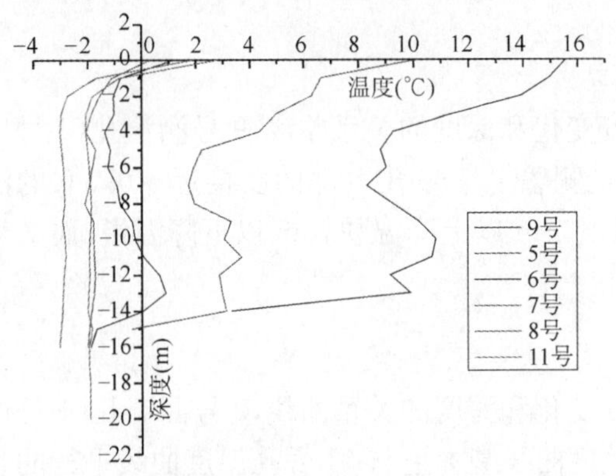

图 9-6 混凝土浇筑后 2d 时各测温孔温度和深度

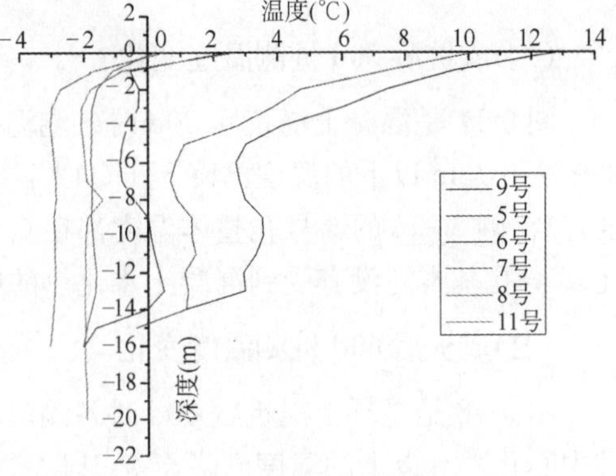

图 9-7 混凝土浇筑后 5d 时各测温孔温度和深度

(三)成桩后 10d 桩测温度变化

图 9-8 是成桩后 10d 各测温孔的温度随深度变化的关系，9 号测温孔(1 号试桩中心孔)4m 以下的温度已降至 1℃以下，温度变化最大；其次是侧壁上 5 号孔的温度，接近 0℃；离桩侧

30cm 的 6 号孔的 5～14m 段，上部温度－0.5℃，下部为 0℃；而 7 号孔、8 号孔基本还没有受到混凝土水化热的影响。

(四)成桩后 15d 桩测温度变化

图 9-9 是混凝土浇筑后 15d 时各测温孔温度变化和深度的关系曲线，9 号测温孔(1 号试桩中心孔)4m 以下的温度已降至 0.3℃以下，温度变化最大；其次是侧壁上 5 号孔下部的已接近－0.2℃的温度；离桩侧 30cm 的 6 号孔整体温度都在 0℃以下，8m 以上降温快，8m 以下降温慢；而 7 号孔、8 号孔基本还没有受到混凝土水化热的影响。

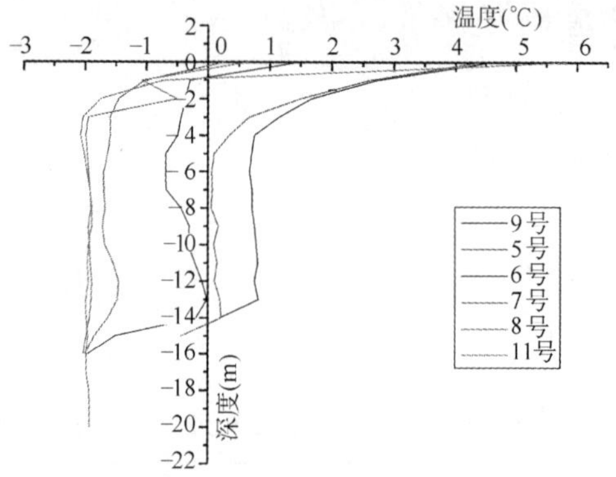

图 9-8 混凝土浇筑后 10d 时各测温孔温度和深度

(五)成桩后 20d 桩测温度变化

图 9-10 是混凝土浇筑后 20d 时各测温孔温度变化和深度的关系曲线，9 号测温孔(1 号试桩中心孔)3.5m 以下的温度已降至 0℃以下；其次是侧壁上 5 号孔下部的已接近－0.3℃的温度；离桩侧 30cm 的 6 号孔整体温度都在 0℃以下，6m 以上降温快，6m 以下降温慢；而 7 号孔、8 号孔基本还没有受到混凝土水化热的影响。

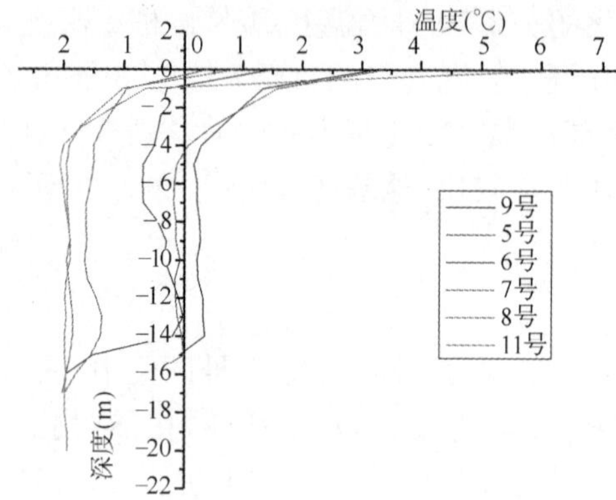

图 9-9 混凝土浇筑后 15d 时各测温孔温度和深度

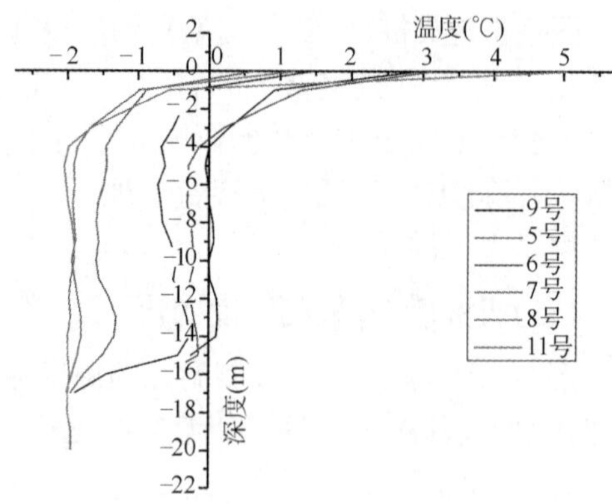

图 9-10 混凝土浇筑后 20d 时各测温孔温度和深度

(六)成桩后 30d 桩测温度变化

图 9-11 是混凝土浇筑后 30d 时各测温孔温度变化和深度的关系曲线，9 号测温孔(1 号试桩中心孔)3m 以下的温度已降至 0℃以下；其次是侧壁上 5 号孔下部的已接近－0.3℃的温度；离桩侧 30cm 的 6 号孔整体温度都在 0.5℃以下，8m 以上降温快，8m 以下降温慢；而 7 号孔、8 号孔基本还没有受到混凝土水化热的影响。

(七)成桩后 60d 桩测温度变化

图 9-12 是混凝土浇筑后 60d 时各测温孔温度变化和深度的关系曲线，9 号测温孔(1 号试桩中心孔)2m 以下的温度已降至 0℃以下，各孔温度曲线基本呈与 11 号孔温度曲线平行的状态。1 号试桩整体处于负温状态。桩—土之间热量交换逐渐平衡。

四、桩周融化冻土回冻有限元分析

采用有限元软件来对桩基础的回冻进行研究，有限元热学模型采用 plane 55 单元，这里所

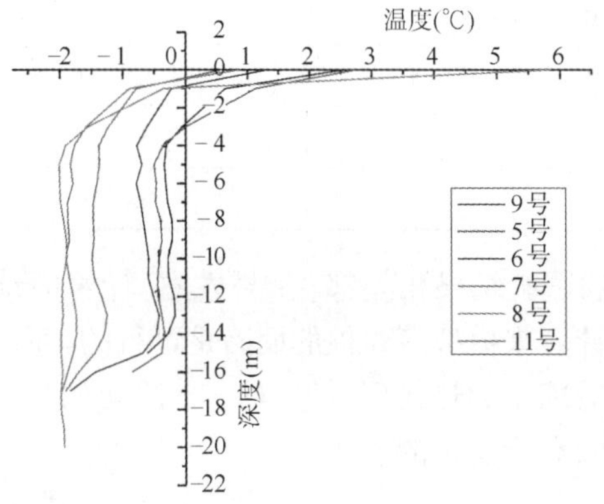

图 9-11　混凝土浇筑后 30d 时各测温孔温度和深度

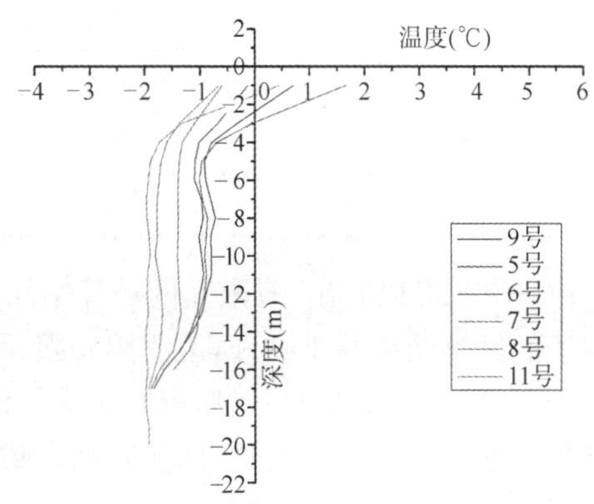

图 9-12　混凝土浇筑后 60d 时各测温孔温度和深度

取的四个土层的厚度分别为 $h_1=1.2\text{m}$，$h_2=1.3\text{m}$，$h_3=3.5\text{m}$，$h_4=4.0\text{m}$，冻土层总厚度 $h=15\text{m}$；桩径 $D=0.5\text{m}$；入土深度 $h_5=6.5\text{m}$；桩长 $h_6=7.5\text{m}$。有限元生成的模型如图 9-13 所示。

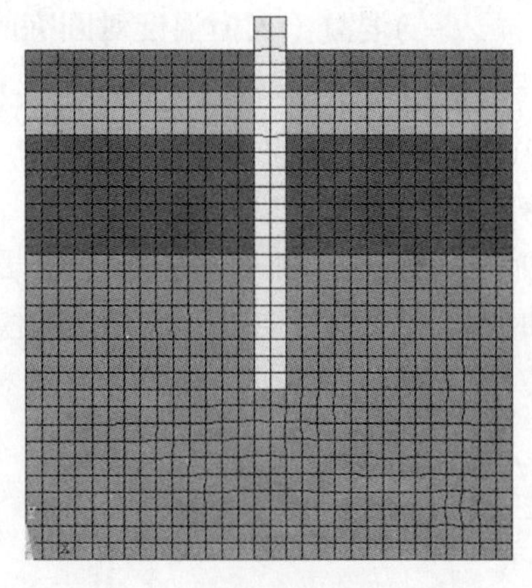

图 9-13　有限元生成的模型图

将冻土与桩体的热学条件简化，认为各层冻土的初始温度是均匀分布，根据实测的温度，融化层 h_1 的温度取 0.5℃，冻结黏砂土 h_2 的温度为 $T_{S1}=-1$℃，冻结砾砂的 h_3 温度为 $T_{S2}=-2$℃，冻结细砂的 h_4 温度为 $T_{S3}=-2.5$℃；桩体的初始温度也认为是均匀分布，不考虑空气的对流作用，混凝土水化热以边界条件（热流密度）的形式引入。有限元计算桩的温度曲线如图 9-14 和图 9-15 所示：

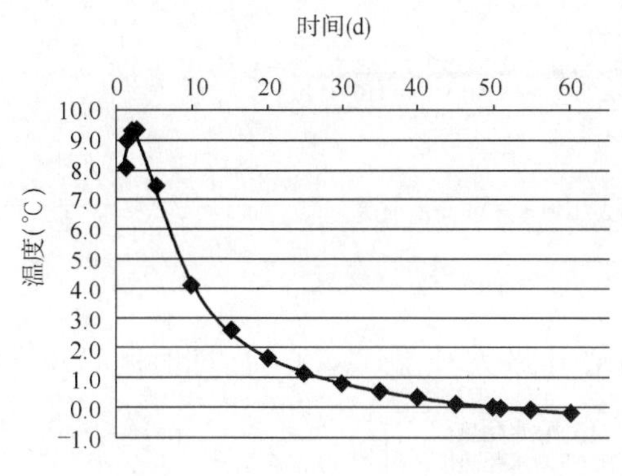

图 9-14　计算桩温度曲线图

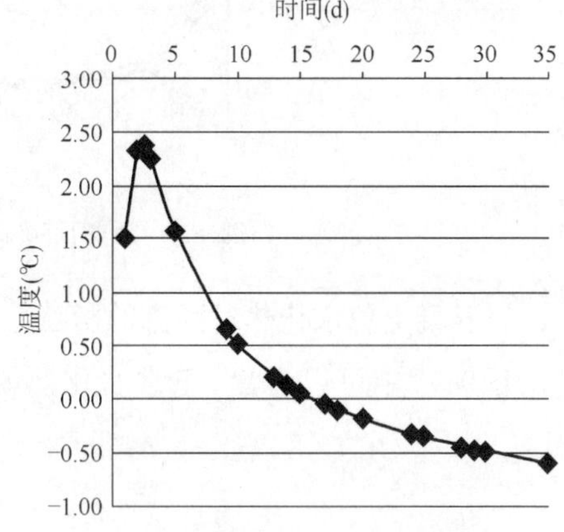

图 9-15　桩侧地面下 2.5m 的温度曲线图

由图 9-14、图 9-15 可以看出，桩在施工完成后由于混凝土水化热的作用使得桩的温度在较短时间内急剧上升，在 2～4d 内温度达到了最大值，之后桩的温度开始下降，桩在施工完成 49d 后回冻到了零度，而桩侧距地表面下 2.5 m 处在施工 16d 后温度就达到了 0℃，桩在达到零度后温度变化缓慢，温度曲线变得较平滑。

有限元的计算结果和试验测得的结果比较接近，如表 9-2 所示。

有限元计算结果与试验结果 表 9-2

桩 的 位 置	昆仑山试验桩结果(d)	ANSYS 计算结果(d)	相 对 误 差(%)
整桩的回冻时间	45	49	8.9
2m 以下桩身回冻时间	15	16	6.7

由表 9-2 可以看出，有限元的计算结果和现场的试验结果相差都在 9%左右，计算的结果与现场的试验结果基本吻合，说明用有限元的热学计算来模拟灌注桩的回冻是可行的，而产生误差的主要原因是因为在运用有限元进行计算时，对冻土的热物理条件、桩—土之间相互作用及部分参数的取值作了简化，而实际的参数是随时间有所变化的。

五、桩基混凝土对回冻的影响

(一)混凝土入模温度对回冻的影响

从图 9-16 中可以看出，当入模温度为 5℃时，9 号测温孔(1 号试桩中心孔)最大升温 10.2℃，回冻时间 17d，5 号孔最大升温 2.1℃，回冻时间 15d；当入模温度为 10℃时，9 号桩心孔最大升温 13.2℃，回冻时间 24d，5 号孔最大升温 3.3℃，回冻时间 22d；当入模温度为 15℃时，9 号测温孔(1 号试桩中心孔)最大升温 16.5℃，回冻时间 33d，5 号孔最大升温 4.6℃，回冻时间 31d。这说明随着混凝土入模温度的升高，回冻时间也相应变长，因此适当降低入模温度对冻土地区桩基施工还是十分有益的。

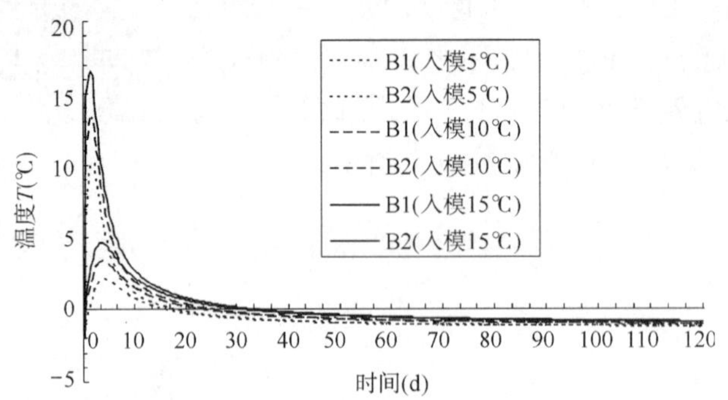

图 9-16 地表下 5m 深度处不同入模温度下的时温曲线

(二)混凝土总水化热对回冻的影响

从图9-17中可以看出，正常水化热时，9号桩心孔最大升温10.2℃，回冻时间17d，5号

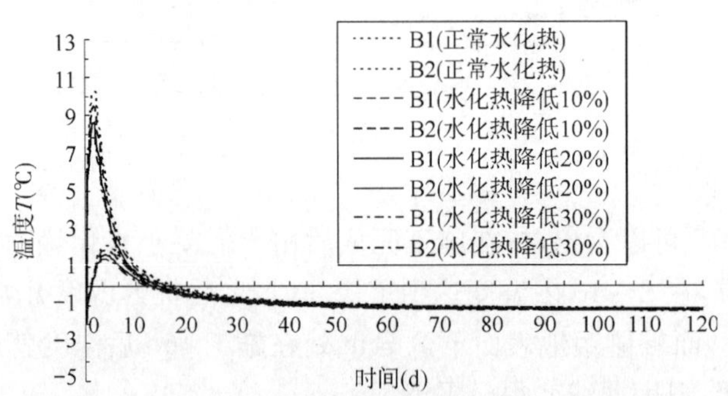

图 9-17 地表下 5m 深度处不同放热程度时的时温曲线

孔最大升温 2.1℃，回冻时间 15d；当水化热降低 10%时，9 号桩心孔最大升温 9.5℃，回冻时间 16d，5 号孔最大升温 1.9℃，回冻时间 14d；当水化热降低 20%时，9 号桩心孔最大升温 8.7℃，回冻时间 15d，5 号孔最大升温 1.6℃，回冻时间 13d；当水化热降低 30%时，9 号桩心孔最大升温 7.9℃，回冻时间 14d，5 号孔最大升温 1.4℃，回冻时间 12d。这说明随着混凝土水化热的降低，峰值温度有所降低，但不十分显著，因此需要综合考虑混凝土强度等因素，适当降低水化热以缩短回冻时间。

第三节　多年冻土地区桥梁桩基研究

一、多年冻土地区桥梁桩基竖直荷载试验研究

（一）青藏公路昆仑山垭口盆地桩基试验

2004 年，选择青藏公路沿线多年冻土地区的昆仑山哑口盆地，建立了桩基试验场，进行了两根桩径 1.2m、桩长 16m 的钢筋混凝土灌注桩的垂直荷载试验。

试验场海拔高度约 4 700m。该区气候严寒，一年冻结期长达 7～8 个月，年平均气温－5℃左右，极端最高气温 23.7℃，决端最低气温－27.7℃；年平均降雨量 220.9mm，年平均蒸发量 1 469.8mm；多年冻土天然上限 2.1m，冻土厚度约 100～110m，年平均地温约－1.8℃，属少冰或多冰冻土。地层岩性：0～2.5m 为粉质黏土，2.5m 以下为砂砾石和粉砂土。试桩尺寸和主要技术参数见表 9-3。

2004 年昆仑山桩基试验场试桩主要技术参数　　表 9-3

试桩编号	桩身直径(mm)	实际桩长(m)	有效桩长(地面以下桩长)(m)	荷载箱距桩底距离(m)	成孔方法
1号	1 200	16	15	1.5	人工挖孔
2号	1 200	16	15	1.5	人工挖孔

桩基垂直荷载试验，采用自平衡试验方法。这种试验方法是比较接近桩的实际工作状态的。其加载设备采用设置于桩中的荷载箱，与钢筋连接后，安放在桩身平衡点(离桩底 1.5m)。垂直荷载通过液压系统施加，随着荷载箱内压力的增大，箱顶和箱底被推开，产生向上和向下的推力，即施加于桩上的垂直荷载。

荷载分级，每级加载量为估算极限承载力的 1/15，第一级荷载为分级荷载的两倍，卸载分五级进行。位移观测，每级加载后，在第 1h 内，分别于 5min、15min、30min、45min、60min 读一次数，以后每隔 30min 读数一次。稳定标准为：当桩端下为低温、低含冰量冻土时，最后 30min，下沉量不大于 0.1mm，则认为桩的下沉已稳定；桩端下为高温、高含冰量冻土时，最后 1h，下沉量不大于 0.1mm，则认为桩的下沉已经稳定。破坏标准：第一类是总位移量大于 40mm，试加荷载的下沉量大于或等于前一级荷载下沉量的 5 倍时，认为试桩已破坏，停止加载；第二种情况是总位移量大于 40mm，试加荷载后，24h 未达稳定，则认为试桩已破坏，停止加载；第三种情况是总位移量小于 40mm，但荷载已大于或等于设计荷载乘设计规定的安全系数，则可终止加载。

2004 年 6 月 9 日，完成了两根钢筋混凝土试桩的施工。7 月 21 日～25 日(成桩 42d 后)，进行第一次垂直荷载试验，试验时桩侧表面冻土平均温度恢复到－0.6℃，桩周冻土季节融化

深度约1.6m,混凝土强度达到设计强度。9月4日～9月5日(成桩87d后),进行第二次垂直荷载试验,此时桩侧表面冻土平均温度已恢复到－1.5℃,与天然孔的地温基本一致。桩周冻土融化深度约1.9m,即第一次试验时,上部桩的冻结长度为11.9m;第二次试验时,上部桩的冻结长度为11.6m。

第一次试验,施加荷载4 500kN;第二次试验,施加荷载5 000kN。两次试验桩的位移都较小(桩向上、向下的位移都在7mm以下),但施加荷载已大于设计荷载,故停止试验。表9-4列出了第一次试验时,试桩荷载、位移试验结果。

第一次试验,试桩荷载、位移试验结果汇总 表9-4

试桩编号	1号	2号	备注
预定加载量(kN)	2×4 500	2×4 500	
最终加载量(kN)	2×4 500	2×4 500	试验期,桩侧表面多年冻土平均温度约－0.6℃
荷载箱处最大向上位移(mm)	6.58	6.77	
向上残余位移(mm)	5.71	5.49	
上部桩土体系弹性变形(mm)	0.87	1.28	
荷载箱处最大向下位移(mm)	6.14	6.46	
向下残余位移(mm)	5.49	5.61	
下部桩土体系弹性变形(mm)	0.65	0.85	
桩顶位移(mm)	3.62	3.70	
上段桩压缩变形(mm)	2.96	3.07	

试验结果表明,钢筋混凝土桩的直径1.2m时,在荷载作用下,桩仍然产生了压缩变形。第一次试验,上段桩压缩量为2.96～3.07mm;第二次试验,桩的压缩量为1.48～1.51mm。桩属弹性桩,两次试验,桩的位移都较小(与确定破坏标准40mm相比)。第一次试验时,桩侧冻土温度较高(平均为－0.6℃),冻结强度和冻土的弹性模量较小,桩土系统的变形较大,桩顶位移在3.26～3.70mm;第二次试验时,桩侧冻土温度较低(平均为－1.5℃),冻结强度和冻土的弹性模量较大,桩土系统的变形较小,桩顶位移仅为2.62～2.79mm。在桩土系统的变形中,主要为塑性变形,弹性变形很小(弹性变形约占总变形的13%～26%)。说明在剪应力作用下,桩土界面上的剪切变形主要为黏塑流动。

多年冻土中桩基的承载能力,来源于桩侧冻土的冻结力和桩端多年冻土的反力,应根据桩侧冻结强度确定桩底多年冻土的反力,而不能按桩底多年冻土的抗压强度来确定桩端承载力。

(二)上段桩的抗拔力

试验测得:荷载作用下,桩中轴力的分布,从荷载箱起,是沿桩向上、向下逐渐减小的,见表9-5。桩土界面上剪应力的不均匀分布决定了桩中轴力的分布。试验结果说明,离荷载箱越近,剪应力越大;离荷载箱越远,剪应力越小。

两次试验得到的最大荷载作用下上部桩中轴力沿深度的分布情况见表9-6和图9-18。结果表明,在荷载增加500kN时,只有第4断面的轴力有较大的变化,其他断面上的轴力基本保持不变。

第一次试验1号试桩各级荷载下,轴力的分布(kN)　　表9-5

荷载编号	桩顶 0.0m	截面1 −5.7m	截面2 −7.6m	截面3 −8.9m	截面4 −12m	荷载箱 13.5m	截面5 −15m
0	0	0	0	0	0	0	0
2	0	86	150	231	439	600	502
3	0	147	228	324	617	900	719
4	0	210	323	446	852	1 200	960
5	0	327	450	597	1 106	1 500	1 221
6	0	398	565	750	1 359	1 800	1 471
7	0	576	791	990	1 623	2 100	1 691
8	0	603	873	1 120	1 889	2 400	1 955
9	0	656	966	1 250	2 158	2 700	2 233
10	0	691	1 114	1 419	2 451	3 000	2 484
11	0	649	1 138	1 527	2 714	3 300	2 678
12	0	682	1 186	1 623	2 939	3 600	2 923
13	0	707	1 246	1 747	3 168	3 900	3 160
14	0	765	1 324	1 863	3 390	4 200	3 422
15	0	825	1 420	1 994	3 659	4 500	3 701

最大荷载作用下,上段桩中轴力的分布(kN)　　表9-6

试桩编号	试验温度 (℃)	荷载箱 −13.5m	截面4 −12m	截面3 −8.9m	截面2 −7.6m	截面1 −5.7m
1号	−0.6	4 500	3 659	1 994	1 420	825
2号	−0.6	4 500	3 554	2 021	1 380	801
1号	−1.5	5 000	3 753	1 964	1 440	814
2号	−1.5	5 000	3 625	2 062	1 407	817

根据表9-4所列数据,经计算,得到最大荷载作用下,桩与冻土界面上剪应力的分布,如表9-7。在桩与冻土界面上,剪应力的分布是自下而上逐渐减小的。在荷载箱附近,剪应力最大,桩与冻土之间的冰胶黏连结可能已破坏。在−0.6℃条件下,桩与冻土间的平均破坏冻结强度约为1.08kPa;在−1.5℃条件下,约为1.25kPa。

最大荷载作用下,桩与冻土界面上剪应力的分布(kPa)　　表9-7

试桩编号	试验温度 (℃)	荷载 (kN)	−12～ −13.5m	−8.9～ −12m	−7.6～ −8.9m	−5.7～ −7.6m	−5.7～ 上限	冻结桩段平均 剪应力
1号	−0.6	4 500	148.69	142.47	116.95	83.15	53.38	108.93
2号	−0.6	4 500	167.20	131.15	106.35	85.26	51.82	108.25
1号	−1.5	5 000	220.50	153.05	106.91	87.42	56.82	124.94
2号	−1.5	5 000	243.10	133.76	108.47	86.96	57.03	125.86

(三)下段桩的抗剪强度

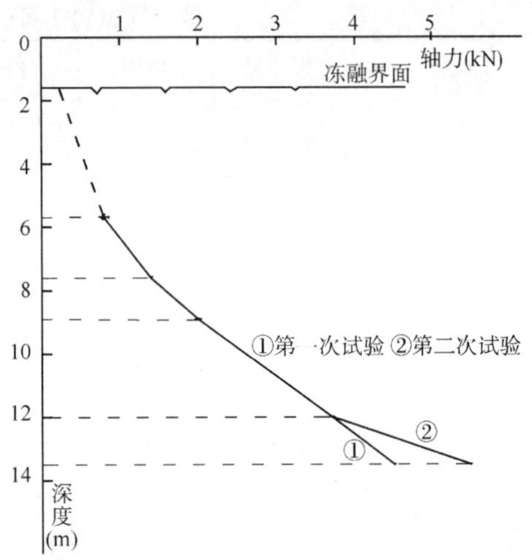

图 9-18 桩中轴力沿深度的分布

假定在荷载作用下,下段试桩冻结界面上的剪应力分布是均匀的;在试验期间,剪切界面上的温度分布是均匀的。各级荷载作用下,两次试验的桩土界面剪应力 τ 与剪切位移 S 关系曲线,如图 9-19、图 9-20 所示。在试验的初期,随着剪应力的增大,桩的剪切位移迅速增大;当剪应力增大到某一值(比例界限)后,桩剪切位移随剪应力的增加呈线性增长;在剪应力达到另一界限值(极限荷载)后,桩的剪切位移随着剪应力的增大,进入加速增长阶段。

为便于讨论,把比例界限的剪应力称为桩土界面的计算冻结强度;极限荷载对应的剪应力,称为桩土界面的极限冻结强度。两次试验所得桩的计算冻结强度和极限冻结强度以及两种强度所对应的剪切位移,列于表 9-8 中。钢筋混凝土桩与冻结沙砾石和粉沙的计算冻结强度和极限冻结强度均较小。

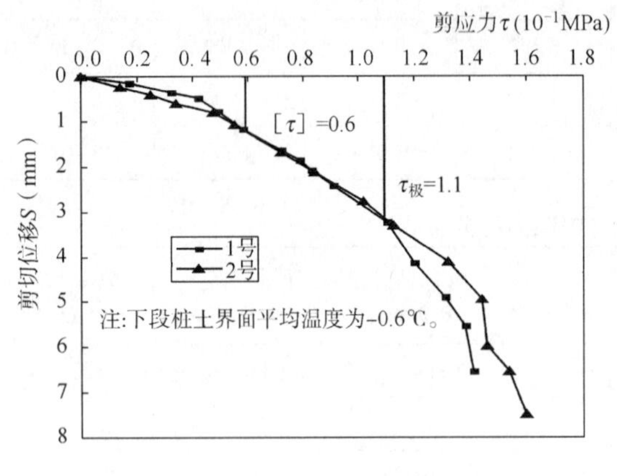

图 9-19 桩土界面 τ—S 曲线

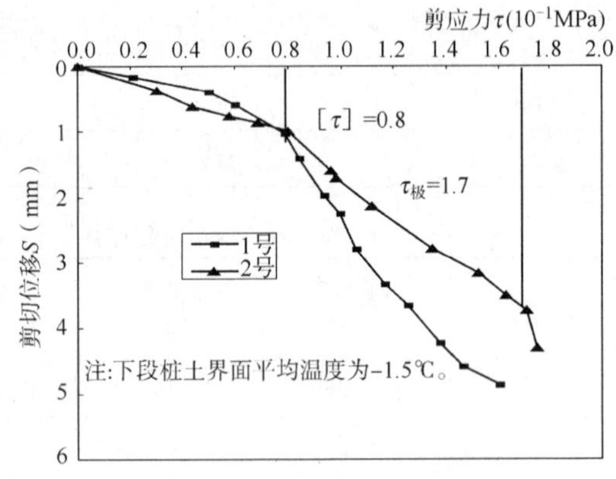

图 9-20 桩土界面的 τ—S 曲线

试桩的计算冻结强度和位移以及极限冻结强度和位移 表 9-8

试验日期(年、月)	试验平均温度(℃)	计算冻结强度(10^{-1}MPa)	计算强度对应位移(mm)	极限冻结强度(10^{-1}MPa)	极限强度对应位移(mm)
2004.7	−0.6	0.6	1.3	1.1	3.3
2004.9	−1.5	0.8	1.5	1.7	3.5

(四)桩底多年冻土地基承载力

多年冻土地基荷载试验的载板面积,即桩端投影面积,为 11 310cm^2。第一次试验时,地基多年冻土温度为−1.2℃;第二次试验时,地基多年冻土温度为−1.8℃。在桩端荷载作用下,桩底多年冻土地基产生压密下沉。两次试验的荷载值与下沉值见图 9-21 和图 9-22。

第一次试验,桩底多年冻土温度−1.2℃,地基允许承载力 1 240kN(即 124t),桩底多年冻土的计算强度为 1 100kPa。第二次试验,桩底多年冻土温度−1.8℃,地基允许承载力 1 470kN(即 147t),桩底多年冻土的计算强度为 1 300kPa。

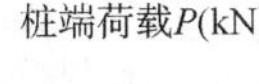
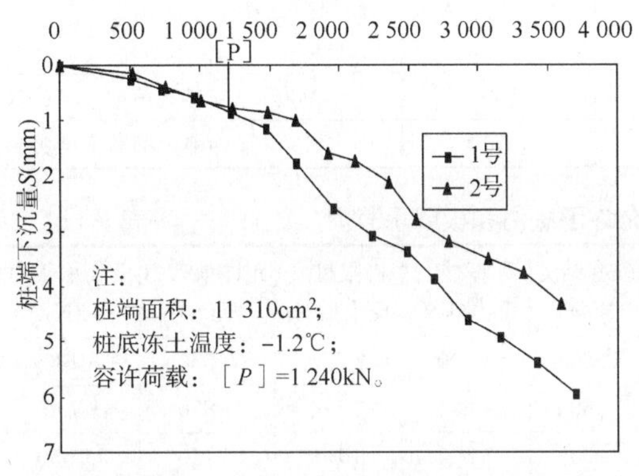

图 9-21　第一次试验的荷载—下沉曲线（P—S 曲线）

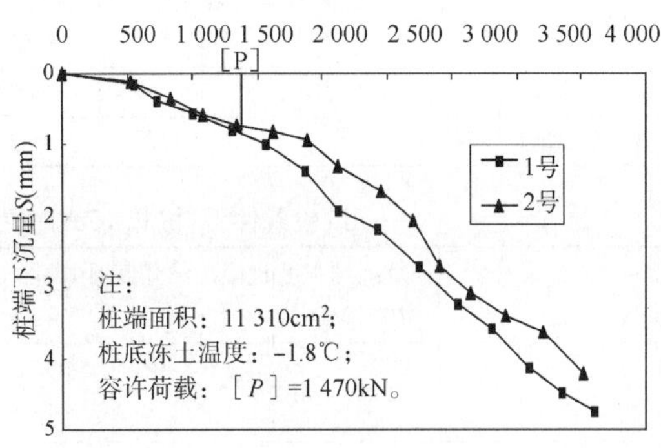

图 9-22　第二次试验的荷载—下沉曲线（P—S 曲线）

(五)试验桩的允许承载力和极限承载力

根据下部桩剪切试验和桩底多年冻土地基荷载试验所得数据，来分析多年冻土中试验桩的允许承载力和极限承载力。

第一次试验(－0.6℃)时，最大试验荷载(4 500kN)下，按极限冻结强度为 1.1×10^{-1}MPa 计算，则 7.6m 以下，桩土界面的冻结强度都已达极限值，可以认为桩土界面的冰胶黏连结已剪切破坏，但 1.6～7.3m 的冻结强度并未破坏，故第一次试验时，上部桩的极限抗拔力应大于 4 500kN。第二次试验(－1.5℃，5 000kN)时，按极限冻结强度为 1.6×10^{-1}MPa 计算，则 12m 以下桩土界面的冻结强度已破坏，但 1.9～12m 的冻结强度并未破坏，故上部桩的极限抗拔力应大于 5 000kN。从试桩剪切位移分析，桩土界面的剪切位移，在第一次试验(极限剪切位移 3.3mm)时，除 12～13.5m 段达到极限位移外，其余均未达极限位移值。第二次试验(极限剪切位移 3.5mm)时，桩土界面的剪切位移均较小，未达极限位移值。两次试验试桩均未达极限工作状态(表 9-9)。

最大荷载作用下，上部桩各段桩土界面的剪应力和位移　　表 9-9

荷载(kN)	温度(℃)	桩号	1.75～5.7m		5.7～7.6m		7.6～8.9m		8.9～12m		12～13.5m	
			位移(mm)	应力(kPa)	位移(mm)	应力(kPa)	位移(mm)	应力(kPa)	位移(mm)	应力(kPa)	位移(mm)	应力(kPa)
4 500	－0.6	1号	2.96	38.39	3.04	83.15	3.11	116.95	3.27	142.51	3.52	148.69
		2号	3.04	38.64	3.12	85.26	3.19	106.35	3.36	131.19	3.60	167.20
5 000	－1.5	1号	2.11	37.87	2.19	87.43	2.26	106.92	2.42	153.10	2.68	220.51
		2号	1.93	39.41	2.01	86.96	2.09	108.47	2.25	133.80	2.51	243.11

注：表中所列试桩各段位移已减去试桩的压缩量。

(六)上段试验桩的允许抗拔力和极限抗拔力

通过计算冻结强度和极限冻结强度，得出的试验桩上段允许抗拔力和极限抗拔力见表 9-10。

(七)整根试验桩的允许承载力和极限承载力计算

按桩长 15m，试验条件下，桩的允许承载力和极限承载力计算结果见表 9-11。桩端反力占总承载力的在 28%～38%。

上段试桩的允许抗拔力和极限抗拔力　　表 9-10

试验编号	界面平均温度（℃）	计算冻结强度（kPa）	极限冻结强度（kPa）	允许抗拔力（kN）	极限抗拔力（kN）	备注
第一次试验	−0.6	60	110	2 690	4 930	最大荷载 4 500kN
第二次试验	−1.5	80	170	3 500	7 430	最大荷载 5 000kN

试验条件下，桩长 15m 时，桩的允许承载力和极限承载力　　表 9-11

试桩编号	桩底冻土温度（℃）	计算冻结强度（10^{-1}MPa）	极限冻结强度（10^{-1}MPa）	计算冻结力（kN）	极限冻结力（kN）	计算桩底反力（kN）	极限桩底反力（kN）	允许承载力（kN）	极限承载力（kN）
1 号	−1.2	0.6	1.1	3 030	5 560	1 500	2 570	4 530	8 130
2 号				3 030	5 560	1 800	3 170	4 830	8 730
1 号	−1.8	0.8	1.7	3 950	7 900	1 800	3 150	5 750	11 550
2 号				3 950	7 900	2 400	3 600	6 350	12 000

二、多年冻土地区桥梁桩基水平荷载试验研究

（一）试验桩及试验场

青藏公路沿线清水河试验场位于楚玛尔河高平原清水河一级阶地上，海拔 4 470m，年平均气温−4.8℃，多年冻土年平均地温−0.7℃。冻土天然上限深度 2～2.5m，无冻结层上水。地层条件为表层有 0.5m 的砂黏土，0.5 至 5～7m 深为冲积粉细砂，以下为第三系泥灰土，含少量泥灰岩碎块。多年冻土层为饱冰冻土及含土冰层。

昆仑山试验场位于昆仑山垭口盆地西边台地上，海拔 4 700m，年平均气温−7.0℃（1982 年），多年冻土年平均地温−2.7℃，冻土天然上限深度 1.4m 左右，属衔接多年冻土。地层条件为 0～2.5m 为粉砂质黏土，2.5～8m 砂砾石，8.0m 以下为砂黏土，多年冻土为饱冰冻土。土质中含盐，上限以上平均含盐量为 0.15%～0.22%。

试验桩类型有钢筋混凝土钻孔打入桩、钻孔插入桩及钻孔灌注桩、变截面钢筋混凝土插入桩和钢管插入桩。各试验场的试桩数量和试桩主要技术参数见表 9-12。

试桩数量与主要技术参数　　表 9-12

试验场地名	试桩技术特征					
	类　型	桩径（mm）	孔径（mm）	沉桩方式	入土深（m）	数量（根）
清水河	预制钢筋混凝土管桩	550	500	钻孔打入	7.5	3
	预制钢筋混凝土管桩	550	650	钻孔插入	8.1	3
	现浇钢筋混凝土圆桩	630	630*	钻孔灌注	8.0	3
昆仑山	预制等截面钢筋混凝土管桩	400	500	钻孔插入	6.5	4
	预制钢筋混凝土变截面管桩	400	500	钻孔插入	6.5	3
	现浇钢筋混凝土圆桩	500	500	钻孔灌注	6.5	3
	现浇钢筋混凝土空底式圆桩	500	500	钻孔灌注	6.0	2
	钢管桩	377	500	钻孔插入	4.55	2

注：* 原设计孔径为 650 mm，因钻头磨耗实际孔径为 630 mm。

水平受荷桩的工作特性，是由桩—土的相互作用决定的。桩—土体系的这一相互作用，与桩、土的相对刚度有关。

多年冻土区，桩基水平承载能力的计算，和融土地区一样，采用基于文克尔理论的弹性地

基梁法。该法假定：水平受荷桩，某深度处桩承受的地基抗力，仅与该深度处桩的变位有关。即桩—土系统的抗力函数形式为：

$$\sigma_z = k_z \cdot \varepsilon \tag{9-1}$$

式中：σ_z——z 深度处的地基抗力；

k_z——z 深度处的地基系数；

ε——z 深度处桩的水平位移。

大量的试验资料表明：地基系数 k 随深度一般呈指数规律变化，即：

$$k = m(y_0 + z)^n \tag{9-2}$$

式中：m——地基系数随深度变化的比例系数；

n——随地基土性质而变化的指数；

y_0——与地基土的形成年代、成因、黏聚力等有关的系数；

z——深度；

m、n、y_0 由桩基水平荷载试验确定。

水平荷载试验的目的，就是找出试桩地点桩土系统抗力函数的合理形式，并确定函数中的有关参数。

（二）清水河试验桩基水平荷载试验分析

水平荷载试验，采用一次连续加载法。根据地基多年冻土和桩的特性，估算桩的水平承载能力。采用等量加荷，每级荷载为估算荷载的 10%。每级荷载施加后，按 6min、9min、15min、30min……时间间隔读取百分表数值，至最后 1h，地面处桩的位移小于或等于 0.04mm 时，认为该级荷载下，变形已稳定，可施加下一级荷载。若地面处桩的位移值大于 6mm，且在一昼夜不稳定时，即认为地基和桩身均已破坏，停止试验。

图 9-23 为清水河 II 号钻孔灌注桩实测弯距与计算弯距沿深度的分布曲线，从图 9-23 可以看出，"M 法"和"K 值法"计算出的结果与实测比较接近。

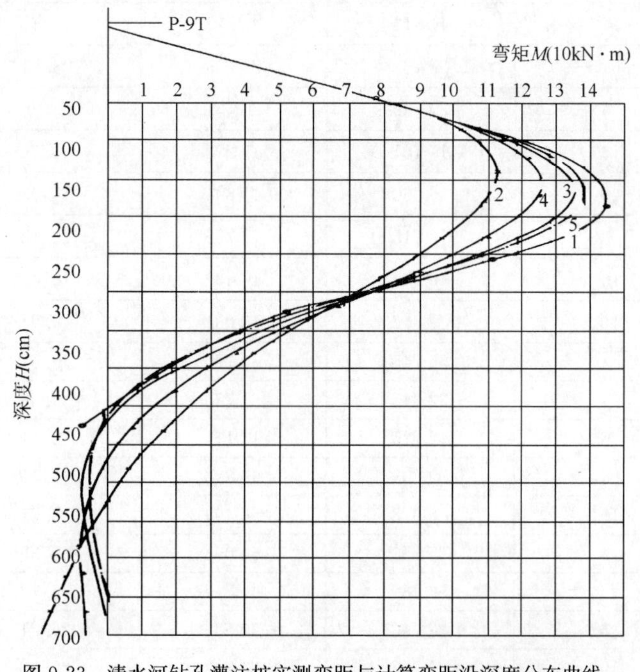

图 9-23　清水河钻孔灌注桩实测弯距与计算弯距沿深度分布曲线

试验结果表明，多年冻土中水平受荷可以采用弹性地基梁法；随着荷载增大，比例系数减小；"M 法"和"K 值法"比较适合于多年冻土中水平受荷桩的计算。

用实测的桩位移，对清水河各试验桩在不同荷载下地基系数随深度变化的比例系数进行了计算，结果见表 9-13。

由实测位移反算的地基系数沿深度分布的比例系数(清水河) 表 9-13

桩　　号	荷载(10kN)	M 法(10kN/m^4)	C 法(10N/m$^{3.5}$)	K 法(10N/cm^3)	K 值法(10N/cm^3)
打 I	4	1 6941	1 9739	17.38	279.44
	5	14 307	14 870	13.54	218.66
	6	11 282	12 023	11.2	181.7
	7	8 641	9 470	9.06	147.87
打 II	2	33 451	32 053	26.68	428.58
	3	19 749	19 905	17.58	285.14
	4	14 888	15 438	14.02	228.46
	5	12 452	13 167	12.17	198.79
	6	10 032	19 318	10.26	163.14
	7	8 114	8 973	8.66	142.51
	8	6 908	7 765	7.6	125.76
打 III	2	37 651	35 084	28.03	428.41
	4	20 500	20 412	17.73	275.22
	6	10 366	11 074	10.29	162.83
插 III	2	16 261	10 549	14.7	227.39
	4	9 083	9 810	0.24	145.42
	6	4 432	5 152	5.18	83.64
灌 I	4	41 612	33 413	32.42	525.21
	5	28 165	27 005	23.89	387.49
	6	20 729	20 561	18.74	306.07
	7	17 101	17 293	10.1	263.38
	8	15 560	15 894	14.93	244.86
	9	13 215	13 736	13.12	215.52
	10	9 723	10 430	10.28	169.8
	11	7 308	10 034	9.93	164.05
II 灌	2	56 745	50 370	40.67	624.58
	4	22 345	21 720	19.58	302.72
	6	12 725	13 121	12.41	195.94
	8	9 208	9 826	9.59	152.74
	10	5 823	6 494	6.61	107
灌 III	4	75 150	64 098	50.35	768.04
	6	50 289	44 815	36.72	423.21
	8	32 796	30 588	26.21	406.43
	10	25 237	24 212	21.32	332.23

清水河地区在无实测资料时，桩基础的技术参数可从表 9-14 中查取相应的参数。

推荐的地基参数值 表 9-14

参数／地区／桩类型	清 水 河		五 道 梁	
	M 法（$10kN/m^4$）	K 值法（$10N/cm^3$）	M 法（$10kN/m^4$）	K 值法（$10N/cm^3$）
插入桩	2 000	60	3 000	90
打入桩	2 300	65	3 500	100
灌注桩	2 500	70	—	—

（三）昆仑山试验桩基水平荷载试验研究

在该试验场，根据各深度实测的弯距进行曲线拟合，得出桩的弯距函数。实测的桩弯距曲线以 n 次多项式表示，则：

$$M(x)=a_0+a_1x+a_2x^2+a_3x^3+\cdots+a_nx^n+\cdots$$

将已知边界条件和实测弯距代入上式，得弯距函数 $M(x)$。对 $M(x)$ 一次微分，得到剪力 $Q(x)$；二次微分，得到地基函数 $q(x)$；积分一次，得到转角 $\Phi(x)$；积分二次，得到位移 $y(x)$。据文克尔理论，令 $q(x)=-B\cdot K(x)\cdot y(x)$，得到地基系数的分布函数，即 $K(x)=-q(x)/[B\cdot y(x)]$。其中，B 是桩的计算宽度。

曲线拟合法得出的直接结果是桩在各级荷载下的位移、转角、弯距、剪力和土抗力。并由此经计算得出地基系数沿深度的分布函数。

表 9-15 和表 9-16 列出了昆仑山桩基试验场 4 号钻孔灌注桩弯距和位移的计算值与实测值的比较。结果表明，计算值与实测值是比较接近的。

实测弯距与计算弯距的比较（10kN · m） 表 9-15

计 算 断 面	2 月 2 日	3 月 3 日	4 月 4 日	5 月 5 日
实测值	3. 72	4. 62	5. 042	3. 18
计算值	3. 949	4. 85	4. 795	3. 343
相对误差（%）	−6. 2	−5. 1	5. 3	−5. 1

表地面以上实测位移与计算位移的比较（mm） 表 9-16

计 算 位 置	实 测 值	计 算 值	相对误差（%）
下层百分表	1. 2	1. 099	8. 4
上层百分表	1. 98	1. 858	6. 2

图 9-24 和图 9-25 是计算得到的昆仑山 4 号灌注桩（桩径 0. 5m，桩长 7. 5m，入土桩长 6. 5m；试验时，地基融化深度为 1m）的抗力—位移曲线和地基系数沿深度的分布曲线。

地基系数沿深度的分布，是从地表开始向下逐渐增大。在多年冻土地区，地基系数在季节融化融层中很小，随深度近似直线增加；进入多年冻土层后，则迅速增大。总的看来曲线呈下凹型，说明冻土对桩的横向变形的抗力较之融土要大得多。这就提示：多年冻土地区，地基系数沿深度的分布函数，可以用凹曲线函数来表示，也可用分段函数表示。

假定地基系数与深度和地基融化深度之比的 n 次幂成正比，即：

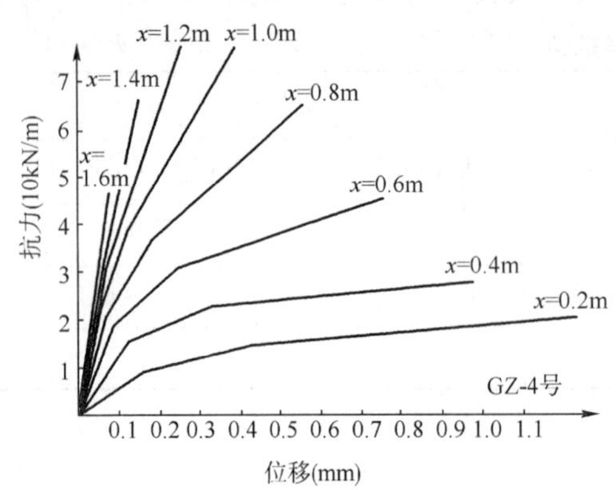

图 9-24　灌注 4 号桩的抗力—位移曲线图

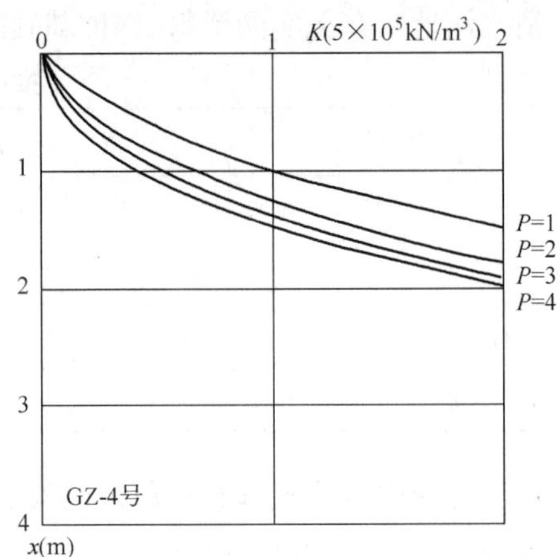

图 9-25　灌注 4 号桩地基系数分布图

$$K(x)=m\left(\frac{x}{x_c}\right)^n \tag{9-3}$$

式中：x——计算点深度(m)；

x_c——试桩地点多年冻土天然上限深度(m)；

$K(x)$——x 深度处的地基系数(10kN/m³)；

m——基系数沿深度分布的比例系数；

n——幂指数，这里采用 $n=2$。

计算结果如见表 9-17。

按凹曲线 $K(x)=m\left(\frac{x}{x_c}\right)^2$ 计算的比例系数汇总表(10kN/m³)　　表 9-17

桩名	融化深度(m)	平均地温(℃)	荷载等级							
			第一级	第二级	第三级	第四级	第五级	第六级	第七级	第八级
等插 1 号	0.90	−1.77	—	10 813	6 650	4 406 *	2 720	2 375	—	—
等插 2 号	0.40	−2.61	1 600 000	210 000	221 250	230 000	135 938	109 844	52 188 *	—
等插 3 号	0.70	−2.46	249 000	145 000	82 500	62 500	48 750	37 813	—	—
灌注 1 号	1.20	−2.36	160 000	95 000	59 500	41 875 *	30 000	—	—	—
灌注 4 号	1.00	−2.16	130 000	74 500	50 125	34 375 *	—	—	—	—
灌空 1 号	0.50	−2.15	155 000	87 500	58 125	40 000 *	—	—	—	—
变插 2 号	0.90	−1.89	—	31 981	54 944	19 991 *	—	—	—	—
钢管 1 号	0.80	−2.13	21 250	14 531	10 188	8 195	6 375	5 797	5 100	4 466

注："*"系临界荷载。

冻土的地基系数 $K(x)$ 与冻土土质类型、冻土温度等因素有关。对于昆仑山试验场和与昆仑山试验场冻土工程地质条件相类似的地区，一般工程建筑的桩基设计，地基系数与冻土温度的关系，在冻土地温为 −1.8～−2.8℃ 范围内，可参照下式确定：

$$K(x) = 14\,224\tau - 18\,000 \tag{9-4}$$

式中：$K(x)$——地基系数($10kN/m^3$)；

τ——某深度处的冻土平均地温的绝对值(℃)。

(四)水平荷载试验的主要结论

①桩—地基土系统的抗力—位移，在桩位移很小时，抗力和位移近似线性关系；随着荷载增大，位移增加，进入非线性区，土体开始发生塑性流动。

②荷载传递使得地面附近首先进入塑性区。随着荷载的增大，塑性区逐渐向下扩展，到一定深度时，桩身应力超过其临界荷载应力，桩身混凝土开始开裂，桩—地基土系统进入破坏阶段。

③地基系数随深度的分布曲线，随荷载的增加逐渐下移。但在接近临界荷载时，趋于稳定。因此，在进行水平受荷桩计算时，地基系数应取临界荷载所对应的值。

④地基系数的大小与融化深度和冻土温度关系密切。平均地温愈低，融化深度愈小，地基系数愈大。

第四节　桥梁桩基设计与计算方法

多年冻土地区钻孔灌注桩设计应计算以下内容：①水化热与桩周冻土融化计算；②桩的回冻时间计算；③回冻前桩承载能力的计算；④回冻后桩承载能力的计算；⑤水平荷载作用下桩基稳定性检算；⑥桩基抗冻胀稳定检算。

一、水泥水化热与桩周冻土融化厚度计算

灌桩混凝土带入的热量，等于显热与水化热之和。开始时，水泥颗粒表层水化速度快，释放的水化热多。而后水化速度减缓，释放水化热的速率逐渐减小，呈指数规律变化(图 9-26)。

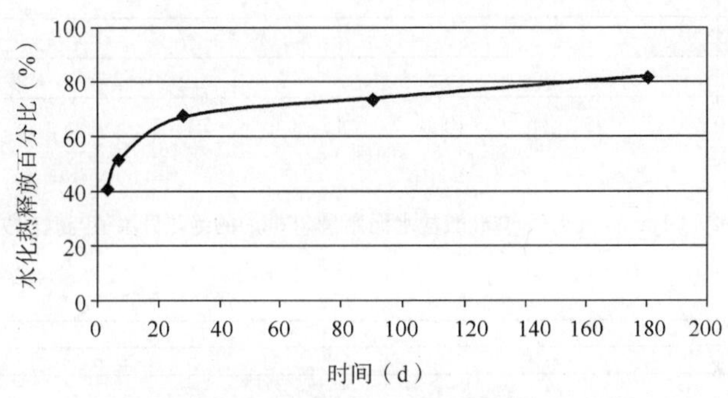

图 9-26　硅酸盐水泥水化热释放数量与时间关系曲线

从图 9-26 可以看出，水泥水化热释放主要在初期，最初 7d 内放出的水化热占全部水化热的一半。

以 28d 养生期计算，C50 普通硅酸盐水泥，每立方米混凝土水泥用量 350kg，每公斤熟料水泥为 $1kg/cm^2$ 活性，在 28d 内放出的水化热平均为 628J。混凝土入孔温度为 15℃，混凝土的热容量 C=1.13kJ/(kg·℃)，混凝土密度为 2 300kg/m^3。如桩径为 1.13m，则每米桩用混凝土为 $1m^3$，释放出的热量为 148 804kJ，假设这些热量全部用于桩侧冻土的融化，可融化桩周冻土厚度见表 9-18。

混凝土代入热量融化桩周冻土厚度 表 9-18

冻土类型	干密度 (kg/m³)	含水率 (%)	体积潜热 (kJ/m³)	混凝土水化热 (kJ/m³)	桩周冻土融化体积 (m³)	桩周冻土融化厚度 (m)
少冰冻土	1 450	16	78 042	148 904	1.91	0.40
多冰冻土	1 450	20	96 788	148 904	1.54	0.34
富冰冻土	1 450	29	139 337	148 904	1.07	0.25
饱冰冻土	1 450	40	194 602	148 904	0.77	0.19
含土冰层	<1 450	>40	>194 602	148 904	<0.77	<0.19

钻孔灌注桩，桩周冻土融化厚度与混凝土温度、水泥强度等级、水泥用量和桩周冻土类型等有关。其融化厚度一般都在 0.5m 以内，但水化热的影响范围较大，一般可达 1.5～1.8m。

二、桩周融化冻土的回冻时间计算

(一)桩周融化冻土的回冻时间观测

混凝土浇灌后，随着水化热的释放，桩体温度将迅速升高。在浇筑后的第 3d，混凝土的绝热温度可达 34℃(图 9-27)。据昆仑山桩基试验资料，由于热量向桩周冻土扩散以及桩周冻土的融化，实际桩身混凝土温度仅 11～14℃。第 3d 之后温度迅速降低，至第 7d，温度降至 3～4℃。10d 后，降温速度减缓，至第 20d，温度降至 0℃(图 9-28)。随后在水化热与地层冻土中冷量的平衡过程中，混凝土温度缓慢下降，逐渐接近天然地温。这一过程的完成，约需3～4 个月或更长。

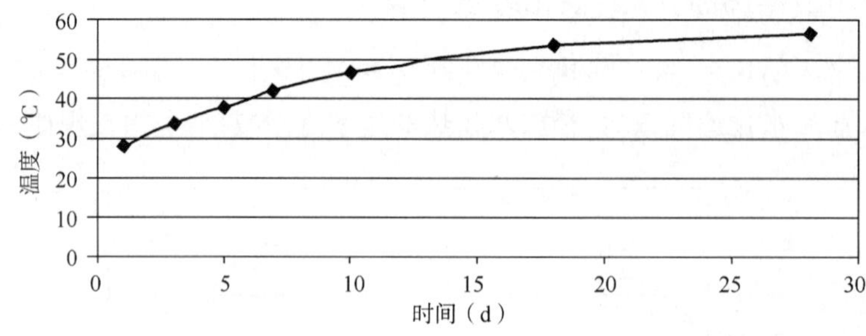

图 9-27 1m³ 混凝土(C50 硅酸盐水泥用量 350kg)的绝热升温值与时间关系

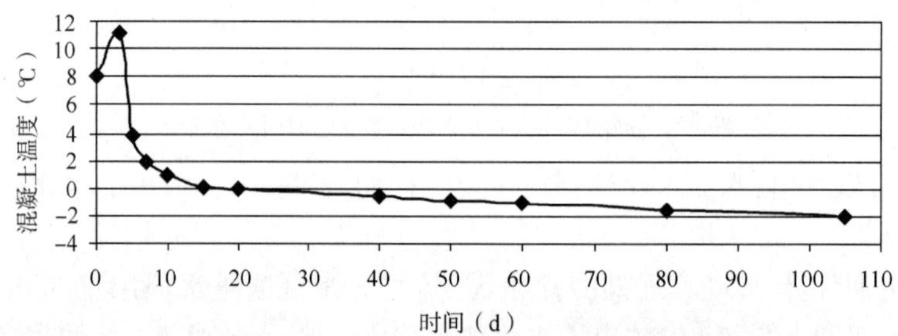

图 9-28 昆仑山混凝土钻孔灌注桩 5m 深处桩中心温度随时间的变化曲线

桩的回冻时间可有不同的定义：一种定义为桩周融土回冻至冻结起始温度所需时间；另一

种定义为桩周融土回冻至设计温度所需时间；还有一种定义为桩周融土回冻至天然地温所需时间。

桩周冻土层融化回冻时间的长短，取决于融土层的厚度和体积潜热、多年冻土的年平均地温和导热系数。融土层越厚体积潜热越大，冻结所需冷量（假设等于桩混凝土 15d 放出的水化热和显热之和）越多，因而回冻时间越长；多年冻土导热系数越大，年平均地温越低，则桩回冻时间越短。

对于桩径 1.0～1.3m 的混凝土灌注桩，回冻至起始冻结温度所需时间，可按下列经验公式估算：

$$t = K\sqrt{\frac{Q}{\lambda_f \mid T_{cp} + T_f \mid}} \tag{9-5}$$

式中：t——桩周融土回冻至其起始冻结温度的时间(d)；

Q——1m 桩长，桩周融土冻结时放出的潜热，在数量上可认为等于 1 m 桩长混凝土 15d 放出的水化热(kJ)；

λ_f——冻土的导热系数[kJ/(m·h·℃)]；

T_{cp}——多年冻土的年平均地温(℃)；

T_f——桩周融化土的起始冻结温度(℃)；

K——修正系数，K=0.13～0.15。

以清水河、昆仑山的钻孔灌注桩为例，设桩径为 1.13m，每米桩用混凝土量为 1m^3；混凝土入孔温度为 15℃；冻土的导热系数 λ_f=7.1kJ/(m·h·℃)；桩周多年冻土的年平均地温 T_{cp}=－0.5℃、－0.7℃和－2.0℃；桩周融土的起始冻结温度 T_f=－0.15℃。计算得清水河钻孔桩回冻时间为 27d，昆仑山钻孔桩回冻时间为 15d。其计算结果与观测数据相近。

桩的回冻时间与其定义有很大关系。图 9-29 是昆仑山 2004 年桩基试验场 1 号挖孔灌注桩地表下 5m 深处的实测曲线。试桩直径 1.2m，桩长 15m，该处多年冻土年平均地温为－1.8℃，如果定义的回冻是指桩混凝土（图 9-29 中 9 号曲线）平均温度达 0℃，则回冻时间约为 22d；如果指桩混凝土平均温度达－1.0℃，则回冻时间约为 65d。

图 9-29 中，5 号曲线是试桩表面（桩土界面）的温度曲线。可以看出：灌桩后，试桩表面融土回冻至 0℃，约需 12d；回冻至－0.5℃，约需 40d。因此，在讨论桩的回冻时，应事先明确回冻的定义。这可从桩混凝土强度增长、桩承载能力要求及施工要求三方面来考虑，综合确定桩基回冻的含义。

根据昆仑山、清水河桩基试验资料（图 9-30），桩体侧面融化冻土达到冻结起始温度所需时间 t 与桩侧初始温度 θ 存在较好的相关关系（R^2=0.977 7），可以用下式描述：

$$t = -\frac{28}{\theta} - 2.5 \tag{9-6}$$

低温多年冻土地基中钢筋混凝土钻孔灌注桩，在混凝土浇筑 10～20d 后，桩侧融化冻土即可达到冻结起始温度；而在高温多年冻土地基中，则需在混凝土浇筑 40d 或更长时间后，桩侧融化冻土才能达到冻结起始温度。在某些情况下，桩侧融化冻土甚至不可能再回到冻结状态。

（二）桩周回冻时间计算

建立平面二维热学模型，对混凝土水化热（内热源）致使冻土温度场分布变化的规律采用有限元进行计算。将冻土与融土的热传导参数区分对待。混凝土水化热以边界条件（热流密度)的形式引入,计算结果见图 9-31 和图 9-32。

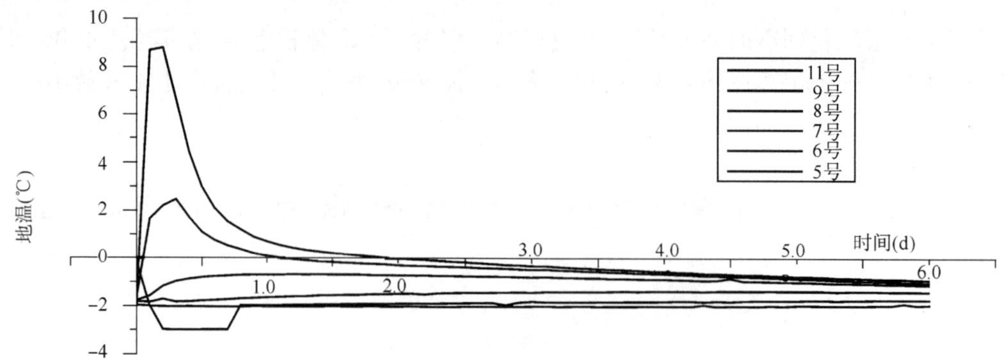

图 9-29 昆仑山 1 号桩地温—时间曲线(5m 深度)

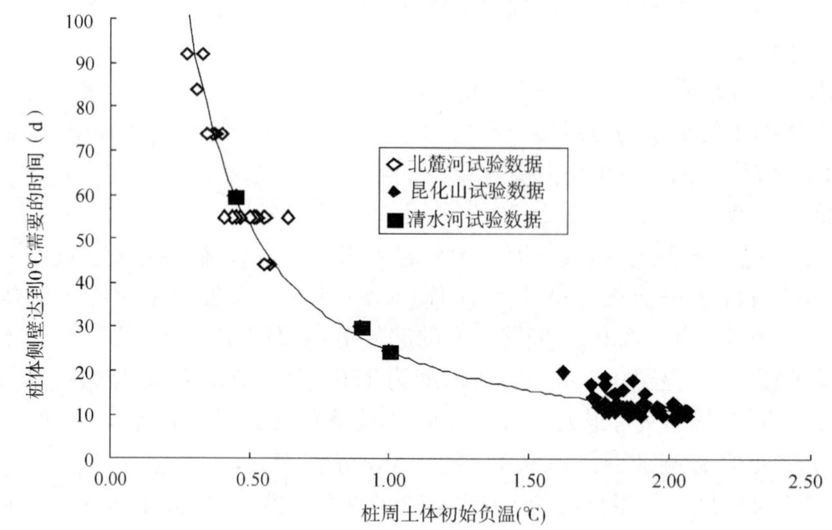

图 9-30 桩侧表面融化冻土达到冻结起始温度所需时间与桩侧冻土初始温度的关系

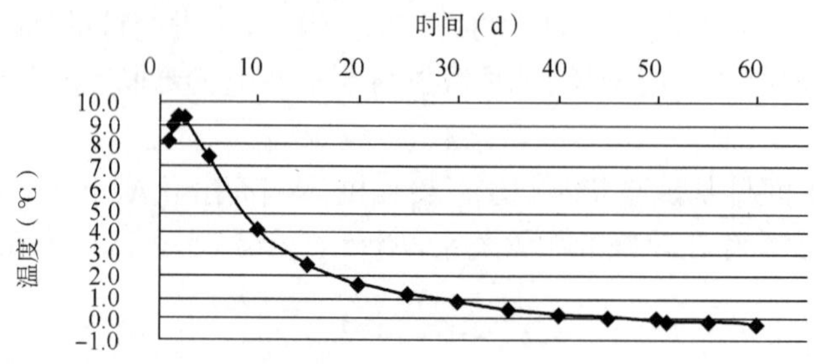

图 9-31 有限元计算的桩的温度曲线图

结果表明,桩在施工完成后由于混凝土水化热的作用使得桩的温度在较短时间内急剧上升,在 2～4d 内温度达到了最大值,之后随着混凝土放热的减少,桩的温度开始下降,桩在施工完 49d 后回冻到了 0℃,而桩侧距地表面下 2.5 m 处在施工 16d 后温度就达到了 0℃。桩在达到 0℃后温度变化缓慢,温度曲线变得较平滑。

表 9-19 表明,模型计算结果和试验测得的结果比较接近,相差都在 9%以内,说明用热学

模型模拟灌注桩的回冻是可行的。

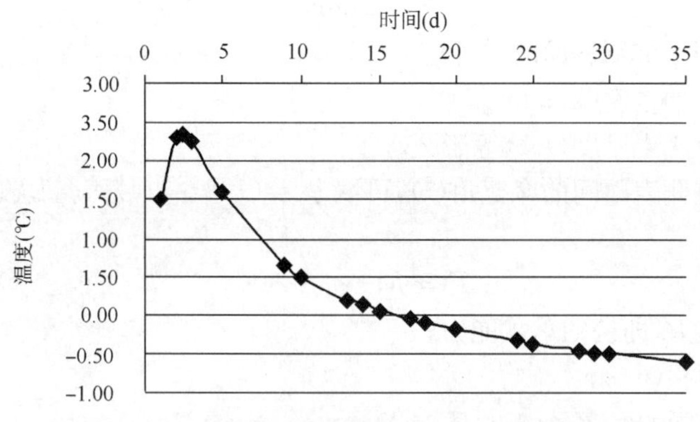

图 9-32 有限元计算的桩侧地面下 2.5m 的温度曲线图

有限元计算结果与试验结果 表 9-19

桩 的 位 置	昆仑山试验桩结果(d)	有限元计算结果(d)	相 对 误 差(%)
整桩的回冻时间	45	49	8.9

三、桩周融土回冻前桩垂直承载能力的计算

多年冻土中的钻孔灌注桩，在桩周融化冻土回冻前，其承载能力的计算图式，如图 9-33 所示。

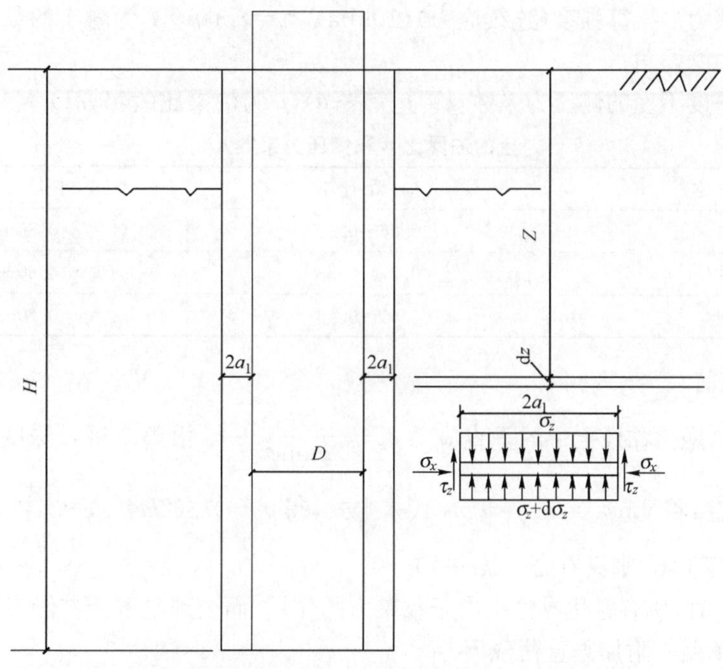

图 9-33 桩周融化冻土回冻前桩承载能力计算图式

(一)摩擦阻力

1. 桩周融化冻土为粗颗粒土

①桩侧正压应力

$$\sigma_x = \frac{\gamma l}{2\tan\varphi_0} \tag{9-7}$$

式中：σ_x——融土作用于桩侧表面的垂直应力(kPa)；

γ——融化冻土的重度(kN/m^3)；

l——桩侧融化冻土厚度(m)，等于 2_{a1}；

φ_0——融土与桩侧表面间的摩擦角(°)，可取 $\varphi_0=(1/2\sim3/4)\varphi$，$\varphi$ 为融土的内摩擦角。

②桩侧摩阻力

$$F = M \cdot \sigma_x \cdot A$$

式中：F——桩侧摩阻力，即桩的承载能力；

A——桩侧表面积(m^2)；

M——融土与桩间的摩擦系数，见表 9-20。

融土与混凝土桩间的摩擦系数 表 9-20

土　名	不含粉土的粗颗粒土	含粉土的粗颗粒土	粉　土	黏 性 土
摩擦系数	0.55	0.45	0.35	<0.33

2. 桩侧融化冻土为细颗粒土

①桩侧正压应力

自地面 1.5m 以下，桩周融土中某一点的垂直应力为：

$$\sigma_z^c = \frac{\gamma l}{2k\tan\varphi_0} - \sigma_0 \tag{9-8}$$

式中：σ_0——黏聚力的换算强度(连续应力)(10kPa)，$\sigma_0=c/\tan\varphi$，c 为融土的黏聚力，φ 为融土的内摩擦角；

k——沿深度不变的侧压力系数，$k=\mu/(1-\mu)$，μ 为泊桑比(表 9-21)。

土的泊桑比 μ 和侧压力系数 k 表 9-21

土　名	泊 桑 比 μ	侧压力系数 k
砂	0.26～0.30	0.36～0.42
砂黏土	0.37～0.38	0.60～0.62
黏土	0.41～0.43	0.70～0.75

其他符号同前。

当 $\varphi_0=\varphi$ 时，融化黏性土中的垂直应力 $\sigma_z^c=\frac{\gamma l}{2k\tan\varphi_0}-\sigma_0$ 沿整个桩长深度均等于 0，故得 $\gamma\frac{1}{2}kc-1=0$。(注：将 $\tan\varphi_0=\tan\varphi=c/\sigma_0$ 代入上式，得 $\sigma_z^c=\gamma l/(2kc/\sigma_0)-\sigma_0=\sigma_0(\gamma l/2kc-1)$。在此式中，$\sigma_0$ 不等于零，则只有$(\gamma l/2kc-1)=0$。)

当 $l\leqslant 2kc/\gamma$ 时，所有融化黏性土由于黏聚力的作用，而全部黏着于桩侧表面上，桩不但无承载能力，反而承受一附加垂直荷载 P_1。

$$P_1 = \frac{H}{4}\pi(R_1^2 - R_2^2)\gamma \tag{9-9}$$

式中：P_1——桩承受的融化黏性土重量(kN)；

R_1——桩周融化土柱的半径(从桩中心算起)(m)；

R_2——桩半径(m)；

γ——融土重度($10kN/m^3$);

H——桩的计算长度(m);

$H=H_0-h_0-0.5D$,H_0 为桩的埋深(m);h_0 为桩位置的天然上限(m);

D——桩径(m)。

当 $l>2kc/\gamma$ 时,融化黏性土体发生剪切,土体压密,并产生作用于桩侧表面的正压应力,即:

$$\sigma_x^c=\frac{\gamma l}{2\tan\varphi}(\gamma l-2c) \tag{9-10}$$

式中:σ_x^c——沿桩深度,为常数。

②桩的摩擦阻力

$$F=M\cdot\sigma_x^c\cdot A$$

式中:F——桩的承载能力。

据计算,桩周融土(黏性土)的临界厚度大于 0.4m。对于桩径为 1.2m 以内的桩,混凝土水化热能融化的冻土厚度,一般不大于 0.4m。故桩周为黏性土冻土时,在桩回冻以前,桩无承载能力。

(二)桩端阻力

在混凝土浇筑后,桩底冻土虽有升温,但较桩侧要小得多。据昆仑山试桩观测资料(图 9-34),桩底边缘处冻土温度始终未超过 0℃。而桩底中心土温与桩侧相近,最高约 3.5℃。桩底中心融土回冻至 0℃的时间也为 12d,但回冻后的降温速度较之桩侧要快得多。在桩底中心融土回冻至 0℃时,桩底冻土的平均温度已达 −0.25℃,15d 后桩底冻土温度已达 −0.45℃。而此时,桩侧冻土温度仅 −0.15℃。故在计算桩的早期承载能力时,桩底持力层可按冻土考虑。其桩端承载力为:

$$P=[\sigma]\cdot A$$

式中:$[\sigma]$——桩端冻土的允许承载力(10kPa);

A——桩端投影面积(m^2)。

$[\sigma]$ 应根据桩端处冻土计算温度,查表确定。根据原苏联国家建设委员会的建筑规范 CHиП2·02·04—88,当冻土含冰量(冰包裹体含冰量 i_i)$0.2\leqslant i_i\leqslant 0.4$ 时,桩端各类冻土(包括粗颗粒和细颗粒冻土)的允许承载力可查下表(表 9-22)。

各类冻土的允许承载力(10^{-1}MPa)　　表 9-22

桩入土深度(m)	$[\sigma]$				
	−0.3℃	−0.5℃	−1.0℃	−1.5℃	−2.0℃
3~5	4.0	5.0	6.0	7.5	8.5
10	4.5	5.5	7.0	8.0	9.0
⩽15	5.5	6.0	7.5	8.5	9.5

当桩端冻土温度,不是表中之值时,对于埋深 15m 和 15m 以上的桩,桩端冻土的允许承载力,可用下面公式计算:

$$[\sigma]=5.027-2.187T \tag{9-11}$$

式中:$[\sigma]$——桩端冻土的允许承载力;

T——桩端冻土温度。

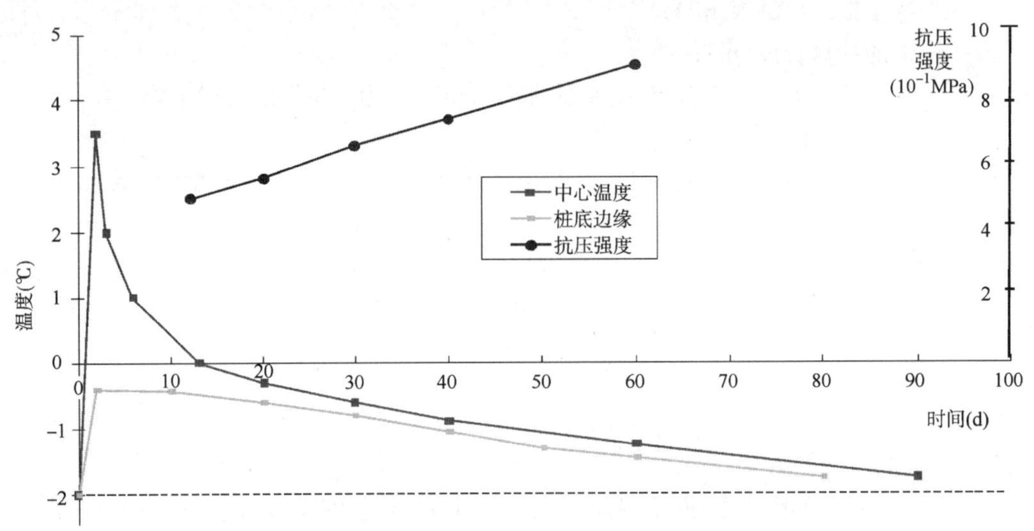

图 9-34　昆仑山 1 号桩，桩端冻土温度和抗压强度随时间的变化曲线

如果桩端持力层为冰层时，桩端冰层的允许承载力[σ]按表 9-23 确定。

冰的允许承载力　　表 9-23

冰温度(℃)	−1.0	−1.5	−2.0	−2.5	−3.0	−3.5	−4.0
[σ](10^{-1}MPa)	0.5	1.0	1.4	1.9	2.3	2.6	2.8

当冻土含冰量 i_i< 0.2 时，桩端冻土允许承载力按表 9-24 确定。

桩回冻前的承载能力为桩侧摩阻力与桩端阻力之和。

桩端冻土的允许承载力　　表 9-24

土种类	桩沉入深度(m)	不同土温下的允许承载力(10^{-1}MPa)						
		−0.3	−0.5	−1	−1.5	−2	−2.5	−3
砾石	任意深度	25	30	35	40	43	45	48
粗砂、中砂	任意深度	15	18	21	24	25	27	28
细砂和粉砂	3～5	8.5	13	14	15	17	19	19
	10	10	15.5	16.5	17.5	20	21	22
	≥15	11	17	18	19	22	23	24
黏砂土	3～5	7.5	8.5	11	12	13	14	15
	10	8.5	9.5	12.5	13.5	14.5	16	17
	≥15	9.5	10.5	14	15.5	16	18	19
砂黏土和黏土	3～5	6.5	7.5	8.5	9.5	11	12	13
	10	8	8.5	9.5	11	12.5	13.5	14.5
	≥15	9	9.5	11	12.5	14	15	16

四、桩回冻后垂直承载能力计算

图 9-35 是桩侧 5m 和 10m 深处两点土温的变化曲线。可以看出：该两点土温在混凝土浇灌后，于第 12d 降至 0℃。冻土冻结强度增至 0.34×10^{-1}MPa；至第 28d，冻土温度降至

$-0.2℃$，冻结强度增至 0.4×10^{-1}MPa。而后，冻土温度缓慢下降，冻结强度缓慢增长。至最低温度时，桩侧冻结强度达最大值。

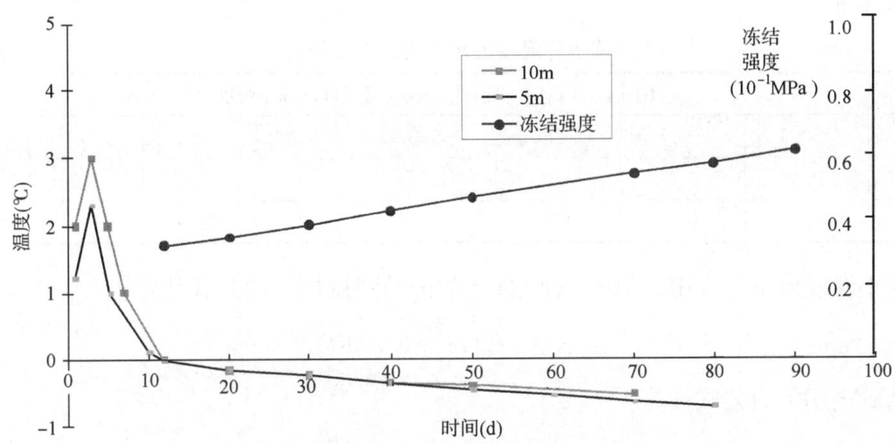

图 9-35　昆仑山 1 号桩，桩侧回冻土温度和冻结强度随时间的变化曲线

桩回冻后，冻土中的冰将土颗粒与桩牢固胶结在一起。这便是冻土与基础间的冻结强度。冻结强度是土温的函数，随负温的降低，冻结强度增大。据昆仑山桩基试验资料，回冻后，桩的允许承载力由桩侧冻结力(有效桩长 L_e 范围内的冻结力)和桩端抗力组成。可用下面公式计算：

$$P=\frac{1}{K}\left[\sum_{i=1}^{n}\tau_i\cdot A_i+A\sigma\right] \tag{9-12}$$

式中：τ_i——桩侧第 i 层土的计算冻结强度(10kPa)；

A_i——第 i 层的桩侧表面积(m^2)；

A——桩端截面积(m^2)；

σ——桩端冻土的允许承载力(10kPa)；

K——安全系数。

桩的计算长度(有效长度)L_e 为：

$$L_e=L_0-h_{th}-d$$

式中：L_0——桩的入土长度(m)；

h_{th}——活动层厚度(m)；

d——桩径(m)。

暖季，混凝土桩导入热量的绝大部分在活动层中已经消散，只有极少部分传入上限以下。据观测，其影响深度不大于桩径，一般仅 30～50cm。故在桩的有效长度计算中，仅减去一倍桩径。

桩端阻力在桩回冻以前，是桩承载能力的主要组成部分。桩端承载能力的增长见图 9-34。

从图 9-34 可以看出：桩端多年冻土的温度，其中心部分在混凝土浇筑后第 12d，降至 0℃。而边缘部分多年冻土的温度始终保持在负温度。故桩端冻土的抗压强度，如果按桩底中心温度考虑，在混凝土浇筑后的第 12d，桩底融化多年冻土回冻至 -0℃，即桩底融化冻土经相转换全部变成 -0℃的冻土，这时桩底冻土的抗压强度便可达 0.5MPa。其后随冻土温度的降低，抗压强度逐渐增长，桩端承载能力逐渐增大。

随着桩的逐渐回冻，桩侧冻结力逐渐增大，桩端阻力在承载力中的比重逐渐减小。据青藏高原多年冻土区钻孔桩荷载试验，冻结桩(桩长 10～20m，桩径 1.0～1.3m)的桩底承载力约占桩总承载力的30%。

据 CHиП2・02・04—88,桩侧计算冻结强度 τ_i,可根据桩侧冻土计算温度和土质成分,从表9-25中查取。

冻土与混凝土基础间的冻结强度　　表9-25

土种类	不同土温(℃)下,冻土与混凝土基础间的冻结强度(10^{-1}MPa)							
	−0.3	−0.5	−1.0	−1.5	−2.0	−2.5	−3.0	−3.5
黏性土	0.4	0.6	1.0	1.3	1.5	1.8	2.0	2.3
砂土	0.5	0.8	1.3	1.6	2.0	2.3	2.6	2.9

当冻土温度值不是表中之值时,黏性冻土的冻结强度用下面公式计算:

$$\tau_i = 0.343 - 0.571T \tag{9-13}$$

冻结砂土用下面公式计算:

$$\tau_i = 0.461 - 0.719T \tag{9-14}$$

式中:τ_i——冻结强度;

T——冻土的温度。

据我国多年冻土地区建筑地基基础设计规范,考虑冻土工程类型不同,对桩基冻结强度的影响时,桩侧各类冻土的冻结强度,可按表9-26确定。

应当指出,冻土中的灌注桩,为提高混凝土的早期强度,防止混凝土过早冻结,多添加了早强剂和防冻剂。添加了防冻剂的混凝土,其表面与冻土间的冻结强度将有所减小。据 CHиП2・02・04—88,在计算其承载力时,表中冻结强度应乘以0.7的系数。

桩侧不同深度处的地温,用下面公式计算。桩承载力计算时,采用年平均地温剖面或最高地温剖面。

Z深度处的年平均地温:

$$T_z = T_{20} - \Delta T_z \tag{9-15}$$

$$\Delta T_z = (T_{20} - T_{15}) \times (a - H_1)/b \tag{9-16}$$

式中:ΔT_z——考虑地热梯度的地温修正值(℃);

T_{20}、T_{15}——15m和20m深度的实测地温(℃);

H_1——从地面起算至计算点的深度;

a=20m,b=5m。

Z深度处的最高地温用下式计算:

$$A_{zmax} = T_z + A_z \qquad A_z = A_u \times \exp\left(H - \sqrt{\frac{\pi}{\alpha t}}\right) \tag{9-17}$$

式中:A_z——Z深度处的地温年振幅(℃);

A_u——活动层底面的地温年振幅(℃);

H——从活动层底面起算至计算点的深度(m);

α——冻土层的平均导温系数(m^2/h);

t——周期,8 760h。

不同温度下各类冻土对混凝土桩的冻结强度 表 9-26

冻土类型	不同温度(℃)时的冻结强度(10^{-1}MPa)							
	−0.2	−0.5	−1.0	−1.5	−2.0	−2.5	−3.0	−3.5
黏性土、粉土								
F*	0.35	0.50	0.85	1.15	1.45	1.70	2.00	2.30
D	0.30	0.40	0.60	0.80	1.00	1.20	1.40	1.60
S、B	0.25	0.30	0.40	0.60	0.70	0.85	1.00	1.25
H	0.15	0.20	0.30	0.40	0.50	0.55	0.65	0.75
砂土								
F	0.40	0.60	1.00	1.30	1.65	2.00	2.30	2.60
D	0.30	0.50	0.80	1.00	1.30	1.55	2.00	2.45
S、B	0.25	0.35	0.50	9.70	0.85	1.00	1.15	1.30
H	0.10	0.20	0.30	0.35	0.40	0.50	0.60	0.70
砾石土(<0.074mm 砾径颗粒含量≤10%)								
F	0.40	0.55	0.80	1.00	1.30	1.55	1.80	2.00
D	0.30	0.40	0.60	0.80	1.00	1.20	1.35	1.50
S、B	0.25	0.35	0.50	0.60	0.70	0.85	0.95	1.05
H	0.15	0.20	0.30	0.40	0.45	0.55	0.65	0.75
砾石土(<0.074mm 砾径颗粒含量>10%)								
F	0.35	0.55	0.85	1.15	1.50	1.70	2.00	2.30
D	0.30	0.40	0.70	0.90	1.15	1.40	1.60	1.80
S、B	0.25	0.35	0.50	0.70	0.85	0.95	1.15	1.35
H	0.15	0.20	0.30	0.35	0.45	0.55	0.60	0.65

*注:表中 S、D、F、B、H 分别代表少冰冻土、多冰冻土、富冰冻土、饱冰冻土和含土冰层。

桩侧各土层的计算温度,采用该土层上下面最高温度的平均值。桩底计算温度为桩底处的年最高温度。

五、水平荷载作用下桩基稳定性检算

对水平荷载作用下的桩基,应进行稳定性检算。

桩在水平荷载作用下,由于桩的弯曲而产生的土中应力,应不超过土的抗剪强度,即:

$$\sigma_z \leqslant \frac{4}{\cos\varphi}(g\gamma Z\tan\varphi + 0.3c) \tag{9-18}$$

式中:σ_z——临界点处土中的应力;

Z——临界点的深度,$Z=H_{th}/3$;

γ——Z 处融土的重度;

φ——Z 处融土的内摩擦角;

c——Z 处融土的黏聚力;

g——重力加速度。

σ_z 用下式计算:

$$\sigma_z = K_b Z\left(U_p A_1 - \frac{\phi_0}{\alpha_e}B_1 + \frac{M_0}{\alpha_e^2 E_b I_p}C_1 + \frac{H_0}{\alpha_e^3 E_b I_p}D_1\right) \tag{9-19}$$

式中：$\alpha_e = 5\sqrt{\frac{K_b(1.5d_p+0.5)}{3E_b I_p}}$；

$U_p = U_0 + \phi_0 L_0 + \frac{FL_0^3}{3E_b I_p} + \frac{ML_0^2}{2E_b I_p}$；$U_0 = H_0 e_{HN} + M_0 e_{HM}$；

$e_{HN} = \frac{A_0}{\alpha_e^3 E_b I_p}$；$e_{MM} = e_{HM} = \frac{B_0}{\alpha_e^2 E_b I_p}$；$e_{MN} = \frac{C_0}{\alpha_e E_b I_p}$；

$H_0 = F$；$M_0 = FL_0$；

$\phi_0 = H_0 e_{MH} + M_0 e_{MN}$；

E_b——桩材的弹性模量；

I_p——桩截面的惯性矩；

K_b——系数，$K_b = 0.532E_b/d_p$；

A_0、B_0、C_0——按表 9-27 查取；

A_1、B_1、C_1、D_1——按表 9-28 查取。

参数 A_0、B_0、C_0 值 表 9-27

受弯段的换算长度	0.6	0.8	1	1.2	1.4	1.6	1.8	2	2.5	3	4.0 以上
A_0	0.072	0.17	0.329	0.556	1.849	1.186	1.532	1.841	2.29	2.385	2.401
B_0	0.18	0.319	0.494	0.698	0.918	1.134	1.321	1.46	1.565	1.586	1.6
C_0	0.6	0.798	0.992	0.176	1.342	1.48	1.581	1.644	1.68	1.691	1.732

参数 A_1、B_1、C_1、D_1 值 表 9-28

临界点处的换算深度 $\overline{Z} = Z \cdot \alpha_e$	A_1	B_1	C_1	D_1
0.0	1.000	0.000	0.000	0.000
0.2	1.000	0.200	0.020	0.001
0.4	1.000	0.400	0.080	0.011
0.6	0.999	0.600	0.180	0.036
0.8	0.997	0.799	0.320	0.085
1.0	0.992	0.997	0.499	0.167
1.2	0.972	1.192	0.718	0.288
1.4	0.955	1.379	0.974	0.456
1.6	0.913	1.553	1.264	0.678
1.8	0.843	1.706	1.584	0.961
2.0	0.735	1.823	1.924	1.308
2.2	0.575	1.887	2.272	1.720
2.4	0.347	1.874	2.609	2.195
2.6	0.033	1.755	2.907	2.724
2.8	−0.385	1.490	3.128	3.288
3.0	−0.928	1.037	3.225	3.858
3.5	−2.928	−1.272	2.463	4.980
4.0	−5.853	−5.941	−0.927	4.548

六、桩基抗冻胀稳定检算

地基活动层土的冻结将产生冻胀力作用于基础上，多年冻土中的桩基，在地基活动层土冻结时，将承受切向冻胀力的作用。柱基设计时，应进行桩基抗冻胀稳定性检算，保证桩在施工和运营期间，作用于桩基的各力系都满足下面不等式。

$$\tau U_{p0} H_{th} - U_{p0}(L - H_{th})\gamma_p \leqslant \frac{1}{K} R_a U_{p0}(L - H_{th}) \tag{9-20}$$

式中：τ——作用于桩的切向冻胀力；

U_{p0}——桩的周长；

H_{th}——季节融化层厚度；

L——桩的埋深；

R_a——桩与冻土之间的冻结强度；

K——安全系数；

γ_p——桩的重度。

通过上式计算，如果不能满足要求，应采用桩基防冻胀措施，对桩基活动层部分桩体进行防冻胀处理，或改变桩的尺寸和埋深重新进行检算，直至满足要求。

第五节　多年冻土地区涵洞基础设计

一、多年冻土地区涵洞基础设计原则

多年冻土区桥涵地基基础设计，有三种原则。设计原则 I，在构造物施工和运营期间，保持地基多年冻土的冻结状态。设计原则 II，允许地基多年冻土在施工和运营期间，按某一融化速率融化；在多年冻土厚度较薄时，预先将其融化或挖除。设计原则 III，在构造物施工前，预先融化地基多年冻土至一定深度，将基础建在融土地基上；在建筑物运营期，维持地基土体的融化状态。

二、多年冻土地区涵洞基础设计方法

(一)按第 I 种原则

在按第 I 种原则(保持冻结多年冻土的冻结状态)设计涵洞基础时，涵洞基础的厚度，可用下列方法计算确定。计算的基础厚度，应满足涵洞基础埋深的要求。

1. 理论公式计算

根据一维稳定热流计算原理，通过基础的热流量等于使基础材料温度升高所消耗的热量与传入冻结的地基土层热量之和。

经整理后得出涵洞基础厚度计算公式：

$$\delta = \frac{\sqrt{\dfrac{2\theta_0^2\lambda_2^2}{\alpha_2} + \dfrac{4\lambda_1^2\theta_d^2}{\pi\alpha_1}} - \dfrac{2\lambda_1\theta_d}{\sqrt{\pi\alpha_1}}}{\gamma c_2\theta_0}\sqrt{\tau} \tag{9-21}$$

式中：δ——涵洞基础厚度；

λ_1——地基土的导热系数；

α_1——地基土的导温系数；

λ_2——基础的导热系数；

α_2——基础材料导温系数；

θ_d——年平均地温；

其余符号的物理意义同前。

但 λ_1、α_1 必须是基础底面以下一直到多年地温层之间的地基土的导热系数和导温系数。对于由不同介质组成的分层地基土，λ_1 和 α_1 则采用加权平均值的方法取值。

考虑基础侧向散热问题，进入涵洞基础的热量应加以修正，对基础材料的 λ_1 值为 1.1 左右时，建议修正系数 K 值采用 0.7，当 λ_1 为 0.5 左右，K 值采用 0.8。

2. 计算厚度与实测厚度的比较

计算厚度与实测厚度的结果见表 9-29。从表列数值比较结果，计算值与实测值之间的最大相对误差为 20%。

保持地基土冻结时涵洞基础计算厚度与实测厚度 表 9-29

地　点	日　期	涵洞出入口过水面温度(℃)	基础应埋设的计算厚度(m)	基础中 0℃位置实测厚度(m)	基础材料体积热容量 γc_2 [kJ/(m³·℃)]
涵洞入口基础	1980 年	4.93	1.87	1.57	1 673.6
	1981 年	5.38	1.96	1.88	
涵洞出口基础	1980 年	4.52	1.49	1.25	1 397.5
	1981 年	4.91	1.58	1.55	

3. 经验公式

按保持涵身地基土处于冻结状态进行设计，所需基础厚度仍按公式(9-21)计算，但应取基础材料的导热系数 λ。由于青藏公路沿线涵身基础均未超过 0.5m，缺乏实际资料验证，可以沙湖年慈换算公式加以验证：

$$h_3 = h_2\sqrt{\frac{\alpha_3}{\alpha_2}} = h_2\sqrt{\frac{\lambda_3 c_2 \gamma_2}{\lambda_2 c_3 \gamma_3}} \tag{9-22}$$

式中：h_2——地基土的融化深度(m)；

h_3——地基土融化深度换算成基础材料的厚度(m)；

α_2、c_2、γ_2——分别为地基土的导温系数(m²/h)，比热容[4.184J/(kg·℃)]和重度(10N/ m³)；

α_3、c_3、γ_3——分别为基础材料的导温系数、比热容和重度。

因此，用沙氏公式换算后的基础总厚度为：$h=h_1+h_3$。式中 h_1 为预先定好的基础厚度。

换算公式计算结果，当地基土和基础材料导热系数相差较大时误差较大，这与沙氏公式对两者导热系数相差较大，计算结果偏大是一致的。涵洞出入口的厚度，向阳面应为涵身的 1.3～1.5 倍，阴面应为 1.1～1.3 倍(表 9-30)。

多年冻土区季节活动层的含水率沿深度呈 K 形分布，土质、水分(土中水分及外界补给水分)及土中负温值是产生冻胀的三大基本要素，在天然上限 2/3～3/4 处的含水率最低，产生的冻胀量最小。因此，将基础埋置在 2/3～3/4d 然上限深度处是合理的。

保持地基土冻结所应埋设的基础厚度(m)　　表 9-30

年　度	混凝土基础		陶粒混凝土基础		混凝土基础		陶粒混凝土基础	
	换算公式	经验公式	换算公式	经验公式	换算公式	经验公式	换算公式	经验公式
1976	1.38	1.30	0.90	0.70	1.51	1.52	1.29	0.07
1977	1.82	1.60	1.23	0.78				
1978	1.89	1.64	1.29	0.80				
1979	1.63	1.47	1.08	0.70				
1980	1.70	1.52	1.14	0.74				

注:表左边的数值为按各年气温融化指数计算的融深值,右边则为按 5 年平均融化指数计算值。

在现有青藏公路(已知黑色路面下多年冻土人为上限深度)改建或新增设涵洞,按原则Ⅰ利用多年冻土作为地基设计涵洞时,中间涵段基础埋深为涵位处人为上限深度的 0.7 倍,过渡涵段基础比中间段落加深 0.4～0.8m;洞口建筑基础埋深为涵位处天然上限以下 1.0m。

(二)按原则 II 或原则 III 设计

按原则 II 或原则 III 利用多年冻土作地基设计涵洞时,涵洞基础埋深应根据融化下沉计算确定,但其涵洞中间段基础的最小埋置深度不应小于 1.0m。洞口建筑基础最小埋置深度不得小于 1.5m。

以上涵洞基础埋置深度的确定方法,只适用于钢筋混凝土盖板涵采用条式或分段式明挖混凝土基础。其他结构类型的涵洞及其基础的埋深,则应按照有关规定确定。

第六节　多年冻土桥涵基础混凝土抗冻性能

多年冻土中的灌桩混凝土,在耐久性方面有着与其他混凝土构件不同的要求。多年冻土是长期处于负温的土体,上限以下多年冻土中的灌桩混凝土,其强度增长过程,完全处于低温和恒定的负温环境中。因此,考虑多年冻土区的特殊环境,为确保墩、台和桩基混凝土强度,用于多年冻土区桥梁的混凝土,应具有较好适应负温环境的特性:(1)早期强度增长较快;(2)抗冻性能好,即混凝土应具有较低的冻结温度和较强的抗冻融循环能力;(3)在负温养生条件下,混凝土强度亦能增长至设计值。

一、负温混凝土试验研究

混凝土强度的增长,与温度密切相关。养生温度降低,强度增长减慢。从图 9-36 可以看出,当混凝土的养生温度为 5℃时,混凝土 28d 的强度,只能达标养强度的 91%;当养生温度为 1℃时,混凝土 28d 的强度,只能达标养强度的 70%。但随着时间的延长,混凝土强度仍能达到设计强度。

如果环境温度迅速降低,混凝土中水分产生冻结,则混凝土将丧失强度。因此,在混凝土强度达某一值之前,混凝土温度不能达负值。这一强度值叫混凝土的临界抗冻强度。研究表明,多年冻土中的钻孔灌注桩,在桩身混凝土温度达零度以前,如果混凝土的强度能达到临界抗冻强度(表 9-31),在随后的时间里,即使混凝土温度降至较低负温度,其强度仍能继续增长至设计值。

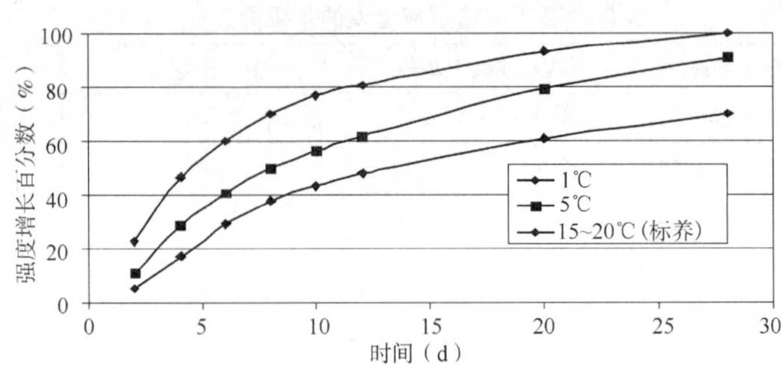

图 9-36　C30～C50 硅酸盐水泥混凝土强度增长曲线

在－10～－15℃养护条件下，混凝土的临界抗冻强度(MPa)　　表 9-31

强度等级	C10	C15	C20	C25	C30	C40
临界强度	4.0	5.0	6.0	7.5	9.0	11

青藏高原多年冻土区的年平均地温，大多在－0.5～－2.5℃，亦即灌桩混凝土的养生温度为－0.5～－2.5℃。在这种养生温度下，混凝土的强度增长更慢一些。据试验观测，青藏高原多年冻土区的钻孔灌注桩混凝土维持正温的时间，在 12～20d，混凝土在进入负温环境以前，其强度能够增长至标养强度的 40%～60%，为混凝土后期强度的增长打下了基础。青藏铁路多年冻土区“以桥代路”的桥梁总长约 80km，使用钻孔灌注桩约 15 000 根。据桩基小应变检测资料，钻孔灌注桩强度 7d 以内变化较大，混凝土灌注初期强度增长较快，但强度较低；7～14d，变化很大，但规律性差，强度增长快；15～28d，变化不大，但强度较高，混凝土强度增长至较大值，但强度的增长速度变慢。这些资料说明，多年冻土中的灌注混凝土，在其温度达到负温以前，均能达到混凝土的临界抗冻强度(表 9-31)。混凝土的抗冻临界强度与养护温度有关，如表 9-32 所示。

C10 混凝土在不同养护温度下的临界抗冻强度　　表 9-32

混凝土的最低养护温度(℃)	0～－10	－10～－15	－15～－20
混凝土的临界抗冻强度(MPa)	3.5	4	5

在低温和负温条件下，普通混凝土的强度增长，较之标养条件要慢一些。为了使多年冻土中的灌桩混凝土强度达到设计强度，一般认为，需对灌桩混凝土性能进行改进。在混凝土中加入某些化学试剂，是常用的方法。

在青藏高原多年冻土区，桥梁工程用混凝土，要求采用低温、早强、耐久混凝土。这种混凝土中添加的外加剂一般有减水剂、抗冻阻锈剂、引气剂、复合外加剂等。

控制混凝土耐久性的主要技术指标，是混凝土的抗冻融循环性能。据试验，如果混凝土在 200 次以上冻融循环之后的强度仍能达到设计要求，则其他耐久性指标均能满足要求。

二、低温早强灌注桩混凝土配合比组成设计

多年冻土中的灌桩混凝土，其强度增长过程完全处于低温和恒定的负温环境中。在冻土地基地温较高，且地基承载力随地温降低而提高这一规律受到地基土中或混凝土中盐成分影响且比较敏感的情况下，进行灌桩混凝土配合比组成设计时，面临两个方面的问题。一个是不掺防冻剂(因一般防冻剂中或多或少含有一定量的盐分)情况下，混凝土养护初期抗冻问题，另一个是混凝土在低温环境条件下的强度发展问题。这两个问题成为配合比组

成设计的关键。

根据近几年来国内外混凝土研究成果和技术发展来看，高效减水剂、粉煤灰和矿物微填料对混凝土的强度和耐久性有较大促进，我国重要工程中也得到了广泛的应用，技术已经完全成熟。2003年～2006年西部交通科技项目《多年冻土地区公路修筑成套技术研究》对低热、早强灌桩混凝土开展了较为系统的研究。

根据耐久性部分研究成果，低温高强混凝土通过添加高效减水剂、矿物微填料(采用磨细Ⅰ级粉煤灰、硅灰进行掺配制造)。粉煤灰用量分别为基准配合比水泥用量的10%和20%，进行等量替代；硅灰用量分别为基准配合比水泥用量的5%和10%，同样进行等量替代。水灰比是混凝土强度增长的关键，为了获得足够的强度，研究采用的水胶比为0.44。试配混凝土技术指标如表9-33所示。

混凝土技术指标表 表9-33

试验编号	水胶比	水泥用量(kg)	粉煤灰(kg)	硅灰(kg)	高效减水剂(%)	坍落度(cm)
A_0	0.58	380	0	0	0	8
A_1	0.44	323	38(10%)	19(5%)	0.60	17
A_2	0.44	304	38(10%)	38(10%)	0.60	16
A_3	0.44	266	76(20%)	19(5%)	0.60	18
A_4	0.45	228	76(20%)	38(10%)	0.60	17
A_5	0.44	361	19(5%)	0	0.60	18
A_6	0.44	342	38(10%)	0	0.60	20

注：括号内数值为质量比。

基准混凝土配合比：设计强度等级C40(标准养生，低温环境下设计强度C25)；水泥用量380kg；水灰比0.55；控制坍落度8cm。基准配合比：$(A_0)C:S:G:W=1:1.88:3.07:0.575$，$S_p=38\%$，其中，$C=380kg/m^3$，$W=218kg/m^3$，$S=714kg/m^3$，$G=1\ 166kg/m$。

三、桥涵基础混凝土抗冻耐久性与配合比组成设计

根据西部交通科技项目《多年冻土地区公路修筑成套技术研究》结果，配合比组成设计方案为：粉煤灰用量分别为基准配合比水泥用量的10%和20%，进行等量替代；硅灰用量分别为基准配合比水泥用量的5%和10%，水胶比为0.44。试配混凝土技术指标如表9-34所示。

混凝土配合比技术指标表 表9-34

试验编号	水胶比	水泥用量(kg)	粉煤灰(kg)	硅灰(kg)	高效减水剂(%)	坍落度(cm)
A_0	0.58	380	0	0	0	8
A_1	0.44	323	38(10%)	19(5%)	0.60	17
A_2	0.44	304	38(10%)	38(10%)	0.60	16
A_3	0.44	266	76(20%)	19(5%)	0.60	18
A_4	0.45	228	76(20%)	38(10%)	0.60	17
A_5	0.44	361	19(5%)	0	0.60	18
A_6	0.44	342	38(10%)	0	0.60	20

基准混凝土配合比：设计强度等级C25；水泥用量380kg；水灰比0.55；控制坍落度8cm。基准配合比：$(A_0)C:S:G:W=1:1.88:3.07:0.575$，$S_p=38\%$，其中，$C=380kg/m^3$，

$W=218kg/m^3$，$S=714kg/m^3$，$G=1\ 166kg/m^3$。

四、桥梁基础抗冻耐久性技术指标、施工技术及防护体系

(一)混凝土耐久性质量检验

1.混凝土拌和

可从浇筑现场的混凝土拌和料中取样，测定：

①引气混凝土的含气量。对于引气混凝土必须用含气量测定仪检测混凝土来料的含气量，从到达现场的混凝土出料口取样，并在经过泵送、浇筑与振捣后立即从现场构件的新浇混凝土中取样，取样数量视具体情况而定。此外，可从新浇混凝土中取样制作混凝土试件，硬化后用于测定气泡间距系数等数据，但后者最好能从硬化后的实际构件中取芯测定。

②混凝土的抗冻等级。根据需要测定混凝土的抗冻等级，在现场从经过泵送、浇筑和振捣后的新拌混凝土中取样制作试件。

③氯离子侵入性的电量指标或扩散系数测定。对氯盐环境下的重要工程，应从到达现场的混凝土取样制作试件。

2.混凝土浇筑

混凝土浇筑完成后，现场混凝土的耐久性施工质量可通过以下检测途径加以判定：

①标准预埋件的拔出试验或回弹仪试验。可通过测定构件表层混凝土的抗压强度来间接推定混凝土保护层的密实性。测定宜在28d左右的龄期进行，要求测得的强度平均值不低于预先规定的数值，后者应在实验室内通过标定对比试验确定。

②混凝土渗透性试验。重要工程可同时用手提式混凝土渗透性测定仪，测定现场构件表层混凝土的气体渗透性或水的渗透性，得出的抗渗性指标应不低于设定值，后者需在实验室内通过标定对比试验确定。

③保护层厚度。通过钢筋保护层厚度检测仪的无损探测，确定现场混凝土保护层的实际厚度。

④在现场混凝土构件中取芯测定混凝土的含气量与气泡间距系数，混凝土的抗冻等级或耐久性指数，混凝土的氯离子扩散系数。

(二)混凝土施工

①耐久混凝土工程在正式施工前，应针对工程特点和施工环境施工条件，制定施工全过程和各个施工环节的质量控制与质量保证措施以及相应的施工技术条例，并对混凝土运送到工地的时间和出机坍落度、浇筑时间和浇筑时的坍落度、浇筑时气温与混凝土浇筑温度、施工缝的划分、混凝土浇筑高度的控制以及混凝土的养护方式和养护过程，包括养护开始时间、混凝土养护中的表面温度与降温速率、拆模时间与拆模时气温等作出记录。如果出现裂缝，要记录裂缝出现的时间、部位、尺寸和处理等情况。

②为保证钢筋保护层厚度尺寸及钢筋定位的准确性，宜采用工程塑料制作的保护层定位夹或定型生产的纤维砂浆块。

③为保证混凝土的均匀性，混凝土的搅拌宜采用卧轴式、行星式或逆流式搅拌机并严格控制拌和时间。

④对于水胶比低于0.45的混凝土和大掺量粉煤灰混凝土，在寒冷气候下，应在模板外采取保温措施并延迟拆模时间，直至混凝土达到临界抗冻强度后方可拆模。

⑤混凝土的入模温度应视气温而调整，在炎热气候下不宜高于气温且不超过30℃，负温下不宜低于12℃。

⑥现浇混凝土应有充分的潮湿养护时间。在整个潮湿养护过程中，应根据混凝土温度与气温的差别及变化，及时采取措施，控制混凝土的升温和降温速率。当新浇的结构构件有可能接触流动水时应采取防水措施，保证混凝土在浇筑后7d之内不受水的直接冲刷。

⑦在炎热气候下浇筑混凝土时，应避免模板和新浇混凝土受阳光直射，入模前的模板与钢筋温度以及附近的局部气温不应超过40℃。应尽可能安排傍晚浇筑而避开炎热的白天，也不宜在早上浇筑以免气温升到最高时加速混凝土的内部温升。

⑧混凝土冬季施工应采用蓄热保温措施进行浇筑和养护并使用低水灰比的混凝土，原则上不宜采用防冻剂。如气温低于－15℃而不得不使用时，则必须对防冻剂的性能进行严格的检验，防冻剂中氯盐和碱等有害物质的含量必须低于规定的限值。

⑨桥梁钻孔灌注桩基础应采用低热混凝土，应在满足混凝土低温环境强度增长的前提下，尽量采用低强度等级、低热量水泥，并限制最大水泥用量。混凝土中应掺加10%～20%的粉煤灰，建议不掺加硅灰。

⑩桥梁钻孔灌注桩混凝土，应采取必要的措施降低粗、细骨料的温度和混凝土入模温度。混凝土入模温度应控制在10～15℃范围内。降温措施可采用冷水冲洗、对原材料（砂、石、水泥）采取白天遮阳，夜间散铺散热、夜间施工等综合技术。当采取加冰降温时，应使用刨冰，不得使用冰块和雪降温。

（三）桥涵基础混凝土防护等级与防护体系

桥涵基础结构由于所处环境、位置及桥梁大小不同，遭受侵入性破坏程度和防护要求应有所不同，对此提出表9-35和表9-36的建议防护等级与防护体系。

多年冻土区桥涵基础混凝土防护等级 表9-35

防护等级	环境作用程度	防护等级	环境作用程度
I	严重	III	一般
II	微重		

多年冻土区桥涵基础混凝土防护体系 表9-36

防护位置	防护等级	防护体系	说明
水位变化区	I	抗冻耐久混凝土＋钢筋防护＋涂层防护	
浪溅区	I	抗冻耐久混凝土＋钢筋防护＋涂层防护	
大气区	II	抗冻耐久混凝土＋钢筋防护	
河滩桥	II	抗冻耐久混凝土＋钢筋防护	
水下区	II	防腐混凝土＋钢筋防护	河水中含有有害化学成分
	III	钢筋防护	河水中无有害化学成分
季节活动层	II	防腐混凝土＋钢筋防护	土中含有有害化学成分
	III	钢筋防护	土中无有害化学成分
旱地桥	III	抗冻耐久混凝土	

注：大气区：设计高水位＋1.0m；浪溅区：设计高水位＋1.0m至设计高水位－0.5m；水位变化区：设计高水位＋0.5m至设计低水位－0.5m；水下区：设计低水位－0.5m以下。

(四)设计施工要点

①对于负温环境下使用的混凝土,其水化热最重要的影响因素是矿物掺和料的掺量和替代水泥的用量。采用的混凝土配合比可替代水泥用量的15%。

②采用高效减水剂和粉煤灰与硅灰复掺,可使桥梁灌桩混凝土在低温冻土环境条件下的强度显著提高,28d达到设计强度的110%~120%。

③采用粉煤灰和硅灰,可以延迟水泥水化热峰值出现的时间,同时可以降低水化热总量。

④根据青藏公路试桩温度观测及低温条件下混凝土强度增长规律,多年冻土地区桥梁灌桩混凝土,可不考虑混凝土早期受冻问题。

⑤最佳低热、早强混凝土的配合比是:粉煤灰掺量为10%,硅灰掺量为15%。

⑥低温和负温条件下养生的,不添加防冻剂的高性能混凝土,其早期和后期强度的增长均能满足设计要求。

⑦多年冻土地中的钻孔灌注桩混凝土,可以采用不添加防冻剂的普通强度等级的高性能混凝土。多年冻土上限以下的桩体混凝土,无需提出抗冻融循环要求。

⑧如果要求在负温条件下养护的混凝土,28d的强度达到设计强度等级,可采用将混凝土的设计强度等级提高1~2个级别来实现。

第七节　波纹管涵洞在多年冻土地区的应用

波纹管涵具有自重轻、运输方便、施工简单且施工工期短,造价低,且钢制波纹管涵的强度大,刚性高,在土压力作用下不易发生破坏等优点。此外,对地基扰动小,对基础要求较低,适应变形性能好;同时热阻小,对土层的热扰动小,不渗水,有利于保持多年冻土地区的水热平衡,保护冻土。金属波纹管涵还具有抗拉、抗剪和抗疲劳能力。波纹管在结构上具有横向补偿位移的优良特性。

为减少涵洞工程病害,提高涵洞工程在多年冻土地区的使用寿命,改善青藏公路多年冻土地区路基横向排水条件,结合整治工程实施状况,1997年在K3 278+200与K3 280+915处各修建波纹管涵一道,作为试验工程;1998年9月又在K3 263+094修建波纹管涵一道;2003年~2006年依托青藏公路开展的《多年冻土地区公路修筑成套技术研究》以及青藏铁路工程建设中对波纹管涵洞开展了工程应用研究。

一、波纹管试验涵洞

青藏公路沿线气候严寒,冬季涵底积水结冰且冰层(上)下水可以流动,再考虑到保持多年冻土地区的水热平衡的需要和日常维护及观察需要,波纹管涵孔径设计为$D=1.50$m。考虑到如果发生冻胀或不均匀的沉降变形而产生附加应力,以及施工过程中的不均匀受力,钢波纹管设计壁厚3mm,波高7cm,波距14cm。涵管为整体式或拼装式,进出口形式为八字形、削头抛石护坡或不设,涵底纵坡为1%~4%。波纹管涵基础深度视管径及地质条件而定,一般深度为管径的0.5~0.55倍,试验涵的基础深度≥1.2m。涵管最大径向位移17mm。

K3278+200和K3280+915为整体波纹管试验涵。K3278+200涵洞处为多年冻土,融沉系数2%~6%,土质沿深度依次为砂砾、亚黏土夹砾石、角砾土、泥岩强风化;K3280+915涵下为融土,地下水丰富,土质沿深度依次为碎石、角砾土、亚黏土夹砾石、泥岩强风化。

K3263+094为两半圆拼装式波纹管试验涵,地处青藏公路老温泉兵站—雁石坪地段布曲河谷阶段，海拔 4 700m 左右，年平均气温－4.2～－5.0℃，年平均地温 0～－1.0℃，冻土类型为含土冰层，地下冰分布不均，有厚层地下冰存在，地质构造为亚扭性断裂。涵洞地面高程 4 757.940m，地面下 0～1.5m 为卵石土，1.5～3m 为亚黏土，3.5～4.5m 为圆砾，4.5～6.2m 为强风化泥岩，融沉系数 32％～40％，属特强融沉，强冻胀类。原路基间断沉降 10～45cm，路面有网裂。

二、波纹管涵洞的洞口

公路钢波纹管涵洞的洞口可以采用普通涵洞常用的端墙式、锥坡式、走廊式和平头式；也可以结合工程实际，根据需要采用直管延长式、簸箕式等等。

直管或直管延长式(图 9-37)采用直管(孔径大、河沟宽)或将涵管适当延长伸出路基边坡以外(孔径小、河沟狭窄)，不需对边坡进行处理，根据需要对进出口一定范围内进行铺砌，涵管两侧及顶部一定范围内，边坡回填材料建议采用块、片石，以预防水流冲刷危害路基。

簸箕式(图 9-38)为在工厂直接预制一定尺寸的呈簸箕状的洞口，端部与直管用螺栓连接，洞口一定范围内应根据需要进行铺砌，适用于流速较大涵洞。簸箕用钢轧制，侧面呈曲面。

图 9-37　直管延长式洞口

图 9-38　簸箕式洞口

三、波纹管涵洞性能及应用前景

波纹管涵具有自重轻、运输方便、施工简单且施工工期短，变形性能好等优点，比钢筋混凝土盖板涵更适合于如青藏公路的寒区工程。我国 $960\times10^4\mathrm{km}^2$ 国土面积中 70％冻深大于 50cm，可见波纹管涵的应用前景非常广阔。在其他地基(路基)变形较大或易发生不均匀变形的地段，金属波纹管涵因其优良的力学性能，也具有较强的适应性。在青藏公路整治工程中每道波纹管涵工程造价为同样孔径的钢筋混凝土盖板涵的 60％左右。

相同围压时，波纹管与普通圆管的径向最大位移相当，但波纹管的轴向位移明显大于普通圆管，表现出波纹管具有轴向补偿位移的功能；波纹管的内部应力拉、压相间，充分发挥了金属材料各向同性的优良特性，而普通圆管内部拉应力较小，压应力较大，故一般采用混凝土材料为主。

已有研究表明，钢波纹管涵洞路中处各测点的内侧切向、轴向应力随波形呈周期变化的规律；波峰和波谷处管顶与管侧呈相反的拉压交替规律；在管上侧 1/2 附近存在切向最大应力；管侧波峰和波谷表现出内侧切向和轴向应力呈相反的拉压交替规律。路肩各测点由管顶向管底的递进，内侧切向应力在波峰由拉变压，波谷由压变拉，最大应力应变在管顶和管底部。波谷处外侧切向、轴向应力在管顶为拉应力，管侧为压应力。通过有限元分析，得到：

①管内切向与轴向应力应变以及挠度和最大等效应力在恒载作用时随填土高度的增加有

呈线性增长的规律,活载作用时随填土高度的增加逐渐减小。

②波峰和波谷在管顶、管底、管侧均为应力集中处,各管径最大等效应力的位置与荷载密切相关;最大等效应力总体上随管径的增加而增加;随着波纹管涵的壁厚增加,最大等效应力呈对数减小。

金属波纹管涵对地基扰动小,热阻小,对土层的热扰动小,不渗水,有利于保持多年冻土地区的水热平衡,保护冻土。在多年冻土地区的涵洞工程中,由于涵洞下冻土的上限变化沿涵洞轴线呈现“拱”的形式,故在冻土融化时,若发生融沉现象,则在涵洞的进出口处会产生壁路中相对较大的沉降变形;同样当融土冻结时若发生冻胀,则涵洞的进出口处的冻胀翘起变形也比路中大。这样,在涵洞的两端,相应地产生一定的变形(位移),同时在涵身产生一定的拉、压应力。从此意义上讲,在多年冻土地区应用波纹管涵,发挥其优良的变形能力和钢材抗拉性能及抗疲劳性能较好的特点,对预防或彻底解决涵洞因融沉和冻胀而导致破坏较为有效。

此外,对类似于冻土冻融导致的变形现象,如软土的沉降变形、膨胀土的遇水膨胀、湿陷性黄土的沉陷等地基(路基),如果应用金属波纹管涵洞也可解决因局部变形或局部存在拉应力而导致涵洞破坏的现象。

经跟踪调查,青藏公路钢波纹管涵洞应用 7 年后效果优良。总之,金属波纹管作涵洞具有较为广泛的应用前景。

第十章

多年冻土地区公路生态环境保护与评价技术研究

第一节　概　述

多年冻土具有独特的工程地质性质，水分迁移和冻结会引起冻胀，冰的融化和变形会形成沉陷，因此在多年冻土地区兴建公路、铁路及其他岩土工程，都会受到冻土稳定性的影响。反过来，公路工程等的施工及其运营又会对冻土地区生态环境产生影响，如造成植被的破坏、引起冻土退化、加剧水土流失和土地沙漠化，导致沿线沼泽湿地面积缩小和改变野生动物生活规律等。因而，多年冻土地区公路建设与运营将会对生态环境构成一定的威胁。西藏、青海、新疆、黑龙江等许多省区都面临着在多年冻土地区公路建设与运营中如何保护生态环境的问题。

在我国多年冻土分布区域，东北大、小兴安岭地区虽然地理纬度高，但海拔较低，受环太平洋暖湿气流与北冰洋环流的共同作用，夏季降雨、冬季降雪较丰，地表植被较发育。而青藏高原广大的多年冻土区受海拔高度控制，生态环境则十分脆弱，在环境特征上具有不同于全球其他冻土分布区的显著特点，既是环境保护的重点对象区域，也是现阶段工程环境保护研究相对薄弱的区域。

无论国内外，早期的环境研究对象均集中在冻土环境及其演变规律方面，对生态环境的研究起步较晚。北美在 20 世纪 70 年代开始关注冻土区工程干扰下的生态环境问题，通过对阿拉斯加北部 Dalton 公路沿线的观测，指出公路两侧土壤养分和水分含量低、土壤密实板结、植被生物量减少。

在青藏高原冻土区工程建设过程中，长期以来科学家和工程技术人员研究的对象是冻土与工程的相互关系，较少涉及冻土区工程对生态环境的影响。公路、输油管道、电缆埋设造成的地表植被损害至今十多年仍难以恢复。针对青藏高原冻土区野生动物的习性、迁徙规律的研究，水土流失特征的研究，植被保护与恢复技术的研究，工程环境影响评价因子的研究等基本处于空白状态。青藏铁路上马，高原生态环境保护的重要性突显，铁路部门在这方面做了一些探索和研究，但文献检索资料尚未有相关记载。2002～2006 年间交通部西部交通建设科技项目《多年冻土地区公路修筑成套技术研究》专列分项，对目前我国多年冻土区生态环境保护存在以下不足开展了相关研究，取得了丰硕成果：

（1）多年冻土条件下公路建设对生态环境影响的研究不系统，缺乏多年冻土地区公路建设项目环境评价指标体系。

（2）公路建设项目生态环境影响评价还停留在定性分析的程度上，无法开展定量预测和评价。

（3）青藏高原多年冻土地区人工植被恢复规律、公路边坡水土流失规律等的研究尚处空白。

（4）青藏公路曾开展了边坡植被防护研究，但人工植被在恶劣的自然条件下能否保持较长期的稳定还有待于观测总结；公路沿线的取土场、护坡道和路肩等，植被恢复的可行性与工程效果有待研究。

（5）多年冻土地区公路水土流失综合治理技术及适应性还待研究总结。

第二节　青藏高原多年冻土地区生态环境特征

青藏高原多年冻土地区属于高寒大陆性气候，寒冷而干旱，气候多变，四季不分明。气温低、空气稀薄、大气干洁、异常强烈的太阳辐射、灾害天气频繁构成青藏高原多年冻土地区气候的基本特征。

由于多年冻土限制了地表与多年冻土及其下部土层间的水分交换，使得多年冻土在陆地水文循环中起着特殊作用，多年冻土成为控制水分和湿地时空分布的一个主要因素，进而影响着植被赖以生长的土壤特征。强烈而又广泛的季节性冻融作用导致多年冻土区不同类型冰缘作用非常活跃，不同类型冰缘作用下的生态效应存在较大差异，如雪蚀作用使粗颗粒物质逐渐变细，地表变平；冻融风化作用使粗颗粒物质逐渐变细，最终结果是粉粒级物质不断积累，有利于土壤条件的改善等。而冻融泥流作用、分选作用、冻胀、冻裂以及喀斯特作用等则扰动和破坏地表的土壤状况，使土壤中的粗颗粒物质向上和向裂缝中移动，从而导致土壤沙化，植被退化。

多年冻土层作为特殊的大厚度的隔水层，隔断了地表与冻土层下部的直接水分联系，形成了性质完全不同的两大含水系统。季节性冻结和融化过程中活动层水分的凝聚和释放，对土壤水分和地表甚至地下水径流起到调节作用，从而使多年冻土区的土壤水分状况以及地表水和浅层地下水的径流具有明显的季节性变化规律。

受独特的气候条件影响，青藏高原多年冻土地区土层较薄，对环境变化较为敏感。该区土壤以高山草原土、高山草甸土为主要类型，土壤较原始。表现为类型结构简单，土壤质地粗糙，有机质含量低，土壤盐碱性强。

由于上述气候土壤特点，高大乔木在这里已无踪迹，灌木也难正常生长。偶有金露梅、沙棘等灌丛分布。因此，这里的地带性植被是以草本为主的草原类植被。

多年冻土地区分布的主要生态系统类型包括典型荒漠生态系统、河谷灌丛生态系统、高原河谷灌丛生态系统、高寒草原生态系统、高寒草甸生态系统、沼泽湿地生态系统等。其中最普遍的是高寒草原生态系统、高寒草甸生态系统。

由于受到高寒气候特征的影响，青藏高原冻土区的植被类型相对较为单一，主要是在高原隆起的过程中由具有温带性质的植物区系逐渐演化为具有寒旱生境的年轻植物区系。许多植物由于长期适应高原冻土环境而具有一系列高寒环境的形态——生态学特征。该区植被具有植物组成简单，群落外貌单调；植物生长低矮，产草量低；植物生长期短，大都以营养繁殖为主；植物适应能力强，根系发达；植被退化等特点。

由于地广人稀，该区域是我国目前野生动物保存最完好的区域之一，也是世界上野生保存野生动物最完好的地区之一。青藏高原动物资源种类多、数量大，且特有物种比例高，拥有多种大中型草原动物和湿地独特的动物群。根据野生动物栖息生境的特征，青藏高原多年冻土地区野生动物可划分为高山山地动物群、高寒草原草甸动物群和沼泽湿地动物群。

青藏高原多年冻土地区生态环境具有如下显著特点：

(1)生态系统敏感而脆弱

由于多年冻土地区气候寒冷、干旱，动植物种类少、生长期短、生物量低、生物链简单，生态系统中物质循环和能量的转换过程缓慢，致使本区生态环境十分脆弱。长期低温和短促的生长季节使寒冷地区的植被一旦破坏，恢复十分困难，而且加速冻土融化，易引起土地沙化和水土流失。

(2)景观生态系统原始且差异显著

由于独特的地理位置，受人类活动的干扰很少，多数景观生态系统处于原始状态，而且在三向地带性作用下，呈现出显著的区域性差异。

(3)植物生态系统独特

青藏高原多年冻土地区具有特有的植物成分，如紫花针茅、小蒿草等。多年冻土地区广泛分布的高寒灌丛草甸、高寒草原、荒漠等植被类型，显示出特有的生态特征：它们或生成莲座状以从地面获取更多的热量；或成垫状达到保温、保湿和抗强风的目的；或发展通气组织，储存气体，从根本上克服低浓度 O_2、CO_2 对植物体的伤害；支持组织广泛存在，以抵抗大风、雪、冰雹造成的各种机械损伤。该地区植被大都具有生长期短、生长缓慢、植株矮小、覆盖率低等特点。受植被特点的影响，该地区野生动物的食物来源少，其生存和生活都受到很大的影响。

自 20 世纪 70 年代以来，由于全球变暖和人为活动，青藏高原多年冻土正在退缩，青藏高原的多年冻土厚度减薄 3～5m。伴随着多年冻土上限的下降，土壤水分含量明显降低，高寒草甸植物生长高度下降了 30％～50％，生物量减少 50％以上，导致生物生产力明显下降。

高原多年冻土的退化促进了沙漠化的发展，植物种类减少，群落盖度下降。在植物群落发生变化的同时，小型啮齿类动物高原鼠兔、根田鼠随之潜入，加速草场的退化。

(4)具有重要的生态价值

多年冻土地区，尤其是青藏高原，由于其特殊的自然地理环境决定了其具有独特的生态价值。冻土是多年冻土地区的关键因子，制约着其他环境因子的发展，对区域生态环境的稳定具有至关重要的意义。

首先，青藏高原多年冻土区就像一个巨大的固体水库，是五大水系的发源地，在陆地水文循环过程中起着特殊作用，对区域气候乃至全球大气循环过程有着重大影响。多年冻土层季节性冻结和融化过程中，水分的季节变化影响着植被赖以生长土壤的特性。湿地和泥炭沼泽分布与多年冻土的发育有着紧密的联系，多年冻土活动层越薄，土壤就越湿润，也就越有利于植被的生长。

其次，青藏高原冻土区由于地广人稀，是野生动植物保存最完好的区域之一，大部分属于自然保护区，如可可西里自然保护区、三江源自然保护区、羌塘自然保护区等。是重要的生物资源宝库，动植物种类资源种类多、数量大，且特有物种比例高，生物多样性丰富，具有极大的经济、研究和医药价值。以可可西里自然保护区为例，保护区内高等植物已知 102 属 202 种，其中青藏高原特有种 84 种。已知该区分布哺乳类动物 19 种，鸟类 48 种，鱼类 6 种。

第三节　多年冻土地区公路建设项目生态环境影响评价技术

一、多年冻土地区公路生态环境关键因子

（一）一级生态环境关键因子的确定

青藏高原多年冻土是青藏高原地质历史的产物，是青藏高原生态系统的重要特征，也是其区别于其他生态系统的关键指标，因此把冻土作为青藏高原多年冻土地区的一级生态环境关键因子。

（二）二级生态环境关键因子的筛选

生态环境关键因子识别采用因子矩阵法（表 10-1）。矩阵中，各单元格内描述的应该是公路建设工程对各环境因子的影响程度，这可以用等级划分来反映，按有利影响与不利影响两类分别划级（3 级或 5 级）。

生态系统可以聚成三类分别进行分析，即目标保护型、整体功能型、要素主导型。

多年冻土地区公路建设项目生态环境影响因子筛选矩阵　　表 10-1

生态环境要素	施工期						运营期		
	取弃土场	路基施工	路面施工	桥涵工程	材料运输	机械作业	路面状况	车流量	养护维修
生物资源 1　生物多样性 —植被 —野生动物及其生境 2　生态敏感区 —自然保护区 —湿地									
土地资源 1　土地利用 —占地 2　土壤 —水土流失 —冻土层									
水资源 1　地表水 —河道 —地表水水质 2　地下水 —山体水系 —地下水水位 3　水利设施 —水库 —灌渠									

目标保护型是指加入了人类预期的生态系统，如自然保护区。该类生态系统受工程项目的影响，除系统本身的改变外，还与人类对它的预期有关。因此，筛选出的二级生态环境关键因子应能反映人对生态系统的预期，并反映对生态系统整体功能的影响或主导要素的影响，可以量化。

整体功能型是指生态系统的功能不是由其中的一两种关键要素决定的，整个系统中的各个要素几乎都起着重要的作用(如湿地)。该类生态系统筛选出的二级生态环境关键因子应具有综合性，能反映生态系统整体功能受到的影响，可以量化。

要素主导型是指生态系统的功能是由其中的一两种关键要素决定的，如草地生态系统的关键要素是草。该类生态系统筛选出的二级生态环境关键因子最终要能够反映多年冻土生态系统受到的影响，可以量化。

通过对青藏高原多年冻土地区生态环境特征的梳理以及对公路工程的特点总结，青藏高原多年冻土地区公路建设项目生态环境影响关键因子包括冻土层、植被、自然保护区、珍稀濒危野生动物、湿地及水土流失等。

二、多年冻土地区公路建设生态环境影响评价指标

(一)指标体系结构

综合以上对生态环境关键因子的分析，创新性地提出青藏高原多年冻土地区公路建设项目生态环境影响评价指标体系，包括生态环境质量综合评价指标和生态环境影响综合评价指标(图 10-1)。生态环境质量综合评价指标，由植被质量、珍稀濒危野生动物重要性、自然保护区重要性、多年冻土平均融沉系数、多年冻土平均上限和平均侵蚀强度等六个单项指标构成；生态环境影响综合评价指标，由植被影响指数、珍稀濒危野生动物影响指数、自然保护区影响指数、含冰层扰动指数、多年冻土上限影响指数和水土流失增加指数等六个单项指标构成。

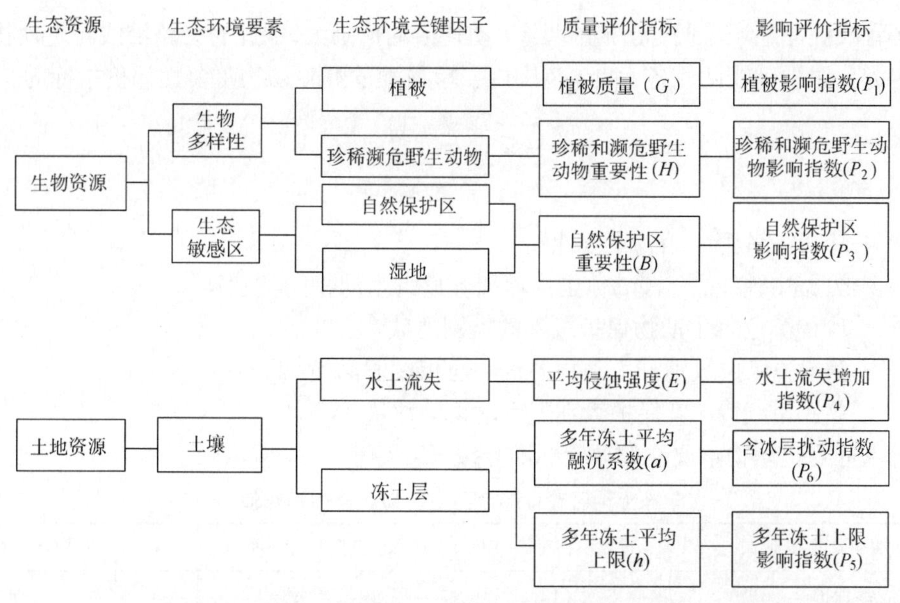

图 10-1　多年冻土地区公路建设项目生态环境影响评价指标体系结构

(二)生态环境质量综合评价指标

1. 植被质量(VQI)

考虑到多年冻土地区植被较脆弱,因此对公路沿线植被的评价范围确定为公路中轴线两侧各 500m 范围内。植被质量评价指标为:

$$\mathrm{VQI}_i = \frac{1}{m}\sum_{j=1}^{n}\frac{h_{ij}}{h_{i0}}\frac{s_{ij}}{s_{i0}}\frac{G_{ij}}{G_{i0}} \tag{10-1}$$

式中:VQI——植被质量;

i——生态系统类型;

j——采样样方;

m——采样样方总数;

G_{ij}——样方 j 的植被盖度(%)或地面生物量(g/m^2);

G_{i0}——第 i 类生态系统类型的评价标准,即青藏高原多年冻土地区内该类生态系统植被盖度(%)或地面生物量(g/m^2)的多年平均值;

h_{ij}——第 i 类生态系统中样方 j 的多年冻土上限(m);

h_{i0}——第 i 类生态系统多年冻土上限平均值(m);

s_{ij}——第 i 类生态系统样方 j 的土壤有机质含量(%);

s_{i0}——第 i 类生态系统土壤有机质含量平均值(%)。

首先定义一地区的植被质量背景值为“好”,即在指标分级中的级别为“5”。再将具体评价区域的实际植被质量与当地植被质量的背景值相比,得到植被质量分级标准,见表 10-2。

植被质量 VQI 指标分级 表 10-2

级别(Z_1)	1	2	3	4	5
植被质量(VQI_i)	$\mathrm{VQI}_i<0.1$	$0.1\leqslant\mathrm{VQI}_i<0.4$	$0.4\leqslant\mathrm{VQI}_i<0.8$	$0.8\leqslant\mathrm{VQI}_i<1$	$1\leqslant\mathrm{VQI}_i$

2. 珍稀濒危野生动物重要性(H)

由于青藏高原地域广阔,高原上的野生动物活动范围大,因此对公路沿线野生动物的评价范围确定为公路中轴线两侧各 500m 范围内。珍稀濒危野生动物重要性评价指标为:

$$H = \frac{\sum_{i=1}^{n} f_i M_i}{\sum_{i=1}^{n} M_i} \tag{10-2}$$

式中:H——珍稀濒危野生动物重要性;

i——公路中轴线各 500m 范围内珍稀濒危野生动物的类别;

n——珍稀濒危野生动物保护级别的类别总数;

f_i——第 i 类保护级别野生动物的重要性相对值,见表 10-3;

M_i——公路沿线第 i 类保护级别野生动物的数量(个)。

珍稀濒危野生动物重要性的评价标准分级(Z_2)如表 10-4 所示。

多年冻土地区珍稀濒危野生动物重要性相对值(f_i) 表 10-3

珍稀濒危野生动物类别	i	重要性相对值(f_i)	珍稀濒危野生动物类别	i	重要性相对值(f_i)
市、县级保护	1	1	国家级保护	3	4
省级保护	2	2			

珍稀濒危野生动物重要性 H 指标分级 表 10-4

级别(Z_2)	1	2	3	4	5
珍稀濒危野生动物重要性(H)	$1 \leqslant H < 1.5$	$1.5 \leqslant H < 2$	$2 \leqslant H < 2.5$	$2.5 \leqslant H < 3$	$3 \leqslant H \leqslant 4$

3. 自然保护区重要性(B)

对公路沿线自然保护区的评价范围为公路中轴线两侧各 200m 范围内。自然保护区重要性评价指标为:

$$B = \frac{\sum_{i=1}^{n} e_i l_i}{\sum_{i=1}^{n} l_i} \tag{10-3}$$

式中:B——自然保护区重要性;

i——公路中轴线各 200m 范围内自然保护区的类型;

n——自然保护区保护级别的类别总数;

e_i——第 i 类保护级别自然保护区的重要性相对值,见表 10-5;

l_i——公路穿越第 i 类保护级别自然保护区的长度(m)。

自然保护区重要性的评价标准分级(Z_3)如表 10-6 所示。

多年冻土地区自然保护区重要性相对值(e_i) 表 10-5

自然保护区类别	i	重要性相对值(e_i)	自然保护区类别	i	重要性相对值(e_i)
市、县级	1	1	国家级	3	4
省级	2	2			

自然保护区重要性 B 指标分级 表 10-6

级别(Z_3)	1	2	3	4	5
自然保护区重要性(B)	$1 \leqslant B < 1.5$	$1.5 \leqslant B < 2$	$2 \leqslant B < 2.5$	$2.5 \leqslant B < 3$	$3 \leqslant B \leqslant 4$

4. 平均侵蚀强度(E)

对水土流失评价范围确定为公路中轴线两侧各 500m 范围内。平均侵蚀强度评价指标为:

$$E = \frac{1}{2}\frac{\sum_{i=1}^{n} E_{风i} S_{风i}}{\sum_{i=1}^{n} S_{风i}} + \frac{2}{5}\frac{\sum_{i=1}^{n} E_{水i} S_{水i}}{\sum_{i=1}^{n} S_{水i}} + \frac{1}{10}\frac{\sum_{i=1}^{n} E_{冻i} l_{冻i}}{\sum_{i=1}^{n} l_{冻i}} \tag{10-4}$$

式中:E——平均侵蚀强度;

i——侵蚀类型相同,而侵蚀强度不同的区域;

n——侵蚀类型相同的区域总数;

$S_{风}$——风力侵蚀面积(km^2);

$S_{水}$——水力侵蚀面积(km^2);

$l_{冻}$——冻融侵蚀区段长度(km);

$E_{风}$——风力侵蚀强度标准值,取值方法如表 10-7 所示;

$E_{水}$——水力侵蚀强度标准值,取值方法如表 10-7 所示;

$E_{冻}$——冻融侵蚀强度标准值,取值方法如表 10-7 所示。

平均侵蚀强度的评价标准分级(Z_4)如表 10-8 所示。

侵蚀强度标准值 表 10-7

E_x	1	2	3	4	5	6
风力侵蚀模数[t/(km²·年)]	<80	80～800	800～2 400	2 400～8 000	8 000～28 000	>28 000
水力侵蚀模数[t/(km²·年)]	<1 000	1 000～2 500	2 500～5 000	5 000～8 000	8 000～15 000	>15 000
冻融侵蚀海拔高度(m)	<3 600	3 600～4 000	4 000～4 500	4 500～5 000	5 000～8 000	>8 000

平均侵蚀强度 *E* 指标分级 表 10-8

级别(Z_4)	1	2	3	4	5
平均侵蚀强度(E)	$5 \leqslant E \leqslant 6$	$4 \leqslant E < 5$	$3 \leqslant E < 4$	$2 \leqslant E < 3$	$1 \leqslant E < 2$

5. 多年冻土平均融沉系数(a)

多年冻土评价范围确定为公路中心线两侧各 200m 范围内。多年冻土平均融沉系数评价指标为：

$$a = \frac{\sum_{i=1}^{n} a_i L_i}{L} \tag{10-5}$$

式中：a——多年冻土平均融沉系数(%)；

i——不同含冰量路段；

n——不同含冰量路段总数；

a_i——第 i 类含冰量路段的多年冻土融沉系数(%)；

L_i——第 i 类含冰量路段的公路长度(km)；

L——评价公路总长度(km)。

参考交通部青藏公路科研组 1979 年对多年冻土含冰量类别所作的划分(《中国冻土》,107 页)，确定多年冻土平均融沉系数分级(Z_5)如表 10-9 所示。

多年冻土平均融沉系数 *a* 指标分级 表 10-9

级别(Z_5)	1	2	3	4	5
多年冻土平均融沉系数(a)	$a < 1\%$	$1\% \leqslant a < 5\%$	$5\% \leqslant a < 10\%$	$10\% \leqslant a < 40\%$	$40\% \leqslant a$

6. 多年冻土平均上限(h)

评价范围确定为公路中心线两侧各 200m 范围内。评价指标为：

$$h = \frac{\sum_{i=1}^{n} h_i L_i}{L} \tag{10-6}$$

式中：h——多年冻土平均上限(m)；

i——不同冻土上限路段；

n——不同冻土上限路段总数；

h_i——第 i 类路段的多年冻土上限(m)；

L_i——第 i 类路段的公路长度(km)；

L——评价公路总长度(km)。

根据青南—藏北高原北部主要钻孔中所测得的多年冻土上限(参考《中国冻土》,338 页)，$2\text{m} \leqslant h < 3\text{m}$ 基本上是青藏高原多年冻土地区多年冻土上限的中间背景值。因此，确定多年冻土平均上限分级(Z_6)，如表 10-10 所示。

多年冻土平均上限 h 指标分级 表 10-10

级别(Z_6)	1	2	3	4	5
多年冻土平均上限(h)	$4m \leqslant h$	$3m \leqslant h < 4m$	$2m \leqslant h < 3m$	$1m \leqslant h < 2m$	$h < 1m$

7. 生态环境质量指数(I)

通过对以上各指标的级别加权(权重为 ω),就可以得到多年冻土地区公路建设项目生态环境质量指数 I:

$$I = \sum_{i=1}^{n} \omega_i Z_i \tag{10-7}$$

式中:I——生态环境质量指数;

i——某个生态环境评价指标;

n——生态环境评价指标总数,$n=7$;

ω_i——第 i 个生态环境质量评价指标的权重,见表 10-11($\sum_{i=1}^{n}\omega_i=1$);

Z_i——第 i 个生态环境评价指标分级的值。

多年冻土地区公路建设项目生态环境质量评价指标权重 ω 表 10-11

指标	VQI	H	B	E	a	h
权重(ω)	—	—	—	—	—	—

注:本表只提供计算模式,具体数值由工程人员实际应用时代入。

ω 应体现评价区域各评价指标的相对重要性,建议采用专家判断法确定。

多年冻土地区公路建设项目生态环境质量指数 I 分级如表 10-12 所示,I 的分级与各分指标的分级保持一致。

多年冻土地区公路建设项目生态环境质量指数 I 分级 表 10-12

级　别	差	较　差	中　等	较　好	好
生态环境质量指数(I)	$I \leqslant 1$	$1 < I \leqslant 2$	$2 < I \leqslant 3$	$3 < I \leqslant 4$	$4 < I \leqslant 5$

当 $I \leqslant 3$ 时,表明拟建公路的路线途经地区的生态环境质量并不高,路线布设和施工方案确定的过程中应对各生态环境关键因子作全面考虑,$I > 3$ 时,表明区域生态环境质量较好,路线布设和施工方案确定的过程中则应着重考虑那些指标值较小的生态环境关键因子。

提出多年冻土地区公路建设项目生态环境质量综合评价指标,有利于从整体上准确把握多年冻土地区公路建设项目的生态环境背景。这一背景既是青藏高原多年冻土地区公路建设项目所依赖的大环境,也制约着公路建设项目实施的程度。

(三)生态环境影响综合评价指标

1. 植被影响指数(P_1)

植被影响评价范围为路基中心线两侧各 100m 范围,以及施工营地、施工便道和取土场、料场。

植被影响指数采用下式表示:

$$P_1 = \frac{\sum_{i=1}^{n} k_i S_i}{\sum_{i=1}^{n} S_i} \tag{10-8}$$

式中:P_1——评价时段 t 的植被影响指数;

i——生态系统类型；

n——评价区域生态系统类型总数；

k_i——第 i 类生态系统的权重系数，取值方法如表 10-13 所示；

S_i——第 i 类生态系统内，公路工程影响的区域面积(m^2)。

$$Q_i(t)=Q_{i0}[1-O_i(t)] \tag{10-9}$$

式中：$Q_i(t)$——第 i 类生态系统于时段 t 的植被生物量预测值(g/m^2)；

$O_i(t)$——第 i 类生态系统内公路工程活动影响区域在某一评价时段 t 的植被生物量下降率(%)，其计算方法为：

$$Q_i(t)=\frac{\sum_{j=1}^{n}S_{ij}(Q_{i0}-Q_{ij})}{\sum_{j=1}^{n}S_{ij}Q_{i0}} \tag{10-10}$$

其中：$O_i(t)$——第 i 类生态系统内公路工程活动影响区域在某一评价时段 t 的植被生物量下降率(%)；

i——生态系统类型；

j——公路工程影响区域；

n——公路工程影响区域总数；

S_{ij}——第 i 类生态系统内受公路工程影响的第 j 区域的面积(m^2)；

Q_{i0}——第 i 类生态系统植被生物量的多年平均值(g/m^2)；

Q_{ij}——第 i 类生态系统植被生物量在时段 t 的预测值(g/m^2)。

植被影响指数权重系数取值 表 10-13

级　别	无影响（无荒漠化）	影响小（潜在荒漠化）	影响中等（荒漠化发展中）	影响大（荒漠化强烈）	影响极大（严惩荒漠化）
$Q_i(g/m^2)$	$450\leqslant Q_i$	$300\leqslant Q_i<450$	$150\leqslant Q_i<300$	$100\leqslant Q_i<150$	$Q_i<100$
k_i	1	2	3	4	5

植被影响指数分级如表 10-14 所示。

植被影响指数 P_1 分级 表 10-14

级别(Y_1)	影响极小(1)	影响小(2)	影响中等(3)	影响大(4)	影响极大(5)
植被影响指数 P_1	$1\leqslant P_1<1.5$	$1.5\leqslant P_1<2$	$2\leqslant P_1<3$	$3\leqslant P_1<4$	$4\leqslant P_1\leqslant 5$

2. 珍稀濒危野生动物影响指数(P_2)

野生动物影响指数(P_2)指评价区域内受到扰动的那一部分野生动物的统计量与野生动物统计量的当前值之比。评价范围为路基中心线两侧各 500m 范围内。

$$P_2=\frac{\sum_{i=1}^{n}f_iM_i\xi_1}{\sum_{i=1}^{n}f_iM_i}=\xi_1 \tag{10-11}$$

式中：P_2——珍稀濒危野生动物影响指数；

ξ_1——公路建设对野生动物的影响系数；

i——公路中轴线两侧 500m 范围内珍稀濒危野生动物的类别；

n——珍稀濒危野生动物保护级别的类别总数；

f_i——第 i 类保护级别野生动物的重要性相对值，见表 10-3；

M_i——公路沿线第 i 类保护级别野生动物的数量(个)。

野生动物的活动规律复杂，其受噪声影响和车辆穿行的扰动目前尚不能精确定量。但是在高原地区车流量一般都不大，因此单位路线长度上车辆穿行对野生动物的扰动可看作一个固定值。这样，公路建设对珍稀濒危野生动物的影响系数 ξ_1 正比于野生动物的数量及其重要性相对值，反比于公路路线长度。因此，公式(10-11)可表示为：

$$P_2 = \frac{\sum_{i=1}^{n} M_i f_i}{L} \tag{10-12}$$

式中：P_2——珍稀濒危野生动物影响指数；

i——评价范围内珍稀濒危野生动物的种群数；

M_i——第 i 种珍稀濒危野生动物的数量；

f_i——第 i 种珍稀濒危野生动物保护级别，参考公式 10-2 计算；

L——公路总长度(km)。

珍稀濒危野生动物影响指数 P_2 分级，如表 10-15 所示。

珍稀濒危野生动物影响指数 P_2 分级　　表 10-15

级别(Y_2)	影响极小(1)	影响小(2)	影响中等(3)	影响大(4)	影响极大(5)
珍稀濒危野生动物影响指数 P_2	$P_2<2$	$2\leqslant P_2<8$	$8\leqslant P_2<16$	$16\leqslant P_2<32$	$32\leqslant P_2$

3. 自然保护区影响指数(P_3)

自然保护区影响指数(P_3)指评价区域内受影响的自然保护区面积与路线所穿越的自然保护区面积之比。评价范围为路基中心线两侧各 200m 范围内。

$$P_3 = \frac{\sum_{i=1}^{n} e_i l_i \xi_2}{\sum_{i=1}^{n} e_i l_i} = \xi_2 \tag{10-13}$$

式中：P_3——自然保护区影响指数；

ξ_2——公路建设对自然保护区的影响系数；

i——公路中轴线各 200m 范围内自然保护区的类型；

n——自然保护区保护级别的类别总数；

e_i——第 i 类保护级别自然保护区的重要性相对值，见表 10-5；

l_i——公路穿越第 i 类保护级别自然保护区的长度(m)。

由于自然保护区各生态系统之间及生态系统内部的相互作用规律复杂，其受外部影响的程度用精确的定量化手段表征在目前也是不可能的。假定直接穿越同类型自然保护区的单位公路长度对自然保护区所施加的影响相同，则影响系数 ξ_2 正比于自然保护区重要性相对值、评价区域内自然保护区面积，反比于公路路线长度。因此，公式(10-13)可简化为：

$$P_3 = \frac{\sum_{i=1}^{n} e_i l_i}{L} \tag{10-14}$$

式中：P_3——自然保护区影响指数；

i——公路中轴线各 200m 范围内自然保护区的类型；

n——自然保护区保护级别的类别总数；

e_i——第 i 类保护级别自然保护区的重要性相对值，见表 10-5；

l_i——公路穿越第 i 类保护级别自然保护区的长度(m)；

L——公路总长度(m)。

自然保护区影响指数 P_3 分级如表 10-16 所示。

自然保护区影响指数 P_3 分级 表 10-16

级别(Y_3)	影响极小(1)	影响小(2)	影响中等(3)	影响大(4)	影响极大(5)
自然保护区影响指数 P_3	$0 \leqslant P_3 < 1$	$1 \leqslant P_3 < 1.5$	$1.5 \leqslant P_3 < 2.5$	$2.5 \leqslant P_3 < 3$	$3 \leqslant P_3 \leqslant 4$

4. 水土流失增加指数(P_4)

水土流失增加指数(P_4)指平均侵蚀强度的增量(ΔE)与平均侵蚀强度的现状值(E)之比。评价范围为路基中心线两侧各 200m 范围内。

$$P_4 = \Delta E / E \tag{10-15}$$

而水土流失的增加是在当前水土流失基础上发生的，因此水土流失可看成强度增加而面积($S_{流}$)不变，则公式(10-15)演变为：

$$P_4 = \frac{\Delta E \times S_{流}}{E \times S_{流}} = \frac{新增水土流失量}{当前水土流失量} = \frac{当前水土流失量 \times 影响系数\xi_3}{当前水土流失量} = \xi_3 \tag{10-16}$$

单位长度公路建设对水土流失的影响系数 ξ_3(表 10-17)与其增加水土流失量的作用成正比，因而 P_4 的表达式采用新增水土流失量与线路长度之比，以反映建设单位长度的公路所增加的水土流失量，于是水土流失增加指数可以表达为：

$$P_4 = Ms_{扰} + Ms_{弃} \tag{10-17}$$

式中：P_4——水土流失增加指数(t/km)，见表 10-18；

$Ms_{扰}$——单位公路长度扰动原地貌新增水土流失量(t/km)；

$Ms_{弃}$——单位公路长度弃料、弃渣产生的水土流失量(t/km)。

高海拔多年冻土地区弃土弃渣流失系数 ξ_3(t/m^3) 表 10-17

位　置	取 土 场	拆除建筑物	路基清除	公路沿线堆放			
堆放方式	平缓地	路边	沿线路边	山坡	河滩	河岸	草滩
物质组成		废弃建筑物		土石渣	砂石土	土石渣	土石渣
流失系数 ξ_3	0.3	0.1	0.3	0.5	0.6	0.4	0.05

水土流失增加指数 P_4 分级 表 10-18

级别(Y_4)	影响极小(1)	影响小(2)	影响中等(3)	影响大(4)	影响极大(5)
水土流失增加指数 P_4(t/km)	$0 \leqslant P_4 < 200$	$200 \leqslant P_4 < 500$	$500 \leqslant P_4 < 2\,000$	$2\,000 \leqslant P_4 < 5\,000$	$5\,000 \leqslant P_4$

5. 多年冻土上限影响指数(P_5)

多年冻土上限影响指数(P_5)以平均挖方深度和黑色路面下冻土最大融化深度与多年冻土平均上限的比值来反映。评价范围为路基中心线两侧各 200m 范围内。

$$P_5 = X_1 \frac{\sum_{i=1}^{n} l_i h'_i}{\sum_{i=1}^{n} l_i h_i} + X_2 \frac{\sum_{i=1}^{n}\sum_{j=1}^{m} l_{ij} h_{0ij}}{\sum_{i=1}^{n}\sum_{j=1}^{m} l_{ij} h_{ij}} \tag{10-18}$$

式中：P_5——多年冻土上限影响指数；

X_1——挖方深度对冻土上限影响的重要性，建议取值 1/3；

X_2——黑色路面对冻土上限影响的重要性，建议取值 2/3；

i——不同冻土上限路段；

n——不同冻土上限路段总数；

h'_i——第 i 类路段的平均挖方深度(m)；

h_i——第 i 类路段的多年冻土上限(m)；

l_i——第 i 类路段的长度(km)；

j——黑色路面所处的地理区段；

m——黑色路面所处地理区段的总数；

h_0——黑色路面下多年冻土最大融化深度(m)。

平均挖方深度可由公路路基实际需要的土方量与挖方总面积之比获得：

$$h' = \frac{V}{S_{土}} \tag{10-19}$$

式中：h'——平均挖方深度(m)；

V——公路路基实际需要土方量(m^3)；

$S_{土}$——公路工程挖方总面积(m^2)。

黑色路面下冻土的最大融化深度(h_0)计算公式如下：

$$h_0 = K\frac{T_e}{g} + 0.5 \tag{10-20}$$

式中：K——地层转换系数；

T_e——黑色路面下 0.5m 处的年均地温(℃)，可实际测得；

g——临界温度梯度(℃/m)。

K 的求法如下：

$$K = \frac{\lambda_1}{\lambda_0} \tag{10-21}$$

式中：λ_1——评价路基填料的导热系数[W/(m·℃)]；

λ_0——砂砾土路基填料的导热系数[2.56W/(m·℃)]。

g 的求值公式如下：

$$g = 0.001\,618H_s + 0.002\,2L - 6.06 \tag{10-22}$$

式中：H_s——评价区段海拔高度(m)；

L——评价区段纬度值。

多年冻土上限影响指数 P_5 分级如表 10-19 所示。

多年冻土上限影响指数 P_5 分级 表 10-19

级别(Y_5)	影响极小(1)	影响小(2)	影响中等(3)	影响大(4)	影响极大(5)
多年冻土上限影响指数 P_5	$P_5<1$	$1\leqslant P_5<2$	$2\leqslant P_5<3.5$	$3.5\leqslant P_5<6$	$6\leqslant P_5$

6. 含冰层扰动指数(P_6)

含冰层扰动指数(P_6)指扰动的多年冻土的含冰量($\sum V'_i a_i$)与多年冻土含冰总量($\sum V_{总i} a_i$)的比值。评价范围为路基中心线两侧各 200m 范围内。

$$P_6 = \frac{\sum_{i=1}^{n} V'_i a_i}{\sum_{i=1}^{n} V_{总i} a_i} \tag{10-23}$$

由于评价区域含冰层总体积 $V_{总}$ 的值难以获得，且该值与破冰体积相比为一个极大量，从而导致 P_6 的值趋于 0。但含冰层总体积与破冰位置相关，而总的含冰量可看成一个极大的恒量，为了使得到的指标值的数量级不至于太小，可以用破冰的总体积来代替含冰层总体积，则：

$$P_6 = \frac{\sum_{i=1}^{n} V'_i a_i}{V'} \tag{10-24}$$

式中：P_6——含冰层扰动指数(%)；

i——不同融沉系数的冻土地段；

n——各融沉系数冻土地段的总数；

a_i——第 i 路段多年冻土的融沉系数(%)；

V'_i——第 i 路段穿越含冰层的体积(m^3)；

V'——含冰层扰动总体积(m^3)。

含冰层扰动指数 P_6 分级如表 10-20 所示。

含冰层扰动指数 P_6 分级 表 10-20

级别(Y_6)	影响极小(1)	影响小(2)	影响中等(3)	影响大(4)	影响极大(5)
含冰层扰动指数 P_6	$P_6<1\%$	$1\%\leqslant P_6<5\%$	$5\%\leqslant P_6<10\%$	$10\%\leqslant P_6<40\%$	$40\%\leqslant P_6$

7. 生态环境影响指数(P)

通过对以上各指标的级别加权(权重为 W)，就可以得到多年冻土地区公路建设项目生态环境影响指数 P：

$$P = \sum_{i=1}^{n} W_i Y_i \tag{10-25}$$

式中：P——生态环境影响指数；

i——某个生态环境影响评价指数；

n——生态环境影响评价指数总数，$n=7$；

W_i——第 i 个生态环境影响评价指标的权重，见表 10-21($\sum_{i=1}^{n} W_i=1$)；

Y_i——第 i 个生态环境影响评价指数分级的值。

多年冻土地区公路建设项目生态环境影响评价指标权重 W 表 10-21

指　标	P_1	P_2	P_3	P_4	P_5	P_6
权重 W_i	—	—	—	—	—	—

注：本表只提供计算模式，具体数值由工程人员实际应用时代人。

W_i 的确定应根据评价区域内各受影响要素的重要性及其受到影响的严重程度，采用专家判断法进行。多年冻土地区公路建设项目生态环境影响指数 P 分级如表 10-22 所示。

多年冻土地区公路建设项目生态环境影响指数 P 分级 表 10-22

级　别	影响极小	影响小	影响中等	影响大	影响极大
P	$P<1$	$1<P\leqslant 2$	$2<P\leqslant 3$	$3<P\leqslant 4$	$4<P\leqslant 5$

当 $P \leqslant 3$ 时，从生态环境受影响的角度来说，公路建设项目原则上没有问题，此时需要通过某些工程或者管理措施，尽量使受工程影响严重的个别关键因子所受的影响降低到可以接受的范围之内；一旦指数 $P > 3$，就表明公路建设项目将对多年冻土地区生态环境的影响超出我们所规定的可接受范围，公路建设项目在生态环境方面应当慎之又慎，特别是要着重考虑那些受项目影响极大的关键因子。

多年冻土地区公路建设项目生态环境影响综合评价指标，将有利于从整体上把握公路建设项目对多年冻土地区生态环境的影响程度，为宏观上分析论证公路建设项目在生态环境影响方面的可行性、合理性提供了依据。

第四节　多年冻土地区公路沿线生态环境保护技术

一、多年冻土地区公路沿线植被保护与恢复技术

(一)公路建设期植被保护的重要性

公路建设期若不采取保护植被措施，必将使临时用地范围内(含取弃土场、施工场站和施工便道等)的植被遭到破坏，从而导致公路沿线裸地面积增加，植被盖度降低。

青藏公路沿线植被调查表明，公路界外大约 10m 以内几乎没有原生植被，并且地表凹凸不平，土壤母质大量裸露，植被盖度降低，植物种类发生了变化，生物量减少。除取土坑外，公路建设对植被的影响范围一般不超过公路界外 50m，个别路段影响范围可达到 100m。

受温度的限制，植被一旦破坏，恢复十分困难。从表 10-23 可以看出，多数路段的公路边坡在建成 6～8 年后才有少量植物开始出苗、生长，植物覆盖率不足 3%，而且分布不均，生物量少。

边坡植被自然恢复情况　　表 10-23

地　点	桩　号	整治改建	植被覆盖率(%)				
		时间	2000	2001	2002	2003	2004
五道梁	K2994+600～K2994+800	1995	0.0	0.0	0.0	—	—
开心岭	K3181+000～K3188+000	1998	—	—	—	0.0	0.7
头二九	K3385+940～K3386+100	1994	0.0	0.0	1.4	—	2.5
两道河	K3505+000～K3505+120	1996	0.0	0.0	0.0	—	2.0

相比而言，取土场植被“自然恢复”情况要好得多。公路两侧不管是“条状”取土坑还是“点状”取土坑，由于取土形成凹坑，使高原下垫面变得粗糙，同时形成了积水、背风的小环境，水、热条件相对较好，一般在受扰动后的次年开始，就有以风媒传播、有性繁殖的植物开始定居凹坑边缘。尽管如此，即便是改建 20 年左右的路段，虽然经过较长期的自然恢复，取土坑内已经有许多植物生长，平均恢复率也只能达到 65.9%。

因此，多年冻土地区尤其是青藏高原，公路建设应尽可能避免或减少对植被的压占，不破坏就是最大限度的保护。

(二)人工恢复植被的适用范围

1.路域位置

取土场、护坡道、边坡和路肩的试验证明，通过人工播种，可以在多年冻土地区公路沿线快

速建立植被，实现“人工恢复”。但不同路域位置的植被恢复状况是不同的。播种地段，无论是第一年，还是第二年，植被恢复率从高到低依次都是取土场、护坡道、路肩和边坡。

这与立地条件是一致的，因为取土场和护坡道地形平坦或略有坡度，土壤较为松散，最适宜植物生长；路肩尽管也很平缓，但土壤致密，还会遭到车辆的碾压，对植物生长有一定影响；而边坡一般坡度较陡，多为30°左右，水分、养分易于流失，风干物燥，植物生长条件差。

试验表明，未播种的对照地段植被恢复率几乎为0%，而播种地段即使是最差的边坡，植被恢复率也能达到40.0%以上。由此可见，采取适当的技术措施，不仅能在平地(取土场、护坡道和路肩)，而且能在坡地(边坡)实现植被的人工恢复。

2. 海拔

从表10-24和表10-25可以看出，无论是唐古拉山以南还是以北，植被恢复率都与海拔高度呈负相关，即海拔越高，植被恢复率越低。这是因为海拔越高，气温越低，植物生长越慢，恢复越困难。

边坡植被恢复率与海拔的关系(一) 表10-24

地　点	海　拔(m)	植被恢复率(%)	
		第1年	第2年
两道河	4 615	44.9	30.9
头二九	5 040	22.7	24.2

边坡植被恢复率与海拔的关系(二) 表10-25

地　点	海拔(m)	植被恢复率(%)	
		第1年	第2年
五道梁	4 595	71.2	67.5
开心岭	4 640	49.4	40.2

尽管如此，无论是海拔4 595m的五道梁，还是海拔5 000m的头二九，边坡播种后都可以在较短的时间内建立较好的植被，植被恢复率可达22.7%以上。而边坡是公路路域植被恢复最难的地方，由此推定，青藏高原多年冻土地区，当海拔低于5 000m时，公路沿线恢复植被是可行的。

3. 天然植被类型

从表10-26可以看出，不同的地区，植被恢复程度不尽相同。五道梁、开心岭天然植被为高寒草原，盖度低、生物量小，植被要恢复到原有水平较为容易，播种当年人工植被地下生物量可达到天然植被的13.9%以上，甚至高达63.2%；而两道河和头二九天然植被为高寒草甸，盖度高、生物量大，植被要恢复到原有水平则比较困难，播种当年人工植被地下生物量只能达到天然植被的0.8%～3.8%。

尽管如此，无论天然植被是高寒草原，还是高寒草甸，采取喷播种植后都可在较短的时间内建立较好的植被，大大加快植被恢复进程。

4. 气候条件

从表10-27可知，四个试验点年平均气温在－2.3～－5.6℃，年零度以上积温在450～

969℃之间。尽管气候条件恶劣，但即使是条件最差的五道梁都在一定程度上恢复了植被(表10-24、表10-25和表10-26)。由此推断，在青藏高原多年冻土地区，如果气候条件不比五道梁差，即年均温高于－5.6℃，年零度以上积温在450℃以上，年降水量不低于262.2mm，公路沿线恢复植被应该是可行的。

人工植被与天然植被的比较 表10-26

地　点	植被类型	生长时间(月)	盖度(%)	地上生物量(鲜质量，g/m^2)	地下生物量(干质量，g/m^2)	地下生物量比较(人工/自然)
两道河	人工	3	48.4	280.4	61.5	0.8%
	草甸	长期	97.8	226.4	7780.9	
头二九	人工	3	46.4	26.1	20.7	3.8%
	草甸	长期	96.2	282.9	541.4	
开心岭	人工	3	29.0	30.4	25.5	63.2%
	草原	长期	31.7	60.8	40.3	
五道梁	人工	3	62.5	57.3	25.5	13.9%
	草原	长期	44.4	122.7	183.0	

试验点气候条件 表10-27

地　点	海拔(m)	年均温(℃)	零度以上积温(℃)	备　注
五道梁	4612	－5.6	450	统计数据
开心岭	4640	－4.8	662	推算结果
头二九	5040	－4.3	648	推算结果
两道河	4615	－2.3	969	推算结果

5.边坡坡向

青藏公路路线走向基本上呈南北向，公路边坡多为半阳坡或半阴坡。试验表明，坡向与植被恢复率的关系比较复杂。这是因为：一方面，坡向影响坡面上的光照强度，进而影响地表温度和水分蒸发；另一方面，在风的作用下，迎风坡与背风坡接收的降水量有差别，进而影响到土壤水分含量。而气温低、降水量少都是青藏高原多年冻土地区植被恢复的限制因子，因此对于具体某一个地方来说，由于局部地形、气候的影响，有时水分比温度更关键，有时温度比水分更重要。因此，植被恢复工程设计一定要做到因地制宜。

6.土壤条件

从表10-28可以看出，四个试验点土壤质地粗糙，以多砾砂土为主，有机质含量低，养分缺乏，土壤呈碱性或强碱性。尽管如此，这四个点公路沿线植被恢复均取得了成功(表10-24、表10-25)。由此推断，就土壤条件而言，在青藏高原多年冻土地区，当土壤pH值不高于8.8时，含盐量不超过0.13%时，公路沿线恢复植被应该是可行的。

综上所述，在高原多年冻土地区，受公路建设扰动的区域(取土场、护坡道、边坡和路肩等)，可以逐步实现“自然恢复”；试验结果表明，当海拔低于5000m，年均温高于－5.6℃，零度以上积温在450℃以上，年降水量不低于262.0mm，土壤pH值不高于8.8时，含盐量不超过0.13%时，通过人工播种，可以建立人工植被，实现“人工恢复”；而且人工植被一旦建立，可以保持相对稳定。由此证明，在青藏高原多年冻土地区公路沿线恢复植被是可行的。

试验点土样分析结果 表 10-28

试验点	碱解 N (mg/kg)	速效 P (mg/kg)	速效 K (mg/kg)	pH	有机质 (%)	含盐量 (%)	质 地
五道梁	39.4	6.0	77.2	8.0	0.99		少砾砂土
开心岭	11.3	4.1	32.9	8.8	0.33	0.13	多砾砂土
头二九				8.5	0.44	0.07	多砾砂土
两道河	33.8	5.2	203.9	8.8	0.74	0.06	多砾砂土

(三)高原多年冻土地区植被恢复的植物种类筛选

从开心岭的试验情况看,垂穗披碱草、老芒麦、中华羊茅以及以垂穗披碱草和老芒麦为主的混播,植被恢复率较高,而且第二年比第一年更好,说明这三种植物在当地表现良好,可以作为植被恢复种类。

星星草和冷地早熟禾尽管第一年植被恢复率较低,但第二年增长显著。说明这两种植物生长较为缓慢,但能够适应多年冻土地区的气候土壤条件,可以作为植被恢复种类。

而无芒雀麦和扁穗冰草尽管第一年植被恢复率较高,但第二年植被恢复率降至极低的水平,说明这两种植物采取适当措施在多年冻土地区可以出苗生长,但是正常越冬有困难,不宜作为植被恢复种类。

碱茅植被恢复率一直较低,而且第二年更低,说明其虽然能够出苗生长,但生长缓慢,且适应性不强,不宜作为多年冻土地区植被恢复种类。

中华羊茅在开心岭出苗、生长良好,能够正常越冬,但在两道河虽能正常出苗生长,却不能越冬,因此该植物能否在青藏高原多年冻土地区植被恢复中全面应用,还有待于进一步观测、试验。

(四)青藏高原多年冻土地区植被恢复技术

1.种植工艺

边坡:试验表明,播种当年和次年,对照路段植被恢复率几乎为0%,而客土喷播路段植被恢复率很高,可达64.7%以上,普通喷播与人工撒播植被恢复率则不够理想,只有20%左右。

因此,就边坡而言,为了实现植被快速恢复,保护路域环境,宜采取客土喷播方法种植植被。

护坡道:播种当年,对照路段植被恢复率为0%,而客土喷播路段植被恢复率很高,可达72.8%,普通喷播路段植被恢复率为55.7%,也比较理想,人工撒播路段则只有21.2%。第二年,对照路段植被恢复率仍然几乎为0%,而客土喷播路段植被恢复率非常好,达99.8%,普通喷播路段植被恢复率为33.5%,也比较理想。

因此,就护坡道而言,为了实现植被快速恢复,保护路域环境,若采取客土喷播方法种植植被效果最好。但普通喷播也能建立较好的植被,因此若想提高施工效率和降低工程成本,可以采用普通喷播方法。

路肩:播种当年,对照路段植被恢复率为0%,而客土喷播路段植被恢复率很高,可达57.3%,普通喷播路段植被恢复率则不够理想,只有11.3%。到第二年,对照路段植被恢复率仍然几乎为0%,而客土喷播路段植被恢复率很好,达73.9%,普通喷播路段植被恢复率显著增加,达40.3%,也比较理想。

因此，就路肩而言，为了实现植被快速恢复，保护路域环境，宜采取客土喷播方法种植植被。但普通喷播一年后也能建立较理想的植被，因此若想提高施工效率和降低成本，可考虑采用普通喷播方法。

取土场：播种当年，对照路段植被恢复率为 67.3%，而客土喷播路段植被恢复率可达 90.9%，普通喷播路段植被恢复率可达 79.5%。

到第二年，对照路段植被恢复率为 71.4%，而客土喷播路段植被恢复率达 100%，普通喷播路段植被恢复率为 57.2%。由此可见，尽管播种地段在播种前经过平整处理，使得原来已经长起来的植物被清走或掩埋，但是采取客土喷播或普通喷播工艺播种后，植物可以迅速恢复。

因此，就取土场而言，为了实现植被快速恢复，保护路域环境，若采取客土喷播方法种植植被效果最好。但普通喷播也能建立理想的植被，因此若想提高施工效率和降低成本，可以采用普通喷播方法。

本项目首次在青藏高原采用客土喷播技术进行植被种植，不仅在取土场、护坡道建立了良好的植被，而且在路肩和边坡也建立了不错的植被。客土喷播技术之所以能取得良好效果，是与其工艺分不开的，它具有结构合理、养分充足、保水保温的优点，从而能给植物创造一个良好的生长基础。

因此，为了在青藏高原多年冻土地区取得良好的植被恢复效果，应该推广应用客土喷播新技术。特别是公路边坡和路肩，立地条件差，建议强制采用客土喷播技术。而对于取土场和护坡道，由于地势平坦，立地条件相对较好，可考虑采用普通喷播技术施工。

2. 种植材料

从表 10-29 可以看出，无论是播种当年还是第二年，在其他材料不变的情况下，保水剂和凝结剂加倍后，植被的覆盖率增大，生物量增加，植被恢复率增大，说明在多年冻土地区增加保水剂和凝结剂的用量有利于植物的出苗和生长。

保水剂、凝结剂用量与植被质量的关系 表 10-29

试验点：K3 181＋500～K3 181＋800 左右堤 播种时间：2003 年 6 月

保水剂 凝结剂	盖度(%)		根系干质量(g/m²)		植被恢复率(%)	
	2003 年	2004 年	2003 年	2004 年	2003 年	2004 年
常量	9.0	5.2	46.7	50.9	22.3	11.7
加倍	11.7	7.8	67.9	76.4	31.5	20.4

从表 10-30 可以看出，无论是播种当年还是第二年，在其他材料不变的情况下，不添加纤维，植被的覆盖率、地上和地下生物量变化都不显著，说明在多年冻土地区添加纤维对植物的出苗和生长作用不大。

纤维用量与植被质量的关系 表 10-30

试验点：K3 181＋500～K3 181＋800 左右堤 播种时间：2003 年 6 月

纤维用量 (g/m^2)	盖度(%)		根系干质量(g/m^2)		植被恢复率(%)	
	2003 年	2004 年	2003 年	2004 年	2003 年	2004 年
30	11.0	5.4	29.7	53.5	24.0	9.7
0	9.0	5.2	46.7	50.9	22.3	11.7

从表 10-31 可以看出，无论是播种当年还是第二年，在其他材料不变的情况下，每平方米添加 500～2 000g 的激活剂，植被的覆盖率、地上和地下生物量变化都不显著，说明在多年冻土地区施加该种激活剂对植物的出苗和生长作用不大。

激活剂用量与植被质量的关系 表 10-31

试验点：K3 181＋500～K3 181＋800 左右堤 播种时间：2003 年 6 月

激活剂(g/m^2)	盖度(%)		根系干质量(g/m^2)		植被恢复率(%)	
	2003 年	2004 年	2003 年	2004 年	2003 年	2004 年
2 000	23.3	18.0	55.2	84.9	57.4	33.7
1 000	32.7	18.9	76.4	110.3	67.0	37.1
667	25.3	23.3	80.6	131.6	55.0	47.0
500	30.7	19.6	97.6	195.2	67.7	37.6
0	32.0	17.7	84.9	152.8	60.3	38.7

3. 播种量

从两次试验可知，当播种量小于等于 $60g/m^2$ 时，播量越大越好；当播种量大于 $60g/m^2$ 时，播量越大，覆盖率越高，说明均匀性越好，但生物量不再增加，甚至减少，说明植物个体之间竞争加剧。因此，若仅从植被恢复效果考虑，若以垂穗披碱草和老芒麦混播（按重量比各占50%），则播种量最好达到 $60g/m^2$。但是，考虑到成本以及种源问题，建议把播种量控制在 $20～40g/m^2$。

4. 前期覆盖

采取覆盖措施后，尽管不同的覆盖材料效果有差异，但覆盖小区植被恢复率均要高于对照小区。覆盖材料揭除后，到第二年，原来覆盖的小区植被恢复效果仍然要好于对照小区。说明在青藏高原多年冻土地区采取覆盖措施，有利于植物出苗、生长，有利于快速建立植被，提高植物的适应性。

由于覆盖只能是一种短期措施，更应关注植被的长期效果，因此相比而言，在青藏高原多年冻土地区，采用地膜或遮阳网作为覆盖材料较好，但也可以采用草席和无纺布覆盖。

(五)植被恢复的一般原则

1. 保护为主

青藏高原多年冻土地区植被生存环境极为脆弱，一旦破坏，很难恢复。因此，在公路建设一定要遵循“不破坏是最大的保护”原则，最大限度地降低对沿线天然植被的破坏。而对于那些不得不破坏的地段，要采取措施最大程度地恢复植被。

2. 选择适宜的植物种类

在植物种类选择时，一定要坚持“因地制宜、适地适草”、“乡土植物优先”和“繁殖容易、种源易得、管养粗放”等原则。因此，应选择在青藏高原多年冻土地区有分布的、繁殖容易的、种子产量高的植物种类作为候选植物。这样既能保证生态安全，又能满足工程需要。垂穗披碱草、老芒麦、星星草和冷地早熟禾等，可作为多年冻土地区植被恢复的植物种类。

3. 选用客土喷播工艺

客土喷播技术能在地表形成一层类似表土的结构，创造出一个结构合理、养分充足、保水保温的植物生长基础，试验证明该技术是青藏高原多年冻土地区植被恢复的理想技术。

针对多年冻土地区的特点，植被恢复工程应增加保水剂和凝结剂的用量，应添加当地表土和有机肥，可不添加纤维，以促进野生植物的生长和繁衍，加速生态恢复进程。

为了保温保墒，促进植物发芽、生长，播种后应立即采取覆盖措施，如覆盖地膜或遮阳网。

二、多年冻土地区公路边坡水土流失综合治理技术

(一)试验设计

由于路面水流对公路边坡侵蚀的重要影响，本研究在设计边坡水土流失综合治理技术时考虑了路面截排水技术和边坡坡面保护技术。边坡坡面保护技术包括工程措施、植被措施和综合措施三大类。对有无截排水措施下边坡水土流失及各种治理措施的效益进行了对比试验。

为了分析多年冻土地区公路边坡水土流失发生的基本规律、观测水土保持技术的效果，项目组在青藏公路 K3181＋000～K3181＋335 左堤、K3181＋000～K3181＋460 右堤和天然边坡，布设了试验小区，小区基本情况见表 10-32。

小 区 基 本 情 况　　表 10-32

小区名称	处理		集流设备	坡度	坡长	宽度
	类别	措施		(°)	(m)	(m)
公路边坡小区	工程	预制块方格	直径 60cm	30	4	25
		土工格室	直径 60cm	30	4	25
		截排水	直径 60cm	30	4	25
	植被	普喷植草	直径 60cm	30	4	25
		普喷植草(含路肩)	直径 60cm	30	4	25
		客土喷播植草	直径 60cm	30	4	25
	综合	土工格室＋植草	直径 60cm	30	4	25
		预制块方格＋植草	直径 60cm	30	4	25
	对照	裸露	直径 60cm	30	4	25
公路边坡坡长小区	工程	截排水	直径 60cm	30	4	2
		截排水	直径 40cm	30	3	2
		截排水	直径 40cm	30	2	2
		截排水	直径 40cm	30	1	2
天然边坡	植被	天然草皮	直径 60cm	20	4	2

(二)工程措施及其效益

治理当年，预制块方格和截排水减流率分别达到了 58.3％、57.1％，而土工格室没有明显的减流效益。到第二年，预制块方格和截排水减流效果仍然很好，土工格室也发挥了很好的作用，减流率达到 44.8％。土工格室第一年效果不理想的原因是：边坡原已成型，在铺设土工格室时，只能先挖除坡面上部分土方，埋设格室后再回填土方，坡面扰动后土壤比较松散，易于流失。若正常施工，土工格室同步埋设，应不会出现此类情况。

治理当年，预制块方格、截排水和土工格室减沙率分别达到了 95.9％、91.9％和 57.8％。到第二年，三种措施的减沙率进一步提高，分别达到了 99.4％、89.2％和 98.9％，效果非常好。

减沙效益与减流效果是一致的,减流效益好,就降低了坡面冲刷力,因而产沙少。

青藏公路K2979+750~K2980+000左堤2000年边坡防护试验的跟踪观测结果也表明,边坡工程防护措施能够有效地控制坡面细沟侵蚀。实施第二年,采用路特固防护、土工格室防护和土工格栅防护的边坡与对照相比,分别降低了沟蚀侵蚀量的99.8%、77.2%和56.1%;到第五年,效果依然非常明显,分别降低了沟蚀侵蚀量的89.0%、76.6%和92.6%,说明几年后,这三种边坡防护措施仍然发挥着良好的水土保持效益。

由此可见,预制块方格护坡、截排水、土工格室护坡、土工格栅护坡以及路特固护坡都具有良好的水土保持效益,可以作为高原多年冻土地区公路水土流失治理措施。但是,路特固作为一种固化剂,虽然能很好地固土护坡,但它阻碍了坡面上植被的恢复,因此不宜推广应用。

(三)植被措施

植被措施的减流效果不太显著。尽管减流效益不明显,但是植被措施减沙效益很明显,这与植被的生长状况是基本一致的(表10-33)。由于坡面植被覆盖率总体较低,因此减流效果不明显,但植物根系很好地起到了固土的作用,因此减沙效果显著。随着植物的进一步生长、恢复,植被的水保效益将会更加显著。

植被与减沙效益 表10-33

植被措施	盖度	植株干密度	根系干密度	植被恢复率	减沙率(%)	
	(%)	(g/m²)	(g/m²)	(%)	第1年	第2年
普喷植草(含路肩)	13.2	28.8	80.6	48.6	71.3	33.2
普喷植草	11.6	33.6	101.9	53.4	67.4	81.3
客土喷播植草	25.4	28.8	106.1	69.3	91.8	82.8
天然植被	31.7	38.1	192.0	100.0	89.4	98.4

(四)综合措施及其效益

试验证明,无论是治理当年,还是第二年,这两种工程+植被的综合措施都起到了极好的水保效果,减流率均超过47.1%,而减沙率更是高达97.6%以上。

从植被的生长情况来看,土工格室+植草措施植被分布均匀,平均覆盖率为9.6%,几乎每个格室内都有植物生长。而预制块方格+植草措施的植被分布很不均匀,主要集中在预制块两侧,平均盖度为5.1%。虽然从减流减沙效益来看预制块方格稍好,但从景观和生态效益综合考虑,我们认为土工格室+植草措施的效果更好。

(1)从减流效果来看,综合措施>工程措施>天然植被>人工植被。从减沙效果来看,综合措施>天然植被>工程措施>人工植被。第二年人工植被的减沙效益有所下降,可能是由于播种过晚,有些植物没有顺利过冬的缘故。根据天然植被的减沙效果,预示着人工植被具有很大的减沙潜力。

(2)各种沟蚀防治措施的效果排序为:截排水>预制块方格+植草>客土喷播植草>预制块方格>普喷植草。

从沟蚀的情况看,路面来水是公路边坡土壤侵蚀发生极其重要的起动力,路基边坡沟蚀程度受路面来水制约,细沟形态呈现出上部宽深,向下逐渐变浅变窄的规律,因此对路面来水的拦截是防止边坡土壤侵蚀,维护边坡稳定的重要举措;水土保持措施能有效地防治路基边坡沟蚀的发生程度;路基边坡沟蚀程度受风向的影响较大,在风的作用下,路面积水多流向背风坡,导致背风坡沟蚀程度大于迎风坡。

在青藏高原多年冻土地区，采取工程措施与植被措施相结合的综合措施水土保持效果最佳，但是综合措施造价较高；工程措施，在多年冻土地区恶劣的气候条件下，作为刚性防护措施，由于冻融作用的影响，容易发生变形、损坏，从而增大公路养护工作量。而植被措施作为柔性措施，受冻融作用的影响较小，尽管前两年的水保效果不如工程措施和综合措施，但根据试验观测结果，从长远看，植被根系会越来越发达，水保效果会越来越理想，而且其环保、景观效果很好。

因此，综合考虑环保、景观和经济因素，应优先考虑植被措施，在植被难以恢复的路段则采用工程措施，对于重点路段可考虑综合措施。

三、多年冻土地区公路沿线野生动物保护对策

保护野生动物是多年冻土地区公路建设不可推卸的责任和义务。根据公路建设对野生动物影响的分析，提出以下保护措施：

（一）设计期

公路路线设计要考虑对环境敏感区的避绕，进行多方案比选，选择最优方案。公路路线选择应遵循以下原则：

（1）尽量远离已建自然保护区和规划中的自然保护区，远离野生动物聚集和频繁活动的地区，防患于未然。

（2）最好不要沿穿过草原腹地的路线修建新路，尽量沿山脚修建，以减少对野生动物的干扰。

（3）如果新建公路附近已有其他线性工程，新修公路尽量与既有工程平行，并尽可能靠近，以避免对生境再一次的切割和对野生动物的再次侵扰。

（4）同时还要注意公路所经过地区的环境敏感性，远离湿地、多年冻土地区、江河源头等对保护生物多样性等至关重要的地区。

（5）当路线选择实在无法避绕环境敏感区、野生动物聚集区及自然保护区时，一方面要结合路线周围生态环境特点与野生动物生活习性设计野生动物通道，另一方面要设计出相应的植被、冻土、自然保护区等生态环境要素的保护方案，从源头上尽可能减轻公路建设对多年冻土地区生态环境各要素的影响。

（二）施工期

（1）做好施工组织设计

在野生动物繁殖迁徙季节，施工单位要暂停施工，留出通道保证野生动物安全迁徙。除了繁殖迁徙，有的野生动物本身的活动范围很大，有的需要在一天内迁徙到离栖息地很远的地方去觅食和寻找水源。比如石羊会出山觅食，野驴从栖息地到水源草场，每天要奔跑 20km 以上的路程，野牦牛没有固定的栖息地，它是边漫游边取食，也具有很大的迁徙性。这些动物为了取食和寻找水源很有可能跨越公路。为了保证这些动物能够安全迁徙，建议公路在施工时能够分段施工，在全线开工的同时留出几段 2～3km 的路基暂缓施工，供野生动物迁徙之用，在其他路段完成施工以后，再进行补充施工。或者每天早晚各留出一个时段停止施工，保证野生动物通过公路。

（2）建设野生动物通道

公路建设导致的生境碎裂化是生物多样性面临的最大威胁，生境的重新连接是解决该问

题的主要途径，通过野生动物通道可将彼此相互隔离的生境相连，使得物种基因、能量、物质通过生境廊道在斑块和斑块之间流动。野生动物廊道有两种主要类型：第一种是为了动物交配、繁殖、取食、休息而需要周期性地在不同生境类型中迁徙的廊道；第二种类型是在异质种群中个体在不同生境斑块间的廊道，以进行永久的迁入迁出，在基因流动及在当地物种灭绝后重新定植。

动物通道建设要考虑不同路段分布的野生动物种类、生活习性，充分利用当地的地形、地貌等因素，综合考虑不同类型野生动物的行为适应能力和可塑性，尽量把通道设置在野生动物迁徙、饮水、采食所经过的路线上。

根据动物习性，野生动物通道主要有下通道（桥梁和涵洞）、上通道（上跨桥）、低路基（平面路基）和隧道等几种形式。

对于高山山地类动物和习惯于到高处张望后通过的动物，应尽可能选择从上方通过的通道形式；对于草地动物和习惯于在平缓地区活动的动物，应尽可能选择桥梁下方通过的通道形式；草原草甸类动物经常以较大规模集群方式进行迁徙活动，在其经常出没的地段，路基要尽可能的低，并设置足够宽度的缓坡通道，以形成缓坡路基和桥梁下方构成的复合通道；在动物种群成分比较复杂的区段，应考虑设置路基上方和下方均可的复合通道。野生动物通道要远离取土场、砂石料厂、施工营地，一般应选在站场 3～5km 以外。

对于藏羚、藏原羚等中小型动物的通道，桥梁净高要求大于 3m；对于藏野驴、野牦牛等大型动物的通道，桥梁净高要求大于 4m。对于高山山地动物，路基缓坡坡度应小于 40°；而对于草地草原动物，缓坡通道坡度应不大于 35°。

动物通道建成后，还应采取一些诱导性的措施。如提前收集一些野生动物的粪便，撒在通道的位置；对野生动物通道两侧 100m 范围内的植被进行人工恢复，恢复其自然生境原貌，吸引野生动物通过。在野生动物通道附近设置一些标志和规定，比如在动物通道前方 2km 处设置明显的标志，注明该类通道的名称、形式、使用通道的动物、使用季节以及相应的环保提示等。

第十一章 多年冻土地区公路施工技术

第一节　概　　述

我国的多年冻土以青藏高原高海拔多年冻土为代表，在全球具有无可替代的地位。青藏高原平均海拔 4 500m 以上，大气含氧量只有内地(海平面)的 50%，冰冻期长(一年约 8 个月)，年平均气温低(−2℃～−7℃之间)，工程施工期短(一年仅有 150d 左右)。高原气候变化无常，紫外线强烈，被世人称为“地球第三极”。青藏高原大片连续、岛状多年冻土及季节冻土，以及多年冻土区特有的地下冰、冰锥、冰丘、热融湖塘等不良地质条件，形成了青藏高原独特的地质地貌。以高原冻土、高寒气象、高原缺氧、高原生态为特征的青藏高原，冻土、寒冷、缺氧、生态是在青藏高原上的任何一项工程建设都无法回避的四大工程难题。

多年冻土地区公路工程施工条件特殊性主要表现在以下方面：

(1)施工期短

多年冻土地区公路的最佳施工时间为每年的 5～9 月份，而路面工程的基层与面层的适宜施工时间为 6～9 月份，其中，水泥类结构物和沥青面层可以施工的时间为 7～9 月。即使在这几个月，多年冻土地区气温仍较低，日温差也较大，夜间往往出现负温，有效施工时间短。同时，降水又集中在 7～9 月，且雨雪无常，明显影响路面施工的连续性。因此，多年冻土地区沥青路面的施工期明显短于一般地区。

(2)施工温度低

多年冻土地区常年低温，即使在路面的可施工季节，气温也较低。如五道梁地区 6～9 月份的月平均气温在 0～6℃之间，其中气温最高的 7～8 月日最高气温仅为 11～20℃，且夜间经常出现负温。因此，多年冻土地区公路工程施工温度明显低于一般地区，满足现行规范规定的施工温度要求较为困难。

(3)碾压成型困难

多年冻土地区气温最高的季节也是降雨季节，路基填土通常含水率较大，使路基填料的碾压很难在填土最佳含水率或接近最佳含水率的条件下进行。由于多年冻土地区气候干燥，蒸发率高，施工中路基填料表层水分损失比一般地区速度快，导致填料表层干燥，下层潮湿，路基碾压不能达到充分密实，在车辆荷载与冻融作用下，极容易造成成型路基翻浆。

多年冻土地区气温低，加上风多、风大，热拌沥青混合料施工过程中的温度损失明显快于一般地区，导致沥青混合料碾压成型困难。同时，多年冻土地区气候干燥，蒸发率高，路面基层施工中水分损失比一般地区速度快且损失量大，对无机结合料稳定基层的强度有显著影响。

(4)养生条件有限

在多年冻土地区特殊的自然条件下，半刚性材料保温保湿养生难度明显大于一般地区，水分蒸发损失容易引起干缩裂缝，大温差使半刚性板体内产生较大温缩应力，频繁冻融循环易致混凝土产生早期损伤。

在多年冻土地区特殊的自然条件下，青藏公路整治改建工程的施工期也是公路交通量的高峰期，在保护环境严格控制施工便道设置的前提下，既要确保路面基层的养生周期与公路沿线的生态环境，又要确保车辆顺利通行，往往是在路面基层的养生期内即开放交通，严重影响的路面基层强度的形成。

第二节　多年冻土地区路基施工技术

一、路堤施工技术

多年冻土地区路堤施工要考虑到多年冻土地区的特殊性、复杂性，应根据冻土环境和现场冻土地质情况进行相关结构设计、相关调控地温的工程措施设计以及处理不良冻土地质现象的措施设计。由于现阶段成熟的相关施工技术规范还没有跟上，所以多年冻土区公路在设计阶段还应同时给出相应的关键施工技术要求，以保证冻土路基设计在特定的施工条件下达到预期的效果。多年冻土区路堤施工与质量控制要点如下。

(一)关于路基设计高度的起算点

当路基设计高度经计算确定后，路基设计高度的起算点也是一个很重要的设计参数。由于地形条件不同，其起算点若选择不合适，同样可能引起路基失去其稳定性。因此，路基设计高度的起算点应以设计最安全为目标，也就是以地表至路基设计高度的最小距离的位置为路基设计高度的起算点。即路基通过地形平缓地表时，路基设计高度以路中心为起算点；路基通过地形横坡较大时，则应以地形较高一侧路面边缘所对应的地面点为起算点(图 11-1 和图 11-2)。

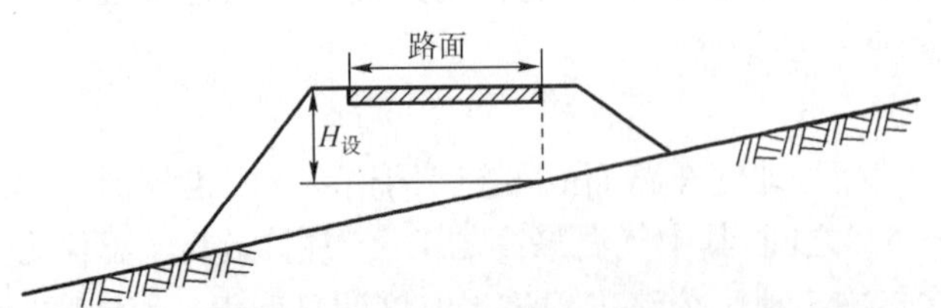

图 11-1　地形横坡较大时路基设计高度

(二)填料的选择与路基借土

在多年冻土区路段路基填料选择一定要慎重，如果单纯从保温性能考虑，则黏性土较好，砂性土次之，砂砾石土较差。但综合分析气候、水文工程质量及保通和工程造价等各类条件，并结合青藏公路和东北地区部分公路的实际施工情况，填料应该有一个合理选择，即为增大热阻保护冻土宜选择导热系数小的黏性土；为了主动冷却路基增强气冷效果宜选用一定粒径范围内的碎石填筑，并保证边界开放有利于对流发生等。总之，要考虑各种控制因素，合理有效地选择填料，对填料的相关指标要具体限定，不适宜的填料要严格禁用。以粗粒土作填料，施工季节不受限制；如以细粒土作填料前应在春融后进行。填土质量及压实标准均应符合有关规定。

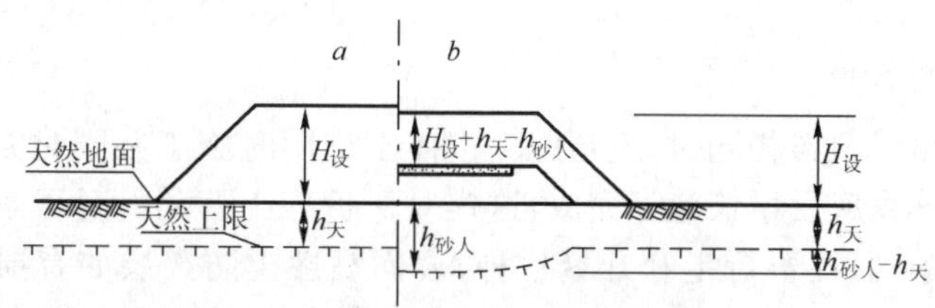

图 11-2　平缓地形旧砂砾石路面路基设计高度

多年冻土区筑路应尽量减少对冻土环境的破坏，应合理设计路基取土坑，不得在路基两侧随意取土。取土坑的位置依照地形、地质、地表排水条件确定，尽量采用集中取土，以减少对多年冻土的热干扰。不论何种条件，均严禁采用推土机大面积推土填筑路基。取土坑的位置和开采深度应严格控制。取土前将表面的腐殖土集中堆积一处，然后划分取土坑，集中深挖取土。当取土完毕后，整平取土坑，再把腐殖土回覆在取土坑上，并在上面种植适宜的耐寒植物。

在融沉和强融沉多年冻土分布地段填筑路堤时，如果路基位于倾斜地形上，取土坑只允许设在路堤上侧山坡，取土坑与路堤坡脚间的距离不得小于 100m；在地面横坡不明显的平坦地段，可在路堤两侧取土，其距离不得小于 200m；含土冰层、厚层地下冰冻土分布地段，不得在路堤两侧取土。

从取土坑（场）到施工现场应设专用便道，不允许施工单位乱开便道，更不允许运料车辆随意超出专用便道。

(三)施工季节的选择

多年冻土区修筑路堤的施工季节根据气温可分为寒季（10 月中下旬至翌年 3 月下旬）和暖季（4 月上旬至 10 月中旬）。寒区道路工程建设的理论研究和工程实践使人们对施工季节对冻土路基热状况的影响已经有了较全面的定性认识，夏季施工作业条件较好，施工效率较高，工程质量较易控制，多年冻土区的道路工程一般都应在夏季进行。但夏季施工也存在着明显的缺点，由于夏季雨雪相对较多，路堤填土质量较难保证，填土的蓄热对保护冻土十分不利。当夏季施工的路堤高度超过一定值时，还会在路堤内形成残留融土核，使路基路面变形和下沉。冬季施工条件较差，施工作效率较低，路堤填土呈冻结状况，质量也很难控制。但对一些特殊的地段，如暖季取土和运输困难的沼泽化地段，地表水易聚集地段，和基本不能承受大的地表扰动的低填且地基含冰量大的极不稳定多年冻土区，在预先备好较干燥填料的条件下，寒季施工条件反而较好，且可使堤体土层在施工过程中得到预冷，这对保护冻土极为有利。因此，合理选择施工季节对冻土路基工程非常重要。

(四)相关施工工艺与施工要点

1. 地表排水系统的施工及养护维修

由于地表水的渗透是造成冻土融化、路基下沉的主要原因之一，因此整个排水系统应在施工过程中尽早开始，在路基主体完成的同时尽快完成。如有困难亦要先做好临时排水设施，以防雨季地表水对路基坡脚和边坡的浸泡、渗透及冲刷，造成融化下沉或路堑边坡溜坍等病害。从以往经验来看，施工过程中往往只注意路基主体工程的进度，而忽视对排水系统的及早施工和施工场地的排水，以致地表水和雨水流入基坑内，增加施工困难；或路基成型而排水沟还未开挖，雨季或春融地表水顺路基坡面和坡脚形成急流，渗入坡面和基底，结果工程尚未交付运营而病害已经产生；另外在运营中如对边沟、排水沟、截水沟等不注意养护维修，天长日久造成排水沟边坡坍塌，沟底淤积堵塞，致使排水系统失效等都会产生或加重路基病害。

2.护道的施工及养护

护道材料如与路堤填料相同时，应与路堤主体工程同时施工并同时完成。如系草皮泥炭护道亦应在路堤主体完成后尽快施工完成，这样对保护冻土有利。对于东北多年冻土区的公路其护道上应禁止车辆、牲畜行走和开垦耕种，表面黏性土防火层如有损坏应及时修补回填好，以防泥炭失火燃烧；对于青藏高原多年冻土区的公路其护道可采用一般填土，也可采用片块石或碎石、草皮等材料。对于填土护道，应及时碾压使压实度达到80％以上，如被水冲成沟壑应及时将其修复填平。

3.厚层地下冰地段的施工

厚层地下冰地段，如填料为砂卵石等粗粒土，最好于秋季冻结前运到工点附近，于冬季施工填筑。这样低温填筑材料及基底一定深度内的负温能较长时间保持下来，对保护冻土及地下冰层有利。堆积的高于地面的砂卵石，由于已疏干了水分，冬季不会冻结。

运营期间在厚层地下冰地段路基两侧应设有标志，距离路基坡脚20m范围内，应禁止进行任何人为活动，以免破坏地表后使冰层融化，危害路基。

4.挡土墙的施工

由于在多年冻土地区施工挡土墙给多年冻土地基带来热量，含冰冻土的融化会给施工造成很多困难，为保证施工顺利进行，宜避开炎热的夏天，并应不间断作业，连续施工基坑并避免积水。在暖季施工，一定要防止基坑暴露时间过长。从青藏公路第二期改建工程和整治工程修筑挡土墙的调查结果看，基坑暴露时间一般不宜超过15d，而整个挡土墙施工时间不宜超过50d。只有当基础所用建筑材料、机具和垫层所用砂砾全部备齐后，才可开挖基坑；基础完成后，应立即回填夯实。基坑开挖后，如果发现基础全部或部分埋在纯冰或含土冰层上，应立即通过设计单位修改设计，抬高基础埋置深度。

在施工砂砾垫层前，将降雪、降雪融化水或降雨水以及基坑内淤泥和松软湿土彻底清除，而不应受基底高程的限制。

5.渗水暗沟的施工

渗水暗沟施工的有利季节在春融至雨季开始以前(约4～6月)。这段时间施工既可以减少冬季施工时的排水困难，又可避免雨季施工时可能产生的坍塌事故。在施工安排上，应组织力量快速施工，各个工序全面展开，相互衔接，逐段完成。切忌拖延过久，使基坑长期暴露，影响基坑边坡稳定，增加施工中困难，造成日后养护维修工作不应有的隐患。如必须在冬季施工，应特别注意抽水机械的维修保养。一旦机械出现故障，基坑积水不能排除，逐渐冻结于坑内，复工时将增加大量刨冰工作。

6.施工便道位置与设计标准

新建公路附近无道路供施工使用时，需修筑施工便道。这种便道仅供施工期间车辆行驶使用，一般标准很低，多为低填浅挖，加之车辆频繁行驶，人为活动影响极易使基底及附近冻土融化。如便道距路基过近，冻土融化还会影响路基的稳定。因此，施工便道的位置距离路基坡脚应在 20m 以外，不宜太近。

对于整治或改建工程，便道不仅要满足施工车辆使用需要，还要保障社会运输车辆的通行，并尽量减少施工车辆与社会运输车辆相互干扰，因而确保施工期内的交通畅通是实施便道路的先决条件之一。对整个施工期限内保通便道应进行专门的勘察设计。

保通便道以满足整个施工期内公路正常的运输、车辆的安全、畅通为目标，要整体安排施工保通工程，做好便道工程、落实保通措施，明确保通责任。

保通便道（包括便桥、便涵），还应包括交通管制措施、特重型车辆保障措施、交通突发事故抢救措施。

对于可能导致交通阻塞、中断的路基整治路段和桥涵整治工点均应修筑保通便道。便道技术标准可参考现行《公路工程技术标准》（JTG B01—2003）设计车速 40km/h 的四级公路标准执行，个别地形困难路段技术标准可略有降低，便道路基宽 7.0m、路面宽 6.0m。

在多年冻土区路段，对于路基整治时设置保温护道的路段，可利用保温护道（部分区段加宽）作为便道路基，铺筑砂砾路面作为保通便道，施工期末整修后留作保温护道。其平面依附主体公路布设，相应的纵面设计以同时满足护道和便道的路基填土高度、宽度和技术指标为原则。其余路段则视地形、地质、冻土等条件重新选线进行专门设计，便道路基设计原则一般按多年冻土区公路路基设计原则，路基高度不宜小于 0.7m；所有便道均视需要设置便桥、便涵，便桥采用装配式钢便桥，便涵采用 ϕ50cm 钢筋混凝土圆管涵。便桥、便涵设计荷载采用汽—20，挂—100，以满足便道全天候通车的需要。

二、路堑施工技术

路堑施工主要是厚层地下冰地段的施工，厚层地下冰地段路堑施工的最大威胁是融冻泥流，它不仅严重影响施工的进度，甚至使断面无法成型。青藏高原就曾有由于在施工中未注意防护而使试验路堑的 60％段落因热融破坏而废弃的实例。因此避免或最大限度地减少热融干扰，是地下冰地段路堑施工的重要原则。

（一）施工季节

在多年冻土地区，寒季易于路堑边坡开挖成型；暖季则宜于路堑段路基换填作业。因此施工季节涉及开挖成型与填料来源这一对矛盾的合理解决。

①以粗颗粒土为换填材料并采用集中取土时，应尽可能在寒季施工，以利于提高施工质量和避免遗留病害。

②若需在暖季施工，应尽量避开降雨集中、热融作用最活跃的 7、8 月份，而安排在夏初或秋初，并作好防护。

③跨年作业有利于路堑稳定。即秋末开挖成型，来年暖季回填。这样可兼顾挖、填的不同要求。

（二）施工工艺

施工工艺的好坏是路堑施工成败的关键。各工序应统筹安排，前后衔接，连续进行，包括准备工作→开挖→回填→整平等 4 个环节。

1.施工前的准备

施工前的准备工作包括：施工组织设计、设立施工标记、修筑施工便道、划定取土地点和运土路线、机具材料队伍的准备等。本环节应切实注意：

①准备工作完成之前，要保护好施工场地及其周围的天然植被，切不可贸然动土。

②注意施工场地的排水，凡在正式施工前可进行永久性排水设施施工的，应提前做好。

2.路堑的开挖

路堑开挖宜采用机械化快速施工方法，集中力量迅速完成。其程序包括松土(连同弃土通道部分)和清方(弃土)两大部分。

(1)松土作业

①松土机松土开挖法省力省工，成本低，并能有效地控制开挖断面，是有效实用的开挖方法。但需配备马力大(184kW以上)且适于冻土开挖要求的松齿结构的松土机。

②钻孔爆破松土开挖法是当前比较灵活适用的开挖方法，可用各种成孔方式。但为加快开挖进度，应选用钻进速度快、功率大、又便于搬运的钻机。用深孔爆破或深孔药壶爆破方式均可。该作业应注意以下问题：

a.根据少超不欠的原则布置钻孔。尽量做到一次爆破成型，最大限度地缩短补欠时间，以减少热融影响。

b.开展钻孔与清方的平行作业。对于较长的路堑应分段施工(根据钻进速度，每段为50～100m)，爆破后的清方与后段钻孔同时进行。

c.切实注意炸药的防水防冻。尽量使用抗冻防水性能好的炸药，如聚-2号浆状炸药等。

d.钻孔前严禁破坏地表植被。

e.开挖方式：对浅路堑可先基底后边坡；对深路堑，宜先边坡后基底。但无论何种开挖方式，均应在基面位置开出一定宽度的排水槽，以防融化泥流淤积路堑内。

(2)清方(弃土)作业

经爆破松动或松土机松动后的松方，采用推土法或装运法清方(弃土)。

地表部分可用的松方，横向推置于路堑侧开挖界限30m外；上限以下含土冰层或饱冰冻土，视路堑长度，采用纵向一次推出或横向通道(锁口)分段推出的方法，推弃于路堑外适当地点。弃土时应注意不影响回填时排淤作业和不留隐患。

锁口的设置应与路堑开挖的松土作业同时进行，间距以100m左右为宜。200m以下的路堑，宜两端相向开挖，并在路堑口下方设锁口；200m以上的长路堑，可分段开挖，增设中部横向锁口。推土应由高往低拉槽推送。

开挖至换填层位。应对暴露的冰层作昼盖夜开的简易遮挡防护，以减少热融影响。

(3)回填作业

暖季开挖的路堑在清方成型后，应全段尽快一次回填，避免开挖堑面的长时间暴露。回填作业应注意：

①要保证填料的供应。回填料尽量从两侧边坡顺坡铺散，再逐层运送到基底，以利于边坡的保温。填料抛散后要及时夯(压)实，尤其是在有降水征兆时。

②回填顺序为由里到外，由高到低逐段填筑，以便于依次向外清理下一回填段的热融泥水。

③注意边坡的回填和夯实。在没有边坡夯拍机具时，可分层夯实，用刷坡方式调整坡率。

(4)整平作业。包括清除刷坡后的余土，清出侧沟，基面与侧沟平台的整平，路堑成型等。

作为特殊不良地质的地下冰地段，其路堑工程的设计与施工是一项复杂而艰难的工作，需根据当地的气候条件和冻土条件，以及地形、植被、路堑走向、地层性质等因素综合考虑，不可能有统一的设计断面和施工方法。

(三)路堑弃土

路堑弃土应弃于山坡低侧，并不应弃于下侧堑顶边缘，人为地加高路堑边坡高度，造成边坡不稳，加剧病害，使病害处理难度增加。例如青藏公路有的冻土路堑，施工时为图省事，将部分弃土置于上方侧的堑顶边缘上，人为地加高了路堑坡高度 1～2m，春融后路堑边坡溜坍，堑顶弃土亦跟随堆塌，整治中增加了清除的土方量及路堑坡的刷坡高度。

(四)路堑边坡保温层的施工

冻土路堑边坡保温层的稳定与否，除厚度因素外，与施工质量关系较大。铺设草皮泥炭层时，边坡挖除部分应整平。每块草皮泥炭厚 0.25m 左右，切平根部，铺砌时上下错缝互相嵌锁。如不注意施工质量，例如草皮泥炭块不修整，结构不紧密；铺砌时未将空隙填实，造成空气对流，降低了保温性能；堑顶排水不好，地表径流和冻结层上水渗流入保温层内等等，均会导致护坡工程失败。

总之，对诸如隔水、排水措施施工工艺问题，换填料的选择与保护层材料的设置问题等，都应参照具体路堑段设计要求执行，以达到保护冻土、防止热融滑塌的目的。

第三节　多年冻土地区沥青路面施工技术

一、水泥稳定砂砾基层(底基层)施工技术

(一)原材料要求

1. 粒料

试验表明，小于 4.75mm 集料含量和通过 0.075mm 筛孔的颗粒含量对混合料路用性能影响明显。为充分利用天然砂砾、降低工程造价和方便施工，宜掺入适当比例碎石(5～10mm)调整粗细集料比例，掺量控制不超过 40%。建议 4.75mm 筛孔通过率尽量控制在 50%以下，且小于 4.75mm 细集料含量尽量靠近推荐级配下限；在级配范围曲线中宜选取粗集料上靠上限、细集料下靠下限的平顺反弯曲线。严格控制细料塑性指数，不宜大于 4。粒料(碎石或砾石)的抗压碎能力应满足压碎值不大于 35%的要求。严格控制有机质含量不超过 2%和硫酸盐含量不超过 0.25%。

2. 水泥

考虑到多年冻土地区气温低、昼夜温差大的特点及其对强度形成的影响，应在保证施工需要的前提下，选择强度等级较高、凝结较快的水泥，以提高早期强度。

3. 外加剂

针对多年冻土地区的特点，应掺入适宜的外加剂如 CS -1 外加剂，提高早期强度，改善抗收缩性能，施工方便且经济。

4. 混合料设计原则

多年冻土地区水泥稳定粒料组成设计的目标是：在多年冻土地区特殊的环境条件下，混合

料组成满足强度要求，并使抗收缩性能达到最优，且便于施工。设计原则是：综合考虑强度指标和抗收缩指标，确定最佳水泥用量和最优混合料级配，选择适宜的外加剂种类和确定剂量，以达到技术先进、经济合理的目的。

（二）施工机械选型与组合

针对多年冻土地区的气温变化特点，宜采用混合料厂拌和摊铺机摊铺的机械化施工方法，在施工中应充分重视选择和配套施工机械，保证水泥稳定粒料基层快速成型。如采用平地机和人工摊铺，则必须控制延迟时间和含水率。

（三）修筑试验路段

实践证明，在大面积施工基层之前，宜修筑一定长度的试验路段。

由于多年冻土地区日温差大、温度低，因此应通过试验路修筑确定每天的施工作业时间和作业段长度，尽量使混合料在进入低温或负温时间以前具有一定的强度，减小低温的影响。多年冻土地区气温降温速率快于一般地区，且夜间温度较低，施工中应对施工现场的日气温变化状况进行实测，确定施工作业时间。施工开始时间的气温宜高于 5℃，气温降低到 7℃前 1h 应停止摊铺作业，掺外加剂后可适当延长作业时间，在气温降低到 5℃时停止作业。

（四）施工工艺

多年冻土地区水泥稳定粒料基层采用厂拌法施工的工艺流程与一般地区基本相同。

多年冻土地区水泥稳定类基层施工中，控制碾压时间和养生是关键环节。水泥稳定粒料基层施工结束后，应立即进行保温保湿养生。如采用草袋、薄膜、厚砂等材料，也可以采用养生薄膜下铺设黑色或深色织物双层吸热保温，或单一采用黑色养生薄膜吸热保温，提高养生温度。尽量提高第一天的养生温度，第二天后的养生温度达到临界温度 7℃以上即可。养生期一般不少于 7d，养生结束后应尽快铺筑面层或做封层。对于掺外加剂混合料，养生期可以缩短，如掺入 CS-1 外加剂混合料的养生期可以缩短为 3d。在养生期间应封闭交通，如不能封闭交通时则应限制重车通行，其他车辆的车速不应超过 30km/h。

（五）施工质量控制

施工质量控制可分为材料标准试验、施工过程质量控制及外形尺寸管理三大部分。控制标准与一般地区类似。

（六）水泥稳定类基层质量保障技术措施

针对多年冻土地区路面半刚性基层的特殊施工和使用条件，根据试验研究，以“降低负温和低温影响程度、加快早期强度形成速度、减少混合料自由水分损失、控制级配组成”为主，提出多年冻土地区半刚性基层强度形成和抗裂技术保障措施：

①保证半刚性基层混合料设计抗压强度要求，取规范规定上限（3.0MPa）；

②混合料中掺入适宜外加剂，保证混合料强度快速形成，加快施工进度，降低工程施工成本；

③采用吸热覆盖措施，提高第一天养生温度，保证第二天后养生温度达到临界温度 7℃以上；

④初期（3d）洒水、保湿养生；

⑤采取有效措施封闭施工，或结合沥青面层与基层连续施工；

⑥基层施工前对下承层充分洒水湿润；

⑦合理设计级配组成，严格控制施工级配。

二、级配碎石层施工技术

(一)施工工艺

为了保证级配碎石的施工质量,使成型后的结构层均匀、密实,总结试验路修筑经验,提出多年冻土地区级配碎石"贯入油结"施工工艺,其流程见图 11-3。

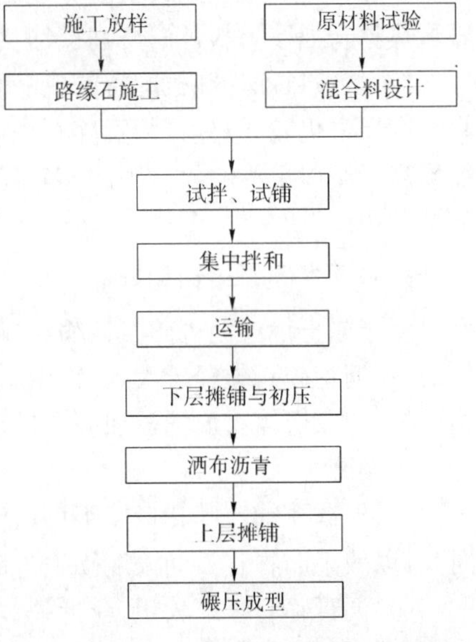

图 11-3　级配碎石"贯入油结"施工工艺流程

(二)注意事项

在级配碎石运输途中含水率会有一部分损失,故应视天气情况适当调整含水率,一般在阴天时比最佳含水率增加 0.5%,晴天刮风时增加 1%;试验路现场位于青藏公路 K2993~K2995 处,施工现场的风速较大,水分蒸发量也大,混合料拌和时在最佳含水率的基础上增加 1%~2%。混合料采用自卸车运输,为防止运输过程中水分损失过大,可采用篷布覆盖。到达现场后应随机抽检级配组成与含水率。

根据已有施工经验,级配碎石作为松散性材料,施工过程中不易碾压密实稳定,提出采用"贯入油结"分层施工工艺,根据级配碎石结构层厚度,可分两层或三层施工。

对下层静碾初压整平后,利用沥青洒布车洒布一层沥青,沥青洒布量控制约为沥青贯入式洒布量的 1/3~1/2。

待沥青渗透 2cm 后铺撒上层混合料,进行静压稳压、振动复压和静压整平,如此施工直至达到设计厚度。

试验路施工中 10cm 级配碎石分两层施工,洒布一层沥青,洒布量为 1.5kg/m²,施工效果良好。

其他相关工艺及要求同现行规范。

三、沥青碎石基层施工技术

多年冻土地区沥青碎石基层施工与一般沥青碎石或大粒径沥青混合料基层相近,但由于施工条件的差异性,有一些特殊要求。

(一)沥青碎石拌制

多年冻土地区沥青碎石采用拌和机械拌制时,应注意以下几点:

(1)多年冻土地区特殊施工条件下,由于沥青碎石混合料的粒径较大,施工过程中的温度损失比一般沥青混合料快,保证低温施工的沥青碎石温度是确保施工质量的关键。为了满足施工温度要求,应适当提高沥青结合料加热温度和矿料加热温度,拌和温度根据沥青结合料性质、运输距离、施工气温等综合确定,以保证碾压终了温度不低于 70℃。试验路修筑中,沥青结合料加热温度为 160℃~170℃,矿料加热温度为 170℃~180℃,混合料拌和出厂温度控制不低于 165℃。

(2)多年冻土地区雨雪无常,路面施工季节又是该地区降水集中的时间,拌和厂储备的矿料容易淋雨受潮,且含水率变化较大。因此,矿料加热烘干时间应根据矿料潮湿状况进行适当调整,避免矿料加热温度不足或含有一定水分。

(3)由于沥青碎石的沥青用量较低,集料粒径较大,拌和时间应比一般沥青混合料延长,以混合料拌和均匀、所有矿料颗粒全部裹覆沥青结合料为准。试验路修筑中采用间歇式拌和机拌制,确定的适宜拌和时间为60s。

(4)严格控制施工级配,避免控制不严导致混合料离析或沥青析漏,施工过程中等时间间隔从热料仓抽取集料,筛分检验级配组成,并测定沥青用量。

(5)虽然目前拌和机配备的成品储料仓的保温性能好,但在多年冻土地区较低气温下混合料温度损失仍较明显,且沥青碎石在储料仓中容易出现离析和滴漏,尤其是沥青碎石的拌和温度提高后滴漏更为明显。因此,多年冻土地区沥青碎石拌和后,不宜在成品储料仓中储存,应随拌随用。

(二)沥青碎石运输和摊铺

多年冻土地区沥青碎石运输和摊铺中的关键是保温和防止离析:

(1)沥青碎石粒径较大,运输中温度损失比一般沥青混合料大,应根据运输距离加强覆盖措施,采用双层篷布或棉被加篷布进行覆盖保温。运输车辆应保持匀速行驶,尽量避免急制动和过大颠簸。

(2)根据摊铺速度和运输距离,合理配备运输车辆数量,减少运输车辆在摊铺机前的等待时间,以减小沥青碎石的温度损失。保证卸入摊铺机进料仓的混合料温度不低于150℃。

(3)沥青碎石级配较粗,应低速、均匀、连续摊铺,摊铺速度不宜超过2m/min,同时,摊铺过程中应保证摊铺机进料口供料连续。低速摊铺能使布料器更均匀地向熨平板供料,减少离析,且可提高摊铺初始压实度,缩短碾压时间,有利于低温条件下的快速成型。

(三)沥青碎石碾压

多年冻土地区沥青碎石采用胶轮压路机和振动压路机联合碾压,应注意:

(1)沥青碎石中粗集料颗粒较多,碾压温度要求较高,粗颗粒容易形成嵌挤骨架结构,适当加快碾压速度,不容易产生推移。多年冻土地区沥青碎石施工采用紧跟快压,减少温度损失,在温度较高时完成初压和复压,可以保证密实度。

(2)沥青碎石集料粒径较大,碾压过程中应严格控制振动碾压频率、振幅和碾压速度,振动碾压宜采用轻振快速碾压,防治振动过大导致集料破碎。碾压机械组合、碾压遍数等碾压工艺参数应根据试验路修筑,考虑多年冻土地区不同施工温度条件综合确定,应用中适时调整,否则多年冻土地区多变的气候条件容易导致碾压终了温度过低。

沥青碎石施工质量控制指标与现行规范相同。

四、沥青面层施工技术

对于多年冻土地区路面,为了满足低温抗裂性能,宜选择高标号沥青。在强太阳辐射和极低的温度环境下,常年存放沥青,甚至裸放沥青是不适宜的。多年冻土地区施工季节雨水多,降雨量形式多变,而且多为阵性降水,又急又大,施工中应使矿料保持干燥状态。

温度控制和碾压质量控制是保证多年冻土区沥青路面施工质量的关键环节。

(一)温度控制

气温低而导致沥青混合料温度损失是无法改变的客观事实。作好过程控制,采取措施减少温度损失,不低于规定的施工温度,是确保施工质量的主要手段。

①提高混合料出料温度。根据实践经验混合料的出料温度可提高至130～160℃。特别是在气温低至5℃时，如以8min为有效压实时间要求，摊铺厚度为4cm的混合料的初铺温度必须达到150℃以上。在施工时沥青的加热温度可控制为130～150℃，矿料加热温度控制为150～170℃。

②选择合适的拌和厂位置，尽量缩短运距，以30～40min的运距为限。

③减少拌和机拌和仓出料口与运输车的高差，缩短热料落距，以减少温度散失量。为此可在拌和机出料口处外接一段输料带。同时为了避免运输车受料过程中出现离析，运输车应适当移动位置，使混合料在车内分布均匀。

④在运输过程中，混合料必须用篷布覆盖，且篷布四角均应压好，避免出现"兜风"现象。

⑤运输车的运量应较拌和能力和摊铺速度有所空余，施工过程中摊铺机前方待料车可为1～2辆，"待机"时间不宜超过5min。

⑥沥青混合料必须缓慢、均匀、连续不间断地摊铺，摊铺过程中不得随意变换速度或中途停顿。摊铺速度应根据拌和机产量、施工机械配合情况及摊铺层厚度、宽度与摊铺速度控制在3～6m/min。

⑦摊铺机宜采用高密度的摊铺机，熨平板应加热。

(二)碾压质量控制

1. 有效压实时间

所谓有效压实时间是指混合料从摊铺后的温度冷却到最低压实温度的时间。有效压实时间的长短取决于混合料的初铺温度、气温、下承层温度、风力、摊铺厚度等。就施工而言，希望有效压实时间长一些，这样可以从容施工，确保施工质量。但青藏公路气温低，混合料温度散失快，混合料温度降低到80℃不宜施工温度的时间短，即有效压实时间短，见表11-1。

青藏公路有效压实时间预估 表11-1

气温(℃)	摊铺厚度(cm)	摊铺温度(℃)	有效压实时间 t(℃)	备 注
10	6	130	$\ln t=(35.77-T)/20.927$	T-摊铺温度(℃)
	3.6	130	$\ln t=(133.81-T)/26.167$	
5	3.6	150	$\ln t=(157.5-T)/28.779$	
	3.6	150	$\ln t=(155.24-T)/35.449$	

通过不同铺筑厚度、不同铺筑温度在不同气温下沥青混合料的有效压实时间试验结果，可以得出有效压实时间的预估公式。估算出的混合料有效压实时间，有助于合理地组织沥青面层的施工，提高沥青面层的施工质量。

2. 适当增加摊铺层厚度，延长有效压实时间

摊铺层厚度对有效压实时间有着重要的影响，在气温与摊铺温度相同的情况下，摊铺厚度为3.6cm的有效压实时间与摊铺厚度为6cm相比减少1/3以上。通过提高面层厚度可以有效地降低混合料的冷却速率和延长有效压实时间，有利于解决低温下沥青面层施工质量难以保证的问题。建议在进行多年冻土地区的沥青面层结构设计时，不宜完全套用一般地区沥青路面面层分类与厚度，条件允许的情况下面层宜厚一些。

3. 摊铺温度

提高沥青混合料摊铺温度，以增加有效压实时间，措施同上述温度控制措施。

4. 碾压温度

沥青混合料在摊铺后初压前的温度损失极大，一般每分钟为4℃～8℃，气温为5℃时，每分钟内的温度损失甚至更大，而初压后其冷却速率大大降低。因此，在多年冻土地区进行沥青面层施工时，必须在混合料摊铺后立即碾压，即压路机应紧随摊铺机前进，初压压路机数量至少应有两台以上。

5. 碾压速度

根据当日气温、摊铺温度、摊铺层厚度，采用表11-1公式计算出有效压实时间，初拟碾压机的碾压速度，一般控制在2～4km/h，轮胎压路机可适当提高，但不超过5km/h。碾压工作段的长度随气温降低而缩短，一般可为10～35m。根据有效压实时间的长短，拟定保证碾压质量的碾压机速度，计算出碾压工作段长度，可以保证在混合料温度降至80℃以前碾压成型。

6. 工序衔接

根据降温确定施工进度，并以此确定拌和机、运输和摊铺机械的工作效率。保证施工的连续性，避免"机待料、料待机"现象。

病害调查表明，路面病害中的松散、坑槽、波浪与沥青混合料密实度不足有密切关系，施工时应根据沥青混合料到场温度高低确定碾压机的碾压速度、工作段长度和碾压遍数等以达到规定的压实度。施工路段混合料到场温度低，工作段长度短时，碾压遍数应相应多于到场温度高的路段；温度高低决定碾压速度、工作段长度和碾压遍数。

第四节　多年冻土地区桥涵基础施工技术

多年冻土地区桥涵，施工条件比较差，特别是按照保持地基土冻结状态设计时，施工季节、施工方法与施工技术要求，之间相互影响，有时甚至相互矛盾。就施工作业来说，不论是工作条件还是材料工艺，暖季施工比较方便。但是暖季施工对多年冻土的热干扰又是不可避免的。

因此，根据环境条件、地基条件、工程特点和设计要求，多年冻土地区桥涵基础施工计划、施工组织、施工工艺、工程材料等方面，与一般地区相比均有所不同。

一、施工季节

青藏高原特定的地理、气候条件，决定了该地区施工必须选择合理的施工季节。

从青藏公路多年冻土区的气候条件看，全年只有暖季和寒季之分。从保护冻土的观点出发，以寒季施工为最好，这样可减少太阳热能介入冻土地基；但对施工机具和施工人员来说，以暖季最好，这样可以充分发挥施工机具和施工人员的作用。2003年对在2002年修建的21道涵洞进行调查后发现，其中4～5月份施工的10道涵洞未出现任何冻害破坏，而6月份以后施工的11道涵洞中有6道出现了严重的圬工开裂和1道涵墙倾倒现象，其余4道也有不同程度的裂纹。因此，利用多年冻土层作为地基设计涵洞，并以保持冻土冻结为原则设计涵洞地基时，宜选择5月底以前和10月初以后作为多年冻土桥涵基础施工季节；利用多年冻土作地基设计涵洞时，并以允许冻土融化为原则设计涵洞地基时，宜选择5月底以后和10月初以前作为多年冻土桥涵基础施工季节。

二、施工组织计划

除了早期修建的标准较低的桥涵，因不适应大吨位重载交通而损坏外，混凝土的抗冻性能差和冻土地基的冻胀和融沉，是桥涵损坏的主要原因。

从混凝土施工来说，暖季施工能够保证构件的质量。而为了减少施工对冻土地基的热干扰，寒季进行基础工程施工最好。但是，寒冷的工作环境，对人员和机具作业带来极大困难。根据工程结构和工艺技术特点，合理地安排施工计划、组织工序作业，是非常重要的。在气温较高的暖季，安排钢筋混凝土构件的预制作业，实施按照容许地基土融化设计的基础工程施工，有利于混凝土强度的形成和地基处理。按照保持地基土冻结设计的桩基础工程，最好安排在气温较低的季节施工。明挖基础施工，由于土壤冻结期间基坑开挖困难，需要安排在气温相对较高的季节，但最好避开气温最高的月份，通常在 7 月以前完成开挖和基础施工。

无论如何，基础工程施工时间越短，越有利于减少对多年冻土的热干扰。因此，基础工程施工必须在材料备齐、准备工作就绪之后再开始作业。

不论是混凝土浇筑，还是浆砌工程，水泥混凝土和砂浆的低温抗冻问题，是必须解决的问题。采用低温早强耐久混凝土和防冻添加剂，是对水泥材料的基本要求。

三、明挖基础施工

多年冻土地区的明挖基础施工，除了选择合适的施工季节、工序连续衔接之外，在基坑开挖、支护和冻土保护等方面都有特殊要求。

安排在寒季进行明挖基础施工时，由于环境气温较低，土壤冻结，基坑开挖作业一般包括松土、挖运两道工序。如果在暖季进行开挖作业，由于施工加剧了冻土融化，特别是在冻土沼泽和含土冰层地段，容易发生基坑坑壁热融滑塌，因此必须做好基坑支护和保温工作。松土、挖运、基础砌筑、回填 4 道工序应合理衔接一气呵成，避免基坑暴露时间过长及积水等现象发生。否则，可能会因为基坑滑塌淤平基坑或多年冻土大量融化导致基础工后沉降过大。

“爆破松土—机械开挖—快速砌筑—及早回填”是行之有效的施工方法。采用堆砌土袋的方法支护基坑，是简单有效的选择，且可以隔温保护冻土，有起到柔性支挡的作用。回填材料要采用冻胀性弱的粗颗粒土，且温度应尽可能低。

四、桩基础施工

冻土地基中桩基作用机理与一般条件下的融土地基中的桩基作用机理相比较，融土中地基反力由桩体侧面与桩周土的摩擦力和桩端承载力构成，而冻土中的地基反力来源于土壤颗粒和桩基表面冰晶的冻结力。

桩基施工不可避免地给地基带来各种热干扰。如钻孔摩擦热、孔内介质热交换、插入桩和回填料携带的潜热、钻孔灌注桩混凝土的潜热和水化热等等。施工影响地基土中的热平衡状态，使得桩周一定范围的冻土升温和融化。随着热量的扩散，经过一定时间后，地基土恢复冻结状态。回冻过程的长短，有着现实的意义。桩基设计承载力只能在地中温度场恢复到新的平衡、冻结力形成后才能达到。

冻土地基中的桩基作用机理相当复杂。国内外都曾进行过相当程度的桩基试验研究，特别是前苏联对高纬度地区多年冻土的研究较深入。而我国境内的多年冻土，主要是中纬度岛状冻土和低纬度高海拔多年冻土，与高纬度多年冻土有一定的差别。

图 11-4 是桩基施工完成后不同时间的桩深温度曲线图，从中可以看出预制桩插入后，整个桩深的地温在 $-1\sim+5$℃范围内。钻孔灌注桩由于孔内混凝土的潜热和水化热的介入，桩周土温度急剧升高，15 天后桩深 2m 以下才恢复到负温状态。图 11-5 表示施工完成后桩周断面等温线。

图 11-5 的回冻曲线表明，插入桩施工完成后 15d 左右即可完全回冻；而钻孔灌注桩施工后基本回冻需要 50d 左右。

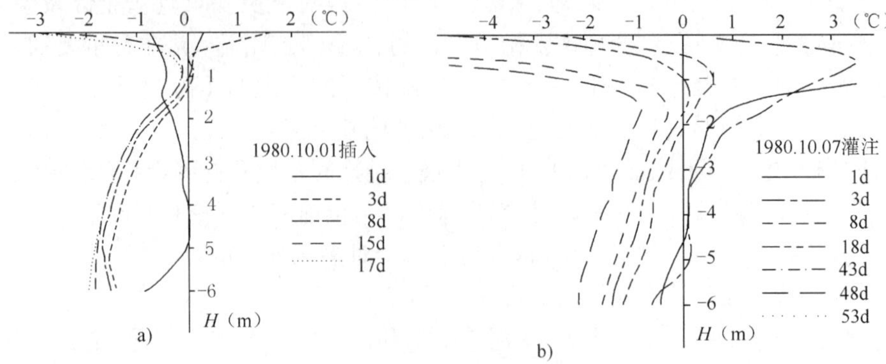

图 11-4 施工完成后桩深温度曲线

a) 插入桩；b) 灌注桩

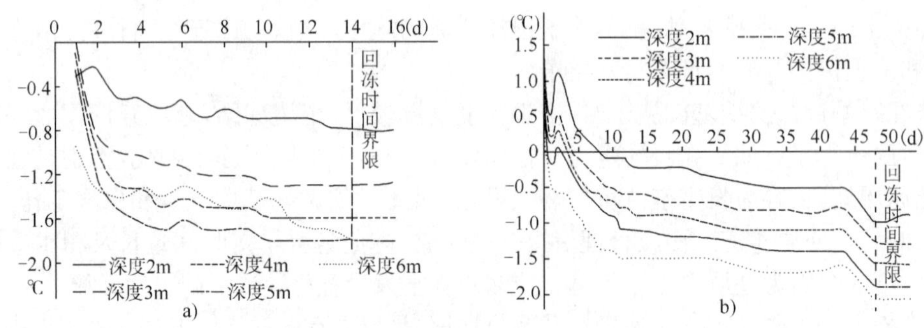

图 11-5 桩周回冻时间曲线

a)插入桩；b)灌注桩

昆仑山桩基试验场试桩施工证实，多年冻土回冻缓慢。图 11-6 是桩基施工完成后地中断面等温度线图，反映了插入桩和钻孔灌注桩施工后不同时间的地中温度场受干扰的程度。可以看出，插入桩基的热影响半径最大约 60cm，施工后 7d 影响范围缩小；钻孔灌注桩的热影响半径较大，可以达到 80cm。

这些资料是在 10 月份施工的情况下取得的。如果施工时间在暖季，则回冻时间还要延长。从这里可以得出如下结论：

(1)钻孔灌注桩回冻过程持续较长，插入桩回冻时间短。在自然回冻条件下，回冻时间取决于施工季节、冻土温度和施工热干扰的大小，施工季节气温低、冻土温度低、施工热干扰小，回冻时间就短，反之则长。

(2)灌注桩的回冻时间约为混凝土硬化龄期的 2 倍，在回冻期间避免桩基承受荷载。

选择合适的施工工艺和材料尽量减少热干扰。插入桩的回填料温度应尽可能低，可控制在 0℃左右。钻孔灌注桩的混凝土灌注温度以控制在保证混凝土质量的最低温度为宜，最好选择特种低温混凝土。

五、施工中应注意的问题

在施工砂砾垫层前，将降雪、雪融水或雨水以及基坑内淤泥和松软湿土彻底清除，而不应受基底高度的限制。

施工人员生活区，应远离施工现场设置，尽量减少人为活动对涵基多年冻土的水热干扰。

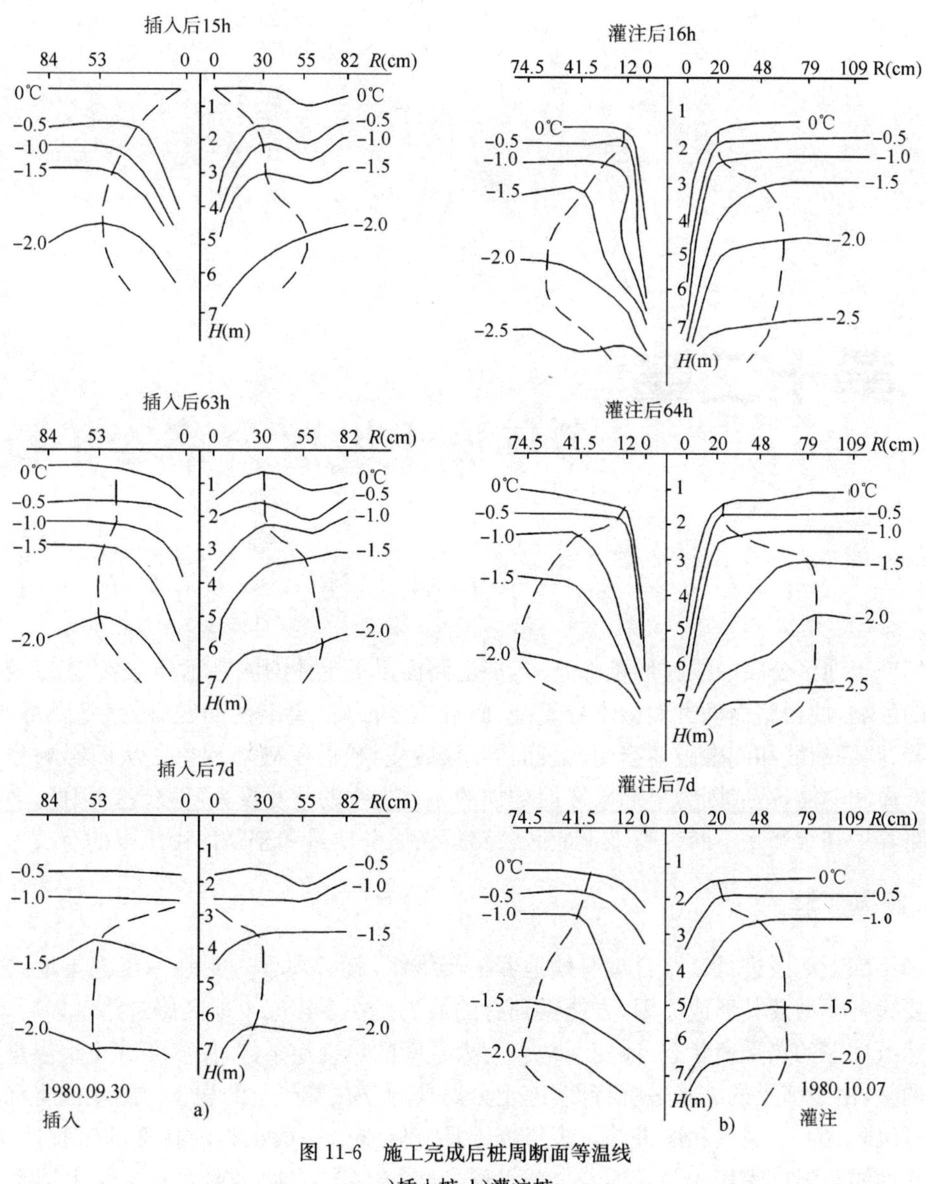

图 11-6 施工完成后桩周断面等温线

a)插入桩；b)灌注桩

第十二章 多年冻土地区公路养护技术

第一节 概 述

多年冻土地区公路沿线自然条件恶劣，加上路面以下土体的冻融循环、热状态以及路基稳定状态的影响，使得路面病害类型十分复杂，而且覆盖面广，突出的问题有：路基融沉变形、冻胀和翻浆、路面裂缝和冻融破坏产生的表面剥落、脱皮、松散等破坏现象。从而影响公路的正常使用寿命和功能，造成因为早期破坏而增加的人、财、物的重复投入和浪费。因此，多年冻土地区公路养护和维修是不断提高冻土地区公路运营服务质量和公路使用年限的有效方法。

一、路基工程

在多年冻土地区进行公路合理有效地养护与维修，就必须首先明确多年冻土地区公路存在的主要病害类型及其形成原因，方能做到有的放矢。在多年冻土地区修筑路基以后，干扰了冻土天然条件下的热平衡状态，改变了地表与大气间的热交换条件，使多年冻土地温重新进行热平衡调整，由于冻土的冻胀融沉特性，冻土公路普遍存在着严重的病害。路基病害和路面病害主要有沉陷、翻浆、裂缝和冰害等。多年冻土具有区别于一般土类的特殊的工程性质，主要表现在其性质与温度密切相关。随着全球气候变暖和人类活动加剧，多年冻土上限呈现出下降的趋势，多年冻土也在不断退化，对路基的稳定性造成了极大的威胁。因此，有必要根据多年冻土的特殊性质对多年冻土地区的路基进行合理的养护和管理。常见的养护措施有路肩养护、边坡养护和排水设施的养护等。

二、路面工程养护

路面工程在使用过程中产生的各类裂缝是路面工程最常见的病害类型。随着新建公路各类裂缝的产生，各地养护管理部门都采用了一系列措施，引用了一些新材料、新工艺、新方法。沥青路面裂缝修补方法很多，一般可根据裂缝的宽度和深度确定具体的修补工艺，根据路面裂缝的实际情况主要采用以下四种方法对裂缝进行养护处理。

(1)压浆法:对于路面纵向裂缝采用压浆的办法进行修补。施工时压入水泥净浆,压浆前用环氧砂浆对裂缝表面进行封堵,依次压浆直到相邻注浆管溢出浆液为止。对于路基下沉造成的路面较长、且路基已产生纵向裂缝可以采用此种灌缝方法。

(2)普通沥青灌缝:此种方法操作简单,使用设备和人员少,修补费用低廉,速度快。缺点:①由于未清扫裂缝造成黏结不牢固,一般第二年几乎全部需重新灌缝;②夏天气温高时,沥青软化体积膨胀多余沥青溢出路面被行车黏走;③每年一次重复施工,累计费用增加,长时间人工作业的危险性较大。

(3)SBR 改性乳化沥青灌缝:材料选用 SBR 改性乳化沥青,在沥青中掺加 1%的丁苯胶乳和 5%的橡胶粉。为了及时开放交通,通过试验,灌缝后撒适量的石屑,效果非常好。此种方法所用灌缝材料为专用灌缝材料,具有良好的低温稳定性,渗透性,无需加热,设备比较简单,1 套设备一天可完成 800～1 000m 灌缝,灌缝效果较好。

(4)进口灌缝胶修补裂缝:一般采用原装进口(美国)路面裂缝密封胶(如 CRAFCO、Cimline 公司)。它是一种高分子聚合物橡胶改性材料,外观为固体状,用纸箱包装,其主要技术指标是:25℃针入度(30～60)、软化度(≥85℃)、25℃延度(30cm)、黏着张力(≥500%)、施工加热温度(188℃)。该材料在美国、加拿大等国家广泛应用,我国近年来很多省份购买使用,效果较好,但是造价昂贵,每吨可达 1.5 万元。

沥青路面是世界各国在公路、机场、码头和城市道路中采用最为广泛的路面结构形式。寒冷季节沥青路面的破损若得不到及时的修补,将会很大的影响路面的使用性能和使用寿命,为解决这个养护修补问题,国内外许多单位都做过大量的研究工作,提出过很多方法。国内有些部门曾采用沥青混凝土预制块修补坑槽,但其使用条件仍有很大的局限性,使用效果也不理想;也有采用在混合料中掺加聚合物使混合料快速成型的方法;20 世纪 80、90 年代,使用稀浆封层技术,但该技术一般要在 5℃以上施工。国外也曾研究采用各种填缝材料来预防和修补坑槽。80 年代以来,国内外对常温沥青混合料和低温冷补沥青混合料做了很多研究,常温沥青混合料的研究对低温冷补沥青混合料的研究提供了很大的借鉴和推动作用。

原苏联、美国于 20 世纪 20、30 年代便开始了冻土地区沥青路面灌缝材料和冷补沥青混合料的研究与应用,日本、欧洲也不遗余力的对冷补沥青混合料进行了研究。但当时冷补沥青混合料使用的结合料主要是乳化沥青。自 1921 年确定乳化沥青的工业化生产以后,立即作为表面处治及常温铺路材料而使用,乳化沥青在道路工程中担负着重大的作用。欧美在冷补沥青混合料的关键技术乳化沥青上也已取得了许多成果,并取得了多项专利。主要发展方向有以下几种:①可以控制破乳时间的乳化沥青;②掺聚合物的乳化沥青;③精制乳化沥青;④高浓度乳化沥青。目前,在欧洲有一些较新的发展,其中包括 1995 年 NynasAB 公司开始开发 Nynas5 破裂试剂法、间断级配冷拌沥青混凝土法、填石砂胶方法。英国运输与道路研究所已开发出了永久性冷铺路面材料(PCSM),将它用于路面修复和人行道工程。美国的 SHARP 计划就路面养护方面做了有史以来最广泛的试验和研究。数百篇的论文发表,涉及冷拌临时修补、坑洞修补、冬季修补及相关课题,多数论文都提到在较冷的气候下道路养护面临的问题。前苏联、日本及欧美一些国家也研制了许多种能在负温度下施工的冷补混合料。加拿大宁枫公司生产的冷补添加剂,此种冷补添加剂为液体状,带有石油气味,闪点 177℃,沸点 145～375℃。

用宁枫冷补添加剂生产低温混合料的工艺:

我国对冷补沥青混合料的开发比较晚,大约在 90 年代初国内才逐渐着手开发冷补沥青混合料。近几年来国内一些专家学者及有关部门先后研制出了多种冷补产品，并已成功运用于工程实践中，大大提高了沥青路面的路况水平，取得了显著的经济和社会效益，也积累了很多实际经验，但该技术还有待于进一步完善。

20世纪90年代初东北林业大学研制的低温冷补沥青混合料主要分为两种，一种是在沥青中掺加煤油，另一种是掺加柴油和油脚，该油脚是一种饱含磷等多种元素的油类物质，在沥青混合料中起到隔离和润滑的作用。辽宁省北镇市公路段研制的低温混合料配方主要为植物油添加剂。合肥市路桥公司养护分公司根据目前养护市场的需求，引进美国科氏公司技术生产了"恒塔"牌道路冷补沥青混合料，它是一种高科技储存式冷补沥青混合料，适用于修补各种不同类型的道路面层。同济大学曾对冷补沥青混合料强度形成机理做过比较系统的理论分析，指出冷补沥青混合料本质上是以沥青为介质的黏结体系，其黏结力主要来源于沥青的分子作用，在充分湿润的情况下，沥青分子的稠密程度是决定黏结力大小的主要因素。

近年来随着国内市场的需求，国内出现了十几个冷补沥青液(料)的生产厂家，他们大部分初期推销国外进口产品，后期进入自主研发阶段，包括"山西唐太沥青技术有限公司"、"北京安通科宁建筑材料有限责任公司"等十几个厂家，这种现象说明冷补沥青混合料大有其应用的空间。但是，国内市场上众多品牌的冷补液(料)，技术标准不统一，也给应用单位带来了很多困惑，因此急需规范冷补料市场，规范冷补料检验、评价方法，使这一新材料、新技术得到健康的发展。

《公路沥青路面施工技术规范》(JTG F40—2004)中，对冷补沥青混合料矿料级配和沥青用量进行了规定，同时给出黏聚性试验、马歇尔试验的试验方法，并提出抗水剥落性能和马歇尔试验稳定度指标。

2004年颁布的交通行业标准《沥青路面坑槽冷拌修补材料 SBS沥青液标准》(JT/T 530—2004)，对冷补材料沥青液的各项指标试验进行了规定，还规定了开放交通时间以及成型马歇尔稳定度试验方法。

三、桥涵工程养护

我国中小型桥梁建设中，20世纪60年代以双曲拱桥为主，70年代以桁架桥为主，80年代以后，大多采用T梁、桥面板的拼装桥，其中又以90年代初建造的桥梁质量最差。由于勘察、设计、施工、时间等原因，许多现有桥梁已渐渐不能适应现代交通的要求，这些问题不仅影响到桥梁的正常使用，严重的甚至还会给国家和人民带来巨大的损失。为了适应现代交通的需求，满足现行桥梁设计规范要求，必须对桥梁进行加固补强，目前采用的加固方法很多，有加大截面加固法、外包钢法、喷射混凝土法、增设支点加固法、黏钢加固法、预应力加固技术或改变桥梁横向分布系数法等。由于这些加固技术的施工都比较复杂，有些(如黏钢法)在加固后还需要定期的养护，因此需要一种施工简便而有效的加固技术来对桥梁进行加固，尤其在多年冻土地区养护员工较少，养护里程长，因此更急需简便而有效的加固技术来对桥梁进行加固。

近年来，在国内很多省份开展了"碳纤维技术"加固桥梁墩、梁的研究和应用，由于对黏贴材料的较高要求，需要专业施工队伍，而且造价较高，这些都限制了该项技术的推广。

第二节　多年冻土地区路基工程养护技术

由于多年冻土地区的公路存在诸多病害，问题突出，从而影响公路的正常使用寿命和功能，造成因为早期破坏而增加的人、财、物的重复投入和浪费。因此，对这一特殊地区的公路养护和维修，以不断提高冻土地区公路的运营服务质量和延长公路使用年限就显得非常重要。

路基是公路的基本组成部分之一，是路面的基础。它与路面共同承担车辆荷载，并把车辆荷载通过其本身传到地基。路基的强度和稳定性是保证路面强度和稳定性的基本条件，它直接影响路面的平整度。因此必须经常地、有计划地针对路基可能出现和已经出现的病害，采用各种不同的方法和措施。对路基各部分加以适当的养护和维修，保证并逐步提高公路的使用品质。

一、路基常规养护技术

(一)路肩的养护

路肩是位于行车道外缘至路基边缘的地带，由外测路缘带、硬路肩和保护性土路肩组成。其主要功能：一是保护路面；二是停置临时发生故障、事故的车辆；三是提供侧向余宽，设于行车道外侧边缘，引导视线，增加行车的安全舒适性；四是增加挖方弯道段的行车视距；五是为设置交通安全设施(标志、防护栅等)或埋设地下管线及养护作业提供场所。路肩松软多是因为水的作用，所以路肩的养护与维修的重点就是减少或消除水对路肩的危害。路面范围的地表水通过路肩排出，因此必须经常保持路肩表面平整、坚实，横坡顺适，边缘顺直。特别是对于设置反压护道、碎石护坡段的路肩，更应经常进行养护。如公路的路缘石有损坏，应及时进行修补。

在冬季，对于路用防滑料或其他养路材料，应根据路肩和地形条件，堆放在合适的位置，也可布置在护坡边底下。

对于因路肩湿软，而经常发生啃边病害的路段，可在路肩内缘铺设排水盲沟，以及时排除由路肩下渗的积水。

(二)边坡的养护

边坡包括路堑边坡和路堤边坡，在多年冻土地区，路堤边坡较为多见。边坡的主要作用是保证路基稳定、行车安全及景观的舒适。边坡坡度对边坡的稳定十分重要，而青藏高原多年冻土边坡植物防护功能很差，特别是某些土质不良地段，确保路基边坡坡度为一个合理是路基养护的重要内容。

边坡的养护和维修工作的重点是保持稳定性，即边坡应经常保持平顺、坚实、无裂缝。对石质路堑边坡，应经常注意边坡坡面岩石风化发展情况，以及边坡上的危岩、浮石的发展情况，若有问题应及时采取适当的措施处理，如抹面、喷浆、锚固等；对土质边坡、碎石护坡、护坡道等，应根据实际情况选用篱格填石、干砌或浆砌片石护坡、土工合成材料护坡等措施进行防护加固。

边坡如发生坍塌需要修整时，不能在边坡上贴土修补，而应在毁坏的地段上从下到上先挖成土台阶，再分层填土夯实，夯实后的宽度稍超出原来的坡面，以便最后切出边坡。

(三)排水设施的养护

在多年冻土地区修建公路，排水十分重要，除纵向排水外，还应保证横向排水，以防止水流带来的大量热量迫使路基下多年冻土退化。路基周围的水即使很少量流入也会引起多年冻土的大量融化，因为水的比热高，即使较冷的水也有相当大的融化能力。路基排水的主要作用是将路基范围内的土基湿度降低到一定限度以内，保持路基常年处于干燥状态，确保路面具有足够的强度和稳定性。对于青藏高于多年冻土地区，多数地区降雨量较小，路基排水的重要性还是不可忽视，特别是有些山岭地段的保持完好的排水设施非常必要，也应及时养护、疏通，对排水设施进行经常性的、预防性的养护和维修，确保其功能完好、排水顺畅。

（四）路基工程的一般养护技术

（1）防雪设施应维护原状，对倒毁残损的设施，应修理加固或补充，使其发挥防雪作用。

（2）多年冻土地区地面水无法下渗，容易形成地表潮湿或积水，宜将积水引向路基以外排出，避免危害路基。

（3）疏通边沟、排水沟，但要防止破坏冻层。

养路用土或砂石材料，不宜在路堤坡脚或路堑坡顶20m以内采掘，防止破坏冰土，影响路基稳定。

（4）治理冰冻方法

①将路基上的泉水、夹层、透水层的渗水，从保温暗沟导流出路外。如含水层尚有不冻结的下层含水层，可将上层水导入下层含水层中排除。

②提高溪旁路基的高度，使其高于涎流冰面50cm以上。因受地形或纵坡限制，不能提高路基时，可在临水一侧路外缘点，或在路侧溪流初结冰后，从中凿出一道沟，用树枝或杂草覆盖加铺土或雪保温，使水流沿水沟流动，避免溢流上路。

③在多年冻土地区，可在公路上侧远处开挖与路线相平行的深沟，以截断活动层泉水。在冬季使涎流冰聚集在公路较远处，保障公路不受涎流冰的影响。

④根据涎流冰的数量，在公路外测远处修筑储水池，使涎流冰不上路。

二、路基主要病害养护技术

多年冻土地区路基工程病害养护技术，经40多年的探索和实践经验，人们终于找到解决多年冻土区路基病害难题的新思路：改"保"温为"降"温，即主动冷却路基。采用积极主动的措施，即冷却地基的办法：减少传入地基土体的热量，以保护冻土的热稳定性从而达到保护路基工程的目的。

（一）抛碎石护坡

在国道214线醉马滩K367＋850～ K369＋250（沥青路面）、K369＋250～K369＋900（水泥路面），青海省公路科研勘测设计院"多年冻去地区公路病害机理研究"课题进行了等粒径碎石护坡试验段，试验路总长约2km，护坡抛碎石厚度为80cm，碎石粒径为6～8cm。路基高约3～4m，路面结构为6cm沥青混凝土＋15cm水泥稳定碎石基层。

据资料介绍，块石在寒季的当量导热系数是暖季当量导热系数的5～10倍甚至更多，加之碎石层孔隙率较大，空气可在其中自由流动或受迫流动，其养护效果明显优于导热系数不随温度变化的各类保温材料。在寒季时，冷空气有较大的密度，沿孔隙下渗，在自重和风的作用下使碎石间隙中的热空气上升，对流换热向下，较多的冷量传入地基中；在暖季，碎石表面受热后，热空气上升，碎石中仍能维持较低温度，对流换热向上，碎石中仍能维持较低的温度，这样路基吸收的热量较少。而且，碎石护坡内较大的孔隙和较强的自由对流使得冬夏冷热空气由于空气密度等差异而不断发生冷量交换和热量屏蔽，从而使路基下温度较低，保护多年冻土。

在多年冻土地区的填土高度小于3.0m的路基工程中采用等粒径或有一定级配的碎石护坡，可有效减缓多年冻土地区路基下冻土的融化速率，控制冻土上限下移，增加冻土地区路基的稳定性，对多年冻土起到很好的保护作用。

根据观测结果，抛碎石护坡下 0.3m 处地温要比同等深度处地温低 2～3℃。测温资料表明，普通路基段多年冻土在工程作用和气候变暖双重作用下，地温有升高趋势，路基下多年冻土人为上限也发生了下移。采用碎石护坡措施的断面多年冻土地温保持稳定，多年冻土人为上限也比较稳定，说明抛碎石护坡降低了路基边坡的温度，起到保护多年冻土的作用。

(二)热棒制冷技术

在青藏公路 K2936＋500 设置了热棒防护，阳面有 8～9m 的反压护道，效果不错，没有明显沉陷；在青藏公路 K2950＋850 也设置了热棒防护，间距 4m，在热棒的另一侧（阴面）有反压护道。路面较平整，没有大的沉陷变形。

热棒是 20 世纪 60 年代发展起来的一门新技术，它是利用制冷质在密闭容器中的两种转换，将高温端热量迁移至低温端从而使高温冷却，形成热虹吸。热虹吸是一种垂直或倾斜埋于地基中的液汽两相转换循环的传热装置。它实际上是一密封的管状容器，里面充以工质（如氨、丙烷、二氧化碳等），容器的上部暴露在空气中，称为冷凝段，埋于地基中的部分称为蒸发段。为扩大散热面积，可在冷凝段加装散热叶片或加接散热器。当在冷凝段和蒸发段之间存在温差（冷凝段温度低于蒸发段温度）时，热虹吸即可启动工作。蒸发段液体工质吸热蒸发，气体工质在压差作用下，沿容器中通道上升至冷凝段放热冷凝，冷凝成液体的工质在重力作用下，沿容器内表面下流到蒸发段再蒸发，如此反复循环，将地基中热量提出放入大气中，从而使地基得到冷却。这种传热装置是利用潜热进行热量传递的，其效率很高，与相同体积导体相比，传热效率可在 1 000 倍以上。

热棒制冷技术防护可有效地防止多年冻土退化和融化，降低多年冻土地基的温度，提高多年冻土地基的稳定性，尤其适用在地气温差、昼夜温差、年气温差和风速都比较大的多年冻土地区。

据中交第一公路勘察设计研究院有限公司在青藏高原多年冻区的试验，采用热棒防护的多年冻土路基，在夏季的最高地温较之正常地基低 0.4～0.8℃。

(三)遮阳板护坡

遮阳板铺设在国道 214 线路基边坡的阳坡，在 K417＋930～K417＋940 段，采用铝塑板，距离斜坡面 20cm；在 K417＋940～K417＋960 段，采用薄铁皮板，距离斜坡面 20cm；在 K417＋980～K418＋000 段，采用薄铁皮板，距离斜坡面 70cm。

遮阳板护坡对路堤堤身和基底土的冷却作用，类似于永冻土地基上的房屋和建筑物地下室利用室外空气自然通风对地基实施冷却作用，是利用遮阳板来预防路堤免受直接的太阳辐射和雨雪水的影响，因为这些都是造成路基底冻土层退化和路基沉陷的主要原因。遮阳板从传热理论上讲，可以调控辐射以有效控制路基温度场，是一种积极主动的保护措施。遮阳板能遮蔽太阳对路基边坡的直接辐射，有效地防止夏季降水渗入路基和冬季降雪覆盖路基边坡，并能够保证路基的整个横断面利用年平均负温的外部空气进行自然和均匀的通风。为了提高遮阳板对太阳辐射的反射率，增加遮阳板的防护效果，在遮阳板外表面可涂上具有高反射性质的涂料，效果会更佳。

在多年冻土地区，公路路基填土高度在 3m 以上时，采用遮阳板护坡效果比较明显，可有效降低地温，防止冻土融化，控制冻土上限下移，增加冻土地区路基的稳定性。

在路肩及坡脚处，同一深度地温降低高达 4～6℃，在路基中心处也有影响，同一深度地温降低 1～2℃。表面上观测，用测温枪观测气温：土边坡 9～10℃，板上 8～10℃，板下 4～5℃，可见防护效果比较明显。

(四)硅藻土护坡

在国道214线K391+070～K391+120处,铺筑了50m长的硅藻土护坡试验段,路基两侧均采用0.4m厚的硅藻土护坡。为防止硅藻土护坡被风等外界自然因素和人为因素破坏,采用草袋子装好硅藻土后铺在路基的边坡上。

硅藻土本身为疏松的多孔结构,其蓄水后可以看作热二极管,夏季硅藻土可以发挥保温隔热的作用,太阳的辐射热和热空气难以向下传递;冬季,冷空气可通过硅藻土向下传到地基中,使地温下降。这样就可以保护冻土环境,使冻土少融化,冻土上限不被破坏。

由于硅藻土蓄水后才能充分发挥其热二极管的作用,所以适于应用在秋季降雨较多的多年冻土地区,或者改良硅藻土,提高硅藻土的持水能力,使其防护作用充分发挥。

虽然硅藻土护坡降温措施在214国道红土坡试验工程中没能取得预期的效果,但其作用并不能全盘否定。根据对硅藻土护坡资料的分析可知,硅藻土在满足上述适用条件的前提下,其效果还是非常好的。

(五)反压护道

在国道214线K520+100～K521+000、K525+100～ K525+150段,海拔约4 300m,路基高度2.5～3.0m,路基两侧原设护坡道宽1.5～2.0m。在K2 975～K2 980段,也采用反压护道,材料采用用风化碎岩石,宽度9m,高出原地面50cm。

反压护道主要是利用护坡道的压力作用,对路基产生一个作用于边坡上的压力,以阻止路基纵向裂缝的进一步开展,达到保持路基完好的目的。特别是对于多年冻土地区,反压护道不仅可对路基产生压力作用,而且还可以增加坡脚处的覆盖层厚度,防止冻土融化,对多年冻土环境有较好保护作用。

多年冻土地区东西走向的路基,容易产生热融沉变形,阴阳面变化差异较大,易产生路基纵向裂缝,这样的路基适于反压护道防护。

(六)纵向通风管路基

在国道214线K417+865～K417+892段路基坡脚与保温护道结合部位靠近路基一侧,设置了3个监测段。通风管直径30cm,管长为10m和段管长15m两种。

通风管一般为20～50cm直径的波纹管,每节长约15～30m,水平埋设于坡脚下。通风管的进出口都有垂直于地面的钢管或桩与之相连一般高出50～150cm。由于冷热空气的密度不同,冬季气温低于土体温度,冷空气密度高通过垂直桩进入管道,把管道中热空气带出来,使土体的温度降低,达到保护其下土体的效果。而在夏季,管道中气温高于土体温度,管体中空气难以产生对流,不会对下伏多年冻土产生负面影响。通风管系统在空气对流中是一个不可逆装置。

多年冻土地区解决路基两侧由于热融产生的融沉而引起的路面纵向开裂。

相对于一般路基,A段通风管下2.0m范围的土体,一年后低温整体降低了1.0～1.5℃,B段相应也降低了0.3～0.7℃,说明通风管起到了降低地温的良好作用。中国科学院寒区环境与工程研究所通过室内试验也得出通风管路基结构形式能有效的为路基土提供冷能,发挥保护冻土、维护冻土路基稳定性的重要作用。

(七)通风路基

通风路堤(Air Convection Embankment,简称ACE)使用在多年冻土地区有条件的地方,用碎石或块石填筑路基,利用填石路基的通风透气性,来实现保护冻土路基的作用。

寒季，冷、暖空气在路基中产生对流，冷空气下降，侵入地表；暖季，热空气受下部冷空气的阻隔，难以下渗，每年地基吸入的冷量大于热量，因而起到保护冻土的作用。

该措施适用于高温不稳定的多年冻土地区。为保证通风效果，碎石层顶面应防止小颗粒堵塞下面孔隙，此时可采用足够强度的土工合成材料来满足要求。同时，为防止地面径流和热融湖塘水通过路基孔隙，侵入地下，影响多年冻土的稳定，必须合理设置排水系统，使排水系统高出水平面足够高度。如果粗集料资源丰富，应考虑采用这种大厚度开放式碎石通风路基来满足所求冷凝效果，这种方法也被证明是维护多年冻土路基稳定最经济、最有效的方案之一。

第三节　多年冻土地区路面工程养护技术

一、多年冻土区沥青路面合理使用年限

近些年来，由于我国公路建设突飞猛进的发展，公路路面也发生了很多早期破坏，很多公路竣工通车 3～5 年就发生路面早期破损，严重影响通行能力，因此，对恶劣环境下的沥青路面设计使用年限产生了怀疑，很多工程技术人员和专家学者也试图找出合理的使用年限。事实证明，这项工作非常复杂，路面的合理使用年限牵扯的因素很多，公路路面使用性能受很多因素影响，如路面结构、行车荷载、环境条件、养护类型和公路等级等。

研究路面的使用年限就要分析路面使用性能衰变规律，对路面使用性能衰变规律的系统研究可追溯至 AASHO 试验。此后许多国家和地区都进行了路面使用性能研究，其中包括美国著名的 SHRP 项目和澳大利亚的 ALF 项目，以及由世界银行资助的 HDM-4 项目，在此基础上建立了各自的路面性能衰变方程。

目前，国际上著名的使用性能模型包括：AASHO 模型、IDAHO 州模型、南卡罗来纳州模型、ALBERTA 省模型、安大略省模型、芬兰模型、挪威模型和 HDM-4 模型等。

国内路面使用性能模型主要有北京、天津和广东模型等，其中北京模型把路况指数 PCI、行驶质量指数 RQI 和结构性能（以路表弯沉 l 表征）作为路面使用性能变量，把路面使用年限（路龄）作为性能影响变量。几种模型均采用指数形式，很好地拟合了路面变化的实际情况，客观反映出路面使用性能随使用年数的增加而衰减的规律。但模型参数没有明确的物理含义，仅是数学意义上的回归参数；参数对路面数据采集误差非常敏感；各参数回归值没有明确的规律，不便于后续研究的开展。

（一）国内外沥青路面使用性能

路面使用性能受很多因素影响，如路面结构、行车荷载、环境条件、养护类型和公路等级等。对路面性能衰变规律的系统研究可追溯至 AASHO 试验。此后许多国家和地区都进行了路面使用性能研究，其中包括美国著名的 SHRP 项目和澳大利亚的 ALF 项目，以及由世界银行资助的 HDM-4 项目，在此基础上建立了各自的路面性能衰变方程。

目前，国际上著名的使用性能模型包括：AASHO 模型、IDAHO 州模型、南卡罗来纳州模型、ALBERTA 省模型、安大略省模型、芬兰模型、挪威模型和 HDM-4 模型等。

孙立军等综合国内外路面使用性能的研究成果，结合对国内部分省市（或地区）路面使用性能实际变化状况的分析，将路面使用性能的不同衰变过程归结为四种典型模式。

(二)路面使用性能综合衰变方程

利用北京、济南、南昌、杭州和广州等地区的数据，采用分析—标定方法，综合考虑了外在因素(交通量、环境)和内在因素(面层厚度、基层类型等)对使用性能的影响，可以提出路面使用性能综合衰变方程(以下简称性能综合方程)：

$$\begin{cases} PCI = PCI_0\{1-\exp[-(\alpha/y)^{\beta}]\} \\ \alpha = K_{r\alpha}K_{m\alpha}\lambda[1-\exp((\eta/l_0)^{\xi})] \\ \lambda = a_1 h^{b_1}\,ESAL^{c_1} \\ \eta = a_2 h^{b_2}\,ESAL^{c_2} \\ \xi = a_3 h^{b_3}\,ESAL^{c_3} \\ \beta = K_{r\beta}K_{m\beta}a_4 h^{b_4}\,ESAL^{c_4}\,l_0^{d} \end{cases} \tag{12-1}$$

式中：PCI——路面损坏状况指数；

PCI_0——初始损坏状况指数；

y——路龄；

α——寿命因子；

β——形状因子；

h——路面沥青层厚度(cm)；

ESAL——分布日标准轴次(次/d/车道)；

l_0——初始弯沉(0.01mm)；

a,b,c,d——回归系数或指数；

$K_{r\alpha},K_{r\beta}$——环境影响系数(地区系数)，由式(6.12)计算；

$K_{m\alpha},K_{m\beta}$——沥青影响系数。

$$\begin{cases} K_{r\alpha} = (0.286\,8-0.049\,3W)(3.529\,7+0.0393T) \\ K_{r\beta} = (0.299\,2-0.055\,9W)(3.637\,3+0.012\,6T) \end{cases} \tag{12-2}$$

式中：W——潮湿系数，$W=R/Z$，其中 R 为年均降水量(mm)，Z 为年均蒸发量(mm)；

T——年平均气温(℃)。

性能综合方程不仅考虑了交通量和环境的综合作用，而且考虑了路面的结构与使用性能之间的关系：通过不同的模型参数值来反映不同基层类型的影响；通过路表初始弯沉来反映整个路面结构对使用性能的影响，其中包括基层厚度对使用性能的影响；并着重考虑了沥青面层厚度 h 对路面使用性能的重要影响。

但性能综合方程也存在一定的不足，如(1)没有区分不同的半刚性基层类型(水泥稳定粒料、二灰稳定粒料等)对使用性能的影响；(2)国内采用沥青稳定基层的路面结构较少，上述方程对该种结构的适用性还有待验证；(3)建立上述方程的数据主要来源于北京、济南和广州等少数地区，上述方程在其他地区的适用性还有待验证。

由于本项目旨在对多年冻土地区进行对比分析，对路面使用性能的数据精度要求不高，同时上述性能综合方程经过了部分路段实际使用性能的验证，因而本项目直接采用性能综合方程中的模型参数进行分析。

(三)多年冻土区沥青路面寿命周期费用

根据多年冻土地区特殊的气候及地理条件，结合目前青藏公路路面结构形式，采用规范设计方法，提出五种不同沥青路面结构，如表 12-1 和图 12-1 所示。

五种不同沥青路面结构 表 12-1

结构编号	1	2	3	4	5
结构形式	9cm 沥青混凝土 10cm 沥青碎石 20cm 水泥稳定砂砾 20cm 级配砂砾	9cm 沥青混凝土 10cm 级配碎石 20cm 水泥稳定砂砾 20cm 级配砂砾	4cm 沥青混凝土 8 cm 沥青碎石 20cm 水泥稳定砂砾 20cm 级配砂砾	9cm 沥青混凝土 25cm 水泥稳定砂砾 20cm 级配砂砾	9cm 沥青混凝土 10cm 沥青碎石 15cm 级配碎石 15cm 级配砂砾

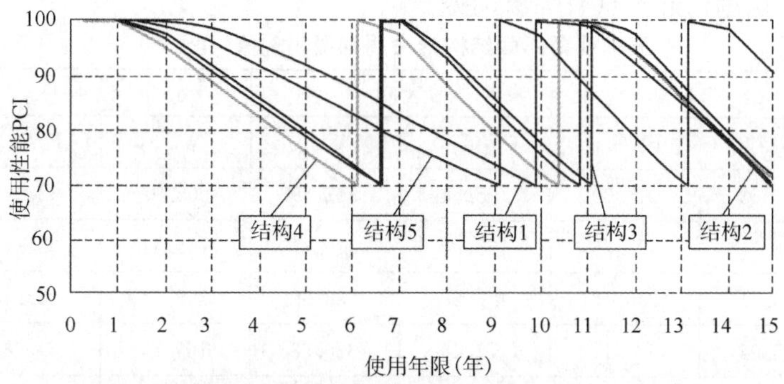

图 12-1 五种不同路面结构的使用性能曲线(罩面 1,2. 5cm)

在整个分析期内，五种不同结构的使用性能曲线如图 12-2、图 12-3 所示。常用结构 4 的第一服务性能期为 6 年左右即需进行罩面，且罩面厚度为 2. 5cm、4. 0cm、6. 0cm 时，分别在第 10 年、第 11 年、第 12 年需要进行第二次罩面。

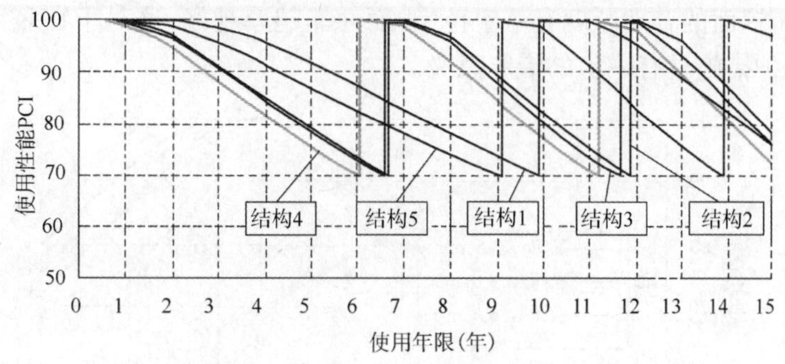

图 12-2 五种不同路面结构的使用性能曲线(罩面 2,4. 0cm)

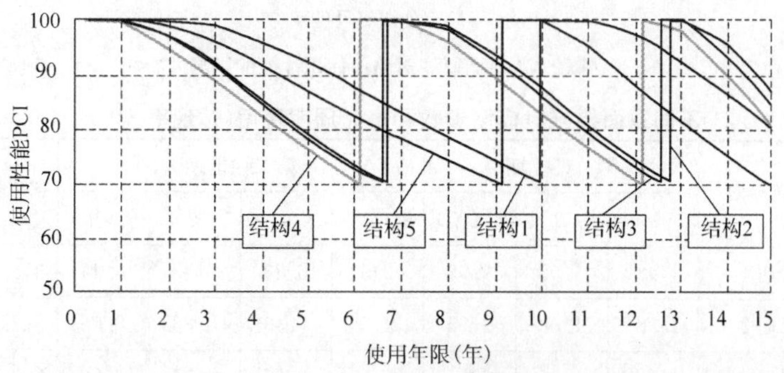

图 12-3 五种不同路面结构的使用性能曲线(罩面 3,6. 0cm)

经分析得出：

(1)按寿命周期费用现值(表 12-2)(由大到小)排序，依次为：3>2>4>5>1，即结构 1 优于其他结构。

(2)在贴现率为 5%时，虽然结构 1(沥青稳定基层结构)的初始修建费比其他结构大，但其寿命周期费用现值却比其他基层结构方案小。也就是说，纵观整个分析期，虽然沥青稳定基层结构初期投资最大，但其寿命周期费用并不大。同时，与其他沥青路面结构相比，结构 1 可提供更优良的使用性能。因而，在当前半刚性基层沥青路面反射裂缝和水损害较严重的情况下，沥青稳定基层结构是值得推荐使用的基层类型。

(3)半刚性基层结构并不具有经济优势。

五种沥青路面结构寿命周期费用现值(元/m^2)　　表 12-2

罩面厚度(cm)	2.5		4.0		6.0		备　注
路面方案	$PWC'_{j,n}$	$PWC_{j,n}$	$PWC'_{j,n}$	$PWC_{j,n}$	$PWC'_{j,n}$	$PWC_{j,n}$	$PWC'_{j,n}$ 为总造价 $PWC_{j,n}$ 为总费用 贴现率为 5%
1	191.63	315.00	198.54	312.89	205.97	320.22	
2	168.11	325.75	168.50	325.77	164.44	321.49	
3	170.21	336.12	170.59	336.89	166.44	332.53	
4	175.04	323.11	172.45	320.33	169.25	316.89	
5	178.43	317.09	174.84	314.07	209.82	349.27	

沥青路面达到临界使用性能时，需采取一定的养护维修措施来恢复或提高原有路面的使用性能。不同的养护管理水平，会产生不同的使用效果和相应的寿命周期费用(表 12-3)。

从表 12-3 和图 12-4 可知，路面结构 1 第二性能期仅从性能角度，罩面越厚，性能增强；但从经济效益角度，罩面的合理厚度有一定范围，而并非越厚越好，这对于在多年冻土地区合理选用沥青路面养护措施具有一定的借鉴意义。

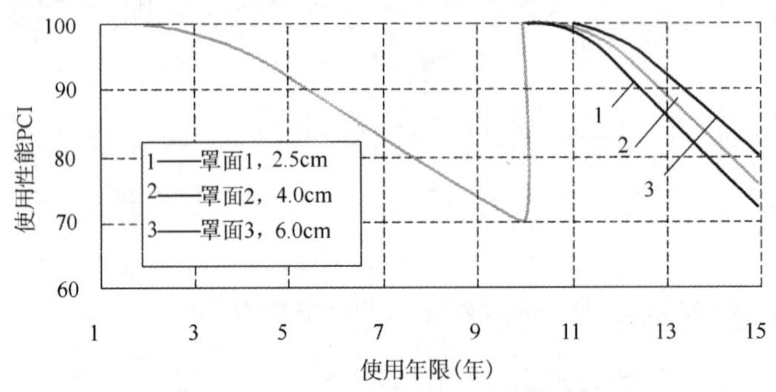

图 12-4　罩面厚度对路面使用性能的影响

不同罩面措施时模型参数和寿命周期费用(贴现率 5%)　　表 12-3

	罩面类型	第一性能期			第二性能期				总费用 $PWC_{j,n}$ (元/m^2)	备　注
		α	β	y_1(年)	h_1(cm)	α	β	y_2(年)		
结构类型	罩面 1	11.81	1.08	9.95	2.5	6.80	0.83	5.44	315.00	罩面厚度 2.5cm
	罩面 2	11.81	1.08	9.95	4.0	7.49	0.88	6.06	312.89	罩面厚度 4.0cm
	罩面 3	11.81	1.08	9.95	6.0	8.37	0.94	6.86	320.22	罩面厚度 6.0cm

(四)多年冻土地区路面合理的使用年限

根据对多年冻土地区公路沥青路面的使用情况和对公路设计、施工、养护人员和专家咨询意见的分析,提出多年冻土地区沥青路面建议使用年限,如表 12-4 所示。

多年冻土地区沥青路面建议使用年限 表 12-4

公路等级	面层类型	基层类型	规范设计年限(年)	合理使用年限(年)
二级公路	沥青混凝土(5~9cm)	(20~25cm)水泥稳定砂砾	12	8
		(20~25cm)石灰稳定砂砾		
三级、四级公路	沥青表面处治(3cm)	15~20cm 级配砾石掺灰	8	6

二、多年冻土地区路面工程养护技术

(一)多年冻土地区路面冷补材料

国内路面坑槽修补方法有热补法、喷补法、热再生法、常温修补法、低温修补法等等,修补材料有热拌沥青混合料、喷补料、沥青混凝土预制块、常温乳化沥青混合料及冷拌冷补沥青混合料。

冷补沥青混合料由、基质沥青、矿料、稀释剂、添加剂组成,其特点见表 12-5。在沥青中加入一定量的稀释剂后,沥青的黏度暂时降低,用其拌制的混合料短时间内不致硬化,保持着良好的施工性能,在施工后随着稀释剂的挥发,混合料的强度逐渐增加。稀释剂一般选用柴油、煤油、航空煤油、轻油和植物油中的一种或两种作为溶剂油。

冷补沥青混合料的特点 表 12-5

性 能	描 述
耐候性	适用的环境温度范围宽,可在$-30\sim50$℃之间使用;不受季节气候影响,可在雨雪天气施工
施工简单	使用冷补沥青混合料,备料可随用随取,不需要重型施工机械,可根据路面的不同修补情况采用压路机压实、冲击压实、人工压实或汽车轮胎碾压
修补质量好	具有极强的抗老化和黏结性能,修补后的坑穴,不易产生脱落、龟裂等不良现象,不需重复修补
容易保存	冷补沥青混合料常温下可露天存放半年之久,袋装密封成品可存放一年甚至更长时间
生产简单	冷补沥青混合料生产工艺简单,可直接利用传统的热沥青搅拌设备在当地生产
立即通车	用冷补沥青混合料修补过的区域无需封闭交通,可立即通车,大大缓解因道路修补施工而造成的交通压力
绿色环保	冷补沥青混合料生产和使用不会产生粉尘和黑烟,且成品不溶于水,因而不会污染大气和地下水,有利于环境保护
用途广泛	冷补沥青混合料与沥青混凝土、水泥混凝土、金属表面、木面等不同基质的材料均有良好的黏结力,可广泛应用于高速公路、一般公路、市政公路与设施、机场、桥梁伸缩缝等各种路面的修补与养护
修补成本低	使用冷补沥青混合料施工,不受天气和坑穴大小及数量的限制,修补及时,可避免坑穴扩大,节省修补材料,且修补时无需加热或搅拌,可根据实际用量随时取用,剩余材料可在下次修补中继续使用,不会造成材料浪费
社会效益显著	使用冷补沥青混合料能及时修补路面,保持路面常新,保证道路畅通,提高车速,减少交通事故,减少路面重修次数、延长道路寿命。

1. 冷补沥青混合料的性能评价指标

选择了三种使用情况比较好的冷补沥青材料,即 TT 牌、LB 牌和 HU 牌,击实成型常温型冷补沥青混合料选择在15℃，低温型在－5℃，通过试验研究冷补沥青混合料的性能评价指标。

(1)冷补沥青液与集料黏附性

本项目采用水煮法评价了冷补沥青液与矿料的黏附性。根据试验数据和热拌沥青混合料黏附性等级要求，提出评价冷补沥青混合料（常温型和低温型）的黏附性等级指标都应在4级以上。

(2)冷补沥青混合料初始强度

采用马歇尔初始稳定度来评价冷补混合料的初始强度，见表12-6、表12-7。

试验结果表明，冷补混合料的强度形成需要有一个过程，冷补混合料的初始强度低于普通热沥青混合料的设计要求，但由于汽车荷载的反复作用以及稀释剂的不断挥发，其强度也随之增大的。最终可以达到热沥青混合料要求。

冷补沥青混合料初始强度 表12-6

混合料品种	常温型初始稳定度(kN)	低温型初始稳定度(kN)
TT牌	2.67	1.45
LB牌	2.56	1.43
HU牌	2.28	1.11

TT牌冷补混合料路面芯样稳定度结果(kN) 表12-7

时间(d)	修补及取样气温	1	2	3	4	5	6	7
低温型	6℃	1.89	2.02	2.18	2.67	3.48	3.59	3.66
常温型	30℃	8.56	8.99	9.79	10.12	10.02	10.53	11.01

通过试验分析，提出常温型冷补沥青混合料初始稳定度不小于2.0kN；低温型冷补沥青混合料初始稳定度不小于1.0kN。

(3)冷补沥青混合料成型后的强度

冷补沥青混合料完全成型后应具有足够的强度以抵抗永久变形能力。由表12-8可知，对常温型和低温型冷补混合料提出一个共同的评价指标：稳定度不小于4.0kN。

(4)冷补沥青混合料高温性能

TT牌和LB牌常温型冷补沥青混合料60℃车辙试验动稳定度很低，而且45min和60min的变形量很大。LB冬季型和HU牌冷补沥青混合料的60℃车辙试验(表12-9)失败。研究认为评价车辙试验时的试验温度选择60℃并不合理。

常温型混合料成型稳定度值 表12-8

混合料品种	常温型(kN)	低温型(kN)	混合料品种	常温型(kN)	低温型(kN)
TT牌	9.43	6.48	HU牌	4.82	4.93
LB牌	8.20	6.10			

HU牌冷补混合料不同养生天数稳定度值 表12-9

时间(d)	3	7	15	30
稳定度(kN)	3.87	4.32	4.92	5.43

以青海 214 国道花石峡地区为例，夏季一般采用热拌沥青混合料集中养护修补，冷补沥青混合料主要用于初春或晚秋时使用，4 月初才开始养护作业，为了确保冷补沥青混合料在 4 月路面最高温度出现时也能正常使用而不出现车辙，脱落等病害，根据近 30 年的气象资料求得路表温度和 5cm 面层底部的温度。此时段对应的路表温度和 5cm 沥青面层底部温度取平均值为 36.64℃，确定车辙试验温度 40℃，具有一定的代表性和普遍性，对于其他冻土地区和季冻地区以 40℃为车辙试验温度完全可行，试验结果见表 12-10。

40℃时冷补沥青混合料车辙试验数据 表 12-10

混合料品牌	混合料类型	动稳定度(次/mm)	变形(mm)	
			45min	60min
TT 牌	常温	560.213	3.642	4.813
	低温	278.737	7.218	9.625
LB 牌	常温	576.520	3.011	4.145
	低温	217.460	9.794	12.798
HU 牌	常温	473.968	5.351	6.724
	低温	263.943	16.618	19.288

40℃时冷补沥青混合料车辙试验动稳定度虽然没有达到热拌沥青混合料的要求 800 次/mm，因冷补沥青混合料有其自身的特点：经过长时间使用，冷补沥青混合料的强度能达到甚至超过热拌沥青混合料的强度，而且所选取的材料是已经过实际工程修补使用过的，使用效果较好。提出常温型冷补沥青混合料动稳定度不应低于 400 次/mm，低温型冷补沥青混合料动稳定度不低于 200 次/mm。

(5)冷补沥青混合料水稳定性

由于受水对冷补混合料的影响，采用初始残留稳定度值来评价冷补混合料的水稳性并不能完全反映混合料抗水损害的能力，故采用成型后的浸水马歇尔稳定度和冻融劈裂试验来检验冷补沥青混合料抗水损害的能力。

常温型和低温型冷补沥青混合料浸水马歇尔残留稳定度指标应不小于 75%，冻融劈裂强度比应不小于 70%。

(6)冷补沥青混合料低温工作度

通过试验总结出评价低温型冷补沥青混合料低温工作和易性的试验方法，即用塑料袋将混合料密封好，放进−10℃的冰箱中 24h，然后取出，看是否能用铁铲方便地拌和操作。如果混合料有黏结性，并用铁铲较容易拌和，则说明此混合料低温工作度好；否则，混合料没有黏聚性或不明显，结块现象明显，不能用铁铲容易拌和，则说明此混合料不易在低温条件下使用。

2. 新型冷补沥青混合料

青海省公科研勘测设计院研制了 JC-I 型冷补沥青混合料，其性能见表 12-11。考虑到冷补沥青混合料的特点，要求在低温条件下具有较好的柔性，良好的工作性，同时兼顾到他的高低温路用性能，从而选择 SBS 改性剂，掺量 5%。采用冷补级配 LB-13，最大公称粒径为 13.2mm，选定矿粉用量为 5%，最佳沥青用量为 5.2%。开发常温冷补沥青混合料内参 A1 型稀释剂 20%，开发低温冷补沥青混合料内参 A2 型稀释剂 20%。防水剂用量为基质沥青的 0.3%。

试验结果表明，JC-I 型冷补沥青混合料黏附性在 4 级以上，满足热拌沥青混合料对黏附性等级要求。初始稳定度低温型超过指标3倍左右，常温型也要大于指标1kN左右；满足初期强度要求。成型后稳定度常温型和低温型成型稳定度值大于4kN，满足冷补沥青混合料的强度要求。残留稳定度和冻融劈裂值满足冷补沥青混合料对路用性能要求。40℃车辙常温型的动稳定度为425次/mm，低温型的动稳定度为346次/mm，满足冷补沥青混合料高温稳定性的要求。

JC-I型冷补沥青混合性能 表12-11

混合料类型	初始稳定度(kN)	成型后稳定度值(kN)	残留稳定度MS_0(%)	冻融劈裂试验强度比(%)	动稳定度(次/mm)	每吨混合料材料费用(元)
常温型	3.70	5.49	92.7	96.9	425.917	246.99
低温型	3.12	5.23	95.8	89.8	346.286	252.58

通过长春市城市道路在－5～2℃，采用低温型冷补沥青混合料进行修补，所修补坑槽经过几个月的使用效果良好，没有出现车辙，脱落等病害，使用效果良好，开发的JC-I型冷补沥青混合料具备同类产品的特点和性能，可应用于工程修补。

冷补沥青混合料施工应注意：

(1)根据冷补沥青混合料自身特点，冷补沥青混合料应密封储存，储存时不应垛的太高，不应超过1m，同时应注意远离明火，最好放置在干净，通风处，避免雨雪的侵蚀。

(2)为了使冷补沥青混合料与原路面能够更好地结合，在铺筑冷补沥青混合料时应对坑槽底面喷洒黏层油。环境温度在10℃以上时可喷洒乳化沥青或液体沥青，10℃以下时采用液体沥青。对于坑槽底面为基层表面时，透层油的选用宜取液体沥青，即采用煤油或柴油回配得到的液体沥青，主要是因其渗透性比乳化沥青好，渗透深度可达5～10mm。

(3)材料摊铺，对于坑槽深度超过5cm时应分层压实，3～5cm为一层，分层填补、逐层压实。一般松铺系数取1.3～1.5，或根据经验，在摊铺后混合料应高于原路面3cm。

(二)多年冻土地区沥青路面高性能灌缝材料

1.高性能灌缝材料的优化

由于多年冻土地区的环境特殊，气候恶劣，路面养护工期较短，施工条件极差，养护成本较高。要想提高路面养护与维修的质量和效率，在确定路面裂缝修补材料耐久性技术指标时要结合本地区的温度环境。特别是灌缝材料的低温性能指标，降低温度敏感性，保证与集料的黏附性。将当量软化点、当量脆点、针入度指数PI和弹性恢复率作为评定路面裂缝修补材料的技术指标。

通过对国内外高性能灌缝材料的调研了解，项目组选择了进口产品(美国百和与美国carfco)作为比对试验对象，通过室内试验这两种进口产品的路用性能非常接近，表现出了良好的高温、低温性能，当量软化点超过70℃，当量脆点低于－70℃；弹性恢复性能好，而且恢复速度快；针入度指数大于5。

通过试验看出，采用纯沥青或改性沥青(不添加外掺料)作为灌缝材料各种性能指标与进口产品相差较大，温度敏感性较高，高温时易流淌、低温时易开裂，因此必须添加必要的外掺料使研制的灌缝胶高温时的针入度不是很大，低温时得到针入度不是很小，在保证使用性能的前提下对温度的敏感性降为最低，达到“高性能化”。

溶剂筛选试验和正交设计优化试验后，以SBS改性沥青为基础料，以试验结果筛选的KA160高芳烃油作为母体溶剂油，再加入几种其他外掺料配制的高性能灌缝胶进行试验，结果见表12-12。

根据不同的使用温度要求，可以调整各种材料的含量，或添加外掺剂，可以配制出不同温度类型的灌缝胶(温带－10℃、寒带－40℃、极寒带型－55℃)。对于温带型可适当减少增塑剂、用油量、橡胶粉等等(1～2 个百分点)。

表 12-12 表明：自行研制的高性能灌缝材料的各项技术指标与国外进口产品相接近，温度敏感性更低，使用性能会更好。

高性能灌缝材料的试验 表 12-12

实验项目 / 样品种类	针入度(0.1mm)			针入度指数 PI	当量软化点(℃)	当量脆点(℃)	弹性恢复(%)
	15℃	25℃	30℃				
美国 carfco	70	111	128	5.3	70.9	－76.6	99
1 号(科氏改性沥青)配制灌缝胶	83	135.5	175.5	4.4	60.5	－70	99
2 号(大连西太改性沥青)配制灌缝胶	79.3	107.7	139	6.6	77.4	－97.6	99

2. 冻融循环对高性能路面灌缝材料的影响试验

路面灌缝材料同路面材料一样要经过多次冻融循环作用，因此我们在室内对配制的高性能灌缝材料进行了 50 次冻融循环试验，冻结温度控制在－40℃，在室温(20℃)融化，冻融试验后检测了针入度和弹性恢复指标，具体见表 12-13。

高性能灌缝材料的冻融试验 表 12-13

编　　号	冻前针入度(0.1mm)	50 个冻融循环后针入度(0.1mm)	变化情况(0.1mm)	冻后弹性恢复
1 号	30.0	35.0	增加 5	99%
2 号	45.0	50.0	增加 5	
3 号	57.0	—	未测	98%
4 号	68.0	67.0	降低 1	99%
5 号	68.0	62.2	降低 5.8	
7 号	70.0	72.0	增加 2	97%
8 号	101.0	94.0	降低 7	98%
9 号	57.5	59.0	增加 1.5	99%

通过试验可知，冻融循环对灌缝材料的针入度和弹性恢复的影响不大，扣除试验误差，可以认为基本无影响，仍为原沥青材料性能。这是因为沥青的老化作用主要外因是高温热老化和光老化(阳光)，冻融循环试验的温度变化范围不足以引起沥青的老化，因此室内冻融试验对此灌缝材料的各项指标影响不大。

3. 灌缝材料室外的长期使用性能试验

2004 年春季，青海省公科研勘测设计院对 2001 年使用于长太线的美国进口灌缝胶和 2003 年自制的高性能灌缝材料进行了取样试验，试验结果表明：

(1)使用几个冬季的自制和进口灌缝材料各种性能几乎没有降低，反而有提高的趋势，高低温性能更好、温度敏感性更低，可见此种材料的抗老化性能很好；

(2)随着使用期的增长，针入度值降低(40%～50%)，说明灌缝材料的柔软度降低，变硬了；

(3)自制和进口灌缝材料使用后期性能指标相差无几。

通过反复的室内试验,优化配方,项目组研制出了适合我国低温地区使用的沥青路面裂缝修补高性能材料,它的各项路用性能指标已达到进口产品的要求,并申报了国家发明专利。

第四节　桥涵养护技术

一、多年冻土地区公路桥涵等构造物病害及成因分析

(一)多年冻土地区涵洞病害及原因分析

根据对多年冻土分布区域涵洞使用状况调查,涵洞病害有如下类型:

①洞身涵台沉降、倾斜或开裂;涵洞洞身塌腰、错牙、漏水,这由两种情况引起:一是受到不均匀反复冻融变形作用而发生整体性涵体开裂,进而造成塌腰、错牙;二是在原接缝处或分体处的不均匀变形逐渐开展的结果。

②涵底铺砌开裂、破碎和渗漏;涵洞口铺砌和八字墙大量破损,这主要是融沉作用为主,冻结与融化双向变形反复作用的结果。

③洞口端墙和翼墙沉降、倾斜或开裂;涵洞口端翼墙受冻拔与热融变形作用而开裂及倾伏。这多数与基础埋深过浅,而且没有采取相应的防冻融作用措施有关。

④洞口铺砌和急流槽开裂、破碎、渗漏和冲刷损毁。

⑤盖板明涵与路基沉降变形不协调,影响行车平顺性。

⑥涵内冰塞和淤堵。这主要发生在径流期长、特别是涵洞过水水源由常年性地下水补给的少数涵洞中。个别与涵洞横向坡度过小、涵径不足、排水不畅有关。

涵洞破坏的主导原因是地基土的不均匀冻胀和不均匀融沉。此外,还有设计和施工中的人为因素,多年冻土地区涵洞破损原因可以概括为几方面:

(1)工程对冻土环境的改变,导致冻土地基升温融化、承载力下降。

在涵洞工程的修建改变了地基冻土环境和地气水热交换条件,或者蓄积热量,导致冻土地基升温融化、承载力下降。

①涵洞明挖基础在暖季施工中,由于基坑大面积暴露,阳光直接照射以及大气与深层土体及冻土层直接发生湍流热交换作用,导致冻土升温和融化。如果施工中基坑内的积水不及时排除,积水接受阳光辐射升温,并下渗到地基中,则会加速冻土升温和融化。另外,水泥水化放热以及回填换填材料携带热量,均会导致地基温度上升和冻土地基融化。因此,基础施工中蓄积的热量,往往导致桥涵在施工期间或次年就产生较大的变形和严重的破坏。

②改变了道路周围的自然环境,如涵洞周围地表植被的破坏以及涵前积水,均会间接引起冻土地基温度的升高。

③涵洞工程修建挖除原有地表覆盖层和浅层土体,取而代之的是混凝土、石砌圬工结构和回填及换填材料。与原有土体比较,混凝土和石料的导热系数较高、相变热消耗较小(可以忽略不计),而且基础两侧回填和基底换填目前普遍采用粗颗粒土作为填充材料,存在渗流问题,因此,大部分深埋基础,在使用中未能实现“保持冻土地基冻结状态”设计初衷,因而,工后稳定性较差。

(2)涵洞内部不同部位热交换条件的差异以及受力状况的差异,导致不均匀变形和结构破坏。

涵洞内部不同部位热交换条件的差异，引起相邻部位温度波动幅度差异和时间不同步性，导致不均匀变形和结构破坏，具体表现如下：

①洞口地基每年开始融化的时间比洞身中部地基开始融化的时间早20～40d，回冻的时间却晚20～40d。所以，进出口处地基融化深度比结构物内部融化深度深0.5～1.8m。因此，一般涵洞洞口基础的埋深应大于洞身基础的埋置深度。

②由于涵洞的遮阳通风作用，暖季将路基内蓄积的热量带出，寒季将冷量带入，使得涵洞内部多年冻土上限上升。而进出口处由于上述自然和人为因素的影响而下移，致使沿横向结构不均匀变形程度加剧。

③由于涵洞上部路基填土高度不同，垂直方向荷载分布不同，加上沿洞身方向地基温度场的不均匀，因此就造成不均匀变形和结构破坏。

④另外，一些涵洞结构适应变形能力较差，又没有设置沉降缝，则会导致结构断裂；或者在沉降缝处相邻结构分离脱开或错动，以及在沉降缝处发生挤压破坏。涵洞结构断裂、大幅度脱开和错动，导致涵底渗水，则会加剧融沉和冻胀作用的程度。

(3)周期性冻胀与融沉，引起桥涵构造物的破坏。

①实际工程的变形观测表明，建于多年冻土地区的桥涵工程，大部分是属于一种随地基土冻胀和融沉起落的"浮动"结构。在这种周期性的冻胀与融沉交互作用下，加剧了的桥涵工程的破坏。因此，桥涵结构应具有足够的强度和整体性，并具有一定适应变形的能力。

②洞口翼墙或端墙除承受土侧压力之外，在寒季还要叠加法向冻胀力的作用，因此承受的倾覆力矩较非冰冻地区大得多。如果在暖季冻土地基升温融化，地基承载力下降，则会进一步增加了墙体不稳定因素，从而极易导致洞口翼墙和端墙倾斜和失稳。由于洞口翼墙或端墙与墙身变形不协调，则会造成脱开或挤压破坏。所以，洞口翼墙或端墙应按照支挡结构设计方法，根据冻土区压力特点和大小以及冻土地基性质进行特殊设计和验算。将翼墙设置在整体式基础之上，破坏率会明显降低。

(4)某些涵洞结构和材料抵抗荷载作用的能力或适应变形较差，导致结构破坏。

涵洞工程周围土体冻结产生膨胀，融化发生沉降，均会在结构内部产生较大应力，或者使结构产生变形。比较而言，断面封闭式结构(如钢筋混凝土箱涵、圆管涵)受力条件好于断面开放式结构(如分离式基础盖板涵、拱涵)。钢结构(如合金钢波纹管涵)和钢筋混凝土结构调整应力和适应变形能力优于素混凝土结构和浆砌片式结构。而通过设置沉降缝，可以提高结构适应变形的能力。

(5)涵洞底渗漏导致涵洞破坏。

尽管青藏高原降水量较少，但是由于区域内植被覆盖度较低，且降水集中，极易形成较大洪水流量，从而造成涵底冲刷和渗流。涵底渗漏会导致地基含水率增加，融化深度加大，加剧冻胀和融沉的破坏作用。采用整体式基础或柔性护底可以减轻或消除涵底渗漏病害的发生。多年冻土地区涵洞不宜采用有压涵洞设计。因此，涵洞设计宜适当增大孔径。

(二)多年冻土地区桥梁病害及成因分析

根据对多年冻土地区桥梁使用状况调查，其病害有如下类型：

(1)预制板梁产生较大的挠曲变形，且板梁底部已出现较大的裂缝，有的板底混凝土碎落、露筋等。

(2)多孔桥桥面出现波浪型的不平状，桥面铺装脱落。

(3)伸缩缝掉落、堵死，板梁端头顶死、突起并折断。

(4)墩台严重剥蚀,部分桩、柱露筋,轻型墩台基础沉降,墩台身开裂。

(5)锥坡冻胀、沉陷、八字墙外倾、外移。

(6)导流堤冻胀、沉陷、坍塌等破坏。

(7)桥面板损坏、铺装层损坏、伸缩缝损坏。

通过多年冻土地区调查资料:214 国道沿线的桥梁结构多数为钢筋混凝土板桥为主,下部结构主要为桩、柱式墩台或轻型墩台。载重车辆的日益增大,使桥梁挠度增大、修建桥梁基础时,开挖基坑,改变原地层的水热交换条件,施工中热量的介入,使地温升高,基底冻土融化,人为上限下移,降低了地基承载力,导致桥梁浅基础不均匀沉降,并产生竖向裂缝、锥坡冻胀、沉陷、八字墙外倾外移等病害现象。

当桥梁为浅埋基础时,其病害主要原因如下:

墩台基础整体上抬,对于埋置深度较浅,自重较小,而且强度和刚度较大的墩台基础,在法向冻胀力和切向冻胀力共同作用下,可能造成墩台基础整体上抬。由于基土的不均匀冻胀,会导致墩台基础倾斜上抬。多年的冻胀变形积累,可造成整个结构物破坏。

墩台在较大切向冻胀力或水平冻胀力作用下,由于其强度不足,可能会出现被拔断剪断现象,产生横向裂缝,使上部结构遭到破坏。而许多分离式八字翼墙倾斜变位甚至整体失稳及整体式 U 形桥台的翼墙与前墙连接处开裂大多都是因为台背填土冻胀力的作用。裂后的桥台,一方面由于缝中积水结冰冻胀,另一方面由于台背填土的冻胀,加速了裂缝的发展并逐年扩大,最后导致前墙与翼墙断裂,致使桥台破坏。

当桥梁基础为钻孔灌注桩时,其病害主要原因如下:

钻孔灌注桩的施工,由于孔内热量注入,致使孔壁热融,一些孔冻胀颈缩,孔底土质松软,降低了桩基的承载能力。

另外,桥涵的通风作用改变了多年冻土的水热平衡条件,使小桥涵中部多年冻土上限上升,而涵端和洞口多年冻土上限下移,致使沿墩、台身方向的冻胀融沉不均匀程度加剧,使小桥涵的两端和洞口产生开裂下沉等病害。由于小桥涵的早期开裂沉降,排入涵洞的水,部分渗漏于涵底铺砌层下,水中的潜热进入多年冻土层内,使多年冻土上限下移,季节活动层增厚,使冻胀、融沉加剧,当小桥涵工程难于抵抗这种反复冻胀、融沉作用时,就加剧产生不同类型的破坏。

二、多年冻土地区桥涵等构造物养护与维修技术

(一)涵洞的常规养护与维修技术

为保持涵洞的正常使用,应经常对其进行检查。洪水和冰雪季节之前要对所有涵洞全面检查一次。检查内容一般有:涵洞上、下游洞口及洞内有无淤塞、冲刷、积水;涵洞有无开裂;填土有无沉陷;涵底、涵墙有无漏水;洞口翼墙是否完整;沉砂井有无淤积;洞口铺砌有无冲刷、脱落等问题。如有隐患,应组织力量及时排除,以保证涵洞洞身、涵底、进出口、护坡和填土完好、清洁、不漏水,使涵洞充分发挥它的功效。

涵洞的维修和养护的主要工作内容如下:

(1)防止涵孔堵塞

①对涵洞孔内流水情况经常检查,每次大雨或河水上涨后,尤需进行检查;

②洞口和洞内如有积雪应尽快清除,被清除的积雪必须抛弃到路基边沟以外;

③如果经常有流水的涵洞孔径过小,容易造成冰堵而损毁,应将原涵扩大孔径;

④跨越边沟的涵洞孔内最易被泥土等杂物堵塞，应注意经常检查、疏通，并保持一定纵坡。

(2)洞底和洞壁两旁出现渗漏的处理办法

①用水泥砂浆铺底和洞壁勾缝；

②疏整水道，使洞口铺砌与上、下游水槽坡道平齐顺适；

③保持洞中底面平顺，并有适当的纵坡，不使水流在铺底范围内发生漩涡而掏深缝隙，造成漏水；

④对于山谷高填土的涵洞，纵坡大，流速急，对洞口、洞底铺砌应加强检查，发现裂缝立即填塞。

(3)涵底铺砌和洞口铺砌破碎的养护

当涵底铺砌下被掏空时，应将旧铺砌清除，重新加铺 30cm 厚 C20 混凝土。当涵底铺砌下被掏空时，应将原铺砌打碎、清除，回填被掏空的地基，并重新加铺 30cm 厚 C20 混凝土铺砌。对于涵底开裂、涵身与洞口间接缝以及沉降缝的漏渗水，应用沥青麻絮或其他弹柔性填塞，防止漏渗水，加剧涵洞的破坏。

(4)涵洞的常见损坏现象及处理

①涵洞洞顶漏水，可采取挖开洞顶的填土，用水泥砂浆或水泥石灰浆修理损坏部分，并衬土工布防水层。

②由于填土松软，雨水浸灌造成涵洞端墙或翼墙发生倾斜，用石灰土回填并夯实。

③基础不均匀沉降造成端墙和翼墙倾斜，应修理和加固基础。

④涵洞的表面发生局部风化、轻微裂缝及砖灰缝剥落等现象，应及时用水泥砂浆勾缝或修补封面。

⑤涵洞的出水口冲刷严重时，可采取浆砌块石铺底，水泥砂浆勾缝的办法加固，铺砌长度视土质和流速而定，铺砌末端可设置混凝土或浆砌块石抑水墙。

(5)涵台间产生不均匀沉降的养护与维修

涵台间产生不均匀沉降，如果涵顶路基对行车的影响不大，而且这种不均匀沉降缝不再加剧时，采用柔性填塞，防止渗、漏水即可(即只处理不均匀沉降处的裂缝)。如果这种沉降不再加剧，但已经影响行车和涵洞的泄水能力，则应将涵洞盖板抽下，整平涵台和涵底，再加盖板，修复涵洞。

(6)八字墙的养护与维修

用带状弹柔性材料填塞八字墙与涵身间的裂缝，及时清除由于八字墙倾斜造成的淤砂、冰塞，保持涵洞水流宣泄畅通。八字墙无论是内倾或外倾，一般都不影响涵洞的正常使用。

为了减少水对涵洞的危害，还应填平涵洞进出水口 30m 以内的天然或人工湖塘(为平衡水位而设的涵洞除外)。应经常对涵洞使用情况进行调查，做到心中有数，发现病害及时养护，以免使病害加剧，影响涵洞的正常使用。在对涵洞进行加固或养护修复时，严禁乱开挖，注意保护多年冻土，保护多年冻土环境。

此外，还应经常检查涵洞与路面接头处(对于暗涵则应检查涵顶路基)。由于修建涵洞后，原天然地表上限都会有不同程度的抬高，而路基又因黑色路面的吸热和封水作用，会使原天然地面上限下移，因而涵位处路基与涵洞两侧路基就产生较大的不均匀沉降，形成涵坎，发生跳车，影响行车安全。因而要加强养护，达到涵位无跳车的要求。应在汛期前对涵洞作全面检查，清除淤积、冰塞，保证涵洞流水宣泄通畅；应经常检查填塞涵底与洞口铺砌间的裂缝，铺砌裂缝和沉降缝、防止水渗漏于涵底以下，弱化涵洞地基。

通过对多年冻土地区涵洞的病害的分析，在做到常规的养护之后，更重要是防止基础融化下沉，多年冻土地区涵洞在初期破坏时主要表现为基础、涵底和进出水口铺砌出现裂缝，使水下渗加速多年冻土上限下移，从而进一步加剧基础、涵底和进出水口的破坏，适成涵洞较大的破坏，使维修和加固更加复杂，因此，对多年冻土地区的涵洞一定要加强养护工作，在初期出现破坏后，及时给予有效的维修。

(二)桥梁的常规养护与维修技术

多年冻土地区桥梁养护与维修应以预防为主，养护部门须经常检查桥内有无积水、积冰，及时清除淤积、冰塞，保证桥梁的畅通，防止热融冻胀对桥梁的破坏；应经常检查桥涵基础、墩台身、小桥涵底铺砌有无裂缝，防止水流渗漏于桥涵地基；检查桥梁伸缩缝的完好程度和桥涵台与路面接头处，防止桥梁水流渗漏于桥涵地基；检查桥梁伸缩缝的完好程度和桥涵台与路面接头处，防止板梁端和桥涵台被车辆撞坏。

平时应经常清扫桥面的垃圾及疏通排水管道，防止积水；冬季要及时清除积雪，防止结冰。桥面铺装层在行车长期作用和大气影响下会起皮、破碎、脱落，形成凹凸不平的坑洼，必须及时进行修补，以保证桥面的平整。应经常检查伸缩缝状态是否正常，如沥青麻絮脱落要予以填补；镀锌铁皮断裂要及时整修，以防止桥面水流进支座及墩台。当墩台位移、倾斜造成墩台上梁端顶住时，应视情况采取措施，使其保持一定缝隙。冻胀会使桥梁桩产生“冻上”现象，桥面和栏杆变形，会影响桥的外观和结构的安全。冰冻期时，要及时清除桥面上积雪，铲去结冰层，疏通排水孔，或铺设防滑、防冻材料，以方便车辆通行。汛期及泥流季节，要观察桥梁上游的冰层和泥流，发生流冰时，应提前将桥梁上下游百米范围内的冰层打碎，若冰层过厚，可进行爆破处理。对于流泥，则应开挖排水沟，截阻泥沙，禁止其流动；对于破冰体，要经常检查其完好性，充分发挥破冰体的作用。

桥面铺装的日常养护工作包括以下几个方面：经常清扫桥面，保持桥面清洁；及时排除积水，清除冰棱和积雪；经常维修保养，保证桥面坚实、平整、清洁。对于沥青混凝土铺装的桥面，如出现泛油、壅包、裂缝、波浪、坑槽等病害，应及时处治，损坏面积较大时，可进行局部翻修或将整孔铺装层凿除，重铺新的铺装层。通常，不宜在原桥面上加铺，以免增加桥梁恒载。对混凝土铺装的桥面，当出现断裂、破损、裂缝、麻面等病害时，应及时处理。损坏面积较大时，应将原铺装整孔凿除，铺新的铺装层。具体如下：

1. 桥面板修复

桥面板局部出现表面碎裂、脱落或洞穴现象，应采取局部修复的方法进行维修。

(1)划定修补区域，将损坏部分标划出规则图形；

(2)将桥面损坏部分用风镐全部凿除，其深度应视损坏轻重程度而定，标划区边缘应为垂直面，凿除时应保持钢筋网的完整性，如钢筋断裂，用同样规格的钢筋焊接；

(3)清除修铺区内混凝土碎屑和灰尘；

(4)按原桥面板混凝土设计强度等级，制备浇筑修补混凝土，并保持与原面板平整密实；

(5)用草垫等物覆盖进行保湿养生；

(6)待混凝土达到通车强度后，开放交通。

2. 整块面板修复

在桥面板破碎、脱落等损坏特别严重时，应重新浇筑混凝土桥面板。

3. 铺装层修复

(1)沥青类铺装层出现的泛油、松散、露骨、坑槽、裂缝等病害时，按沥青路面病害处治方法进行处治，并应符合《公路沥青路面施工技术规范》(JTJ F40—2004)和《公路沥青路面养护技术规范》(JTJ 073.2—2001)的规定。

(2)水泥混凝土铺装层修复

水泥混凝土铺装层如有磨光、脱皮，露骨等缺损时，可用如下方法进行修复。

①凿补法：不改变原有桥面铺装层结构。

a.用风镐将旧水泥混凝土铺装层表面凿毛 5cm,，使集料露出，并清除混凝土碎屑。b.用高压水枪将凿毛面用清水冲洗干净。c.在凿毛面上涂刷一层同强度等级的水泥砂浆或界面黏结剂。d.铺筑一层 5cm 厚的细石水泥混凝土铺装层。

②沥青罩面法：采用沥青混凝土修复桥面铺装层。沥青加铺层要采用密级配类型，但是要做好层间连接措施和防水措施。首先应对桥面病害进行彻底处治，可采用沉刨一层，然后加铺一层 4～6m 的细粒式沥青混凝土。该方法施工期短，对交通影响较小。

③桥面翻修法：原桥面铺装层损坏严重，采取全部凿除，重新浇筑铺装层的方法。新铺的桥面铺装层可采钢筋混凝土和钢纤维混凝土结构层。

a.用风镐将旧水泥混凝土铺装层凿除，注意保留桥面板钢筋，人工清除混凝土碎块。b.用高压水枪将桥面板用清水冲洗干净。c.铺设桥面钢筋网，将桥面板钢筋与钢筋网绑扎成一整体。d.按桥面混凝土设计强度等级，制备、浇筑桥面混凝土。其施工工艺应符合水泥路面施工规范。

4.伸缩缝损坏

目前常采用的桥面伸缩缝有橡胶伸缩缝和钢板混凝土卷板式伸缩缝，如果伸缩缝已失效应立即采取更换措施。更换的操作程序如下：

(1)用人工或机械将伸缩缝两边各宽 40cm 范围内的铺装层凿除，其边缘为垂直面；

(2)清除混凝土块和碎屑，并将凿除面冲洗干净，调整修复原预埋螺栓锚筋及露出的桥面钢筋；

(3)如新装橡胶伸缩缝，应凿挖或钻成埋置螺栓用的锚筋孔，并预先埋好锚筋，直接焊接在桥面钢筋上，在孔内灌注环氧树脂，使其牢固；

(4)预埋螺栓，必须位置正确、牢固；

(5)安装橡胶板伸缩缝，使橡胶板平整、坚实；

(6)按原桥面混凝土设计强度等级，制备钢纤维修补混凝土、浇筑钢纤维混凝土。为维持通车，可半幅桥面施工，也可在伸缩缝上架设跨缝设施，待混凝土达到通车强度后，开放交通。

附录 新老土名对照表

新老土名对照表

老土组	老土名	颗粒组成(按质量%计) 砂粒(2～0.074mm)	颗粒组成(按质量%计) 黏粒(＜0.002mm)	塑性指数 I_p	液限(%) w_L	新土组	新土名	土名代号	砂粒含量(%)
砂土	砂土	＞80	0～3				砂 含细粒土砂	S SF	
砂性土	粉质砂土 粗亚砂土 细亚砂土	50～80 ＞50 粗砂 多于细砂 ＞50 细砂 多于粗砂	0～3 3～10 3～10			细粒土质砂	粉土质砂	SM	
粉性土	粉质亚砂土	20～50	0～10	＞2	＜50	粉质土	含砂低液限粉土	MLS	
	粉土	＜20	0～10	＞2			低液限粉土	ML	
	粉质轻亚黏土	＜45	10～20	＞10	＜50		含砂低液限粉土	MLS	＞25
	粉质重亚黏土	＜40	20～30	＞18			低液限黏土	CL	
黏性土	轻亚黏土	＞45	10～20	＞10	＜50	黏质土	黏土质砂	SC	＞50
	重亚黏土	＜40	20～30	＞18			含砂低液限黏土	CLS	＞25
	轻黏土 重黏土	＜70 ＜45	30～50 ＞50	＞26 ＞50	＞50		高液限黏土质砂 含砂高液限黏土 高液限黏土	SCH CHS CH	＞50 ＞25

注:引自《公路土工试验规程》(JTG E40—2007)表 3-5。

参 考 文 献

[1] 谢晨之. 320 国道莲易段路面翻浆成因探析[J]. 湖南交通科技,1999,25(3):34～35.

[2] Wen Zhi,Sheng Yu,Ma Wei,Qi Jilin,Wu Jichun. Analysis on effect of permafrost protection by two-phase closed thermosypron and insulation jointly in permafrost regions [J]. Cold regions science and technology,2005(43).

[3] 温智,盛煜,马巍,等. EPS 保温板在青藏铁路工程中应用的数值模拟研究[J]. 铁道学报,2005,27(3),91～97

[4] Sun Binxiang,Xu Xuezu,Lai Yuanming,Li Dongqing,Wang Shuangjie,Zhang Jinzhao. Experimental researches of thermal diffusivity and conductivity in embankment ballast under periodically fluctuating temperature[J]. Cold regions science and technology, 2004 (38).

[5] Yu Sheng,Zhi Wen,Wei Ma,Yongzhi Liu,Jilin Qi,Jichun Wu. Long－term evaluation of insulated road in the Qinghai－Tibetan plateau[J]. Cold regions science and technology,2006(45).

[6] Sun Binxiang,Xu Xuezu,Lai Yuanming, Wang Shuangjie,Zhang Jinzhao. Mechanism of evolution on winter－time natural convection cooling effect of fractured－rock embankment in permafrost regions[J]. Chinese Science Bulletin,2005(23).

[7] Guodong Cheng,Jianming Zhang,Yu Sheng,Ji Chen. Principle of thermal insulation for permafrost protection. Cold regions science and technology,2004(40).

[8] 李志栋,侯曙光,黄晓明. SBR 改性沥青低温性能评价[J]. 石油沥青,2004,18(2):30～34.

[9] 张智强,周进川,饶枭宇. SBS 对基质沥青低温性能改善效果研究[J]. 重庆建筑大学学报,第 26 卷第 3 期 2004 年 6 月.

[10] 周进川,张智强,饶枭宇. SBS 改性沥青抗裂特性的 SHRP 试验研究[J]. 重庆交通学院学报第 24 卷第 1 期.

[11] 倪富健,覃勉,刘清泉,等. TPS 改性剂在排水性沥青混合料中的应用研究[J]. 公路交通科技,Vol. 121,No. 110.

[12] Huliang. U 型波纹管刚度计算及运用[J]. 上海大学学报(自然科学板),1995,1(1):26～35.

[13] Chenji Huzeyong Doushun Qianzeyu. Yin－Yang Slope Problem along Qinghai－Tibetan Lines and its radiation mechanism[J]. Cold regions science and technology,2006(44).

[14] 张肖宁,等. 按体积法设计沥青混合料[J]. 哈尔滨建筑大学学报,1995,(2)15～18.

[15] 刘人怀. 板壳力学[M]. 北京:机械工业出版社,1990.

[16] 吴赣昌,凌天清. 半刚性基层温缩裂缝的扩展机理分析[J]. 中国公路学报,1998,11(1):21～28.

[17] 李宁,陈飞熊. 饱和土体固液两相介质动力耦合问题有限元解析[J]. 西安公路交通大学学报,1997,19(4):6～10.

[18] 陈飞熊,李宁,程国栋.饱和正冻土多孔多相介质的理论构架[J].岩土工程学报.
[19] 陈飞雄.饱和正冻土温度场、水分场和变形场三场耦合理论构架[D].西安:西安理工大学岩土工程研究所,2001.
[20] 温智,盛煜,马巍,等.保温材料在青藏铁路路基工程中应用的数值分析(英文)[J].冰川冻土,2004:26:83～89.
[21] 盛煜,张鲁新,杨成松,等.保温处理措施在多年冻土区道路工程中的应用[J].冰川冻土,2002:24(5):618～622.
[22] 汪双杰,陈建兵,章金钊.保温护道对冻土路基地温特征的影响[J].中国公路学报,2006,19(1):13～16.
[23] 李东庆,魏春玲,吴紫汪.边坡渗流对冻土地区路基稳定性的影响分析[J].兰州大学学报(自然科学版),2000,36(3):175～179.
[24] 郝培文,张景涛,张登良,等.不同级配类型沥青混合料抗疲劳特性研究[J].石油沥青,1998,12(2):20～24.
[25] 粟一凡.材料力学[M].北京:高等教育出版社,1983.
[26] 任瑞波,冯德成,马松林.潮湿路基温度场、湿度场耦合作用的计算模型[J].东北公路,2001,24(3):31～34.
[27] 潘卫东,赵肃昌,等.热棒技术加强高原冻土区路基热稳定性的应用研究[J].冰川冻土,2003,25(4):433～438.
[28] 陶兆祥,张景森.大含水(冰)量融冻土导热系数的测定研究[J].冰川冻土,1983,5(2):75～80.
[29] 朱伯芳著.大体积混凝土温度应力与温度控制[M].中国电力出版社,1999.
[30] 杨晓明.岛状多年冻土地区路基路面稳定性研究[D].西安:长安大学,2001.
[31] 卢铁瑞.道路沥青混合料低温性能评价指标的研究[J].石油沥青,1998,12(1):19～32.
[32] 马骉,陈拴发,王秉纲.低温施工复合外加剂试验研究[J].公路交通科技,2007(05).
[33] 俞蓉蓉,蔡志章.地下金属管道的腐蚀与防护[M].北京:石油工业出版社,2001
[34] 孙慧珍,胡士信,寥宇平.地下设施的腐蚀与防护[M].北京:科学出版社,2001.
[35] 郝培文,刘红瑛.丁苯橡胶改性沥青低温抗裂性能的研究[J].东北公路,1995,(1):16～19.
[36] 李述训,程国栋.冻融土中的水热输运问题[A].兰州:兰州大学出版社,1995.
[37] 李述训,南卓铜,赵林.冻融作用对系统与环境间能量交换作用[J].冰川冻土,2002,24(2):109～115.
[38] 吴青柏,童长江.冻土变化和青藏公路的稳定性问题[J].冰川冻土,1995,17(4):350～355.
[39] 朱元林,张家懿.冻土的弹性变形及压缩变形[J].冰川冻土,1982,4(3).
[40] 中国科学院兰州冰川冻土研究所.冻土的温度水分应力及其相互作用[M].兰州:兰州大学出版社,1989.
[41] 徐学祖.冻土分类现状及建议[J].冰川冻土,1994,(03):193～201.
[42] 铁道部第三勘察设计院.冻土工程[M].北京:中国铁道出版社,2002.
[43] 崔托维奇.冻土力学(张长庆,朱文林译)[M].北京:科学出版社,1985.
[44] 吴紫汪,程国栋,朱林楠,等.冻土路基工程[M].兰州:兰州大学出版社,1988.

[45] 汪双杰,陈建兵,黄晓明. 冻土路基护道地温特征研究[J]. 岩石力学与工程学报,2006,25(1):147~150.

[46] 交通部第一公路勘察设计院. 冻土路基热学计算研究报告[R]. 西安:交通部第一公路勘察设计院,1999.

[47] 令锋. 冻土路基热状况动态特征的数值模拟与预报研究[D]. 兰州:中科院寒区旱区环境与工程研究所,1999.

[48] 王铁行,胡长顺. 冻土路基水分迁移数值模型[J]. 中国公路学报,2001,14(4):5~8.

[49] 毛雪松,胡长顺,侯仲杰. 冻土路基温度场室内足尺模型试验[J]. 长安大学学报(自然科学版),2004.

[50] 交通部第一公路勘察设计院. 冻土路基稳定性数学模拟研究报告[R]. 西安:交通部第一公路勘察设计院,1999.

[51] 章金钊,李祝龙,武憨民. 冻土路基稳定性主要影响因素探讨[J]. 公路,2000(2):16~20.

[52] 王铁行,胡长顺,李宁. 冻土路基应力应变数值模型[J]. 岩土工程学报,2002,24(2):193~197.

[53] 李新,程国栋. 冻土—气候关系模型评述[J]. 冰川冻土,2002,24(3):315~321.

[54] 吴紫汪,张家懿,朱元林. 冻土强度与破坏特征[A]. 第二届全国冻土学术会议论文选集:275—280. 兰州:甘肃人民出版社,1983.

[55] 吴紫汪,马巍著. 冻土强度与蠕变[M]. 甘肃:兰州大学出版社,1993.

[56] 何平,程国栋,杨成松等. 冻土融沉系数的评价方法[J]. 冰川冻土,2003,24(1):10—15.

[57] 马巍. 冻土融化固结问题的理论模型[A]. 第四届全国冰川冻土学术会议论文集(冻土学)[C],北京:科学出版社,1990,90—99.

[58] 李洪升,刘增利,梁承姬. 冻土水热力耦合作用的数学模型及数值模拟[J]. 力学学报,2001,33(5):621—628.

[59] 王海丽. 冻土水热运动的数值模拟[J]. 内蒙古农牧学院学报,1998(3).

[60] 王绍令. 冻土退化与青藏高原环境问题的探讨[A]. 第五届全国冰川冻土学大会论文集(上):11—18,兰州:甘肃文化出版社,1996.

[61] 徐学祖,王家澄,张立新. 冻土物理学[M]. 北京:科学出版社,2001.

[62] 邱国庆,刘经仁,刘鸿绪,等. 冻土学辞典[M]. 兰州:甘肃科学技术出版社,1994.

[63] 徐学祖,邓友生. 冻土中水分迁移的实验研究[M]. 北京:科学出版社,1991.

[64] 田亚护,刘建坤,钱征宇,等. 对年冻土区含保温夹层路基温度场的数值模拟[J]. 中国铁道科学,2002:23(2):59—64.

[65] 马骉,王秉刚. 多孔性基层混合料抗冻融耐久性试验方法[J]. 公路,2005(05).

[66] 铁道部第三设计院. 多年冻土的工程地质和铁路建筑[M]. 北京:人民铁道出版社,1958.

[67] 中交第一公路勘察设计研究院,等. 多年冻土地区工程地质研究[R]. 西安:中交第一公路勘察设计研究院,2006.

[68] 昌敦虎,宁森,古丽鲜·安妮瓦尔,等. 多年冻土地区工程建设生态环境影响研究评述[J]. 地理科学进展,2005(04).

[69] 青海省公路科研勘测设计院,等. 多年冻土地区公路病害和机理研究[R]. 西宁:青海省

公路科研勘测设计院,2006.
[70] 武敬民,汪双杰,章金钊.多年冻土地区公路工程[M].北京:人民交通出版社,2005.
[71] 交通部科学研究院,等.多年冻土地区公路生态环境保护与评价技术研究[R].北京:交通部科学研究院,2006.
[72] 中交第一公路勘察设计研究院,等.多年冻土地区公路修筑成套技术研究总报告[R].西安:中交第一公路勘察设计研究院,2007.
[73] 青海省公路科研勘测设计院,等.多年冻土地区公路养护与维修技术研究[R].西宁:青海省公路科研勘测设计院,2006.
[74] 汪双杰,李祝龙,武憨民.多年冻土地区公路筑路技术研究现状与新课题[J].冰川冻土,2003,25(04):117~122.
[75] 章金钊,汪双杰,台电仓.多年冻土地区沥青混凝土路面的设计与施工[J].公路,2005(2):124~127.
[76] 中交第一公路勘察设计研究院,等.多年冻土地区沥青路面耐久性能研究[R].西安:中交第一公路勘察设计研究院,2005.
[77] 中交第一公路勘察设计研究院.多年冻土地区沥青路面修筑技术研究[R].西安:中交第一公路勘察设计研究院,1999.
[78] 裴建中.多年冻土地区路基工程研究进展[J].路基工程,2006(04).
[79] 王铁行.多年冻土地区路基计算原理及临界高度研究[D].西安:长安大学,2000.
[80] 窦明健,胡长顺.多年冻土地区路基设计原则及其应用[J].冰川冻土,2002,(05):72—76.
[81] 中交第一公路勘察设计研究院,等.多年冻土地区路基稳定性技术研究[R].西安:中交第一公路勘察设计研究院,2006.
[82] 裴建中.多年冻土地区路基修筑技术及实践[J].公路,2005(07).
[83] 长安大学,等.多年冻土地区路面设计与施工技术研究[R].西安:长安大学,2006.
[84] 黑龙江省交通科学研究所,等.多年冻土地区桥涵工程技术研究[R].哈尔滨:黑龙江省交通科学研究所,2006.
[85] 陈卓怀.多年冻土地区桥涵基础[A].第二届全国冻土学术会议论文集[C],兰州:甘肃人民出版社,1983,417~417.
[86] 马骉,王秉刚.多年冻土地区湿度对水泥稳定砂砾强度的影响[J].长安大学学报(自然科学版),2006(05).
[87] 马骉,王秉刚.多年冻土地区水泥稳定砂砾抗冻融耐久性模拟试验[J].冰川冻土,2006(04).
[88] 马骉,王秉刚,梁光模,等.多年冻土地区温度对水稳砂砾强度形成影响[J].公路,2005(08).
[89] 程国栋,何平.多年冻土地区线性工程建设[J].冰川冻土,2001,(03):5~9.
[90] 马巍,程国栋,吴青柏.多年冻土地区主动冷却地基方法研究[J].冰川冻土,2002,24(5):580~587.
[91] 陈建,张秀华,许永明.多年冻土区改性沥青混合料的研究[J].石油沥青,1995,9(3):35~39.
[92] 孙斌祥,徐学祖,赖远明,等.多年冻土区公路路堤碎石层厚度的计算[J].岩土工程学

报,2006(04)
[93] 孙斌祥,徐学祖,赖远明,等.多年冻土区公路路堤碎石层厚度的计算[J].岩土工程学报,2006(04).
[94] 侯曙光,边疆,汪双杰.多年冻土区聚苯乙烯隔热公路路基温度场数值分析[J].南京工业大学学报(自然科学版),2007(01).
[95] 孙志忠,马巍,李东庆.多年冻土区块、碎石护坡冷却作用的对比研究[J].冰川冻土,2004,26(4):435~439.
[96] 李志栋.多年冻土区沥青混合料配合比设计及其性能评价[D].南京:东南大学,2005.
[97] 汪双杰,黄晓明,侯曙光.多年冻土区路基路面变形及应力的数值分析[J].冰川冻土,2006(02).
[98] 孙斌祥,徐学祖,赖远明,等.多年冻土区碎石路堤冬季自然对流降温效应的演化机理[J].科学通报,2006(02).
[99] 藏恩穆,吴紫汪.多年冻土退化与道路工程[M].兰州:兰州大学出版社,1999.
[100] 陈仲颐等译.非饱和土力学[M].中国建筑工业出版社,1997.
[101] 邓学钧,陈荣生.刚性路面设计[M].北京:人民出版社,1993.
[102] 刘百来,李祝龙,汪双杰.钢波纹管涵洞力学性能的有限元分析[J].西安工业学院学报,2006(01).
[103] 渡边邦夫,大泽茂树,内藤龙夫,等.钢结构设计与施工[M].北京:中国建筑工业出版社,2000.
[104] 交通部第一公路勘察设计院.钢纤维水泥混凝土路面在多年冻土地区应用研究报告[R].西安:交通部第一公路勘察设计院,1999.
[105] 陈洪凯,张雪清,唐红梅,等.高寒地区道路翻浆发育机理研究[J].重庆交通学院学报,2002,21(3):47~51.
[106] 汪双杰,章金钊,黄晓明,等.高原多年冻土地区SBR改性沥青路面应用研究[J].石油沥青,2004,18(3):23~26.
[107] 交通部第一公路勘察设计院.高原多年冻土地区波纹管涵应用技术研究报[R].西安:交通部第一公路勘察设计院,1999.
[108] 交通部第一公路勘察设计院.高原多年冻土地区公路工程地质研究报告[R].西安:交通部第一公路勘察设计院,1999.
[109] 交通部第一公路勘察设计院.高原多年冻土地区公路工程地质研究报告[R].西安:交通部第一公路勘察设计院,1999.
[110] 交通部第一公路勘察设计院.高原多年冻土地区公路路基温度场现场试验研究[R].西安:交通部第一公路勘察设计院,1999.
[111] 交通部第一公路勘察设计院.高原多年冻土地区公路路基稳定性研究报告[R].西安:交通部第一公路勘察设计院,1999.
[112] 章金钊,武憨民,李祝龙.高原多年冻土地区公路修筑技术的研究历史回顾与展望[J].冰川冻土,1999(2):187~191.
[113] 章金钊,武憨民,李祝龙.高原多年冻土地区公路修筑技术研究简介[J].公路,1999(11).
[114] 交通部第一公路勘察设计院.高原多年冻土地区公路修筑技术研究总报告[R].西安:交通部第一公路勘察设计院,1999.

[115] 交通部第一公路勘察设计院.高原多年冻土地区涵洞工程结构类型研究报告[R].西安:交通部第一公路勘察设计院,1999.

[116] 交通部第一公路勘察设计院.高原多年冻土地区沥青路面修筑技术研究总结[R].西安:交通部第一公路勘察设计院,1999.

[117] 长安大学,等.高原多年冻土地区路基路面典型结构研究总报告[R].西安:长安大学,2000.

[118] 章金钊.高原多年冻土地区桥涵设计与施工研究[J].中国铁道科学,2001(4):40～45.

[119] 吴青柏,朱元林,施斌.工程活动下的冻土环境研究[J].冰川冻土,2001,(02):100～107.

[120] 吴青柏,朱元林,刘永智.工程活动下多年冻土热稳定评价模型[J].冰川冻土,2002,24(2):128～133.

[121] 杨松林.工程模糊论方法及其应用[M].北京:国防工业出版社,1996.

[122] 交通部第一公路勘察设计院.工业材料隔热层路基研究报告[R].西安:交通部第一公路勘察设计院,1999.

[123] 张建明,刘永智,吴青柏等.公路工程冻土类型划分研究[J].西安公路交通大学学报,2001,21(4):1～5.

[124] 中华人民共和国行业标准.公路环境保护设计规范(JTJ/T 006—98)[S].北京:人民交通出版社,1999.

[125] 赵剑强.公路交通与环境保护[M].北京:人民交通出版社,2001.

[126] 中华人民共和国行业标准.公路桥涵施工技术规范(JTJ 041—2000)[S].北京:人民交通出版社,2000.

[127] 彭挺,任京州,何宇翔,等.关于沥青路面温缩裂缝的探讨[J].山西交通科技,2003(160):35～37.

[128] 李铁锋,刘长兵,李欣.国道219线新-藏公路改建工程地质灾害评价[J].中国地质灾害与防治学报,2003,14(4):26～29.

[129] 陈建兵,章金钊.国际冻土研究动态—第八届国际冻土大会综述[J].公路,2004(1):94～98.

[130] 徐学祖.国内外对冻土中水分迁移课题的研究[J].冰川冻土,1982,4(3):97～104.

[131] 廉乐明,史金艳.寒冷地区路面体冻结过程中湿迁移对温度场影响的研究[J].冰川冻土,1993,15(3):198～505.

[132] 吴紫汪,赖远明,臧思穆,等.寒区隧道工程[M].北京:海洋出版社,2003.

[133] 赖远明,喻文兵,吴紫汪,等.寒区圆形截面隧道温度场的解析解[J].冰川冻土,2001,23(2):126～129.

[134] 黄小铭,舒道德.厚层地下冰地段路暂的设计与施工[A].第二届全国冻土学术会议论文选集[C],兰州:甘肃人民出版社,1983,385～390.

[135] 王学萌,张继忠,王荣.灰色系统分析及实用计算程序[M].武汉:华中科技大学出版社,2001(11).

[136] 李洪升,刘增利,李南生.基于冻土水分温度和外荷载相互作用的冻胀模式[J].大连理工大学学报,1998,38(1):29～33.

[137] 孙斌祥,徐学祖,赖远明,等.基于对流降温效应的青藏铁路碎石护坡层厚度研究

[J]. 铁道学报,2005,27(4).

[138] 孙斌祥，徐学祖，赖远明，等. 基于对流效应的寒区路堤块石层临界高度研究[J]. 中国公路学报,2005,18(4).

[139] 马骉,莫石秀,王秉刚. 基于剪切性能的级配碎石关键筛孔合理范围确定[J]. 交通运输工程学报,2005(04).

[140] 罗芳艳. 基于使用性能的沥青路面结构设计方法研究[D]. 上海:同济大学道路与交通工程系,1999.

[141] 侯曙光，汪双杰，黄晓明. 基于相空间重构的冻土路基变形预测[J]. 交通运输工程学报,2005,5(2).

[142] 侯曙光，黄晓明，汪双杰. 基于相空间重构的冻土路基温度场分形特征分析[J]. 公路交通科技,2005(07).

[143] 侯曙光,汪双杰. 基于相空间重构及 PLS 法的冻土路基变形预测[J]. 交通运输工程学报,2007(03).

[144] 陈旭庆. 级配类型对沥青混合料性能的影响[D]. 2003(2):41～46.

[145] 马骉,莫石秀,王秉刚. 级配碎石抗剪切性能试验研究[J]. 公路交通科技,2005(12).

[146] 黄远飞,冯静编. 计算工程地质学[M]. 北京:兵器工业出版社,1992.

[147] 杜兆成,张喜发,辛德刚,等. 季节冻土区高速公路路基冻胀试验观测研究[J]. 公路,2004(1):139～144.

[148] 杨海学,姚檀栋. 近 2000 年来古里雅冰芯记录及 19～20 世纪的气候变暖[J]. 冰川冻土,2004,26(3):289～293.

[149] 刘永峰,丁靖康,赫贵生,等. 聚苯乙稀隔热层在多年冻土区路基工程中的应用[J]. 冰川冻土,2000,22(Suppl):26～32.

[150] 李建才. 抗低温沥青路面结构研究[J]. 东北公路,1997,20(3):11～15.

[151] 申爱琴,等. 矿料级配对沥青混合料路用性能的影响[J]. 长安大学学报(自然科学版),2002,22(6):2～4.

[152] 徐跃. 利用沉降观测值推求最终沉降量和固结系数的方法[J]. 公路工程地质,1993,11(3).

[153] 侯曙光，李志栋，黄晓明，等. 利用冻融飞散试验进行沥青混合料抗冻性能评价[J]. 公路交通科技,2006(02).

[154] 潘宝峰,王哲人,陈静云. 沥青混合料抗冻融循环性能的试验研究[J]. 中国公路学报,2003(16):16～18.

[155] 许志鸿,李淑明,高英,等. 沥青混合料疲劳性能研究[J]. 交通运输工程学报,2001,1(1):20～24.

[156] 吕伟民. 沥青混合料设计原理与方法[M]. 上海:同济大学出版社,2000.

[157] 李立寒,付刚. 沥青混合料水敏感性影响因素的探讨[J]. 石油沥青,2001,15(1):11～15.

[158] 黄云涌,刘朝晖,李宇峙. 沥青混合料水稳性试验方法[J]. 交通运输工程学报,2002,2(2):19～22.

[159] 葛折圣,黄晓明. 沥青混合料应变疲劳性能的试验研究[J]. 交通运输工程学报,2002,2(1):35～37.

[160] 张肖宁,等.沥青混合料组成设计的 CAVF 法[J].公路,2001(12):17～21.
[161] 王金昌,赵颖华,孙雅珍.沥青混凝土路面表面裂缝的疲劳变温损伤分析[J].中国公路学报,2001,14(2):6～8.
[162] 英国运输科学研究院编,中国路桥总公司译.沥青路面道路质量评估及养护指南[M].北京:人民交通出版社,2001.
[163] 孙立军等.沥青路面结构行为理论[M].上海:同济大学出版社,2003.
[164] 胡霞光,田莉,王秉纲.沥青路面结构遗传算法优化研究[J].重庆交通学院学报,2002,21(3):21～25.
[165] 郑建龙,周志刚,张起森.沥青路面抗裂设计理论与方法[M].人民交通出版社,2002年,136～145.
[166] 姚祖康,孙立军,胡东明,等.沥青路面使用性能评价[J].土木工程学报,1989,22(3):13～21.
[167] 郑健龙,周志刚,应荣华.沥青路面温度应力数值分析[J].长沙交通学院学报,2001,17(1):29～32.
[168] 汪双杰,吴青柏,刘永智.沥青路面下冻土热稳定性和热融敏感性的变化[J].公路交通科技,2003,20(4):20～22.
[169] 黄晓明,吴少鹏,赵永利.沥青与沥青混合料[M].南京:东南大学出版社,2002,136～158.
[170] 汪双杰,孙斌祥,徐学祖,等.路堤块石自然对流机理的室内模拟试验研究[J].中国公路学报,2004,17(2):18～23.
[171] 邓学钧,黄晓明,黄卫.路基路面工程[M].人民交通出版社,2001,342～371.
[172] 朱照宏,王秉纲,郭大智.路面力学计算[M].北京:人民交通出版社,1985.
[173] 邓学钧,黄晓明.路面设计原理与方法[M].北京:人民交通出版社,2001,108～128.
[174] 程国栋,王绍令.论中国高海拔多年冻土带的划分[J].冰川冻土,1982,Vol.4,No.2:1～17.
[175] 丁靖康,赫贵生.年平均气温临界值—设计青藏高原多年冻土区路堤临界高度的一个重要因素[J].冰川冻土,2000,22(4):353～358.
[176] 苏联科学院西伯利亚分院冻土研究所.普通冻土学(郭东信,刘铁良等译)[M].北京:科学出版社,1988.
[177] 金会军,李述训.气候变化对中国多年冻土和寒区环境的影响[J].地理学报,2000,55(2):161～170.
[178] 朱卫东,雷华阳.青藏高原冻土地区岩土工程研究进展与思考[J].岩土工程技术,2003,(01):22～26.
[179] 童伯良,李树德.青藏高原多年冻土的某些特征及其影响因素[A].青藏冻土研究论文集[C],北京:科学出版社,1982.
[180] 昌敦虎,陈济丁,孔亚平.青藏高原多年冻土地区公路建设生态环境影响关键因子[J].公路,2005(06).
[181] 刘永智,吴青柏等.青藏高原多年冻土地区公路路基变形[J].冰川冻土,2002,24(1):10～15.
[182] 王绍令,赵秀峰,郭东信,等.青藏高原多年冻土对气候变化的响应[J].冰川冻土,1996,18(增刊).

[183] 谢应钦,等.青藏高原多年冻土发育的气候条件[A].第二届全国冻土学术会议论文选.
[184] 李树德.青藏高原多年冻土年平均地温和厚度[A].中国地理学会冰川冻土学术会议论文集[C],北京:科学出版社,1982.
[185] 叶拔友,杨海容.青藏高原多年冻土区涵洞基础人为上限的确定方法[A].第二届全国冻土学术会议论文集[C],兰州:甘肃人民出版社,1983,419~427.
[186] 李述训,吴紫汪.青藏高原多年冻土区沥青路面下融化盘形成变化特征[J].冰川冻土,1997,19(2):133~140.
[187] 喻文学,武憋民.青藏高原多年冻土上限的勘察与确定[J].西安公路学院学报,1986(1):17~24.
[188] 汤懋苍,程国栋,林振耀.青藏高原近代气候变化及对环境的影响[M].广州:广东科技出版社,1998.
[189] 姚檀栋,等.青藏高原中部冰冻圈动态特征[M].北京:地质出版社,2002.
[190] 章金钊,李祝龙,武憋民.青藏公路冻土路基设计研究[J].公路,2000(2):13~16.
[191] 章金钊.青藏公路多年冻土地区涵洞工程病害防治探讨[J].青海交通科技,2000(2):29~31.
[192] 喻文学,武憋民.青藏公路多年冻土地区沥青路面路基高度问题[J].西安公路学院学报,1986(1):25~42。
[193] 吴紫汪,朱林楠,郭兴民,等.青藏公路多年冻土地区路堤的临界高度[J].冰川冻土,1998,20(1):36~40。
[194] 王绍令,赵林,等.青藏公路多年冻土段沥青路面热量平衡记录及稳定性研究[J].冰川冻土,2001,23(2):111~118。
[195] 窦明建,胡长顺,何子文,等.青藏公路多年冻土段路基病害分布规律[J].冰川冻土,2002,24(6).
[196] 汪双杰,霍明,等.青藏公路多年冻土路基病害[J].公路,2004(5):22~26.
[197] 李树德.青藏公路多年冻土年平均地温和厚度[A].中国地理学会冰川冻土学术会议论文集[C],北京:科学出版社,1983.
[198] 吴青柏,刘永智,施斌,等.青藏公路多年冻土区冻土工程研究新进展[J].工程地质学报,2002,(01):55~61.
[199] 章金钊.青藏公路多年冻土区路基病害机理探讨[J].公路交通科技,2004,21(4):52~54.
[200] 章金钊.青藏公路多年冻土区路基设计原则与设计高度的演进[J].公路,2006(10).
[201] 路勋,王绍令.青藏公路多年冻土区内路基下的地下水调查[A].第五届全国冰川冻土学大会论文集[C],兰州:甘肃文化出版社,1996,1179~1184.
[202] 中交第一公路勘察设计研究院,等.青藏公路高温高含冰量多年冻土区地基稳定性研究[R].西安:中交第一公路勘察设计研究院,2006.
[203] 吴青柏,童长江,米海珍.青藏公路沥青路面下季节活动层的变化特征[J].西安公路交通大学学报,1995,15(4):1~5.
[204] 徐宪立,张科利,罗利芳,等.青藏公路路堤边坡产流产沙与降雨特征关系[J].水土保持学报,2005(01).
[205] 俞祁浩,刘永智,童长江.青藏公路路基变形分析[J].冰川冻土,2002,24(05):153~157.
[206] 盛煜,刘永智,张建民.青藏公路下伏多年冻土的融化分析[J].冰川冻土,2003,25(1):

43～48.
[207] 童长江,吴青柏,刘永智,等.青藏公路沿线冻土环境工程地质评价及冻土工程处理[A].第五届全国冰川冻土学大会论文集[C],兰州:甘肃文化出版社,1996.
[208] 吴青柏,施斌,刘永智.青藏公路沿线多年冻土与公路相互作用研究[J].中国科学D辑,2002,(06):76～82.
[209] 交通部第一公路勘察设计院.青藏公路整治工程科研设计文献汇编[C].西安:交通部第一公路勘察设计院,1996.
[210] 胡长顺,何子文,窦明健,等.青藏公路纵向裂缝成因及处治对策研究[R].长安大学,2003.
[211] 牛富俊,张建明,张钊.青藏铁路北麓河试验段冻土工程地质特征及评价[J].冰川冻土,2002,24(3):264～269.
[212] 牛富俊,俞祁浩,赖远明.青藏铁路管道通风试验路基地温变化及热状况分析[J].冰川冻土,2003,25(6):621～627.
[213] 温智,盛煜,等.青藏铁路路基浅地表热状态动态监测初步分析[J].岩石力学与工程学报,2003,22(增2):2664～2668.
[214] 王可丽,程国栋.青藏铁路沿线地表和路基表面热力学模式(I):物理过程与实验方案[J].冰川冻土,2002,(06):76～81.
[215] 程国栋,王绍令.青藏线高含冰量冻土的分布规律及地表识别标志[J].西安公路学院学报,1986(1):1～16.
[216] 吴青柏,李新,李文君.全球气候变化下青藏公路沿线冻土变化响应模型的研究[J].冰川冻土,2001,23(1):001～005.
[217] 汪双杰,陈建兵,黄晓明.热棒路基降温效应的数值模拟[J].交通运输工程学报,2005,5(3):42～46.
[218] 交通部第一公路勘察设计院.热桩制冷技术在高原多年冻土地区涵洞工程中的应用[R].西安:交通部第一公路勘察设计院,1999.
[219] 周红,王贵虎.人工冻土冻胀融沉问题研究现状与展望[J].淮南职业技术学院学报,2002,5(2):37～40.
[220] 吴青柏.人类工程活动下环境变化和工程适应性研究[D].兰州:中国科学院寒区旱区环境与工程研究所,2000.
[221] 李忠凯,裴建中,胡长顺.柔性枕梁处治路基纵向裂缝结构分析[J].公路,2006(06).
[222] 令锋,吴紫汪.渗流对多年冻土地区路基温度场影响的数值模拟[J].冰川冻土,1999,21(2):115～119.
[223] 长安大学,等.水热力耦合效应与路基路面温度场变化规律研究[R].西安:长安大学,2006.
[224] 徐学祖,孙斌祥,刘琦,等.碎石铺设位置及粒径对路基降温效果影响的室内试验[J].岩土工程学报,2005,27(03).
[225] 路勋,范昭平.探地雷达在多年冻土工程地质勘探中的应用[J].西部探矿工程,2006(增刊).
[226] 胡和平,杨诗秀,雷志栋.土壤冻结时水热迁移规律的数值模拟[J].水利学报,1992,7:1～8.

[227] 雷志栋,杨诗秀,谢森传.土壤水动力学[M].北京:清华大学出版社,1988.
[228] 杨诗秀.土壤物理学[J].北京:清华大学出版社,1981.
[229] 徐学祖.土水势、未冻水含量和温度[J].冰川冻土,1985,7(1):1~14.
[230] 刘为民,何平,张钊.土体导热系数的评价和计算[J].冰川冻土,2002,24(6):770~773.
[231] 何平,程国栋,朱元林.土体冻结过程中的热质迁移研究进展[J].冰川冻土,2001,23(1):92~96.
[232] 洪毓康.土质学与土力学[M].北京:人民交通出版社,1987.
[233] 孙斌祥,徐学祖,赖远明,等.温度周期波动时自然对流对块石导热系数测定的影响[J].土木工程学报,2004(01).
[234] 童长江.我国冻土融沉压缩性研究[J].冰川冻土,1988,10(3).
[235] 周幼吾,郭东信.我国多年冻土的主要特征[J].冰川冻土,1982,4(1):1~19.
[236] 汪双杰,黄晓明,陈建兵,等.无动力热棒冷却冻土路基研究[J].公路交通科技,2005(03).
[237] 况小根.细集料含量对二灰碎石基层材料性能影响的研究[D].南京:南京林业大学,2002.
[238] 杨坤,马东涛,崔朋.新藏公路(新疆境内)沿线道路病害[J].山地学报.
[239] 李志栋,黄晓明.应用 SUPERPAVE 沥青标准预测低温开裂[J].中外公路,2004,24(3):100~102.
[240] 李志栋,黄晓明,侯曙光,等.应用测力延度试验评价改性沥青的低温性能[J].公路交通科技,2005,22(5):17~20.
[241] 德德什科.应用聚合材料消除土质路基冷生变形(童伯良译)[A].多年冻土区交通建设和环保的工程冻土译文[C],兰州:中国科学院寒区旱区环境与工程研究所,2001,7~14.
[242] 葛折圣,黄晓明,许国光.用弯曲应变能方法评价沥青混合料的低温抗裂性能[J].东南大学学报,2002,32(4):653~655.
[243] 赵建军,董金梅,等.正冻土中的水热耦合模型[J].天津城市建设学院学报,2001,7(1):47~52.
[244] 毛雪松,胡长顺,窦明建,等.正冻土中水分场和温度场耦合过程的动态观测与分析[J].冰川冻土,2003,25(1):55~59.
[245] 苗天德,郭力,牛永红,等.正冻土中水热迁移问题的混合物理论模型[J].中国科学,D辑,1999,29(1):8~14.
[246] 周幼吾,郭东信,邱国庆,等.中国冻土[M].北京:科学出版社,2000.
[247] 徐学祖,王家澄.中国冻土分布及其地带性规律的初步探讨[A].第二届全国冻土学术会议论文选集(冻土学)[C],北京:科学出版社,1982.
[248] 铁道部第二勘测设计院.中华人民共和国行业标准《铁路隧道防排水技术规范》(TB 10119—2000)[S],中国铁道出版社,2001.
[249] 汪双杰、台电仓.改性沥青结合料低温性能评价指标[J].长安大学学报(自然科学版),2007,27(3):25~30.
[250] 汪双杰、李祝龙.中国多年冻土地区公路修筑技术研究[J].公路交通科技,2008,25(1):1~9.

鸣　谢

感谢中交第一公路勘察设计研究院、长安大学、青海省公路科研勘测设计院、黑龙江省交通科学研究所、交通部科学研究院、吉林省公路勘测设计院、中国科学院寒区旱区环境与工程研究所等单位为本书编著提供宝贵资料。谨以此书向参加西部交通重大科技项目“多年冻土地区公路修筑成套技术研究”的全体科技工作者表示崇高的敬意！

著作者